U0515080

ASSET PRICING AND INVESTOR BEHAVIOR

under Ambiguity of Correlation

相关系数暧昧情景下的
资产定价与投资者行为

张顺明　王妍婕　◎著

中国财经出版传媒集团

经济科学出版社
Economic Science Press

·北京·

图书在版编目(CIP)数据

相关系数暧昧情景下的资产定价与投资者行为/张
顺明,王妍婕著. —北京:经济科学出版社,2023.7

ISBN 978-7-5218-4877-9

I.①相… II.①张… ②王… III.①金融市场-金
融投资-研究 IV.①F830.9

中国国家版本馆 CIP 数据核字(2023)第 113878 号

责任编辑:初少磊
责任校对:蒋子明
责任印制:范 艳

相关系数暧昧情景下的资产定价与投资者行为
张顺明 王妍婕 著
经济科学出版社出版、发行 新华书店经销
社址:北京市海淀区阜成路甲 28 号 邮编:100142
总编部电话:010-88191217 发行部电话:010-88191522
网址:www.esp.com.cn
电子邮箱:esp_bj@163.com
天猫网店:经济科学出版社旗舰店
网址:http://jjkxcbs.tmall.com
北京季蜂印刷有限公司印装
787×1092 16 开 23.5 印张 529000 字
2023 年 7 月第 1 版 2023 年 7 月第 1 次印刷
ISBN 978-7-5218-4877-9 定价:88.00 元
(图书出现印装问题,本社负责调换。电话:010-88191545)
(版权所有 侵权必究 打击盗版 举报热线:010-88191661
QQ:2242791300 营销中心电话:010-88191537
电子邮箱:dbts@esp.com.cn)

前　言

　　日常生活中, 各种不确定性无处不在, 而在经济金融领域更是如此。股票的涨跌、基本面的好坏、行业的发展前景等, 均与不确定性息息相关。人们常对不确定性中的风险进行讨论, 认为经济主体所做出的金融决策是基于其对风险事件的偏好, 学术界针对经济主体对风险的不同态度搭建了一套完整的效用刻画、风险度量体系。然而, 所谓的 "风险", 不过是不确定性中的一个分支。Frank Knight (1921) 曾对不确定性做出解释, 他认为 "风险" 特指 "事件的概率分布可以根据理论推导 [先验概率 (priori probabilities)] 或者是从过往的实证数据中获知 [统计概率 (statistical probabilities)] 的情形", 而 "不确定性" 则指代 "无法对事件的发生概率赋予任何客观概率测度的情况"。

　　正如 Knight 所言, 风险不过是一类可以被度量的不确定性, 而对于不可度量的不确定性, Daniel Ellsberg (1961) 将其命名为暧昧性 (ambiguity)。暧昧性充斥着我们生活的方方面面, 甚至比风险更为常见。由于人们对某一不确定事件发生概率的准确分布存在疑惑, 而导致该事件对其而言具有暧昧性。例如, 人们认为明天下雨的概率有可能是 30%, 也有可能是 60%。再如, 在金融市场中, 投资者不确定股票的收益服从独立同分布或者是存在自相关关系; 或者是人们虽然知道标的资产的收益率服从正态分布, 却无法准确获知该资产收益的方差……模型设定的不确定性、模型参数的未知性都属于暧昧相关领域内容。然而, 由于暧昧性具有不可度量的性质, 学术界在对暧昧性相关话题进行研究时面临着巨大障碍。

　　在经济金融领域, 传统资产定价模型已无法对投资者所表现出的金融异象做出准确解释, 而一系列诸如前景理论 (展望理论)、后悔理论、失望理论等非期望效用理论在行为金融学领域的学术成果由此衍生。近年来, 不少学者针对以下问题进行了探讨: 金融异象的产生是否并非由于投资者的非理性行为, 而是他们深思熟虑之后作出的理性决策而导致的? 对此, 有学者认为, 金融异象是对传统经济金融模型的违背, 但倘若传统模型存在错误或者不全面, 这些金融异象在正确的模型之下是否仍是异象?

　　已有实验研究发现, 实验者在模拟的、存在暧昧性的金融投资环境中会表现出违背传统模型的金融决策, 而暧昧性的出现, 往往源于经济主体对市场信息不够了解或者是其认知能力有限等造成的, 且一部分学者在传统模型中加入暧昧性成分后, 其模型的理论推导结果显示, 理性的经济主体同样会作出与传统模型预测结果相悖的决策。金融市场中存在的暧昧性, 似乎是导致各种金融异象出现的主要原因之一, 因此, 本书尝试从暧昧性角度, 考察市场中投资者的 "异常" 经济行为是否是由暧昧性引起的。

尽管传统模型认为理性的投资者会充分分散化自己所持有的资产, 然而许多实证结果表明事实并非如此, 绝大多数家庭平均只会持有 2～3 只股票, 与所谓的 "充分分散" 可谓相去甚远。还有研究发现, 一个家庭资产组合的分散化程度与家庭特征息息相关, 收入水平越高、受教育程度越高、平均年龄越大的家庭, 其所持有的投资组合更倾向于具有更好的分散化程度。似乎绝大多数家庭中出现的分散化不足现象并非是其投资失误造成的结果, 经典模型中无法刻画的暧昧性等因素或许在其中起着某种特殊的影响。

不同类型投资者对市场上风险资产情况的异质信念是否会影响其最优投资决策? 暧昧性的存在是否导致投资者在理性决策下仍然做出分散化不足的资产组合选择? 他们的暧昧厌恶态度以及最优投资决策如何影响市场均衡? 虽然已有一部分学者考察了资产收益的期望、方差暧昧性对投资者决策的影响, 但在本书中, 我们着重从相关系数暧昧性视角入手, 一方面是因为相关系数是在资产配置、资产定价和风险管理领域中不可忽视的重要指标; 另一方面是因为与资产收益的期望和方差相比, 对于绝大部分市场参与者而言, 资产之间的相关系数更难以从历史数据中获取, 亦没有专门机构计算相关系数数值供投资者参考借鉴, 故而投资者普遍受到相关系数暧昧性的影响。

本书系统性地考察了相关系数暧昧性对投资者资产配置以及对市场均衡的影响。我们将主要考察上述几点问题, 探索在一个包含多种风险资产的市场中, 资产之间相关系数的暧昧性将对不同类型投资者产生何种影响, 以及讨论暧昧性的存在是否是分散化不足异象出现的主要原因。本书的每一章内容独立成篇, 但不同章节之间存在着内在逻辑关系和结果差异。在第 1 章中, 我们梳理了学术界对于暧昧性的相关研究, 帮助读者较为全面地认识暧昧性的理论模型, 并介绍了目前金融市场中存在的几个显著的金融异象。在本书的主体部分, 我们首先考察当市场中只包含两种风险资产、存在两类对资产收益信息掌握程度不同的投资者时的市场均衡情况, 并在此设定框架下拓展研究相关系数暧昧性对公司选择哪种类型市场进行首次公开募股 (IPO) 的决策的影响。之后, 我们将两资产、两类人模型做进一步延伸, 增加投资者类型来使得模型设定更贴近现实市场, 增加资产数量来探讨投资者如何在不同资产之间分配财富。

本书得到了国家自然科学基金的资助, 课题名称为 "相关系数暧昧环境下金融市场有限参与与不对称信息", 我们对此表示感谢。我在中国人民大学的课题组成员对本书的撰写和校对工作作出了巨大贡献, 其中, 我之前的博士生、目前在西南财经大学任教的王妍婕博士是该课题的主要研究成员, 参与并主要负责了本书的理论建模、模型推导以及撰写工作。我几年前在中国人民大学带的博士, 北京第二外国语学院的何俊勇副教授也为本书的撰写做了不少的努力, 尤其是本书的第 7 章内容, 主要依据何俊勇副教授的建模结果而成。此外，我的在校博士生孙玉哲、孙剑椿、王姚、赵思博、王论意，以及在校硕士生刘渝、张涵、李毅，一起讨论并对本书的修订和完善提出了许多具有建设性的意见和建议，在此向他们表示感谢。我和王妍婕博士也认真地对本书内容进行了多次修改和校对，增加了必要的介绍、讨论和证明。

最后，向阅读本书的读者表示诚挚的谢意。尽管我们花了很大的心血，疏漏与不妥之处在所难免，敬请读者批评指正。

张顺明

2022 年 11 月于北京

目　录

第 1 章　文献背景介绍

1.1　暧昧性与暧昧厌恶

1.1.1　暧昧性的提出及暧昧性相关研究的发展历程

暧昧性 (ambiguity) 一词的出现, 最早可以追溯至 1921 年。Frank Knight (1921) 对 "风险"(risk) 和 "不确定性"(uncertainty) 进行了具体区分, 他认为, "风险" 指的是概率分布可以准确刻画的情形, 而 "不确定性" 特指无法对客观概率分布进行具体描述的情形, 即 "风险" 指的是可度量的不确定性, 而不可度量的不确定事件则称为 "不确定性"。Ellsberg (1961) 率先使用 "暧昧性" 一词形容某种特定的 "不确定性", 并由此引发了学术界对暧昧性的深入研究。

Ellsberg (1961) 提出了所谓的三色球悖论 (three-color Ellsberg paradox) 和两个盒子悖论 (two-urn Ellsberg paradox) 假想实验, 实验结果严重违背当时受到普遍认可的 Savage 确定事件原则 (Savage's sure-thing principle)。Ellsberg 悖论中, 人们表现出对具有已知概率分布事件的偏好性, 而对分布未知事件则存在一定的厌恶心理, 即具有 "暧昧厌恶" 态度。暧昧性和暧昧厌恶态度的存在, 与 "人们的信念可以由主观概率表示" 的假说发生剧烈矛盾。虽然 Ellsberg (1961) 所阐述的仅是其假想中的实验过程及结果, 但一系列正规的真实实验数据均表明, 人们的确在决策时表现出 Ellsberg 提出的暧昧厌恶态度 (Chipman, 1958, 1960; Fellner, 1961; Becker & Brownson, 1964; MacCrimmon, 1968; Slovic & Tversky, 1974; Curley & Yates, 1989)。

自 Knight (1921) 对客观概率事件和主观概率事件做出明确区分以来, 关于如何量化经济人在两种类型的概率测度下的效用水平成为了学术界探讨的热点。其中, 客观不确定性——通常被称作 "彩票" (lottery) 或者 "轮盘赌" (roulette lottery)——指能够以确定的客观概率获得相应收益的赌博; 而主观不确定性——常被称为 "行动" (act) 或者 "赛马赌博" (horse lottery)——表示无法准确获知概率分布的赌博。此外, 还可能存在同时结合客观概率和主观概率的不确定事件, 称为两阶段复合彩票 (two-stage compound lottery) 或者赛马—轮盘赌行动 (horse-roulette act), 或者 Anscombe-Aumann 行动。

针对具有客观概率的不确定性事件, Bernoulli (1738) 提出了客观期望效用模型, 并在学者们的整理之下, 成为著名的 von Neumann-Morgenstern 期望效用模型, 而这套客观概率下的期望效用公理化体系中, 最为重要的特征当属独立性公理 (independence axiom):

对任意概率分布 $\boldsymbol{p}_1$、$\boldsymbol{p}_2$、$\boldsymbol{p}$ 和任意 $\alpha \in (0,1)$, $\boldsymbol{p}_1 \succsim \boldsymbol{p}_2$ 当且仅当 $\alpha\boldsymbol{p}_1 + (1-\alpha)\boldsymbol{p} \succsim \alpha\boldsymbol{p}_2 + (1-\alpha)\boldsymbol{p}$。

　　然而, 现实生活中, 绝大多数的不确定性都是主观概率下的不确定性, 因此, 亟须对主观概率下的不确定性事件做出效用量化, 这时, Leonard J. Savage (1954) 的主观期望效用模型 (subjective expected utility model, SEU) 应运而生。Savage 构建了一套公理化体系, 通过六条公理搭建了 SEU 模型, 并证明存在唯一的、具备可加性的主观概率测度, 以用于计算经济人的期望效用水平。正如前面所述, 随着 Ellsberg 悖论的提出, Savage 构建的公理化体系受到了严重挑战, 学者们在后续对暧昧性及暧昧厌恶态度进行研究的过程中, 也主要针对 Savage 所提出的六条公理中最为核心的确定事件原则和弱比较概率公理 (weak comparative probability) 做出相应的修正和弱化。事实上, 确定事件原则与客观期望效用模型中的独立性公理并没有本质上的区别, 因此, 要想对主观概率不确定性下的期望效用做出合理的度量, 便需要放松确定事件原则的假设。

　　前面提到, 除了客观概率不确定性和主观概率不确定性以外, 还可能存在两阶段复合彩票。Anscombe 和 Aumann (1963) 对此类不确定性问题进行了理论建模, 考察更为一般的情形——三阶段复合彩票, 即轮盘赌—赛马—轮盘赌彩票, 并从两方面作出了重要贡献: 一方面, 他们为同时包含客观和主观不确定性的问题提出了研究框架, 而这也正是 Ellsberg 悖论的例子中所阐述的问题, 因此, Anscombe 和 Aumann 的模型框架对后续暧昧性及暧昧厌恶态度的相关研究打下了理论基础; 另一方面, Anscombe 和 Aumann 将客观层面的内容引进主观层面体系中, 并由此推导出比 Savage (1954) 的公理化体系更为简明扼要的理论框架。

　　随后, 许多学者尝试通过放宽 Savage 的确定事件原则提出能够满足 Ellsberg 悖论的主观期望效用模型, 并涌现出大量理论结果, 如最大最小期望效用模型理论 (Gilboa & Schmeidler, 1989)、Choquet 期望效用理论 (Schmeidler, 1989)、光滑暧昧决策模型 (Klibanoff et al., 2005)、变分偏好模型 (Maccheroni et al., 2006) 等, 此类理论模型的提出, 为之后暧昧性及暧昧厌恶态度在经济、金融学领域中的应用提供了可能。这些理论模型的具体表现形式和相互之间的区别将在 1.1.2 节做具体介绍。

　　由于暧昧性是一种无法度量的不确定性, 在研究过程中, 要想获得与暧昧性相关的数据十分困难。因此, 不少学者选择采用实验的形式获取直接数据, 并用确定性等价 (certainty equivalent) 的高低反映决策者的暧昧厌恶程度。Bossaerts 等 (2010) 建立理论模型, 考察投资者对暧昧的异质性态度, 以及这一存在异质性的暧昧厌恶态度是否导致其所持资产组合的异质性, 并设计相应的"抽球彩票"实验验证了理论模型中推导出的假设, 认为资产价格可以反映所有投资者的平均信念, 并且暧昧厌恶的超边际投资者 (inframarginal agents) 对资产价格不会产生直接影响。为探究暧昧厌恶态度是否能解释家庭资产组合选择之谜, Dimmock 等 (2016) 通过网络渠道开展"抽球彩票", 以获得人们的暧昧厌恶态度及每个人的家庭背景、学历、收入等个人信息, 并用该实验数据进行后续讨论。Chew 等 (2017) 对 Ellsberg 的实验做出改进, 将"抽球彩票"变为"抽卡牌彩票", 并且通过不断改变一组卡片中各种颜色卡片所占的比例观察人们对部分暧昧 (partial ambiguity) 的态度, 进而考察各种暧昧厌恶效用模型是否能很好地反映决策者们所表现出的态度。事实上, 还有不少考察暧昧厌恶态度的实验研究, 这些研究不再仅

仅关注 "抽球彩票", 而是通过让实验者们对更贴近现实的选项做出选择, 如让实验者们面临拍卖博弈 (Chen et al., 2007)、选择不同类型的保险 (Einhorn & Hogarth, 1986; Kahn & Sarin, 1988; Hogarth & Kunreuther, 1989, 1992; Kunreuther et al., 1995) 和医疗方案 (Curley et al., 1989; Ritov & Baron, 1990; Viscusi et al., 1991) 等。

近年来, 一些学者尝试使用历史数据对暧昧性问题进行研究, 在这类研究中, 学者们通常针对历史数据中呈现出的特殊现象以及尚未解决的金融异象构建相应的理论模型, 深入研究宏观层面与微观层面问题, 同时采用对应数据进行数值模拟, 以检验模型的可靠性并探究暧昧性在其中所起的作用 (Ju & Miao, 2012; Jahan-Parvar & Liu, 2014; Chen et al., 2014)。此外, 甚至有学者根据暧昧性的定义, 尝试构建能够间接度量暧昧程度的量化指标。Brenner 和 Izhakian (2018)、Izhakian (2020)、Izhakian 和 Yermack (2017) 假设每只股票均服从对数正态分布, 但是分布的具体参数是不确定的, 即每只股票存在多种可能的密度函数, 由此, 他们构建指标度量概率测度的方差, 并用这一方差作为股票暧昧程度大小的度量指标。作为目前仅有的暧昧程度量化指标, 该指标得到了学术界的认可, 为暧昧性相关问题的研究提供了实证工具, 但至今关于暧昧性问题的实证研究仍十分匮乏。

1.1.2 暧昧厌恶效用函数的刻画

Savage (1954) 尝试通过构建公理化体系, 对主观概率事件下的经济人效用做出刻画。虽然其中的确定事件原则和弱比较概率公理受到了 Ellsberg 悖论的挑战, 但 Savage 主观概率模型着实为后续暧昧厌恶相关模型的构建提供了理论框架。之后, 学者们在探究如何对暧昧厌恶经济人的效用进行衡量时, 主要通过修改或者放宽确定事件原则和弱比较概率公理的要求, 以获得与 Ellsberg 悖论相一致的理论体系。

Gilboa 和 Schmeidler (1989) 将 Ellsberg 悖论中的实验结果解读为: 人们由于在事前所拥有的信息不足, 导致他们无法对事件形成唯一的先验概率分布, 但他们会由此形成一组可能的概率分布。此外, 由于人们通常表现出暧昧厌恶态度, 故而他们会在所有可能的概率分布集合中挑出最小化其期望效用水平的一个概率分布, 并基于这一概率分布进行最优化决策。Gilboa 和 Schmeidler (1989) 根据这一解读, 构造出了最大最小期望效用模型 (maxmin expected utility, MEU), 有时被称作多重先验概率模型 (multiple-priors model, MP)。在这一模型中, 对于行动 $f(\cdot)$, 暧昧厌恶经济人的效用为:

$$W\left(f\left(\cdot\right)\right)=\min_{\mu\in C}\int U\left(f\left(\cdot\right)\right)\mathrm{d}\mu \tag{1.1}$$

其中, C 是概率测度构成的凸集, $U(\cdot)$ 表示 von Neumann-Morgenstern 效用函数。在 MEU 中, Gilboa 和 Schmeidler (1989) 的公理化体系保留了 Savage(1954) 公理化体系中除确定事件原则和弱比较概率公理以外的其他内容, 而对确定事件原则中的要求做出弱化。事实上, 确定事件原则在本质上与独立性公理并无二致, 因此, 可将其替换为确定性独立公理和不确定性厌恶公理, 而从不确定性厌恶可以推出反映偏好关系的拟凹函数。

确定性独立: 对任意行动 f_1、f_2 和常数行动 x 及任意 $\alpha \in (0,1)$: $f_1 \succsim f_2$ 当且仅当 $\alpha f_1 + (1-\alpha)x \succsim \alpha f_2 + (1-\alpha)x$。

不确定性厌恶: 对任意行动 $f \succsim f'$, 任意 $\alpha \in (0,1)$ 可以推出 $\alpha f + (1-\alpha)f' \succsim f'$。

Gilboa 和 Schmeidler (1989) 的 MEU 模型可以很好地切合 Ellsberg 悖论中的实验结果, 实际上, 早在悖论提出之时, Ellsberg 曾提出过人们可能遵循的偏好准则, 后来被学者们证明这一准则是 MEU 中的一个特例:

$$W(f(\cdot)) = \rho \int U(f(\cdot))\mathrm{d}\mu_0 + (1-\rho)\min_{\mu \in D}\int U(f(\cdot))\mathrm{d}\mu \tag{1.2}$$

其中, $\rho \in (0,1)$ 表示经济人对自己根据所有已知信息估计出的最可能的概率测度 μ_0 的自信程度, MEU 中的先验概率测度集合为 $C = \rho\mu_0 + (1-\rho)D$。

Ghirardato 等 (2004) 提出了 MEU 的一般形式, 常被称作 α-最大最小期望效用, 或者称作 α-MEU:

$$W(f(\cdot)) \equiv \alpha \min_{\mu \in C}\int U(f(\cdot))\mathrm{d}\mu + (1-\alpha)\max_{\mu \in C}\int U(f(\cdot))\mathrm{d}\mu \tag{1.3}$$

其中, 当 $\alpha = 1$ 时, 式 (1.3) 退化为 MEU, 而当 $\alpha = 0$ 时, 为最大化最大效用, 因此, 式 (1.3) 可以很好地适用于多种类型的暧昧态度, 而并非仅仅针对暧昧厌恶态度。然而, 令人遗憾的是, Siniscalchi (2006) 发现, 当 $\alpha = \dfrac{2}{3}$ 时, α-MEU 表现出的结果与当 $\alpha = 1$ 时的结果并无区别; Eichberger 等 (2011) 证明得出 α-MEU 仅适用 $\alpha = 0$ 和 $\alpha = 1$ 两种情形, 无法如设想中那般针对任何类型的暧昧态度均成立。

此外, Schmeidler (1989) 提出了 Choquet 期望效用 (Choquet expected utility, CEU), 或者称为等级依赖效用 (rank-dependent expected utility, RDEU/RDU)。尽管等级依赖效用理论是由 Quiggin (1982) 提出的, 但 CEU 和 RDEU 在本质上是完全相同的偏好关系模型。Schmeidler (1989) 所提出的 CEU 与 MEU 的根本区别在于, MEU 是假设经济人根据已知信息而形成多个先验概率测度, 但 CEU 假设的是存在唯一的非可加概率测度 $v(\cdot)$[称为容度 (capacity)], 并采用 Choquet 积分对非可加概率测度 $v(\cdot)$ 下的期望效用进行计算, 故而这一期望效用被称作 Choquet 模型:

$$W(f(\cdot)) \equiv \int U(f(\cdot))\mathrm{d}v = \int_{-\infty}^{0}[v\{s : U(f(s)) \geqslant \alpha\} - 1]\mathrm{d}\alpha + \int_{0}^{\infty}v\{s : U(f(s)) \geqslant \alpha\}\mathrm{d}\alpha \tag{1.4}$$

CEU 模型中的公理化体系同样对 Savage (1954) 的独立性公理进行了修正, 并采用了弱化后的同单调独立性 (comonotonic independence) 公理。Schmeidler (1986, 1989) 在模型中证明了 CEU 事实上是 MEU 的一个特例, 即当 MEU 中的先验概率测度集合 C 与 CEU 中容度 $v(\cdot)$ 的核心相同时, CEU 与 MEU 完全一致。

正如 1.1.1 节中所述, Ellsberg 悖论可以被理解为两阶段复合彩票, 即同时包含主观概率不确定性与客观概率不确定性。许多学者针对这一两阶段复合彩票的特质, 构建出了一系列衡量暧昧厌恶下期望效用的模型 (Segal,1987; Klibanoff et al., 2005; Ergin & Gul, 2009)。

Segal (1987) 提出的递归模型 (recursive model) 是最早采用两阶段思想描绘暧昧厌恶效用的模型之一, 假设了人们并不清楚不确定事件具体将依何种概率测度 $\mu \in \Delta(s)$ 发生, 但人们知道每种概率测度 μ 的发生概率, 即知道 $\Delta(s)$ 上的概率测度 M, 其中 s 为自然状态集 S 中的元素。Segal (1987) 首先假设人们对客观 "彩票" 的偏好关系可以由效用函数 $V(\cdot)$ 表示, 则对于任意的行动 $f(\cdot)$, 可以估计它在测度 μ 下的确定性等价 $CE(f, \mu)$:

$$V\left(CE(f, \mu), 1\right) = V\left(\cdots ; x_j, \mu(E_j); \cdots\right) \tag{1.5}$$

在第二阶段, 由于经济人并不知道真正的概率测度 $\mu(\cdot)$, 故此时可基于测度 $M(\cdot)$ 计算各个确定性等价下的效用函数, 并用于体现人们对行动 $f(\cdot)$ 的偏好关系:

$$W\left(f(\cdot)\right) \equiv V\left(\cdots ; CE\left(f, \mu_k\right), M(\mu_k); \cdots\right) \tag{1.6}$$

显然, 经过检验, 此时的效用函数与 Ellsberg 悖论中的偏好关系一致。

Klibanoff 等 (2005) 同样借助两阶段复合彩票的思想, 提出了光滑暧昧决策模型 (KMM 模型), 这一模型与 Segal (1987) 提出的递归模型的主要区别在于其对两个阶段使用了不同的效用函数。具体而言, KMM 模型的偏好关系可以由下述光滑函数表示:

$$W(f(\cdot)) = \int_{\Delta(S)} \phi\left(\int U(f(\cdot))\mathrm{d}\mu\right) \mathrm{d}M(\mu) \tag{1.7}$$

其中, $U(\cdot)$ 是 von Neumann-Morgenstern 效用函数, M 表示人们在第二阶段形成的先验概率, 而 $\phi(\cdot)$ 为人们在第二阶段的效用函数。KMM 模型的公理化体系中, 最为重要的一条假设堪属一致性 (consistency) 假设, 这一假设将人们对标准行动的偏好与对第二阶段行动的偏好连接在一起。尽管 KMM 模型提供了一个看似 "完美" 的光滑效用函数, 但在实际运用中却仍存在许多弊端, 如所谓的第二阶段行动, 在现实生活中并无法被直接观测, 因此, 第二阶段的效用函数 $\phi(\cdot)$ 和第二阶段的概率测度 M 仅仅起到了提供数值表示的作用。此外, 大量实验结果表明, 人们在金融市场中面临暧昧时的决策方式是不光滑的, 因此 KMM 的光滑暧昧决策理论或许并不适用于真实决策场景 (Ahn et al., 2014; Asparouhova et al., 2015; Bossaerts et al., 2010)。

Ergin 和 Gul (2009) 对 Segal 两阶段方法做出变形, 重新解读 Ellsberg 悖论, 并构建出相应的理论模型, 该模型很好地将 KMM 模型和 CEU 模型作为特例囊括其中。他们指出, Ellsberg 悖论中的实验可以拆分为两个独立的实验, 第一个实验中包含写着 $1 \sim 90$ 的数字的卡片, 而第二个实验是抽球实验, 其中每颗小球均被标上了 $1 \sim 90$ 号, 且第 $1 \sim 30$ 号小球为红色球, $31 \sim 90$ 号小球为黑色球和黄色球中的一种。实验者首先从卡片中抽取一张, 以确定抽取第几号球; 而后需猜测所抽取的小球的颜色。这样一来, Ellsberg 悖论实验被解读成这两个独立实验的复合形式, 相应地, 也可搭建该两阶段复合彩票的公理化体系。Ergin 和 Gul (2009) 指出, 若对模型施加 Savage 的确定事件原则, 此时可得到 KMM 模型; 而若对模型施加同单调独立性公理, 则可得到 CEU 模型。

Siniscalchi (2009) 提出了一种不同的方式对暧昧态度偏好进行刻画, 其模型最主要的思想在于假设效用函数是建立在基准模型基础上的, 即存在一个基准主观概率测度, 并根据具体情况对基准模型做出调整。这一模型被称作向量期望效用模型 (vector expected utility, VEU)。VEU 对很大范围的暧昧态度均可适用, 其公理化体系中最重要的一条便是互补独立性 (complementary independence)。VEU 的具体表现形式为:

$$W(f(\cdot)) = \int U(f(\cdot)) \mathrm{d}\mu + A \left(\mathrm{cov} \left(U(f(\cdot)), \zeta_1 \right), \cdots, \mathrm{cov} \left(U(f(\cdot)), \zeta_N \right) \right) \quad (1.8)$$

其中, μ 为基准先验概率, $\zeta_1, \cdots, \zeta_N$ 为调整因子, $A(\cdot)$ 为调整函数。对调整因子进行标准化后, 可得到:

$$\mathrm{cov} \left(U(f(\cdot)), \zeta_n \right) = \int U(f(\cdot)) \cdot \zeta_n \mathrm{d}\mu \quad (1.9)$$

如前面所述, Gilboa 和 Schmeidler (1989) 最大最小期望效用模型中的关键公理之一是确定性独立公理, 然而这一公理事实上是一条非常强的假设, 将任意一个行动 $f(\cdot)$ 与常数行动 x 进行复合, 将导致新的行动的波动率低于原行动 $f(\cdot)$, 并且会使复合后的行动对应的效用相比于原行动的效用发生上升或者下降。鉴于这两点原因, Maccheroni 等 (2006a) 对确定性独立公理做出了弱化。

弱确定性独立公理: 对任意行动 f_1、f_2, 常数行动 x_1、x_2 和任意 $\alpha \in (0,1)$, 若 $\alpha f_1 + (1-\alpha)x_1 \succsim \alpha f_2 + (1-\alpha)x_1$, 则 $\alpha f_1 + (1-\alpha)x_2 \succsim \alpha f_2 + (1-\alpha)x_2$。

Maccheroni 等 (2006a) 证明得出弱序、非退化性、单调性、连续性、不确定性厌恶和弱确定性独立六条公理是式 (1.10) 效用函数存在的充要条件, 而式 (1.10) 被称作偏好的变分表现形式 (variational representation):

$$W(f(\cdot)) = \min_{\mu \in \Delta(S)} \int U(f(\cdot)) \mathrm{d}\mu + c(\mu) \quad (1.10)$$

其中, $c : \Delta(S) \to [0, \infty]$ 是下半连续、凸的成本函数, 而该成本函数也是这一变分表现形式的核心。在变分表现形式下, MEU 作为特例被囊括其中, 而变分偏好与 MEU 的主要区别在于, 变分偏好认为要想得到使期望效用最低的概率测度 μ, 就必须付出一定的成本。

上述模型的构建, 为研究暧昧和暧昧厌恶下的相关问题打下了理论基础, 而随着人们对暧昧性问题研究的深入, 暧昧厌恶模型正在向动态递归发展。例如, Maccheroni 等 (2006b) 引入多时期概念, 将偏好的变分表现形式推广至动态变分偏好 (dynamic variational preferences); Epstein 和 Schneider (2008) 在研究资产定价问题时, 将 MEU 推广为多时期的递归形式; Klibanoff 等 (2009) 也在 Klibanoff 等 (2005) 的光滑暧昧决策模型基础上拓展出递归形式的 KMM 模型等。近几年, 学者们在研究金融问题过程中引入了暧昧性, 并大量使用动态递归暧昧效用模型, 使这一领域得到了蓬勃发展。

1.1.3 暧昧性对经济金融市场的影响

自 Ellsberg (1961) 提出暧昧性一词以来, 暧昧性和暧昧态度所产生的影响一直是学术界关注的焦点。暧昧性反映市场中无法获知准确概率分布的不确定事件, 而多项实验结果表明, 绝大多数经济人对暧昧事件均持有厌恶态度。正如风险厌恶态度对经济、金融市场均衡具有重要意义, 类似地, 学者们也试图探究暧昧厌恶态度带来的具体影响。

在金融市场中, 投资者的风险态度对市场均衡价格有着重要影响, 暧昧性的存在, 是否对投资者所持风险资产的均衡头寸产生影响? 是否会改变资产均衡价格? 传统一般均衡难以解释的金融异象是否源自市场中暧昧性的存在? 目前关于暧昧性实际应用的文献, 主要集中于解决上述几类问题。

1. 暧昧性与资产定价

Epstein 和 Schneider (2008) 创新性地考察了当市场上关于资产收益的信息存在暧昧性时, 暧昧厌恶投资者将如何进行决策。他们假设市场上存在两类信息: 有形信息和无形信息, 其中无形信息具有暧昧性, 并且假定市场中投资者采用递归最大最小期望效用 (递归 MEU) 的方式进行决策。Epstein 和 Schneider (2008) 通过假设投资者接收到的信号中存在一个扰动项, 而扰动项所遵循分布的方差未知 (取值处于某个区间), 即信号 $s = \theta + \varepsilon, \varepsilon \sim N(0, \sigma_s^2), \sigma_s^2 \in [\underline{\sigma}_s^2, \overline{\sigma}_s^2]$。从他们所构建的理论模型中可以发现, 当经济基本面的波动性很大时, 信息的质量越差, 投资者要求的超额收益越高, 并且投资者针对暧昧程度不同的信息将做出不对称的决策, 这一不对称性将导致资产价格分布中出现偏度。Epstein 和 Schneider (2008) 开创性地考察了信息中存在不确定性时金融市场的表现形式, 并且用信号中的噪音反映暧昧, 为之后学者们研究信息暧昧性提供了思路。后续的相关研究中, 凡是涉及信息暧昧性的话题, 学者们普遍使用在信号中加入存在暧昧性扰动项的方式对问题进行刻画。例如, Condie 和 Ganguli (2017) 在研究具有暧昧性的内部信息对资产价格的影响时, 同样假设内部投资者获得的暧昧信号中存在扰动项, 即与 Epstein 和 Schneider (2008) 所假设形式一致, 但此处他们认为内部投资者知道扰动项的方差, 但对均值缺乏准确认知。从 Condie 和 Ganguli (2017) 的三期 MEU 模型结果可知, 内部投资者的暧昧厌恶态度使其在接收内部信息后对是否持有风险资产进行权衡, 直到资产的暧昧溢价足够高时, 他们才会继续持有风险资产; 对于无内部信息的投资者而言, 除了暧昧溢价之外, 他们还会要求额外的风险溢价, 即市场中的投资者减少导致他们所承担的风险增加而产生的溢价。Illeditsch (2011) 采用与 Epstein 和 Schneider (2008) 相同的信号形式与 MEU 模型, 研究发现即便在无摩擦市场中, 投资者也会出现资产组合惰性, 即在价格发生变化时也不愿意改变自己的投资策略; 此外, 当关于公司现金流的新闻发布时, 资产的超额波动率很高。郭荣怡等 (2018) 在前人基础上假设两类风险资产收益之间的相关系数存在暧昧性, 讨论信息更新与暧昧性对投资者风险资产的需求函数和市场一般均衡的影响。

Bossaerts 等 (2010) 从理论角度探究暧昧性和暧昧态度在竞争金融市场中对投资者资产选择和均衡资产价格的影响, 并且使用实验数据对模型结果进行验证。他们的理论模型假设市场中存在三种可能状态, 但人们对每种状态发生的概率并不知情, 因此存在暧昧性。为了研究投资者的不同暧昧态度对市场均衡的影响, 他们采用 α-MEU 作为暧昧决策模型, 并认为当 $\alpha > \frac{1}{2}$ 时, 投资者为暧昧厌恶的, 而当 $\alpha < \frac{1}{2}$ 时, 投资者是暧昧喜好的。他们的研究结果表明, 投资者的异质性暧昧态度也将相应地引起异质性资产组合, 而对于极度暧昧厌恶 ($\alpha = 1$) 的人而言, 在某个价格区间中, 他们拒绝持有存在暧昧性的资产组合; 此外, 市场均衡资产价格可以反映所有投资者的平均信念。随后, 他们设计相应的实验以检验其理论模型推论, 结果表明, 模型中的所有猜测均得到了实验结果验证。然而, Eichberger 等 (2011) 证明 α-MEU 或许并不能真实反映不同暧昧态度的投资者的决策结果, 因此, 之后在实际研究暧昧性对经济金融市场的影响时, 绝大多数学者也都避免选择 α-MEU 作为暧昧决策模型开展理论研究。

除 Bossaerts 等 (2010) 研究投资者的暧昧态度对资产组合的影响外, Gollier (2011) 使用比较静态分析的方法, 采用光滑暧昧决策 (KMM) 模型考察投资者的绝对暧昧厌恶程度不同将产生何种影响。Gollier 假设市场上有安全资产和不确定性资产, 其中不确定性资产的超额收益对投资者而言存在暧昧性。结论表明, 与考虑市场中仅存在风险的情形不同, 当资产超额收益存在暧昧性时, 暧昧厌恶程度越高的投资者并不一定会持有更少的不确定性资产; 相反, 当资产溢价很高时, 他们甚至会增加对不确定性资产的持有量。Gollier (2011) 的理论模型还发现, 暧昧厌恶程度越高的投资者会将更大的权重赋予可能发生的较差情况, 这一结论与 MEU 决策模型中的假设一致。

除了对参数暧昧性进行刻画外, 还有学者研究了模型设定的不确定性带来的影响。Chen 等 (2014) 假设投资者面临资产定价模型错误设定问题, 并且考察当存在两种可能的收益预测模型——独立同分布模型 (IID) 和 VAR 模型时, 投资者的资产配置行为。他们使用递归 KMM 决策模型研究发现, 暧昧厌恶投资者的资产配置行为通常表现得较为悲观: 当价格/分红预测值很低时, 暧昧厌恶投资者倾向于不参与市场; 当预测值较高时, 投资者也会持有比传统模型中更少的风险资产。

金融市场中, 除了个体投资者以外, 还有许多机构投资者。机构投资者之间相互博弈, 运用专业知识推测对方的交易策略, 以获得自己的最大收益。监管机构出台的许多规定, 目的都在于使市场更透明有效, 而更加透明的市场也能够促进机构投资者之间相互识别对方的投资策略。然而, 此类公开信息的规定却不适用于对冲基金, 它们无须对公众公开其运营信息, 并且往往拥有属于自己的内部信息, 因此, 共同基金无从获取对冲基金的交易策略。Easley 等 (2014) 研究了当对冲基金的交易策略对共同基金而言存在暧昧性时, 各种监管措施 (包括信息公开、提高对冲基金运营成本) 是否会影响市场均衡与效率, 其中, 共同基金的基金经理认为对冲基金基金经理的风险容忍程度处于某个区间中, 但无从获知其准确的分布。Easley 等 (2014) 采用 MEU 决策模型, 并在理论模型中假设投资者可以在共同基金 (透明投资者) 和对冲基金 (不透明投资者) 的身份中选择一种, 但选择对冲基金时需要支付一定的费用。理论模型结果显示, 若提高对冲基金运营成本, 将挤出对冲基金, 导致市场上的资本溢价更高, 损害社会整体福利; 而若要求信息公开, 则有两方面影响: 信息公开可以让透明投资者推断出对冲基金的交易策略, 从而从中分一杯羹, 并降低资本溢价; 但信息公开要求将使得对冲基金退出市场, 又会导致资本溢价提高, 两方面影响的综合效果无法直接观测。

通常资产定价的文献以实证研究居多, 但由于暧昧性程度难以度量, 暧昧市场下的资产定价鲜有实证数据进行研究。Brenner 和 Izhakian (2018)、Izhakian (2020)、Izhakian 和 Yermack (2017) 尝试构建的资产暧昧性度量指标为实证研究提供了可能性。他们假设每一种资产收益均服从对数正态分布, 但分布参数存在不确定性, 并根据这一特点构造出了每一只股票的暧昧程度度量指标。Izhakian 和 Yermack (2017) 用高频数据计算出指标值, 并且发现该指标显著影响公司高层执行其股票期权的时间。此外, Jeong 等 (2015) 从宏观经济角度探究暧昧性对资产定价的影响时, 采用鞅回归方法 (martingale regression)(Park, 2010) 进行实证检验, 该方法可以有效避免对不确定参数做出估计。尽管如此, 对于暧昧量化指标和实证研究的文献依然十分匮乏, 有待进一步发展。

2. 暧昧性对金融异象的解释

关于暧昧性的另一主要研究方向为在模型中引入暧昧性以尝试对经济金融异象做出解释。宏观金融领域聚焦的热点在于解决股权溢价之谜 (equity premium puzzle) 和过度波动之谜 (excess volatility puzzle), 而微观金融方面, 家庭投资中出现的诸如 "有限参与" "本土偏好" "分散化不足" 等现象亦是传统理性预期均衡模型无法解释的金融异象。然而, 随着学者们从暧昧角度对这些经济金融异象重新进行考察, 他们发现, 暧昧和投资者的暧昧厌恶态度, 是导致这些金融异象出现的主要原因。

Caskey (2009) 曾发现暧昧厌恶投资者的存在将使市场上出现持续的超额收益。Chen 和 Epstein (2002) 试图在连续时间下, 采用暧昧决策框架探究股权溢价之谜。他们对 Gilboa 和 Schmeidler (1989) 的多重先验概率模型做出改进, 提出了在连续时间下的递归多重先验概率模型, 通过这一模型可以区分风险厌恶、暧昧厌恶和跨期替代意愿等; 假设资产价格遵循布朗运动, 并且理论模型发现, 资产的溢价部分由风险溢价和暧昧溢价构成, 因此可以解释股权溢价之谜。Maccheroni 等 (2013) 同样发现当市场上存在暧昧资产时, 资产收益中将包含暧昧溢价部分, 他们拓展了经典的 Arrow-Pratt 模型, 借助光滑暧昧决策模型 (KMM) 的思想, 构建了一个经暧昧调整后的均值—方差模型, 理论模型结果发现, 资产超额收益的符号与持有暧昧资产的头寸方向有关, 正的超额收益对应正的暧昧资产头寸, 反之亦然。

Weitzman (2007) 研究了当结构不确定时, 经济人的主观信念更新是否可以解释股权溢价之谜和过度波动之谜, 考虑基于消费的宏观资产定价模型, 并且考察人们对消费增长率的方差存在不确定性 (暧昧性) 的情形。若方差受到 IID 冲击的影响, 人们根据贝叶斯准则更新自己的信念, 由此获得对未来增长率的估计分布会与实际分布更加贴合, 因此, Weitzman 认为在研究此类不确定性问题时, 应同时将人们对不确定性的厌恶态度和贝叶斯信念更新同时纳入模型进行考量, 且人们对结构不确定性的厌恶态度将导致资产收益率过高, 并且存在资产价格过度波动现象。Weitzman (2007) 尽管未提到暧昧性一词, 但其所描述的不确定性与 Ellsberg 定义的暧昧性并无区别, 而 Weitzman 提出的在研究宏观不确定性问题时应同时考虑不确定厌恶态度和贝叶斯信念更新的模型, 更是为之后的理论研究提供了基础, 许多研究均是在这一框架下进行的 (Leippold et al., 2008; Ju & Miao, 2012; Chen et al., 2014; Jahan-Parvar & Liu, 2014)。Bakshi 和 Skoulakis (2010) 用数值模拟的方式对 Weitzman (2007) 模型进行检验后发现, Weitzman 提出的模型要想解释股权溢价之谜和过度波动之谜, 需假设一个离谱的先验概率。

　　Ju 和 Miao (2012) 也尝试对股权溢价之谜、过度波动之谜和无风险收益率之谜做出理论解释。与 Weitzman 类似, 他们同样考察基于消费的资产定价模型, 并且提出了全新的暧昧决策模型: 一般化的递归 KMM 模型, 这一模型不仅可以用于解决涉及多期的经济问题, 并且可对暧昧性、暧昧厌恶和跨期替代弹性做出区分。他们在模型中假设消费和分红都遵循马尔可夫过程, 而人们对具体何种隐藏状态会发生并不清楚, 由此产生了暧昧性; 此外, 他们同样引入了贝叶斯信念更新, 而这一学习过程将导致资产收益出现时变性。他们认为理论模型可以用于解释股权溢价之谜、过度波动之谜和无风险收益率之谜, 认为这类金融异象的发生, 是由于暧昧厌恶投资者在进行决策的过程中, 会将权重过多地赋予经济环境较差时的定价核 (pricing kernel), 而这将导致消费冲击被放大。Leippold 等 (2008) 假设分红服从随机过程, 但人们对随机过程中的漂移项的具体取值并不清楚, 而只知道漂移项遵循的随机过程, 他们发现, 在贝叶斯学习和暧昧性共同作用下可以获得均衡状态下投资者对风险和收益的非线性权衡取舍, 而正是这一非线性关系导致了金融异象出现: 当投资者的风险厌恶程度较低时, 贝叶斯信念更新过程和暧昧厌恶态度将共同导致资产溢价和波动率的上升。与 Weitzman (2007)、Ju 和 Miao (2012) 考察的基于消费的资产定价模型不同, Jahan-Parvar 和 Liu (2014) 则探讨了在基于产出的资产定价模型中暧昧性所产生的影响, 并试图从宏观层面对上述谜题进行解释。他们借助 Ju 和 Miao (2012) 的动态递归 KMM 模型, 在动态随机一般均衡 (DSGE) 模型中引入暧昧性, 假设产出增长率服从马尔可夫链, 并且状态变量不可观测, 由此人们对其存在暧昧厌恶态度; 其中, 在经济中, 人们遵循贝叶斯规则更新自己的信念。Jahan-Parvar 和 Liu (2014) 的模型同样可以对经济异象做出解释。

　　Bianchi 等 (2018) 则从另一个角度探究异象, 他们考虑当家庭具有暧昧厌恶态度时, 冲击之下的商业周期变化, 其中, 假设公司营运利润存在着不确定性, 即冲击之下的边际产出和运营成本的均值对家庭而言均存在暧昧性, 并且假设公司股权结构是内生的。模型结果表明, 当收益的不确定性增大时, 会使得家庭减少持有风险资产而增加存款, 这将导致股价下降, 且公司此时更多地依赖内部融资而减少贷款, 并降低分红, 这些模型结果与美国战后数据高度吻合。

　　尽管采用包含暧昧性的宏观经济模型阐释金融异象的文献不在少数, 但真正用数据检验暧昧性和暧昧厌恶态度是否导致这些金融异象发生的实证检验却屈指可数, 究其原因, 正如暧昧性的定义所述, 暧昧性是一种不可度量的不确定性, 故而鲜有指标或是计量方法可以对暧昧相关问题做出刻画。Jeong 等 (2015) 采用了 Park (2010) 提出的鞅回归方法, 尝试检验暧昧性是否影响资产定价。鞅回归方法的优点在于, 可以避免估计本书所设置的暧昧性的参数, 且适用于既包含高频微观数据又包含更新频率较低的宏观数据的情况。Jeong 等 (2015) 考虑连续时间下的资产定价问题, 假设标的资产价格遵循布朗运动, 使用递归多重先验概率模型, 并用鞅回归方法估计参数值, 结果发现, 回归估计出的暧昧厌恶系数很稳健, 且在经济学和统计学意义上均显著, 这印证了 Epstein 和 Wang (1994) 以及 Chen 和 Epstein (2002) 的猜想, 即暧昧厌恶能够替代一部分的风险厌恶态度, 并且人们会要求暧昧溢价, 而暧昧溢价正是导致股权溢价之谜这一异象出现的原因之一。

除了宏观层面的股权溢价之谜和过度波动之谜以外, 微观层面的金融市场异象也是学术界不断尝试研究和解释的重要话题。微观数据表明, 家庭在金融决策过程中常常出现违背经典模型结论的行为, Dimmock 等 (2016) 通过网上有偿问卷形式, 获得答题者的暧昧态度以及个人信息, 并用这些数据进行实证分析, 发现暧昧性会导致 "投资者有限参与市场" "本土偏好" "资产组合风险分散化不足" 等金融异象。

(1) 有限参与现象。

Easley 和 O'Hara (2009) 从监管角度考察了何种监管措施可以缓解投资者有限参与市场的现象。与其他研究中通常假设市场上只有代表性投资者不同, Easley 和 O'Hara 模型中考虑存在两种相互独立的风险资产和两类异质性投资者 (天真投资者和精明投资者), 且他们对资产收益的分布具有不同认知, 其中, 简单投资者并不知道资产收益均值和方差的具体取值。Easley 和 O'Hara 发现, 要想提高人们的市场参与度, 需出台相关法律法规以降低人们对收益波动率的预期中的最大值, 并提高对平均收益预期值中的最小值。在此研究基础上, Easley 和 O'Hara (2010) 考察了市场微观结构对投资者市场参与度的影响。他们假设经济中存在两个相互竞争的交易所, 并且两个交易所的暧昧程度不同, 其中一个交易所完全不具有暧昧性, 而另一个交易所则有暧昧性存在。由于市场参与度的提高能给整体社会福利带来好处, 即可以改善投资者的流动性水平、降低上市企业的发行成本、提高交易所的交易量, 因此探讨何种微观结构能够降低暧昧程度、进而缓解有限参与现象是十分必要的。

Ui (2011) 结合 Easley 和 O'Hara (2009) 对暧昧性的刻画, 并引入 Grossman (1976) 的信息不对称模型, 采用 MEU 决策准则, 研究有限参与现象对资产溢价的影响, 以及对风险溢价和暧昧溢价之间关系的影响。Ui (2011) 的模型同样得到了暧昧厌恶将在一定程度上替代风险厌恶态度的结论, 且当股票收益率的精度 (方差的倒数) 提高或是市场中投资者暧昧态度的方差很大时, 会导致有限参与现象的出现; 若市场中出现有限参与现象, 则意味着将由更少的人来承担市场风险, 因此他们会要求更高的溢价, 风险溢价相应提高; 而有限参与现象将降低暧昧溢价, 因为此时仍参与市场交易的投资者的暧昧厌恶程度较低, 相应地, 他们所要求的暧昧溢价也较低。

(2) 本土偏好现象。

Epstein 和 Miao (2003) 研究了连续时间下的暧昧性和暧昧态度对市场均衡的影响。他们假设市场中有两类投资者 (本国投资者和外国投资者), 而标的资产遵循二维随机过程, 即存在两个随机因子 (本国和外国的随机因子), 两类投资者分别对其中一个随机因子较为熟悉, 对另一个随机因子的分布存在暧昧。根据递归 MEU 获得的市场均衡显示, 投资者的投资策略将出现本土偏好。

Guidolin 和 Liu (2016) 使用 KMM 模型, 在研究暧昧态度对投资者所持有的国内资产与国外资产比例的影响时, 发现投资者表现出本土偏好。此外, Uppal 和 Wang (2003) 等同样发现了家庭所持有的资产组合在暧昧性作用下出现本土偏好特征。事实上, 本土偏好在一定程度上也是资产组合风险分散化不足的表现。而关于分散化不足问题的研究现状, 将在后文中具体介绍。

1.2 金融市场中的有限参与现象

Samuelson (1969) 和 Merton (1969) 说明, 除非存在参与约束, 否则预期效用最大化的投资者应在所有具有正预期回报的资产中投资任意小的金额, 无论其风险规避程度如何。然而, Blume 和 Friend (1975)、King 和 Leape (1984)、Mankiw 和 Zeldes (1991) 实证发现, 股市参与远未普及。Mankiw 和 Zeldes (1991) 使用 1984 年调查数据, 得出 2998 个美国家庭中只有 27.6% 持有股票, 而 72.4% 没有。这种与传统模型的差异 (Samuelson, 1969) 被称为有限参与之谜。Guiso 等 (2008) 使用 2004 年欧洲健康、年龄和退休数据来调查一些欧洲国家, 1997~1998 年金融研究调查中的英国和 1998 年消费者金融调查中的美国的数据, 显示这 12 个国家的平均持股量在 5.4%(西班牙) 和 66.2%(瑞典) 之间。根据 1998~2019 年消费者金融调查的数据, 只有 15%~20% 的美国家庭直接交易公开交易的股票, 即使包括通过共同基金和养老金账户进行的间接投资, 也只有大约一半的家庭拥有股票 (见图 1.1)。

这一异象在金融领域意义重大。Mankiw 和 Zeldes (1991)、Basak 和 Cuoco (1998) 认为, 股市的有限参与可以帮助解释股权风险溢价之谜。Zhang (2021) 表明, 股权有限参与有助于解释国际溢价之谜。相比之下, Vissing-Jørgensen (2002a) 侧重于分析有限参与对估计跨期替代弹性的影响, 而不是风险规避。这对于解释一些经济问题和政策至关重要, 但还不足以解释股权溢价之谜。Gomes 和 Michae-lides (2008) 表明, 有限参与是内生的, 对股权溢价的影响可以忽略不计。然而, 股东的消费增长更具波动性, 并与股票回报率相关。这就是他们将有限参与纳入资产定价模型校准的原因。此外, Cocco 等 (2005) 报告称, 由于投资固定份额, 特别是不参与, 造成的福利损失相当大。Easley 和 O'Hara (2010) 指出, 增加参与度的直接原因是交易执行和上市费用为交易所带来收入。间接影响是由较高的参与率引起的积极循环。交易量越大, 价差越低, 执行成本越低, 参与者和社会都会从中受益。因此, 有必要了解不参与股市背后的背景。

Orosel (1998) 表明, 股票市场参与水平的波动是由参与成本内生决定的。Vissing-Jørgensen (2002b) 发现了国家对投资决策的结构性依赖, 这支持了固定交易成本对股票参与的影响。Paiella (2007) 通过估计不完整投资组合放弃收益的下限来测试基于成本的不参与解释。他发现年度总参与成本 (包括可观察和不可观察的部分) 可能超过界限, 表明基于成本的解释没有被测试拒绝。Andersen 和 Nielsen (2011) 使用自然实验来测试参与约束, 特别是固定进入和持续参与成本对不参与的影响。他们的结果表明, 参与成本可以让一些投资者远离股市。尽管如此, 大多数人对意外遗产带来的意外财富没有反应。因此, 固定进入和持续参与成本并不能解释大多数不参与现象, 即使它们可以阻止一些个人持有股票。其他障碍, 如行为、认知和心理因素, 可能在决定是否交易股票方面发挥主导作用。

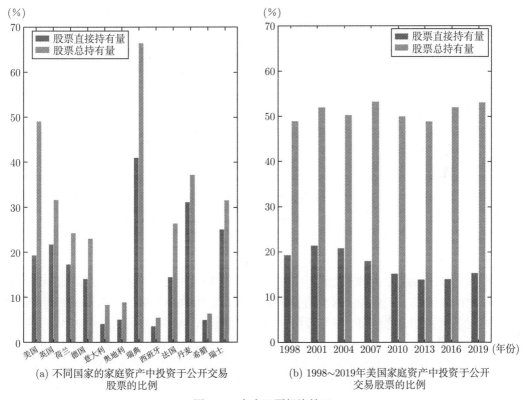

(a) 不同国家的家庭资产中投资于公开交易
股票的比例

(b) 1998~2019年美国家庭资产中投资于公开
交易股票的比例

图 1.1　家庭股票投资情况

注: 家庭参与率为 1%。

资料来源: Luigi Guiso et al.. Trusting the Stock Marker[J]. Journal of Finance, 2008, 63(6): 2557-2600; 美联储消费者财务状况调查 (SCF)。

　　Yao 和 Zhang (2005) 从住房的角度研究了出租或者拥有住房的投资者的最优动态投资组合选择。他们发现, 拥有房屋的投资者可以用房屋净值代替风险股, 但在租赁和拥有之间没有关系的情况下, 他们在流动性投资组合 (债券和股票) 中所占比例较高。Cocco 等 (2005) 证明, 房价风险挤出了持股, 这种挤出效应随着金融净值的降低而增大。Vestman (2019) 推翻了挤出效应的结论, 并证明了房主的股市参与率是租房者的两倍, 大多数家庭都有储蓄动机, 选择拥有房子并参与股市。但少数家庭很少有储蓄和参与的动机, 他们中的大多数人不是房主。差异分析中的差异没有发现房屋所有权对股市参与的挤出效应的证据。Catherine (2022) 提出, 由于周期性偏态风险敞口, 租房者和高杠杆率房主的终生消费主要取决于他们未来的收入, 而且他们不参与股市。

关于收入、财富和投资, Vissing-Jørgensen (2002b) 提供了非金融收入平均数对股市参与的积极影响以及波动性的负面影响的证据。Bonaparte 等 (2014) 使用美国青年数据的全国纵向调查, 检验了收入对冲对股市参与和资产配置决策的影响。他们发现, 收入增长与股市回报之间的负相关性越大, 投资者表现出的非参与倾向越大, 这表明收入对冲是影响股市参与的一个重要决定因素。Briggs 等 (2021) 的报告称, 暴利彩票增加了股市参与概率, 他们还发现对股票回报的悲观信念可以从生命周期模型中解释股市参与率的过度预测。Gormley 等 (2010) 发现, 私人保险市场和政府资助的社会保障计划 (如全民医疗) 的发展都与股市参与水平呈正相关。Fagereng 等 (2017) 对挪威家庭数据的研究发现, 当家庭开始接近退休时, 他们会决定减少股票份额或者退出股市。Magnus 等 (2018) 发现, 主动投资者 (61.9%) 的股市参与率 (定义为对股票或者股票共同基金的直接投资率) 比被动投资者 (45.5%) 高 16.4%。

另外, 社会互动、社区效应和同伴效应也是解释不参与现象的重要角度。Hong 等 (2004) 提出, 社会互动通过口碑分享信息和谈论市场的乐趣来影响股市参与。他们发现, 与非社会性家庭相比, 社会性家庭更有可能投资股市, 在股市参与率较高的州, 社会影响的作用更大。Brown 等 (2008) 为个人股票市场参与与社区效应之间的因果关系提供了证据。他们表明, 社区股票市场参与度增加 10%, 个人持股可能增加约 4%。Ouimet 和 Tate (2020) 研究了员工股票购买计划 (ESPPs) 中的员工决策, 发现通过员工网络传播的信息可以缓解参与不足。

个人的经济经验和由此引起的信任变化也会影响其投资组合决策。Malmendier 和 Nagel (2011) 研究了宏观经济经验对金融风险承担的影响, 认为股票市场回报率低的个人承担财务风险的意愿较低, 参与股票市场的可能性较小, 并且最近的经验比以前的经验对权重的影响更大。Knupfer 等 (2017) 的研究表示, 受到芬兰大萧条不利影响的工人, 以及处于邻居和家庭经历不利环境中的个人会减少对风险资产的投资。Giannetti 和 Wang (2016) 证明, 欺诈披露会损害信任, 进而降低股市参与度。Guiso 等 (2008) 提供的证据表明, 缺乏信任也可以解释股市有限参与。

个人的知识和认知也起着重要作用。Rooji 等 (2011) 的研究表明, 许多金融素养较低的家庭会回避股市。这些投资者主要从朋友和家人那里获得财务建议, 因而不太可能投资股票。Grinblatt 等 (2011) 发现, 在控制其他人口和职业信息后, 高智商投资更有可能持有股票和共同基金。Merkoulova 和 Veld (2022) 分析了忽视股票回报如何影响股市参与度。他们发现, 对预期回报和风险一无所知的人持有股票的可能性较小, 这与智力和金融素养的影响不同, 因为这种无知更多地基于认知而非知识。此外, 由社会互动引起的信任可能会显著增加风险无知个体之间的股票参与。

如上所述, 心理因素和偏好对决定是否交易股票可能产生主导影响, 如过度乐观 (Puri & Robinson, 2007)、损失厌恶 (Dimmock & Kouwenberg, 2010)、失望厌恶 (Ang et al., 2005) 等。Gomes 和 Michaelides (2005) 提出了一个生命周期资产配置模型, 发现整个人口中股市参与率较低, 且股市参与者持有股权较少。他们表明, 大多数风险厌恶和跨期替代弹性 (elasticity of intertemporal substitution, EIS) 较低的家庭不投资股票。

边际股东天生更厌恶风险, 故不会将其投资组合完全投资于股票。Dimmock 等 (2021) 测试了倒 "S" 型概率加权如何影响家庭投资组合选择。他们表明, 高估小概率的投资者更有可能不参与股市或者投资个别股票。同样, Huang 等 (2021a) 使用王变换和预期效用来表示概率权重和投资者的谨慎态度。此外, 有很多关于暧昧厌恶的相关文献。

Knight (1921) 最早区分了已知概率 (风险) 和未知概率 (奈特不确定性), 后者在 Ellsberg (1961) 的研究中被称为暧昧性。Dow 和 da Costa Werlang (1992) 以及 Epstein 和 Wang (1994) 使用暧昧厌恶来解释有限参与, 并研究其对资产价格的影响。Cao 等 (2005) 发现, 投资者对股票收益不确定性的分散程度较大时可能导致有限参与。当不确定性离散度较大时, 参与率随不确定性离散度的增加而降低; 同时, 风险溢价增加, 而不确定性溢价和股权溢价减少。Easley 和 O'Hara (2009) 表明, 暧昧厌恶可能导致有限参与。监管, 特别是对不太可能发生的事件的监管, 可以通过改变感知的最小平均回报和最大标准差以及减弱暧昧性的影响来增加参与度。Dimmock 等 (2016) 使用真实激励, 并通过调查数据发现了暧昧厌恶之间的负关系。在股票市场能力 (自我评估知识或者金融素养) 较低的受访者中, 参与股票市场的情况具有统计学意义。Huang 等 (2017a) 引入了相关系数的暧昧性, 并证明这种暧昧性可以通过投资者的理性决策导致不参与现象。

1.3 金融市场中的资产组合风险分散化不足问题

1.3.1 资产组合分散化不足问题的研究现状

自从 Markowitz (1952) 提出投资组合理论以来, 分散化投资 (diversified portfolio) 的理念已经被越来越多的投资者所接受。Markowitz 证明, 在一定的条件下, 一个投资者的资产组合选择可以归为两个因素的考量: 资产组合的风险与 (期望) 收益。资产组合的风险由方差来度量, 可以通过分散化投资策略来降低。但资产组合的风险并不仅仅依赖于单个资产的方差, 还依赖于其中各资产之间的协方差。然而, 一系列的实证研究结果表明, 在现实中, 绝大多数家庭所持资产组合通常存在分散化不足的现象。这一异象究竟是源自家庭的投资决策失误还是另有隐情? 关于家庭资产组合选择问题成为了微观金融领域学者们的热点研究话题。涉及资产组合分散化问题的大量实证研究结果显示, 许多家庭仅持有少量的几只个股 (Campbell, 2006; Mitton & Vorkink, 2007), 其资产组合与所谓的 "充分分散" 相距甚远。Goetzmann 和 Kumar (2008) 研究了一大型美国折扣经纪公司中的 60000 多个体投资者的六年期 (1991~1996 年) 分散化投资组合策略, 发现大多数个体投资者并不持有有效分散化的投资组合; 而对于只持有退休账户 [个人退休金账户 (IRA) 和基奥计划 (Keogh)] 的年老投资者, 持有分散化投资组合的程度更低。同样采用这些数据, Barber 和 Odean (2000) 发现, 一个典型的个体投资者的投资组合中仅持有 4 只股票。根据 2001 年美联储消费者财务状况调查 (SCF), Campbell (2006) 研究发现, 相当一部分家庭并未参与股票市场, 很多家庭即使参与但也并未持有分散化投资组合。此外, 家庭资产组合中存在本土偏好现象 (French & Poterba, 1991; Cooper & Kaplanis, 1994; Tesar & Werner, 1995; Pastor, 2000; Guidolin & Liu, 2016), 并且

对于企业家而言，他们会在自己经营的公司上投资过大比重 (Heaton & Lucas, 2000;
Vissing-Jørgensen & Moskovitz, 2002; Anderson & Reeb, 2003; Gentry & Hubbard,
2004; Heaney & Holmen, 2008; Cervellati et al., 2013)。

　　一系列研究试图探讨导致家庭资产组合出现分散化不足现象的原因。一部分学者认
为这一金融异象的出现是由于市场上存在摩擦 (如交易成本、税收等)，如 Paiello (2007)
即从参与投资成本的角度来解释这一异象，但 Gouskova 等 (2004) 指出参与成本并不是
影响投资者参与股票市场的重要因素。其他学者也认为市场摩擦只能在很小程度上对这
一异象做出解释，而主要原因则与投资者本身有关。Kaustia 和 Torstila (2007) 认为这
一现象和投资者的政治偏好有关。而 Easley 和 O'Hara (2009, 2010)、Huang 等 (2017a)
则通过投资者的认知暧昧性和暧昧厌恶偏好来解释。投资者的财富水平、收入、年龄、
受教育水平等同样也会对其资产组合的选择产生影响，并且家庭的财富水平越低、收入
越少、家庭成员的年纪越小、受教育水平越低的家庭更倾向于持有分散化不足的资产组
合，相比之下，财富水平较高、收入较多、年纪较大、受教育水平高和投资经验丰富的家
庭则会分散化自己的资产 (Blume & Friend, 1975; Vissing-Jørgensen, 2003; Campbell,
2006; Calvet et al., 2007, 2009a, 2009b; Goetzmann & Kumar, 2008; Liu, 2008, 2014;
Roche et al., 2010; Guiso & Sodini, 2013; Anderson, 2013)。然而，并非只有财富水平较
低的投资者才会选择持有分散化程度不足的资产组合，相反，存在少部分财富水平很高
的投资者也愿意仅集中持有少部分风险资产，一部分学者认为，这是由于财富水平高的
投资者很可能会获得关于资产的额外私有信息，从而出现所持有风险资产数量较少的现
象 (Goetzmann & Kumar, 2008; Campbell, 2006; Liu, 2008)。

　　此外，学者们还发现，风险分散化不足的资产组合相比于有效资产组合而言，具有某
些特征，如分散化不足的资产组合往往有更高的期望收益 (Liu, 2014)、较低的 Sharpe
比率 (Anderson, 2013)、收益具有较大的偏度 (Goetzmann & Kumar, 2008; Mitton &
Vorkink, 2007)，而总体而言，一部分学者认为分散不充分组合的表现不如分散充分的资
产组合 (Zion et al., 2010; Anderson, 2013)，然而，也有部分学者则认为尽管此时资产组
合的风险分散化不足，但对投资者而言却是最优的资产组合，该现象是他们理性决策的
结果 (Mitton & Vorkink, 2007; Liu, 2008, 2014; Kacperczyk et al., 2009; Roche et al.,
2010)。

　　此外，还有其他学者对分散化不足现象做出了解释。Kacperczyk 等 (2009) 认为人
们的投资行为和获取信息的行为是相互影响的，即人们通常会特意去了解自己希望投资
的风险资产的信息，反之人们又往往因为自己获取了某些资产的私有信息而对该资产进
行投资，因此，他们构建理论模型对这一交互影响进行刻画，发现了投资者所持有资产组
合的分散化不足现象，而这一现象的出现是由于信息能够减少风险资产对其而言的不确
定性。Uppal 和 Wang (2003) 认为，由于资产定价模型对投资者而言存在错误设定的问
题，而这一模型设定不确定性的存在将导致投资者的最优资产组合相比于传统模型出现
严重的分散化不足现象。Liu (2008, 2014) 则认为这一金融异象源自投资者对其终值财
富有一个最低要求，即终值财富需高于一个非负水平，而当人们对这一最低水平的要求

提高时, 他们投资组合的分散化程度更低, 但组合的风险也更低。而 Jiang 等 (2022) 在模型中加入了风险资产的相关系数暧昧性, 当相关系数暧昧性存在时, 暧昧厌恶投资者将不会选择完全分散化其资产组合风险, 相对地, 他们会选择投资组合以尽量避免这一暧昧性带来的负面影响, 在暧昧程度非常大的极端情形中, 投资者甚至只会持有一种风险资产。

除了从普通投资者角度进行考量, 亦有许多文章研究企业家们倾向于过多地持有自己公司资产而带来的分散化不足的成本 (Cervellati et al., 2013; Heaney & Holmen, 2008), 以及有许多文章研究对风投公司而言的分散化问题 (Matusik & Fitza, 2012)。

对风险分散化不足原因的探索, 主要以实证研究为主, 并且研究认为这一分散化不足现象与投资者本身特征有着密切关系。尽管一部分模型尝试对这一金融异象做出正式解释, 但目前学术界对此尚未存在一致观点。本书试图从暧昧性入手, 考察投资者的暧昧厌恶态度是否导致了分散化不足现象。Jiang 等 (2022) 曾在模型中引入风险资产的相关系数暧昧性进行考察, 但他们只考虑了一种代表性投资者, 并采用资产组合收益率的置信区间大小反映暧昧程度的高低, 这一设定是为了实证检验需要, 缺乏规范的理论支持。本书考察四类异质性投资者的资产组合差异, 从理论角度严格探讨暧昧环境下的分散化不足问题。

1.3.2　资产组合分散化不足程度的衡量方式

Campbell (2006) 指出, 由于家庭投资数据难以获取, 且因传统理论模型无法对家庭金融决策做出很好地刻画, 因此, 许多家庭投资中出现的金融异象仍未被彻底解决。事实上, 尽管关于投资者所持有资产组合分散化程度至今亦不存在统一的衡量指标, 但目前实证领域常用的几个度量指标均能够在一定程度上较好地反映投资者的资产组合分散化程度。这些指标的构建, 主要依据两类思想: 一是分散化程度越高, 资产组合的效率越好 (Sharpe 比率越高); 二是得到充分分散化的资产组合的非系统性风险可以被完全分散。

Campbell (2006) 和 Calvet 等 (2007) 构造了两个可以用于衡量资产组合无效性的指标:

$$RSRL = 1 - \frac{S_h}{S_B}(\text{relative sharpe ratio loss, RSRL}) \tag{1.11}$$

其中, S_h 和 S_B 分别表示家庭资产组合与市场组合的 Sharpe 比率。这一指标可以用于反映家庭资产组合相比于基准组合的效率, 这一值越大, 意味着家庭资产组合的分散化程度越差。

$$RL = \omega_h (S_B \sigma_h - \mu_h)(\text{return loss, RL}) \tag{1.12}$$

这两个指标均使用 Sharpe 比率以衡量资产组合效率, 然而, 第一个指标 (RSRL) 仅适用于当投资者将大多数财富投资于风险资产中的情形, 而对于投资者持有的绝大多数金融资产为无风险资产时, 这一指标失效, 应转而采用第二个指标 (RL)。

正如 Campbell (2006) 等所述, 投资者持有的不同类型金融资产的比例同样可以反映其资产组合风险分散化程度。Anderson (2013) 在实证检验投资者的资产组合分散化不足行为时定义了一个指标:

$$stake\ size = \frac{所投资的个股总价值}{所有风险金融资产总价值} \tag{1.13}$$

然而, 这一指标只能片面地反映投资者的资产组合分散化程度, 对于投资者集中持有某种非股票资产的情况、对资产收益间的相关性等均无法刻画。因此, 关于如何度量分散化程度仍需考虑构建其他指标。

与 Campbell (2006) 等不同, Goetzmann 和 Kumar (2008) 以及 Mitton 和 Vor-kink (2007) 依据直接考量分配到每种资产上的比重以及分散化将资产组合中的个体异质性风险消除的思路建立了新的资产组合风险分散化程度指标。他们所构建的指标在一定程度上具有相似性, 总体而言可以汇总为下面四个指标。

$$TNS = N(\text{total number of stocks}) \tag{1.14}$$

这一指标直截了当地运用资产组合中包含的股票数量来衡量分散化程度, 指标值越高则表示分散化程度越好; 相应地, 若要衡量分散化不足水平, 则采用该指标的倒数即可 ($\frac{1}{N}$)。然而, 采用这一简单指标作为衡量依据, 往往可能存在 "高估" 分散化程度的问题 (Blume, 1974)。

$$SSPW = \sum_{n=1}^{N}(\omega_n - \omega_m)^2 = \sum_{n=1}^{N}\left(\omega_n - \frac{1}{N_m}\right)^2 \approx \sum_{n=1}^{N}\omega_n^2(\text{sum of squared portfolio weights}) \tag{1.15}$$

其中, N 表示投资者所持有的资产数量, N_m 表示市场组合中的股票数量, ω_n 代表投资者赋予资产 n 的权重。$SSPW$ 指标值可以较好地反映投资者在每种资产上赋予的权重是否合理, 指标值越低则表示资产组合的分散化程度越好。然而, 该指标仍未考察资产之间相关系数可能带来的影响。

$$CBS = \sum_{n=1}^{N}\omega_n^2 + \left(1 - \sum_{n=1}^{N}\omega_n^2\right)\bar{\rho}(\text{covariances between securities}) \tag{1.16}$$

其中, $\bar{\rho} = \dfrac{\sum\limits_{n'=1}^{N}\sum\limits_{n=1}^{N}\omega_{n'}\omega_n\rho_{n,n'}}{\sum\limits_{n'=1}^{N}\sum\limits_{n=1}^{N}\omega_{n'}\omega_n}$。$CBS$ 指标能够同时考虑组合中各种资产之间的相关系数, 且这一指标值越高, 表示分散化程度越低。

$$NV = \frac{\sigma_P^2}{\bar{\sigma}^2}(\text{normalized portfolio variance}) \tag{1.17}$$

NV 指标通过将资产组合的方差除以资产组合中所有股票方差的平均值来反映组合的风险分散化程度。

目前学术界关于衡量资产组合分散化程度的指标主要包含式 (1.11) 至式 (1.17) 7 种, 这些指标各有利弊, 且对于不同情况均有自己的特殊之处。在实际研究中, 具体运用何种指标仍应根据实际情况斟酌。

1.4　相关系数和安全投资转移

长期以来, 安全投资转移 (flight-to-quality) 现象普遍存在于金融市场中, 尤其是在市场不明朗和不确定性较大的时期这一现象更为显著。安全投资转移指的是市场参与者突然拒绝承担高风险, 并且将他们的投资组合转移到更安全资产的资产配置行为。现有大量文献认为安全投资转移 [有时与流动性转移 (flight-to-liquidity) 相互替代使用] 是市场崩溃的一个主要原因, 甚至将其描述为衰退时期的 "金融加速器"(Bernanke et al., 1996)。这是因为金融市场的小冲击会降低风险资产的价值, 并且只会轻微增加波动率, 而不断上升的金融风险往往会导致压倒性的市场恐慌, 从而促使市场参与者从风险较大的低质量资产逃往投资风险较低的高质量资产, 并造成低质量资产价格的下降; 如此循环往复, 原本不起眼的小冲击被不断累积放大, 导致大量高风险、低质量资产的价格崩盘, 并引发金融危机。

近几十年, 一个与资产质量相关但有区别的现象得到了深入研究: 流动性转移。在金融市场动荡时期, 尤其是在固定收益市场, 很难对安全投资转移和流动性转移这两个现象做明确区分。一些学者认为在金融市场中这两种现象有着类似的市场表现和观察结果, 将其视为金融市场中的类似现象, 并试图找出这些异象发生的原因, 他们认为市场的不确定性对于安全投资转移现象的出现起着关键的作用 (Caballero & Krishnamurthy, 2008; Dungey et al., 2009; Rösch & Kaserer, 2014; Guerrieri & Shimer, 2014), 而这一现象的主要驱动因素是资源短缺、市场情绪和市场参与者的不确定性态度, 对他们来说, 在金融危机中安全投资转移的交易策略是一种最优的自我保护做法。例如, Bernanke 等 (1996) 指出, 企业和家庭在周期性峰值时往往十分脆弱, 因此, 当他们对外部资金的需求增加时, 负向冲击的来临可能会损害他们获得信贷的机会, 正是这些高昂的代理成本促使市场参与者逃离低质量资产。然而, Vayanos (2004) 将流动性转移 (安全投资转移) 现象归因于投资者日益增加的有效风险厌恶水平。他建立了一个动态模型来检验流动性溢价是如何随时间变化的, 并说明投资者在市场波动期更厌恶风险。此外, 在经济衰退时期, 资产之间的相关性可能会增加, 而波动性的负面影响在非流动资产上得到显著反映, 从而推动投资者转向持有流动性更强的资产。Longstaff (2004) 观察到国债价格中存在很高的流动性转移溢价, 并说明该溢价与市场情绪直接相关。Bethke 等 (2017) 同样观察到了类似的结果, 他们使用美国公司债作为研究样本, 发现不良的投资者情绪会导致安全投资转移的交易行为。

学者们对于安全投资转移现象发生的条件达成高度共识, 即在市场前景不明朗、市场不确定性较大时, 人们倾向于将资产配置于高质量资产上。为此, 一些学者试图直接将不确定性这一要素加入理论模型中, 以直观分析不确定性对市场参与者投资决策的影响。Caballero 和 Krishnamurthy (2008) 将 Knight 不确定性引入其基于流动性短缺的危机理论模型中, 指出 Knight 不确定性的增加或者总流动性的减少可能会导致安全投资转移效应。Dungey 等 (2009) 建立模型并假设经济体中的基金经理对下一个时期所处的状态具有不确定性, 发现他们倾向于将资金配置到更安全的资产。此外, 基金经理所采取的安全投资转移策略导致债券市场的波动出现不对称反应。Rösch 和 Kaserer (2014) 同样采用实证研究证实了在市场不确定性增加时市场中会出现安全投资转移现象。他们在研究中使用独特的市场流动性数据集来说明信用风险和流动性风险之间的正相关关系。在危机时期, 信用质量高的资产比低质量的资产更具流动性, 这证实了股市中存在安全投资转移的现象。Guerrieri 和 Shimer (2004) 认为, 在经济萧条期间, 甩卖和逆向选择问题的出现造成了安全投资转移行为的发生。他们构建受逆向选择影响的资产市场动态模型, 并解释在均衡中, 高质量资产的所有者将坚持更高的售价, 而买家的短缺致使这些高质量资产的流动性降低。因此, 卖方可能会压低除质量最高证券以外的所有证券的价值。所以, 市场中的逆向选择问题造成了安全投资转移时期。Opitz 和 Szimayer (2018) 采用 Copula 方法来量化安全投资转移现象, 并提供将安全投资转移现象归因于国库券利率的实证证据, 也就是说, 国库券利率的下降增加了安全投资转移的风险指标值, 而国库券利率的下降通常与市场不确定性的增加有关。

资产之间的相关性对安全投资转移现象的出现也有着至关重要的影响。一些研究表明金融危机中市场不确定性的提高常常伴随着资产间两两相关性的提高 (Cho et al., 2016; Bethke et al., 2017; Epstein & Halevy, 2019), 这导致了投资者越来越厌恶风险并采取安全投资转移行为 (Vayanos, 2004)。Cho 等 (2016) 考虑了全球股票市场条件下资产之间的相关性。他们研究了 9 个发达市场和 12 个新兴市场的货币收益和股票收益两两之间的相关性, 表明在新兴市场中货币收益和股票收益呈正相关关系。这种关系在市场低迷时被放大, 然而, 他们将这种正相关关系归因于安全投资转移导致的资本流动。Bethka 等 (2017) 利用美国公司债券数据集探索了债券相关性的动态。他们发现当投资者情绪恶化时, 公司债券之间的相关性会增强。此外, 他们将不断增加的相关性归因于投资者的安全投资转移决策, 这和 Cho 等 (2016) 的结论一致。

正如前面所提到的, 相关性在金融领域中起着至关重要的作用。它决定了相互依赖的金融风险因子的协同运动。除了前面提到的加速金融崩溃的作用外, 相关性本身在风险评估中也十分重要, 学者们根据相关性提出了 Copula 和 Dependence 等重要概念来描述风险因子之间的关系。除此之外, 资产回报之间的相关性更多地与资产配置过程有关 (Buraschi et al., 2010; Chiu & Wong, 2014; Jiang et al., 2022; Ellis & Piccione, 2017; Klein, 2017; Makarov, 2021)。总体来说, 投资者在通过优化预期效用做出投资决策时, 通常会把资产相关性考虑在内。他们考虑的是选择集中持有一篮子流动资产并且承担更大的风险以获得更高的超额回报, 还是在不同的资产中分散财富并降低投资组合风险, 而这一决策结果在很大程度上受相关性的影响。此外, 一些研究人员亦发现市场上平均相关性传达了股票市场的信息, 并且具有一定的预测能力 (Pollet & Wilson, 2010)。因此, 对资产之间的相关性进行深入研究是十分必要的。

然而, 与资产收益的一阶矩和其他二阶矩不同, 从历史数据中获取资产之间相关系数的值是一项具有挑战性的工作。尽管学者们已经提出了各种各样的估计模型来获得相关系数值,[①]但对大多数市场参与者来说, 资产收益之间相关系数的精确值仍是不可观测的, 存在很大程度上的不确定性, 而相关系数不确定性也显著影响着市场参与者的金融决策, Epstein 和 Halevy (2019) 亦通过实验研究证实了相关系数暧昧性影响个体的决策过程。越来越多的文献研究了相关系数不确定性对金融市场的影响 (Easley et al., 2014; Jiang et al., 2022; Fouque et al., 2016; Huang et al., 2017; Illeditsch et al., 2021; Lin et al., 2022)。Fouque 等 (2016) 提出了一种具有连续时间框架的相关系数暧昧性下的实用交易策略, 这启发 Park 和 Wong (2022) 提出针对该优化问题的双重方法。Illeditsch 等 (2021) 发现投资者倾向于采用信息低效的投资组合来克服相关性的暧昧性; Lin 等 (2022) 的连续模型也得到了类似的结果, 在该模型中, 投资者面临资产预期和相关性的暧昧性。Jiang 等 (2022) 探索了一个多资产经济体, 以证明投资者对相关性不确定性的暧昧性厌恶可以解释一些金融难题, 如投资组合的集中度和家庭投资组合中的惯性。上述文献的结论与许多实证研究的发现高度一致, 即有限的参与和投资组合惯性是投资者的主观态度和他们的信息短缺造成的 (Ge et al., 2021; Liu et al., 2022)。

---

① 最近几年, 研究人员试图估计风险资产之间的相关性, 并提出了很多相关性模型, 如多元 GARCH 模型、动态条件相关模型 (DCC, Engle, 2002) 和动态等相关模型等 (DECO, Engle & Kelly, 2012), 并且越来越多的文章试图建立复杂网络来研究金融市场的相关结构 (Bonanno et al., 2001; Tse et al., 2010; So et al., 2021), 但这超出了本书的讨论范围。这些相关性模型的复杂性在某种程度上证实了我们的主要假设, 即大多数投资者无法轻易从市场中获得相关系数的精确值。

第 2 章   相关系数暧昧性环境下的有限参与现象

本章研究了相关系数暧昧性对投资者行为和资产价格的作用机制。在我们的模型中，投资者在进行个人决策时考虑了风险和暧昧性这两个维度的不确定性，证明了有限参与现象的出现源于天真投资者避免相关系数暧昧性的影响而做出的理性决策。在均衡中，质量较低的资产会产生正的超额收益。本章对均衡结果的比较静态分析表明，天真投资者在所有市场参与者中的占比及其暧昧性程度的变化会改变均衡类型，并产生安全投资转移现象，然而它们对资产价格的影响是非单调的。

2.1 引   言

本章专注于相关系数暧昧性的影响，有以下三个原因。首先，我们认为，对于天真投资者来说，感知资产之间的相关性而不是单个资产的期望或方差的暧昧性是很自然和直观的。与期望收益率和波动率不同，不同资产的价格之间的相关性很少被披露。因此，非专业的投资者很难形成对资产之间联系的准确认识。也就是说，通过观察两种资产的数据，人们很难判断它们是更有可能正相关还是负相关，更不用说估计参数的真正价值了。其次，与所有其他类型的暧昧性一样，相关系数暧昧性的引入让决策更稳健。尽管有许多统计方法供专业人士估计相关系数，但单一的估计对于未来的投资决策来说是远远不可靠的，特别是当经济环境迅速转变时。因此，对于专业人士来说，参考一个以上的先验，而不是根据单一的先验来进行投资决策，是一个比较明智的选择。最后，从理论上讲，事实证明，相关系数暧昧性确实可以对金融市场产生有趣的影响，这一点将在后面详述。

我们研究的经济是 Cao 等 (2005) 以及 Easley 和 O'Hara (2009) 研究中模型的自然延伸。在该经济体中有一个无风险资产和两个风险资产，其中风险资产的收益率服从正态分布。我们的模型与 Easley 和 O'Hara (2009) 的模型在设定上有所不同，他们的模型假设风险资产的期望收益和方差方面存在暧昧性，投资者对两种风险资产之间的相关系数的信念存在异质性，而对这两种资产的均值和方差有共同的认识。[①]内部投资者追求期望效用最大化，对经济的参数有理性的预期。天真投资者具有暧昧厌恶的特征，他们对资产的边际分布有理性预期，但认为资产的相关系数是存在暧昧性的。这些天真投资者的决策行为由 Gilboa 和 Schmeidler (1989) 提出的 Maxmin 效用模型来描述。

与 Easley 和 O'Hara (2009) 的研究相比，天真投资者的需求函数表现出三个新奇的特征。其一，对风险资产的非参与性决定来自天真投资者规避暧昧性的理性决定。持有不完全投资组合的决定是由天真投资者所考虑的一组相关系数集决定的。其二，天真投资者的需求函数是连续的，并且在某些价格上有结点。其三，天真投资者的交易方向

---

① 在这里，我们假设存在两种不同类型的投资者。为简单起见，同一类别的投资者之间的异质性被忽略了。

与内部投资者相同。也就是说, 当天真投资者在风险资产上持有非零头寸时, 内部投资者的头寸也是在同一方向。在这种设置下, 天真投资者的需求函数与内部投资者的需求相交, 这意味着天真投资者可能比内部投资者持有更激进的头寸。这个结果与 Easley 和 O'Hara (2009) 的结果不同。

在均衡状态下, 将标准差和人均禀赋的乘积定义成风险资产的质量。经济中普遍存在的唯一均衡有三种备选类型。当一项资产的质量相对较小时 (与其他资产质量的比值小于一个阈值, 该阈值由相关系数的真实值和暧昧程度决定), 对该资产的不参与将作为一个内生的结果发生。请注意, 本章得到的有限参与结果与 Easley 和 O'Hara (2009) 的结果不同, 在本章的结果中, 均不参与两种资产交易的情形是不会发生的。本章还发现, 在均衡状态下, 天真投资者可以在其中一种风险资产上比内部投资者更密集地进行交易。

进一步的分析得出, 相关系数暧昧性对资产价格和有限市场参与有另外两个关键影响。首先, 资本资产定价模型 (CAPM) 分析显示, 质量较低的资产会产生正的超额收益, 不管它是否被天真投资者持有。其次, 当经济中的参数发生变化时, 将观察到安全投资转移现象。具体来说, 当天真投资者的比例下降或暧昧性程度增加时, 充分参与性均衡可能会被改变为非参与性均衡, 天真投资者将只持有质量较高的资产。然而, 参数变化对资产价格的影响是非单调的, 表明有关暧昧性的政策会对资产价格和社会福利产生深远的影响。并且, 增加一种风险资产的市场参与度不会挤出另一种资产的市场参与度。

本章其余部分的结构安排如下: 在 2.2 节建立了一个包含天真和内部投资者的多资产模型, 并计算了经济人的需求函数; 在 2.3 节介绍了有限参与决策是如何做出的, 解决了市场均衡问题, 并表明经济中可能存在三种类型的均衡状态; 2.4 节进行了 CAPM 分析, 并研究了参数变化如何影响均衡类型和价格; 2.5 节得出结论。所有的证明都在本章附录中提供。

2.2 基 础 模 型

本章扩展了 Easley 和 O'Hara (2009) 的模型, 允许风险资产的回报具有相依性。这里分析了一个有三种资产的经济体。一种是无风险资产, 即货币, 其价格恒定为 1, 供给为零; 另两种是风险资产, 即 $\tilde{X}_j$, $(j=1,2)$, 它们的收益服从正态分布。这些风险资产可以是股票、债券、共同基金、交易所交易基金 (ETF), 甚至是存款。资产 j 的期望收益和方差分别为 μ_j 和 σ_j^2。不同于 Easley 和 O'Hara (2009) 的设定, 他们认为两个风险资产是独立的。本章假定两种风险资产收益的相关系数为 ρ。这里的风险资产收益服从二维正态分布 $\tilde{X} \sim \mathbf{N}(\boldsymbol{\mu}, \boldsymbol{\Sigma}(\rho))$, 其中:

$$\tilde{X} = \begin{pmatrix} \tilde{X}_1 \\ \tilde{X}_2 \end{pmatrix}, \qquad \boldsymbol{\mu} = \begin{pmatrix} \mu_1 \\ \mu_2 \end{pmatrix}, \qquad \boldsymbol{\Sigma}(\rho) = \begin{pmatrix} \sigma_1^2 & \rho\sigma_1\sigma_2 \\ \rho\sigma_1\sigma_2 & \sigma_2^2 \end{pmatrix}$$

所有的投资者具有常系数的绝对风险厌恶 (constant absolute risk aversion, CARA) 的效用函数:

$$u(w) = -e^{-\alpha w} \tag{2.1}$$

其中, α 为风险厌恶系数。

市场上存在两类异质信念的投资者: 内部投资者 (I) 和天真投资者 (N)。天真投资者占所有投资者的比例为 $\theta \in [0,1]$, 而内部投资者占剩余的 $1 - \theta$。内部投资者是对收益参数有理性预期的标准期望效用 (EU) 最大化者。$\hat{\rho}$ 表示真实的相关系数。由于内部投资者有理性预期, 他们知道 $\hat{\rho}$ 的真实值。从他们的观点来看, 收益服从正态分布 $\tilde{\boldsymbol{X}} \sim \mathbf{N}(\boldsymbol{\mu}, \boldsymbol{\Sigma}(\hat{\rho}))$。天真投资者知道风险资产的均值和方差, 但是, 与内部投资者不同的是, 他们不知道相关系数的确切值。他们考虑真实值可能存在的区间 $[\underline{\rho}, \overline{\rho}] \subset [-1, 1]$, 其中 $-1 < \underline{\rho} < \overline{\rho} < 1$, 并且没有任何先验信息。对任意给定的 $\rho \in [\underline{\rho}, \overline{\rho}]$, 天真投资者就会面对相对应的经济 $\tilde{\boldsymbol{X}} \sim \mathbf{N}(\boldsymbol{\mu}, \boldsymbol{\Sigma}(\rho))$, 所以他们在做决定时都会考虑到所有可能的取值。按照 Gilboa 和 Schmeidler (1989) 关于暧昧厌恶的公理基础, 将这些天真投资者建模为选择使他们在可能分布的集合上的最小期望效用最大化的一个投资组合。为了使对内部投资者和天真投资者之间的均衡互动的讨论有意义, 我们假设内部投资者了解的真实值是天真投资者认为可能的端点的凸组合, $\hat{\rho} \in [\underline{\rho}, \overline{\rho}]$。

风险资产的人均禀赋为 (Z_1^0, Z_2^0)。禀赋的确切分布并不影响投资者对风险资产的需求, 所以我们不考虑禀赋的具体分布。我们用 w 表示一个典型投资者的初始财富。在不会发生混淆的地方, 我们省略了表示投资者的下标。投资者的预算约束如下:

$$W_0 = m + p_1 z_1 + p_2 z_2 \tag{2.2}$$

其中, m 为货币数量, p_j 为资产 j 的价格, z_j 为对风险资产 j 的需求量。投资者可以做多或做空资产。如果投资者选择投资组合 (m, z_1, z_2), 其下期财富为:

$$\tilde{W} = m + \tilde{X}_1 z_1 + \tilde{X}_2 z_2 \tag{2.3}$$

等价地, 我们把投资者的选择表示为 $(W_0 - p_1 z_1 - p_2 z_2, z_1, z_2)$, 那么其下一期财富为:

$$\tilde{W} = W_0 + (\tilde{X}_1 - p_1)z_1 + (\tilde{X}_2 - p_2)z_2$$

对于一个具有财富的 CARA 效用和相关系数参数 $\hat{\rho}$ 的内部投资者来说, 期末财富的期望效用是式 (2.4) 严格递增的变换:

$$f(z_1, z_2, \hat{\rho}) = W_0 + (\mu_1 - p_1)z_1 + (\mu_2 - p_2)z_2 - \frac{1}{2}\alpha \left[\sigma_1^2 z_1^2 + 2\hat{\rho}\sigma_1\sigma_2 z_1 z_2 + \sigma_2^2 z_2^2 \right] \tag{2.4}$$

计算表明内部投资者对风险资产的需求函数为:

$$Z_I^* = \begin{pmatrix} Z_{I1}^* \\ Z_{I2}^* \end{pmatrix} = \frac{1}{\alpha\sigma_1^2\sigma_2^2(1 - \hat{\rho}^2)} \begin{pmatrix} \sigma_2^2(\mu_1 - p_1) - \hat{\rho}\sigma_1\sigma_2(\mu_2 - p_2) \\ \sigma_1^2(\mu_2 - p_2) - \hat{\rho}\sigma_1\sigma_2(\mu_1 - p_1) \end{pmatrix} \tag{2.5}$$

我们定义 Sharpe 比率为 $R_j = \dfrac{\mu_j - p_j}{\sigma_j}$, 它衡量了多承担一单位资产 j 的风险可以获得的额外收益的平均值。所以式 (2.5) 可以写成:

$$Z_I^* = \begin{pmatrix} Z_{I1}^* \\ Z_{I2}^* \end{pmatrix} = \frac{1}{\alpha(1 - \hat{\rho}^2)} \begin{pmatrix} \dfrac{R_1 - \hat{\rho} R_2}{\sigma_1} \\ \dfrac{R_2 - \hat{\rho} R_1}{\sigma_2} \end{pmatrix} \tag{2.6}$$

天真投资者会评估每个相关系数下的期望效用, 并选择最大化最小期望效用的投资组合。这意味着, 天真投资者试图避免最坏的情况, 因此选择了一个明确限制对这种不利结果的投资组合。当给定相关系数参数 ρ 时, 期末财富的期望效用是式 (2.7) 的严格递增的变换:

$$f(z_1, z_2, \rho) = W_0 + (\mu_1 - p_1)z_1 + (\mu_2 - p_2)z_2 - \frac{1}{2}\alpha \left[\sigma_1^2 z_1^2 + 2\rho\sigma_1\sigma_2 z_1 z_2 + \sigma_2^2 z_2^2 \right]$$

$$= W_0 + \sigma_1 R_1 z_1 + \sigma_2 R_2 z_2 - \frac{1}{2}\alpha \left[\sigma_1^2 z_1^2 + 2\rho\sigma_1\sigma_2 z_1 z_2 + \sigma_2^2 z_2^2 \right] \tag{2.7}$$

因此, 投资者的决策问题可以被写成以下形式的两层数学规划:

$$\max_{(z_1, z_2)} \min_{\rho \in [\underline{\rho}, \overline{\rho}]} f(z_1, z_2, \rho) = W_0 + \sigma_1 R_1 z_1 + \sigma_2 R_2 z_2 - \frac{1}{2}\alpha \left[\sigma_1^2 z_1^2 + 2\rho\sigma_1\sigma_2 z_1 z_2 + \sigma_2^2 z_2^2 \right] \tag{2.8}$$

通过求解最小化问题, 我们发现, 对于任何投资组合, 如果两种资产的交易头寸具有不同的方向, 那么最小值在 $\rho = \underline{\rho}$(相关系数最小值) 处取得; 如果两种资产的交易头寸具有相同的方向, 那么最小值在 $\rho = \overline{\rho}$(相关系数最大值) 处取得。最小值在哪一点处取得, 取决于 $z_1 z_2$ 的符号。

$$\min_{\rho \in [\underline{\rho}, \overline{\rho}]} f(z_1, z_2, \rho) = \begin{cases} f(z_1, z_2, \underline{\rho}), & \text{若 } z_1 z_2 < 0 \\ f(0, z_2, \rho), & \text{若 } z_1 = 0 \\ f(z_1, 0, \rho), & \text{若 } z_2 = 0 \\ f(z_1, z_2, \overline{\rho}), & \text{若 } z_1 z_2 > 0 \end{cases} \tag{2.9}$$

式 (2.9) 描绘了一个分段的曲面。它表明, 对于任何投资组合, 最小值发生在区间 $[\underline{\rho}, \overline{\rho}]$ 的端点。因此, 对天真投资者来说, 重要的不是集合内的相关系数值, 而是相关系数所在集合的端点值。最小值是发生在 $\underline{\rho}$ 还是 $\overline{\rho}$, 取决于投资者在资产上的头寸。如果投资者在一种风险资产上做多, 在另一种风险资产上做空, 那么最小值就出现在 $\underline{\rho}$; 如果投资者在两种风险资产上都做多 (或做空), 那么最小值就出现在 $\overline{\rho}$。

在本章附录 A 中, 我们解决了最小化问题 [式 (2.9)], 并得到了相应最优问题的 4 个单独的解。这 4 个解被合并为两层数学规划 [式 (2.8)] 的全局解。[①]其结果列在定理 2.1 中。

---

① 有另一种方法通过使用 Sion 定理来解数学规划式 (2.8)。

定理 2.1　天真投资者对风险资产的需求函数为:

$$
Z_N^* = \begin{pmatrix} Z_{N1}^* \\ N_{N2}^* \end{pmatrix} = \begin{cases}
\dfrac{1}{\alpha(1-\underline{\rho}^2)} \begin{pmatrix} \dfrac{R_1 - \underline{\rho} R_2}{\sigma_1} \\ \dfrac{R_2 - \underline{\rho} R_1}{\sigma_2} \end{pmatrix}, & \text{若} \begin{cases} R_1 < \underline{\rho} R_2 \\ R_2 > \underline{\rho} R_1 \end{cases} \text{或} \begin{cases} R_1 > \underline{\rho} R_2 \\ R_2 < \underline{\rho} R_1 \end{cases} \\[3mm]
\dfrac{1}{\alpha} \begin{pmatrix} 0 \\ \dfrac{R_2}{\sigma_2} \end{pmatrix}, & \text{若} \begin{cases} \overline{\rho} R_2 \leqslant R_1 \leqslant \underline{\rho} R_2 \\ R_2 < 0 \end{cases} \text{或} \begin{cases} \underline{\rho} R_2 \leqslant R_1 \leqslant \overline{\rho} R_2 \\ R_2 > 0 \end{cases} \\[3mm]
\dfrac{1}{\alpha} \begin{pmatrix} \dfrac{R_1}{\sigma_1} \\ 0 \end{pmatrix}, & \text{若} \begin{cases} R_1 < 0 \\ \overline{\rho} R_1 \leqslant R_2 \leqslant \underline{\rho} R_1 \end{cases} \text{或} \begin{cases} R_1 > 0 \\ \underline{\rho} R_1 \leqslant R_2 \leqslant \overline{\rho} R_1 \end{cases} \\[3mm]
\dfrac{1}{\alpha(1-\overline{\rho}^2)} \begin{pmatrix} \dfrac{R_1 - \overline{\rho} R_2}{\sigma_1} \\ \dfrac{R_2 - \overline{\rho} R_1}{\sigma_2} \end{pmatrix}, & \text{若} \begin{cases} R_1 < \overline{\rho} R_2 \\ R_2 < \overline{\rho} R_1 \end{cases} \text{或} \begin{cases} R_1 > \overline{\rho} R_2 \\ R_2 > \overline{\rho} R_1 \end{cases}
\end{cases}
\tag{2.10}
$$

关于天真投资者对风险资产需求函数的独特属性的讨论放在 2.3 节。我们还考虑了资产的人均需求等于人均供给的均衡条件。令式 (2.6) 和式 (2.10) 中的需求等于供给 Z^0, 那么结果为:

$$
(1-\theta)Z_I^* + \theta Z_N^* = Z^0 \tag{2.11}
$$

或者 $(1-\theta)Z_{Ij}^* + \theta Z_{Nj}^* = Z_j^0$, $j = 1, 2$。随着经济参数取值的不同, 式 (2.11) 有 4 种可能的解。

2.3　均衡的刻画

本节检验了均衡性的存在。本节首先介绍天真投资者需求函数的各种有趣性质, 然后根据 2.2 节中的四种情况计算出均衡价格, 最终得到了三种不同条件下的一般均衡, 也即三种类型的均衡。这些不同类型的均衡可以解释有限参与现象。

2.3.1　天真投资者需求函数的性质

现在我们研究天真投资者需求函数的性质。本章附录 B 中的图 B.1 至图 B.10 描述了在给定资产 2 价格 p_2 的情形下, 天真投资者 (在价格 p_1) 对资产 1 的需求函数。类似地, 附录 B 中的图 B.11 至图 B.20 描述了在给定资产 1 价格 p_1 的情形下天真投资者 (在价格 p_2) 对资产 1 的需求函数。图 B.1 至图 B.20 显示了天真投资者行为的一些有趣性质。

第一, 天真投资者的需求函数在价格上是连续的, 但它在几个价格上有结点: 对于 p_1, 结点为 $\mu_1 - \underline{\rho}\dfrac{\sigma_1}{\sigma_2}(\mu_2 - p_2)$、$\mu_1 - \overline{\rho}\dfrac{\sigma_1}{\sigma_2}(\mu_2 - p_2)$、$\mu_1 - \dfrac{1}{\underline{\rho}}\dfrac{\sigma_1}{\sigma_2}(\mu_2 - p_2)$ 和 $\mu_1 - \dfrac{1}{\overline{\rho}}\dfrac{\sigma_1}{\sigma_2}(\mu_2 - p_2)$; 对

于 p_2, 结点为 $\mu_2 - \bar{\rho}\frac{\sigma_2}{\sigma_1}(\mu_1 - p_1)$、$\mu_2 - \rho\frac{\sigma_2}{\sigma_1}(\mu_1 - p_1)$、$\mu_2 - \frac{1}{\rho}\frac{\sigma_2}{\sigma_1}(\mu_1 - p_1)$ 和 $\mu_2 - \frac{1}{\bar{\rho}}\frac{\sigma_2}{\sigma_1}(\mu_1 - p_1)$。
这一性质与 Easley 和 O'Hara (2009) 的需求函数非常相似。

第二, 我们观察到有限参与现象。当 $p_2 < \mu_2$ 且 $\mu_1 - \bar{\rho}\frac{\sigma_1}{\sigma_2}(\mu_2 - p_2) \leqslant p_1 \leqslant \mu_1 - \rho\frac{\sigma_1}{\sigma_2}(\mu_2 - p_2)$ 时或当 $p_2 > \mu_2$ 且 $\mu_1 - \rho\frac{\sigma_1}{\sigma_2}(\mu_2 - p_2) \leqslant p_1 \leqslant \mu_1 - \bar{\rho}\frac{\sigma_1}{\sigma_2}(\mu_2 - p_2)$ 时, 天真投资者将不参与资产 1 的交易; 当 $p_1 < \mu_1$ 且 $\mu_2 - \bar{\rho}\frac{\sigma_2}{\sigma_1}(\mu_1 - p_1) \leqslant p_2 \leqslant \mu_2 - \rho\frac{\sigma_2}{\sigma_1}(\mu_1 - p_1)$ 或当 $p_1 > \mu_1$ 且 $\mu_2 - \rho\frac{\sigma_2}{\sigma_1}(\mu_1 - p_1) \leqslant p_2 \leqslant \mu_2 - \bar{\rho}\frac{\sigma_2}{\sigma_1}(\mu_1 - p_1)$ 时, 天真投资者将不参与资产 2 的交易。这种不参与现象的发生是因为天真投资者在交易两种资产时面临着相关系数的暧昧性。在 Gilboa 和 Schmeidler (1989) 的 Maxmin 效用框架下, 天真投资者是极其悲观的, 受到最坏的可能状态 (即可能的最大和最小的相关系数) 的严重影响。因此, 如果风险资产的 Sharpe 比率太小而不足以吸引天真投资者持有长头寸, 但又不至于低到让其做空时, 天真投资者将持有一种风险资产, 以避免相关系数的暧昧性带来的影响。[①]

第三, 天真投资者关于是否持有资产的决定与相关系数集是离散或连续的无关。对参与决策来说, 唯一重要的是两个端点值 ρ 和 $\bar{\rho}$。至于选择哪种资产进行交易, 则取决于 $R_j = \frac{\mu_j - p_j}{\sigma_j}$ $(j = 1, 2)$ 时 ρ 和 $\bar{\rho}$ 之间的关系。当天真投资者仅交易一种风险资产时, ρ 或 $\bar{\rho}$ 均不会影响其持有的头寸。然而, 如果投资者同时交易两种风险资产, 这两个端点中的一个将影响持有的数量。投资者认为的相关系数的其他可能取值与投资者是否参与或参与时持有多少无关。

第四, 图 B.1 至图 B.20 表明, $Z_{Ij}^* Z_{Nj}^* \geqslant 0$ $(j = 1, 2)$。除去不参与的情况, 即 $Z_{Nj}^* = 0$, 天真投资者和内部投资者的交易方向是相同的。当天真投资者在某种资产上做多 (或做空) 时, 内部投资者也会做多 (或做空)。

性质 2.1 $Z_{Ij}^* Z_{Nj}^* \geqslant 0$, $j = 1, 2$。

首先, 性质 2.1 帮助我们排除了不可能实现的均衡情况。在两种资产都有正供给的假设下, 该性质立即排除了内部投资者做空任何一种或两种风险资产的均衡。因此, 经济中只可能有三种均衡。其次, 这个结果告诉我们, 这两类投资者同时处于风险资产的需求方或供给方。这就让内部投资者失去利用天真投资者的信息不足或信心不足而错误做空或做多资产时从中获利的机会。我们也可以认为这是天真投资者谨慎交易的结果, 因为当内部投资者不这样做时, 该投资者不会做多或做空资产。

在建模时, 暧昧厌恶的决策者往往被文献描述为缺乏经验和知识 (或信心), 或寻求对一组不同的参数值具有稳健性的决策。然而, 决策者对参数的不确定性 (或对参数的稳健性) 并不等同于一个更保守的交易策略。Easley 和 O'Hara (2009) 认为, 内部投

---

① 注意, 当一个投资者只持有一种资产时, 投资者对这种资产有一个理性的预期, 并且就像这种资产是经济中唯一的风险资产那样决策。

者总是比天真投资者持有更多的风险资产 (绝对值)。他们认为, 与规避风险并需要补偿的内部投资者相比, 天真投资者为了避免回报的暧昧性, 会减少风险资产的头寸。然而, 我们在性质 2.2 中提出, 即使暧昧厌恶扭曲了天真投资者的行为, 他们也可能会选择一个更激进的头寸。[①] 性质 2.2 中给出了天真投资者比内部投资者持有更激进的头寸的具体条件。

性质 2.2　与内部投资者相比, 天真投资者可能持有更大的头寸 (多头或空头)。具体来说, 对于资产 1, 我们有 $|Z_{N1}^*| > |Z_{I1}^*|$, 当且仅当以下四种情况之一发生时:

(1) $\hat{\rho} < 0$, $R_1 < 0$ 和 $\hat{\rho} R_1 \leqslant R_2 < \dfrac{\rho + \hat{\rho}}{1 + \underline{\rho}\hat{\rho}} R_1$;

(2) $\hat{\rho} < 0$, $R_1 > 0$ 和 $\dfrac{\rho + \hat{\rho}}{1 + \underline{\rho}\hat{\rho}} R_1 < R_2 \leqslant \hat{\rho} R_1$;

(3) $\hat{\rho} > 0$, $R_1 < 0$ 和 $\dfrac{\overline{\rho} + \hat{\rho}}{1 + \overline{\rho}\hat{\rho}} R_1 < R_2 \leqslant \hat{\rho} R_1$;

(4) $\hat{\rho} > 0$, $R_1 > 0$ 和 $\hat{\rho} R_1 \leqslant R_2 < \dfrac{\overline{\rho} + \hat{\rho}}{1 + \overline{\rho}\hat{\rho}} R_1$。

对于资产 2, 结果是对称的, 即 $|Z_{N2}^*| > |Z_{I2}^*|$, 当且仅当以下四种情况之一发生时:

(1) $\hat{\rho} < 0$, $\hat{\rho} R_2 \leqslant R_1 < \dfrac{\rho + \hat{\rho}}{1 + \underline{\rho}\hat{\rho}} R_2$ 和 $R_2 < 0$;

(2) $\hat{\rho} < 0$, $\dfrac{\rho + \hat{\rho}}{1 + \underline{\rho}\hat{\rho}} R_2 < R_1 \leqslant \hat{\rho} R_2$ 和 $R_2 > 0$;

(3) $\hat{\rho} > 0$, $\dfrac{\overline{\rho} + \hat{\rho}}{1 + \overline{\rho}\hat{\rho}} R_2 < R_1 \leqslant \hat{\rho} R_2$ 和 $R_2 < 0$;

(4) $\hat{\rho} > 0$, $\hat{\rho} R_2 \leqslant R_1 < \dfrac{\overline{\rho} + \hat{\rho}}{1 + \overline{\rho}\hat{\rho}} R_2$ 和 $R_2 > 0$。

2.3.2　一般均衡

根据性质 2.1, 如果天真投资者做空一种风险资产, 内部投资者也会做空同一种资产, 这使得经济不可能达到均衡, 因为这种资产的供给是严格的正数。因此, $Z_{N1}^* Z_{N2}^* < 0$ 的情况不会在均衡中发生。我们现在探讨其他三种情况: $Z_{N1}^* = 0$、$Z_{N2}^* = 0$ 和 $Z_{N1}^* Z_{N2}^* > 0$。

场景 1　对于 $Z_{N1}^* = 0$, 天真投资者不参与资产 1 的交易。只有当天真投资者持有资产 2 的多头头寸时, 一般均衡才会存在, $\begin{cases} \underline{\rho} R_2 \leqslant R_1 \leqslant \overline{\rho} R_2 \\ R_2 > 0 \end{cases}$。两种风险资产的均衡价格为:

$$p_1 = \mu_1 - \alpha \sigma_1 \frac{(1 - \theta \hat{\rho}^2)\sigma_1 Z_1^0 + (1 - \theta)\hat{\rho}\sigma_2 Z_2^0}{1 - \theta} \tag{2.12a}$$

---

① 这是一个有趣的和反直觉的特征, 当我们观察两类投资者的需求曲线时, 引起了我们的注意。我们可以很容易地观察到, 在图 A.2 中, 内部投资者的需求函数与天真投资者的需求函数相交于连续的间隔。

$$p_2 = \mu_2 - \alpha\sigma_2(\hat{\rho}\sigma_1 Z_1^0 + \sigma_2 Z_2^0) \tag{2.12b}$$

均衡条件可以等价地写成 $\dfrac{\sigma_1 Z_1^0}{\sigma_2 Z_2^0} \leqslant \dfrac{(1-\theta)(\overline{\rho}-\hat{\rho})}{(1-\theta\hat{\rho}^2)-(1-\theta)\hat{\rho}\overline{\rho}}$。

场景 2 对于 $Z_{N2}^* = 0$, 天真投资者不参与资产 2 的交易。只有当天真投资者持有资产 1 的多头头寸时, 一般均衡才存在, $\begin{cases} R_1 > 0 \\ \underline{\rho}R_1 \leqslant R_2 \leqslant \overline{\rho}R_1 \end{cases}$。两种风险资产的均衡价格为:

$$p_1 = \mu_1 - \alpha\sigma_1(\sigma_1 Z_1^0 + \hat{\rho}\sigma_2 Z_2^0) \tag{2.13a}$$

$$p_2 = \mu_2 - \alpha\sigma_2 \frac{(1-\theta)\hat{\rho}\sigma_1 Z_1^0 + (1-\theta\hat{\rho}^2)\sigma_2 Z_2^0}{1-\theta} \tag{2.13b}$$

均衡条件可以等价写成 $\dfrac{(1-\theta\hat{\rho}^2)-(1-\theta)\hat{\rho}\overline{\rho}}{(1-\theta)(\overline{\rho}-\hat{\rho})} \leqslant \dfrac{\sigma_1 Z_1^0}{\sigma_2 Z_2^0}$。

场景 3 对于 $Z_{N1}^* Z_{N2}^* > 0$, 天真投资者同时交易两种风险资产。只有当天真投资者在两种风险资产上都持有多头头寸时, 一般均衡才会存在, $\begin{cases} R_1 > \overline{\rho}R_2 \\ R_2 > \overline{\rho}R_1 \end{cases}$。两种风险资产的均衡价格为:

$$p_1 = \mu_1 - \alpha\sigma_1 \frac{\left[\dfrac{1-\theta}{1-\hat{\rho}^2} + \dfrac{\theta}{1-\overline{\rho}^2}\right]\sigma_1 Z_1^0 + \left[\dfrac{1-\theta}{1-\hat{\rho}^2}\hat{\rho} + \dfrac{\theta}{1-\overline{\rho}^2}\overline{\rho}\right]\sigma_2 Z_2^0}{\left[\dfrac{1-\theta}{1-\hat{\rho}^2} + \dfrac{\theta}{1-\overline{\rho}^2}\right]^2 - \left[\dfrac{1-\theta}{1-\hat{\rho}^2}\hat{\rho} + \dfrac{\theta}{1-\overline{\rho}^2}\overline{\rho}\right]^2} \tag{2.14a}$$

$$p_2 = \mu_2 - \alpha\sigma_2 \frac{\left[\dfrac{1-\theta}{1-\hat{\rho}^2}\hat{\rho} + \dfrac{\theta}{1-\overline{\rho}^2}\overline{\rho}\right]\sigma_1 Z_1^0 + \left[\dfrac{1-\theta}{1-\hat{\rho}^2} + \dfrac{\theta}{1-\overline{\rho}^2}\right]\sigma_2 Z_2^0}{\left[\dfrac{1-\theta}{1-\hat{\rho}^2} + \dfrac{\theta}{1-\overline{\rho}^2}\right]^2 - \left[\dfrac{1-\theta}{1-\hat{\rho}^2}\hat{\rho} + \dfrac{\theta}{1-\overline{\rho}^2}\overline{\rho}\right]^2} \tag{2.14b}$$

均衡条件可以等价地写成:

$$\frac{(1-\theta)(\overline{\rho}-\hat{\rho})}{(1-\theta\hat{\rho}^2)-(1-\theta)\hat{\rho}\overline{\rho}} < \frac{\sigma_1 Z_1^0}{\sigma_2 Z_2^0} < \frac{(1-\theta\hat{\rho}^2)-(1-\theta)\hat{\rho}\overline{\rho}}{(1-\theta)(\overline{\rho}-\hat{\rho})}$$

我们把风险资产 k 的质量定义为标准差和人均禀赋的乘积, 即 $\sigma_j Z_j^0$; 把两种风险资产的质量比率表示为:

$$E_{12} = \frac{\sigma_1 Z_1^0}{\sigma_2 Z_2^0}, \quad E_{21} = \frac{\sigma_2 Z_2^0}{\sigma_1 Z_1^0}$$

对于 $\overline{\rho} \in (\hat{\rho}, 1)$, 我们定义,

$$h(\theta, \overline{\rho}, \hat{\rho}) = \frac{(1-\theta)(\overline{\rho}-\hat{\rho})}{(1-\theta\hat{\rho}^2)-(1-\theta)\hat{\rho}\overline{\rho}}, \quad H(\theta, \overline{\rho}, \hat{\rho}) = \frac{(1-\theta\hat{\rho}^2)-(1-\theta)\hat{\rho}\overline{\rho}}{(1-\theta)(\overline{\rho}-\hat{\rho})}$$

$$q(\theta, \overline{\rho}, \hat{\rho}) = \dfrac{\dfrac{1-\theta}{1-\hat{\rho}^2}\hat{\rho} + \dfrac{\theta}{1-\overline{\rho}^2}\overline{\rho}}{\left[\dfrac{1-\theta}{1-\hat{\rho}^2} + \dfrac{\theta}{1-\overline{\rho}^2}\right]^2 - \left[\dfrac{1-\theta}{1-\hat{\rho}^2}\hat{\rho} + \dfrac{\theta}{1-\overline{\rho}^2}\overline{\rho}\right]^2}$$

$$Q(\theta, \overline{\rho}, \hat{\rho}) = \dfrac{\dfrac{1-\theta}{1-\hat{\rho}^2} + \dfrac{\theta}{1-\overline{\rho}^2}}{\left[\dfrac{1-\theta}{1-\hat{\rho}^2} + \dfrac{\theta}{1-\overline{\rho}^2}\right]^2 - \left[\dfrac{1-\theta}{1-\hat{\rho}^2}\hat{\rho} + \dfrac{\theta}{1-\overline{\rho}^2}\overline{\rho}\right]^2}$$

$$D(\theta, \overline{\rho}, \hat{\rho}) = \dfrac{\dfrac{1}{1-\overline{\rho}^2}\dfrac{\overline{\rho} - \hat{\rho}}{1-\hat{\rho}^2}}{\left[\dfrac{1-\theta}{1-\hat{\rho}^2} + \dfrac{\theta}{1-\overline{\rho}^2}\right]^2 - \left[\dfrac{1-\theta}{1-\hat{\rho}^2}\hat{\rho} + \dfrac{\theta}{1-\overline{\rho}^2}\overline{\rho}\right]^2}$$

则 $0 < h(\theta, \overline{\rho}, \hat{\rho}) < 1 < H(\theta, \overline{\rho}, \hat{\rho}) = \dfrac{1}{h(\theta, \overline{\rho}, \hat{\rho})}$, $q(\theta, \overline{\rho}, \hat{\rho}) < Q(\theta, \overline{\rho}, \hat{\rho})$. 总结上述分析即可得到定理 2.2 中一般均衡的存在性。

定理 2.2　市场上存在唯一的均衡, 它是以下三种类型中的一种。

(1) **均衡类型 1** (不参与资产 1)。如果质量比率很小, $E_{12} \leqslant h(\theta, \overline{\rho}, \hat{\rho})$, 风险资产的均衡价格为:

$$p_1 = \mu_1 - \alpha\sigma_1 \left[\frac{1-\theta\hat{\rho}^2}{1-\theta}\sigma_1 Z_1^0 + \hat{\rho}\sigma_2 Z_2^0\right], \ p_2 = \mu_2 - \alpha\sigma_2 \left[\hat{\rho}\sigma_1 Z_1^0 + \sigma_2 Z_2^0\right]$$

在均衡状态下, 内部投资者持有风险资产的头寸为:

$$Z_{I1}^* = \frac{1}{1-\theta}Z_1^0 > 0, \ Z_{I2}^* = \left[-\frac{\theta}{1-\theta}\hat{\rho}E_{12} + 1\right] Z_2^0 > 0$$

天真投资者持有风险资产的头寸为:

$$Z_{N1}^* = 0, \ Z_{N2}^* = \left[\hat{\rho}E_{12} + 1\right] Z_2^0 > 0$$

(2) **均衡类型 2** (参与两种资产)。如果质量比率适中, $h(\theta, \overline{\rho}, \hat{\rho}) < E_{12} < H(\theta, \overline{\rho}, \hat{\rho})$, 风险资产的均衡价格为:

$$p_1 = \mu_1 - \alpha\sigma_1 \left[Q(\theta, \overline{\rho}, \hat{\rho})\sigma_1 Z_1^0 + q(\theta, \overline{\rho}, \hat{\rho})\sigma_2 Z_2^0\right]$$

$$p_2 = \mu_2 - \alpha\sigma_2 \left[q(\theta, \overline{\rho}, \hat{\rho})\sigma_1 Z_1^0 + Q(\theta, \overline{\rho}, \hat{\rho})\sigma_2 Z_2^0\right]$$

在均衡状态下, 内部投资者持有风险资产的头寸为:

$$Z_{I1}^* = \left[Q(\theta, \overline{\rho}, \hat{\rho}) - \theta\hat{\rho}D(\theta, \overline{\rho}, \hat{\rho}) + \theta D(\theta, \overline{\rho}, \hat{\rho})E_{21}\right] Z_1^0 > 0$$

$$Z_{I2}^* = \left[\theta D(\theta, \overline{\rho}, \hat{\rho})E_{12} + Q(\theta, \overline{\rho}, \hat{\rho}) - \theta\hat{\rho}D(\theta, \overline{\rho}, \hat{\rho})\right] Z_2^0 > 0$$

天真投资者持有风险资产的积极头寸为:

$$Z_{N1}^* = \left[Q(\theta,\overline{\rho},\hat{\rho}) + (1-\theta)\overline{\rho}D(\theta,\overline{\rho},\hat{\rho}) + (\theta-1)D(\theta,\overline{\rho},\hat{\rho})E_{21}\right]Z_1^0 > 0$$

$$Z_{N2}^* = \left[(\theta-1)D(\theta,\overline{\rho},\hat{\rho})E_{12} + Q(\theta,\overline{\rho},\hat{\rho}) + (1-\theta)\overline{\rho}D(\theta,\overline{\rho},\hat{\rho})\right]Z_2^0 > 0$$

(3) **均衡类型 3** (不参与资产 2). 如果质量比率很大, $H(\theta,\overline{\rho},\hat{\rho}) \leqslant E_{12}$, 风险资产的均衡价格为:

$$p_1 = \mu_1 - \alpha\sigma_1\left[\sigma_1 Z_1^0 + \hat{\rho}\sigma_2 Z_2^0\right], \ p_2 = \mu_2 - \alpha\sigma_2\left[\hat{\rho}\sigma_1 Z_1^0 + \frac{1-\theta\hat{\rho}^2}{1-\theta}\sigma_2 Z_2^0\right]$$

在均衡状态下, 内部投资者持有风险资产的头寸:

$$Z_{I1}^* = \left[1 - \frac{\theta}{1-\theta}\hat{\rho}E_{21}\right]Z_1^0 > 0, \ Z_{I2}^* = \frac{1}{1-\theta}Z_2^0 > 0$$

天真投资者持有风险资产的头寸:

$$Z_{N1}^* = [1 + \hat{\rho}E_{21}]Z_1^0 > 0, \ Z_{N2}^* = 0$$

注记 1 根据对称性, 定理 2.2 中的条件可写为: (1) 如果质量比率大, $H(\theta,\overline{\rho},\hat{\rho}) \leqslant E_{21}$, 则一般均衡是不参与资产 1; (2) 如果质量比率适中, $h(\theta,\overline{\rho},\hat{\rho}) < E_{21} < H(\theta,\overline{\rho},\hat{\rho})$, 则一般均衡是参与两种资产; (3) 如果质量比率小, $E_{21} \leqslant h(\theta,\overline{\rho},\hat{\rho})$, 则一般均衡是不参与资产 2.

注记 2 从定理 2.2 中我们知道, 最小的相关系数 $\underline{\rho}$ 在决定经济中出现哪种均衡类型或影响均衡价格方面并不重要. 它的消除直接来自我们的模型设置. 注意, 假设每种风险资产的人均禀赋都是正的. $\underline{\rho}$ 只在投资者出售一种风险资产并购买另一种风险资产的特定情况下进入天真投资者的需求函数的表达式. 然而, 从定理 2.1 中我们知道, 这种情况表明他们在其中一种风险资产中持有负头寸. 根据性质 2.1, 内部投资者对这一资产也持有负头寸, 因此不可能满足与该资产有关的均衡条件.

注记 3 均衡是否为参与均衡的两个临界值分别是 $h(\theta,\overline{\rho},\hat{\rho})$ 和 $H(\theta,\overline{\rho},\hat{\rho})$. 这两个临界值是由天真投资者的比例和相关系数的最大取值 $\overline{\rho}$ 决定的. 此外, $h(\theta,\overline{\rho},\hat{\rho})$ 关于相关系数的最大取值 $\overline{\rho}$ 是递增的, $h(\theta,\hat{\rho},\hat{\rho}) = 0$, $h(\theta,1,\hat{\rho}) = \frac{1-\theta}{1+\theta\hat{\rho}} < 1$, 并且 $H(\theta,\overline{\rho},\hat{\rho})$ 关于相关系数的最大取值 $\overline{\rho}$ 是递减的, $H(\theta,\hat{\rho},\hat{\rho}) = \infty$ 和 $H(\theta,1,\hat{\rho}) = \frac{1+\theta\hat{\rho}}{1-\theta} > 1$.

注记 4 如 2.3.1 节所示, 资产的持有决策是通过比较两种资产的 Sharpe 比率来做出的. 均衡时, 在 Sharpe 比率内生求解后, 比较 Sharpe 比率相当于比较风险资产 $\sigma_j Z_i^j (j=1,2)$ 的外生质量. 如果资产 1 的质量相对于资产 2 足够小 [质量比率 E_{12} 小于阈值 $h(\theta,\overline{\rho},\hat{\rho})$], 天真投资者不持有资产 1. 如果资产 2 的质量相对于资产 1 足够小

[质量比率 E_{21} 小于阈值 $h(\theta, \overline{\rho}, \hat{\rho})$], 天真投资者不持有资产 2。因此, 质量越高, 资产越易被持有。① 在 2.2.3 节中, 将展示这种质量度量的更多含义。

注记 5　在我们的模型中, 有限参与的另一个有趣特征是, 在均衡情况下不会发生同时不参与两种风险资产的现象。这可以直接从定理 2.2 中观察到。这种现象是独一无二的, 因为它无法在预期收益或波动率的暧昧模型中找到。直观地说, 如果天真投资者决定不交易低质量的资产, 并理性地投资于其他风险资产, 便可以避免相关性系数暧昧性带来的影响。

我们还可以比较内部投资者和天真投资者持有的头寸。

性质 2.3　在均衡中, 天真投资者可能比内部投资者持有更激进的头寸 (多头或空头)。如果真正的相关系数是正的, $\hat{\rho} > 0$, 那么我们有以下结果:

(1) 关于资产 1 的非参与均衡, $E_{12} \leqslant h(\theta, \overline{\rho}, \hat{\rho})$, 因此 $Z_{N2}^* > Z_{I2}^* > 0$。

(2) 关于两种资产的参与均衡, $h(\theta, \overline{\rho}, \hat{\rho}) < E_{12} < H(\theta, \overline{\rho}, \hat{\rho})$, 因此, $Z_{N1}^* > Z_{I1}^* > 0$, 当且仅当 $E_{21} < (1-\theta)\overline{\rho} + \theta\hat{\rho}$ 时; $Z_{N2}^* > Z_{I2}^* > 0$, 当且仅当 $E_{12} < (1-\theta)\overline{\rho} + \theta\hat{\rho}$ 时。

(3) 关于资产 2 的非参与均衡, $E_{21} \leqslant h(\theta, \overline{\rho}, \hat{\rho})$, 因此 $Z_{N1}^* > Z_{I1}^* > 0$。

从性质 2.3 可以看出, 只有当资产 1 的质量足够大, 即质量比率小于阈值 $(1-\theta)\overline{\rho} + \theta\hat{\rho}$ 时, 天真投资者才会更加激进地交易资产 1。

2.3.3　均衡区域

如定理 2.2 所述, 如果质量比率足够小, $E_{12} \leqslant h(\theta, \overline{\rho}, \hat{\rho})$, 或者足够大, $E_{12} \geqslant H(\theta, \overline{\rho}, \hat{\rho})$, 则市场中存在唯一的非参与均衡, 此时天真投资者只会交易一种资产。否则, 如果比率在两个阈值之间, $h(\theta, \overline{\rho}, \hat{\rho}) < E_{12} < H(\theta, \overline{\rho}, \hat{\rho})$, 那么市场中存在唯一的参与均衡, 并且天真投资者将同时持有这两种资产的多头头寸。图 2.1 报告了定理 2.2 中三种均衡在平面 $\overline{\rho} - O - E_{12}$ 中对应的三个区域。对于任何给定的最大相关系数 $\overline{\rho}$ 和质量比率 E_{12}, 点 $(\overline{\rho}, E_{12})$ 位于图中所示的三个区域之一, 因此意味着三种不同类型的均衡。如果点 $(\overline{\rho}, E_{12})$ 在曲边三角形 $(\hat{\rho}, 1) \times (0, h(\theta, \overline{\rho}, \hat{\rho})]$ 内, 则存在一个非参与均衡, 此时天真投资者不交易资产 1。如果点 $(\overline{\rho}, E_{12})$ 在曲边三角形 $(\hat{\rho}, 1) \times [H(\theta, \overline{\rho}, \hat{\rho}), \infty)$ 内, 则存在一个非参与均衡, 此时天真投资者不交易资产 2。如果点 $(\overline{\rho}, E_{12})$ 在曲边梯形 $(\hat{\rho}, 1) \times (h(\theta, \overline{\rho}, \hat{\rho}), H(\theta, \overline{\rho}, \hat{\rho}))$ 内, 则存在一个参与均衡, 此时天真投资者交易两种资产。

我们知道, $H(\theta, \overline{\rho}, \hat{\rho}) = \dfrac{1 - \hat{\rho}^2}{(1 - \theta)(\overline{\rho} - \hat{\rho})} - \hat{\rho}$ 关于天真投资者的比例 θ 递增, 关于天真投资者所面临的暧昧性程度 $\Delta\rho = \overline{\rho} - \hat{\rho}$ 递减。因此, 随着天真投资者比例的增加或暧昧程度的降低, 曲边梯形 $(\hat{\rho}, 1) \times (h(\theta, \overline{\rho}, \hat{\rho}), H(\theta, \overline{\rho}, \hat{\rho}))$ 的面积增加, 两个曲边三角形 $(\hat{\rho}, 1) \times (0, h(\theta, \overline{\rho}, \hat{\rho})]$ 和 $(\hat{\rho}, 1) \times [H(\theta, \overline{\rho}, \hat{\rho}), \infty)$ 的面积减少, 即参与均衡的可能性增加, 非参与均衡的可能性降低。

---

① 在金融市场中, 如在股票市场中, 较大的公司提供更多的股票, 但是它们的收益波动性往往较低。因此, 质量是由两种相反的影响决定的, 关于哪种资产质量更高, 仍然是一个经验问题。

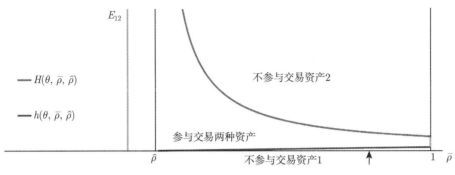

图 2.1 不同均衡的对应区域

2.4 资产定价与市场有限参与分析

本节将深入研究均衡及其含义, 并分析经济变化如何影响均衡类型和均衡价格。我们对 CAPM 分析特别感兴趣, 它显示了原始投资者比例的变化和最大相关系数的变化对资产价格的影响, 这表明了不参与和 "安全投资转移" 现象的相互作用。

2.4.1 CAPM 分析

为了阐明相关性暧昧和不参与的定价效应, 我们现在转向风险资产的回报, 看看它们是否具有偏离 CAPM 的超额回报 (alpha)。对于资产 j, 收益定义为:

$$\tilde{Y}_j = \frac{\tilde{X}_j}{p_j} - 1, \quad j = 1, 2$$

市场收益 (持有两种风险资产的全部供给) 为:

$$\tilde{Y}_M = \frac{\tilde{X}_1 Z_1^0 + \tilde{X}_2 Z_2^0}{p_1 Z_1^0 + p_2 Z_2^0} - 1$$

假设现在经济中存在的均衡是类型 1, 即天真投资者不参与资产 1 的交易。那么, 从定理 2.2 可知均衡价格为:

$$p_1 = \mu_1 - \alpha \sigma_1 \left[\frac{1 - \theta \hat{\rho}^2}{1 - \theta} \sigma_1 Z_1^0 + \hat{\rho} \sigma_2 Z_2^0 \right], \quad p_2 = \mu_2 - \alpha \sigma_2 \left[\hat{\rho} \sigma_1 Z_1^0 + \sigma_2 Z_2^0 \right]$$

现在假设在这个经济中有一个具有相同 CARA 效用函数的代表性投资者 (A)。为了使均衡价格相同, 代表性投资者必须持有以下信念:

$$\mu_j^A = \mu_j, \quad \sigma_1^A = \sigma_1 \sqrt{\frac{1 - \theta \hat{\rho}^2}{1 - \theta}}, \quad \sigma_2^A = \sigma_2, \quad \rho^A = \hat{\rho} \sqrt{\frac{1 - \theta}{1 - \theta \hat{\rho}^2}}$$

代表性投资者对平均回报有正确的信念, 因此他也会对平均收益有正确的信念: $\tilde{Y}_j$ 代表资产 j, $\tilde{Y}_M$ 代表市场投资组合。此外, 从代表性投资者的角度来看, 资产定价是正

确的, CAPM 必须从他的角度来看, [①]即:

$$\overline{Y}_j = \beta_j^A \overline{Y}_M, \ j = 1,2 \tag{2.15}$$

其中, β_j^A 是资产 j 对于代表性投资者而言的 β 值:

$$\beta_1^A = \frac{Cov^A(\tilde{Y}_M, \tilde{Y}_1)}{Var^A(\tilde{Y}_M)} = \frac{p_1 Z_1^0 + p_2 Z_2^0}{p_1} \frac{\left[\sigma_1^A\right]^2 Z_1^0 + \rho^A \sigma_1^A \sigma_2^A Z_2^0}{\left[\sigma_1^A\right]^2 \left[Z_1^0\right]^2 + 2\rho^A \sigma_1^A \sigma_2^A Z_1^0 Z_2^0 + \left[\sigma_2^A\right]^2 \left[Z_2^0\right]^2}$$

$$\beta_2^A = \frac{Cov^A(\tilde{Y}_M, \tilde{Y}_2)}{Var^A(\tilde{Y}_M)} = \frac{p_1 Z_1^0 + p_2 Z_2^0}{p_2} \frac{\rho^A \sigma_1^A \sigma_2^A Z_1^0 + \left[\sigma_2^A\right]^2 Z_2^0}{\left[\sigma_1^A\right]^2 \left[Z_1^0\right]^2 + 2\rho^A \sigma_1^A \sigma_2^A Z_1^0 Z_2^0 + \left[\sigma_2^A\right]^2 \left[Z_2^0\right]^2}$$

注意到 $\rho^A \sigma_1^A = \hat{\rho} \sigma_1$, 所以上式可以用实际参数写成:

$$\beta_1^A = \frac{Cov^A(\tilde{Y}_M, \tilde{Y}_1)}{Var^A(\tilde{Y}_M)} = \frac{p_1 Z_1^0 + p_2 Z_2^0}{p_1} \frac{\dfrac{1-\theta\hat{\rho}^2}{1-\theta}\sigma_1^2 Z_1^0 + \hat{\rho}\sigma_1\sigma_2 Z_2^0}{\dfrac{1-\theta\hat{\rho}^2}{1-\theta}\sigma_1^2 \left[Z_1^0\right]^2 + 2\hat{\rho}\sigma_1\sigma_2 Z_1^0 Z_2^0 + \sigma_2^2 \left[Z_2^0\right]^2}$$

$$\beta_2^A = \frac{Cov^A(\tilde{Y}_M, \tilde{Y}_2)}{Var^A(\tilde{Y}_M)} = \frac{p_1 Z_1^0 + p_2 Z_2^0}{p_2} \frac{\hat{\rho}\sigma_1\sigma_2 Z_1^0 + \sigma_2^2 Z_2^0}{\dfrac{1-\theta\hat{\rho}^2}{1-\theta}\sigma_1^2 \left[Z_1^0\right]^2 + 2\hat{\rho}\sigma_1\sigma_2 Z_1^0 Z_2^0 + \sigma_2^2 \left[Z_2^0\right]^2}$$

其中, 市场收益与资产 i 收益的协方差以及市场收益的方差是使用代表性投资者的人为信念而不是正确信念计算的。

代表性投资者对资产 1 的收益方差和相关系数的信念不正确, 因为 $\sigma_1^A = \sigma_1 \sqrt{\dfrac{1-\theta\hat{\rho}^2}{1-\theta}}$ 和 $\rho^A = \hat{\rho}\sqrt{\dfrac{1-\theta}{1-\theta\hat{\rho}^2}}$, 所以他对于市场的方差、市场收益与每种资产收益的协方差的信念是不正确的。因此, 从代表性投资者的角度计算的 β 值不是根据实际收益数据计算的 β 值。现在考虑一位外部计量经济学家, 他对整个经济有理性的信念, 即他知道相关系数 $\hat{\rho}$ 的真实值。所以在他看来,

$$\beta_1 = \frac{Cov(\tilde{Y}_M, \tilde{Y}_1)}{Var(\tilde{Y}_M)} = \frac{p_1 Z_1^0 + p_2 Z_2^0}{p_1} \frac{\sigma_1^2 Z_1^0 + \hat{\rho}\sigma_1\sigma_2 Z_2^0}{\sigma_1^2 \left[Z_1^0\right]^2 + 2\hat{\rho}\sigma_1\sigma_2 Z_1^0 Z_2^0 + \sigma_2^2 \left[Z_2^0\right]^2}$$

$$\beta_2 = \frac{Cov(\tilde{Y}_M, \tilde{Y}_2)}{Var(\tilde{Y}_M)} = \frac{p_1 Z_1^0 + p_2 Z_2^0}{p_2} \frac{\hat{\rho}\sigma_1\sigma_2 Z_1^0 + \sigma_2^2 Z_2^0}{\sigma_1^2 \left[Z_1^0\right]^2 + 2\hat{\rho}\sigma_1\sigma_2 Z_1^0 Z_2^0 + \sigma_2^2 \left[Z_2^0\right]^2}$$

其中, 方差和协方差是使用均衡收益的真实分布计算的。

两个实际的 β 值都不同于代表性投资者的 β 值, 因此如果我们考虑实际经济中的 CAPM 模型, 这两种资产的定价都是错误的。这种定价错误可以在 α_j 中捕捉到, 即市场调整后的回报:

$$\alpha_j = \overline{Y}_j - \beta_j \overline{Y}_M = (\beta_j^A - \beta_j)\overline{Y}_M, \ j = 1,2$$

---

① 由于我们将无风险资产的收益归一化为 0, $\tilde{Y}_j$ 和 $\tilde{Y}_M$ 的超额收益分别为 $\overline{Y}_j$ 和 $\overline{Y}_M$。

其中, 第二个方程由式 (2.15) 可知。

为了确定 α_j 的符号, 我们必须比较 β_j^A 和 β_j。观察 β 的式, 它们与函数 $f(x) = \dfrac{ax + b}{cx + d}$ 具有相同的形式, 其导数为:

$$f'(x) = \frac{ad - bc}{(cx + d)^2}$$

其中, $f'(x) > 0$, 当且仅当 $ad > bc$ 时。若令 $a = \sigma_1^2 Z_1^0$、$b = \hat{\rho}\sigma_1\sigma_2 Z_2^0$、$c = \sigma_1^2 \left[Z_1^0\right]^2$、$d = 2\hat{\rho}\sigma_1\sigma_2 Z_1^0 Z_2^0 + \sigma_2^2 \left[Z_2^0\right]^2$, 则 $ad - bc = \hat{\rho}\sigma_1^3\sigma_2 \left[Z_1^0\right]^2 Z_2^0 + \sigma_1^2\sigma_2^2 Z_1^0 \left[Z_2^0\right]^2 = (\hat{\rho}\sigma_1 Z_1^0 + \sigma_2 Z_2^0)\sigma_1\sigma_2 Z_1^0 Z_2^0 > 0$。注意到 $\dfrac{1 - \theta\hat{\rho}^2}{1 - \theta} > 1$, 所以,

$$\alpha_1 = (\beta_1^A - \beta_1)\overline{Y}_M = \frac{p_1 Z_1^0 + p_2 Z_2^0}{p_1}\left[f\left(\frac{1 - \theta\hat{\rho}^2}{1 - \theta}\right) - f(1)\right]\overline{Y}_M > 0$$

根据定理 2.2 的第一种情况,

$$\overline{Y}_M = \frac{(\mu_1 - p_1)Z_1^0 + (\mu_2 - p_2)Z_2^0}{p_1 Z_1^0 + p_2 Z_2^0} = \alpha\frac{\dfrac{1 - \theta\hat{\rho}^2}{1 - \theta}\sigma_1^2 \left[Z_1^0\right]^2 + \hat{\rho}\sigma_1\sigma_2 Z_1^0 Z_2^0 + \sigma_2^2 \left[Z_2^0\right]^2}{p_1 Z_1^0 + p_2 Z_2^0} > 0$$

使用相同的方法, 现在令 $a = 0$、$b = \hat{\rho}\sigma_1\sigma_2 Z_1^0 + \sigma_2^2 Z_2^0$、$c = \sigma_1^2 \left[Z_1^0\right]^2$、$d = 2\hat{\rho}\sigma_1\sigma_2 Z_1^0 Z_2^0 + \sigma_2^2 \left[Z_2^0\right]^2$, 则 $ad - bc = -(\hat{\rho}\sigma_1 Z_1^0 + \sigma_2 Z_2^0)\sigma_1\sigma_2 Z_1^0 Z_2^0 < 0$。

$$\alpha_2 = (\beta_2^A - \beta_2)\overline{Y}_M = \frac{p_1 Z_1^0 + p_2 Z_2^0}{p_1}\left[f\left(\frac{1 - \theta\hat{\rho}^2}{1 - \theta}\right) - f(1)\right]\overline{Y}_M < 0$$

通过均衡价格的对称性, 我们得出结论: 当天真投资者不参与资产 2 的交易时, $\alpha_2 > 0$ 且 $\alpha_1 < 0$。一般来说, 不被天真投资者持有的资产存在正超额收益, 被其持有的其他风险资产的超额收益为负。这是因为, 为了吸引内部投资者持有回报不明确的资产 (根据天真投资者的说法), 其价格必须足够低, 即回报必须足够高。相反, 暧昧厌恶的投资者会增持回报明确的资产, 因而会提高其价格并降低其回报。

接下来, 我们采用相同的方法来展示当均衡是参与均衡时相关系数暧昧的错误定价效应。当天真投资者交易两种风险资产时, 均衡价格为:

$$p_1 = \mu_1 - \alpha\sigma_1\left[Q(\theta, \overline{\rho}, \hat{\rho})\sigma_1 Z_1^0 + q(\theta, \overline{\rho}, \hat{\rho})\sigma_2 Z_2^0\right]$$
$$p_2 = \mu_2 - \alpha\sigma_2\left[q(\theta, \overline{\rho}, \hat{\rho})\sigma_1 Z_1^0 + Q(\theta, \overline{\rho}, \hat{\rho})\sigma_2 Z_2^0\right]$$

为了使代表性投资者 (A) 的经济具有相同的均衡价格, 代理人必须相信 $\mu_j^A = \mu_j$、$\left[\sigma_j^A\right]^2 = \sigma_j^2 Q(\theta, \overline{\rho}, \hat{\rho})$ 和 $\rho^A = \dfrac{q(\theta, \overline{\rho}, \hat{\rho})}{Q(\theta, \overline{\rho}, \hat{\rho})}$。

根据代表性投资者, 两种风险资产的 β 根据实际参数写为:

$$\beta_1^A = \frac{p_1 Z_1^0 + p_2 Z_2^0}{p_1} \frac{\sigma_1^2 Z_1^0 + \rho^A \sigma_1 \sigma_2 Z_2^0}{\sigma_1^2 \left[Z_1^0\right]^2 + 2\rho^A \sigma_1 \sigma_2 Z_1^0 Z_2^0 + \sigma_2^2 \left[Z_2^0\right]^2}$$

$$\beta_2^A = \frac{p_1 Z_1^0 + p_2 Z_2^0}{p_2} \frac{\rho^A \sigma_1 \sigma_2 Z_1^0 + \sigma_2^2 Z_2^0}{\sigma_1^2 \left[Z_1^0\right]^2 + 2\rho^A \sigma_1 \sigma_2 Z_1^0 Z_2^0 + \sigma_2^2 \left[Z_2^0\right]^2}$$

因此, α_j 由下式给出:

$$\alpha_j = \overline{Y}_j - \beta_j \overline{Y}_M = (\beta_j^A - \beta_j)\overline{Y}_M, \ j = 1, 2$$

对于函数 $f(x) = \dfrac{ax + b}{cx + d}$, 取参数 $a = \sigma_1 \sigma_2 Z_2^0$、$b = \sigma_1^2 Z_1^0$、$c = 2\sigma_1 \sigma_2 Z_1^0 Z_2^0$、$d = \sigma_1^2 \left[Z_1^0\right]^2 + \sigma_2^2 \left[Z_2^0\right]^2$。由于 $ad - bc = \left(\sigma_2^2 \left[Z_2^0\right]^2 - \sigma_1^2 \left[Z_1^0\right]^2\right)\sigma_1 \sigma_2 Z_2^0$, $f(\cdot)$ 是一个递增函数, 当且仅当 $\sigma_1 Z_1^0 < \sigma_2 Z_2^0$ 时。由于

$$\overline{Y}_M = Q(\theta, \overline{\rho}, \hat{\rho}) \frac{\alpha \left[\left[Z_1^0\right]^2 + \rho^A \sigma_1 \sigma_2 Z_1^0 Z_2^0 + \sigma_2^2 \left[Z_2^0\right]^2\right]}{p_1 Z_1^0 + p_2 Z_2^0} > 0$$

以及 $\rho^A > \hat{\rho}$, 那么

$$\alpha_1 = (\beta_1^A - \beta_1)\overline{Y}_M = \frac{p_1 Z_1^0 + p_2 Z_2^0}{p_1} \left[f(\rho^A) - f(\hat{\rho})\right] \overline{Y}_M > 0$$

当且仅当 $\sigma_1 Z_1^0 < \sigma_2 Z_2^0$ 时; 由对称性可知 $\alpha_2 < 0$。类似地, 如果 $\sigma_1 Z_1^0 > \sigma_2 Z_2^0$, 那么 $\alpha_1 < 0$ 且 $\alpha_2 > 0$。

注意到, 在非参与均衡下, 天真投资者将不持有质量较低的资产。因此, 概括起来, 在三种均衡下, 质量较低的资产将产生正超额收益, 而质量较高的资产将产生负超额收益。也就是说, 无论经济处于参与均衡还是非参与均衡, 天真投资者都会偏爱质量更高的资产, 甚至达到非理性的程度, 使其价格上涨, 从而回报低于标准模型的预测。由此可以看出, 相关性暧昧拓展了股票横截面研究的新思路。上述分析总结在性质 2.4 中。

性质 2.4　无论均衡是否为参与均衡, 质量较低的风险资产将产生正超额收益, 而质量较高的资产将产生负超额收益。

2.4.2　天真投资者的比例

现在我们通过分析均衡类型是否改变以及均衡价格如何随着 θ 的变化而变化, 来展示天真投资者的比例如何影响均衡结果。通过对称性, 我们只展示对均衡类型 1 的分析, 对均衡类型 3 的分析可以用相同的方式得到类似结论。

首先, 我们假设当 θ 足够小时, 经济处于均衡类型 1。此时风险资产的均衡价格为:

$$p_1 = \mu_1 - \alpha\sigma_1 \left\{\frac{1 - \hat{\rho}^2}{1 - \theta}\sigma_1 Z_1^0 + \hat{\rho}\left[\hat{\rho}\sigma_1 Z_1^0 + \sigma_2 Z_2^0\right]\right\}$$

$$p_2 = \mu_2 - \alpha\sigma_2 \left[\hat{\rho}\sigma_1 Z_1^0 + \sigma_2 Z_2^0 \right]$$

这一情形要求资产 1 的质量与资产 2 相比足够小, 即 $E_{12} \leqslant h(\theta, \overline{\rho}, \hat{\rho})$。$p_2$ 不受 θ 影响, 而 p_1 是 θ 的减函数, 如果 θ 趋近于 1, 则 p_1 趋近于负无穷。因此, 如果 θ 增加到一定值, 均衡类型将转变为参与型。计算表明偏移的临界值为 $\theta_1 = 1 - \dfrac{1 - \hat{\rho}^2}{\overline{\rho} - \hat{\rho}} \dfrac{1}{\hat{\rho} + E_{21}} < 1$。$\theta_1 > 0$ 等价于 $E_{12} < \dfrac{\overline{\rho} - \hat{\rho}}{1 - \overline{\rho}\hat{\rho}}$, 这是显而易见的, 因为 $h(\theta, \overline{\rho}, \hat{\rho}) < \dfrac{\overline{\rho} - \hat{\rho}}{1 - \hat{\rho}\overline{\rho}}$。因此 $0 < \theta_1 < 1$。因此, 如果能出现类型 1 的均衡, $\theta_1 \in (0, 1)$, 这与其经济意义是一致的。当 $\theta > \theta_1$ 时, 参与均衡出现, 此时 $h(\theta, \overline{\rho}, \hat{\rho}) < E_{12} < H(\theta, \overline{\rho}, \hat{\rho})$。由于 $h(\theta, \overline{\rho}, \hat{\rho})$ 关于 θ 递减和 $H(\theta, \overline{\rho}, \hat{\rho}) = \dfrac{1}{h(\theta, \overline{\rho}, \hat{\rho})}$ 关于 θ 递增, 因此当 θ 继续增加时, 均衡类型保持不变。

其次, 假设当 θ 足够小时, 经济处于均衡类型 3。那么风险资产的均衡价格为:

$$p_1 = \mu_1 - \alpha\sigma_1 \left[\sigma_1 Z_1^0 + \hat{\rho}\sigma_2 Z_2^0 \right]$$

$$p_2 = \mu_2 - \alpha\sigma_2 \left\{ \frac{1 - \hat{\rho}^2}{1 - \theta} \sigma_2 Z_2^0 + \hat{\rho} \left[\sigma_1 Z_1^0 + \hat{\rho}\sigma_2 Z_2^0 \right] \right\}$$

这一情形要求资产 1 的质量与资产 2 相比足够大, $H(\theta, \overline{\rho}, \hat{\rho}) \leqslant E_{12}$。$p_1$ 不受 θ 的影响, 而 p_2 是 θ 的递减函数, 若 θ 趋近于 1, 则 p_2 趋近于负无穷。因此, 如果 θ 增加到某个值, 则均衡类型将转变为参与均衡类型。我们可以计算出偏移的临界值为 $\theta_2 = 1 - \dfrac{1 - \hat{\rho}^2}{\overline{\rho} - \hat{\rho}} \dfrac{1}{E_{12} + \hat{\rho}} < 1$。$\theta_2 > 0$ 等价于 $E_{12} > \dfrac{1 - \overline{\rho}\hat{\rho}}{\overline{\rho} - \hat{\rho}}$, 这是显而易见的, 因为 $\dfrac{1 - \overline{\rho}\hat{\rho}}{\overline{\rho} - \hat{\rho}} < H(\theta, \overline{\rho}, \hat{\rho})$。因此 $0 < \theta_2 < 1$。因此, 如果能出现类型 3 的均衡, $\theta_2 \in (0, 1)$, 这与其经济意义是一致的。当 $\theta > \theta_2$ 时, 参与均衡出现, 此时 $h(\theta, \overline{\rho}, \hat{\rho}) < E_{12} < H(\theta, \overline{\rho}, \hat{\rho})$。由于 $H(\theta, \overline{\rho}, \hat{\rho})$ 关于 θ 递增, 因此当 θ 继续减少时, 均衡将保持相同类型。

在上述分析中, 我们首先假设当 θ 足够小时经济处于非参与均衡, $\dfrac{\overline{\rho} - \hat{\rho}}{1 - \hat{\rho}\overline{\rho}} < E_{12} \leqslant 1$ 的情形不可能出现, 因为在这种情况下 θ_1 将是负数。因此, 如果 $\dfrac{\overline{\rho} - \hat{\rho}}{1 - \hat{\rho}\overline{\rho}} < E_{12} \leqslant 1$, 则经济中发生的只能是参与均衡, 此时 θ 的变化不能改变均衡的类型。同样, 当 $1 \leqslant E_{12} < \dfrac{1 - \hat{\rho}\overline{\rho}}{\overline{\rho} - \hat{\rho}}$ 时, 不管 θ 有多小, 均衡不可能是类型 3。上述分析总结在性质 2.5 中。

性质 2.5 当 $\dfrac{\overline{\rho} - \hat{\rho}}{1 - \hat{\rho}\overline{\rho}} < E_{12} < \dfrac{1 - \hat{\rho}\overline{\rho}}{\overline{\rho} - \hat{\rho}}$ 时, 均衡只能是参与均衡, θ 的变化不会改变均衡类型。但是, 如果 E_{12} 不在区间内, 增加 θ 可能会使均衡类型从非参与型转变为参与型。

直觉上, 人们可能会认为随着天真投资者比例的增加, 均衡价格将单调增加, 因为天真投资者通常被认为比内部投资者更保守。然而, 如 2.2 节所述, 我们发现天真投资者可能比内部投资者持有更激进的头寸, 因此增加 θ 可能会增加对资产的需求并降低均衡价格。因此, 当 θ 从 0 到 1 变化时, 均衡价格变化可能是非单调的。我们在性质 2.6 中展示了这一结果。

性质 2.6　如果 $E_{12} < 1$, 则资产 1 的均衡价格关于 θ 递减; 如果 $E_{12} > \dfrac{1 - \hat{\rho}\overline{\rho}}{\overline{\rho} - \hat{\rho}}$, 则资产 1 的均衡价格关于 θ 先升后降。如果 $E_{21} < 1$, 则资产 2 的均衡价格关于 θ 递减; 如果 $E_{21} > \dfrac{1 - \hat{\rho}\overline{\rho}}{\overline{\rho} - \hat{\rho}}$, 则资产 2 的均衡价格关于 θ 先升后降。

2.4.3　最大相关系数

正如我们在 2.3 节中指出的那样, 在均衡状态下, 只有天真投资者的先验集合 $[\underline{\rho}, \overline{\rho}]$ 的最大相关系数 $\overline{\rho}$ 会影响到他们的有限参与决定和资产价格, 因此 $\Delta\rho = \overline{\rho} - \hat{\rho}$ 可以被视为他们所面临的暧昧程度的衡量指标。$\Delta\rho$ 是由投资者的经验、知识或信心以及市场环境共同决定的。接下来, 我们研究最大相关系数 (暧昧性水平) 的变化如何影响均衡类型和资产价格。

固定其他参数不变, 增加 $\overline{\rho}$ 可以改变均衡类型并且可以观察到 "安全投资转移" 现象。请注意, 当且仅当 $h(\theta, \overline{\rho}, \hat{\rho}) < E_{12} < H(\theta, \overline{\rho}, \hat{\rho})$ 时, 参与均衡才会出现。当 $\overline{\rho}$ 从 $\hat{\rho}$ 变化到 1 时, $h(\theta, \overline{\rho}, \hat{\rho})$ 从 0 增加到 $\dfrac{1 - \theta}{1 + \theta\hat{\rho}} < 1$, $H(\theta, \overline{\rho}, \hat{\rho})$ 从巨大减小到 $\dfrac{1 + \theta\hat{\rho}}{1 - \theta} > 1$。因此, 如果质量比率 E_{12} 满足 $\dfrac{1 - \theta}{1 + \theta\hat{\rho}} \leqslant E_{12} \leqslant \dfrac{1 + \theta\hat{\rho}}{1 - \theta}$, 均衡必然是参与均衡。如果 $E_{12} < \dfrac{1 - \theta}{1 + \theta\hat{\rho}}$ (或者 $E_{12} > \dfrac{1 + \theta\hat{\rho}}{1 - \theta}$), 增加最大相关系数可以改变 E_{12} 和 $h(\theta, \overline{\rho}, \hat{\rho})$ (或者 $H(\theta, \overline{\rho}, \hat{\rho})$), 从而将均衡从参与均衡切换到非参与均衡, 此时天真投资者只会交易更高质量的资产。

我们也可以直观地理解这一点。请注意, 要持有这两种资产, 天真投资者必须容忍相关系数的暧昧性。当质量比率足够小或足够大时, 这两种资产有着明显的区别。随着市场对它们变得更加不确定, $\overline{\rho}$ 不断增大, 为了避免暧昧性, 天真投资者将选择只持有质量更高的资产, 导致非参与均衡。这一结果总结在性质 2.7 中。

性质 2.7　当 $\dfrac{1 - \theta}{1 + \theta\hat{\rho}} \leqslant E_{12} \leqslant \dfrac{1 + \theta\hat{\rho}}{1 - \theta}$ 时, $\overline{\rho}$ 的变化不会改变均衡类型, 均衡只能是参与的。但是, 如果 E_{12} 不在该区间内, $\overline{\rho}$ 的增大可能会将均衡类型从参与型转变为非参与型, 并且天真投资者将持有更高质量的资产。

性质 2.5、性质 2.6 和性质 2.7 表明, 如果经济处于非参与均衡, 并且我们希望通过提高天真投资者的比例或减小最大相关系数来增加市场参与, 那么其他资产的非参与不会发生。因为在均衡状态下, 更高质量的资产将始终由天真投资者持有。

根据我们的分析, 减小最大相关系数将提高市场参与度。例如, Caballero 和 Krishnamurthy (2007) 以及 Easley 和 O'Hara (2009) 认为, 一个包含天真投资者的经济体需要一些机制 (如最后贷款人、存款保险) 和法规 (如非上市证券披露、适用性规则) 以减小天真投资者的最大相关系数, 从而帮助他们更客观地做出更好的决策。我们的分析也支持这些观点。以关联交易的监管为例。[①] 复杂的关联交易会以一种微妙的方式影响关联方的财务报表 (Kohlbeck & Mayhew, 2004)，但披露要求和其他相关规则将有助于减小他们之间相关系数的暧昧性，因此对于天真投资者来说，相关系数的暧昧程度降低。

至于均衡价格，定理 2.2 表明，如果经济处于非参与均衡，则 $\overline{\rho}$ 的变化对资产价格没有影响，因为天真投资者只交易一种风险资产。至于在参与均衡中 $\overline{\rho}$ 的变化如何影响资产价格，见性质 2.8。

性质 2.8 在参与均衡下，当 $E_{12} \geqslant \dfrac{2(1-\theta)(1+\theta\hat{\rho})}{(1-\theta)^2+(1+\theta\hat{\rho})^2}$ 时，p_1 是 $\overline{\rho}$ 的减函数；当 $E_{12} < \dfrac{2(1-\theta)(1+\theta\hat{\rho})}{(1-\theta)^2+(1+\theta\hat{\rho})^2}$ 时，p_1 随 $\overline{\rho}$ 从 $\hat{\rho}$ 变为 1，先减小后增大。至于资产 2 的价格 p_2，结论是对称的。

因此，尽管减小 $\overline{\rho}$ 的政策可以有效地提高一种资产 (质量较低) 的市场参与，但它可能会对另一种资产的价格产生一些负面影响。因此，在这种情况下，如何衡量相关政策的总社会效应变得至关重要。[②]我们的结果表明，对政策的评估应该考虑到暧昧性，并且在评估这些政策的影响时需要仔细校准。

2.5 结   论

本章研究了相关系数暧昧性在金融市场中的作用。特别地，本章通过假设经济中一部分投资者认为风险资产的相关系数是暧昧的，扩展了 Easley 和 O'Hara (2009) 的多资产模型。巧妙地定义 Sharpe 比率 [类似于 Sharpe (1966) 的定义] 会带来技术上的便利。相关性的暧昧性在需求函数中产生了四种情景，从而使需求曲线连续但存在结点。在特定条件下，理性的暧昧厌恶的天真投资者选择有限参与，以避免相关性系数暧昧性。天真投资者与内部投资者以相同的方向交易两种风险资产，但他们不一定会持有更保守的立场。

需求函数的性质导致三种不同类型的均衡。我们在 $\overline{\rho} - O - E_{12}$ 平面中展示了均衡区域。标准差和人均禀赋的乘积 $\sigma_i Z_i^0$ 衡量了资产 i 的质量。当质量比率足够小或足够大时，较低质量资产的有限参与作为一种内生的结果出现。CAPM 分析表明，较低质量的资产总是会产生正的超额收益。均衡的比较静态分析表明，天真投资者的比例或最大相关系数的变化会影响市场参与，同时如果均衡从参与型转变为非参与型，则可以观察到 "安全投资转移" 现象。然而，这两个参数变化的定价效应是非单调的，表明相关政策产生了深远的社会影响。

我们的模型可以扩展到两个方向。一个扩展是我们可以以类似于 Cao 等 (2005) 的方式进一步考虑暧昧厌恶投资者之间异质性的影响，以便进一步了解不同程度的暧昧性将如何影响投资决策; 另一个自然扩展是考虑在动态环境中学习相关性系数暧昧性。有

---

① FASB 和 SEC 都制定了规范关联交易披露的规则。例如，FASB 在 FAS 57 中描述了关联交易的披露要求。

② Easley、O'Hara 和 Yang (2014) 讨论了暧昧性给社会福利带来的影响。在他们的模型中，福利函数是透明交易者的事前均衡效用的确定性等价。他们发现降低暧昧性不一定会使福利函数增加。

大量关于相关结构时变特征的文献, 如 Bollerslev 等 (1988) 提出的关于协方差矩阵的 GARCH 过程, 以及 Aydemir (2008) 构建的逆周期模式。因此, 如果考虑一个模型, 其中投资人将相关性视为具有暧昧性的随机过程, 那么我们可以研究相关系数暧昧下的金融市场动态。

附　　录

附录 A　定理 2.1 的证明

为了求原规划式 (2.9) 的最优解, 我们需要考虑以下 4 个问题:

(1) $\max\limits_{z_1 z_2 < 0} \min\limits_{\rho \in [\underline{\rho}, \overline{\rho}]} f(z_1, z_2, \rho) = \max\limits_{z_1 z_2 < 0} f(z_1, z_2, \underline{\rho});$

(2) $\max\limits_{z_1 = 0} \min\limits_{\rho \in [\underline{\rho}, \overline{\rho}]} f(z_1, z_2, \rho) = \max\limits_{z_2} f(0, z_2, \rho);$

(3) $\max\limits_{z_2 = 0} \min\limits_{\rho \in [\underline{\rho}, \overline{\rho}]} f(z_1, z_2, \rho) = \max\limits_{z_1} f(z_1, 0, \rho);$

(4) $\max\limits_{z_1 z_2 > 0} \min\limits_{\rho \in [\underline{\rho}, \overline{\rho}]} f(z_1, z_2, \rho) = \max\limits_{z_1 z_2 > 0} f(z_1, z_2, \overline{\rho})。$

然后, 尝试找到对应于原始问题式 (2.9) 的最优解的最大值。

首先考虑问题 (1): $\max\limits_{z_1 z_2 < 0} \min\limits_{\rho \in [\underline{\rho}, \overline{\rho}]} f(z_1, z_2, \rho) = \max\limits_{z_1 z_2 < 0} f(z_1, z_2, \underline{\rho})$, 其中

$$f(z_1, z_2, \underline{\rho}) = W_0 \sigma_1 R_1 z_1 + \sigma_2 R_2 z_2 - \frac{1}{2} \alpha [\sigma_1^2 z_1^2 + 2\underline{\rho} \sigma_1 \sigma_2 z_1 z_2 + \sigma_2^2 z_2^2]$$

计算表明, 天真投资者对风险资产的需求函数为:

$$Z_N^* = \begin{pmatrix} Z_{N1}^* \\ Z_{N2}^* \end{pmatrix} = \frac{1}{\alpha(1 - \underline{\rho}^2)} \begin{pmatrix} \dfrac{R_1 - \underline{\rho} R_2}{\sigma_1} \\ \dfrac{R_2 - \underline{\rho} R_1}{\sigma_2} \end{pmatrix} \tag{A.1}$$

如果 $Z_{N1}^* Z_{N2}^* < 0$, 即 $(R_1 - \underline{\rho} R_2)(R_2 - \underline{\rho} R_1) < 0$, 等价地, 有:

$$(N1.1) \quad \begin{cases} R_1 < \underline{\rho} R_2 \\ R_2 > \underline{\rho} R_1 \end{cases} \quad \text{或} \quad (N1.2) \quad \begin{cases} R_1 > \underline{\rho} R_2 \\ R_2 < \underline{\rho} R_1 \end{cases} \tag{A.2}$$

因此,

$$\max\limits_{z_1 z_2 < 0} \min\limits_{\rho \in [\underline{\rho}, \overline{\rho}]} f(z_1, z_2, \rho) = f(Z_{N1}^*, Z_{N2}^*, \underline{\rho}) = W_0 + \frac{R_1^2 - 2\underline{\rho} R_1 R_2 + R_2^2}{2\alpha(1 - \underline{\rho}^2)}$$

其次考虑问题 (2): $\max\limits_{z_1=0} \min\limits_{\rho\in[\underline{\rho},\overline{\rho}]} f(z_1, z_2, \rho) = \max\limits_{z_2} f(0, z_2, \rho)$。二次曲面 $f(z_1, z_2, \rho)$ 在平面 $z_1 = 0$ 处截取抛物线 1:

$$f(0, z_2, \rho) = W_0\sigma_2 R_2 z_2 - \frac{1}{2}\alpha\sigma_2^2 z_2^2 \text{和} z_1 = 0$$

抛物线 1 的顶点是 $\left(0, \dfrac{R_2}{\alpha\sigma_2}\right)$,

$$Z_N^* = \begin{pmatrix} Z_{N1}^* \\ Z_{N2}^* \end{pmatrix} = \frac{1}{\alpha}\begin{pmatrix} 0 \\ \dfrac{R_2}{\sigma_2} \end{pmatrix} \tag{A.3}$$

且有 $\max\limits_{z_2} f(0, z_2, \rho) = f\left(0, \dfrac{R_2}{\alpha\sigma_2}, \rho\right) = W_0 + \dfrac{R_2^2}{2\alpha}$。

再次考虑问题 (3): $\max\limits_{z_2=0} \min\limits_{\rho\in[\underline{\rho},\overline{\rho}]} f(z_1, z_2, \rho) = \max\limits_{z_1} f(z_1, 0, \rho)$。二次曲面 $f(z_1, z_2, \rho)$ 在平面 $z_2 = 0$ 处截取抛物线 2:

$$f(z_1, 0, \rho) = W_0\sigma_1 R_1 z_1 - \frac{1}{2}\alpha\sigma_1^2 z_1^2 \text{和} z_2 = 0$$

抛物线 2 的顶点是 $\left(\dfrac{R_1}{\alpha\sigma_1}, 0\right)$,

$$Z_N^* = \begin{pmatrix} Z_{N1}^* \\ Z_{N2}^* \end{pmatrix} = \frac{1}{\alpha}\begin{pmatrix} \dfrac{R_1}{\sigma_1} \\ 0 \end{pmatrix} \tag{A.4}$$

且有 $\max\limits_{z_1} f(z_1, 0, \rho) = f\left(\dfrac{R_1}{\alpha\sigma_1}, 0, \rho\right) = W_0 + \dfrac{R_1^2}{2\alpha}$。

最后考虑问题 (4): $\max\limits_{z_1 z_2>0} \min\limits_{\rho\in[\underline{\rho},\overline{\rho}]} f(z_1, z_2, \rho) = \max\limits_{z_1 z_2>0} f(z_1, z_2, \overline{\rho})$,其中

$$f(z_1, z_2, \overline{\rho}) = W_0 + \sigma_1 R_1 z_1 + \sigma_2 R_2 z_2 - \frac{1}{2}\alpha[\sigma_1^2 z_1^2 + 2\overline{\rho}\sigma_1\sigma_2 z_1 z_2 + \sigma_2^2 z_2^2]$$

计算表明,天真投资者对风险资产的需求函数为:

$$Z_N^* = \begin{pmatrix} Z_{N1}^* \\ Z_{N2}^* \end{pmatrix} = \frac{1}{\alpha(1-\overline{\rho}^2)}\begin{pmatrix} \dfrac{R_1 - \overline{\rho}R_2}{\sigma_1} \\ \dfrac{R_2 - \overline{\rho}R_1}{\sigma_2} \end{pmatrix} \tag{A.5}$$

如果 $Z_{N1}^* Z_{N2}^* > 0$, 即 $(R_1 - \overline{\rho}R_2)(R_2 - \overline{\rho}R_1) > 0$, 等价地, 有:

$$(N2.1)\begin{cases} R_1 < \overline{\rho}R_2 \\ R_2 < \overline{\rho}R_1 \end{cases} \quad \text{或} \quad (N2.2)\begin{cases} R_1 > \overline{\rho}R_2 \\ R_2 > \overline{\rho}R_1 \end{cases} \tag{A.6}$$

因此,

$$\max_{z_1 z_2 > 0} \min_{\rho \in [\underline{\rho}, \overline{\rho}]} f(z_1, z_2, \rho) = f(Z_{N1}^*, Z_{N2}^*, \overline{\rho}) = W_0 + \frac{R_1^2 - 2\overline{\rho} R_1 R_2 + R_2^2}{2\alpha(1 - \overline{\rho}^2)}$$

条件 (A.2) $(R_1 - \underline{\rho} R_2)(R_2 - \underline{\rho} R_1) < 0$ 与条件 (A.6) $(R_1 - \overline{\rho} R_2)(R_2 - \overline{\rho} R_1) > 0$ 不可能同时成立。也就是说, 在平面 $R_1 - O - R_2$ 上, $\{(R_1, R_2) | (R_1 - \underline{\rho} R_2)(R_2 - \underline{\rho} R_1) < 0\} \cap \{(R_1, R_2) | (R_1 - \overline{\rho} R_2)(R_2 - \overline{\rho} R_1) > 0\} = \varnothing$ 成立。因此, 我们将规划 2 和规划 3 的可行域视为条件 (A.2) 和条件 (A.6) 的两个补集的交集:

$$D = \{(R_1, R_2) | (R_1 - \underline{\rho} R_2)(R_2 - \underline{\rho} R_1) < 0\}^c \cap \{(R_1, R_2) | (R_1 - \overline{\rho} R_2)(R_2 - \overline{\rho} R_1) > 0\}^c$$

$$= \left[\{(R_1, R_2) | (R_1 - \underline{\rho} R_2)(R_2 - \underline{\rho} R_1) < 0\} \cup \{(R_1, R_2) | (R_1 - \overline{\rho} R_2)(R_2 - \overline{\rho} R_1) > 0\}\right]^c$$

$$= \{(R_1, R_2) | (R_1 - \underline{\rho} R_2)(R_2 - \underline{\rho} R_1) \geqslant 0\} \cap \{(R_1, R_2) | (R_1 - \overline{\rho} R_2)(R_2 - \overline{\rho} R_1) \leqslant 0\}$$

我们通过两种方法分析这个交集。对于以下 3 种情况, 首先考虑 R_1 的符号。

情形 1.1　$R_1 < 0$, 则 $R_2 - \underline{\rho} R_1 < R_2 - \overline{\rho} R_1$。

(1.1.1) 若 $R_2 - \underline{\rho} R_1 < R_2 - \overline{\rho} R_1 < 0$, 则 $R_1 - \underline{\rho} R_2 \leqslant 0 \leqslant R_1 - \overline{\rho} R_2$, 因此 $R_2 < 0$ 且 $\overline{\rho} R_2 \leqslant R_1 \leqslant \underline{\rho} R_2$。

(1.1.2) 若 $R_2 - \underline{\rho} R_1 < R_2 - \overline{\rho} R_1 = 0$, 则 $R_1 - \underline{\rho} R_2 \leqslant 0$, 因此 $R_2 = \overline{\rho} R_1$ 且 $R_1 \leqslant \underline{\rho} R_2$。

(1.1.3) 若 $R_2 - \underline{\rho} R_1 < 0 < R_2 - \overline{\rho} R_1$, 则 $R_1 - \underline{\rho} R_2 \leqslant 0$ 且 $R_1 - \overline{\rho} R_2 \leqslant 0$, 因此 $\overline{\rho} R_1 < R_2 < \underline{\rho} R_1$。

(1.1.4) 若 $0 = R_2 - \underline{\rho} R_1 < R_2 - \overline{\rho} R_1$, 则 $R_1 - \overline{\rho} R_2 \leqslant 0$, 因此 $R_2 = \underline{\rho} R_1$ 且 $R_1 \leqslant \overline{\rho} R_2$。

(1.1.5) 若 $0 < R_2 - \underline{\rho} R_1 < R_2 - \overline{\rho} R_1$, 则 $R_1 - \overline{\rho} R_2 \leqslant 0 \leqslant R_1 - \underline{\rho} R_2$, 因此 $R_2 > 0$ 且 $\underline{\rho} R_2 \leqslant R_1 \leqslant \overline{\rho} R_2$。

情形 1.2　$R_1 = 0$, 则 $-\underline{\rho} R_2^2 \geqslant 0$ 且 $-\overline{\rho} R_2^2 \leqslant 0$, 因此 $R_2 = 0$ 或 $\underline{\rho} \leqslant 0 \leqslant \overline{\rho}$。

情形 1.3　$R_1 > 0$, 则 $R_2 - \overline{\rho} R_1 < R_2 - \underline{\rho} R_1$。

(1.3.1) 若 $R_2 - \overline{\rho} R_1 < R_2 - \underline{\rho} R_1 < 0$, 则 $R_1 - \underline{\rho} R_2 \leqslant 0 \leqslant R_1 - \overline{\rho} R_2$, 因此 $R_2 < 0$ 且 $\overline{\rho} R_2 \leqslant R_1 \leqslant \underline{\rho} R_2$。

(1.3.2) 若 $R_2 - \overline{\rho} R_1 < R_2 - \underline{\rho} R_1 = 0$, 则 $0 \leqslant R_1 - \overline{\rho} R_2$, 因此 $R_2 = \underline{\rho} R_1$ 且 $\underline{\rho} R_2 \leqslant R_1$。

(1.3.3) 若 $R_2 - \overline{\rho} R_1 < 0 < R_2 - \underline{\rho} R_1$, 则 $0 \leqslant R_1 - \underline{\rho} R_2$ 且 $0 \leqslant R_1 - \overline{\rho} R_2$, 因此 $\underline{\rho} R_1 < R_2 < \overline{\rho} R_1$。

(1.3.4) 若 $0 = R_2 - \overline{\rho} R_1 < R_2 - \underline{\rho} R_1$, 则 $0 \leqslant R_1 - \underline{\rho} R_2$, 因此 $R_2 = \overline{\rho} R_1$ 且 $\underline{\rho} R_2 \leqslant R_1$。

(1.3.5) 若 $0 < R_2 - \overline{\rho} R_1 < R_2 - \underline{\rho} R_1$, 则 $R_1 - \overline{\rho} R_2 \leqslant 0 \leqslant R_1 - \underline{\rho} R_2$, 因此 $R_2 > 0$ 且 $\underline{\rho} R_2 \leqslant R_1 \leqslant \overline{\rho} R_2$。

图 A.1 至图 A.5 报告了 3 种情况。

可从两个视角观察区域 D。第一个视角是从 R_1 的符号出发。$D \cap \{R_1 < 0\}$ 区域分为 (1.1.1)、(1.1.2)、(1.1.3)、(1.1.4) 和 (1.1.5) 五部分; $D \cap \{R_1 > 0\}$ 区域分为 (1.3.1)、

(1.3.2)、(1.3.3)、(1.3.4) 和 (1.3.5) 五部分。这十部分分为 4 个区域:

$$(1.1.2) + (1.1.3) + (1.1.4) = \begin{cases} R_1 < 0 \\ \overline{\rho}R_1 \leqslant R_2 \leqslant \underline{\rho}R_1 \end{cases} \equiv (N - .1)$$

$$(1.3.2) + (1.3.3) + (1.3.4) = \begin{cases} R_1 > 0 \\ \underline{\rho}R_1 \leqslant R_2 \leqslant \overline{\rho}R_1 \end{cases} \equiv (N + .1)$$

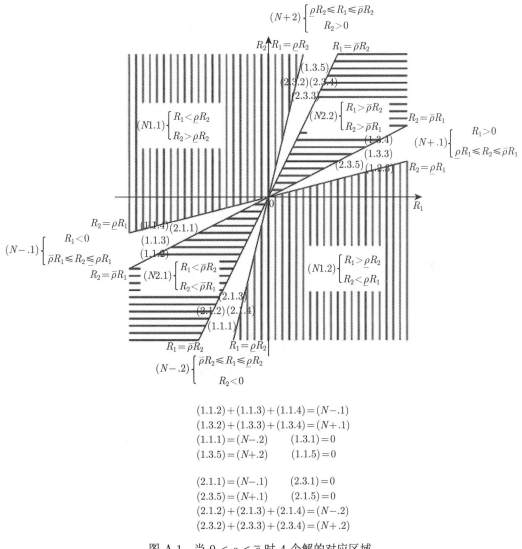

$$(1.1.2) + (1.1.3) + (1.1.4) = (N - .1)$$
$$(1.3.2) + (1.3.3) + (1.3.4) = (N + .1)$$
$$(1.1.1) = (N - .2) \qquad (1.3.1) = 0$$
$$(1.3.5) = (N + .2) \qquad (1.1.5) = 0$$

$$(2.1.1) = (N - .1) \qquad (2.3.1) = 0$$
$$(2.3.5) = (N + .1) \qquad (2.1.5) = 0$$
$$(2.1.2) + (2.1.3) + (2.1.4) = (N - .2)$$
$$(2.3.2) + (2.3.3) + (2.3.4) = (N + .2)$$

图 A.1　当 $0 < \underline{\rho} < \overline{\rho}$ 时 4 个解的对应区域

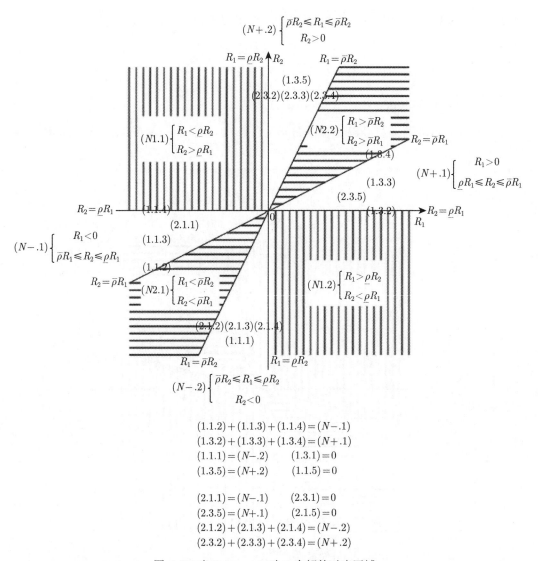

$$(1.1.2)+(1.1.3)+(1.1.4)=(N\text{--}.1)$$
$$(1.3.2)+(1.3.3)+(1.3.4)=(N\text{+}.1)$$
$$(1.1.1)=(N\text{--}.2) \qquad (1.3.1)=0$$
$$(1.3.5)=(N\text{+}.2) \qquad (1.1.5)=0$$

$$(2.1.1)=(N\text{--}.1) \qquad (2.3.1)=0$$
$$(2.3.5)=(N\text{+}.1) \qquad (2.1.5)=0$$
$$(2.1.2)+(2.1.3)+(2.1.4)=(N\text{--}.2)$$
$$(2.3.2)+(2.3.3)+(2.3.4)=(N\text{+}.2)$$

图 A.2　当 $0 = \underline{\rho} < \bar{\rho}$ 时 4 个解的对应区域

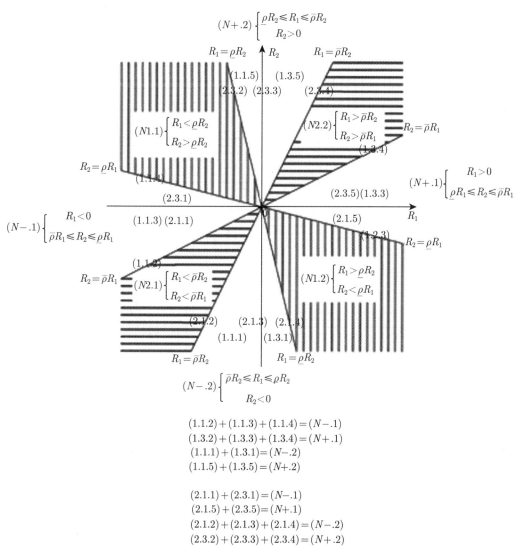

$$(1.1.2)+(1.1.3)+(1.1.4)=(N-.1)$$
$$(1.3.2)+(1.3.3)+(1.3.4)=(N+.1)$$
$$(1.1.1)+(1.3.1)=(N-.2)$$
$$(1.1.5)+(1.3.5)=(N+.2)$$

$$(2.1.1)+(2.3.1)=(N-.1)$$
$$(2.1.5)+(2.3.5)=(N+.1)$$
$$(2.1.2)+(2.1.3)+(2.1.4)=(N-.2)$$
$$(2.3.2)+(2.3.3)+(2.3.4)=(N+.2)$$

图 A.3　当 $\underline{\rho}<0<\bar{\rho}$ 时 4 个解的对应区域

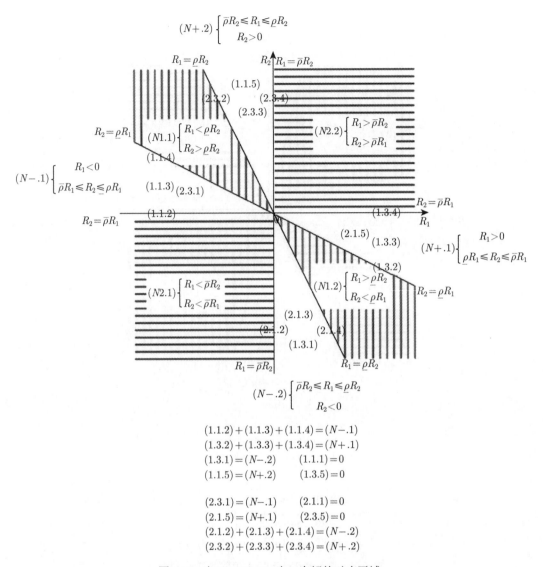

$(1.1.2)+(1.1.3)+(1.1.4)=(N-.1)$
$(1.3.2)+(1.3.3)+(1.3.4)=(N+.1)$
$(1.3.1)=(N-.2) \quad (1.1.1)=0$
$(1.1.5)=(N+.2) \quad (1.3.5)=0$

$(2.3.1)=(N-.1) \quad (2.1.1)=0$
$(2.1.5)=(N+.1) \quad (2.3.5)=0$
$(2.1.2)+(2.1.3)+(2.1.4)=(N-.2)$
$(2.3.2)+(2.3.3)+(2.3.4)=(N+.2)$

图 A.4 当 $\underline{\rho}<\bar{\rho}=0$ 时 4 个解的对应区域

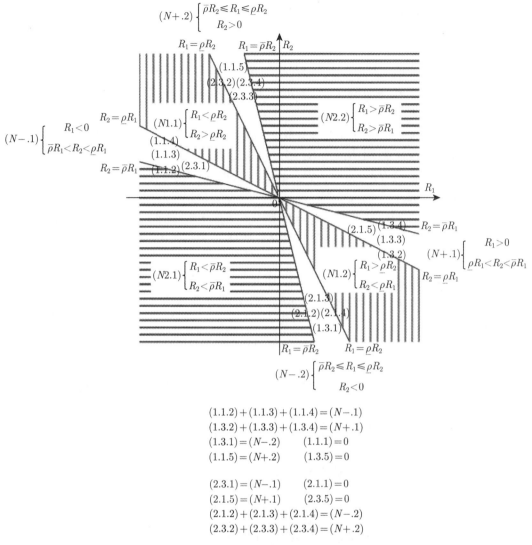

图 A.5　当 $\underline{\rho} < \overline{\rho} < 0$ 时 4 个解的对应区域

$$(1.1.1) + (1.3.1) = \begin{cases} \overline{\rho}R_2 \leqslant R_1 \leqslant \underline{\rho}R_2 \\ R_2 < 0 \end{cases} \equiv (N-.2)$$

$$(1.1.5) + (1.3.5) = \begin{cases} \underline{\rho}R_2 \leqslant R_1 \leqslant \overline{\rho}R_2 \\ R_2 > 0 \end{cases} \equiv (N+.2)$$

以下考虑 R_2 符号的 3 种情况。

情形 2.1　$R_2 < 0$, 则 $R_1 - \underline{\rho}R_2 < R_1 - \overline{\rho}R_2$。

(2.1.1) 若 $R_1 - \underline{\rho}R_2 < R_1 - \overline{\rho}R_2 < 0$, 则 $R_2 - \underline{\rho}R_1 \leqslant 0 \leqslant R_2 - \overline{\rho}R_1$, 因此 $R_1 < 0$ 且 $\overline{\rho}R_1 \leqslant R_2 \leqslant \underline{\rho}R_1$。

(2.1.2) 若 $R_1 - \underline{\rho}R_2 < R_1 - \overline{\rho}R_2 = 0$, 则 $R_2 - \underline{\rho}R_1 \leqslant 0$, 因此 $R_1 = \overline{\rho}R_2$ 且 $R_2 \leqslant \underline{\rho}R_1$。

(2.1.3) 若 $R_1 - \underline{\rho}R_2 < 0 < R_1 - \overline{\rho}R_2$, 则 $R_2 - \underline{\rho}R_1 \leqslant 0$ 且 $R_2 - \overline{\rho}R_1 \leqslant 0$, 因此 $\overline{\rho}R_2 < R_1 < \underline{\rho}R_2$。

(2.1.4) 若 $0 = R_1 - \underline{\rho}R_2 < R_1 - \overline{\rho}R_2$, 则 $R_2 - \overline{\rho}R_1 \leqslant 0$, 因此 $R_1 = \underline{\rho}R_2$ 且 $R_2 \leqslant \overline{\rho}R_1$。

(2.1.5) 若 $0 < R_1 - \underline{\rho}R_2 < R_1 - \overline{\rho}R_2$, 则 $R_2 - \overline{\rho}R_1 \leqslant 0 \leqslant R_2 - \underline{\rho}R_1$, 因此 $R_1 > 0$ 且 $\underline{\rho}R_1 \leqslant R_2 \leqslant \overline{\rho}R_1$。

情形 2.2　$R_2 = 0$, 则 $-\underline{\rho}R_1^2 \geqslant 0$ 和 $-\overline{\rho}R_1^2 \leqslant 0$, 因此 $R_1 = 0$ 或 $\underline{\rho} \leqslant 0 \leqslant \overline{\rho}$。

情形 2.3　$R_2 > 0$, 则 $R_1 - \overline{\rho}R_2 < R_1 - \underline{\rho}R_2$。

(2.3.1) 若 $R_1 - \overline{\rho}R_2 < R_1 - \underline{\rho}R_2 < 0$, 则 $R_2 - \underline{\rho}R_1 \leqslant 0 \leqslant R_2 - \overline{\rho}R_1$, 因此 $R_1 < 0$ 且 $\overline{\rho}R_1 \leqslant R_2 \leqslant \underline{\rho}R_1$。

(2.3.2) 若 $R_1 - \overline{\rho}R_2 < R_1 - \underline{\rho}R_2 = 0$, 则 $0 \leqslant R_2 - \overline{\rho}R_1$, 因此 $R_1 = \underline{\rho}R_2$ 且 $\underline{\rho}R_1 \leqslant R_2$。

(2.3.3) 若 $R_1 - \overline{\rho}R_2 < 0 < R_1 - \underline{\rho}R_2$, 则 $0 \leqslant R_2 - \underline{\rho}R_1$ 且 $0 \leqslant R_2 - \overline{\rho}R_1$, 因此 $\underline{\rho}R_2 < R_1 < \overline{\rho}R_2$。

(2.3.4) 若 $0 = R_1 - \overline{\rho}R_2 < R_1 - \underline{\rho}R_2$, 则 $0 \leqslant R_2 - \underline{\rho}R_1$, 因此 $R_1 = \overline{\rho}R_2$ 且 $\underline{\rho}R_1 \leqslant R_2$。

(2.3.5) 若 $0 < R_1 - \overline{\rho}R_2 < R_1 - \underline{\rho}R_2$, 则 $R_2 - \overline{\rho}R_1 \leqslant 0 \leqslant R_2 - \underline{\rho}R_1$, 因此 $R_1 > 0$ 且 $\underline{\rho}R_1 \leqslant R_2 \leqslant \overline{\rho}R_1$。

图 A.1 至图 A.5 还报告了从另一个视角观察区域 D 的 3 种情况, 该视角从 R_2 的符号出发。$D \cap \{R_2 < 0\}$ 区域分为 (2.1.1)、(2.1.2)、(2.1.3)、(2.1.4) 和 (2.1.5) 五部分; $D \cap \{R_2 > 0\}$ 区域分为 (2.3.1)、(2.3.2)、(2.3.3)、(2.3.4) 和 (2.3.5) 五部分。这十部分分为 4 个区域:

$$(2.1.1) + (2.3.1) = (N - .1)$$

$$(2.1.5) + (2.3.5) = (N + .1)$$

$$(2.1.2) + (2.1.3) + (2.1.4) = (N - .2)$$

$$(2.3.2) + (2.3.3) + (2.3.4) = (N + .2)$$

规划 2 解的形式由式 (A.3) 给出, 在 $(N - .1)$ 和 $(N + .1)$ 中规划 2 没有解, 式 (A.3) 是在 $(N - .2)$ 和 $(N + .2)$ 中规划 2 的解。所以,

$$在 (N - .2) 上, Z_{N1}^* = 0 和 Z_{N2}^* = \frac{R_2}{\alpha \sigma_2} < 0$$

$$在 (N + .2) 上, Z_{N1}^* = 0 和 Z_{N2}^* = \frac{R_2}{\alpha \sigma_2} > 0$$

类似地, 规划 3 的解是式 (A.4) 的形式, 在 $(N - .2)$ 和 $(N + .2)$ 中没有规划 3 的解, 式 (A.4) 是在 $(N - .1)$ 和 $(N + .1)$ 中规划 3 的解决方案。所以,

$$在 (N - .1) 上, Z_{N1}^* = \frac{R_1}{\alpha \sigma_1} < 0 和 Z_{N2}^* = 0$$

$$在(N+.1)上, Z_{N1}^* = \frac{R_1}{\alpha\sigma_1} > 0 和 Z_{N2}^* = 0$$

规划 2 和规划 3 的解与规划 1 和规划 4 的解形式一致。由式 (A.1)、式 (A.2)、式 (A.5)、式 (A.6), 可得:

$$在(N1.1)上, Z_{N1}^* < 0 和 Z_{N2}^* > 0$$

$$在(N1.2)上, Z_{N1}^* > 0 和 Z_{N2}^* < 0$$

$$在(N2.1)上, Z_{N1}^* < 0 和 Z_{N2}^* < 0$$

$$在(N2.2)上, Z_{N1}^* > 0 和 Z_{N2}^* > 0$$

然后得到:

$$
Z_N^* = \begin{pmatrix} Z_{N1}^* \\ N_{N2}^* \end{pmatrix} = \begin{cases}
\dfrac{1}{\alpha}\begin{pmatrix} \dfrac{R_1 - \rho R_2}{\sigma_1(1-\underline{\rho}^2)} \\ \dfrac{R_2 - \rho R_1}{\sigma_2(1-\underline{\rho}^2)} \end{pmatrix}, 若\ (N1.1)\begin{cases} R_1 < \underline{\rho} R_2 \\ R_2 > \underline{\rho} R_1 \end{cases} 或\ (N1.2)\begin{cases} R_1 > \underline{\rho} R_2 \\ R_2 < \underline{\rho} R_1 \end{cases} \\[3em]
\dfrac{1}{\alpha}\begin{pmatrix} 0 \\ \dfrac{R_2}{\sigma_2} \end{pmatrix}, 若\ (N-.2)\begin{cases} \overline{\rho} R_2 \leqslant R_1 \leqslant \underline{\rho} R_2 \\ R_2 < 0 \end{cases} 或\ (N+.2)\begin{cases} \underline{\rho} R_2 \leqslant R_1 \leqslant \overline{\rho} R_2 \\ R_2 > 0 \end{cases} \\[3em]
\dfrac{1}{\alpha}\begin{pmatrix} \dfrac{R_1}{\sigma_1} \\ 0 \end{pmatrix}, 若\ (N-.1)\begin{cases} R_1 < 0 \\ \overline{\rho} R_1 \leqslant R_2 \leqslant \underline{\rho} R_1 \end{cases} 或\ (N+.1)\begin{cases} R_1 > 0 \\ \underline{\rho} R_1 \leqslant R_2 \leqslant \overline{\rho} R_1 \end{cases} \\[3em]
\dfrac{1}{\alpha}\begin{pmatrix} \dfrac{R_1 - \overline{\rho} R_2}{\sigma_1(1-\overline{\rho}^2)} \\ \dfrac{R_2 - \overline{\rho} R_1}{\sigma_2(1-\overline{\rho}^2)} \end{pmatrix}, 若\ (N2.1)\begin{cases} R_1 < \overline{\rho} R_2 \\ R_2 < \overline{\rho} R_1 \end{cases} 或\ (N2.2)\begin{cases} R_1 > \overline{\rho} R_2 \\ R_2 > \overline{\rho} R_1 \end{cases}
\end{cases}
$$

$$(A.7)$$

附录 B 天真投资者的需求函数图

请注意, 天真投资者对资产 k 的需求取决于两种风险资产的价格, 并且函数图的形状随 R_k 符号的变化而变化, 因此很难描绘 $Z(p_1, p_2)$ 在三维坐标空间中的图, 所以我们采用比较静态分析的方法。由于两种资产需求函数的形式是对称的, 所以这里只给出资产 1 的需求函数。当研究资产 1 的需求 $Z_1(p_1)$ 如何随 p_1 变化时, 我们固定 p_2 的值 (并假设 R_2 的符号)。

情况 1 资产 2 的价格高于平均收益, $p_2 > \mu_2$。根据相关系数的不同边界, 我们描绘了需求函数 $Z_1(p_1)$。

对于 $p_2 > \mu_2$ 和 $0 < \underline{\rho} < \overline{\rho}$, 有:

$$
Z_{N1}^* = \begin{cases}
\dfrac{\sigma_2^2(\mu_1-p_1)-\underline{\rho}\sigma_1\sigma_2(\mu_2-p_2)}{\alpha\sigma_1^2\sigma_2^2(1-\underline{\rho}^2)}, & \text{若}\, p_1 < \mu_1 - \underline{\rho}\dfrac{\sigma_1}{\sigma_2}(\mu_2-p_2) \\[3mm]
0, & \text{若}\, \mu_1 - \underline{\rho}\dfrac{\sigma_1}{\sigma_2}(\mu_2-p_2) \leqslant p_1 \leqslant \mu_1 - \overline{\rho}\dfrac{\sigma_1}{\sigma_2}(\mu_2-p_2) \\[3mm]
\dfrac{\sigma_2^2(\mu_1-p_1)-\overline{\rho}\sigma_1\sigma_2(\mu_2-p_2)}{\alpha\sigma_1^2\sigma_2^2(1-\overline{\rho}^2)}, & \text{若}\, \mu_1 - \overline{\rho}\dfrac{\sigma_1}{\sigma_2}(\mu_2-p_2) < p_1 < \mu_1 - \dfrac{1}{\overline{\rho}}\dfrac{\sigma_1}{\sigma_2}(\mu_2-p_2) \\[3mm]
\dfrac{\mu_1-p_1}{\alpha\sigma_1^2}, & \text{若}\, \mu_1 - \dfrac{1}{\overline{\rho}}\dfrac{\sigma_1}{\sigma_2}(\mu_2-p_2) \leqslant p_1 \leqslant \mu_1 - \dfrac{1}{\underline{\rho}}\dfrac{\sigma_1}{\sigma_2}(\mu_2-p_2) \\[3mm]
\dfrac{\sigma_2^2(\mu_1-p_1)-\underline{\rho}\sigma_1\sigma_2(\mu_2-p_2)}{\alpha\sigma_1^2\sigma_2^2(1-\underline{\rho}^2)}, & \text{若}\, \mu_1 - \dfrac{1}{\underline{\rho}}\dfrac{\sigma_1}{\sigma_2}(\mu_2-p_2) < p_1
\end{cases}
\tag{B.1}
$$

对于 $p_2 > \mu_2$ 和 $0 = \underline{\rho} < \overline{\rho}$, 有:

$$
Z_{N1}^* = \begin{cases}
\dfrac{\mu_1-p_1}{\alpha\sigma_1^2}, & \text{若}\, p_1 < \mu_1 \\[3mm]
0, & \text{若}\, \mu_1 \leqslant p_1 \leqslant \mu_1 - \overline{\rho}\dfrac{\sigma_1}{\sigma_2}(\mu_2-p_2) \\[3mm]
\dfrac{\sigma_2^2(\mu_1-p_1)-\overline{\rho}\sigma_1\sigma_2(\mu_2-p_2)}{\alpha\sigma_1^2\sigma_2^2(1-\overline{\rho}^2)}, & \text{若}\, \mu_1 - \overline{\rho}\dfrac{\sigma_1}{\sigma_2}(\mu_2-p_2) < p_1 < \mu_1 - \dfrac{1}{\overline{\rho}}\dfrac{\sigma_1}{\sigma_2}(\mu_2-p_2) \\[3mm]
\dfrac{\mu_1-p_1}{\alpha\sigma_1^2}, & \text{若}\, \mu_1 - \dfrac{1}{\overline{\rho}}\dfrac{\sigma_1}{\sigma_2}(\mu_2-p_2) \leqslant p_1
\end{cases}
\tag{B.2}
$$

对于 $p_2 > \mu_2$ 和 $\underline{\rho} < 0 < \overline{\rho}$, 有:

$$
Z_{N1}^* = \begin{cases}
\dfrac{\mu_1-p_1}{\alpha\sigma_1^2}, & \text{若}\, p_1 \leqslant \mu_1 - \dfrac{1}{\underline{\rho}}\dfrac{\sigma_1}{\sigma_2}(\mu_2-p_2) \\[3mm]
\dfrac{\sigma_2^2(\mu_1-p_1)-\underline{\rho}\sigma_1\sigma_2(\mu_2-p_2)}{\alpha\sigma_1^2\sigma_2^2(1-\underline{\rho}^2)}, & \text{若}\, \mu_1 - \dfrac{1}{\underline{\rho}}\dfrac{\sigma_1}{\sigma_2}(\mu_2-p_2) < p_1 < \mu_1 - \underline{\rho}\dfrac{\sigma_1}{\sigma_2}(\mu_2-p_2) \\[3mm]
0, & \text{若}\, \mu_1 - \underline{\rho}\dfrac{\sigma_1}{\sigma_2}(\mu_2-p_2) \leqslant p_1 \leqslant \mu_1 - \overline{\rho}\dfrac{\sigma_1}{\sigma_2}(\mu_2-p_2) \\[3mm]
\dfrac{\sigma_2^2(\mu_1-p_1)-\overline{\rho}\sigma_1\sigma_2(\mu_2-p_2)}{\alpha\sigma_1^2\sigma_2^2(1-\overline{\rho}^2)}, & \text{若}\, \mu_1 - \overline{\rho}\dfrac{\sigma_1}{\sigma_2}(\mu_2-p_2) < p_1 < \mu_1 - \dfrac{1}{\overline{\rho}}\dfrac{\sigma_1}{\sigma_2}(\mu_2-p_2) \\[3mm]
\dfrac{\mu_1-p_1}{\alpha\sigma_1^2}, & \text{若}\, \mu_1 - \dfrac{1}{\overline{\rho}}\dfrac{\sigma_1}{\sigma_2}(\mu_2-p_2) \leqslant p_1
\end{cases}
\tag{B.3}
$$

对于 $p_2 > \mu_2$ 和 $\underline{\rho} < \overline{\rho} = 0$, 有:

$$
Z_{N1}^* = \begin{cases}
\dfrac{\mu_1-p_1}{\alpha\sigma_1^2}, & \text{若}\, p_1 \leqslant \mu_1 - \dfrac{1}{\underline{\rho}}\dfrac{\sigma_1}{\sigma_2}(\mu_2-p_2) \\[3mm]
\dfrac{\sigma_2^2(\mu_1-p_1)-\underline{\rho}\sigma_1\sigma_2(\mu_2-p_2)}{\alpha\sigma_1^2\sigma_2^2(1-\underline{\rho}^2)}, & \text{若}\, \mu_1 - \dfrac{1}{\underline{\rho}}\dfrac{\sigma_1}{\sigma_2}(\mu_2-p_2) < p_1 < \mu_1 - \underline{\rho}\dfrac{\sigma_1}{\sigma_2}(\mu_2-p_2) \\[3mm]
0, & \text{若}\, \mu_1 - \underline{\rho}\dfrac{\sigma_1}{\sigma_2}(\mu_2-p_2) \leqslant p_1 \leqslant \mu_1 \\[3mm]
\dfrac{\mu_1-p_1}{\alpha\sigma_1^2}, & \text{若}\, \mu_1 < p_1
\end{cases}
\tag{B.4}
$$

对于 $p_2 > \mu_2$ 和 $\underline{\rho} < \overline{\rho} < 0$, 有:

$$Z_{N1}^* = \begin{cases} \dfrac{\sigma_2^2(\mu_1 - p_1) - \overline{\rho}\sigma_1\sigma_2(\mu_2 - p_2)}{\alpha\sigma_1^2\sigma_2^2(1 - \overline{\rho}^2)}, & \text{若}\, p_1 < \mu_1 - \dfrac{1}{\overline{\rho}}\dfrac{\sigma_1}{\sigma_2}(\mu_2 - p_2) \\[2mm] \dfrac{\mu_1 - p_1}{\alpha\sigma_1^2}, & \text{若}\, \mu_1 - \dfrac{1}{\overline{\rho}}\dfrac{\sigma_1}{\sigma_2}(\mu_2 - p_2) \leqslant p_1 \leqslant \mu_1 - \dfrac{1}{\underline{\rho}}\dfrac{\sigma_1}{\sigma_2}(\mu_2 - p_2) \\[2mm] \dfrac{\sigma_2^2(\mu_1 - p_1) - \underline{\rho}\sigma_1\sigma_2(\mu_2 - p_2)}{\alpha\sigma_1^2\sigma_2^2(1 - \underline{\rho}^2)}, & \text{若}\, \mu_1 - \dfrac{1}{\underline{\rho}}\dfrac{\sigma_1}{\sigma_2}(\mu_2 - p_2) < p_1 < \mu_1 - \underline{\rho}\dfrac{\sigma_1}{\sigma_2}(\mu_2 - p_2) \\[2mm] 0, & \text{若}\, \mu_1 - \underline{\rho}\dfrac{\sigma_1}{\sigma_2}(\mu_2 - p_2) \leqslant p_1 \leqslant \mu_1 - \overline{\rho}\dfrac{\sigma_1}{\sigma_2}(\mu_2 - p_2) \\[2mm] \dfrac{\sigma_2^2(\mu_1 - p_1) - \overline{\rho}\sigma_1\sigma_2(\mu_2 - p_2)}{\alpha\sigma_1^2\sigma_2^2(1 - \overline{\rho}^2)}, & \text{若}\, \mu_1 - \overline{\rho}\dfrac{\sigma_1}{\sigma_2}(\mu_2 - p_2) < p_1 \end{cases}$$

$$(\text{B.5})$$

式 (B.2) 是式 (B.1) 和式 (B.3) 在 $\rho = 0$ 时的极限形式。式 (B.4) 是式 (B.3) 和式 (B.5) 在 $\overline{\rho} = 0$ 时的极限形式。五种情况: $0 < \underline{\rho} < \overline{\rho}$、$0 = \underline{\rho} < \overline{\rho}$、$\underline{\rho} < 0 < \overline{\rho}$、$\underline{\rho} < \overline{\rho} = 0$ 和 $\underline{\rho} < \overline{\rho} < 0$, 分别如图 B.1 至图 B.5 所示。由图 B.1 至图 B.5 可得需求函数 $Z_1(p_1)$ 是分段线性的并且关于 p_1 单调递减。

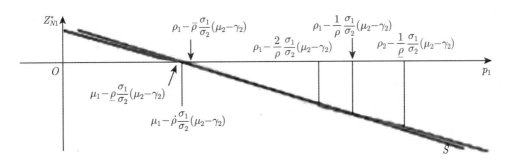

图 B.1　当 $p_2 > \mu_2$ 且 $0 < \underline{\rho} < \overline{\rho}$ 时天真投资者的需求函数

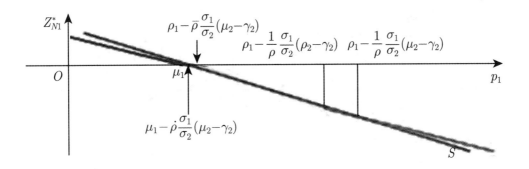

图 B.2　当 $p_2 > \mu_2$ 且 $0 = \underline{\rho} < \overline{\rho}$ 时天真投资者的需求函数

情况 2　资产 2 的价格低于平均收益, $p_2 < \mu_2$。根据相关系数的不同边界, 我们描绘了需求函数 $Z_1(p_1)$。

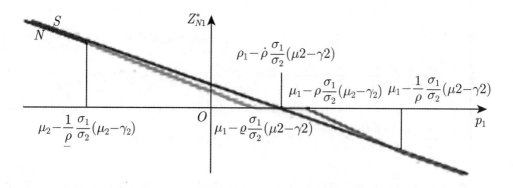

图 B.3　当 $p_2 > \mu_2$ 且 $\underline{\rho} < 0 < \overline{\rho}$ 时天真投资者的需求函数

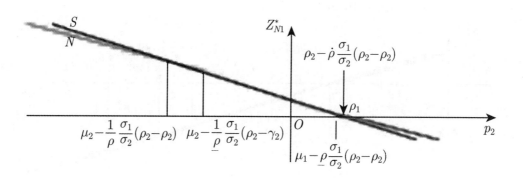

图 B.4　当 $p_2 > \mu_2$ 且 $\underline{\rho} < \overline{\rho} = 0$ 时天真投资者的需求函数

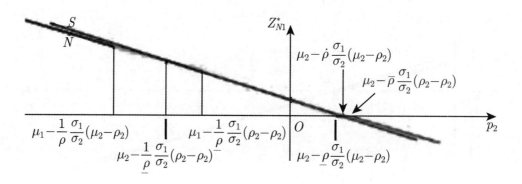

图 B.5　当 $p_2 > \mu_2$ 且 $\underline{\rho} < \overline{\rho} < 0$ 时天真投资者的需求函数

对于 $p_2 < \mu_2$ 和 $0 < \underline{\rho} < \overline{\rho}$, 有:

$$Z_{N1}^* = \begin{cases} \dfrac{\sigma_2^2(\mu_1-p_1)-\underline{\rho}\sigma_1\sigma_2(\mu_2-p_2)}{\alpha\sigma_1^2\sigma_2^2(1-\underline{\rho}^2)}, & \text{若}\, p_1 < \mu_1 - \dfrac{1}{\underline{\rho}}\dfrac{\sigma_1}{\sigma_2}(\mu_2-p_2) \\[2.5ex] \dfrac{\mu_1-p_1}{\alpha\sigma_1^2}, & \text{若}\, \mu_1 - \dfrac{1}{\underline{\rho}}\dfrac{\sigma_1}{\sigma_2}(\mu_2-p_2) \leqslant p_1 \leqslant \mu_1 - \dfrac{1}{\overline{\rho}}\dfrac{\sigma_1}{\sigma_2}(\mu_2-p_2) \\[2.5ex] \dfrac{\sigma_2^2(\mu_1-p_1)-\overline{\rho}\sigma_1\sigma_2(\mu_2-p_2)}{\alpha\sigma_1^2\sigma_2^2(1-\overline{\rho}^2)}, & \text{若}\, \mu_1 - \dfrac{1}{\overline{\rho}}\dfrac{\sigma_1}{\sigma_2}(\mu_2-p_2) < p_1 < \mu_1 - \overline{\rho}\dfrac{\sigma_1}{\sigma_2}(\mu_2-p_2) \\[2.5ex] 0, & \text{若}\, \mu_1 - \overline{\rho}\dfrac{\sigma_1}{\sigma_2}(\mu_2-p_2) \leqslant p_1 \leqslant \mu_1 - \underline{\rho}\dfrac{\sigma_1}{\sigma_2}(\mu_2-p_2) \\[2.5ex] \dfrac{\sigma_2^2(\mu_1-p_1)-\underline{\rho}\sigma_1\sigma_2(\mu_2-p_2)}{\alpha\sigma_1^2\sigma_2^2(1-\underline{\rho}^2)}, & \text{若}\, \mu_1 - \underline{\rho}\dfrac{\sigma_1}{\sigma_2}(\mu_2-p_2) < p_1 \end{cases} \tag{B.6}$$

对于 $p_2 < \mu_2$ 和 $0 = \underline{\rho} < \overline{\rho}$, 有:

$$Z_{N1}^* = \begin{cases} \dfrac{\mu_1-p_1}{\alpha\sigma_1^2}, & \text{若}\, p_1 \leqslant \mu_1 - \dfrac{1}{\overline{\rho}}\dfrac{\sigma_1}{\sigma_2}(\mu_2-p_2) \\[2.5ex] \dfrac{\sigma_2^2(\mu_1-p_1)-\overline{\rho}\sigma_1\sigma_2(\mu_2-p_2)}{\alpha\sigma_1^2\sigma_2^2(1-\overline{\rho}^2)}, & \text{若}\, \mu_1 - \dfrac{1}{\overline{\rho}}\dfrac{\sigma_1}{\sigma_2}(\mu_2-p_2) < p_1 < \mu_1 - \overline{\rho}\dfrac{\sigma_1}{\sigma_2}(\mu_2-p_2) \\[2.5ex] 0, & \text{若}\, \mu_1 - \overline{\rho}\dfrac{\sigma_1}{\sigma_2}(\mu_2-p_2) \leqslant p_1 \leqslant \mu_1 \\[2.5ex] \dfrac{\mu_1-p_1}{\alpha\sigma_1^2}, & \text{若}\, \mu_1 < p_1 \end{cases} \tag{B.7}$$

对于 $p_2 < \mu_2$ 和 $\underline{\rho} < 0 < \overline{\rho}$, 有:

$$Z_{N1}^* = \begin{cases} \dfrac{\mu_1-p_1}{\alpha\sigma_1^2}, & \text{若}\, p_1 \leqslant \mu_1 - \dfrac{1}{\overline{\rho}}\dfrac{\sigma_1}{\sigma_2}(\mu_2-p_2) \\[2.5ex] \dfrac{\sigma_2^2(\mu_1-p_1)-\overline{\rho}\sigma_1\sigma_2(\mu_2-p_2)}{\alpha\sigma_1^2\sigma_2^2(1-\overline{\rho}^2)}, & \text{若}\, \mu_1 - \dfrac{1}{\overline{\rho}}\dfrac{\sigma_1}{\sigma_2}(\mu_2-p_2) < p_1 < \mu_1 - \overline{\rho}\dfrac{\sigma_1}{\sigma_2}(\mu_2-p_2) \\[2.5ex] 0, & \text{若}\, \mu_1 - \overline{\rho}\dfrac{\sigma_1}{\sigma_2}(\mu_2-p_2) \leqslant p_1 \leqslant \mu_1 - \underline{\rho}\dfrac{\sigma_1}{\sigma_2}(\mu_2-p_2) \\[2.5ex] \dfrac{\sigma_2^2(\mu_1-p_1)-\underline{\rho}\sigma_1\sigma_2(\mu_2-p_2)}{\alpha\sigma_1^2\sigma_2^2(1-\underline{\rho}^2)}, & \text{若}\, \mu_1 - \underline{\rho}\dfrac{\sigma_1}{\sigma_2}(\mu_2-p_2) < p_1 < \mu_1 - \dfrac{1}{\underline{\rho}}\dfrac{\sigma_1}{\sigma_2}(\mu_2-p_2) \\[2.5ex] \dfrac{\mu_1-p_1}{\alpha\sigma_1^2}, & \text{若}\, \mu_1 - \dfrac{1}{\underline{\rho}}\dfrac{\sigma_1}{\sigma_2}(\mu_2-p_2) \leqslant p_1 \end{cases} \tag{B.8}$$

对于 $p_2 < \mu_2$ 和 $\underline{\rho} < \overline{\rho} = 0$,

$$Z_{N1}^* = \begin{cases} \dfrac{\mu_1-p_1}{\alpha\sigma_1^2}, & \text{若}\, p_1 < \mu_1 \\[2.5ex] 0, & \text{若}\, \mu_1 \leqslant p_1 \leqslant \mu_1 - \underline{\rho}\dfrac{\sigma_1}{\sigma_2}(\mu_2-p_2) \\[2.5ex] \dfrac{\sigma_2^2(\mu_1-p_1)-\underline{\rho}\sigma_1\sigma_2(\mu_2-p_2)}{\alpha\sigma_1^2\sigma_2^2(1-\underline{\rho}^2)}, & \text{若}\, \mu_1 - \underline{\rho}\dfrac{\sigma_1}{\sigma_2}(\mu_2-p_2) < p_1 < \mu_1 - \dfrac{1}{\underline{\rho}}\dfrac{\sigma_1}{\sigma_2}(\mu_2-p_2) \\[2.5ex] \dfrac{\mu_1-p_1}{\alpha\sigma_1^2}, & \text{若}\, \mu_1 - \dfrac{1}{\underline{\rho}}\dfrac{\sigma_1}{\sigma_2}(\mu_2-p_2) \leqslant p_1 \end{cases} \tag{B.9}$$

对于 $p_2 < \mu_2$ 和 $\underline{\rho} < \overline{\rho} < 0$,

$$
Z_{N1}^* = \begin{cases}
\dfrac{\sigma_2^2(\mu_1-p_1)-\overline{\rho}\sigma_1\sigma_2(\mu_2-p_2)}{\alpha\sigma_1^2\sigma_2^2(1-\overline{\rho}^2)}, & \text{若}\,p_1 < \mu_1-\overline{\rho}\dfrac{\sigma_1}{\sigma_2}(\mu_2-p_2) \\[3mm]
0, & \text{若}\,\mu_1-\overline{\rho}\dfrac{\sigma_1}{\sigma_2}(\mu_2-p_2) \leqslant p_1 \leqslant \mu_1-\underline{\rho}\dfrac{\sigma_1}{\sigma_2}(\mu_2-p_2) \\[3mm]
\dfrac{\sigma_2^2(\mu_1-p_1)-\underline{\rho}\sigma_1\sigma_2(\mu_2-p_2)}{\alpha\sigma_1^2\sigma_2^2(1-\underline{\rho}^2)}, & \text{若}\,\mu_1-\underline{\rho}\dfrac{\sigma_1}{\sigma_2}(\mu_2-p_2) < p_1 < \mu_1-\dfrac{1}{\underline{\rho}}\dfrac{\sigma_1}{\sigma_2}(\mu_2-p_2) \\[3mm]
\dfrac{\mu_1-p_1}{\alpha\sigma_1^2}, & \text{若}\,\mu_1-\dfrac{1}{\underline{\rho}}\dfrac{\sigma_1}{\sigma_2}(\mu_2-p_2) \leqslant p_1 \leqslant \mu_1-\dfrac{1}{\overline{\rho}}\dfrac{\sigma_1}{\sigma_2}(\mu_2-p_2) \\[3mm]
\dfrac{\sigma_2^2(\mu_1-p_1)-\overline{\rho}\sigma_1\sigma_2(\mu_2-p_2)}{\alpha\sigma_1^2\sigma_2^2(1-\overline{\rho}^2)}, & \text{若}\,\mu_1-\dfrac{1}{\overline{\rho}}\dfrac{\sigma_1}{\sigma_2}(\mu_2-p_2) < p_1
\end{cases}
$$

$$(B.10)$$

式 (B.7) 是式 (B.6) 和式 (B.8) 在 $\underline{\rho}=0$ 时的极限形式。式 (B.9) 是式 (B.8) 和式 (B.10) 在 $\overline{\rho}=0$ 时的极限形式。五种情况: $0 < \underline{\rho} < \overline{\rho}$、$0 = \underline{\rho} < \overline{\rho}$、$\underline{\rho} < 0 < \overline{\rho}$、$\underline{\rho} < \overline{\rho} = 0$ 和 $\underline{\rho} < \overline{\rho} < 0$, 分别如图 B.6 至图 B.10 所示。由图 B.6 至图 B.10 可得需求函数 $Z_1(p_1)$ 是分段线性的并且关于 p_1 单调递减。

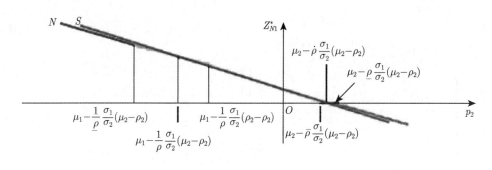

图 B.6　当 $p_2 < \mu_2$ 且 $0 < \underline{\rho} < \overline{\rho}$ 时天真投资者的需求函数

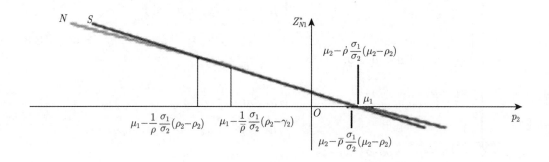

图 B.7　当 $p_2 < \mu_2$ 且 $0 = \underline{\rho} < \overline{\rho}$ 时天真投资者的需求函数

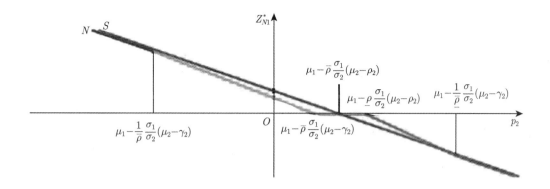

图 B.8　当 $p_2 < \mu_2$ 且 $\underline{\rho} < 0 < \overline{\rho}$ 时天真投资者的需求函数

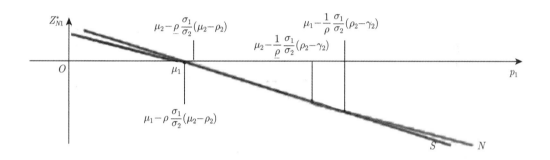

图 B.9　当 $p_2 < \mu_2$ 且 $\underline{\rho} < \overline{\rho} = 0$ 时天真投资者的需求函数

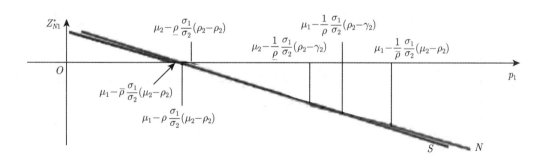

图 B.10　当 $p_2 < \mu_2$ 且 $\underline{\rho} < \overline{\rho} < 0$ 时天真投资者的需求函数

　　然后我们考虑资产 1 的需求 $Z_1(p_2)$ 如何随 p_2 变化, 此时我们固定 p_1 的值 (并假设 R_1 的符号)。

　　情形 1　资产 1 的价格高于平均收益, $p_1 > \mu_1$。根据相关系数的不同界限, 我们描绘了需求函数 $Z_1(p_2)$。

对于 $p_1 > \mu_1$ 和 $0 < \underline{\rho} < \overline{\rho}$, 有:

$$
Z_{N1}^* = \begin{cases}
\dfrac{\sigma_2^2(\mu_1-p_1)-\underline{\rho}\sigma_1\sigma_2(\mu_2-p_2)}{\alpha\sigma_1^2\sigma_2^2(1-\underline{\rho}^2)}, & 若 p_2 < \mu_2 - \underline{\rho}\dfrac{\sigma_2}{\sigma_1}(\mu_1-p_1) \\[3mm]
\dfrac{\mu_1-p_1}{\alpha\sigma_1^2}, & 若 \mu_2 - \underline{\rho}\dfrac{\sigma_2}{\sigma_1}(\mu_1-p_1) \leqslant p_2 \leqslant \mu_2 - \overline{\rho}\dfrac{\sigma_2}{\sigma_1}(\mu_1-p_1) \\[3mm]
\dfrac{\sigma_2^2(\mu_1-p_1)-\overline{\rho}\sigma_1\sigma_2(\mu_2-p_2)}{\alpha\sigma_1^2\sigma_2^2(1-\overline{\rho}^2)}, & 若 \mu_2 - \overline{\rho}\dfrac{\sigma_2}{\sigma_1}(\mu_1-p_1) < p_2 < \mu_2 - \dfrac{1}{\overline{\rho}}\dfrac{\sigma_2}{\sigma_1}(\mu_1-p_1) \\[3mm]
0, & 若 \mu_2 - \dfrac{1}{\overline{\rho}}\dfrac{\sigma_2}{\sigma_1}(\mu_1-p_1) \leqslant p_2 \leqslant \mu_2 - \dfrac{1}{\underline{\rho}}\dfrac{\sigma_2}{\sigma_1}(\mu_1-p_1) \\[3mm]
\dfrac{\sigma_2^2(\mu_1-p_1)-\underline{\rho}\sigma_1\sigma_2(\mu_2-p_2)}{\alpha\sigma_1^2\sigma_2^2(1-\underline{\rho}^2)}, & 若 \mu_2 - \dfrac{1}{\underline{\rho}}\dfrac{\sigma_2}{\sigma_1}(\mu_1-p_1) < p_2
\end{cases}
\tag{B.11}
$$

对于 $p_1 > \mu_1$ 和 $0 = \underline{\rho} < \overline{\rho}$, 有:

$$
Z_{N1}^* = \begin{cases}
\dfrac{\mu_1-p_1}{\alpha\sigma_1^2}, & 若 p_2 \leqslant \mu_2 - \overline{\rho}\dfrac{\sigma_2}{\sigma_1}(\mu_1-p_1) \\[3mm]
\dfrac{\sigma_2^2(\mu_1-p_1)-\overline{\rho}\sigma_1\sigma_2(\mu_2-p_2)}{\alpha\sigma_1^2\sigma_2^2(1-\overline{\rho}^2)}, & 若 \mu_2 - \overline{\rho}\dfrac{\sigma_2}{\sigma_1}(\mu_1-p_1) < p_2 < \mu_2 - \dfrac{1}{\overline{\rho}}\dfrac{\sigma_2}{\sigma_1}(\mu_1-p_1) \\[3mm]
0, & 若 \mu_2 - \dfrac{1}{\overline{\rho}}\dfrac{\sigma_2}{\sigma_1}(\mu_1-p_1) \leqslant p_2
\end{cases}
\tag{B.12}
$$

对于 $p_1 > \mu_1$ 和 $\underline{\rho} < 0 < \overline{\rho}$, 有:

$$
Z_{N1}^* = \begin{cases}
0, & 若 p_2 \leqslant \mu_2 - \dfrac{1}{\underline{\rho}}\dfrac{\sigma_2}{\sigma_1}(\mu_1-p_1) \\[3mm]
\dfrac{\sigma_2^2(\mu_1-p_1)-\underline{\rho}\sigma_1\sigma_2(\mu_2-p_2)}{\alpha\sigma_1^2\sigma_2^2(1-\underline{\rho}^2)}, & 若 \mu_2 - \dfrac{1}{\underline{\rho}}\dfrac{\sigma_2}{\sigma_1}(\mu_1-p_1) < p_2 < \mu_2 - \underline{\rho}\dfrac{\sigma_2}{\sigma_1}(\mu_1-p_1) \\[3mm]
\dfrac{\mu_1-p_1}{\alpha\sigma_1^2}, & 若 \mu_2 - \underline{\rho}\dfrac{\sigma_2}{\sigma_1}(\mu_1-p_1) \leqslant p_2 \leqslant \mu_2 - \overline{\rho}\dfrac{\sigma_2}{\sigma_1}(\mu_1-p_1) \\[3mm]
\dfrac{\sigma_2^2(\mu_1-p_1)-\overline{\rho}\sigma_1\sigma_2(\mu_2-p_2)}{\alpha\sigma_1^2\sigma_2^2(1-\overline{\rho}^2)}, & 若 \mu_2 - \overline{\rho}\dfrac{\sigma_2}{\sigma_1}(\mu_1-p_1) < p_2 < \mu_2 - \dfrac{1}{\overline{\rho}}\dfrac{\sigma_2}{\sigma_1}(\mu_1-p_1) \\[3mm]
0, & 若 \mu_2 - \dfrac{1}{\overline{\rho}}\dfrac{\sigma_2}{\sigma_1}(\mu_1-p_1) \leqslant p_2
\end{cases}
\tag{B.13}
$$

对于 $p_1 > \mu_1$ 和 $\underline{\rho} < \overline{\rho} = 0$, 有:

$$
Z_{N1}^* = \begin{cases}
0, & 若 p_2 \leqslant \mu_2 - \dfrac{1}{\underline{\rho}}\dfrac{\sigma_2}{\sigma_1}(\mu_1-p_1) \\[3mm]
\dfrac{\sigma_2^2(\mu_1-p_1)-\underline{\rho}\sigma_1\sigma_2(\mu_2-p_2)}{\alpha\sigma_1^2\sigma_2^2(1-\underline{\rho}^2)}, & 若 \mu_2 - \dfrac{1}{\underline{\rho}}\dfrac{\sigma_2}{\sigma_1}(\mu_1-p_1) < p_2 < \mu_2 - \underline{\rho}\dfrac{\sigma_2}{\sigma_1}(\mu_1-p_1) \\[3mm]
\dfrac{\mu_1-p_1}{\alpha\sigma_1^2}, & 若 \mu_2 - \underline{\rho}\dfrac{\sigma_2}{\sigma_1}(\mu_1-p_1) \leqslant p_2
\end{cases}
\tag{B.14}
$$

对于 $p_1 > \mu_1$ 和 $\underline{\rho} < \overline{\rho} < 0$, 有:

$$Z_{N1}^* = \begin{cases} \dfrac{\sigma_2^2(\mu_1-p_1)-\overline{\rho}\sigma_1\sigma_2(\mu_2-p_2)}{\alpha\sigma_1^2\sigma_2^2(1-\overline{\rho}^2)}, & \text{若}\, p_2 < \mu_2 - \dfrac{1}{\overline{\rho}}\dfrac{\sigma_2}{\sigma_1}(\mu_1-p_1) \\[3mm] 0, & \text{若}\, \mu_2 - \dfrac{1}{\overline{\rho}}\dfrac{\sigma_2}{\sigma_1}(\mu_1-p_1) \leqslant p_2 \leqslant \mu_2 - \dfrac{1}{\underline{\rho}}\dfrac{\sigma_2}{\sigma_1}(\mu_1-p_1) \\[3mm] \dfrac{\sigma_2^2(\mu_1-p_1)-\underline{\rho}\sigma_1\sigma_2(\mu_2-p_2)}{\alpha\sigma_1^2\sigma_2^2(1-\underline{\rho}^2)}, & \text{若}\, \mu_2 - \dfrac{1}{\underline{\rho}}\dfrac{\sigma_2}{\sigma_1}(\mu_1-p_1) < p_2 < \mu_2 - \underline{\rho}\dfrac{\sigma_2}{\sigma_1}(\mu_1-p_1) \\[3mm] \dfrac{\mu_1-p_1}{\alpha\sigma_1^2}, & \text{若}\, \mu_2 - \underline{\rho}\dfrac{\sigma_2}{\sigma_1}(\mu_1-p_1) \leqslant p_2 \leqslant \mu_2 - \overline{\rho}\dfrac{\sigma_2}{\sigma_1}(\mu_1-p_1) \\[3mm] \dfrac{\sigma_2^2(\mu_1-p_1)-\overline{\rho}\sigma_1\sigma_2(\mu_2-p_2)}{\alpha\sigma_1^2\sigma_2^2(1-\overline{\rho}^2)}, & \text{若}\, \mu_2 - \overline{\rho}\dfrac{\sigma_2}{\sigma_1}(\mu_1-p_1) < p_2 \end{cases}$$

$$\text{(B.15)}$$

式 (B.12) 是式 (B.11) 和式 (B.13) 在 $\underline{\rho}=0$ 时的极限形式。式 (B.14) 是式 (B.13) 和式 (B.15) 在 $\overline{\rho}=0$ 时的极限形式。图 B.11 至图 B.15 分别展示了 5 种情况: $0 < \underline{\rho} < \overline{\rho}$、$0 = \underline{\rho} < \overline{\rho}$、$\underline{\rho} < 0 < \overline{\rho}$、$\underline{\rho} < \overline{\rho} = 0$ 和 $\underline{\rho} < \overline{\rho} < 0$。由图 B.11 至图 B.15 可得需求函数 $Z_1(p_2)$ 是分段线性的, 但其单调性取决于相关系数的端点值。天真投资者的需求函数 $Z_1(p_2)$ 在 $0 \leqslant \underline{\rho} < \overline{\rho}$ 上关于 p_2 单调递增, 在 $\underline{\rho} < \overline{\rho} \leqslant 0$ 上关于 p_2 单调递减。但是, 在 $\underline{\rho} < 0 < \overline{\rho}$ 上, 它不是单调的。实际上它在 $\mu_2 - \dfrac{1}{\underline{\rho}}\dfrac{\sigma_2}{\sigma_1}(\mu_1-p_1)$ 和 $\mu_2 - \dfrac{1}{\overline{\rho}}\dfrac{\sigma_2}{\sigma_1}(\mu_1-p_1)$ 之间是凸的, 在此之外等于零 (内部投资者的需求函数的斜率取决于 $\hat{\rho}$ 的值。如果 $\hat{\rho} > 0$, $\hat{\rho} = 0$, $\hat{\rho} < 0$, 则内部投资者的需求函数是一条递增、恒定、递减的直线, 斜率分别为正 $\hat{\rho}$、零、负 $\hat{\rho}$)。

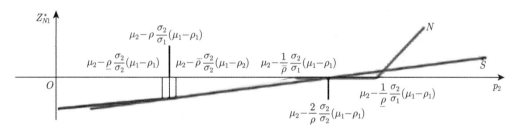

图 B.11　当 $p_1 > \mu_1$ 且 $0 < \underline{\rho} < \overline{\rho}$ 时天真投资者的需求函数

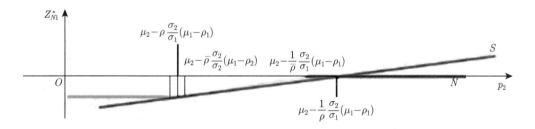

图 B.12　当 $p_1 > \mu_1$ 且 $0 = \underline{\rho} < \overline{\rho}$ 时天真投资者的需求函数

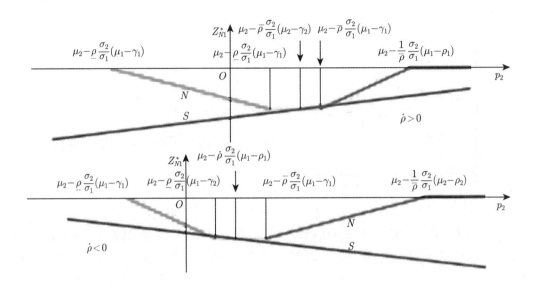

图 B.13　当 $p_1 > \mu_1$ 且 $\underline{\rho} < 0 < \overline{\rho}$ 时天真投资者的需求函数

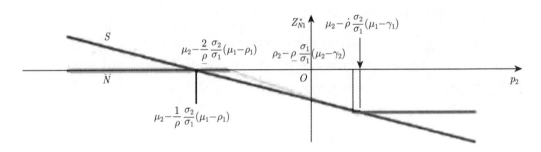

图 B.13　当 $p_1 > \mu_1$ 且 $\underline{\rho} < \overline{\rho} = 0$ 时天真投资者的需求函数

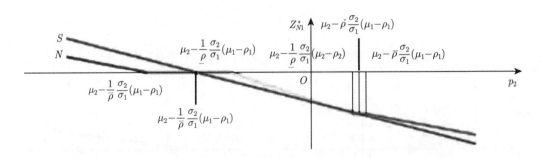

图 B.15　当 $p_1 > \mu_1$ 且 $\underline{\rho} < \overline{\rho} < 0$ 时天真投资者的需求函数

情形 2　资产 1 的价格低于平均收益, $p_1 < \mu_1$。根据相关系数的不同的边界, 我们描绘了需求函数 $Z_1(p_2)$。

对于 $p_1 < \mu_1$ 和 $0 < \underline{\rho} < \overline{\rho}$, 有:

$$
Z_{N1}^* = \begin{cases}
\dfrac{\sigma_2^2(\mu_1-p_1)-\underline{\rho}\sigma_1\sigma_2(\mu_2-p_2)}{\alpha\sigma_1^2\sigma_2^2(1-\underline{\rho}^2)}, & 若 p_2 < \mu_2 - \dfrac{1}{\underline{\rho}}\dfrac{\sigma_2}{\sigma_1}(\mu_1-p_1) \\[3mm]
0, & 若 \mu_2 - \dfrac{1}{\underline{\rho}}\dfrac{\sigma_2}{\sigma_1}(\mu_1-p_1) \leqslant p_2 \leqslant \mu_2 - \dfrac{1}{\overline{\rho}}\dfrac{\sigma_2}{\sigma_1}(\mu_1-p_1) \\[3mm]
\dfrac{\sigma_2^2(\mu_1-p_1)-\overline{\rho}\sigma_1\sigma_2(\mu_2-p_2)}{\alpha\sigma_1^2\sigma_2^2(1-\overline{\rho}^2)}, & 若 \mu_2 - \dfrac{1}{\overline{\rho}}\dfrac{\sigma_2}{\sigma_1}(\mu_1-p_1) < p_2 < \mu_2 - \overline{\rho}\dfrac{\sigma_2}{\sigma_1}(\mu_1-p_1) \\[3mm]
\dfrac{\mu_1-p_1}{\alpha\sigma_1^2}, & 若 \mu_2 - \overline{\rho}\dfrac{\sigma_2}{\sigma_1}(\mu_1-p_1) \leqslant p_2 \leqslant \mu_2 - \underline{\rho}\dfrac{\sigma_2}{\sigma_1}(\mu_1-p_1) \\[3mm]
\dfrac{\sigma_2^2(\mu_1-p_1)-\underline{\rho}\sigma_1\sigma_2(\mu_2-p_2)}{\alpha\sigma_1^2\sigma_2^2(1-\underline{\rho}^2)}, & 若 \mu_2 - \underline{\rho}\dfrac{\sigma_2}{\sigma_1}(\mu_1-p_1) < p_2
\end{cases}
\tag{B.16}
$$

对于 $p_1 < \mu_1$ 和 $0 = \underline{\rho} < \overline{\rho}$, 有:

$$
Z_{N1}^* = \begin{cases}
0, & 若 p_2 \leqslant \mu_2 - \dfrac{1}{\overline{\rho}}\dfrac{\sigma_2}{\sigma_1}(\mu_1-p_1) \\[3mm]
\dfrac{\sigma_2^2(\mu_1-p_1)-\overline{\rho}\sigma_1\sigma_2(\mu_2-p_2)}{\alpha\sigma_1^2\sigma_2^2(1-\overline{\rho}^2)}, & 若 \mu_2 - \dfrac{1}{\overline{\rho}}\dfrac{\sigma_2}{\sigma_1}(\mu_1-p_1) < p_2 < \mu_2 - \overline{\rho}\dfrac{\sigma_2}{\sigma_1}(\mu_1-p_1) \\[3mm]
\dfrac{\mu_1-p_1}{\alpha\sigma_1^2}, & 若 \mu_2 - \overline{\rho}\dfrac{\sigma_2}{\sigma_1}(\mu_1-p_1) \leqslant p_2
\end{cases}
\tag{B.17}
$$

对于 $p_1 < \mu_1$ 和 $\underline{\rho} < 0 < \overline{\rho}$, 有:

$$
Z_{N1}^* = \begin{cases}
0, & 若 p_2 \leqslant \mu_2 - \dfrac{1}{\overline{\rho}}\dfrac{\sigma_2}{\sigma_1}(\mu_1-p_1) \\[3mm]
\dfrac{\sigma_2^2(\mu_1-p_1)-\overline{\rho}\sigma_1\sigma_2(\mu_2-p_2)}{\alpha\sigma_1^2\sigma_2^2(1-\overline{\rho}^2)}, & 若 \mu_2 - \dfrac{1}{\overline{\rho}}\dfrac{\sigma_2}{\sigma_1}(\mu_1-p_1) < p_2 < \mu_2 - \overline{\rho}\dfrac{\sigma_2}{\sigma_1}(\mu_1-p_1) \\[3mm]
\dfrac{\mu_1-p_1}{\alpha\sigma_1^2}, & 若 \mu_2 - \overline{\rho}\dfrac{\sigma_2}{\sigma_1}(\mu_1-p_1) \leqslant p_2 \leqslant \mu_2 - \underline{\rho}\dfrac{\sigma_2}{\sigma_1}(\mu_1-p_1) \\[3mm]
\dfrac{\sigma_2^2(\mu_1-p_1)-\underline{\rho}\sigma_1\sigma_2(\mu_2-p_2)}{\alpha\sigma_1^2\sigma_2^2(1-\underline{\rho}^2)}, & 若 \mu_2 - \underline{\rho}\dfrac{\sigma_2}{\sigma_1}(\mu_1-p_1) < p_2 < \mu_2 - \dfrac{1}{\underline{\rho}}\dfrac{\sigma_2}{\sigma_1}(\mu_1-p_1) \\[3mm]
0, & 若 \mu_2 - \dfrac{1}{\underline{\rho}}\dfrac{\sigma_2}{\sigma_1}(\mu_1-p_1) \leqslant p_2
\end{cases}
\tag{B.18}
$$

对于 $p_1 < \mu_1$ 和 $\underline{\rho} < \overline{\rho} = 0$, 有:

$$
Z_{N1}^* = \begin{cases}
\dfrac{\mu_1-p_1}{\alpha\sigma_1^2}, & 若 p_2 \leqslant \mu_2 - \underline{\rho}\dfrac{\sigma_2}{\sigma_1}(\mu_1-p_1) \\[3mm]
\dfrac{\sigma_2^2(\mu_1-p_1)-\underline{\rho}\sigma_1\sigma_2(\mu_2-p_2)}{\alpha\sigma_1^2\sigma_2^2(1-\underline{\rho}^2)}, & 若 \mu_2 - \underline{\rho}\dfrac{\sigma_2}{\sigma_1}(\mu_1-p_1) < p_2 < \mu_2 - \dfrac{1}{\underline{\rho}}\dfrac{\sigma_2}{\sigma_1}(\mu_1-p_1) \\[3mm]
0, & 若 \mu_2 - \dfrac{1}{\underline{\rho}}\dfrac{\sigma_2}{\sigma_1}(\mu_1-p_1) \leqslant p_2
\end{cases}
\tag{B.19}
$$

对于 $p_1 < \mu_1$ 和 $\underline{\rho} < \overline{\rho} < 0$, 有:

$$
Z_{N1}^* = \begin{cases}
\dfrac{\sigma_2^2(\mu_1-p_1)-\overline{\rho}\sigma_1\sigma_2(\mu_2-p_2)}{\alpha\sigma_1^2\sigma_2^2(1-\overline{\rho}^2)}, & \text{若} p_2 < \mu_2 - \overline{\rho}\dfrac{\sigma_2}{\sigma_1}(\mu_1-p_1) \\[2ex]
\dfrac{\mu_1-p_1}{\alpha\sigma_1^2}, & \text{若} \mu_2 - \overline{\rho}\dfrac{\sigma_2}{\sigma_1}(\mu_1-p_1) \leqslant p_2 \leqslant \mu_2 - \underline{\rho}\dfrac{\sigma_2}{\sigma_1}(\mu_1-p_1) \\[2ex]
\dfrac{\sigma_2^2(\mu_1-p_1)-\underline{\rho}\sigma_1\sigma_2(\mu_2-p_2)}{\alpha\sigma_1^2\sigma_2^2(1-\underline{\rho}^2)}, & \text{若} \mu_2 - \underline{\rho}\dfrac{\sigma_2}{\sigma_1}(\mu_1-p_1) < p_2 < \mu_2 - \dfrac{1}{\underline{\rho}}\dfrac{\sigma_2}{\sigma_1}(\mu_1-p_1) \\[2ex]
0, & \text{若} \mu_2 - \dfrac{1}{\underline{\rho}}\dfrac{\sigma_2}{\sigma_1}(\mu_1-p_1) \leqslant p_2 \leqslant \mu_2 - \dfrac{1}{\overline{\rho}}\dfrac{\sigma_2}{\sigma_1}(\mu_1-p_1) \\[2ex]
\dfrac{\sigma_2^2(\mu_1-p_1)-\overline{\rho}\sigma_1\sigma_2(\mu_2-p_2)}{\alpha\sigma_1^2\sigma_2^2(1-\overline{\rho}^2)}, & \text{若} \mu_2 - \dfrac{1}{\overline{\rho}}\dfrac{\sigma_2}{\sigma_1}(\mu_1-p_1) < p_2
\end{cases}
$$

$$\text{(B.20)}$$

式 (B.17) 是式 (B.16) 和式 (B.18) 在 $\underline{\rho}=0$ 时的极限形式。式 (B.19) 是式 (B.18) 和式 (B.20) 在 $\overline{\rho}=0$ 时的极限形式。图 B.16 至图 B.20 分别展示了 5 种情况: $0 < \underline{\rho} < \overline{\rho}$、$0 = \underline{\rho} < \overline{\rho}$、$\underline{\rho} < 0 < \overline{\rho}$、$\underline{\rho} < \overline{\rho} = 0$ 和 $\underline{\rho} < \overline{\rho} < 0$。由图 B.16 至图 B.20 可得需求函数 $Z_1(p_2)$ 是分段线性的, 但其单调性取决于相关系数的端点值。天真投资者的需求函数 $Z_1(p_2)$ 在 $0 \leqslant \underline{\rho} < \overline{\rho}$ 上关于 p_2 单调递增, 在 $\underline{\rho} < \overline{\rho} \leqslant 0$ 上关于 p_2 单调递减。但是在 $\underline{\rho} < 0 < \overline{\rho}$ 上, 它不是单调的。实际上它在 $\mu_2 - \dfrac{1}{\underline{\rho}}\dfrac{\sigma_2}{\sigma_1}(\mu_1-p_1)$ 和 $\mu_2 - \dfrac{1}{\overline{\rho}}\dfrac{\sigma_2}{\sigma_1}(\mu_1-p_1)$ 之间是凹的, 并且在此之外是零 (内部投资者的需求函数的斜率取决于 $\hat{\rho}$ 的值。如果 $\hat{\rho}>0$, $\hat{\rho}=0$, $\hat{\rho}<0$, 则内部投资者的需求函数是一条递增、恒定、递减的直线, 斜率分别为正 $\hat{\rho}$、零、负 $\hat{\rho}$)。

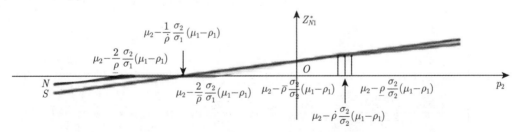

图 B.16　当 $p_1 < \mu_1$ 且 $0 < \underline{\rho} < \overline{\rho}$ 时天真投资者的需求函数

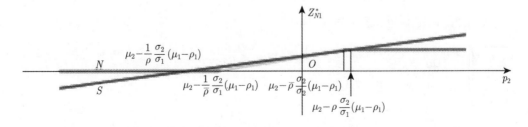

图 B.17　当 $p_1 < \mu_1$ 且 $0 = \underline{\rho} < \overline{\rho}$ 时天真投资者的需求函数

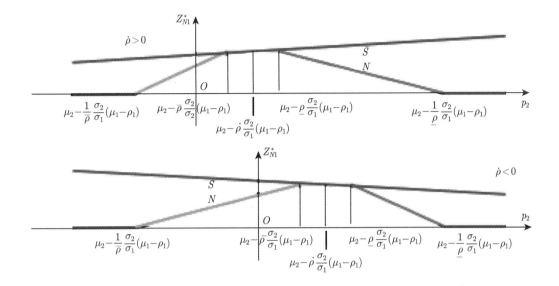

图 B.18　当 $p_1 < \mu_1$ 且 $\underline{\rho} < 0 < \bar{\rho}$ 时天真投资者的需求函数

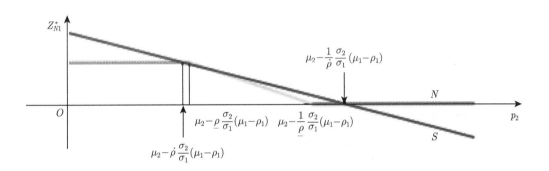

图 B.19　当 $p_1 < \mu_1$ 且 $\underline{\rho} < \bar{\rho} = 0$ 时天真投资者的需求函数

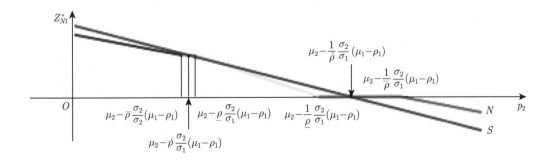

图 B.20　当 $p_1 < \mu_1$ 且 $\underline{\rho} < \bar{\rho} < 0$ 时天真投资者的需求函数

Easley 和 O'Hara (2009) 声称, 内部投资者总是比天真投资者持有更多的风险资产 (绝对值), 因为对于任何给定的参数, 这些投资者都会在均值和方差之间进行权衡。[①]但这在式 (2.10) 以及图 B.1 至图 B.10 和图 B.11 至图 B.20 中不成立。[②] 图 B.1 至图 B.20 表明, 内部投资者的需求函数与天真投资者的需求函数在一定的价格区间上相交。具体而言, 图 B.1 至图 B.10 报告了内部投资者的需求函数与天真投资者的需求函数在某一区间上相交: 对于 $p_2 < \mu_2$, 交于区间 $\left[\mu_1 - \overline{\rho}\frac{\sigma_1}{\sigma_2}(\mu_2 - p_2), \mu_1 - \underline{\rho}\frac{\sigma_1}{\sigma_2}(\mu_2 - p_2)\right]$ 和 $\left[\mu_1 - \frac{1}{\underline{\rho}}\frac{\sigma_1}{\sigma_2}(\mu_2 - p_2), \mu_1 - \frac{1}{\overline{\rho}}\frac{\sigma_1}{\sigma_2}(\mu_2 - p_2)\right]$; 对于 $p_2 > \mu_2$, 交于区间 $\left[\mu_1 - \underline{\rho}\frac{\sigma_1}{\sigma_2}(\mu_2 - p_2), \mu_1 - \overline{\rho}\frac{\sigma_1}{\sigma_2}(\mu_2 - p_2)\right]$ 和 $\left[\mu_1 - \frac{1}{\overline{\rho}}\frac{\sigma_1}{\sigma_2}(\mu_2 - p_2), \mu_1 - \frac{1}{\underline{\rho}}\frac{\sigma_1}{\sigma_2}(\mu_2 - p_2)\right]$。

图 B.11 至图 B.20 说明了内部投资者的需求函数与天真投资者的需求函数在某一区间上相交: 对于 $p_1 < \mu_1$, 交于区间 $\left[\mu_2 - \overline{\rho}\frac{\sigma_2}{\sigma_1}(\mu_1 - p_1), \mu_2 - \underline{\rho}\frac{\sigma_2}{\sigma_1}(\mu_1 - p_1)\right]$ 和 $\left[\mu_2 - \frac{1}{\underline{\rho}}\frac{\sigma_2}{\sigma_1}(\mu_1 - p_1), \mu_2 - \frac{1}{\overline{\rho}}\frac{\sigma_2}{\sigma_1}(\mu_1 - p_1)\right]$; 对于 $p_1 > \mu_1$, 交于区间 $\left[\mu_2 - \underline{\rho}\frac{\sigma_2}{\sigma_1}(\mu_1 - p_1), \mu_2 - \overline{\rho}\frac{\sigma_2}{\sigma_1}(\mu_1 - p_1)\right]$ 和 $\left[\mu_2 - \frac{1}{\overline{\rho}}\frac{\sigma_2}{\sigma_1}(\mu_1 - p_1), \mu_2 - \frac{1}{\underline{\rho}}\frac{\sigma_2}{\sigma_1}(\mu_1 - p_1)\right]$。

因此, 在上述区间内, 内部投资者可能并不总是比天真投资者持有更多的风险资产 (绝对值)。这表明, 厌恶暧昧性的投资者可能不像有的文献描述的那样, 有时相关系数暧昧性的端点值有助于天真投资者选择正确的投资策略。

附录 C　性质 2.1 的证明

内部投资者对风险资产的需求函数可以改写为:

$$
Z_I^* = \begin{pmatrix} Z_{I1}^* \\ Z_{I2}^* \end{pmatrix} = \begin{cases}
\dfrac{1}{\alpha(1-\hat{\rho}^2)}\begin{pmatrix} \dfrac{R_1 - \hat{\rho}R_2}{\sigma_1} \\ \dfrac{R_2 - \hat{\rho}R_1}{\sigma_2} \end{pmatrix}, & 若(I1.1)\begin{cases} R_1 < \hat{\rho}R_2 \\ R_2 > \hat{\rho}R_1 \end{cases} 或(I1.2)\begin{cases} R_1 > \hat{\rho}R_2 \\ R_2 < \hat{\rho}R_1 \end{cases} \\[2em]
\dfrac{1}{\alpha}\begin{pmatrix} 0 \\ \dfrac{R_2}{\sigma_2} \end{pmatrix}, & 若(I-.2)\begin{cases} R_1 = \hat{\rho}R_2 \\ R_2 < 0 \end{cases} 或(I+.2)\begin{cases} R_1 = \hat{\rho}R_2 \\ R_2 > 0 \end{cases} \\[2em]
\dfrac{1}{\alpha}\begin{pmatrix} \dfrac{R_1}{\sigma_1} \\ 0 \end{pmatrix}, & 若(I-.1)\begin{cases} R_1 < 0 \\ R_2 = \hat{\rho}R_1 \end{cases} 或(I+.1)\begin{cases} R_1 > 0 \\ R_2 = \hat{\rho}R_1 \end{cases} \\[2em]
\dfrac{1}{\alpha(1-\hat{\rho}^2)}\begin{pmatrix} \dfrac{R_1 - \hat{\rho}R_2}{\sigma_1} \\ \dfrac{R_2 - \hat{\rho}R_1}{\sigma_2} \end{pmatrix}, & 若(I2.1)\begin{cases} R_1 < \hat{\rho}R_2 \\ R_2 < \hat{\rho}R_1 \end{cases} 或(I2.2)\begin{cases} R_1 > \hat{\rho}R_2 \\ R_2 > \hat{\rho}R_1 \end{cases}
\end{cases}
\tag{C.1}
$$

---

① 内部投资者和天真投资者都在规避风险, 并在预期收益中为承担风险而要求补偿。然而, 天真投资者也避免了收益分布的暧昧性, 因此只要可能的均值和方差的集合是非退化的, 他就会进一步减少风险资产的头寸。

② 当我们观察两类投资者的需求曲线时, 这是一个有趣且反直觉的特征。

根据式 (2.6), 平面 $R_1 - O - R_2$ 被式 (C.1) 分为 8 个区域。此外,

$$在(I1.1)上, Z_{I1}^* < 0 和 Z_{I2}^* > 0$$
$$在(I1.2)上, Z_{I1}^* > 0 和 Z_{I2}^* < 0$$
$$在(I2.1)上, Z_{I1}^* < 0 和 Z_{I2}^* < 0$$
$$在(I2.2)上, Z_{I1}^* > 0 和 Z_{I2}^* > 0$$

以及

$$在(I-.1)上, Z_{I1}^* < 0 和 Z_{I2}^* = 0$$
$$在(I+.1)上, Z_{I1}^* > 0 和 Z_{I2}^* = 0$$
$$在(I-.2)上, Z_{I1}^* = 0 和 Z_{I2}^* < 0$$
$$在(I+.2)上, Z_{I1}^* = 0 和 Z_{I2}^* > 0.$$

因此,

$$(N1.1) \subseteq (I1.1), (I-.1) \subseteq (N-.1)$$
$$(N1.2) \subseteq (I1.2), (I+.1) \subseteq (N+.1)$$
$$(N2.1) \subseteq (I2.1), (I-.2) \subseteq (N-.2)$$
$$(N2.2) \subseteq (I2.2), (I+.2) \subseteq (N+.2),$$

然后,

$$在(N1.1)上, Z_{N1}^* < 0 和 Z_{N2}^* > 0, Z_{I1}^* < 0 和 Z_{I2}^* > 0$$
$$在(N1.2)上, Z_{N1}^* > 0 和 Z_{N2}^* < 0, Z_{I1}^* > 0 和 Z_{I2}^* < 0$$
$$在(N2.1)上, Z_{N1}^* < 0 和 Z_{N2}^* < 0, Z_{I1}^* < 0 和 Z_{I2}^* < 0$$
$$在(N2.2)上, Z_{N1}^* > 0 和 Z_{N2}^* > 0, Z_{I1}^* > 0 和 Z_{I2}^* > 0$$

因此, 在 $(N1.1) \cup (N1.2) \cup (N2.1) \cup (N2.2)$ 上, $Z_{Ik}^* Z_{Nk}^* > 0 (k = 1, 2)$。

已知, 在 $[(I1.1) \cup (I-.1) \cup (I2.1)]$ 上 $Z_{I1}^* < 0$, 因 $(N-.1) \subset [(I1.1) \cup (I-.1) \cup (I2.1)]$, 则在 $(N-.1)$ 上 $Z_{I1}^* < 0$; 在 $[(I1.2) \cup (I+.1) \cup (I2.2)]$ 上 $Z_{I1}^* > 0$, 因 $(N+.1) \subset [(I1.2) \cup (I+.1) \cup (I2.2)]$, 则在 $(N+.1)$ 上 $Z_{I1}^* > 0$; 在 $[(I2.1) \cup (I-.2) \cup (I1.2)]$ 上 $Z_{I2}^* < 0$, 因 $(N-.2) \subset [(I2.1) \cup (I-.2) \cup (I1.2)]$, 则在 $(N-.2)$ 上 $Z_{I1}^* < 0$; 在 $[(I1.1) \cup (I+.2) \cup (I2.2)]$ 上 $Z_{I2}^* > 0$, 因 $(N+.2) \subset [(I1.1) \cup (I+.2) \cup (I2.2)]$, 则在 $(N+.2)$ 上 $Z_{I1}^* > 0$。因此,

$$在(N-.1)上, Z_{N1}^* < 0 和 Z_{N2}^* = 0, Z_{I1}^* < 0$$
$$在(N+.1)上, Z_{N1}^* > 0 和 Z_{N2}^* = 0, Z_{I1}^* > 0$$

$$在 (N-.2) 上, Z_{N1}^* = 0 \text{和} Z_{N2}^* < 0, Z_{I2}^* < 0$$

$$在 (N+.2) 上, Z_{N1}^* = 0 \text{和} Z_{N2}^* > 0, Z_{I2}^* > 0$$

然后, 在 $(N-.1) \cup (N+.1)$ 上 $Z_{I1}^* Z_{N1}^* > 0$ 和 $Z_{I2}^* Z_{N2}^* = 0$, 在 $(N-.2) \cup (N+.2)$ 上 $Z_{I1}^* Z_{N1}^* = 0$ 和 $Z_{I2}^* Z_{N2}^* > 0$。因此, $Z_{Ik}^* Z_{Nk}^* \geqslant 0 (k=1,2)$。

附录 D　内部投资者与天真投资者需求函数的比较

式 (2.6) 和式 (2.10) 分别提供了精明投资者和天真投资者的需求函数。现在我们检查它们之间的差异。

场景 1　$(N1.1) \begin{cases} R_1 < \underline{\rho} R_2 \\ R_2 > \underline{\rho} R_1 \end{cases}$ 或 $(N1.2) \begin{cases} R_1 > \underline{\rho} R_2 \\ R_2 < \underline{\rho} R_1 \end{cases}$

$$\alpha Z_I^* = \frac{1}{1-\hat{\rho}^2} \begin{pmatrix} \dfrac{R_1 - \hat{\rho} R_2}{\sigma_1} \\ \dfrac{R_2 - \hat{\rho} R_1}{\sigma_2} \end{pmatrix} \text{和} \alpha Z_N^* = \begin{pmatrix} \dfrac{R_1 - \underline{\rho} R_2}{\sigma_1 (1 - \underline{\rho}^2)} \\ \dfrac{R_2 - \underline{\rho} R_1}{\sigma_2 (1 - \underline{\rho}^2)} \end{pmatrix}$$

$$\alpha(Z_N^* - Z_I^*) = \begin{pmatrix} \dfrac{R_1 - \underline{\rho} R_2}{\sigma_1 (1 - \underline{\rho}^2)} - \dfrac{R_1 - \hat{\rho} R_2}{\sigma_1 (1 - \hat{\rho}^2)} \\ \dfrac{R_2 - \underline{\rho} R_1}{\sigma_2 (1 - \underline{\rho}^2)} - \dfrac{R_2 - \hat{\rho} R_1}{\sigma_2 (1 - \hat{\rho}^2)} \end{pmatrix} = \begin{pmatrix} -\dfrac{(\hat{\rho} - \underline{\rho})[(\underline{\rho} + \hat{\rho}) R_1 - (1 + \underline{\rho}\hat{\rho}) R_2]}{\sigma_1 (1 - \underline{\rho}^2)(1 - \hat{\rho}^2)} \\ -\dfrac{(\hat{\rho} - \underline{\rho})[(\underline{\rho} + \hat{\rho}) R_2 - (1 + \underline{\rho}\hat{\rho}) R_1]}{\sigma_2 (1 - \underline{\rho}^2)(1 - \hat{\rho}^2)} \end{pmatrix}$$

$$\frac{\alpha(1 - \underline{\rho}^2)(1 - \hat{\rho}^2)}{(\hat{\rho} - \underline{\rho})(1 + \underline{\rho}\hat{\rho})}(Z_N^* - Z_I^*) = \begin{pmatrix} \dfrac{1}{\sigma_1} \left[R_2 - \dfrac{\underline{\rho} + \hat{\rho}}{1 + \underline{\rho}\hat{\rho}} R_1 \right] \\ \dfrac{1}{\sigma_2} \left[R_1 - \dfrac{\underline{\rho} + \hat{\rho}}{1 + \underline{\rho}\hat{\rho}} R_2 \right] \end{pmatrix}$$

设定 1　$(N1.1) \begin{cases} R_1 < \underline{\rho} R_2 \\ R_2 > \underline{\rho} R_1 \end{cases}$ 等价于 $\begin{cases} Z_{N1}^* < 0 \\ Z_{N2}^* > 0 \end{cases}$。

情形 1　$0 < \underline{\rho} < \hat{\rho} < \dfrac{\underline{\rho} + \hat{\rho}}{1 + \underline{\rho}\hat{\rho}}, 0 > Z_{N1}^* > Z_{I1}^*$ 和 $0 < Z_{N2}^* < Z_{I2}^*$。

- 若 $R_1 < 0$, 则 $R_2 > \underline{\rho} R_1 > \dfrac{\underline{\rho} + \hat{\rho}}{1 + \underline{\rho}\hat{\rho}} R_1$, 因此 $Z_{N1}^* - Z_{I1}^* > 0$。

- 若 $R_1 > 0$, 则 $R_2 > \dfrac{1}{\underline{\rho}} R_1 > \dfrac{\underline{\rho} + \hat{\rho}}{1 + \underline{\rho}\hat{\rho}} R_1$, 因此 $Z_{N1}^* - Z_{I1}^* > 0$。

- 若 $R_2 < 0$, 则 $R_1 < \dfrac{1}{\underline{\rho}} R_2 < \dfrac{\underline{\rho} + \hat{\rho}}{1 + \underline{\rho}\hat{\rho}} R_2$, 因此 $Z_{N2}^* - Z_{I2}^* < 0$。

- 若 $R_2 > 0$, 则 $R_1 < \underline{\rho}R_2 < \dfrac{\rho + \hat{\rho}}{1 + \underline{\rho}\hat{\rho}}R_2$, 因此 $Z_{N2}^* - Z_{I2}^* < 0$。

情形 2 $0 = \underline{\rho} < \hat{\rho} = \dfrac{\rho + \hat{\rho}}{1 + \underline{\rho}\hat{\rho}}$, $0 > Z_{N1}^* > Z_{I1}^*$ 和 $0 < Z_{N2}^* < Z_{I2}^*$。 $\begin{cases} R_1 < \underline{\rho}R_2 \\ R_2 > \underline{\rho}R_1 \end{cases}$ 等

价于 $\begin{cases} R_1 < 0 \\ R_2 > 0 \end{cases}$ 等价于 $\begin{cases} Z_{N1}^* - Z_{I1}^* > 0 \\ Z_{N2}^* - Z_{I2}^* < 0 \end{cases}$。

情形 3 $\underline{\rho} < 0 < \hat{\rho}$, 则 $\underline{\rho} < \dfrac{\rho + \hat{\rho}}{1 + \underline{\rho}\hat{\rho}} < \hat{\rho}$, 因此 $\begin{cases} R_1 < 0 \\ \underline{\rho}R_1 < R_2 < \dfrac{1}{\underline{\rho}}R_1 \end{cases}$ 和 $\begin{cases} R_2 > 0 \\ \dfrac{1}{\underline{\rho}}R_2 < R_1 < \underline{\rho}R_2 \end{cases}$。

因此, $0 > Z_{N1}^* > Z_{I1}^*$ 和 $0 < Z_{N2}^* < Z_{I2}^*$。

- 若 $R_1 < 0$, 则 $R_2 > \underline{\rho}R_1 > \dfrac{\rho + \hat{\rho}}{1 + \underline{\rho}\hat{\rho}}R_1$ 等价于 $Z_{N1}^* - Z_{I1}^* > 0$。

- 若 $R_2 > 0$, 则 $R_1 < \underline{\rho}R_2 < \dfrac{\rho + \hat{\rho}}{1 + \underline{\rho}\hat{\rho}}R_2$ 等价于 $Z_{N2}^* - Z_{I2}^* < 0$。

情形 4 $\dfrac{\rho + \hat{\rho}}{1 + \underline{\rho}\hat{\rho}} = \underline{\rho} < \hat{\rho} = 0$, $0 > Z_{N1}^* > Z_{I1}^*$ 和 $0 < Z_{N2}^* < Z_{I2}^*$。 $\begin{cases} R_1 < \underline{\rho}R_2 \\ R_2 > \underline{\rho}R_1 \end{cases}$ 等

价于 $\begin{cases} Z_{N1}^* - Z_{I1}^* > 0 \\ Z_{N2}^* - Z_{I2}^* < 0 \end{cases}$。

情形 5 $\dfrac{\rho + \hat{\rho}}{1 + \underline{\rho}\hat{\rho}} < \underline{\rho} < \hat{\rho} < 0$, 因此 $\begin{cases} R_1 < 0 \\ \underline{\rho}R_1 < R_2 < \dfrac{1}{\underline{\rho}}R_1 \end{cases}$ 和 $\begin{cases} R_2 > 0 \\ \dfrac{1}{\underline{\rho}}R_2 < R_1 < \underline{\rho}R_2 \end{cases}$。 因

此, 对于 $\begin{cases} R_1 < 0 \\ \dfrac{\rho + \hat{\rho}}{1 + \underline{\rho}\hat{\rho}}R_1 < R_2 < \dfrac{1}{\underline{\rho}}R_1 \end{cases}$ 有 $0 > Z_{N1}^* > Z_{I1}^*$, 对于 $\begin{cases} R_1 < 0 \\ \underline{\rho}R_1 < R_2 < \dfrac{\rho + \hat{\rho}}{1 + \underline{\rho}\hat{\rho}}R_1 \end{cases}$ 有

$Z_{N1}^* < Z_{I1}^*$; 对于 $\begin{cases} R_2 > 0 \\ \dfrac{1}{\underline{\rho}}R_2 < R_1 < \dfrac{\rho + \hat{\rho}}{1 + \underline{\rho}\hat{\rho}}R_2 \end{cases}$ 有 $0 < Z_{N2}^* < Z_{I2}^*$, 对于 $\begin{cases} R_2 > 0 \\ \dfrac{\rho + \hat{\rho}}{1 + \underline{\rho}\hat{\rho}}R_2 < R_1 < \underline{\rho}R_2 \end{cases}$

有 $Z_{N2}^* > Z_{I2}^*$。

设定 2 $(N1.2)$ $\begin{cases} R_1 > \underline{\rho}R_2 \\ R_2 < \underline{\rho}R_1 \end{cases}$ 等价于 $\begin{cases} Z_{N1}^* > 0 \\ Z_{N2}^* < 0 \end{cases}$。

情形 1 $0 < \underline{\rho} < \hat{\rho} < \dfrac{\rho + \hat{\rho}}{1 + \underline{\rho}\hat{\rho}}$, $0 < Z_{N1}^* < Z_{I1}^*$ 和 $0 > Z_{N2}^* > Z_{I2}^*$。

- 若 $R_1 < 0$, 则 $R_2 < \dfrac{1}{\underline{\rho}}R_1 < \dfrac{\rho + \hat{\rho}}{1 + \underline{\rho}\hat{\rho}}R_1$, 因此 $Z_{N1}^* - Z_{I1}^* < 0$。

- 若 $R_1 > 0$, 则 $R_2 < \underline{\rho} R_1 < \dfrac{\rho + \hat{\rho}}{1 + \underline{\rho}\hat{\rho}} R_1$, 因此 $Z_{N1}^* - Z_{I1}^* < 0$。

- 若 $R_2 < 0$, 则 $R_1 > \underline{\rho} R_2 > \dfrac{\rho + \hat{\rho}}{1 + \underline{\rho}\hat{\rho}} R_2$, 因此 $Z_{N2}^* - Z_{I2}^* > 0$。

- 若 $R_2 > 0$, 则 $R_1 > \dfrac{1}{\underline{\rho}} R_2 > \dfrac{\rho + \hat{\rho}}{1 + \underline{\rho}\hat{\rho}} R_2$, 因此 $Z_{N2}^* - Z_{I2}^* > 0$。

情形 2　$0 = \underline{\rho} < \hat{\rho} = \dfrac{\rho + \hat{\rho}}{1 + \underline{\rho}\hat{\rho}}$, $0 < Z_{N1}^* < Z_{I1}^*$ 和 $0 > Z_{N2}^* > Z_{I2}^*$, $\begin{cases} R_1 > \underline{\rho} R_2 \\ R_2 < \underline{\rho} R_1 \end{cases}$ 等价

于 $\begin{cases} R_1 > 0 \\ R_2 < 0 \end{cases}$ 则 $\begin{cases} Z_{N1}^* - Z_{I1}^* < 0 \\ Z_{N2}^* - Z_{I2}^* > 0 \end{cases}$。

情形 3　$\underline{\rho} < 0 < \hat{\rho}$, 则 $\underline{\rho} < \dfrac{\rho + \hat{\rho}}{1 + \underline{\rho}\hat{\rho}} < \hat{\rho}$, 因此 $\begin{cases} R_1 > 0 \\ \dfrac{1}{\underline{\rho}} R_1 < R_2 < \underline{\rho} R_1 \end{cases}$ 和 $\begin{cases} R_2 < 0 \\ \underline{\rho} R_2 < R_1 < \dfrac{1}{\underline{\rho}} R_2 \end{cases}$。

因此, $0 < Z_{N1}^* < Z_{I1}^*$ 且 $0 > Z_{N2}^* > Z_{I2}^*$。

- 若 $R_1 > 0$, 则 $R_2 < \underline{\rho} R_1 < \dfrac{\rho + \hat{\rho}}{1 + \underline{\rho}\hat{\rho}} R_1$, 因此 $Z_{N1}^* - Z_{I1}^* < 0$。

- 若 $R_2 < 0$, 则 $R_1 > \underline{\rho} R_2 > \dfrac{\rho + \hat{\rho}}{1 + \underline{\rho}\hat{\rho}} R_2$, 因此 $Z_{N2}^* - Z_{I2}^* > 0$。

情形 4　$\dfrac{\rho + \hat{\rho}}{1 + \underline{\rho}\hat{\rho}} = \underline{\rho} < \hat{\rho} = 0$, $0 < Z_{N1}^* < Z_{I1}^*$ 和 $0 > Z_{N2}^* > Z_{I2}^*$, $\begin{cases} R_1 > \underline{\rho} R_2 \\ R_2 < \underline{\rho} R_1 \end{cases}$ 等价

于 $\begin{cases} Z_{N1}^* - Z_{I1}^* < 0 \\ Z_{N2}^* - Z_{I2}^* > 0 \end{cases}$。

情形 5　$\dfrac{\rho + \hat{\rho}}{1 + \underline{\rho}\hat{\rho}} < \underline{\rho} < \hat{\rho} < 0$, 因此 $\begin{cases} R_1 > 0 \\ \dfrac{1}{\underline{\rho}} R_1 < R_2 < \underline{\rho} R_1 \end{cases}$ 和 $\begin{cases} R_2 < 0 \\ \underline{\rho} R_2 < R_1 < \dfrac{1}{\underline{\rho}} R_2 \end{cases}$。因

此, 对于 $\begin{cases} R_1 > 0 \\ \dfrac{1}{\underline{\rho}} R_1 < R_2 < \dfrac{\rho + \hat{\rho}}{1 + \underline{\rho}\hat{\rho}} R_1 \end{cases}$ 有 $0 < Z_{N1}^* < Z_{I1}^*$, 对于 $\begin{cases} R_1 > 0 \\ \dfrac{\rho + \hat{\rho}}{1 + \underline{\rho}\hat{\rho}} R_1 < R_2 < \underline{\rho} R_1 \end{cases}$ 有

$Z_{N1}^* > Z_{I1}^*$; 对于 $\begin{cases} R_2 < 0 \\ \dfrac{\rho + \hat{\rho}}{1 + \underline{\rho}\hat{\rho}} R_2 < R_1 < \underline{\rho} R_2 \end{cases}$ 有 $0 > Z_{N2}^* > Z_{I2}^*$, 对于 $\begin{cases} R_2 < 0 \\ \dfrac{1}{\underline{\rho}} R_2 < R_1 < \dfrac{\rho + \hat{\rho}}{1 + \underline{\rho}\hat{\rho}} R_2 \end{cases}$

有 $Z_{N2}^* < Z_{I2}^*$。

场景 2 $(N2.1)\begin{cases} R_1 < \overline{\rho}R_2 \\ R_2 < \overline{\rho}R_1 \end{cases}$ 或 $(N2.2)\begin{cases} R_1 > \overline{\rho}R_2 \\ R_2 > \overline{\rho}R_1 \end{cases}$

$$\alpha Z_I^* = \frac{1}{1-\hat{\rho}^2}\begin{pmatrix} R_1 - \hat{\rho}R_2 \\ \overline{\phantom{R_1-\hat{\rho}R_2}} \\ \sigma_1 \\ R_2 - \hat{\rho}R_1 \\ \overline{\phantom{R_2-\hat{\rho}R_1}} \\ \sigma_2 \end{pmatrix} \text{ 和 } \quad \alpha Z_N^* = \begin{pmatrix} \dfrac{R_1 - \overline{\rho}R_2}{\sigma_1(1-\overline{\rho}^2)} \\[2mm] \dfrac{R_2 - \overline{\rho}R_1}{\sigma_2(1-\overline{\rho}^2)} \end{pmatrix}$$

$$\alpha(Z_N^* - Z_I^*) = \begin{pmatrix} \dfrac{R_1 - \overline{\rho}R_2}{\sigma_1(1-\overline{\rho}^2)} - \dfrac{R_1 - \hat{\rho}R_2}{\sigma_1(1-\hat{\rho}^2)} \\[3mm] \dfrac{R_2 - \overline{\rho}R_1}{\sigma_2(1-\overline{\rho}^2)} - \dfrac{R_2 - \hat{\rho}R_1}{\sigma_2(1-\hat{\rho}^2)} \end{pmatrix} = \begin{pmatrix} \dfrac{(\overline{\rho} - \hat{\rho})[(\overline{\rho}+\hat{\rho})R_1 - (1+\overline{\rho}\hat{\rho})R_2]}{\sigma_1(1-\overline{\rho}^2)(1-\hat{\rho}^2)} \\[3mm] \dfrac{(\overline{\rho} - \hat{\rho})[(\overline{\rho}+\hat{\rho})R_2 - (1+\overline{\rho}\hat{\rho})R_1]}{\sigma_2(1-\overline{\rho}^2)(1-\hat{\rho}^2)} \end{pmatrix}$$

$$\frac{\alpha(1-\overline{\rho}^2)(1-\hat{\rho}^2)}{(\overline{\rho}-\hat{\rho})(1+\overline{\rho}\hat{\rho})}(Z_N^* - Z_I^*) = \begin{pmatrix} -\dfrac{1}{\sigma_1}\left[R_2 - \dfrac{\overline{\rho}+\hat{\rho}}{1+\overline{\rho}\hat{\rho}}R_1\right] \\[3mm] -\dfrac{1}{\sigma_2}\left[R_1 - \dfrac{\overline{\rho}+\hat{\rho}}{1+\overline{\rho}\hat{\rho}}R_2\right] \end{pmatrix}$$

设定 3 $(N2.1)\begin{cases} R_1 < \overline{\rho}R_2 \\ R_2 < \overline{\rho}R_1 \end{cases}$ 等价于 $\begin{cases} Z_{N1}^* < 0 \\ Z_{N2}^* < 0 \end{cases}$。

情形 1 $0 < \hat{\rho} < \overline{\rho} < \dfrac{\overline{\rho}+\hat{\rho}}{1+\overline{\rho}\hat{\rho}}$, 因此 $\begin{cases} R_1 < 0 \\ \dfrac{1}{\overline{\rho}}R_1 < R_2 < \overline{\rho}R_1 \end{cases}$ 和 $\begin{cases} R_2 < 0 \\ \dfrac{1}{\overline{\rho}}R_2 < R_1 < \overline{\rho}R_2 \end{cases}$。 因

此对于 $\begin{cases} R_1 < 0 \\ \dfrac{1}{\overline{\rho}}R_1 < R_2 < \dfrac{\overline{\rho}+\hat{\rho}}{1+\overline{\rho}\hat{\rho}}R_1 \end{cases}$ 有 $0 > Z_{N1}^* > Z_{I1}^*$, 对于 $\begin{cases} R_1 < 0 \\ \dfrac{\overline{\rho}+\hat{\rho}}{1+\overline{\rho}\hat{\rho}}R_1 < R_2 < \overline{\rho}R_1 \end{cases}$ 有

$Z_{N1}^* < Z_{I1}^*$; 对于 $\begin{cases} R_2 < 0 \\ \dfrac{1}{\overline{\rho}}R_2 < R_1 < \dfrac{\overline{\rho}+\hat{\rho}}{1+\overline{\rho}\hat{\rho}}R_2 \end{cases}$ 有 $0 > Z_{N2}^* > Z_{I2}^*$, 对于 $\begin{cases} R_2 < 0 \\ \dfrac{\overline{\rho}+\hat{\rho}}{1+\overline{\rho}\hat{\rho}}R_2 < R_1 < \overline{\rho}R_2 \end{cases}$

有 $Z_{N2}^* < Z_{I2}^*$。

情形 2 $0 = \hat{\rho} < \overline{\rho} = \dfrac{\overline{\rho}+\hat{\rho}}{1+\overline{\rho}\hat{\rho}}$, $0 > Z_{N1}^* > Z_{I1}^*$ 和 $0 > Z_{N2}^* > Z_{I2}^*$。 $\begin{cases} R_1 < \overline{\rho}R_2 \\ R_2 < \overline{\rho}R_1 \end{cases}$ 等

价于 $\begin{cases} Z_{N1}^* - Z_{I1}^* > 0 \\ Z_{N2}^* - Z_{I2}^* > 0 \end{cases}$。

情形 3 $\hat{\rho} < 0 < \overline{\rho}$, 则 $\hat{\rho} < \dfrac{\overline{\rho}+\hat{\rho}}{1+\overline{\rho}\hat{\rho}} < \overline{\rho}$, 因此 $\begin{cases} R_1 < 0 \\ \overline{\rho}R_1 < R_2 < \dfrac{1}{\overline{\rho}}R_1 \end{cases}$ 和 $\begin{cases} R_2 < 0 \\ \dfrac{1}{\overline{\rho}}R_2 < R_1 < \overline{\rho}R_2 \end{cases}$。

因此, $0 > Z_{N1}^* > Z_{I1}^*$ 和 $0 > Z_{N2}^* > Z_{I2}^*$。

- 若 $R_1 < 0$, 则 $R_2 < \overline{\rho}R_1 < \dfrac{\overline{\rho}+\hat{\rho}}{1+\overline{\rho}\hat{\rho}}R_1$, 因此 $Z_{N1}^* - Z_{I1}^* > 0$。

- 若 $R_2 < 0$, 则 $R_1 < \overline{\rho}R_2 < \dfrac{\overline{\rho} + \hat{\rho}}{1 + \overline{\rho}\hat{\rho}}R_2$, 因此 $Z_{N2}^* - Z_{I2}^* > 0$。

情形 4　$\dfrac{\overline{\rho} + \hat{\rho}}{1 + \overline{\rho}\hat{\rho}} = \hat{\rho} < \overline{\rho} = 0$, $0 > Z_{N1}^* > Z_{I1}^*$ 和 $0 > Z_{N2}^* > Z_{I2}^*$。$\begin{cases} R_1 < \overline{\rho}R_2 \\ R_2 < \overline{\rho}R_1 \end{cases}$ 等

价于 $\begin{cases} R_1 < 0 \\ R_2 < 0 \end{cases}$, 则 $\begin{cases} Z_{N1}^* - Z_{I1}^* > 0 \\ Z_{N2}^* - Z_{I2}^* > 0 \end{cases}$。

情形 5　$\dfrac{\overline{\rho} + \hat{\rho}}{1 + \overline{\rho}\hat{\rho}} < \hat{\rho} < \overline{\rho} < 0$, $0 > Z_{N1}^* > Z_{I1}^*$ 和 $0 > Z_{N2}^* > Z_{I2}^*$。

$\begin{cases} R_1 < \overline{\rho}R_2 \\ R_2 < \overline{\rho}R_1 \end{cases}$ 等价于 $\begin{cases} R_1 < 0 \\ R_2 < \overline{\rho}R_1 \end{cases}$ 和 $\begin{cases} R_1 > 0 \\ R_2 < \dfrac{1}{\overline{\rho}}R_1 \end{cases}$。

- $\begin{cases} R_1 < 0 \\ R_2 < \overline{\rho}R_1 \end{cases}$ 意味着 $R_2 < \overline{\rho}R_1 < \dfrac{\overline{\rho} + \hat{\rho}}{1 + \overline{\rho}\hat{\rho}}R_1$, 因此 $Z_{N1}^* - Z_{I1}^* > 0$。

- $\begin{cases} R_1 > 0 \\ R_2 < \dfrac{1}{\overline{\rho}}R_1 \end{cases}$ 意味着 $R_2 < \dfrac{1}{\overline{\rho}}R_1 < \dfrac{\overline{\rho} + \hat{\rho}}{1 + \overline{\rho}\hat{\rho}}R_1$, 因此 $Z_{N1}^* - Z_{I1}^* > 0$。

$\begin{cases} R_1 < \overline{\rho}R_2 \\ R_2 < \overline{\rho}R_1 \end{cases}$ 等价于 $\begin{cases} R_2 < 0 \\ R_1 < \overline{\rho}R_2 \end{cases}$ 和 $\begin{cases} R_2 > 0 \\ R_1 < \dfrac{1}{\overline{\rho}}R_2 \end{cases}$。

- $\begin{cases} R_2 < 0 \\ R_1 < \overline{\rho}R_2 \end{cases}$ 意味着 $R_1 < \overline{\rho}R_2 < \dfrac{\overline{\rho} + \hat{\rho}}{1 + \overline{\rho}\hat{\rho}}R_2$, 因此 $Z_{N2}^* - Z_{I2}^* > 0$。

- $\begin{cases} R_2 > 0 \\ R_1 < \dfrac{1}{\overline{\rho}}R_2 \end{cases}$ 意味着 $R_1 < \dfrac{1}{\overline{\rho}}R_2 < \dfrac{\overline{\rho} + \hat{\rho}}{1 + \overline{\rho}\hat{\rho}}R_2$, 因此 $Z_{N2}^* - Z_{I2}^* > 0$。

$$\frac{\alpha(1 - \overline{\rho}^2)(1 - \hat{\rho}^2)}{(\overline{\rho} - \hat{\rho})(1 + \overline{\rho}\hat{\rho})}(Z_N^* - Z_I^*) = \begin{pmatrix} -\dfrac{1}{\sigma_1}\left[R_2 - \dfrac{\overline{\rho} + \hat{\rho}}{1 + \overline{\rho}\hat{\rho}}R_1\right] \\ -\dfrac{1}{\sigma_2}\left[R_1 - \dfrac{\overline{\rho} + \hat{\rho}}{1 + \overline{\rho}\hat{\rho}}R_2\right] \end{pmatrix}$$

设定 4　$(N2.2)$ $\begin{cases} R_1 > \overline{\rho}R_2 \\ R_2 > \overline{\rho}R_1 \end{cases}$ 等价于 $\begin{cases} Z_{N1}^* > 0 \\ Z_{N2}^* > 0 \end{cases}$。

情形 1　$0 < \hat{\rho} < \overline{\rho} < \dfrac{\overline{\rho} + \hat{\rho}}{1 + \overline{\rho}\hat{\rho}}$, 因此 $\begin{cases} R_1 > 0 \\ \overline{\rho}R_1 < R_2 < \dfrac{1}{\overline{\rho}}R_1 \end{cases}$ 和 $\begin{cases} R_2 > 0 \\ \overline{\rho}R_2 < R_1 < \dfrac{1}{\overline{\rho}}R_2 \end{cases}$。因

此, 对于 $\begin{cases} R_1 > 0 \\ \overline{\rho}R_1 < R_2 < \dfrac{\overline{\rho} + \hat{\rho}}{1 + \overline{\rho}\hat{\rho}}R_1 \end{cases}$ 有 $Z_{N1}^* > Z_{I1}^*$, 对于 $\begin{cases} R_1 > 0 \\ \dfrac{\overline{\rho} + \hat{\rho}}{1 + \overline{\rho}\hat{\rho}}R_1 < R_2 < \dfrac{1}{\overline{\rho}}R_1 \end{cases}$ 有 $0 <$

$Z_{N1}^* < Z_{I1}^*$; 对于 $\begin{cases} R_2 > 0 \\ \overline{\rho}R_2 < R_1 < \dfrac{\overline{\rho}+\hat{\rho}}{1+\overline{\rho}\hat{\rho}}R_2 \end{cases}$ 有 $Z_{N2}^* > Z_{I2}^*$, 对于 $\begin{cases} R_2 > 0 \\ \dfrac{\overline{\rho}+\hat{\rho}}{1+\overline{\rho}\hat{\rho}}R_2 < R_1 < \dfrac{1}{\overline{\rho}}R_2 \end{cases}$

有 $0 < Z_{N2}^* < Z_{I2}^*$。

情形 2　$0 = \hat{\rho} < \overline{\rho} = \dfrac{\overline{\rho}+\hat{\rho}}{1+\overline{\rho}\hat{\rho}}$, $0 < Z_{N1}^* < Z_{I1}^*$ 和 $0 < Z_{N2}^* < Z_{I2}^*$。$\begin{cases} R_1 > \overline{\rho}R_2 \\ R_2 > \overline{\rho}R_1 \end{cases}$ 等

价于 $\begin{cases} Z_{N1}^* - Z_{I1}^* < 0 \\ Z_{N2}^* - Z_{I2}^* < 0 \end{cases}$。

情形 3　$\hat{\rho} < 0 < \overline{\rho}$, 则 $\hat{\rho} < \dfrac{\overline{\rho}+\hat{\rho}}{1+\overline{\rho}\hat{\rho}} < \overline{\rho}$, 因此, $\begin{cases} R_1 > 0 \\ \overline{\rho}R_1 < R_2 < \dfrac{1}{\overline{\rho}}R_1 \end{cases}$ 和 $\begin{cases} R_2 > 0 \\ \overline{\rho}R_2 < R_1 < \dfrac{1}{\overline{\rho}}R_2 \end{cases}$。

因此, $0 < Z_{N1}^* < Z_{I1}^*$ 和 $0 < Z_{N2}^* < Z_{I2}^*$。

- 如果 $R_1 > 0$, 则 $R_2 > \overline{\rho}R_1 > \dfrac{\overline{\rho}+\hat{\rho}}{1+\overline{\rho}\hat{\rho}}R_1$, 因此 $Z_{N1}^* - Z_{I1}^* < 0$。

- 如果 $R_2 > 0$, 则 $R_1 > \overline{\rho}R_2 > \dfrac{\overline{\rho}+\hat{\rho}}{1+\overline{\rho}\hat{\rho}}R_2$, 因此 $Z_{N2}^* - Z_{I2}^* < 0$。

情形 4　$\dfrac{\overline{\rho}+\hat{\rho}}{1+\overline{\rho}\hat{\rho}} = \hat{\rho} < \overline{\rho} = 0$, $0 < Z_{N1}^* < Z_{I1}^*$ 和 $0 < Z_{N2}^* < Z_{I2}^*$。$\begin{cases} R_1 > \overline{\rho}R_2 \\ R_2 > \overline{\rho}R_1 \end{cases}$ 等

价于 $\begin{cases} R_1 > 0 \\ R_2 > 0 \end{cases}$, 则 $\begin{cases} Z_{N1}^* - Z_{I1}^* < 0 \\ Z_{N2}^* - Z_{I2}^* < 0 \end{cases}$。

情形 5　$\dfrac{\overline{\rho}+\hat{\rho}}{1+\overline{\rho}\hat{\rho}} < \hat{\rho} < \overline{\rho} < 0$, $0 < Z_{N1}^* < Z_{I1}^*$ 和 $0 < Z_{N2}^* < Z_{I2}^*$。

$\begin{cases} R_1 > \overline{\rho}R_2 \\ R_2 > \overline{\rho}R_1 \end{cases}$ 等价于 $\begin{cases} R_1 < 0 \\ R_2 > \dfrac{1}{\overline{\rho}}R_1 \end{cases}$ 和 $\begin{cases} R_1 > 0 \\ R_2 > \overline{\rho}R_1 \end{cases}$。

- $\begin{cases} R_1 < 0 \\ R_2 > \dfrac{1}{\overline{\rho}}R_1 \end{cases}$ 意味着 $R_2 > \dfrac{1}{\overline{\rho}}R_1 > \dfrac{\overline{\rho}+\hat{\rho}}{1+\overline{\rho}\hat{\rho}}R_1$, 因此 $Z_{N1}^* - Z_{I1}^* < 0$。

- $\begin{cases} R_1 > 0 \\ R_2 > \overline{\rho}R_1 \end{cases}$ 意味着 $R_2 > \overline{\rho}R_1 > \dfrac{\overline{\rho}+\hat{\rho}}{1+\overline{\rho}\hat{\rho}}R_1$, 因此 $Z_{N1}^* - Z_{I1}^* < 0$。

$\begin{cases} R_1 > \overline{\rho}R_2 \\ R_2 > \overline{\rho}R_1 \end{cases}$ 等价于 $\begin{cases} R_2 < 0 \\ R_1 > \dfrac{1}{\overline{\rho}}R_2 \end{cases}$ 和 $\begin{cases} R_2 > 0 \\ R_1 > \overline{\rho}R_2 \end{cases}$。

- $\begin{cases} R_2 < 0 \\ R_1 > \dfrac{1}{\overline{\rho}}R_2 \end{cases}$ 意味着 $R_1 > \dfrac{1}{\overline{\rho}}R_2 > \dfrac{\overline{\rho}+\hat{\rho}}{1+\overline{\rho}\hat{\rho}}R_2$, 因此 $Z_{N2}^* - Z_{I2}^* < 0$。

- $\begin{cases} R_2 > 0 \\ R_1 > \bar{\rho} R_2 \end{cases}$ 意味着 $R_1 > \bar{\rho} R_2 > \dfrac{\bar{\rho} + \hat{\rho}}{1 + \bar{\rho}\hat{\rho}} R_2$，因此 $Z_{N2}^* - Z_{I2}^* < 0$。

场景 3　$(N-.1)\begin{cases} R_1 < 0 \\ \bar{\rho} R_1 \leqslant R_2 \leqslant \underline{\rho} R_1 \end{cases}$ 或 $(N+.1)\begin{cases} R_1 > 0 \\ \underline{\rho} R_1 \leqslant R_2 \leqslant \bar{\rho} R_1 \end{cases}$。

$$\alpha Z_I^* = \frac{1}{1 - \hat{\rho}^2}\begin{pmatrix} \dfrac{R_1 - \hat{\rho} R_2}{\sigma_1} \\ \dfrac{R_2 - \hat{\rho} R_1}{\sigma_2} \end{pmatrix} \text{ 和 } \alpha Z_N^* = \begin{pmatrix} \dfrac{R_1}{\sigma_1} \\ 0 \end{pmatrix}$$

$$\alpha(Z_N^* - Z_I^*) = \begin{pmatrix} \dfrac{R_1}{\sigma_1} - \dfrac{R_1 - \hat{\rho} R_2}{\sigma_1(1 - \hat{\rho}^2)} \\ -\dfrac{R_2 - \hat{\rho} R_1}{\sigma_2(1 - \hat{\rho}^2)} \end{pmatrix} = \begin{pmatrix} \dfrac{\hat{\rho}(R_2 - \hat{\rho} R_1)}{\sigma_1(1 - \hat{\rho}^2)} \\ -\dfrac{R_2 - \hat{\rho} R_1}{\sigma_2(1 - \hat{\rho}^2)} \end{pmatrix} = \frac{R_2 - \hat{\rho} R_1}{1 - \hat{\rho}^2}\begin{pmatrix} \dfrac{\hat{\rho}}{\sigma_1} \\ -\dfrac{1}{\sigma_2} \end{pmatrix}$$

设定 5　$(N-.1)\begin{cases} R_1 < 0 \\ \bar{\rho} R_1 \leqslant R_2 \leqslant \underline{\rho} R_1 \end{cases}$ 等价于 $\begin{cases} Z_{N1}^* < 0 \\ Z_{N2}^* = 0 \end{cases}$。

情形 1　$0 < \hat{\rho}$，$\begin{cases} R_1 < 0 \\ \bar{\rho} R_1 \leqslant R_2 < \hat{\rho} R_1 \end{cases}$ 等价于 $\begin{cases} Z_{N1}^* - Z_{I1}^* < 0 \\ Z_{N2}^* - Z_{I2}^* > 0 \end{cases}$ 或 $\begin{cases} Z_{N1}^* < Z_{I1}^* \\ 0 = Z_{N2}^* > Z_{I2}^* \end{cases}$。

$\begin{cases} R_1 < 0 \\ \hat{\rho} R_1 < R_2 \leqslant \underline{\rho} R_1 \end{cases}$ 等价于 $\begin{cases} Z_{N1}^* - Z_{I1}^* > 0 \\ Z_{N2}^* - Z_{I2}^* < 0 \end{cases}$ 或 $\begin{cases} 0 > Z_{N1}^* > Z_{I1}^* \\ 0 = Z_{N2}^* < Z_{I2}^* \end{cases}$。

情形 2　$0 = \hat{\rho} = 0$，$\begin{cases} R_1 < 0 \\ \bar{\rho} R_1 \leqslant R_2 < 0 \end{cases}$ 等价于 $\begin{cases} Z_{N1}^* - Z_{I1}^* = 0 \\ Z_{N2}^* - Z_{I2}^* > 0 \end{cases}$ 或 $\begin{cases} 0 > Z_{N1}^* = Z_{I1}^* \\ 0 = Z_{N2}^* > Z_{I2}^* \end{cases}$。

$\begin{cases} R_1 < 0 \\ 0 < R_2 \leqslant \underline{\rho} R_1 \end{cases}$ 等价于 $\begin{cases} Z_{N1}^* - Z_{I1}^* = 0 \\ Z_{N2}^* - Z_{I2}^* < 0 \end{cases}$ 或 $\begin{cases} 0 > Z_{N1}^* = Z_{I1}^* \\ 0 = Z_{N2}^* < Z_{I2}^* \end{cases}$。

情形 3　$\hat{\rho} < 0$，$\begin{cases} R_1 < 0 \\ \bar{\rho} R_1 \leqslant R_2 < \hat{\rho} R_1 \end{cases}$ 等价于 $\begin{cases} Z_{N1}^* - Z_{I1}^* > 0 \\ Z_{N2}^* - Z_{I2}^* > 0 \end{cases}$ 或 $\begin{cases} 0 > Z_{N1}^* > Z_{I1}^* \\ 0 = Z_{N2}^* > Z_{I2}^* \end{cases}$。

$\begin{cases} R_1 < 0 \\ \hat{\rho} R_1 < R_2 \leqslant \underline{\rho} R_1 \end{cases}$ 等价于 $\begin{cases} Z_{N1}^* - Z_{I1}^* < 0 \\ Z_{N2}^* - Z_{I2}^* < 0 \end{cases}$ 或 $\begin{cases} Z_{N1}^* < Z_{I1}^* \\ 0 = Z_{N2}^* < Z_{I2}^* \end{cases}$。

设定 6　$(N+.1)\begin{cases} R_1 > 0 \\ \underline{\rho} R_1 \leqslant R_2 \leqslant \bar{\rho} R_1 \end{cases}$ 等价于 $\begin{cases} Z_{N1}^* > 0 \\ Z_{N2}^* = 0 \end{cases}$。

情形 1　$0 < \hat{\rho}$，$\begin{cases} R_1 > 0 \\ \underline{\rho} R_1 \leqslant R_2 < \hat{\rho} R_1 \end{cases}$ 等价于 $\begin{cases} Z_{N1}^* - Z_{I1}^* < 0 \\ Z_{N2}^* - Z_{I2}^* > 0 \end{cases}$ 或 $\begin{cases} Z_{N1}^* < Z_{I1}^* \\ 0 = Z_{N2}^* > Z_{I2}^* \end{cases}$。

$\begin{cases} R_1 > 0 \\ \hat{\rho} R_1 < R_2 \leqslant \bar{\rho} R_1 \end{cases}$ 等价于 $\begin{cases} Z_{N1}^* - Z_{I1}^* > 0 \\ Z_{N2}^* - Z_{I2}^* < 0 \end{cases}$ 或 $\begin{cases} 0 > Z_{N1}^* > Z_{I1}^* \\ 0 = Z_{N2}^* < Z_{I2}^* \end{cases}$。

情形 2　$0 = \hat{\rho} = 0$, $\begin{cases} R_1 < 0 \\ \underline{\rho}R_1 \leqslant R_2 < 0 \end{cases}$ 等价于 $\begin{cases} Z_{N1}^* - Z_{I1}^* = 0 \\ Z_{N2}^* - Z_{I2}^* > 0 \end{cases}$ 或 $\begin{cases} 0 > Z_{N1}^* = Z_{I1}^* \\ 0 = Z_{N2}^* > Z_{I2}^* \end{cases}$。

$\begin{cases} R_1 < 0 \\ 0 < R_2 \leqslant \overline{\rho}R_1 \end{cases}$ 等价于 $\begin{cases} Z_{N1}^* - Z_{I1}^* = 0 \\ Z_{N2}^* - Z_{I2}^* < 0 \end{cases}$ 或 $\begin{cases} 0 > Z_{N1}^* = Z_{I1}^* \\ 0 = Z_{N2}^* < Z_{I2}^* \end{cases}$。

情形 3　$\hat{\rho} < 0$, $\begin{cases} R_1 > 0 \\ \underline{\rho}R_1 \leqslant R_2 < \hat{\rho}R_1 \end{cases}$ 等价于 $\begin{cases} Z_{N1}^* - Z_{I1}^* > 0 \\ Z_{N2}^* - Z_{I2}^* > 0 \end{cases}$ 或 $\begin{cases} 0 > Z_{N1}^* > Z_{I1}^* \\ 0 = Z_{N2}^* > Z_{I2}^* \end{cases}$。

$\begin{cases} R_1 > 0 \\ \hat{\rho}R_1 < R_2 \leqslant \overline{\rho}R_1 \end{cases}$ 等价于 $\begin{cases} Z_{N1}^* - Z_{I1}^* < 0 \\ Z_{N2}^* - Z_{I2}^* < 0 \end{cases}$ 或 $\begin{cases} Z_{N1}^* < Z_{I1}^* \\ 0 = Z_{N2}^* < Z_{I2}^* \end{cases}$。

场景 4　$(N - .2)\begin{cases} \overline{\rho}R_2 \leqslant R_1 \leqslant \underline{\rho}R_2 \\ R_2 < 0 \end{cases}$ 或 $(N + .2)\begin{cases} \underline{\rho}R_2 \leqslant R_1 \leqslant \overline{\rho}R_2 \\ R_2 > 0 \end{cases}$。

$$\alpha Z_I^* = \frac{1}{1 - \hat{\rho}^2}\begin{pmatrix} \dfrac{R_1 - \hat{\rho}R_2}{\sigma_1} \\ \dfrac{R_2 - \hat{\rho}R_1}{\sigma_2} \end{pmatrix} \text{ 和 } \alpha Z_N^* = \begin{pmatrix} 0 \\ \dfrac{R_2}{\sigma_2} \end{pmatrix}$$

$$\alpha(Z_N^* - Z_I^*) = \begin{pmatrix} -\dfrac{R_1 - \hat{\rho}R_2}{\sigma_1(1 - \hat{\rho}^2)} \\ \dfrac{R_2}{\sigma_2} - \dfrac{R_2 - \hat{\rho}R_1}{\sigma_2(1 - \hat{\rho}^2)} \end{pmatrix} = \begin{pmatrix} -\dfrac{R_1 - \hat{\rho}R_2}{\sigma_1(1 - \hat{\rho}^2)} \\ \dfrac{\hat{\rho}(R_1 - \hat{\rho}R_2)}{\sigma_2(1 - \hat{\rho}^2)} \end{pmatrix} = \frac{R_1 - \hat{\rho}R_2}{1 - \hat{\rho}^2}\begin{pmatrix} -\dfrac{1}{\sigma_1} \\ \dfrac{\hat{\rho}}{\sigma_2} \end{pmatrix}$$

设定 7　$(N - .2)\begin{cases} \overline{\rho}R_2 \leqslant R_1 \leqslant \underline{\rho}R_2 \\ R_2 < 0 \end{cases}$ 等价于 $\begin{cases} Z_{N1}^* = 0 \\ Z_{N2}^* < 0 \end{cases}$。

情形 1　$0 < \hat{\rho}$, $\begin{cases} \overline{\rho}R_2 \leqslant R_1 < \hat{\rho}R_2 \\ R_2 < 0 \end{cases}$ 等价于 $\begin{cases} Z_{N1}^* - Z_{I1}^* > 0 \\ Z_{N2}^* - Z_{I2}^* < 0 \end{cases}$ 或 $\begin{cases} 0 = Z_{N1}^* > Z_{I1}^* \\ Z_{N2}^* < Z_{I2}^* \end{cases}$。

$\begin{cases} \hat{\rho}R_2 < R_1 \leqslant \underline{\rho}R_2 \\ R_2 < 0 \end{cases}$ 等价于 $\begin{cases} Z_{N1}^* - Z_{I1}^* < 0 \\ Z_{N2}^* - Z_{I2}^* > 0 \end{cases}$ 或 $\begin{cases} 0 = Z_{N1}^* < Z_{I1}^* \\ 0 > Z_{N2}^* > Z_{I2}^* \end{cases}$。

情形 2　$0 = \hat{\rho} = 0$, $\begin{cases} \overline{\rho}R_2 \leqslant R_1 < 0 \\ R_2 < 0 \end{cases}$ 等价于 $\begin{cases} Z_{N1}^* - Z_{I1}^* > 0 \\ Z_{N2}^* - Z_{I2}^* = 0 \end{cases}$ 或 $\begin{cases} 0 = Z_{N1}^* > Z_{I1}^* \\ 0 > Z_{N2}^* = Z_{I2}^* \end{cases}$。

$\begin{cases} 0 < R_1 \leqslant \underline{\rho}R_2 \\ R_2 < 0 \end{cases}$ 等价于 $\begin{cases} Z_{N1}^* - Z_{I1}^* < 0 \\ Z_{N2}^* - Z_{I2}^* = 0 \end{cases}$ 或 $\begin{cases} 0 = Z_{N1}^* < Z_{I1}^* \\ 0 > Z_{N2}^* = Z_{I2}^* \end{cases}$。

情形 3　$\hat{\rho} < 0$, $\begin{cases} \overline{\rho}R_2 \leqslant R_1 < \hat{\rho}R_2 \\ R_2 < 0 \end{cases}$ 等价于 $\begin{cases} Z_{N1}^* - Z_{I1}^* > 0 \\ Z_{N2}^* - Z_{I2}^* > 0 \end{cases}$ 或 $\begin{cases} 0 = Z_{N1}^* > Z_{I1}^* \\ 0 > Z_{N2}^* > Z_{I2}^* \end{cases}$。

$\begin{cases} \hat{\rho}R_2 < R_1 \leqslant \underline{\rho}R_2 \\ R_2 < 0 \end{cases}$ 等价于 $\begin{cases} Z_{N1}^* - Z_{I1}^* < 0 \\ Z_{N2}^* - Z_{I2}^* < 0 \end{cases}$ 或 $\begin{cases} 0 = Z_{N1}^* < Z_{I1}^* \\ Z_{N2}^* < Z_{I2}^* \end{cases}$。

设定 8 $(N + .2)$ $\begin{cases} \underline{\rho}R_2 \leqslant R_1 \leqslant \overline{\rho}R_2 \\ R_2 > 0 \end{cases}$ 等价于 $\begin{cases} Z_{N1}^* = 0 \\ Z_{N2}^* > 0 \end{cases}$。

情形 1 $0 < \hat{\rho}$, $\begin{cases} \underline{\rho}R_2 \leqslant R_1 < \hat{\rho}R_2 \\ R_2 > 0 \end{cases}$ 等价于 $\begin{cases} Z_{N1}^* - Z_{I1}^* < 0 \\ Z_{N2}^* - Z_{I2}^* > 0 \end{cases}$ 或 $\begin{cases} 0 = Z_{N1}^* < Z_{I1}^* \\ Z_{N2}^* > Z_{I2}^* \end{cases}$。

$\begin{cases} \hat{\rho}R_2 < R_1 \leqslant \overline{\rho}R_2 \\ R_2 > 0 \end{cases}$ 等价于 $\begin{cases} Z_{N1}^* - Z_{I1}^* > 0 \\ Z_{N2}^* - Z_{I2}^* < 0 \end{cases}$ 或 $\begin{cases} 0 = Z_{N1}^* > Z_{I1}^* \\ 0 < Z_{N2}^* < Z_{I2}^* \end{cases}$。

情形 2 $0 = \hat{\rho} = 0$, $\begin{cases} \underline{\rho}R_2 \leqslant R_1 < 0 \\ R_2 > 0 \end{cases}$ 等价于 $\begin{cases} Z_{N1}^* - Z_{I1}^* < 0 \\ Z_{N2}^* - Z_{I2}^* = 0 \end{cases}$ 或 $\begin{cases} 0 = Z_{N1}^* < Z_{I1}^* \\ 0 < Z_{N2}^* = Z_{I2}^* \end{cases}$。

$\begin{cases} 0 < R_1 \leqslant \overline{\rho}R_2 \\ R_2 > 0 \end{cases}$ 等价于 $\begin{cases} Z_{N1}^* - Z_{I1}^* > 0 \\ Z_{N2}^* - Z_{I2}^* = 0 \end{cases}$ 或 $\begin{cases} 0 = Z_{N1}^* > Z_{I1}^* \\ 0 < Z_{N2}^* = Z_{I2}^* \end{cases}$。

情形 3 $\hat{\rho} < 0$, $\begin{cases} \underline{\rho}R_2 \leqslant R_1 < \hat{\rho}R_2 \\ R_2 > 0 \end{cases}$ 等价于 $\begin{cases} Z_{N1}^* - Z_{I1}^* < 0 \\ Z_{N2}^* - Z_{I2}^* < 0 \end{cases}$ 或 $\begin{cases} 0 = Z_{N1}^* < Z_{I1}^* \\ 0 < Z_{N2}^* < Z_{I2}^* \end{cases}$。

$\begin{cases} \hat{\rho}R_2 < R_1 \leqslant \overline{\rho}R_2 \\ R_2 > 0 \end{cases}$ 等价于 $\begin{cases} Z_{N1}^* - Z_{I1}^* > 0 \\ Z_{N2}^* - Z_{I2}^* > 0 \end{cases}$ 或 $\begin{cases} 0 = Z_{N1}^* > Z_{I1}^* \\ Z_{N2}^* > Z_{I2}^* \end{cases}$。

附录 E   均衡条件

为简单起见, 我们首先采用式 (2.6) 和式 (2.10) 表示的均衡需求来求解 Sharpe 比率 $R_j(j = 1, 2)$。根据式 (2.10), 从以下四种场景来计算均衡 Sharpe 比率。

E.1   场景 1 没有均衡: $Z_{N1}^* Z_{N2}^* < 0$。

场景 $Z_{N1}^* Z_{N2}^* < 0$ 分为两种情况: $\begin{cases} Z_{N1}^* < 0 \\ Z_{N2}^* > 0 \end{cases}$ 和 $\begin{cases} Z_{N1}^* > 0 \\ Z_{N2}^* < 0 \end{cases}$, 分别对应式 (2.10) 中的 $\begin{cases} R_1 < \underline{\rho}R_2 \\ R_2 > \underline{\rho}R_1 \end{cases}$ 和 $\begin{cases} R_1 > \underline{\rho}R_2 \\ R_2 < \underline{\rho}R_1 \end{cases}$。我们得到均衡条件:

$$(1 - \theta) \begin{pmatrix} \dfrac{R_1 - \hat{\rho}R_2}{\alpha\sigma_1(1 - \hat{\rho}^2)} \\ \dfrac{R_2 - \hat{\rho}R_1}{\alpha\sigma_2(1 - \hat{\rho}^2)} \end{pmatrix} + \theta \begin{pmatrix} \dfrac{R_1 - \underline{\rho}R_2}{\alpha\sigma_1(1 - \underline{\rho}^2)} \\ \dfrac{R_2 - \underline{\rho}R_1}{\alpha\sigma_2(1 - \underline{\rho}^2)} \end{pmatrix} = \begin{pmatrix} Z_1^0 \\ Z_2^0 \end{pmatrix} \tag{E.1}$$

即

$$\left[\frac{1 - \theta}{1 - \hat{\rho}^2} + \frac{\theta}{1 - \underline{\rho}^2} \right] R_1 - \left[\frac{1 - \theta}{1 - \hat{\rho}^2}\hat{\rho} + \frac{\theta}{1 - \underline{\rho}^2}\underline{\rho} \right] R_2 = \alpha\sigma_1 Z_1^0$$

$$- \left[\frac{1 - \theta}{1 - \hat{\rho}^2}\hat{\rho} + \frac{\theta}{1 - \underline{\rho}^2}\underline{\rho} \right] R_1 + \left[\frac{1 - \theta}{1 - \hat{\rho}^2} + \frac{\theta}{1 - \underline{\rho}^2} \right] R_2 = \alpha\sigma_2 Z_2^0$$

均衡 Sharpe 比率为:

$$R_1 = \alpha \frac{\left[\dfrac{1-\theta}{1-\hat{\rho}^2} + \dfrac{\theta}{1-\underline{\rho}^2}\right]\sigma_1 Z_1^0 + \left[\dfrac{1-\theta}{1-\hat{\rho}^2}\hat{\rho} + \dfrac{\theta}{1-\underline{\rho}^2}\underline{\rho}\right]\sigma_2 Z_2^0}{\left[\dfrac{1-\theta}{1-\hat{\rho}^2} + \dfrac{\theta}{1-\underline{\rho}^2}\right]^2 - \left[\dfrac{1-\theta}{1-\hat{\rho}^2}\hat{\rho} + \dfrac{\theta}{1-\underline{\rho}^2}\underline{\rho}\right]^2} \tag{E.2a}$$

$$R_2 = \alpha \frac{\left[\dfrac{1-\theta}{1-\hat{\rho}^2}\hat{\rho} + \dfrac{\theta}{1-\underline{\rho}^2}\underline{\rho}\right]\sigma_1 Z_1^0 + \left[\dfrac{1-\theta}{1-\hat{\rho}^2} + \dfrac{\theta}{1-\underline{\rho}^2}\right]\sigma_2 Z_2^0}{\left[\dfrac{1-\theta}{1-\hat{\rho}^2} + \dfrac{\theta}{1-\underline{\rho}^2}\right]^2 - \left[\dfrac{1-\theta}{1-\hat{\rho}^2}\hat{\rho} + \dfrac{\theta}{1-\underline{\rho}^2}\underline{\rho}\right]^2} \tag{E.2b}$$

$R_1 < \underline{\rho} R_2$ 等价于

$$\left[\frac{1-\theta}{1-\hat{\rho}^2} + \frac{\theta}{1-\underline{\rho}^2}\right]\sigma_1 Z_1^0 + \left[\frac{1-\theta}{1-\hat{\rho}^2}\hat{\rho} + \frac{\theta}{1-\underline{\rho}^2}\underline{\rho}\right]\sigma_2 Z_2^0$$

$$< \underline{\rho}\left\{\left[\frac{1-\theta}{1-\hat{\rho}^2}\hat{\rho} + \frac{\theta}{1-\underline{\rho}^2}\underline{\rho}\right]\sigma_1 Z_1^0 + \left[\frac{1-\theta}{1-\hat{\rho}^2} + \frac{\theta}{1-\underline{\rho}^2}\right]\sigma_2 Z_2^0\right\}$$

这意味着一个矛盾:

$$0 < \left[\frac{1-\theta}{1-\hat{\rho}^2}(1-\underline{\rho}\hat{\rho}) + \theta\right]\sigma_1 Z_1^0 < \frac{1-\theta}{1-\hat{\rho}^2}(\underline{\rho}-\hat{\rho})\sigma_2 Z_2^0 \leqslant 0$$

$R_2 < \underline{\rho} R_1$ 等价于

$$\left[\frac{1-\theta}{1-\hat{\rho}^2}\hat{\rho} + \frac{\theta}{1-\underline{\rho}^2}\underline{\rho}\right]\sigma_1 Z_1^0 + \left[\frac{1-\theta}{1-\hat{\rho}^2} + \frac{\theta}{1-\underline{\rho}^2}\right]\sigma_2 Z_2^0$$

$$< \underline{\rho}\left\{\left[\frac{1-\theta}{1-\hat{\rho}^2} + \frac{\theta}{1-\underline{\rho}^2}\right]\sigma_1 Z_1^0 + \left[\frac{1-\theta}{1-\hat{\rho}^2}\hat{\rho} + \frac{\theta}{1-\underline{\rho}^2}\underline{\rho}\right]\sigma_2 Z_2^0\right\}$$

这意味着一个矛盾:

$$0 \leqslant \frac{1-\theta}{1-\hat{\rho}^2}(\hat{\rho}-\underline{\rho})\sigma_1 Z_1^0 < -\left[\frac{1-\theta}{1-\hat{\rho}^2}(1-\underline{\rho}\hat{\rho}) + \theta\right]\sigma_2 Z_2^0 < 0$$

这两个矛盾否定了平衡的存在。

性质 1　如果天真投资者卖空一项风险资产并多头买入另一项, 即 $Z_{N1}^* Z_{N2}^* < 0$, 则不存在一般均衡。

E.2　场景 2 的均衡条件: $Z_{N1}^* = 0$。

场景 $Z_{N1}^* = 0$ 分为两种情况: $\begin{cases} Z_{N1}^* = 0 \\ Z_{N2}^* < 0 \end{cases}$ 和 $\begin{cases} Z_{N1}^* = 0 \\ Z_{N2}^* > 0 \end{cases}$, 分别对应式 (2.10) 中的

$$\begin{cases} \overline{\rho}R_2 \leqslant R_1 \leqslant \underline{\rho}R_2 \\ R_2 < 0 \end{cases} \text{和} \begin{cases} \underline{\rho}R_2 \leqslant R_1 \leqslant \overline{\rho}R_2 \\ R_2 > 0 \end{cases}。 \text{我们得到均衡条件：}$$

$$(1-\theta)\begin{pmatrix} \dfrac{R_1 - \hat{\rho}R_2}{\alpha\sigma_1(1-\hat{\rho}^2)} \\ \dfrac{R_2 - \hat{\rho}R_1}{\alpha\sigma_2(1-\hat{\rho}^2)} \end{pmatrix} + \theta\begin{pmatrix} 0 \\ \dfrac{R_2}{\alpha\sigma_2} \end{pmatrix} = \begin{pmatrix} Z_1^0 \\ Z_2^0 \end{pmatrix} \tag{E.3}$$

即

$$(1-\theta)R_1 - (1-\theta)\hat{\rho}R_2 = \alpha(1-\hat{\rho}^2)\sigma_1 Z_1^0$$

$$-(1-\theta)\hat{\rho}R_1 + (1-\theta\hat{\rho}^2)R_2 = \alpha(1-\hat{\rho}^2)\sigma_2 Z_2^0$$

均衡 Sharpe 比率为：

$$R_1 = \alpha\frac{(1-\theta\hat{\rho}^2)\sigma_1 Z_1^0 + (1-\theta)\hat{\rho}\sigma_2 Z_2^0}{1-\theta} \tag{E.4a}$$

$$R_2 = \alpha(\hat{\rho}\sigma_1 Z_1^0 + \sigma_2 Z_2^0) \tag{E.4b}$$

$R_2 < 0$ 等价于 $\hat{\rho} < -\dfrac{\sigma_2 Z_2^0}{\sigma_1 Z_1^0}$。 $\overline{\rho}R_2 \leqslant R_1 \leqslant \underline{\rho}R_2$ 等价于

$$\overline{\rho}(\hat{\rho}\sigma_1 Z_1^0 + \sigma_2 Z_2^0) \leqslant \frac{(1-\theta\hat{\rho}^2)\sigma_1 Z_1^0 + (1-\theta)\hat{\rho}\sigma_2 Z_2^0}{1-\theta} \leqslant \underline{\rho}(\hat{\rho}\sigma_1 Z_1^0 + \sigma_2 Z_2^0)$$

或者

$$\frac{(1-\theta)\overline{\rho}\hat{\rho} - (1-\theta\hat{\rho}^2)}{(1-\theta)(\overline{\rho} - \hat{\rho})} \leqslant -\frac{\sigma_2 Z_2^0}{\sigma_1 Z_1^0} \text{和} \frac{(1-\theta\hat{\rho}^2) - (1-\theta)\underline{\rho}\hat{\rho}}{(1-\theta)(\hat{\rho} - \underline{\rho})} \leqslant -\frac{\sigma_2 Z_2^0}{\sigma_1 Z_1^0}$$

因为 $\dfrac{(1-\theta)\overline{\rho}\hat{\rho} - (1-\theta\hat{\rho}^2)}{(1-\theta)(\overline{\rho} - \hat{\rho})} < \hat{\rho} < \dfrac{(1-\theta\hat{\rho}^2) - (1-\theta)\underline{\rho}\hat{\rho}}{(1-\theta)(\hat{\rho} - \underline{\rho})}$, 所以 $\begin{cases} R_2 < 0 \\ \overline{\rho}R_2 \leqslant R_1 \leqslant \underline{\rho}R_2 \end{cases}$ 等价

于 $\dfrac{(1-\theta\hat{\rho}^2) - (1-\theta)\underline{\rho}\hat{\rho}}{(1-\theta)(\hat{\rho} - \underline{\rho})} \leqslant -\dfrac{\sigma_2 Z_2^0}{\sigma_1 Z_1^0}$, 这意味着矛盾：$1 < \dfrac{1-\theta\hat{\rho}^2}{1-\theta} < \underline{\rho}\hat{\rho}$。

$R_2 > 0$ 等价于 $-\hat{\rho} < \dfrac{\sigma_2 Z_2^0}{\sigma_1 Z_1^0}$, $\underline{\rho}R_2 \leqslant R_1 \leqslant \overline{\rho}R_2$ 等价于

$$\underline{\rho}(\hat{\rho}\sigma_1 Z_1^0 + \sigma_2 Z_2^0) \leqslant \frac{(1-\theta\hat{\rho}^2)\sigma_1 Z_1^0 + (1-\theta)\hat{\rho}\sigma_2 Z_2^0}{1-\theta} \leqslant \overline{\rho}(\hat{\rho}\sigma_1 Z_1^0 + \sigma_2 Z_2^0)$$

或者

$$\frac{(1-\theta)\underline{\rho}\hat{\rho} - (1-\theta\hat{\rho}^2)}{(1-\theta)(\hat{\rho} - \underline{\rho})} \leqslant \frac{\sigma_2 Z_2^0}{\sigma_1 Z_1^0} \text{和} \frac{(1-\theta\hat{\rho}^2) - (1-\theta)\overline{\rho}\hat{\rho}}{(1-\theta)(\overline{\rho} - \hat{\rho})} \leqslant \frac{\sigma_2 Z_2^0}{\sigma_1 Z_1^0}$$

因为 $\dfrac{(1-\theta)\underline{\rho}\hat{\rho} - (1-\theta\hat{\rho}^2)}{(1-\theta)(\hat{\rho}-\underline{\rho})} < -\hat{\rho} < \dfrac{(1-\theta\hat{\rho}^2)-(1-\theta)\overline{\rho}\hat{\rho}}{(1-\theta)(\overline{\rho}-\hat{\rho})}$，所以 $\begin{cases} R_2 > 0 \\ \underline{\rho}R_2 \leqslant R_1 \leqslant \overline{\rho}R_2 \end{cases}$ 等

价于 $\dfrac{(1-\theta\hat{\rho}^2)-(1-\theta)\overline{\rho}\hat{\rho}}{(1-\theta)(\overline{\rho}-\hat{\rho})} \leqslant \dfrac{\sigma_2 Z_2^0}{\sigma_1 Z_1^0}$。在这种情况下，均衡 Sharpe 比率式 (E.4a) 和
式 (E.4b) 给出了两种风险资产的均衡价格：

$$p_1 = \mu_1 - \alpha\sigma_1 \frac{(1-\theta\hat{\rho}^2)\sigma_1 Z_1^0 + (1-\theta)\hat{\rho}\sigma_2 Z_2^0}{1-\theta} \tag{E.5a}$$

$$p_2 = \mu_2 - \alpha\sigma_2(\hat{\rho}\sigma_1 Z_1^0 + \sigma_2 Z_2^0) \tag{E.5b}$$

在该价格下，天真投资者会购买风险资产 2，但不会交易风险资产 1。在均衡状态下，内部投资者持有风险资产的头寸为：

$$Z_{I1}^* = \frac{R_1 - \hat{\rho}R_2}{\alpha\sigma_1(1-\hat{\rho}^2)} = \frac{Z_1^0}{1-\theta} \tag{E.6a}$$

$$Z_{I2}^* = \frac{R_2 - \hat{\rho}R_1}{\alpha\sigma_2(1-\hat{\rho}^2)} = Z_2^0 - \frac{\theta}{1-\theta}\hat{\rho}\frac{\sigma_1}{\sigma_2}Z_1^0 \tag{E.6b}$$

天真投资者持有风险资产的头寸为：

$$Z_{N1}^* = 0 \tag{E.7a}$$

$$Z_{N2}^* = \frac{R_2}{\alpha\sigma_2} = \frac{\hat{\rho}\sigma_1 Z_1^0 + \sigma_2 Z_2^0}{\sigma_2} = \hat{\rho}\frac{\sigma_1}{\sigma_2}Z_1^0 + Z_2^0 > 0 \tag{E.7b}$$

我们总结上面的分析，得到当 $\dfrac{\sigma_1 Z_1^0}{\sigma_2 Z_2^0} \leqslant \dfrac{(1-\theta)(\overline{\rho}-\hat{\rho})}{(1-\theta\hat{\rho}^2)-(1-\theta)\overline{\rho}\hat{\rho}}$ 时均衡存在。

性质 2　如果天真投资者不交易风险资产 1 ($Z_{N1}^* = 0$)，那么当天真投资者卖空风险资产 2 ($Z_{N2}^* < 0$) 时不存在一般均衡，且当天真投资者多头买入风险资产 2 ($Z_{N2}^* > 0$) 时存在一般均衡。当 $\dfrac{\sigma_1 Z_1^0}{\sigma_2 Z_2^0} \leqslant \dfrac{(1-\theta)(\overline{\rho}-\hat{\rho})}{(1-\theta\hat{\rho}^2)-(1-\theta)\overline{\rho}\hat{\rho}}$ 时，两种风险资产的均衡价格由式 (E.5a) 和式 (E.5b) 给出。

由于 $\hat{\rho} > 0$ 时 $\dfrac{(1-\theta)(\overline{\rho}-\hat{\rho})}{(1-\theta\hat{\rho}^2)-(1-\theta)\overline{\rho}\hat{\rho}} < \dfrac{1-\theta}{\theta\hat{\rho}}$ 成立，因此 $Z_{I1}^* > 0$ 和 $Z_{I2}^* > 0$。在均衡中，内部投资者持有风险资产的正头寸。

E.3　场景 3 的均衡条件：$Z_{N2}^* = 0$。

场景 $Z_{N2}^* = 0$ 分为两种情况：$\begin{cases} Z_{N1}^* < 0 \\ Z_{N2}^* = 0 \end{cases}$ 和 $\begin{cases} Z_{N1}^* > 0 \\ Z_{N2}^* = 0 \end{cases}$，分别对应式 (2.10) 中的

$\begin{cases} R_1 < 0 \\ \overline{\rho}R_1 \leqslant R_2 \leqslant \underline{\rho}R_1 \end{cases}$ 和 $\begin{cases} R_1 > 0 \\ \underline{\rho}R_1 \leqslant R_2 \leqslant \overline{\rho}R_1 \end{cases}$。我们得到均衡条件：

$$(1-\theta)\begin{pmatrix}\dfrac{R_1-\hat{\rho}R_2}{\alpha\sigma_1(1-\hat{\rho}^2)}\\[2mm]\dfrac{R_2-\hat{\rho}R_1}{\alpha\sigma_2(1-\hat{\rho}^2)}\end{pmatrix}+\theta\begin{pmatrix}\dfrac{R_1}{\alpha\sigma_1}\\[2mm]0\end{pmatrix}=\begin{pmatrix}Z_1^0\\[1mm]Z_2^0\end{pmatrix} \tag{E.8}$$

即

$$(1-\theta\hat{\rho}^2)R_1-(1-\theta)\hat{\rho}R_2=\alpha(1-\hat{\rho}^2)\sigma_1 Z_1^0$$
$$-(1-\theta)\hat{\rho}R_1+(1-\theta)R_2=\alpha(1-\hat{\rho}^2)\sigma_2 Z_2^0$$

均衡 Sharpe 比率为:

$$R_1=\alpha(\sigma_1 Z_1^0+\hat{\rho}\sigma_2 Z_2^0) \tag{E.9a}$$

$$R_2=\alpha\frac{(1-\theta)\hat{\rho}\sigma_1 Z_1^0+(1-\theta\hat{\rho}^2)\sigma_2 Z_2^0}{1-\theta} \tag{E.9b}$$

$R_1<0$ 等价于 $\hat{\rho}<-\dfrac{\sigma_1 Z_1^0}{\sigma_2 Z_2^0}$, $\overline{\rho}R_1\leqslant R_2\leqslant \underline{\rho}R_1$ 等价于

$$\overline{\rho}(\sigma_1 Z_1^0+\hat{\rho}\sigma_2 Z_2^0)\leqslant\frac{(1-\theta)\hat{\rho}\sigma_1 Z_1^0+(1-\theta\hat{\rho}^2)\sigma_2 Z_2^0}{1-\theta}\leqslant\underline{\rho}(\sigma_1 Z_1^0+\hat{\rho}\sigma_2 Z_2^0)$$

或者

$$\frac{(1-\theta)\overline{\rho}\hat{\rho}-(1-\theta\hat{\rho}^2)}{(1-\theta)(\overline{\rho}-\hat{\rho})}\leqslant-\frac{\sigma_1 Z_1^0}{\sigma_2 Z_2^0}\text{和}\frac{(1-\theta\hat{\rho}^2)-(1-\theta)\underline{\rho}\hat{\rho}}{(1-\theta)(\hat{\rho}-\underline{\rho})}\leqslant-\frac{\sigma_1 Z_1^0}{\sigma_2 Z_2^0}$$

因此, $\dfrac{(1-\theta)\overline{\rho}\hat{\rho}-(1-\theta\hat{\rho}^2)}{(1-\theta)(\overline{\rho}-\hat{\rho})}<\hat{\rho}<\dfrac{(1-\theta\hat{\rho}^2)-(1-\theta)\underline{\rho}\hat{\rho}}{(1-\theta)(\hat{\rho}-\underline{\rho})}$, 则 $\begin{cases}R_1<0\\\overline{\rho}R_1\leqslant R_2\leqslant\underline{\rho}R_1\end{cases}$ 等价

于 $\dfrac{(1-\theta\hat{\rho}^2)-(1-\theta)\underline{\rho}\hat{\rho}}{(1-\theta)(\hat{\rho}-\underline{\rho})}\leqslant-\dfrac{\sigma_1 Z_1^0}{\sigma_2 Z_2^0}$, 这意味着矛盾: $1<\dfrac{1-\theta\hat{\rho}^2}{1-\theta}<\underline{\rho}\hat{\rho}$。

$R_1>0$ 等价于 $-\hat{\rho}<\dfrac{\sigma_1 Z_1^0}{\sigma_2 Z_2^0}$, $\underline{\rho}R_1\leqslant R_2\leqslant\overline{\rho}R_1$ 等价于

$$\underline{\rho}(\sigma_1 Z_1^0+\hat{\rho}\sigma_2 Z_2^0)\leqslant\frac{(1-\theta)\hat{\rho}\sigma_1 Z_1^0+(1-\theta\hat{\rho}^2)\sigma_2 Z_2^0}{1-\theta}\leqslant\overline{\rho}(\sigma_1 Z_1^0+\hat{\rho}\sigma_2 Z_2^0)$$

或者

$$\frac{(1-\theta)\underline{\rho}\hat{\rho}-(1-\theta\hat{\rho}^2)}{(1-\theta)(\hat{\rho}-\underline{\rho})}\leqslant\frac{\sigma_1 Z_1^0}{\sigma_2 Z_2^0},\qquad\frac{(1-\theta\hat{\rho}^2)-(1-\theta)\overline{\rho}\hat{\rho}}{(1-\theta)(\overline{\rho}-\hat{\rho})}\leqslant\frac{\sigma_1 Z_1^0}{\sigma_2 Z_2^0}$$

因此, $\dfrac{(1-\theta)\underline{\rho}\hat{\rho}-(1-\theta\hat{\rho}^2)}{(1-\theta)(\hat{\rho}-\underline{\rho})}<-\hat{\rho}<\dfrac{(1-\theta\hat{\rho}^2)-(1-\theta)\overline{\rho}\hat{\rho}}{(1-\theta)(\overline{\rho}-\hat{\rho})}$, 则 $\begin{cases}R_1>0\\\underline{\rho}R_1\leqslant R_2\leqslant\overline{\rho}R_1\end{cases}$ 等

价于 $\dfrac{(1-\theta\hat{\rho}^2)-(1-\theta)\overline{\rho}\hat{\rho}}{(1-\theta)(\overline{\rho}-\hat{\rho})}\leqslant\dfrac{\sigma_1 Z_1^0}{\sigma_2 Z_2^0}$。在这种情况下, 均衡 Sharpe 比率式 (E.9a) 和

式 (E.9b) 意味着两种风险资产的均衡价格为：

$$p_1 = \mu_1 - \alpha\sigma_1(\sigma_1 Z_1^0 + \hat{\rho}\sigma_2 Z_2^0) \tag{E.10a}$$

$$p_2 = \mu_2 - \alpha\sigma_2\frac{(1-\theta)\hat{\rho}\sigma_1 Z_1^0 + (1-\theta\hat{\rho}^2)\sigma_2 Z_2^0}{1-\theta} \tag{E.10b}$$

其中，天真投资者购买风险资产 1 但不交易风险资产 2。在均衡状态下，内部投资者持有风险资产头寸：

$$Z_{I1}^* = \frac{R_1 - \hat{\rho}R_2}{\alpha\sigma_1(1-\hat{\rho}^2)} = Z_1^0 - \frac{\theta}{1-\theta}\hat{\rho}\frac{\sigma_2}{\sigma_1}Z_2^0 \tag{E.11a}$$

$$Z_{I2}^* = \frac{R_2 - \hat{\rho}R_1}{\alpha\sigma_2(1-\hat{\rho}^2)} = \frac{Z_2^0}{1-\theta} \tag{E.11b}$$

天真投资者持有风险资产头寸：

$$Z_{N1}^* = \frac{R_1}{\alpha\sigma_1} = \frac{\sigma_1 Z_1^0 + \hat{\rho}\sigma_2 Z_2^0}{\sigma_1} = Z_1^0 + \hat{\rho}\frac{\sigma_2}{\sigma_1}Z_2^0 > 0 \tag{E.12a}$$

$$Z_{N2}^* = 0 \tag{E.12b}$$

我们总结以上分析，得到均衡的存在性 $\dfrac{(1-\theta\hat{\rho}^2)-(1-\theta)\bar{\rho}\hat{\rho}}{(1-\theta)(\bar{\rho}-\hat{\rho})} \leqslant \dfrac{\sigma_1 Z_1^0}{\sigma_2 Z_2^0}$。

性质 3　如果天真投资者不交易风险资产 2，$Z_{N2}^* = 0$，那么当天真投资者卖空风险资产 1 时不存在一般均衡，$Z_{N1}^* < 0$，并且当天真投资者多头买入风险资产 1 时存在一般均衡，$Z_{N1}^* > 0$。当 $\dfrac{(1-\theta\hat{\rho}^2)-(1-\theta)\bar{\rho}\hat{\rho}}{(1-\theta)(\bar{\rho}-\hat{\rho})} \leqslant \dfrac{\sigma_1 Z_1^0}{\sigma_2 Z_2^0}$ 时，两种风险资产的均衡价格由式 (E.10a) 和式 (E.10b) 给出。

因此，$\dfrac{\theta\hat{\rho}}{1-\theta} < \dfrac{(1-\theta\hat{\rho}^2)-(1-\theta)\bar{\rho}\hat{\rho}}{(1-\theta)(\bar{\rho}-\hat{\rho})}$，即 $Z_{I1}^* > 0$ 和 $Z_{I2}^* > 0$。在均衡中，内部投资者持有风险资产的正面头寸。

E.4　场景 4 的均衡条件：$Z_{N1}^* Z_{N2}^* > 0$。

场景 $Z_{N1}^* Z_{N2}^* > 0$ 分为两个设定：$\begin{cases} Z_{N1}^* < 0 \\ Z_{N2}^* < 0 \end{cases}$ 和 $\begin{cases} Z_{N1}^* > 0 \\ Z_{N2}^* > 0 \end{cases}$，分别对应式 (2.10) 中的环境：$\begin{cases} R_1 < \bar{\rho}R_2 \\ R_2 < \bar{\rho}R_1 \end{cases}$ 和 $\begin{cases} R_1 > \bar{\rho}R_2 \\ R_2 > \bar{\rho}R_1 \end{cases}$。我们得到均衡条件：

$$(1-\theta)\begin{pmatrix} \dfrac{R_1-\hat{\rho}R_2}{\alpha\sigma_1(1-\overline{\hat{\rho}^2})} \\ \dfrac{R_2-\hat{\rho}R_1}{\alpha\sigma_2(1-\overline{\hat{\rho}^2})} \end{pmatrix} + \theta\begin{pmatrix} \dfrac{R_1-\bar{\rho}R_2}{\alpha\sigma_1(1-\overline{\rho^2})} \\ \dfrac{R_2-\bar{\rho}R_1}{\alpha\sigma_2(1-\overline{\rho^2})} \end{pmatrix} = \begin{pmatrix} Z_1^0 \\ Z_2^0 \end{pmatrix} \tag{E.13}$$

即

$$\left[\frac{1-\theta}{1-\hat{\rho}^2}+\frac{\theta}{1-\overline{\rho}^2}\right]R_1-\left[\frac{1-\theta}{1-\hat{\rho}^2}\hat{\rho}+\frac{\theta}{1-\overline{\rho}^2}\overline{\rho}\right]R_2=\alpha\sigma_1Z_1^0$$

$$-\left[\frac{1-\theta}{1-\hat{\rho}^2}\hat{\rho}+\frac{\theta}{1-\overline{\rho}^2}\overline{\rho}\right]R_1+\left[\frac{1-\theta}{1-\hat{\rho}^2}+\frac{\theta}{1-\overline{\rho}^2}\right]R_2=\alpha\sigma_2Z_2^0$$

均衡 Sharpe 比率为:

$$R_1=\alpha\frac{\left[\dfrac{1-\theta}{1-\hat{\rho}^2}+\dfrac{\theta}{1-\overline{\rho}^2}\right]\sigma_1Z_1^0+\left[\dfrac{1-\theta}{1-\hat{\rho}^2}\hat{\rho}+\dfrac{\theta}{1-\overline{\rho}^2}\overline{\rho}\right]\sigma_2Z_2^0}{\left[\dfrac{1-\theta}{1-\hat{\rho}^2}+\dfrac{\theta}{1-\overline{\rho}^2}\right]^2-\left[\dfrac{1-\theta}{1-\hat{\rho}^2}\hat{\rho}+\dfrac{\theta}{1-\overline{\rho}^2}\overline{\rho}\right]^2}\tag{E.14a}$$

$$R_2=\alpha\frac{\left[\dfrac{1-\theta}{1-\hat{\rho}^2}\hat{\rho}+\dfrac{\theta}{1-\overline{\rho}^2}\overline{\rho}\right]\sigma_1Z_1^0+\left[\dfrac{1-\theta}{1-\hat{\rho}^2}+\dfrac{\theta}{1-\overline{\rho}^2}\right]\sigma_2Z_2^0}{\left[\dfrac{1-\theta}{1-\hat{\rho}^2}+\dfrac{\theta}{1-\overline{\rho}^2}\right]^2-\left[\dfrac{1-\theta}{1-\hat{\rho}^2}\hat{\rho}+\dfrac{\theta}{1-\overline{\rho}^2}\overline{\rho}\right]^2}\tag{E.14b}$$

$R_1<\overline{\rho}R_2$ 等价于

$$\left[\frac{1-\theta}{1-\hat{\rho}^2}+\frac{\theta}{1-\overline{\rho}^2}\right]\sigma_1Z_1^0+\left[\frac{1-\theta}{1-\hat{\rho}^2}\hat{\rho}+\frac{\theta}{1-\overline{\rho}^2}\overline{\rho}\right]\sigma_2Z_2^0<\overline{\rho}\left\{\left[\frac{1-\theta}{1-\hat{\rho}^2}\hat{\rho}+\frac{\theta}{1-\overline{\rho}^2}\overline{\rho}\right]\sigma_1Z_1^0+\right.$$
$$\left.\left[\frac{1-\theta}{1-\hat{\rho}^2}+\frac{\theta}{1-\overline{\rho}^2}\right]\sigma_2Z_2^0\right\}\left[\frac{1-\theta}{1-\hat{\rho}^2}(1-\overline{\rho}\hat{\rho})+\theta\right]\sigma_1Z_1^0<\frac{1-\theta}{1-\hat{\rho}^2}(\overline{\rho}-\hat{\rho})\sigma_2Z_2^0$$

$R_2<\overline{\rho}R_1$ 等价于

$$\left[\frac{1-\theta}{1-\hat{\rho}^2}\hat{\rho}+\frac{\theta}{1-\overline{\rho}^2}\overline{\rho}\right]\sigma_1Z_1^0+\left[\frac{1-\theta}{1-\hat{\rho}^2}+\frac{\theta}{1-\overline{\rho}^2}\right]\sigma_2Z_2^0<\overline{\rho}\left\{\left[\frac{1-\theta}{1-\hat{\rho}^2}+\frac{\theta}{1-\overline{\rho}^2}\right]\sigma_1Z_1^0+\right.$$
$$\left.\left[\frac{1-\theta}{1-\hat{\rho}^2}\hat{\rho}+\frac{\theta}{1-\overline{\rho}^2}\overline{\rho}\right]\sigma_2Z_2^0\right\}\left[\frac{1-\theta}{1-\hat{\rho}^2}(1-\overline{\rho}\hat{\rho})+\theta\right]\sigma_2Z_2^0<\frac{1-\theta}{1-\hat{\rho}^2}(\overline{\rho}-\hat{\rho})\sigma_1Z_1^0$$

$\begin{cases}R_1<\overline{\rho}R_2\\R_2<\overline{\rho}R_1\end{cases}$, 可得矛盾:

$$\frac{\dfrac{1-\theta}{1-\hat{\rho}^2}(1-\overline{\rho}\hat{\rho})+\theta}{\dfrac{1-\theta}{1-\hat{\rho}^2}(\overline{\rho}-\hat{\rho})}<\frac{\sigma_2Z_2^0}{\sigma_1Z_1^0}<\frac{\dfrac{1-\theta}{1-\hat{\rho}^2}(\overline{\rho}-\hat{\rho})}{\dfrac{1-\theta}{1-\hat{\rho}^2}(1-\overline{\rho}\hat{\rho})+\theta}$$

$R_1>\overline{\rho}R_2$ 等价于

$$\left[\frac{1-\theta}{1-\hat{\rho}^2}+\frac{\theta}{1-\overline{\rho}^2}\right]\sigma_1Z_1^0+\left[\frac{1-\theta}{1-\hat{\rho}^2}\hat{\rho}+\frac{\theta}{1-\overline{\rho}^2}\overline{\rho}\right]\sigma_2Z_2^0>\overline{\rho}\left\{\left[\frac{1-\theta}{1-\hat{\rho}^2}\hat{\rho}+\frac{\theta}{1-\overline{\rho}^2}\overline{\rho}\right]\sigma_1Z_1^0+\right.$$

$$\left[\frac{1-\theta}{1-\hat{\rho}^2}+\frac{\theta}{1-\overline{\rho}^2}\right]\sigma_2Z_2^0\right\}\left[\frac{1-\theta}{1-\hat{\rho}^2}(1-\overline{\rho}\hat{\rho})+\theta\right]\sigma_1Z_1^0>\frac{1-\theta}{1-\hat{\rho}^2}(\overline{\rho}-\hat{\rho})\sigma_2Z_2^0$$

$R_2>\overline{\rho}R_1$ 等价于

$$\left[\frac{1-\theta}{1-\hat{\rho}^2}\hat{\rho}+\frac{\theta}{1-\overline{\rho}^2}\overline{\rho}\right]\sigma_1Z_1^0+\left[\frac{1-\theta}{1-\hat{\rho}^2}+\frac{\theta}{1-\overline{\rho}^2}\right]\sigma_2Z_2^0>\overline{\rho}\left\{\left[\frac{1-\theta}{1-\hat{\rho}^2}+\frac{\theta}{1-\overline{\rho}^2}\right]\sigma_1Z_1^0+\right.$$

$$\left.\left[\frac{1-\theta}{1-\hat{\rho}^2}\hat{\rho}+\frac{\theta}{1-\overline{\rho}^2}\overline{\rho}\right]\sigma_2Z_2^0\right\}\left[\frac{1-\theta}{1-\hat{\rho}^2}(1-\overline{\rho}\hat{\rho})+\theta\right]\sigma_2Z_2^0>\frac{1-\theta}{1-\hat{\rho}^2}(\overline{\rho}-\hat{\rho})\sigma_1Z_1^0$$

$$\begin{cases}R_1>\overline{\rho}R_2\\R_2>\overline{\rho}R_1\end{cases}\text{等价于}$$

$$\frac{\dfrac{1-\theta}{1-\hat{\rho}^2}(\overline{\rho}-\hat{\rho})}{\dfrac{1-\theta}{1-\hat{\rho}^2}(1-\overline{\rho}\hat{\rho})+\theta}<\frac{\sigma_2Z_2^0}{\sigma_1Z_1^0}<\frac{\dfrac{1-\theta}{1-\hat{\rho}^2}(1-\overline{\rho}\hat{\rho})+\theta}{\dfrac{1-\theta}{1-\hat{\rho}^2}(\overline{\rho}-\hat{\rho})}$$

在这种情况下, 均衡 Sharpe 比率式 (E.14a) 和式 (E.14b) 可以改写为:

$$\frac{\mu_1-p_1}{\sigma_1}=R_1=\alpha\frac{\left[\dfrac{1-\theta}{1-\hat{\rho}^2}+\dfrac{\theta}{1-\overline{\rho}^2}\right]\sigma_1Z_1^0+\left[\dfrac{1-\theta}{1-\hat{\rho}^2}\hat{\rho}+\dfrac{\theta}{1-\overline{\rho}^2}\overline{\rho}\right]\sigma_2Z_2^0}{\left[\dfrac{1-\theta}{1-\hat{\rho}^2}+\dfrac{\theta}{1-\overline{\rho}^2}\right]^2-\left[\dfrac{1-\theta}{1-\hat{\rho}^2}\hat{\rho}+\dfrac{\theta}{1-\overline{\rho}^2}\overline{\rho}\right]^2}$$

$$\frac{\mu_2-p_2}{\sigma_2}=R_2=\alpha\frac{\left[\dfrac{1-\theta}{1-\hat{\rho}^2}\hat{\rho}+\dfrac{\theta}{1-\overline{\rho}^2}\overline{\rho}\right]\sigma_1Z_1^0+\left[\dfrac{1-\theta}{1-\hat{\rho}^2}+\dfrac{\theta}{1-\overline{\rho}^2}\right]\sigma_2Z_2^0}{\left[\dfrac{1-\theta}{1-\hat{\rho}^2}+\dfrac{\theta}{1-\overline{\rho}^2}\right]^2-\left[\dfrac{1-\theta}{1-\hat{\rho}^2}\hat{\rho}+\dfrac{\theta}{1-\overline{\rho}^2}\overline{\rho}\right]^2}$$

然后我们得到两种风险资产的均衡价格:

$$p_1=\mu_1-\alpha\sigma_1\frac{\left[\dfrac{1-\theta}{1-\hat{\rho}^2}+\dfrac{\theta}{1-\overline{\rho}^2}\right]\sigma_1Z_1^0+\left[\dfrac{1-\theta}{1-\hat{\rho}^2}\hat{\rho}+\dfrac{\theta}{1-\overline{\rho}^2}\overline{\rho}\right]\sigma_2Z_2^0}{\left[\dfrac{1-\theta}{1-\hat{\rho}^2}+\dfrac{\theta}{1-\overline{\rho}^2}\right]^2-\left[\dfrac{1-\theta}{1-\hat{\rho}^2}\hat{\rho}+\dfrac{\theta}{1-\overline{\rho}^2}\overline{\rho}\right]^2}\qquad\text{(E.15a)}$$

$$p_2=\mu_2-\alpha\sigma_2\frac{\left[\dfrac{1-\theta}{1-\hat{\rho}^2}\hat{\rho}+\dfrac{\theta}{1-\overline{\rho}^2}\overline{\rho}\right]\sigma_1Z_1^0+\left[\dfrac{1-\theta}{1-\hat{\rho}^2}+\dfrac{\theta}{1-\overline{\rho}^2}\right]\sigma_2Z_2^0}{\left[\dfrac{1-\theta}{1-\hat{\rho}^2}+\dfrac{\theta}{1-\overline{\rho}^2}\right]^2-\left[\dfrac{1-\theta}{1-\hat{\rho}^2}\hat{\rho}+\dfrac{\theta}{1-\overline{\rho}^2}\overline{\rho}\right]^2}\qquad\text{(E.15b)}$$

这是一个唯一的均衡, 其中天真投资者持有风险资产的正头寸。在均衡中, 内部投资者持有风险资产的头寸为:

$$Z_{I1}^* = \frac{1}{\sigma_1(1-\hat{\rho}^2)} \frac{\left[(1-\theta)+\dfrac{\theta}{1-\overline{\rho}^2}(1-\hat{\rho}\overline{\rho})\right]\sigma_1 Z_1^0 + \dfrac{\theta}{1-\overline{\rho}^2}(\overline{\rho}-\hat{\rho})\sigma_2 Z_2^0}{\left[\dfrac{1-\theta}{1-\hat{\rho}^2}+\dfrac{\theta}{1-\overline{\rho}^2}\right]^2 - \left[\dfrac{1-\theta}{1-\hat{\rho}^2}\hat{\rho}+\dfrac{\theta}{1-\overline{\rho}^2}\overline{\rho}\right]^2} \tag{E.16a}$$

$$Z_{I2}^* = \frac{1}{\sigma_2(1-\hat{\rho}^2)} \frac{\dfrac{\theta}{1-\overline{\rho}^2}(\overline{\rho}-\hat{\rho})\sigma_1 Z_1^0 + \left[(1-\theta)+\dfrac{\theta}{1-\overline{\rho}^2}(1-\hat{\rho}\overline{\rho})\right]\sigma_2 Z_2^0}{\left[\dfrac{1-\theta}{1-\hat{\rho}^2}+\dfrac{\theta}{1-\overline{\rho}^2}\right]^2 - \left[\dfrac{1-\theta}{1-\hat{\rho}^2}\hat{\rho}+\dfrac{\theta}{1-\overline{\rho}^2}\overline{\rho}\right]^2} \tag{E.16b}$$

天真投资者持有风险资产的头寸为:

$$Z_{N1}^* = \frac{1}{\sigma_1(1-\overline{\rho}^2)} \frac{\left[\dfrac{1-\theta}{1-\hat{\rho}^2}(1-\hat{\rho}\overline{\rho})+\theta\right]\sigma_1 Z_1^0 + \dfrac{1-\theta}{1-\hat{\rho}^2}(\hat{\rho}-\overline{\rho})\sigma_2 Z_2^0}{\left[\dfrac{1-\theta}{1-\hat{\rho}^2}+\dfrac{\theta}{1-\overline{\rho}^2}\right]^2 - \left[\dfrac{1-\theta}{1-\hat{\rho}^2}\hat{\rho}+\dfrac{\theta}{1-\overline{\rho}^2}\overline{\rho}\right]^2} > 0 \tag{E.17a}$$

$$Z_{N2}^* = \frac{1}{\sigma_2(1-\overline{\rho}^2)} \frac{\dfrac{1-\theta}{1-\hat{\rho}^2}(\hat{\rho}-\overline{\rho})\sigma_1 Z_1^0 + \left[\dfrac{1-\theta}{1-\hat{\rho}^2}(1-\hat{\rho}\overline{\rho})+\theta\right]\sigma_2 Z_2^0}{\left[\dfrac{1-\theta}{1-\hat{\rho}^2}+\dfrac{\theta}{1-\overline{\rho}^2}\right]^2 - \left[\dfrac{1-\theta}{1-\hat{\rho}^2}\hat{\rho}+\dfrac{\theta}{1-\overline{\rho}^2}\overline{\rho}\right]^2} > 0 \tag{E.17b}$$

总结上述分析, 得到当 $\dfrac{(1-\theta)(\overline{\rho}-\hat{\rho})}{(1-\theta\hat{\rho}^2)-(1-\theta)\overline{\rho}\hat{\rho}} < \dfrac{\sigma_1 Z_1^0}{\sigma_2 Z_2^0} < \dfrac{(1-\theta\hat{\rho}^2)-(1-\theta)\overline{\rho}\hat{\rho}}{(1-\theta)(\overline{\rho}-\hat{\rho})}$ 时均衡存在。

性质 4　如果天真投资者同时卖空或多头买入这两种风险资产 $(Z_{N1}^* Z_{N2}^* > 0)$, 然后当天真投资者卖空它们 $(Z_{Nk}^* < 0, \ k = 1,2)$ 时不存在一般均衡, 并且当天真投资者多头买入 $(Z_{Nk}^* > 0, \ k = 1,2)$ 时存在一般均衡。当 $\dfrac{(1-\theta)(\overline{\rho}-\hat{\rho})}{(1-\theta\hat{\rho}^2)-(1-\theta)\overline{\rho}\hat{\rho}} < \dfrac{\sigma_1 Z_1^0}{\sigma_2 Z_2^0} < \dfrac{(1-\theta\hat{\rho}^2)-(1-\theta)\overline{\rho}\hat{\rho}}{(1-\theta)(\overline{\rho}-\hat{\rho})}$ 时, 两种风险资产的均衡价格由式 (E.15a) 和式 (E.15b) 给出。

在均衡中, 内部投资者总是持有风险资产的正头寸: $Z_{I1}^* > 0$ 和 $Z_{I2}^* > 0$。

附录 F　内部投资者和天真投资者的均衡头寸比较

在均衡状态下, 天真投资者可能比内部投资者持有更多的头寸 (多头或空头)。具体来说, 我们有以下结果。

场景 1　对资产 1 的非参与均衡, 质量比率较小, $E_{12} \leqslant h(\theta, \overline{\rho}, \hat{\rho})$, 因此, $Z_{N1}^* = 0 < \dfrac{Z_1^0}{1-\theta} = Z_{I1}^*$ 和 $0 < Z_{I2}^* = Z_2^0 - \dfrac{\theta}{1-\theta}\hat{\rho}\dfrac{\sigma_1}{\sigma_2}Z_1^0 < \hat{\rho}\dfrac{\sigma_1}{\sigma_2}Z_1^0 + Z_2^0 = Z_{N2}^*$。

场景 2　对于两种资产的参与均衡, 质量比率适中, $h(\theta, \overline{\rho}, \hat{\rho}) < E_{12} < H(\theta, \overline{\rho}, \hat{\rho})$。

$$Z_{N1}^* - Z_{I1}^* = \frac{1}{\sigma_1} D(\theta, \overline{\rho}, \hat{\rho}) \left\{\left[(1-\theta)\overline{\rho}+\theta\hat{\rho}\right]\sigma_1 Z_1^0 - \sigma_2 Z_2^0\right\}$$

$$Z_{N2}^* - Z_{I2}^* = \frac{1}{\sigma_2} D(\theta, \overline{\rho}, \hat{\rho}) \left\{ [(1-\theta)\overline{\rho} + \theta\hat{\rho}] \sigma_2 Z_2^0 - \sigma_1 Z_1^0 \right\}$$

如果 $\hat{\rho} < 0$, 则 $(1-\theta)\overline{\rho} + \theta\hat{\rho} < h(\theta, \overline{\rho}, \hat{\rho}) < E_{21} < H(\theta, \overline{\rho}, \hat{\rho})$, 因此 $Z_{N1}^* < Z_{I1}^*$ 和 $Z_{N2}^* < Z_{I2}^*$。如果 $0 < \hat{\rho}$, 则 $h(\theta, \overline{\rho}, \hat{\rho}) < (1-\theta)\overline{\rho} + \theta\hat{\rho} < H(\theta, \overline{\rho}, \hat{\rho})$, 因此:

- 若 $h(\theta, \overline{\rho}, \hat{\rho}) < E_{21} < (1-\theta)\overline{\rho} + \theta\hat{\rho}$, 则 $Z_{N1}^* > Z_{I1}^*$;

- 若 $(1-\theta)\overline{\rho} + \theta\hat{\rho} < E_{21} < H(\theta, \overline{\rho}, \hat{\rho})$, 则 $Z_{N1}^* < Z_{I1}^*$;

- 若 $h(\theta, \overline{\rho}, \hat{\rho}) < E_{12} < (1-\theta)\overline{\rho} + \theta\hat{\rho}$, 则 $Z_{N2}^* > Z_{I2}^*$;

- 若 $(1-\theta)\overline{\rho} + \theta\hat{\rho} < E_{12} < H(\theta, \overline{\rho}, \hat{\rho})$, 则 $Z_{N2}^* < Z_{I2}^*$。

场景 3　对于资产 2 的非参与均衡, 质量比率较大, $H(\theta, \overline{\rho}, \hat{\rho}) \leqslant E_{12}$, 因此, $Z_{N2}^* = 0 < \dfrac{Z_2^0}{1-\theta} = Z_{I2}^*$ 和 $0 < Z_{I1}^* = Z_1^0 - \dfrac{\theta}{1-\theta}\hat{\rho}\dfrac{\sigma_2}{\sigma_1}Z_2^0 < Z_1^0 + \hat{\rho}\dfrac{\sigma_2}{\sigma_1}Z_2^0 = Z_{N1}^*$。

附录 G　参与均衡价格随天真投资者比例的变化情况

在定理 2.2 中, 风险资产的均衡 Sharpe 比率为:

$$R_1(\theta, \overline{\rho}, \hat{\rho}) = \frac{\mu_1 - p_1}{\sigma_1} = \alpha \left[Q(\theta, \overline{\rho}, \hat{\rho})\sigma_1 Z_1^0 + q(\theta, \overline{\rho}, \hat{\rho})\sigma_2 Z_2^0 \right]$$

$$R_2(\theta, \overline{\rho}, \hat{\rho}) = \frac{\mu_2 - p_2}{\sigma_2} = \alpha \left[q(\theta, \overline{\rho}, \hat{\rho})\sigma_1 Z_1^0 + Q(\theta, \overline{\rho}, \hat{\rho})\sigma_2 Z_2^0 \right]$$

则

$$\frac{1}{\alpha Q^2(\theta, \overline{\rho}, \hat{\rho})} \frac{\partial R_1(\theta, \overline{\rho}, \hat{\rho})}{\partial \theta} = \left\{ \left[\frac{-1}{1-\hat{\rho}^2}\hat{\rho} + \frac{1}{1-\overline{\rho}^2}\overline{\rho} \right] \sigma_2 Z_2^0 - \left[\frac{-1}{1-\hat{\rho}^2} + \frac{1}{1-\overline{\rho}^2} \right] \sigma_1 Z_1^0 \right\} \left\{ \Gamma^2(\theta, \overline{\rho}, \hat{\rho}) + 1 \right\}$$
$$+ 2 \left\{ \left[\frac{-1}{1-\hat{\rho}^2}\hat{\rho} + \frac{1}{1-\overline{\rho}^2}\overline{\rho} \right] \sigma_1 Z_1^0 - \left[\frac{-1}{1-\hat{\rho}^2} + \frac{1}{1-\overline{\rho}^2} \right] \sigma_2 Z_2^0 \right\} \Gamma(\theta, \overline{\rho}, \hat{\rho})$$

$$\frac{1}{\alpha Q^2(\theta, \overline{\rho}, \hat{\rho})} \frac{\partial R_2(\theta, \overline{\rho}, \hat{\rho})}{\partial \theta} = \left\{ \left[\frac{-1}{1-\hat{\rho}^2}\hat{\rho} + \frac{1}{1-\overline{\rho}^2}\overline{\rho} \right] \sigma_1 Z_1^0 - \left[\frac{-1}{1-\hat{\rho}^2} + \frac{1}{1-\overline{\rho}^2} \right] \sigma_2 Z_2^0 \right\} \left\{ \Gamma^2(\theta, \overline{\rho}, \hat{\rho}) + 1 \right\}$$
$$+ 2 \left\{ \left[\frac{-1}{1-\hat{\rho}^2}\hat{\rho} + \frac{1}{1-\overline{\rho}^2}\overline{\rho} \right] \sigma_2 Z_2^0 - \left[\frac{-1}{1-\hat{\rho}^2} + \frac{1}{1-\overline{\rho}^2} \right] \sigma_1 Z_1^0 \right\} \Gamma(\theta, \overline{\rho}, \hat{\rho})$$

其中, $\Gamma(\theta, \overline{\rho}, \hat{\rho}) \equiv \dfrac{\dfrac{1-\theta}{1-\hat{\rho}^2}\hat{\rho} + \dfrac{\theta}{1-\overline{\rho}^2}\overline{\rho}}{\dfrac{1-\theta}{1-\hat{\rho}^2} + \dfrac{\theta}{1-\overline{\rho}^2}}$。

我们首先在以下三个场景中探索 θ 中 R_1 的单调性。

场景 1　$\left[\dfrac{-1}{1-\hat{\rho}^2}\hat{\rho} + \dfrac{1}{1-\overline{\rho}^2}\overline{\rho} \right] = \left[\dfrac{-1}{1-\hat{\rho}^2} + \dfrac{1}{1-\overline{\rho}^2} \right] E_{21}$, 可得:

$$\left[\frac{-1}{1-\hat{\rho}^2}\hat{\rho} + \frac{1}{1-\overline{\rho}^2}\overline{\rho} \right] \sigma_2 Z_2^0 - \left[\frac{-1}{1-\hat{\rho}^2} + \frac{1}{1-\overline{\rho}^2} \right] \sigma_1 Z_1^0 = \frac{\overline{\rho} - \hat{\rho}}{\overline{\rho} + \hat{\rho}} \sigma_1 Z_1^0$$

则 $\dfrac{1}{\alpha}\dfrac{\partial R_1(\theta,\overline{\rho},\hat{\rho})}{\partial\theta} = Q^2(\theta,\overline{\rho},\hat{\rho})\dfrac{\overline{\rho}-\hat{\rho}}{\overline{\rho}+\hat{\rho}}\sigma_1 Z_1^0\{1+\Gamma^2(\theta,\overline{\rho},\hat{\rho})\}$。因此，$\mathrm{sign}\dfrac{\partial R_1(\theta,\overline{\rho},\hat{\rho})}{\partial\theta} = \mathrm{sign}\{\overline{\rho}+\hat{\rho}\}$。

场景 2　$\left[\dfrac{-1}{1-\hat{\rho}^2}\hat{\rho}+\dfrac{1}{1-\overline{\rho}^2}\overline{\rho}\right] \neq \left[\dfrac{-1}{1-\hat{\rho}^2}+\dfrac{1}{1-\overline{\rho}^2}\right]E_{21}$，可得：

$$\dfrac{1}{1+\Gamma^2(\theta,\overline{\rho},\hat{\rho})}\dfrac{1}{\sigma_1 Z_1^0\left\{\left[\dfrac{-1}{1-\hat{\rho}^2}\hat{\rho}+\dfrac{1}{1-\overline{\rho}^2}\overline{\rho}\right]-\left[\dfrac{-1}{1-\hat{\rho}^2}+\dfrac{1}{1-\overline{\rho}^2}\right]E_{21}\right\}}\dfrac{1}{\alpha Q^2(\theta,\overline{\rho},\hat{\rho})}$$

$$\dfrac{\partial R_1(\theta,\overline{\rho},\hat{\rho})}{\partial\theta} = \dfrac{\left[\dfrac{-1}{1-\hat{\rho}^2}\hat{\rho}+\dfrac{1}{1-\overline{\rho}^2}\overline{\rho}\right]E_{21}-\left[\dfrac{-1}{1-\hat{\rho}^2}+\dfrac{1}{1-\overline{\rho}^2}\right]}{\left[\dfrac{-1}{1-\hat{\rho}^2}\hat{\rho}+\dfrac{1}{1-\overline{\rho}^2}\overline{\rho}\right]-\left[\dfrac{-1}{1-\hat{\rho}^2}+\dfrac{1}{1-\overline{\rho}^2}\right]E_{21}} + \dfrac{2\Gamma(\theta,\overline{\rho},\hat{\rho})}{1+\Gamma^2(\theta,\overline{\rho},\hat{\rho})}$$

又由 $\dfrac{\partial\Gamma(\theta,\overline{\rho},\hat{\rho})}{\partial\theta} = \dfrac{\dfrac{\overline{\rho}-\hat{\rho}}{(1-\hat{\rho}^2)(1-\overline{\rho}^2)}}{\left[\dfrac{1-\theta}{1-\hat{\rho}^2}+\dfrac{\theta}{1-\overline{\rho}^2}\right]^2} > 0$，得 $\dfrac{\partial}{\partial\theta}\left(\dfrac{2\Gamma(\theta,\overline{\rho},\hat{\rho})}{1+\Gamma^2(\theta,\overline{\rho},\hat{\rho})}\right) = \dfrac{2\{1-\Gamma^2(\theta,\overline{\rho},\hat{\rho})\}}{\{1+\Gamma^2(\theta,\overline{\rho},\hat{\rho})\}^2}$

$\dfrac{\partial\Gamma(\theta,\overline{\rho},\hat{\rho})}{\partial\theta} > 0$，也就是说，$\dfrac{2\Gamma(\theta,\overline{\rho},\hat{\rho})}{1+\Gamma^2(\theta,\overline{\rho},\hat{\rho})}$ 关于 θ 递增。

情形 2.1　$\left[\dfrac{-1}{1-\hat{\rho}^2}\hat{\rho}+\dfrac{1}{1-\overline{\rho}^2}\overline{\rho}\right] < \left[\dfrac{-1}{1-\hat{\rho}^2}+\dfrac{1}{1-\overline{\rho}^2}\right]E_{21}$，即 $\hat{\rho}+\overline{\rho} > 0$ 和 $E_{21} > \dfrac{1+\hat{\rho}\overline{\rho}}{\hat{\rho}+\overline{\rho}}$，则

$$\left[\dfrac{-1}{1-\hat{\rho}^2}\hat{\rho}+\dfrac{1}{1-\overline{\rho}^2}\overline{\rho}\right]E_{21}-\left[\dfrac{-1}{1-\hat{\rho}^2}+\dfrac{1}{1-\overline{\rho}^2}\right] = \dfrac{\overline{\rho}-\hat{\rho}}{(1-\hat{\rho}^2)(1-\overline{\rho}^2)}\{[1+\hat{\rho}\overline{\rho}]E_{21}-[\hat{\rho}+\overline{\rho}]\} > 0$$

和

$$\mathrm{sign}\dfrac{\partial R_1(\theta,\overline{\rho},\hat{\rho})}{\partial\theta} = -\mathrm{sign}\left\{\dfrac{\left[\dfrac{-1}{1-\hat{\rho}^2}\hat{\rho}+\dfrac{1}{1-\overline{\rho}^2}\overline{\rho}\right]E_{21}-\left[\dfrac{-1}{1-\hat{\rho}^2}+\dfrac{1}{1-\overline{\rho}^2}\right]}{\left[\dfrac{-1}{1-\hat{\rho}^2}\hat{\rho}+\dfrac{1}{1-\overline{\rho}^2}\overline{\rho}\right]-\left[\dfrac{-1}{1-\hat{\rho}^2}+\dfrac{1}{1-\overline{\rho}^2}\right]E_{21}} + \dfrac{2\Gamma(\theta,\overline{\rho},\hat{\rho})}{1+\Gamma^2(\theta,\overline{\rho},\hat{\rho})}\right\}$$

另一方面，条件 $E_{21} > \dfrac{1+\hat{\rho}\overline{\rho}}{\hat{\rho}+\overline{\rho}}$ 等价于：

$$\dfrac{\left[\dfrac{-1}{1-\hat{\rho}^2}\hat{\rho}+\dfrac{1}{1-\overline{\rho}^2}\overline{\rho}\right]E_{21}-\left[\dfrac{-1}{1-\hat{\rho}^2}+\dfrac{1}{1-\overline{\rho}^2}\right]}{\left[\dfrac{-1}{1-\hat{\rho}^2}\hat{\rho}+\dfrac{1}{1-\overline{\rho}^2}\overline{\rho}\right]-\left[\dfrac{-1}{1-\hat{\rho}^2}+\dfrac{1}{1-\overline{\rho}^2}\right]E_{21}} < -\dfrac{1+\hat{\rho}\overline{\rho}}{\hat{\rho}+\overline{\rho}}$$

可得:

$$\frac{\left[\dfrac{-1}{1-\hat{\rho}^2}\hat{\rho}+\dfrac{1}{1-\overline{\rho}^2}\overline{\rho}\right]E_{21}-\left[\dfrac{-1}{1-\hat{\rho}^2}+\dfrac{1}{1-\overline{\rho}^2}\right]}{\left[\dfrac{-1}{1-\hat{\rho}^2}\hat{\rho}+\dfrac{1}{1-\overline{\rho}^2}\overline{\rho}\right]-\left[\dfrac{-1}{1-\hat{\rho}^2}+\dfrac{1}{1-\overline{\rho}^2}\right]E_{21}}+\frac{2\Gamma(\theta,\overline{\rho},\hat{\rho})}{1+\Gamma^2(\theta,\overline{\rho},\hat{\rho})}$$

$$<-\frac{1+\hat{\rho}\overline{\rho}}{\hat{\rho}+\overline{\rho}}+\overline{\rho}=-\frac{1-\overline{\rho}^2}{\hat{\rho}+\overline{\rho}}<0$$

因此, $\dfrac{\partial R_1(\theta,\overline{\rho},\hat{\rho})}{\partial\theta}>0$。

情形 2.2 $\left[\dfrac{-1}{1-\hat{\rho}^2}\hat{\rho}+\dfrac{1}{1-\overline{\rho}^2}\overline{\rho}\right]>\left[\dfrac{-1}{1-\hat{\rho}^2}+\dfrac{1}{1-\overline{\rho}^2}\right]E_{21}$, 即 $\hat{\rho}+\overline{\rho}>0$ 和 $E_{21}<$

$\dfrac{1+\hat{\rho}\overline{\rho}}{\hat{\rho}+\overline{\rho}}$, 则

$$\text{sign}\frac{\partial R_1(\theta,\overline{\rho},\hat{\rho})}{\partial\theta}=\text{sign}\left\{\frac{\left[\dfrac{-1}{1-\hat{\rho}^2}\hat{\rho}+\dfrac{1}{1-\overline{\rho}^2}\overline{\rho}\right]E_{21}-\left[\dfrac{-1}{1-\hat{\rho}^2}+\dfrac{1}{1-\overline{\rho}^2}\right]}{\left[\dfrac{-1}{1-\hat{\rho}^2}\hat{\rho}+\dfrac{1}{1-\overline{\rho}^2}\overline{\rho}\right]-\left[\dfrac{-1}{1-\hat{\rho}^2}+\dfrac{1}{1-\overline{\rho}^2}\right]E_{21}}+\frac{2\Gamma(\theta,\overline{\rho},\hat{\rho})}{1+\Gamma^2(\theta,\overline{\rho},\hat{\rho})}\right\}$$

情形 2.2.1 $\dfrac{\left[\dfrac{-1}{1-\hat{\rho}^2}\hat{\rho}+\dfrac{1}{1-\overline{\rho}^2}\overline{\rho}\right]E_{21}-\left[\dfrac{-1}{1-\hat{\rho}^2}+\dfrac{1}{1-\overline{\rho}^2}\right]}{\left[\dfrac{-1}{1-\hat{\rho}^2}\hat{\rho}+\dfrac{1}{1-\overline{\rho}^2}\overline{\rho}\right]-\left[\dfrac{-1}{1-\hat{\rho}^2}+\dfrac{1}{1-\overline{\rho}^2}\right]E_{21}}<-\overline{\rho}$, 则对于 $E_{21}<\hat{\rho}$

有 $\dfrac{\partial R_1(\theta,\overline{\rho},\hat{\rho})}{\partial\theta}<0$。

情形 2.2.2 $-\overline{\rho}<\dfrac{\left[\dfrac{-1}{1-\hat{\rho}^2}\hat{\rho}+\dfrac{1}{1-\overline{\rho}^2}\overline{\rho}\right]E_{21}-\left[\dfrac{-1}{1-\hat{\rho}^2}+\dfrac{1}{1-\overline{\rho}^2}\right]}{\left[\dfrac{-1}{1-\hat{\rho}^2}\hat{\rho}+\dfrac{1}{1-\overline{\rho}^2}\overline{\rho}\right]-\left[\dfrac{-1}{1-\hat{\rho}^2}+\dfrac{1}{1-\overline{\rho}^2}\right]E_{21}}<-\hat{\rho}$, 则存在唯一

$\theta^*\in[0,1]$, 使得 $\dfrac{\left[\dfrac{-1}{1-\hat{\rho}^2}\hat{\rho}+\dfrac{1}{1-\overline{\rho}^2}\overline{\rho}\right]E_{21}-\left[\dfrac{-1}{1-\hat{\rho}^2}+\dfrac{1}{1-\overline{\rho}^2}\right]}{\left[\dfrac{-1}{1-\hat{\rho}^2}\hat{\rho}+\dfrac{1}{1-\overline{\rho}^2}\overline{\rho}\right]-\left[\dfrac{-1}{1-\hat{\rho}^2}+\dfrac{1}{1-\overline{\rho}^2}\right]E_{21}}+\dfrac{2\Gamma(\theta^*,\overline{\rho},\hat{\rho})}{1+\Gamma^2(\theta^*,\overline{\rho},\hat{\rho})}=0$。

因此[①], 对于 $\theta<\theta^*$ 有 $\dfrac{\partial R_1(\theta,\overline{\rho},\hat{\rho})}{\partial\theta}<0$, 对于 $\theta>\theta^*$ 有 $\dfrac{\partial R_1(\theta,\overline{\rho},\hat{\rho})}{\partial\theta}>0$。

情形 2.2.3 $-\hat{\rho}<\dfrac{\left[\dfrac{-1}{1-\hat{\rho}^2}\hat{\rho}+\dfrac{1}{1-\overline{\rho}^2}\overline{\rho}\right]E_{21}-\left[\dfrac{-1}{1-\hat{\rho}^2}+\dfrac{1}{1-\overline{\rho}^2}\right]}{\left[\dfrac{-1}{1-\hat{\rho}^2}\hat{\rho}+\dfrac{1}{1-\overline{\rho}^2}\overline{\rho}\right]-\left[\dfrac{-1}{1-\hat{\rho}^2}+\dfrac{1}{1-\overline{\rho}^2}\right]E_{21}}$, 则对于 $E_{21}>\overline{\rho}$

---

① 存在唯一的 $\rho^*\in[\hat{\rho},\overline{\rho}]$ 使得对 $E_{21}<\rho^*$ 有 $\dfrac{\partial R_1(\theta,\overline{\rho},\hat{\rho})}{\partial\theta}<0$ 和对 $E_{21}>\rho^*$ 有 $\dfrac{\partial R_1(\theta,\overline{\rho},\hat{\rho})}{\partial\theta}>0$。

有 $\dfrac{\partial R_1(\theta,\overline{\rho},\hat{\rho})}{\partial \theta} > 0$。

附录 H　天真投资者的参与均衡价格随最大相关系数的变化情况

在定理 2.2 中, 风险资产的均衡 Sharpe 比率为:

$$R_1(\theta,\overline{\rho},\hat{\rho}) = \frac{\mu_1 - p_1}{\sigma_1} = \alpha\left[Q(\theta,\overline{\rho},\hat{\rho})\sigma_1 Z_1^0 + q(\theta,\overline{\rho},\hat{\rho})\sigma_2 Z_2^0\right]$$

$$R_2(\theta,\overline{\rho},\hat{\rho}) = \frac{\mu_2 - p_2}{\sigma_2} = \alpha\left[q(\theta,\overline{\rho},\hat{\rho})\sigma_1 Z_1^0 + Q(\theta,\overline{\rho},\hat{\rho})\sigma_2 Z_2^0\right]$$

则

$$\frac{1}{\alpha\theta Q^2(\theta,\overline{\rho},\hat{\rho})}\frac{(1-\overline{\rho}^2)^2}{1+\overline{\rho}^2}\frac{\partial R_1(\theta,\overline{\rho},\hat{\rho})}{\partial \overline{\rho}}$$

$$=\sigma_1 Z_1^0\left[E_{21} - \frac{2\overline{\rho}}{1+\overline{\rho}^2}\right]\left\{1+\Gamma^2(\theta,\overline{\rho},\hat{\rho})\right\} + 2\sigma_2 Z_2^0\left[E_{12} - \frac{2\overline{\rho}}{1+\overline{\rho}^2}\right]\Gamma(\theta,\overline{\rho},\hat{\rho})$$

$$=\sigma_1 Z_1^0\left\{1+\Gamma^2(\theta,\overline{\rho},\hat{\rho})\right\}\left[1 - \frac{2\overline{\rho}}{1+\overline{\rho}^2}\frac{2\Gamma(\theta,\overline{\rho},\hat{\rho})}{1+\Gamma^2(\theta,\overline{\rho},\hat{\rho})}\right]\left\{E_{21} - \frac{\dfrac{2\overline{\rho}}{1+\overline{\rho}^2} - \dfrac{2\Gamma(\theta,\overline{\rho},\hat{\rho})}{1+\Gamma^2(\theta,\overline{\rho},\hat{\rho})}}{1 - \dfrac{2\overline{\rho}}{1+\overline{\rho}^2}\dfrac{2\Gamma(\theta,\overline{\rho},\hat{\rho})}{1+\Gamma^2(\theta,\overline{\rho},\hat{\rho})}}\right\}$$

$$\frac{1}{\alpha\theta Q^2(\theta,\overline{\rho},\hat{\rho})}\frac{(1-\overline{\rho}^2)^2}{1+\overline{\rho}^2}\frac{\partial R_2(\theta,\overline{\rho},\hat{\rho})}{\partial \overline{\rho}}$$

$$=\sigma_2 Z_2^0\left[E_{12} - \frac{2\overline{\rho}}{1+\overline{\rho}^2}\right]\left\{1+\Gamma^2(\theta,\overline{\rho},\hat{\rho})\right\} + 2\sigma_1 Z_1^0\left[E_{21} - \frac{2\overline{\rho}}{1+\overline{\rho}^2}\right]\Gamma(\theta,\overline{\rho},\hat{\rho})$$

$$=\sigma_2 Z_2^0\left\{1+\Gamma^2(\theta,\overline{\rho},\hat{\rho})\right\}\left[1 - \frac{2\overline{\rho}}{1+\overline{\rho}^2}\frac{2\Gamma(\theta,\overline{\rho},\hat{\rho})}{1+\Gamma^2(\theta,\overline{\rho},\hat{\rho})}\right]\left\{E_{12} - \frac{\dfrac{2\overline{\rho}}{1+\overline{\rho}^2} - \dfrac{2\Gamma(\theta,\overline{\rho},\hat{\rho})}{1+\Gamma^2(\theta,\overline{\rho},\hat{\rho})}}{1 - \dfrac{2\overline{\rho}}{1+\overline{\rho}^2}\dfrac{2\Gamma(\theta,\overline{\rho},\hat{\rho})}{1+\Gamma^2(\theta,\overline{\rho},\hat{\rho})}}\right\}$$

其中, $\Gamma(\theta,\overline{\rho},\hat{\rho}) \equiv \dfrac{\dfrac{1-\theta}{1-\hat{\rho}^2}\hat{\rho} + \dfrac{\theta}{1-\overline{\rho}^2}\overline{\rho}}{\dfrac{1-\theta}{1-\hat{\rho}^2} + \dfrac{\theta}{1-\overline{\rho}^2}}$。

我们首先在 $\overline{\rho}$ 中考察 R_1 的单调性。

由 $\dfrac{\partial \Gamma(\theta,\overline{\rho},\hat{\rho})}{\partial \overline{\rho}} = \dfrac{\theta}{(1-\overline{\rho}^2)^2}\dfrac{1 + \dfrac{1-\theta}{1-\hat{\rho}^2}(\overline{\rho}-\hat{\rho})^2}{\left[\dfrac{1-\theta}{1-\hat{\rho}^2} + \dfrac{\theta}{1-\overline{\rho}^2}\right]^2} > 0$, 可得:

$$\frac{\partial}{\partial \overline{\rho}}\left(\frac{2\overline{\rho}}{1+\overline{\rho}^2}\right) = \frac{2(1-\overline{\rho}^2)}{(1+\overline{\rho}^2)^2} > 0 \text{和} \frac{\partial}{\partial \overline{\rho}}\left(\frac{2\Gamma(\theta,\overline{\rho},\hat{\rho})}{1+\Gamma^2(\theta,\overline{\rho},\hat{\rho})}\right) = \frac{2\{1-\Gamma^2(\theta,\overline{\rho},\hat{\rho})\}}{\{1+\Gamma^2(\theta,\overline{\rho},\hat{\rho})\}^2}\frac{\partial \Gamma(\theta,\overline{\rho},\hat{\rho})}{\partial \overline{\rho}} > 0$$

由于

$$\left[1-\frac{2\overline{\rho}}{1+\overline{\rho}^2}\frac{2\Gamma(\theta,\overline{\rho},\hat{\rho})}{1+\Gamma^2(\theta,\overline{\rho},\hat{\rho})}\right]^2\frac{\partial}{\partial\overline{\rho}}\left(\frac{\dfrac{2\overline{\rho}}{1+\overline{\rho}^2}-\dfrac{2\Gamma(\theta,\overline{\rho},\hat{\rho})}{1+\Gamma^2(\theta,\overline{\rho},\hat{\rho})}}{1-\dfrac{2\overline{\rho}}{1+\overline{\rho}^2}\dfrac{2\Gamma(\theta,\overline{\rho},\hat{\rho})}{1+\Gamma^2(\theta,\overline{\rho},\hat{\rho})}}\right)$$

$$=\frac{2(1-\overline{\rho}^2)}{(1+\overline{\rho}^2)^2}\frac{\{1-\Gamma^2(\theta,\overline{\rho},\hat{\rho})\}^2}{\{1+\Gamma^2(\theta,\overline{\rho},\hat{\rho})\}^2}-\frac{2\{1-\Gamma^2(\theta,\overline{\rho},\hat{\rho})\}}{\{1+\Gamma^2(\theta,\overline{\rho},\hat{\rho})\}^2}\frac{(1-\overline{\rho}^2)^2}{(1+\overline{\rho}^2)^2}\frac{\partial\Gamma(\theta,\overline{\rho},\hat{\rho})}{\partial\overline{\rho}}$$

$$=2\frac{1-\overline{\rho}^2}{(1+\overline{\rho}^2)^2}\frac{1-\Gamma^2(\theta,\overline{\rho},\hat{\rho})}{\{1+\Gamma^2(\theta,\overline{\rho},\hat{\rho})\}^2}\left\{\{1-\Gamma^2(\theta,\overline{\rho},\hat{\rho})\}-(1-\overline{\rho}^2)\frac{\theta}{(1-\overline{\rho}^2)^2}\frac{1+\dfrac{1-\theta}{1-\hat{\rho}^2}(\overline{\rho}-\hat{\rho})^2}{\left[\dfrac{1-\theta}{1-\hat{\rho}^2}+\dfrac{\theta}{1-\overline{\rho}^2}\right]^2}\right\}$$

$$=\frac{2\dfrac{1-\overline{\rho}^2}{(1+\overline{\rho}^2)^2}\dfrac{1-\Gamma^2(\theta,\overline{\rho},\hat{\rho})}{\{1+\Gamma^2(\theta,\overline{\rho},\hat{\rho})\}^2}}{\left[\dfrac{1-\theta}{1-\hat{\rho}^2}+\dfrac{\theta}{1-\overline{\rho}^2}\right]^2}\frac{1-\theta}{1-\hat{\rho}^2}>0$$

对于 $\displaystyle\max_{\overline{\rho}\in[\hat{\rho},1]}\frac{\dfrac{2\overline{\rho}}{1+\overline{\rho}^2}-\dfrac{2\Gamma(\theta,\overline{\rho},\hat{\rho})}{1+\Gamma^2(\theta,\overline{\rho},\hat{\rho})}}{1-\dfrac{2\overline{\rho}}{1+\overline{\rho}^2}\dfrac{2\Gamma(\theta,\overline{\rho},\hat{\rho})}{1+\Gamma^2(\theta,\overline{\rho},\hat{\rho})}}=\frac{2(1-\theta)(1+\theta\hat{\rho})}{(1-\theta)^2+(1+\theta\hat{\rho})^2}$，可得

$$\frac{\partial}{\partial\overline{\rho}}\left(\frac{\dfrac{2\overline{\rho}}{1+\overline{\rho}^2}-\dfrac{2\Gamma(\theta,\overline{\rho},\hat{\rho})}{1+\Gamma^2(\theta,\overline{\rho},\hat{\rho})}}{1-\dfrac{2\overline{\rho}}{1+\overline{\rho}^2}\dfrac{2\Gamma(\theta,\overline{\rho},\hat{\rho})}{1+\Gamma^2(\theta,\overline{\rho},\hat{\rho})}}\right)>0$$

因此，当 $E_{12}\geqslant\dfrac{2(1-\theta)(1+\theta\hat{\rho})}{(1-\theta)^2+(1+\theta\hat{\rho})^2}$ 时，$\dfrac{\partial R_1(\theta,\overline{\rho},\hat{\rho})}{\partial\overline{\rho}}>0$，且存在 $\overline{\rho}_1^*\in[\hat{\rho},1]$ 使得对于 $\overline{\rho}<\overline{\rho}_1^*$ 有 $\dfrac{\partial R_1(\theta,\overline{\rho},\hat{\rho})}{\partial\overline{\rho}}<0$，当 $E_{12}<\dfrac{2(1-\theta)(1+\theta\hat{\rho})}{(1-\theta)^2+(1+\theta\hat{\rho})^2}$ 时，对于 $\overline{\rho}>\overline{\rho}_1^*$ 有 $\dfrac{\partial R_1(\theta,\overline{\rho},\hat{\rho})}{\partial\overline{\rho}}>0$。

类似地，我们可以探索 $\overline{\rho}$ 中 R_2 的单调性。当 $E_{21}\geqslant\dfrac{2(1-\theta)(1+\theta\hat{\rho})}{(1-\theta)^2+(1+\theta\hat{\rho})^2}$ 时，$\dfrac{\partial R_2(\theta,\overline{\rho},\hat{\rho})}{\partial\overline{\rho}}>0$，且存在 $\overline{\rho}_2^*\in[\hat{\rho},1]$ 使得对于 $\overline{\rho}<\overline{\rho}_2^*$ 有 $\dfrac{\partial R_2(\theta,\overline{\rho},\hat{\rho})}{\partial\overline{\rho}}<0$，当 $E_{21}<\dfrac{2(1-\theta)(1+\theta\hat{\rho})}{(1-\theta)^2+(1+\theta\hat{\rho})^2}$ 时，对于 $\overline{\rho}>\overline{\rho}_2^*$ 有 $\dfrac{\partial R_1(\theta,\overline{\rho},\hat{\rho})}{\partial\overline{\rho}}>0$。

第 3 章 相关系数暧昧性、有限参与与安全投资转移

本章拓展了 Huang 等 (2017) 提出的包含两种类型投资者的多资产模型, 在其模型基础上增加一种新的具有部分相关系数信息的投资者类型, 并重新探索了相关系数暧昧性下的有限参与现象。我们研究了在市场均衡下资产配置是否依赖于不完全信息, 即信息较少的投资者是否可能比信息较多的投资者持有更多的均衡头寸。随着相关系数的真实值 (和暧昧厌恶投资者设想的最大相关系数) 的增加和资产质量的提高, 我们发现信息较少的投资者从低质量资产转移到高质量资产, 从而在市场均衡中呈现出一种安全投资转移的交易模式。

3.1 引　　言

在本章中, 我们通过在 Huang 等 (2017) 考察两种类型投资者的模型中引入一种拥有相关系数部分信息的新型投资者, 内生地解释了安全投资转移的现象。Huang 等 (2017) 探索了相关系数暧昧框架下的有限参与现象, 而在本章中, 我们观察到在投资者的最优交易策略中有一种安全投资转移模式, 并且致力于解释这一引人注目的现象。我们假设有三类对资产相关性具有异质信念的投资者参与经济: 内部投资者、精明投资者和天真投资者。具体来说, 内部投资者知道相关系数的真实值, 而精明投资者和天真投资者只拥有部分信息, 其中, 精明投资者比天真投资者拥有更精确的信息。在这种信息暧昧的框架下, 根据风险资产之间的质量比率, 经济中存在唯一的、具有 5 种可能类型的一般均衡。对均衡区域的分析表明存在不参与均衡、部分参与均衡和完全参与均衡。在均衡状态下, 信息较少的投资者可能比信息较多的投资者持有更多的头寸。此外, 相关系数暧昧性内生性地导致了安全投资转移现象: 信息较少的投资者从劣质资产逃往优质资产。

Huang 等 (2017) 通过假设市场中存在两种具有异质信念的投资者: 内部投资者和天真投资者, 来检验投资者的有限参与现象。在其模型基础上, 我们建立了一个包含 3 种投资者类型的理论模型, 以探索相关系数暧昧性的影响。内部投资者知道相关系数的真实值, 但天真投资者不知道, 而是考虑相关系数可能取值的区间。天真投资者因此持有不完全信息, 使他们成为对资产边际分布具有理性预期, 但认为风险资产相关系数具有暧昧性的暧昧厌恶投资者。在本章中, 我们通过增加一种具有相关系数部分信息的投资者类型, 即也不知道相关系数真实取值的精明投资者, 来拓展 Huang 等 (2017) 的研究。我们集中研究了 3 种异质信念的投资者: 内部投资者、精明投资者和天真投资者。在这种信息暧昧的框架下, 根据风险资产之间质量比率的不同, 经济中唯一均衡有可能处于 5 种备选类型之一。对均衡区域的分析说明了不参与均衡、部分参与均衡和完全参

与均衡的存在。精明投资者和天真投资者相关系数暧昧程度的变化导致了安全投资转移现象。

和 Huang 等 (2017) 的研究类似, 在具有 5 种备选均衡类型的经济体中, 依据质量比率, 存在唯一均衡。当低质量资产相对于高质量资产的质量比率很小时, 精明投资者和天真投资者都只做多高质量资产而不交易低质量资产, 这种均衡称为非参与均衡。当低质量资产相对于高质量资产的质量比率较小时, 天真投资者只做多高质量资产而不交易低质量资产, 而精明投资者同时参与两种资产, 这种均衡称为部分参与均衡。最后, 当低质量资产相对于高质量资产的质量比率适中时, 精明投资者和天真投资者做多这两种资产, 这种均衡称为完全参与均衡。总而言之, 精明投资者和天真投资者愿意持有高质量的风险资产, 但不愿意交易低质量资产。在此均衡下的有限参与现象表现为精明投资者和天真投资者都不参与低质量资产或仅仅天真投资者不参与低质量资产。

但我们不能得出信息多的投资者的交易头寸大于信息少的投资者的交易头寸的结论。我们证明, 在均衡状态下, 信息较少的投资者会比信息较多的投资者进行更激进的交易。此外, 我们发现相关系数暧昧性内生地导致了 "安全投资转移" 现象: 信息较少的投资者倾向于从低质量资产逃往高质量资产。

CAPM 分析表明, 无论经济处于参与均衡 (对于精明投资者和天真投资者) 还是不参与均衡 (对于天真投资者或精明投资者和天真投资者), 精明投资者和天真投资者都会倾向于持有质量更高的资产, 甚至到了非理性的程度, 从而推动其价格的上涨, 导致其相应的回报低于标准模型的预测。因此, 无论均衡是不参与、部分参与还是完全参与, 质量较低的风险资产均产生正的超额收益, 而质量较高的风险资产则产生负的超额收益。

总之, 在本章中, 我们研究了相关系数暧昧性对投资者行为和资产价格的影响。在我们的模型中, 个人的决策包含了风险和暧昧性, 并且我们证明有限参与来自精明投资者和天真投资者避免相关系数暧昧性的理性决策。在均衡状态下, 信息较少的投资者可能比信息较多的投资者持有更多的头寸。此外, 相关系数暧昧性内生性地导致了安全投资转移现象。

本章其余部分的结构安排如下: 在 3.2 节中, 我们在相关系数暧昧性框架下构建了一个多资产模型, 该模型包括内部投资者、精明投资者和天真投资者, 3.3 节描述了当精明投资者和天真投资者设想到的最大相关系数发生变化时, 均衡类型可以发生变化的均衡区域, 讨论了有限参与现象的原因, 在 3.4 节中, 我们研究了资产配置与信息结构之间的关系, 3.5 节分析了安全投资转移现象, 在 3.6 节中, 我们将提供 CAPM 分析, 3.7 节是本章总结。所有的证明都在本章附录中提供。

3.2 一 般 均 衡

我们分析一个具有 3 种资产的经济体。一种无风险资产是货币, 其价格恒定为 1; 两种金融风险资产收益服从正态分布, $\tilde{X}_j \sim N(\mu_j, \sigma_j^2)$ $(j = 1, 2)$。假设两种风险资产收益是相关的, 它们之间的相关系数用 ρ 表示。因此, 风险资产的收益服从二元正态分布 $\tilde{\boldsymbol{X}} \sim \boldsymbol{N}(\boldsymbol{\mu}, \boldsymbol{\Sigma}(\rho))$, 其中,

$$\tilde{\mathbf{X}} = \begin{pmatrix} \tilde{X}_1 \\ \tilde{X}_2 \end{pmatrix}, \qquad \boldsymbol{\mu} = \begin{pmatrix} \mu_1 \\ \mu_2 \end{pmatrix}, \qquad \boldsymbol{\Sigma}(\rho) = \begin{pmatrix} \sigma_1^2 & \rho\sigma_1\sigma_2 \\ \rho\sigma_1\sigma_2 & \sigma_2^2 \end{pmatrix}$$

所有投资者都有 CARA 财富效用, 风险厌恶系数设置为 α:

$$u(w) = -e^{-\alpha w} \tag{3.1}$$

3 种具有异质信念的投资者参与经济: 内部投资者 (I)、精明投资者 (S) 和天真投资者 (N), 他们所占的比例分别为 θ_I、θ_S 和 θ_N, 且占比属于 $(0,1)$。对于所有的投资者, 这里 $\theta_I + \theta_S + \theta_N = 1$。由于内部投资者知道相关系数的真实值, 他们有时可以被视为 "知情的投资者"。用 $\hat{\rho}$ 表示相关系数的真实值。内部投资者是标准期望效用最大化者, 对收益的参数有理性预期, 因为他们有关于真实值 $\hat{\rho}$ 的精确信息, 从他们的观点看, 收益服从正态分布 $\tilde{\boldsymbol{X}} \sim \boldsymbol{N}(\boldsymbol{\mu}, \boldsymbol{\Sigma}(\hat{\rho}))$。但是, 精明投资者和天真投资者与内部投资者不同, 他们不知道相关系数的真实值, 因此对于 $\Lambda = S, N$ 有区间 $[\underline{\rho}_\Lambda, \overline{\rho}_\Lambda] \subset [-1,1]$, $-1 < \underline{\rho}_\Lambda < \overline{\rho}_\Lambda < 1$。我们认为精明投资者比天真投资者知道更多的信息, 这意味着他们设想的可能值位于一个更小的区间 $[\underline{\rho}_S, \overline{\rho}_S]$ 中, 而天真投资者知道的信息更少, 因此他们设想的可能值有一个更大的区间 $[\underline{\rho}_N, \overline{\rho}_N]$, 因此 $[\underline{\rho}_S, \overline{\rho}_S] \subset [\underline{\rho}_N, \overline{\rho}_N] \subset [-1,1]$ 有 $-1 < \underline{\rho}_N < \underline{\rho}_S < \overline{\rho}_S < \overline{\rho}_N < 1$, 并且每种投资者没有先验信息。对任意给定的 $\rho \in [\underline{\rho}_\Lambda, \overline{\rho}_\Lambda]$, 精明投资者和天真投资者必须面对的经济为 $\tilde{\boldsymbol{X}} \sim \boldsymbol{N}(\boldsymbol{\mu}, \boldsymbol{\Sigma}(\rho))$, 因此他们在做决定时会考虑到所有的这些因素。[1][2] 根据吉勒博阿和施迈德勒 (1989) 的暧昧厌恶公理基础, 我们对精明投资者和天真投资者的决策过程建模, 即选择一个投资组合, 使其在可能的分布集合上的最小期望效用最大化。为了使我们对内部投资者、精明投资者和天真投资者之间均衡相互作用的分析更有意义, 我们假设相关系数的真实值是精明投资者和天真投资者认为可能的极值的凸组合, 即 $\hat{\rho} \in [\underline{\rho}_S, \overline{\rho}_S] \subset [\underline{\rho}_N, \overline{\rho}_N] \subset [-1,1]$。

风险资产的人均禀赋为 (Z_1^0, Z_2^0)。投资者禀赋的准确分布不影响他们对风险资产的需求, 因此我们不具体说明。我们用 W 表示典型投资者的财富。在不产生混淆的情况下, 我们暂时对投资者不加区分。投资者的预算约束是

$$W_0 = m + p_1 z_1 + p_2 z_2 \tag{3.2}$$

这里 m 是对无风险资产 (货币) 的需求量, p_k 是资产 k 的价格, z_k 是风险资产 k 的需求量。投资者可以做多或做空每种资产。如果投资者选择投资组合 (m, z_1, z_2), 那么其

---

① 本章的主要目的是分析相关系数暧昧性下异质投资者的均衡交易模式及其对市场的影响, 我们通过考虑单期经济来简化我们的模型, 其中信息较少的精明投资者和天真投资者所认为的相关系数的区间是外生给定的。尽管如此, 在动态环境中, 该区间不再是恒定的, 它们会随着投资者的学习而演变, 这些区间的大小可能会缩小, 也就是说, 从长远来看, 相关系数暧昧性得到了解决 (Epstein & Schneider, 2007, 2008)。因此, 资产收益的条件联合分布随时间而演化。

② 另一种在动态环境下建模刻画相关系数暧昧性的方法是假设投资者对每种风险资产的跨期相关性 (自相关性) 所知甚少。在此假设下, 不仅下一期的协方差矩阵, 各风险资产的条件期望和条件波动率也依赖于此, 并随着投资者的学习和信息的更新而演化。现有文献对跨期相关系数暧昧性模型的研究还不够深入, 我们拟对这一有趣的主题进行研究。

下一期的随机财富将是

$$\tilde{W} = m + \tilde{X}_1 z_1 + \tilde{X}_2 z_2 \tag{3.3}$$

等价地, 我们将投资者的选择表示为 $(W_0 - p_1 z_1 - p_2 z_2, z_1, z_2)$, 那么其期末财富是

$$\tilde{W} = W_0 + (\tilde{X}_1 - p_1)z_1 + (\tilde{X}_2 - p_2)z_2$$

对于有 CARA 财富效用且知道相关系数参数 $\hat{\rho}$ 的内部投资者, 随机财富的期望效用是关于 $f(z_1, z_2, \hat{\rho})$ 的一个严格递增的变换, 这里

$$f(z_1, z_2, \rho) = W_0 + (\mu_1 - p_1)z_1 + (\mu_2 - p_2)z_2 - \frac{1}{2}\alpha[\sigma_1^2 z_1^2 + 2\rho\sigma_1\sigma_2 z_1 z_2 + \sigma_2^2 z_2^2]$$

$$= w + \sigma_1 R_1 z_1 + \sigma_2 R_2 z_2 - \frac{1}{2}\alpha[\sigma_1^2 z_1^2 + 2\rho\sigma_1\sigma_2 z_1 z_2 + \sigma_2^2 z_2^2] \tag{3.4}$$

其中, $R_j = \dfrac{\mu_j - p_j}{\sigma_j}$ 定义为 Sharpe 比率, $j = 1, 2$, 它测度了多承担 1 单位风险所产生的额外利润的平均值 (Huang et al., 2017)。然后给出内部投资者对风险资产的需求函数:

$$Z_I^* = \begin{pmatrix} Z_{I1}^* \\ Z_{I2}^* \end{pmatrix} = \frac{1}{\alpha\sigma_1^2\sigma_2^2(1 - \hat{\rho}^2)} \begin{pmatrix} \sigma_2^2(\mu_1 - p_1) - \hat{\rho}\sigma_1\sigma_2(\mu_2 - p_2) \\ \sigma_1^2(\mu_2 - p_2) - \hat{\rho}\sigma_1\sigma_2(\mu_1 - p_1) \end{pmatrix}$$

$$= \frac{1}{\alpha(1 - \hat{\rho}^2)} \begin{pmatrix} \dfrac{R_1 - \hat{\rho}R_2}{\sigma_1} \\ \dfrac{R_2 - \hat{\rho}R_1}{\sigma_2} \end{pmatrix} \tag{3.5}$$

暧昧厌恶的 (精明和天真) 投资者对每个相关系数参数进行财富期望效用的评估, 并选择使这些期望效用最小值最大化的投资组合。实际上, 精明投资者和天真投资者试图避免最坏的结果, 因此选择明确限制这种不利结果的投资组合。对于 $\Lambda = S, N$, 给定相关系数参数 $\rho \in [\underline{\rho}_\Lambda, \overline{\rho}_\Lambda]$, 随机财富的期望效用是 $f(z_1, z_2, \rho)$ 的严格递增变换。因此, 精明投资者和天真投资者的决策问题可以写成一个两层优化问题:

$$\max_{(z_1,z_2)} \min_{\rho\in[\underline{\rho}_\Lambda,\overline{\rho}_\Lambda]} f(z_1, z_2, \rho) = w + \sigma_1 R_1 z_1 + \sigma_2 R_2 z_2 - \frac{1}{2}\alpha[\sigma_1^2 z_1^2 + 2\rho\sigma_1\sigma_2 z_1 z_2 + \sigma_2^2 z_2^2] \tag{3.6}$$

对于这个两层优化问题有两种解法。Huang 等 (2017) 第一次直接解决了这个两层优化问题。我们也可以采用 Sion (1958) 的极大极小定理来交换两层优化问题的次序, 从而计算优化问题:

$$\max_{(z_1,z_2)} \min_{\rho\in[\underline{\rho}_\Lambda,\overline{\rho}_\Lambda]} f(z_1, z_2, \rho) = \min_{\rho\in[\underline{\rho}_\Lambda,\overline{\rho}_\Lambda]} \max_{(z_1,z_2)} f(z_1, z_2, \rho)$$

对于 $\Lambda = S, N$, 精明投资者和天真投资者对于风险资产的需求函数为:

$$
Z_\Lambda^* = \begin{pmatrix} Z_{\Lambda 1}^* \\ Z_{\Lambda 2}^* \end{pmatrix} = \begin{cases}
\dfrac{1}{\alpha(1-\underline{\rho}_\Lambda^2)} \begin{pmatrix} \dfrac{R_1 - \underline{\rho}_\Lambda R_2}{\sigma_1} \\ \dfrac{R_2 - \underline{\rho}_\Lambda R_1}{\sigma_2} \end{pmatrix}, & 若 \begin{cases} R_1 < \underline{\rho}_\Lambda R_2 \\ R_2 > \underline{\rho}_\Lambda R_1 \end{cases} 或 \begin{cases} R_1 > \underline{\rho}_\Lambda R_2 \\ R_2 < \underline{\rho}_\Lambda R_1 \end{cases} \\[2em]
\dfrac{1}{\alpha} \begin{pmatrix} 0 \\ \dfrac{R_2}{\sigma_2} \end{pmatrix}, & 若 \begin{cases} \overline{\rho}_\Lambda R_2 \leqslant R_1 \leqslant \underline{\rho}_\Lambda R_2 \\ R_2 < 0 \end{cases} 或 \begin{cases} \underline{\rho}_\Lambda R_2 \leqslant R_1 \leqslant \overline{\rho}_\Lambda R_2 \\ R_2 > 0 \end{cases} \\[2em]
\dfrac{1}{\alpha} \begin{pmatrix} \dfrac{R_1}{\sigma_1} \\ 0 \end{pmatrix}, & 若 \begin{cases} R_1 < 0 \\ \overline{\rho}_\Lambda R_1 \leqslant R_2 \leqslant \underline{\rho}_\Lambda R_1 \end{cases} 或 \begin{cases} R_1 > 0 \\ \underline{\rho}_\Lambda R_1 \leqslant R_2 \leqslant \overline{\rho}_\Lambda R_1 \end{cases} \\[2em]
\dfrac{1}{\alpha(1-\overline{\rho}_\Lambda^2)} \begin{pmatrix} \dfrac{R_1 - \overline{\rho}_\Lambda R_2}{\sigma_1} \\ \dfrac{R_2 - \overline{\rho}_\Lambda R_1}{\sigma_2} \end{pmatrix}, & 若 \begin{cases} R_1 < \overline{\rho}_\Lambda R_2 \\ R_2 < \overline{\rho}_\Lambda R_1 \end{cases} 或 \begin{cases} R_1 > \overline{\rho}_\Lambda R_2 \\ R_2 > \overline{\rho}_\Lambda R_1 \end{cases}
\end{cases}
\tag{3.7}
$$

Huang 等 (2017) 对精明投资者和天真投资者需求函数的性质有如下讨论: (1) 精明投资者和天真投资者的需求函数在价格上是连续的, 但在几个价格上有结点; (2) 可以观察到精明投资者和天真投资者的不参与现象; (3) 精明投资者和天真投资者关于持有风险资产的决定独立于相关系数集合是离散还是连续的; (4) 除了不参与的情况外, 内部投资者、精明投资者和天真投资者的交易方向相同。

事实 1　内部投资者、精明投资者和天真投资者的交易方向相同, 即对于 $\Lambda = S, N$ 和 $j = 1, 2$, $Z_{Ij}^* Z_{\Lambda j}^* \geqslant 0$, 除不参与的情况外, $Z_{\Lambda j}^* = 0$。具体来说, 当内部投资者做多 (或做空) 某一资产时, 精明投资者和天真投资者也会做多 (或做空) 或不交易同一资产。

(1) 对于 $\Lambda = S, N$ 和 $j = 1, 2$, 若 $Z_{Ij}^* < 0$, 则 $Z_{\Lambda j}^* \leqslant 0$;

(2) 对于 $\Lambda = S, N$ 和 $j = 1, 2$, 若 $Z_{Ij}^* = 0$, 则 $Z_{\Lambda j}^* = 0$;

(3) 对于 $\Lambda = S, N$ 和 $j = 1, 2$, 若 $Z_{Ij}^* > 0$, 则 $Z_{\Lambda j}^* \geqslant 0$。

事实 1 的证明参见 Huang 等 (2017) 的研究。我们可以使用同样的证明来验证精明投资者和天真投资者的结果, 除不参与的情况外, 他们的交易方向相同, 正如我们在下面的事实 2 中列出的那样。

事实 2　精明投资者和天真投资者的交易方向相同, 即对于 $j = 1, 2$, $Z_{Sj}^* Z_{Nj}^* \geqslant 0$, 除不参与的情况外, $Z_{Nj}^* = 0$。具体来说, 当精明投资者做多 (或做空) 某一资产时, 天真投资者也会做多 (或做空) 或不交易同一项资产。

(1) 对于 $j = 1, 2$, 若 $Z_{Sj}^* < 0$, 则 $Z_{Nj}^* \leqslant 0$;

(2) 对于 $j = 1, 2$, 若 $Z_{Sj}^* = 0$, 则 $Z_{Nj}^* = 0$;

(3) 对于 $j = 1, 2$, 若 $Z_{Sj}^* > 0$, 则 $Z_{Nj}^* \geqslant 0$。

首先, 事实 1 和事实 2 帮助我们排除了不可能在均衡中发生的情况。在这两种资产都有正供给的假设下, 这两个事实立即排除了精明投资者和天真投资者做空其中一种或两种风险资产的均衡。因此, 在我们的经济中, 只有五种均衡类型是可能的。其次, 上述结果告诉我们, 这 3 种类型的投资者同时处于风险资产的需求侧或供给侧。这防止了完全知情的内部投资者利用精明投资者和天真投资者由于信息不足而错误地做空或做多资产而获利的机会。我们也可以认为这是精明投资者和天真投资者谨慎交易的结果, 因为当内部投资者做多或做空资产时, 他们不会采取与之相反的策略; 同样, 当信息更多的精明投资者做多或做空资产时, 天真投资者也不会采取与之相反的策略。因此, 事实 1 和事实 2 也意味着, 如果拥有更多信息的投资者做空 (或做多) 某种资产, 那么拥有较少信息的投资者就不会做多 (或做空) 同一种资产。也就是说, 信息较少的投资者不会买 (卖) 信息较多的投资者卖 (买) 的资产。

我们考虑均衡条件: 人均资产需求等于人均资产供给。使式 (3.5) 和式 (3.7) 中的需求与供给相等, 则得到

$$\theta_I Z_I^* + \theta_S Z_S^* + \theta_N Z_N^* = Z^0 \tag{3.8}$$

或对于 $j = 1, 2, \ \theta_I Z_{Ij}^* + \theta_S Z_{Sj}^* + \theta_N Z_{Nj}^* = Z_j^0$。

为了简化符号, 对于 $-1 < \rho < \phi < \psi < 1$, 我们定义

$$k(\rho, \phi, \psi) \equiv \frac{\theta_I}{1 - \rho^2}\rho + \frac{\theta_S}{1 - \phi^2}\phi + \frac{\theta_N}{1 - \psi^2}\psi \ \text{和} \ K(\rho, \phi, \psi) \equiv \frac{\theta_I}{1 - \rho^2} + \frac{\theta_S}{1 - \phi^2} + \frac{\theta_N}{1 - \psi^2}$$

$$\dot{k}(\rho, \phi) \equiv k(\rho, \phi, 0) = \frac{\theta_I}{1 - \rho^2}\rho + \frac{\theta_S}{1 - \phi^2}\phi \ \text{和} \ \dot{K}(\rho, \phi) \equiv K(\rho, \phi, 0) = \frac{\theta_I}{1 - \rho^2} + \frac{\theta_S}{1 - \phi^2} + \theta_N$$

$$\ddot{k}(\rho) \equiv k(\rho, 0, 0) = \frac{\theta_I}{1 - \rho^2}\rho \ \text{和} \ \ddot{K}(\rho) \equiv K(\rho, 0, 0) = \frac{\theta_I}{1 - \rho^2} + \theta_S + \theta_N$$

则 $|k(\rho, \phi, \psi)| < K(\rho, \phi, \psi), \ |\dot{k}(\rho, \phi)| < \dot{K}(\rho, \phi) - \theta_N < \dot{K}(\rho, \phi)$ 且 $|\ddot{k}(\rho)| < \ddot{K}(\rho) - \theta_S - \theta_N < \ddot{K}(\rho)$。

我们将风险资产 j 的质量定义为标准差和人均禀赋的乘积, 即 $\sigma_j Z_j^0$。将两种风险资产的质量比率定义为:

$$E_{12} = \frac{\sigma_1 Z_1^0}{\sigma_2 Z_2^0}, \quad E_{21} = \frac{\sigma_2 Z_2^0}{\sigma_1 Z_1^0}$$

对于 $-1 < \hat{\rho} < \overline{\rho}_S < \overline{\rho}_N < 1$, 定义

$$H(\hat{\rho}, \overline{\rho}_S, \overline{\rho}_N) = \frac{1 - \dfrac{\theta_S}{1 - \overline{\rho}_S^2}(\overline{\rho}_N - \overline{\rho}_S)(\overline{\rho}_S - \hat{\rho})}{\dfrac{\theta_I}{1 - \hat{\rho}^2}(\overline{\rho}_N - \hat{\rho}) + \dfrac{\theta_S}{1 - \overline{\rho}_S^2}(\overline{\rho}_N - \overline{\rho}_S)} - \hat{\rho},$$

$$h(\hat{\rho}, \overline{\rho}_S, \overline{\rho}_N) = \frac{1}{H(\hat{\rho}, \overline{\rho}_S, \overline{\rho}_N)}$$

则 $0 < h(\hat{\rho}, \overline{\rho}_S, \overline{\rho}_N) < 1 < H(\hat{\rho}, \overline{\rho}_S, \overline{\rho}_N)$。由本章附录 A 中的均衡 2.2、均衡 3.2 和均衡 4, 有

$$H(\hat{\rho}, \overline{\rho}_S, \overline{\rho}_N) = \frac{\dot{K}(\hat{\rho}, \overline{\rho}_S) - \overline{\rho}_N \dot{k}(\hat{\rho}, \overline{\rho}_S)}{\overline{\rho}_N \left[\dot{K}(\hat{\rho}, \overline{\rho}_S) - \theta_N \right] - \dot{k}(\hat{\rho}, \overline{\rho}_S)} = \frac{K(\hat{\rho}, \overline{\rho}_S, \overline{\rho}_N) - \overline{\rho}_N k(\hat{\rho}, \overline{\rho}_S, \overline{\rho}_N)}{\overline{\rho}_N K(\hat{\rho}, \overline{\rho}_S, \overline{\rho}_N) - k(\hat{\rho}, \overline{\rho}_S, \overline{\rho}_N)}$$

由本章附录 A 中的均衡 2.1 和均衡 2.2 或均衡 3.1 和均衡 3.2, 有

$$H(\hat{\rho}, \overline{\rho}_S, \overline{\rho}_S) = \frac{1 - \hat{\rho}^2}{\theta_I(\overline{\rho}_S - \hat{\rho})} - \hat{\rho} = \frac{\ddot{K}(\hat{\rho}) - \overline{\rho}_S \ddot{k}(\hat{\rho})}{\overline{\rho}_S \left[\ddot{K}(\hat{\rho}) - \theta_S - \theta_N \right] - \ddot{k}(\hat{\rho})}$$

$$= \frac{\dot{K}(\hat{\rho}, \overline{\rho}_S) - \overline{\rho}_S \dot{k}(\hat{\rho}, \overline{\rho}_S)}{\overline{\rho}_S \left[\dot{K}(\hat{\rho}, \overline{\rho}_S) - \theta_N \right] - \dot{k}(\hat{\rho}, \overline{\rho}_S)}$$

易证对于 $-1 < \hat{\rho} < \overline{\rho}_S < \overline{\rho}_N < 1$, $1 < H(\hat{\rho}, \overline{\rho}_S, \overline{\rho}_N) < H(\hat{\rho}, \overline{\rho}_S, \overline{\rho}_S)$, 则

$$0 < h(\hat{\rho}, \overline{\rho}_S, \overline{\rho}_S) < h(\hat{\rho}, \overline{\rho}_S, \overline{\rho}_N) < 1 < H(\hat{\rho}, \overline{\rho}_S, \overline{\rho}_N) < H(\hat{\rho}, \overline{\rho}_S, \overline{\rho}_S)$$

本章附录 A 证明了关于唯一的一般均衡存在性的定理 3.1。

定理 3.1　市场中存在唯一均衡, 它是以下 5 种类型之一。

(1) **均衡类型 1** (精明投资者和天真投资者不参与资产 1)。如果资产 1 的质量相对于资产 2 很小, 即 $E_{12} \leqslant h(\hat{\rho}, \overline{\rho}_S, \overline{\rho}_S)$, 风险资产的均衡价格由式 (A.3a) 和式 (A.3b) 给出。在均衡状态下, 内部投资者持有式 (A.4) 中的风险资产头寸, 暧昧投资者持有式 (A.5) 中的风险资产头寸。

(2) **均衡类型 2** (天真投资者不参与资产 1)。如果资产 1 的质量相对于资产 2 较小, 即 $h(\hat{\rho}, \overline{\rho}_S, \overline{\rho}_S) < E_{12} \leqslant h(\hat{\rho}, \overline{\rho}_S, \overline{\rho}_N)$, 风险资产的均衡价格由式 (A.8a) 和式 (A.8b) 给出。在均衡状态下, 内部投资者持有式 (A.9a) 和式 (A.9b) 中的风险资产头寸, 精明投资者持有式 (A.10a) 和式 (A.10b) 中的风险资产头寸, 天真投资者持有式 (A.11) 中的风险资产头寸。

(3) **均衡类型 3** (精明投资者和天真投资者参与两种资产)。如果资产 1 的质量相对于资产 2 适中, 即 $h(\hat{\rho}, \overline{\rho}_S, \overline{\rho}_N) < E_{12} < H(\hat{\rho}, \overline{\rho}_S, \overline{\rho}_N)$, 风险资产的均衡价格由式 (A.25a) 和式 (A.25b) 给出。在均衡状态下, 内部投资者持有式 (A.26a) 和式 (A.26b) 中的风险资产头寸, 精明投资者持有式 (A.27a) 和式 (A.27b) 中的风险资产头寸, 天真投资者持有式 (A.28a) 和式 (A.28b) 中的风险资产头寸。

(4) **均衡类型 4** (天真投资者不参与资产 2)。如果资产 1 的质量相对于资产 2 较大, 即 $H(\hat{\rho}, \overline{\rho}_S, \overline{\rho}_N) \leqslant E_{12} < H(\hat{\rho}, \overline{\rho}_S, \overline{\rho}_S)$, 风险资产的均衡价格由式 (A.19a) 和式 (A.19b) 给出。在均衡状态下, 内部投资者持有式 (A.20a) 和式 (A.20b) 中的风险资产头寸, 精明投资者持有式 (A.21a) 和式 (A.21b) 中的风险资产头寸, 天真投资者持有式 (A.22) 中的风险资产头寸。

(5) **均衡类型 5** (精明投资者和天真投资者不参与资产 2)。如果资产 1 的质量相对于资产 2 很大, 即 $H(\hat{\rho}, \overline{\rho}_S, \overline{\rho}_S) \leqslant E_{12}$, 风险资产的均衡价格由式 (A.14a) 和式 (A.14b)

给出。在均衡状态下, 内部投资者持有式 (A.15) 中的风险资产头寸, 暧昧投资者持有式 (A.16) 中的风险资产头寸。

注记 1 如前一小节所示, 决定是否持有某一资产是通过比较两种资产的 Sharpe 比率来做出的。在均衡状态下, 内生地求解 Sharpe 比率后, 比较 Sharpe 比率等价于比较风险资产的外生质量 $\sigma_j Z_j^0$ $(j = 1, 2)$。如果资产 1 相对于资产 2 的质量很小, 即 $E_{12} \leqslant h(\hat{\rho}, \overline{\rho}_S, \overline{\rho}_S)$, 那么精明投资者和天真投资者不交易资产 1 (但内部投资者做多该资产), 所有投资者在资产 2 中持有正头寸。如果资产 1 相对于资产 2 的质量较小, 即 $h(\hat{\rho}, \overline{\rho}_S, \overline{\rho}_S) < E_{12} \leqslant h(\hat{\rho}, \overline{\rho}_S, \overline{\rho}_N)$, 那么天真投资者不交易资产 1 (但内部投资者和精明投资者都做多该资产), 所有投资者都积极持有资产 2。如果资产 1 相对于资产 2 的质量适中, 即 $h(\hat{\rho}, \overline{\rho}_S, \overline{\rho}_N) < E_{12} < H(\hat{\rho}, \overline{\rho}_S, \overline{\rho}_N)$, 那么所有投资者在这两种资产中持有正头寸。如果资产 1 相对于资产 2 的质量较大, 即 $H(\hat{\rho}, \overline{\rho}_S, \overline{\rho}_N) \leqslant E_{12} < H(\hat{\rho}, \overline{\rho}_S, \overline{\rho}_S)$, 那么天真投资者不交易资产 2(但内部投资者和精明投资者做多该资产), 所有投资者在资产 1 中持有正头寸。如果资产 1 相对于资产 2 的质量很大, 即 $H(\hat{\rho}, \overline{\rho}_S, \overline{\rho}_S) \leqslant E_{12}$, 那么精明投资者和天真投资者不交易资产 2(但内部投资者做多该资产), 所有投资者正向持有资产 1。因此, 资产质量越高, 越容易被交易。

注记 2 根据资产 2 与资产 1 的质量比率, 定理 3.1 中不同均衡类型的区域也可以对称表示。因此, 均衡类型可以按照以下方式重新分类。在均衡类型 1, 如果质量比率很小, 即 $E_{12} \leqslant h(\hat{\rho}, \overline{\rho}_S, \overline{\rho}_S)$, 那么精明投资者和天真投资者不参与资产 1 的交易。在均衡类型 5, 如果质量比率很大, 即 $H(\hat{\rho}, \overline{\rho}_S, \overline{\rho}_S) \leqslant E_{12}$, 那么精明投资者和天真投资者不参与资产 2 的交易。我们把均衡类型 1 和均衡类型 5 叫作 "非参与均衡"。在均衡类型 2, 如果质量比率较小, 即 $h(\hat{\rho}, \overline{\rho}_S, \overline{\rho}_S) < E_{12} \leqslant h(\hat{\rho}, \overline{\rho}_S, \overline{\rho}_N)$, 那么天真投资者不参与资产 1 的交易。在均衡类型 4, 如果质量比率较大, 即 $H(\hat{\rho}, \overline{\rho}_S, \overline{\rho}_N) \leqslant E_{12} < H(\hat{\rho}, \overline{\rho}_S, \overline{\rho}_S)$, 那么天真投资者不参与资产 2 的交易。我们把均衡类型 2 和均衡类型 4 叫作 "部分参与均衡"。在均衡类型 3, 如果质量比率适中, 即 $h(\hat{\rho}, \overline{\rho}_S, \overline{\rho}_N) < E_{12} < H(\hat{\rho}, \overline{\rho}_S, \overline{\rho}_N)$, 那么所有的投资者交易两种资产。我们把均衡类型 3 叫作 "完全参与均衡"。

注记 3 在我们的模型中有 3 种类型的投资者, 定理 3.1 展示了 5 种可能的均衡类型: 如果资产 1 的质量相对于资产 2 适中 (即资产 2 的质量相对于资产 1 适中), 那么对于精明投资者和天真投资者来说, 这两种资产都存在一个参与均衡; 如果资产 1 的质量相对于资产 2 来说是较小或较大 (即资产 2 的质量相对于资产 1 来说较大或较小), 那么对于天真投资者来说, 风险资产 1 或资产 2 分别存在一个非参与均衡; 如果资产 1 的质量相对于资产 2 来说是很小或很大 (即资产 2 的质量相对于资产 1 来说很大或很小), 那么对于精明投资者和天真投资者来说, 风险资产 1 或资产 2 分别存在一个非参与均衡。结论表明, 具有信息优势的投资者更愿意参与交易, 而信息较少的投资者则不愿意参与低质量资产的交易, 这是由于信息不完全导致的有限参与现象。我们的结果比 Huang 等 (2017) 发现的两种类型投资者的一般均衡更为复杂, 他们发现了经济中有 3 种可能类型的唯一均衡。

注记 4 $h(\hat{\rho}, \overline{\rho}_S, \overline{\rho}_N)$ 和 $H(\hat{\rho}, \overline{\rho}_S, \overline{\rho}_N)$ 构成了质量比率的阈值, 当精明投资者持有这

两种风险资产的正头寸时, 阈值决定了在均衡状态下, 天真投资者是否参与低质量资产的交易。他们的极值 $h(\hat{\rho}, \overline{\rho}_S, \overline{\rho}_S)$ 和 $H(\hat{\rho}, \overline{\rho}_S, \overline{\rho}_S)$ 形成的阈值决定了当天真投资者不交易风险资产时对于精明投资者来说均衡是否是非参与的。这两个临界值 $h(\hat{\rho}, \overline{\rho}_S, \overline{\rho}_N)$ 和 $H(\hat{\rho}, \overline{\rho}_S, \overline{\rho}_N)$ 由精明投资者和天真投资者设想的最大相关系数决定。此外, 函数 $H(\hat{\rho}, \overline{\rho}_S, \overline{\rho}_N)$ 关于天真投资者的最大相关系数 $\overline{\rho}_N$ 是严格递减并且严格凸的, 且有 $H(\hat{\rho}, \overline{\rho}_S, \overline{\rho}_S) = \dfrac{1 - \hat{\rho}^2}{\theta_I(\overline{\rho}_S - \hat{\rho})} - \hat{\rho}$ 和 $H(\hat{\rho}, \overline{\rho}_S, 1) = \dfrac{\theta_N}{\dfrac{\theta_I}{1+\hat{\rho}} + \dfrac{\theta_S}{1+\overline{\rho}_S}} + 1$; 函数 $h(\hat{\rho}, \overline{\rho}_S, \overline{\rho}_N)$ 关于天真投资者的最大相关系数 $\overline{\rho}_N$ 是严格递增并且严格凹的。

从定理 3.1 我们知道, 精明投资者和天真投资者所设想的最小相关系数 $\underline{\rho}_S$ 和 $\underline{\rho}_N$ 对于决定经济中出现哪种均衡类型或影响均衡价格并不重要 (Huang et al., 2017)。

有限参与的另一个有趣的特征是, 不参与这两种风险资产不可能在均衡中发生。这可以从定理 3.1 中直接观察到。这一现象具有独特性, 因为该现象在资产收益的期望暧昧和方差暧昧在模型中都没有发现。直观地说, 如果天真投资者决定不交易低质量的资产, 他们避免了相关系数暧昧性, 将会理性地投资其他风险资产。同样, 如果精明投资者决定不交易低质量的资产 (天真投资者也决定不交易该资产), 他们避免了相关系数暧昧性, 理性地投资于其他风险资产。

3.3　均衡区域和有限参与

如定理 3.1 所示, 如果质量比率很小, 即 $E_{12} \leqslant h(\hat{\rho}, \overline{\rho}_S, \overline{\rho}_S)$, 那么市场中存在一种唯一的非参与均衡, 精明投资者和天真投资者不会交易风险资产 1, 但他们会在风险资产 2 中持有多头头寸; 如果质量比率较小, 即 $h(\hat{\rho}, \overline{\rho}_S, \overline{\rho}_S) < E_{12} \leqslant h(\hat{\rho}, \overline{\rho}_S, \overline{\rho}_N)$, 那么市场中存在一个唯一的非参与均衡, 天真投资者不会交易风险资产 1, 但他们会在风险资产 2 中持有多头头寸, 而精明投资者会在这两种风险资产中都持有多头头寸; 如果质量比率适中, 即 $h(\hat{\rho}, \overline{\rho}_S, \overline{\rho}_N) < E_{12} < H(\hat{\rho}, \overline{\rho}_S, \overline{\rho}_N)$, 那么市场中存在一种唯一的参与均衡, 精明投资者和天真投资者将在这两种资产中持有多头头寸; 如果质量比率较大, 即 $H(\hat{\rho}, \overline{\rho}_S, \overline{\rho}_N) \leqslant E_{12} < H(\hat{\rho}, \overline{\rho}_S, \overline{\rho}_S)$, 那么市场中存在一个唯一的非参与均衡, 天真投资者不会交易风险资产 2, 但他们在风险资产 1 中持有多头头寸, 而精明投资者在这两种风险资产中都持有多头头寸; 如果质量比率很大, 即 $H(\hat{\rho}, \overline{\rho}_S, \overline{\rho}_S) \leqslant E_{12}$, 那么市场中就存在一种唯一的非参与均衡, 精明投资者和天真投资者不会交易风险资产 2, 但他们会在风险资产 1 中持有多头头寸。

图 3.1 绘制了 5 个均衡区域, 展示了定理 3.1 中 5 种情况下, 若其他条件不变, 平面 $\overline{\rho}_N - O - E_{12}$ 中天真投资者最大相关系数 $\overline{\rho}_N$ 的变化, 以及平面 $\overline{\rho}_S - O - E_{12}$ 中精明投资者最大相关系数 $\overline{\rho}_S$ 的变化。[①]

---

① 图 3.1 绘制了均衡区域关于 $\overline{\rho}_N$ 和 $\overline{\rho}_S$ 变化的一般情况, 无论其他外生参数的值是多少。我们不指定其他外生参数, 如 $\theta_\Lambda (\Lambda = I, S, N)$ 和 $\hat{\rho}$, 因为它们对阈值和均衡区域的形状没有影响。实际上, 改变外生参数的值并不会改变本节其余部分中的讨论。

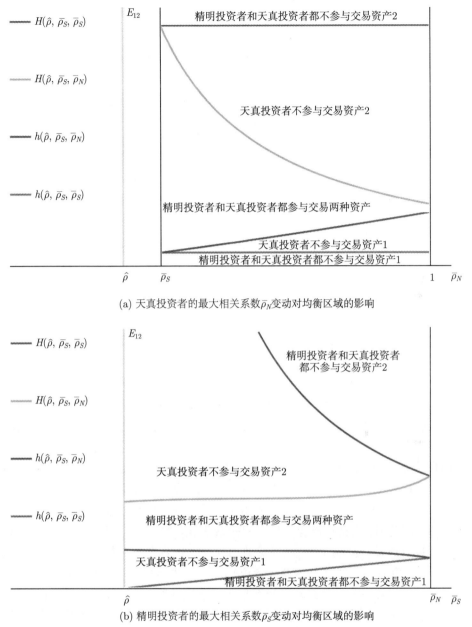

(a) 天真投资者的最大相关系数 $\bar{\rho}_N$ 变动对均衡区域的影响

(b) 精明投资者的最大相关系数 $\bar{\rho}_S$ 变动对均衡区域的影响

图 3.1　均衡区域和有限参与

3.3.1 天真投资者的最大相关系数

任意给定对于精明投资者来说最大的相关系数 $\bar{\rho}_S$, 点 $(\bar{\rho}_N, E_{12})$ 在图 3.1 (a) 平面 $\bar{\rho}_N - O - E_{12}$ 中展示的 5 个区域之一中, 这就暗示了 5 种不同类型的均衡。如果点 $(\bar{\rho}_N, E_{12})$ 在矩形 $(\bar{\rho}_S, 1) \times (0, h(\hat{\rho}, \bar{\rho}_S, \bar{\rho}_S)]$ 中, 则存在一个非参与均衡, 在这个均衡中, 精明投资者和天真投资者不交易资产 1; 如果点 $(\bar{\rho}_N, E_{12})$ 在矩形 $(\bar{\rho}_S, 1) \times$

$[H(\hat{\rho}, \overline{\rho}_S, \overline{\rho}_S), \infty)$ 中, 则存在一个非参与均衡, 在这个均衡中, 精明投资者和天真投资者不交易资产 2。函数 $H(\hat{\rho}, \overline{\rho}_S, \overline{\rho}_N)$ 关于 $\overline{\rho}_N$ 是严格递减且凸的, 并有 $H(\hat{\rho}, \overline{\rho}_S, 1) > 1$, 而函数 $h(\hat{\rho}, \overline{\rho}_S, \overline{\rho}_N)$ 关于 $\overline{\rho}_N$ 是严格递增且凹的, 并有 $h(\hat{\rho}, \overline{\rho}_S, 1) < 1$, 因此, 如果点 $(\overline{\rho}_N, E_{12})$ 在曲边三角形 $(\overline{\rho}_S, 1) \times (h(\hat{\rho}, \overline{\rho}_S, \overline{\rho}_S), h(\hat{\rho}, \overline{\rho}_S, \overline{\rho}_N)]$ 中, 则存在一个非参与均衡, 其中天真投资者不交易资产 1 (但精明投资者交易资产 1), 并且如果点 $(\overline{\rho}_N, E_{12})$ 在曲边三角形 $(\overline{\rho}_S, 1) \times [H(\hat{\rho}, \overline{\rho}_S, \overline{\rho}_N), H(\hat{\rho}, \overline{\rho}_S, \overline{\rho}_S))$ 中, 则存在一个非参与均衡, 其中天真投资者不交易资产 2(但精明投资者交易资产 2)。最后, 如果 $(\overline{\rho}_N, E_{12})$ 在曲边梯形 $(\overline{\rho}_S, 1) \times (h(\hat{\rho}, \overline{\rho}_S, \overline{\rho}_N), H(\hat{\rho}, \overline{\rho}_S, \overline{\rho}_N))$ 中, 则存在一个参与均衡, 其中精明投资者和天真投资者同时交易这两种资产。

其他条件相同, 增加对天真投资者来说的最大相关系数 $\overline{\rho}_N$ 能改变均衡类型, 并且可以观察到安全投资转移现象。从数学上来看, 当且仅当质量比率为适中, 即 $h(\hat{\rho}, \overline{\rho}_S, \overline{\rho}_N) < E_{12} < H(\hat{\rho}, \overline{\rho}_S, \overline{\rho}_N)$ 时, 均衡类型 3 才会出现。函数 $H(\hat{\rho}, \overline{\rho}_S, \overline{\rho}_N)$ 在 $[\overline{\rho}_S, 1]$ 上关于 $\overline{\rho}_N$ 是严格递减且凸的, 而函数 $h(\hat{\rho}, \overline{\rho}_S, \overline{\rho}_N)$ 在 $[\overline{\rho}_S, 1]$ 上关于 $\overline{\rho}_N$ 是严格递增且凹的。函数 $H(\hat{\rho}, \overline{\rho}_S, \overline{\rho}_N)$ 从 $H(\hat{\rho}, \overline{\rho}_S, \overline{\rho}_S) = \dfrac{1 - \hat{\rho}^2}{\theta_I(\overline{\rho}_S - \hat{\rho})} - \hat{\rho}$ 减少到 $H(\hat{\rho}, \overline{\rho}_S, 1) = \dfrac{\theta_N}{\dfrac{\theta_I}{1 + \hat{\rho}} + \dfrac{\theta_S}{1 + \overline{\rho}_S}} + 1$,

函数 $h(\hat{\rho}, \overline{\rho}_S, \overline{\rho}_N)$ 从 $h(\hat{\rho}, \overline{\rho}_S, \overline{\rho}_S)$ 增加到 $h(\hat{\rho}, \overline{\rho}_S, 1)$。因此, 如果质量比率 E_{12} 满足 $h(\hat{\rho}, \overline{\rho}_S, 1) \leqslant E_{12} \leqslant H(\hat{\rho}, \overline{\rho}_S, 1)$, 则均衡始终处于类型 3。如果 $h(\hat{\rho}, \overline{\rho}_S, \overline{\rho}_S) < E_{12} < h(\hat{\rho}, \overline{\rho}_S, 1)$, 增加天真投资者的最大相关系数 $\overline{\rho}_N$ 可以改变 E_{12} 和 $h(\hat{\rho}, \overline{\rho}_S, \overline{\rho}_N)$ 的关系, 因此将市场中的均衡从类型 3 转变为类型 2。如果 $H(\hat{\rho}, \overline{\rho}_S, 1) < E_{12} < H(\hat{\rho}, \overline{\rho}_S, \overline{\rho}_S)$, 增加天真投资者的最大相关系数 $\overline{\rho}_N$ 会改变 E_{12} 和 $H(\hat{\rho}, \overline{\rho}_S, \overline{\rho}_N)$ 的关系, 从而将均衡从类型 3 转变为类型 4。

我们也可以直观地理解这一点。若要同时持有两种资产, 如果质量比率适中 (在一个很小的区间内), 精明投资者和天真投资者必须承受相关系数暧昧性。当质量比率足够小或足够大时, 这两种资产对精明投资者和天真投资者有显著的区别。当市场对他们来说变得更加不确定时, 天真投资者的最大相关系数 $\overline{\rho}_N$ 增加, 为了避免暧昧性, 天真投资者会选择只持有质量较高的资产, 从而导致出现天真投资者不交易低质量资产的非参与均衡 (但精明投资者会同时交易这两种资产)。此外, 当质量比率足够小或足够大时, 这两种资产对内部投资者和精明投资者也有显著区别。随着市场对他们来说变得更加不确定, 天真投资者的最大相关系数 $\overline{\rho}_N$ 增加, 为了避免暧昧性, 精明投资者和天真投资者将选择只持有高质量的资产, 从而导致出现精明投资者和天真投资者不交易低质量资产的非参与均衡。

性质 3.1　当质量比率在中间区间, 即 $h(\hat{\rho}, \overline{\rho}_S, 1) \leqslant E_{12} \leqslant H(\hat{\rho}, \overline{\rho}_S, 1)$ 时, 天真投资者最大相关系数 $\overline{\rho}_N$ 的变化不会改变均衡的类型, 且均衡只能是类型 3 (精明投资者和天真投资者交易两种资产)。然而, 如果质量比率在中间区间两边的区间, 即 $h(\hat{\rho}, \overline{\rho}_S, \overline{\rho}_S) < E_{12} < h(\hat{\rho}, \overline{\rho}_S, 1)$ 或 $H(\hat{\rho}, \overline{\rho}_S, 1) < E_{12} < H(\hat{\rho}, \overline{\rho}_S, \overline{\rho}_S)$, 增加天真投资者的最大相关系数 $\overline{\rho}_N$ 可能会将均衡类型从类型 3 (精明投资者和天真投资者交易两种资产)

分别转变至类型 2 或者类型 4 (天真投资者不交易资产 1 或资产 2), 其中精明投资者将同时持有这两种资产, 而天真投资者将持有高质量的资产, 不交易低质量的资产。除此之外, 如果质量比率在两边都位于远区间, 即 $E_{12} \leqslant h(\hat{\rho}, \overline{\rho}_S, \overline{\rho}_S)$ 或者 $H(\hat{\rho}, \overline{\rho}_S, \overline{\rho}_S) \leqslant E_{12}$, 天真投资者最大相关系数 $\overline{\rho}_N$ 的改变不会改变均衡类型, 并且均衡仍为类型 1 或类型 5 (精明投资者和天真投资者不交易资产 1 或资产 2), 其中, 精明投资者和天真投资者将持有高质量资产, 但不交易低质量资产。

3.3.2 精明投资者的最大相关系数

任意给定天真投资者的最大相关系数 $\overline{\rho}_N$, 点 $(\overline{\rho}_S, E_{12})$ 在图 3.1(b) 平面 $\overline{\rho}_S - O - E_{12}$ 展示的 5 个区域之一中, 因此暗示了 5 种不同的均衡类型。函数 $H(\hat{\rho}, \overline{\rho}_S, \overline{\rho}_S)$ 在 $\overline{\rho}_S$ 上是严格递减且凸的, 函数 $h(\hat{\rho}, \overline{\rho}_S, \overline{\rho}_S)$ 在 $\overline{\rho}_S$ 上是严格递增且凹的, 因此, 如果点 $(\overline{\rho}_S, E_{12})$ 在曲边三角形 $(\hat{\rho}, \overline{\rho}_N) \times (0, h(\hat{\rho}, \overline{\rho}_S, \overline{\rho}_S)]$ 中, 则存在一个精明投资者和天真投资者不交易资产 1 的非参与均衡, 然而如果点 $(\overline{\rho}_S, E_{12})$ 在曲边三角形 $(\hat{\rho}, \overline{\rho}_N) \times [H(\hat{\rho}, \overline{\rho}_S, \overline{\rho}_S), \infty)$ 中, 则存在一个精明投资者和天真投资者不交易资产 2 的非参与均衡。函数 $H(\hat{\rho}, \overline{\rho}_S, \overline{\rho}_N)$ 在 $\overline{\rho}_S$ 上是严格递减的, 函数 $h(\hat{\rho}, \overline{\rho}_S, \overline{\rho}_N)$ 是在 $\overline{\rho}_S$ 上是严格递增的, 因此, 如果点 $(\overline{\rho}_S, E_{12})$ 在曲边三角形 $(\hat{\rho}, \overline{\rho}_N) \times (h(\hat{\rho}, \overline{\rho}_S, \overline{\rho}_S), h(\hat{\rho}, \overline{\rho}_S, \overline{\rho}_N)]$ 中, 则存在一个天真投资者不交易资产 1 的非参与均衡, 而如果点 $(\overline{\rho}_S, E_{12})$ 在曲边三角形 $(\hat{\rho}, \overline{\rho}_N) \times [H(\hat{\rho}, \overline{\rho}_S, \overline{\rho}_N), H(\hat{\rho}, \overline{\rho}_S, \overline{\rho}_S))$ 中, 则存在一个天真投资者不交易资产 2 的非参与均衡。最后, 如果点 $(\overline{\rho}_S, E_{12})$ 在曲边梯形 $(\hat{\rho}, \overline{\rho}_N) \times (h(\hat{\rho}, \overline{\rho}_S, \overline{\rho}_N), H(\hat{\rho}, \overline{\rho}_S, \overline{\rho}_N))$ 中, 则存在一个精明投资者和天真投资者同时交易两种资产的参与均衡。

其他条件相同, 增加精明投资者的最大相关系数 $\overline{\rho}_S$ 会改变均衡类型, 并且可以观察到安全投资转移现象。从数学上来看, 当且仅当质量比率适中, 即 $h(\hat{\rho}, \overline{\rho}_S, \overline{\rho}_N) < E_{12} < H(\hat{\rho}, \overline{\rho}_S, \overline{\rho}_N)$ 时, 均衡类型 3 才会出现。函数 $H(\hat{\rho}, \overline{\rho}_S, \overline{\rho}_N)$ 在 $[\hat{\rho}, \overline{\rho}_N]$ 上关于 $\overline{\rho}_S$ 是严格递增的, 函数 $h(\hat{\rho}, \overline{\rho}_S, \overline{\rho}_N)$ 在 $[\hat{\rho}, \overline{\rho}_N]$ 上关于 $\overline{\rho}_S$ 是严格递减的。$H(\hat{\rho}, \overline{\rho}_S, \overline{\rho}_N)$ 从

$$H(\hat{\rho}, \hat{\rho}, \overline{\rho}_N) = \frac{1 - \hat{\rho}^2}{(1 - \theta_N)(\overline{\rho}_N - \hat{\rho})} - \hat{\rho} \text{ 增加到 } H(\hat{\rho}, \overline{\rho}_N, \overline{\rho}_N) = \frac{1 - \hat{\rho}^2}{\theta_I(\overline{\rho}_N - \hat{\rho})} - \hat{\rho}, h(\hat{\rho}, \overline{\rho}_S, \overline{\rho}_N)$$

从 $h(\hat{\rho}, \hat{\rho}, \overline{\rho}_N)$ 减少到 $h(\hat{\rho}, \overline{\rho}_N, \overline{\rho}_N)$。函数 $H(\hat{\rho}, \overline{\rho}_S, \overline{\rho}_S) = \frac{1 - \hat{\rho}^2}{\theta_I(\overline{\rho}_S - \hat{\rho})} - \hat{\rho}$ 在 $[\hat{\rho}, \overline{\rho}_N]$ 上关于 $\overline{\rho}_S$ 是严格递减且凸的, 而函数 $h(\hat{\rho}, \overline{\rho}_S, \overline{\rho}_S)$ 在 $[\hat{\rho}, \overline{\rho}_N]$ 上关于 $\overline{\rho}_S$ 是严格递增且凹的。$H(\hat{\rho}, \overline{\rho}_S, \overline{\rho}_S)$ 从 $H(\hat{\rho}, \hat{\rho}, \hat{\rho}) = \infty$ 减少到 $H(\hat{\rho}, \overline{\rho}_N, \overline{\rho}_N) = \frac{1 - \hat{\rho}^2}{\theta_I(\overline{\rho}_N - \hat{\rho})} - \hat{\rho}, h(\hat{\rho}, \overline{\rho}_S, \overline{\rho}_S)$ 从 $h(\hat{\rho}, \hat{\rho}, \hat{\rho}) = 0$ 增加到 $h(\hat{\rho}, \overline{\rho}_N, \overline{\rho}_N)$。因此, 我们得到如下结论:

(1) 如果质量比率很小, 即 $E_{12} \leqslant h(\hat{\rho}, \overline{\rho}_N, \overline{\rho}_N)$, 增加精明投资者的最大相关系数 $\overline{\rho}_S$ 能改变 E_{12} 和 $h(\hat{\rho}, \overline{\rho}_S, \overline{\rho}_S)$ 的关系, 因此均衡类型从类型 2 变为类型 1;

(2) 如果质量比率较小, 即 $h(\hat{\rho}, \overline{\rho}_N, \overline{\rho}_N) < E_{12} \leqslant h(\hat{\rho}, \hat{\rho}, \overline{\rho}_N)$, 增加精明投资者的最大相关系数 $\overline{\rho}_S$ 能改变 E_{12} 和 $h(\hat{\rho}, \overline{\rho}_S, \overline{\rho}_S)$ 的关系, 因此均衡类型从类型 2 变为类型 3;

(3) 如果质量比率适中, 即 $h(\hat{\rho}, \hat{\rho}, \overline{\rho}_N) < E_{12} < H(\hat{\rho}, \hat{\rho}, \overline{\rho}_N)$, 均衡类型保持为类型 3;

(4) 如果质量比率较大, 即 $H(\hat{\rho}, \hat{\rho}, \overline{\rho}_N) \leqslant E_{12} < H(\hat{\rho}, \overline{\rho}_N, \overline{\rho}_N)$, 增加天真投资者的最

大相关系数 $\overline{\rho}_N$ 能改变 E_{12} 和 $H(\hat{\rho}, \overline{\rho}_S, \overline{\rho}_S)$ 的关系, 因此均衡类型从类型 4 变为类型 3;

(5) 如果质量比率很大, 即 $H(\hat{\rho}, \overline{\rho}_N, \overline{\rho}_N) \leqslant E_{12}$, 增加精明投资者的最大相关系数 $\overline{\rho}_S$ 能改变 E_{12} 和 $h(\hat{\rho}, \overline{\rho}_S, \overline{\rho}_S)$ 的关系, 因此均衡类型从类型 4 变为类型 5。

我们也可以直观地理解这一点。要同时持有两种资产, 精明投资者和天真投资者必须承受相关系数暧昧性。当质量比率足够小或足够大时, 风险资产有显著的区别。随着市场对信息较少的投资者变得更加不确定, 精明投资者的最大相关系数 $\overline{\rho}_S$ 增加, 为了避免暧昧他们会选择只持有高质量的资产, 从而导致一个精明投资者和天真投资者不交易资产 1 或资产 2 的非参与均衡。

性质 3.2　当质量比率在中间区间, 即 $h(\hat{\rho}, \hat{\rho}, \overline{\rho}_N) < E_{12} < H(\hat{\rho}, \hat{\rho}, \overline{\rho}_N)$ 时, 精明投资者最大相关系数 $\overline{\rho}_S$ 的变化不会改变均衡类型, 此时均衡只能是类型 3 (精明投资者和天真投资者参与交易的均衡)。然而, 如果 E_{12} 位于中间区间两边的区间, 即 $h(\hat{\rho}, \overline{\rho}_N, \overline{\rho}_N) < E_{12} \leqslant h(\hat{\rho}, \hat{\rho}, \overline{\rho}_N)$ 或者 $H(\hat{\rho}, \hat{\rho}, \overline{\rho}_N) \leqslant E_{12} < H(\hat{\rho}, \overline{\rho}_N, \overline{\rho}_N)$, 增加精明投资者的最大相关系数 $\overline{\rho}_S$ 可能会将均衡类型分别从类型 2 或类型 4 (天真投资者不交易资产 1 或资产 2) 转变至类型 3 (精明投资者和天真投资者参与交易的均衡)。除此之外, 如果 E_{12} 在两边都位于远区间, 即 $E_{12} \leqslant h(\hat{\rho}, \overline{\rho}_N, \overline{\rho}_N)$ 或者 $H(\hat{\rho}, \overline{\rho}_N, \overline{\rho}_N) \leqslant E_{12}$, 精明投资者最大相关系数 $\overline{\rho}_S$ 的改变可能会将均衡类型从类型 2 或类型 4 (天真投资者不交易资产 1 或资产 2) 分别转变为类型 1 或类型 5 (精明投资者和天真投资者均不交易资产 1 或资产 2)。

基于我们的分析, 降低最大相关系数会改变市场参与度。对于均衡价格, 根据定理 3.1, 如果经济处于均衡类型 1 和类型 5, 由于天真投资者只交易一种风险资产, 精明投资者最大相关系数 $\overline{\rho}_S$ 的变化对资产价格没有影响。

3.4　基于信息结构的资产配置

在本节中, 我们探究不完全信息对均衡头寸的影响。我们首先比较投资者需求函数的大小, 然后比较他们的均衡头寸。

3.4.1　信息披露的需求函数

事实 1 和事实 2 表明了不同类型投资者的交易方向, 但没有阐述他们的交易量。根据传统模型, 我们通常推测掌握信息多的投资者对风险资产的需求大于掌握信息少的投资者。事实上, 这是一种直觉谬误！Huang 等 (2017) 提出了事实 3, 即面对相关系数暧昧性的投资者 (精明投资者和天真投资者) 可能比完全知情的投资者持有更激进的头寸 (多头或空头)。此外, 性质 3.3 表明, 相比于掌握信息较多的精明投资者, 掌握信息较少的天真投资者可能持有更大的绝对头寸 (多头或空头), 即使他们都面临相关系数暧昧性。

事实 3　精明投资者和天真投资者可能持有比内部投资者更激进的头寸 (多头或空头)。

我们可以用同样的证明来检验精明投资者和天真投资者的结果。与那些避免暧昧和要求补偿的精明投资者相比, 天真投资者在收益分配上也避免了暧昧性, 从而减少了风险资产的头寸。然而, 我们使用下面的性质来证明, 即使当暧昧厌恶扭曲了天真投资者的行为时, 他们仍然可能更激进地持有风险资产的头寸。本章附录 B 通过直接比较不同类型投资者的需求函数, 给出了天真投资者比精明投资者持有更多头寸的具体情况。

性质 3.3 天真投资者可能持有比精明投资者更激进的头寸 (多头或空头)。

事实 3 和性质 3.3 表明, 天真投资者对风险资产的需求可能大于精明投资者, 精明投资者的需求可能大于内部投资者, 因此, 天真投资者对风险资产的需求可能大于内部投资者。故而我们不能得出这样的结论: 投资者掌握的信息越多, 他们持有的风险资产头寸就越大。

3.4.2 信息结构的均衡头寸

在前文中, 我们通过简单地比较投资者的需求函数, 总结了投资者对风险资产的需求量。我们现在比较 3 种投资者类型的均衡头寸, 深入研究他们的交易模式, 并在性质 3.4、性质 3.5 和性质 3.6 中列出结果。

本章附录 C 对内部投资者和精明投资者的均衡头寸进行了如下比较。

(1) 对于均衡类型 1 (精明投资者和天真投资者不交易资产 1), 如果质量比率很小, 即 $E_{12} \leqslant h(\hat{\rho}, \bar{\rho}_S, \bar{\rho}_S)$, 则对于 $\hat{\rho} > 0$, 有 $Z_{S2}^* > Z_{I2}^*$。

(2) 对于均衡类型 2 (天真投资者不交易资产 1), 如果质量比率较小, 即 $h(\hat{\rho}, \bar{\rho}_S, \bar{\rho}_S) < E_{12} \leqslant h(\hat{\rho}, \bar{\rho}_S, \bar{\rho}_N)$, 则对于 $E_{12} < \dfrac{\theta_I \bar{\rho}_S + \theta_S \hat{\rho}}{\theta_I + \theta_S + \theta_N(1 + \bar{\rho}_S \hat{\rho})}$, 有 $Z_{S2}^* > Z_{I2}^*$。

(3) 对于均衡类型 3 (精明投资者和天真投资者均交易两种资产), 如果质量比率适中, 即 $h(\hat{\rho}, \bar{\rho}_S, \bar{\rho}_N) < E_{12} < H(\hat{\rho}, \bar{\rho}_S, \bar{\rho}_N)$, 则

$$\text{对于 } E_{21} < \dfrac{\theta_I \bar{\rho}_S + \theta_S \hat{\rho} + \dfrac{\theta_N}{1 - \bar{\rho}_N^2}[(\hat{\rho} + \bar{\rho}_S) - \bar{\rho}_N(1 + \hat{\rho}\bar{\rho}_S)]}{\theta_I + \theta_S + \dfrac{\theta_N}{1 - \bar{\rho}_N^2}[(1 + \hat{\rho}\bar{\rho}_S) - \bar{\rho}_N(\hat{\rho} + \bar{\rho}_S)]}, Z_{S1}^* > Z_{I1}^*$$

$$\text{对于 } E_{12} < \dfrac{\theta_I \bar{\rho}_S + \theta_S \hat{\rho} + \dfrac{\theta_N}{1 - \bar{\rho}_N^2}[(\hat{\rho} + \bar{\rho}_S) - \bar{\rho}_N(1 + \hat{\rho}\bar{\rho}_S)]}{\theta_I + \theta_S + \dfrac{\theta_N}{1 - \bar{\rho}_N^2}[(1 + \hat{\rho}\bar{\rho}_S) - \bar{\rho}_N(\hat{\rho} + \bar{\rho}_S)]}, Z_{S2}^* > Z_{I2}^*$$

(4) 对于均衡类型 4 (天真投资者不交易资产 2), 如果质量比率较大, 即 $H(\hat{\rho}, \bar{\rho}_S, \bar{\rho}_N) \leqslant E_{12} < H(\hat{\rho}, \bar{\rho}_S, \bar{\rho}_S)$, 则对于 $E_{21} < \dfrac{\theta_I \bar{\rho}_S + \theta_S \hat{\rho}}{\theta_I + \theta_S + \theta_N(1 + \bar{\rho}_S \hat{\rho})}$ 有 $Z_{S1}^* > Z_{I1}^*$。

(5) 对于均衡类型 5 (精明投资者和天真投资者均不交易资产 2), 如果质量比率很大, 即 $H(\hat{\rho}, \bar{\rho}_S, \bar{\rho}_S) \leqslant E_{12}$, 则对于 $\hat{\rho} > 0$ 有 $Z_{S1}^* > Z_{I1}^*$。

从分析中, 我们得到 $Z_{S1}^* > Z_{I1}^*$ 的范围:

$$\{E_{21} \leqslant h(\hat{\rho}, \bar{\rho}_S, \bar{\rho}_S) \text{ 若 } \hat{\rho} > 0\}$$

$$\cup \left\{ E_{21} < \frac{\theta_I \overline{\rho}_S + \theta_S \hat{\rho}}{\theta_I + \theta_S + \theta_N (1 + \overline{\rho}_S \hat{\rho})} \middle| h(\hat{\rho}, \overline{\rho}_S, \overline{\rho}_S) < E_{21} \leqslant h(\hat{\rho}, \overline{\rho}_S, \overline{\rho}_N) \right\}$$

$$\cup \left\{ E_{21} < \frac{\theta_I \overline{\rho}_S + \theta_S \hat{\rho} + \dfrac{\theta_N}{1 - \overline{\rho}_N^2}[(\hat{\rho} + \overline{\rho}_S) - \overline{\rho}_N (1 + \hat{\rho} \overline{\rho}_S)]}{\theta_I + \theta_S + \dfrac{\theta_N}{1 - \overline{\rho}_N^2}[(1 + \hat{\rho} \overline{\rho}_S) - \overline{\rho}_N (\hat{\rho} + \overline{\rho}_S)]} \middle| h(\hat{\rho}, \overline{\rho}_S, \overline{\rho}_N) < E_{21} < H(\hat{\rho}, \overline{\rho}_S, \overline{\rho}_N) \right\}$$

$$= \begin{cases} \left\{ h(\hat{\rho}, \overline{\rho}_S, \overline{\rho}_N) < E_{21} < \dfrac{\theta_I \overline{\rho}_S + \theta_S \hat{\rho} + \dfrac{\theta_N}{1 - \overline{\rho}_N^2}[(\hat{\rho} + \overline{\rho}_S) - \overline{\rho}_N (1 + \hat{\rho} \overline{\rho}_S)]}{\theta_I + \theta_S + \dfrac{\theta_N}{1 - \overline{\rho}_N^2}[(1 + \hat{\rho} \overline{\rho}_S) - \overline{\rho}_N (\hat{\rho} + \overline{\rho}_S)]} \right\} \\ \quad \cup \left\{ E_{21} < \dfrac{\theta_I \overline{\rho}_S + \theta_S \hat{\rho}}{\theta_I + \theta_S + \theta_N (1 + \overline{\rho}_S \hat{\rho})} \right\}, 若 \quad 0 < \hat{\rho} < \overline{\rho}_S < \overline{\rho}_N < \dfrac{\hat{\rho} + \overline{\rho}_S}{1 + \hat{\rho} \overline{\rho}_S} \\ \left\{ E_{21} < \dfrac{\theta_I \overline{\rho}_S + \theta_S \hat{\rho}}{\theta_I + \theta_S + \theta_N (1 + \overline{\rho}_S \hat{\rho})} \right\}, 若 \quad 0 < \hat{\rho} < \overline{\rho}_S < \dfrac{\hat{\rho} + \overline{\rho}_S}{1 + \hat{\rho} \overline{\rho}_S} < \overline{\rho}_N \end{cases}$$

$Z_{S2}^* > Z_{I2}^*$ 的范围:

$$\left\{ E_{12} \leqslant h(\hat{\rho}, \overline{\rho}_S, \overline{\rho}_S) \ 若 \ \hat{\rho} > 0 \right\}$$

$$\cup \left\{ E_{12} < \frac{\theta_I \overline{\rho}_S + \theta_S \hat{\rho}}{\theta_I + \theta_S + \theta_N (1 + \overline{\rho}_S \hat{\rho})} \middle| h(\hat{\rho}, \overline{\rho}_S, \overline{\rho}_S) < E_{12} \leqslant h(\hat{\rho}, \overline{\rho}_S, \overline{\rho}_N) \right\}$$

$$\cup \left\{ E_{12} < \frac{\theta_I \overline{\rho}_S + \theta_S \hat{\rho} + \dfrac{\theta_N}{1 - \overline{\rho}_N^2}[(\hat{\rho} + \overline{\rho}_S) - \overline{\rho}_N (1 + \hat{\rho} \overline{\rho}_S)]}{\theta_I + \theta_S + \dfrac{\theta_N}{1 - \overline{\rho}_N^2}[(1 + \hat{\rho} \overline{\rho}_S) - \overline{\rho}_N (\hat{\rho} + \overline{\rho}_S)]} \middle| h(\hat{\rho}, \overline{\rho}_S, \overline{\rho}_N) < E_{12} < H(\hat{\rho}, \overline{\rho}_S, \overline{\rho}_N) \right\}$$

$$= \begin{cases} \left\{ h(\hat{\rho}, \overline{\rho}_S, \overline{\rho}_N) < E_{12} < \dfrac{\theta_I \overline{\rho}_S + \theta_S \hat{\rho} + \dfrac{\theta_N}{1 - \overline{\rho}_N^2}[(\hat{\rho} + \overline{\rho}_S) - \overline{\rho}_N (1 + \hat{\rho} \overline{\rho}_S)]}{\theta_I + \theta_S + \dfrac{\theta_N}{1 - \overline{\rho}_N^2}[(1 + \hat{\rho} \overline{\rho}_S) - \overline{\rho}_N (\hat{\rho} + \overline{\rho}_S)]} \right\} \\ \quad \cup \left\{ E_{12} < \dfrac{\theta_I \overline{\rho}_S + \theta_S \hat{\rho}}{\theta_I + \theta_S + \theta_N (1 + \overline{\rho}_S \hat{\rho})} \right\}, 若 \quad 0 < \hat{\rho} < \overline{\rho}_S < \overline{\rho}_N < \dfrac{\hat{\rho} + \overline{\rho}_S}{1 + \hat{\rho} \overline{\rho}_S} \\ \left\{ E_{12} < \dfrac{\theta_I \overline{\rho}_S + \theta_S \hat{\rho}}{\theta_I + \theta_S + \theta_N (1 + \overline{\rho}_S \hat{\rho})} \right\}, \ 若 \quad 0 < \hat{\rho} < \overline{\rho}_S < \dfrac{\hat{\rho} + \overline{\rho}_S}{1 + \hat{\rho} \overline{\rho}_S} < \overline{\rho}_N \end{cases}$$

因此, 如果相关系数的真实值为正, 在某些情况下, 精明投资者的高质量资产配置高于内部投资者。

　　性质 3.4　在均衡状态下, 精明投资者可能比内部投资者持有更多的头寸。具体地,

如果 $\hat{\rho} > 0$, 则对于

$$E_{21} < \frac{\theta_I \overline{\rho}_S + \theta_S \hat{\rho}}{\theta_I + \theta_S + \theta_N (1 + \overline{\rho}_S \hat{\rho})}$$

$$\text{或} \quad h(\hat{\rho}, \overline{\rho}_S, \overline{\rho}_N) < E_{21} < \frac{\theta_I \overline{\rho}_S + \theta_S \hat{\rho} + \dfrac{\theta_N}{1 - \overline{\rho}_N^2}[(\hat{\rho} + \overline{\rho}_S) - \overline{\rho}_N (1 + \hat{\rho}\overline{\rho}_S)]}{\theta_I + \theta_S + \dfrac{\theta_N}{1 - \overline{\rho}_N^2}[(1 + \hat{\rho}\overline{\rho}_S) - \overline{\rho}_N (\hat{\rho} + \overline{\rho}_S)]}$$

有 $Z_{S1}^* > Z_{I1}^*$; 且对于

$$E_{12} < \frac{\theta_I \overline{\rho}_S + \theta_S \hat{\rho}}{\theta_I + \theta_S + \theta_N (1 + \overline{\rho}_S \hat{\rho})}$$

$$\text{或} \quad h(\hat{\rho}, \overline{\rho}_S, \overline{\rho}_N) < E_{12} < \frac{\theta_I \overline{\rho}_S + \theta_S \hat{\rho} + \dfrac{\theta_N}{1 - \overline{\rho}_N^2}[(\hat{\rho} + \overline{\rho}_S) - \overline{\rho}_N (1 + \hat{\rho}\overline{\rho}_S)]}{\theta_I + \theta_S + \dfrac{\theta_N}{1 - \overline{\rho}_N^2}[(1 + \hat{\rho}\overline{\rho}_S) - \overline{\rho}_N (\hat{\rho} + \overline{\rho}_S)]}$$

有 $Z_{S2}^* > Z_{I2}^*$。

精明投资者和内部投资者均衡头寸的比较如图 3.2 所示。

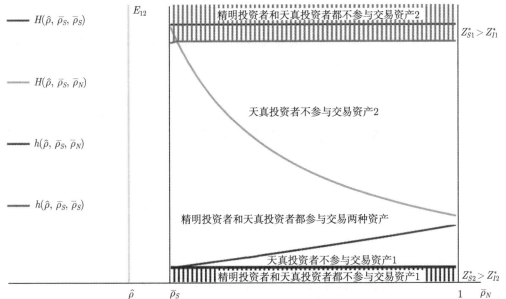

(a) 天真投资者的最大相关系数 $\overline{\rho}_N$ 变动对精明投资者和内部投资者均衡头寸大小比较的影响

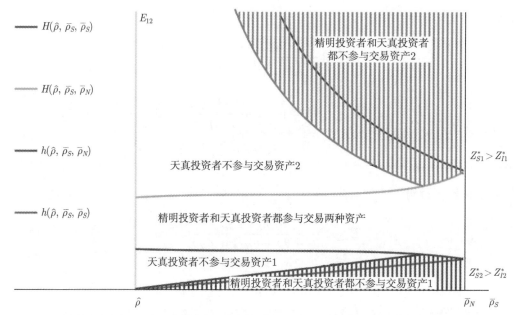

(b) 精明投资者的最大相关系数 $\overline{\rho}_S$ 变动对精明投资者和内部投资者均衡头寸大小比较的影响

图 3.2　精明投资者和内部投资者均衡头寸的比较 ($\hat{\rho} > 0$)

本章附录 C 对内部投资者和天真投资者的均衡头寸进行了如下比较:

(1) 对于均衡类型 1 (精明投资者和天真投资者不交易资产 1) 和均衡类型 2 (天真投资者不交易资产 1),如果质量比率很小或较小,即 $E_{12} \leqslant h(\hat{\rho}, \overline{\rho}_S, \overline{\rho}_N)$,则对于 $\hat{\rho} > 0$ 有 $Z_{N2}^* > Z_{I2}^*$。

(2) 对于均衡类型 3 (精明投资者和天真投资者均交易两种资产),如果质量比率适中,即 $h(\hat{\rho}, \overline{\rho}_S, \overline{\rho}_N) < E_{12} < H(\hat{\rho}, \overline{\rho}_S, \overline{\rho}_N)$,则

$$对于 \ E_{21} < \frac{\theta_I \overline{\rho}_N + \dfrac{\theta_S}{1 - \overline{\rho}_S^2}[(\overline{\rho}_N + \hat{\rho}) - \overline{\rho}_S(1 + \overline{\rho}_N \hat{\rho})] + \theta_N \hat{\rho}}{\theta_I + \dfrac{\theta_S}{1 - \overline{\rho}_S^2}[(1 + \overline{\rho}_N \hat{\rho}) - \overline{\rho}_S(\overline{\rho}_N + \hat{\rho})] + \theta_N}, Z_{N1}^* > Z_{I1}^*$$

$$对于 \ E_{12} < \frac{\theta_I \overline{\rho}_N + \dfrac{\theta_S}{1 - \overline{\rho}_S^2}[(\overline{\rho}_N + \hat{\rho}) - \overline{\rho}_S(1 + \overline{\rho}_N \hat{\rho})] + \theta_N \hat{\rho}}{\theta_I + \dfrac{\theta_S}{1 - \overline{\rho}_S^2}[(1 + \overline{\rho}_N \hat{\rho}) - \overline{\rho}_S(\overline{\rho}_N + \hat{\rho})] + \theta_N}, Z_{N2}^* > Z_{I2}^*$$

(3) 对于均衡类型 4 (天真投资者不交易资产 2) 和均衡类型 5 (精明投资者和天真投资者均不交易资产 2),如果质量比率较大或很大,即 $H(\hat{\rho}, \overline{\rho}_S, \overline{\rho}_N) \leqslant E_{12}$,则对于 $\hat{\rho} > 0$ 有 $Z_{N1}^* > Z_{I1}^*$。

从分析中,我们得到 $Z_{N1}^* > Z_{I1}^*$ 的范围:

$$\{E_{21} \leqslant h(\hat{\rho}, \overline{\rho}_S, \overline{\rho}_N) \ 若 \ \hat{\rho} > 0\}$$

$$\cup \left\{ E_{21} < \frac{\theta_I \bar{\rho}_N + \dfrac{\theta_S}{1 - \bar{\rho}_S^2}[(\bar{\rho}_N + \hat{\rho}) - \bar{\rho}_S(1 + \bar{\rho}_N \hat{\rho})] + \theta_N \hat{\rho}}{\theta_I + \dfrac{\theta_S}{1 - \bar{\rho}_S^2}[(1 + \bar{\rho}_N \hat{\rho}) - \bar{\rho}_S(\bar{\rho}_N + \hat{\rho})] + \theta_N} \;\middle|\; \begin{array}{l} h(\hat{\rho}, \bar{\rho}_S, \bar{\rho}_N) < E_{21} \\ < H(\hat{\rho}, \bar{\rho}_S, \bar{\rho}_N) \end{array} \right\}$$

$$= \left\{ E_{21} < \frac{\theta_I \bar{\rho}_N + \dfrac{\theta_S}{1 - \bar{\rho}_S^2}[(\bar{\rho}_N + \hat{\rho}) - \bar{\rho}_S(1 + \bar{\rho}_N \hat{\rho})] + \theta_N \hat{\rho}}{\theta_I + \dfrac{\theta_S}{1 - \bar{\rho}_S^2}[(1 + \bar{\rho}_N \hat{\rho}) - \bar{\rho}_S(\bar{\rho}_N + \hat{\rho})] + \theta_N} \right\}, \text{其中 } \hat{\rho} > 0$$

$Z_{N2}^* > Z_{I2}^*$ 的范围:

$\{E_{12} \leqslant h(\hat{\rho}, \bar{\rho}_S, \bar{\rho}_N) \text{ 若 } \hat{\rho} > 0\}$

$$\cup \left\{ E_{12} < \frac{\theta_I \bar{\rho}_N + \dfrac{\theta_S}{1 - \bar{\rho}_S^2}[(\bar{\rho}_N + \hat{\rho}) - \bar{\rho}_S(1 + \bar{\rho}_N \hat{\rho})] + \theta_N \hat{\rho}}{\theta_I + \dfrac{\theta_S}{1 - \bar{\rho}_S^2}[(1 + \bar{\rho}_N \hat{\rho}) - \bar{\rho}_S(\bar{\rho}_N + \hat{\rho})] + \theta_N} \;\middle|\; \begin{array}{l} h(\hat{\rho}, \bar{\rho}_S, \bar{\rho}_N) < E_{12} \\ < H(\hat{\rho}, \bar{\rho}_S, \bar{\rho}_N) \end{array} \right\}$$

$$= \left\{ E_{12} < \frac{\theta_I \bar{\rho}_N + \dfrac{\theta_S}{1 - \bar{\rho}_S^2}[(\bar{\rho}_N + \hat{\rho}) - \bar{\rho}_S(1 + \bar{\rho}_N \hat{\rho})] + \theta_N \hat{\rho}}{\theta_I + \dfrac{\theta_S}{1 - \bar{\rho}_S^2}[(1 + \bar{\rho}_N \hat{\rho}) - \bar{\rho}_S(\bar{\rho}_N + \hat{\rho})] + \theta_N} \right\}, \text{其中 } \hat{\rho} > 0$$

因此, 如果相关系数真实值为正, 在某些情况下, 天真投资者的高质量资产配置高于内部投资者。

性质 3.5 在均衡状态下, 天真投资者可能持有比内部投资者更多的头寸。具体地, 如果 $\hat{\rho} > 0$, 则对于

$$E_{21} < \frac{\theta_I \bar{\rho}_N + \dfrac{\theta_S}{1 - \bar{\rho}_S^2}[(\bar{\rho}_N + \hat{\rho}) - \bar{\rho}_S(1 + \bar{\rho}_N \hat{\rho})] + \theta_N \hat{\rho}}{\theta_I + \dfrac{\theta_S}{1 - \bar{\rho}_S^2}[(1 + \bar{\rho}_N \hat{\rho}) - \bar{\rho}_S(\bar{\rho}_N + \hat{\rho})] + \theta_N}$$

有 $Z_{N1}^* > Z_{I1}^*$; 且对于

$$E_{12} < \frac{\theta_I \bar{\rho}_N + \dfrac{\theta_S}{1 - \bar{\rho}_S^2}[(\bar{\rho}_N + \hat{\rho}) - \bar{\rho}_S(1 + \bar{\rho}_N \hat{\rho})] + \theta_N \hat{\rho}}{\theta_I + \dfrac{\theta_S}{1 - \bar{\rho}_S^2}[(1 + \bar{\rho}_N \hat{\rho}) - \bar{\rho}_S(\bar{\rho}_N + \hat{\rho})] + \theta_N}$$

有 $Z_{N2}^* > Z_{I2}^*$。

天真投资者和内部投资者均衡头寸的比较如图 3.3 所示。

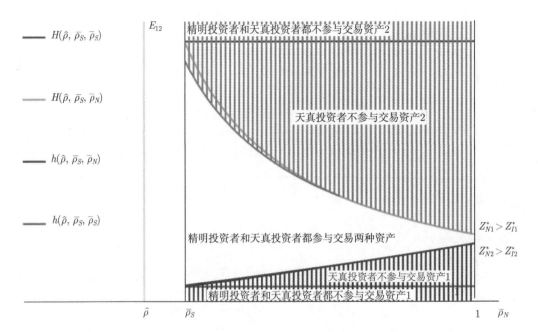

(a) 天真投资者的最大相关系数 $\bar{\rho}_N$ 变动对天真投资者和内部投资者均衡头寸大小比较的影响

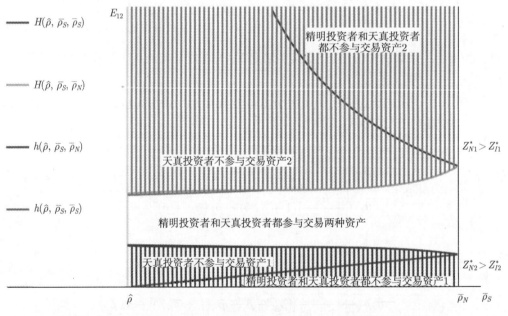

(b) 精明投资者的最大相关系数 $\bar{\rho}_S$ 变动对天真投资者和内部投资者均衡头寸大小比较的影响

图 3.3   天真投资者和内部投资者均衡头寸的比较 ($\hat{\rho} > 0$)

本章附录 C 对精明投资者和天真投资者的均衡头寸进行了比较, 结果如下:

(1) 对于均衡类型 2 (天真投资者不交易资产 1), 如果质量比率较小, 即 $h(\hat{\rho}, \bar{\rho}_S, \bar{\rho}_S) <$

$E_{12} \leqslant h(\hat{\rho}, \overline{\rho}_S, \overline{\rho}_N)$, 则对于 $\overline{\rho}_S > 0$ 有 $Z_{N2}^* > Z_{S2}^*$。

(2) 对于均衡类型 3 (精明投资者和天真投资者均交易两种资产), 如果质量比率适中, 即 $h(\hat{\rho}, \overline{\rho}_S, \overline{\rho}_N) < E_{12} < H(\hat{\rho}, \overline{\rho}_S, \overline{\rho}_N)$, 则

$$\text{对于 } E_{21} < \frac{\frac{\theta_I}{1-\hat{\rho}^2}[(\overline{\rho}_S + \overline{\rho}_N) - \hat{\rho}(1 + \overline{\rho}_S\overline{\rho}_N)] + \theta_S\overline{\rho}_N + \theta_N\overline{\rho}_S}{\frac{\theta_I}{1-\hat{\rho}^2}[(1 + \overline{\rho}_S\overline{\rho}_N) - \hat{\rho}(\overline{\rho}_S + \overline{\rho}_N)] + (\theta_S + \theta_N)}, Z_{N1}^* > Z_{S1}^*$$

$$\text{对于 } E_{12} < \frac{\frac{\theta_I}{1-\hat{\rho}^2}[(\overline{\rho}_S + \overline{\rho}_N) - \hat{\rho}(1 + \overline{\rho}_S\overline{\rho}_N)] + \theta_S\overline{\rho}_N + \theta_N\overline{\rho}_S}{\frac{\theta_I}{1-\hat{\rho}^2}[(1 + \overline{\rho}_S\overline{\rho}_N) - \hat{\rho}(\overline{\rho}_S + \overline{\rho}_N)] + (\theta_S + \theta_N)}, Z_{N2}^* > Z_{S2}^*$$

(3) 对于均衡类型 4 (天真投资者不交易资产 2), 如果质量比率较大, 即 $H(\hat{\rho}, \overline{\rho}_S, \overline{\rho}_N) \leqslant E_{12} < H(\hat{\rho}, \overline{\rho}_S, \overline{\rho}_S)$, 则对于 $\overline{\rho}_S > 0$ 有 $Z_{N1}^* > Z_{S1}^*$。

从分析中我们得到 $Z_{N1}^* > Z_{S1}^*$ 的范围:

$$\{h(\hat{\rho}, \overline{\rho}_S, \overline{\rho}_S) < E_{21} \leqslant h(\hat{\rho}, \overline{\rho}_S, \overline{\rho}_N) \text{ 若 } \overline{\rho}_S > 0\}$$

$$\cup \left\{ E_{21} < \frac{\frac{\theta_I}{1-\hat{\rho}^2}[(\overline{\rho}_S + \overline{\rho}_N) - \hat{\rho}(1 + \overline{\rho}_S\overline{\rho}_N)] + \theta_S\overline{\rho}_N + \theta_N\overline{\rho}_S}{\frac{\theta_I}{1-\hat{\rho}^2}[(1 + \overline{\rho}_S\overline{\rho}_N) - \hat{\rho}(\overline{\rho}_S + \overline{\rho}_N)] + (\theta_S + \theta_N)} \middle| \begin{array}{l} h(\hat{\rho}, \overline{\rho}_S, \overline{\rho}_N) < E_{21} \\ < H(\hat{\rho}, \overline{\rho}_S, \overline{\rho}_N) \end{array} \right\}$$

$$= \left\{ h(\hat{\rho}, \overline{\rho}_S, \overline{\rho}_S) < E_{21} < \frac{\frac{\theta_I}{1-\hat{\rho}^2}[(\overline{\rho}_S + \overline{\rho}_N) - \hat{\rho}(1 + \overline{\rho}_S\overline{\rho}_N)] + \theta_S\overline{\rho}_N + \theta_N\overline{\rho}_S}{\frac{\theta_I}{1-\hat{\rho}^2}[(1 + \overline{\rho}_S\overline{\rho}_N) - \hat{\rho}(\overline{\rho}_S + \overline{\rho}_N)] + (\theta_S + \theta_N)} \right\}, \overline{\rho}_S > 0$$

$Z_{N2}^* > Z_{S2}^*$ 的范围:

$$\{h(\hat{\rho}, \overline{\rho}_S, \overline{\rho}_S) < E_{12} \leqslant h(\hat{\rho}, \overline{\rho}_S, \overline{\rho}_N) \text{ 若 } \overline{\rho}_S > 0\}$$

$$\cup \left\{ E_{12} < \frac{\frac{\theta_I}{1-\hat{\rho}^2}[(\overline{\rho}_S + \overline{\rho}_N) - \hat{\rho}(1 + \overline{\rho}_S\overline{\rho}_N)] + \theta_S\overline{\rho}_N + \theta_N\overline{\rho}_S}{\frac{\theta_I}{1-\hat{\rho}^2}[(1 + \overline{\rho}_S\overline{\rho}_N) - \hat{\rho}(\overline{\rho}_S + \overline{\rho}_N)] + (\theta_S + \theta_N)} \middle| \begin{array}{l} h(\hat{\rho}, \overline{\rho}_S, \overline{\rho}_N) < E_{12} \\ < H(\hat{\rho}, \overline{\rho}_S, \overline{\rho}_N) \end{array} \right\}$$

$$= \left\{ h(\hat{\rho}, \overline{\rho}_S, \overline{\rho}_S) < E_{12} < \frac{\frac{\theta_I}{1-\hat{\rho}^2}[(\overline{\rho}_S + \overline{\rho}_N) - \hat{\rho}(1 + \overline{\rho}_S\overline{\rho}_N)] + \theta_S\overline{\rho}_N + \theta_N\overline{\rho}_S}{\frac{\theta_I}{1-\hat{\rho}^2}[(1 + \overline{\rho}_S\overline{\rho}_N) - \hat{\rho}(\overline{\rho}_S + \overline{\rho}_N)] + (\theta_S + \theta_N)} \right\}, \overline{\rho}_S > 0$$

因此, 当精明投资者的最大相关系数为正时, 天真投资者对高质量资产的配置可能高于精明投资者。

性质 3.6　在均衡状态下, 天真投资者可能持有比精明投资者更多的头寸。具体地, 如果 $\overline{\rho}_S > 0$, 则对于

$$h(\hat{\rho}, \overline{\rho}_S, \overline{\rho}_S) < E_{21} < \dfrac{\dfrac{\theta_I}{1-\hat{\rho}^2}[(\overline{\rho}_S + \overline{\rho}_N) - \hat{\rho}(1 + \overline{\rho}_S\overline{\rho}_N)] + \theta_S\overline{\rho}_N + \theta_N\overline{\rho}_S}{\dfrac{\theta_I}{1-\hat{\rho}^2}[(1 + \overline{\rho}_S\overline{\rho}_N) - \hat{\rho}(\overline{\rho}_S + \overline{\rho}_N)] + (\theta_S + \theta_N)}$$

有 $Z_{N1}^* > Z_{S1}^*$; 且对于

$$h(\hat{\rho}, \overline{\rho}_S, \overline{\rho}_S) < E_{12} < \dfrac{\dfrac{\theta_I}{1-\hat{\rho}^2}[(\overline{\rho}_S + \overline{\rho}_N) - \hat{\rho}(1 + \overline{\rho}_S\overline{\rho}_N)] + \theta_S\overline{\rho}_N + \theta_N\overline{\rho}_S}{\dfrac{\theta_I}{1-\hat{\rho}^2}[(1 + \overline{\rho}_S\overline{\rho}_N) - \hat{\rho}(\overline{\rho}_S + \overline{\rho}_N)] + (\theta_S + \theta_N)}$$

有 $Z_{N2}^* > Z_{S2}^*$。

天真投资者和精明投资者均衡头寸的比较如图 3.4 所示。

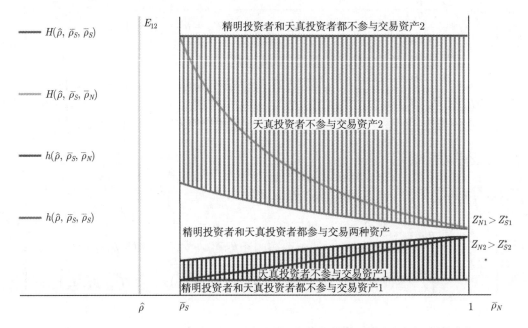

(a) 天真投资者的最大相关系数 $\overline{\rho}_N$ 变动对天真投资者和精明投资者均衡头寸大小比较的影响

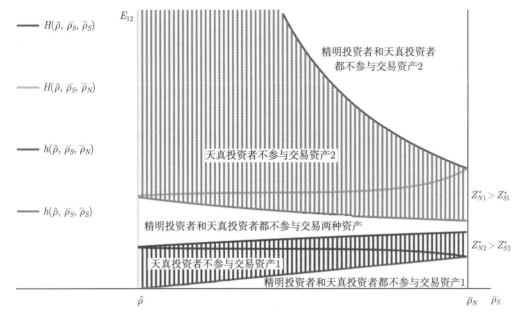

(b) 精明投资者的最大相关系数 $\bar\rho_S$ 变动对天真投资者和精明投资者均衡头寸大小比较的影响

图 3.4   天真投资者和精明投资者均衡头寸的比较 ($\bar\rho_s > 0$)

3.5   安全投资转移现象

3.4 节比较了不同类型投资者的均衡头寸, 得到了信息结构对均衡头寸的影响. 掌握更多信息的投资者并不总是比掌握较少信息的投资者持有更多的均衡头寸. 本节探讨了拥有不同信息的投资者的决策, 并发现了掌握信息较少的投资者倾向于从低质量资产逃往高质量资产的一种安全投资转移的交易模式. 为了比较均衡头寸, 我们依次检查定理 3.1 中的每个情形.

(1) 对于均衡类型 1 (精明投资者和天真投资者不交易资产 1), 如果质量比率很小, 即 $E_{12} \leqslant h(\hat\rho, \overline\rho_S, \overline\rho_S)$, 那么:

$$Z_{N1}^* = Z_{S1}^* = 0 < Z_{I1}^*$$
$$Z_{N2}^* = Z_{S2}^* \lesseqqgtr Z_{I2}^*, \quad \text{当且仅当 } \hat\rho \lesseqqgtr 0 \text{ 时}$$

暧昧厌恶的精明投资者和天真投资者不交易资产 1, 但完全知情的内部投资者做多该资产; 所有的投资者均做多资产 2: 当且仅当相关系数真实值为负 (正) 时, 精明投资者和天真投资者总是比内部投资者持有更小 (更大) 的均衡头寸. 随着相关系数真实值的增加, 精明投资者和天真投资者在资产 2 中持有更多的头寸, 而内部投资者在资产 2 中持有更少的头寸. 因此, 精明投资者和天真投资者从资产 1 逃往资产 2. 即掌握信息较少的投资者从低质量资产逃向高质量资产, 从而表现出安全投资转移的交易模式.

(2) 对于均衡类型 2 (天真投资者不交易资产 1), 如果质量比率较小, 即 $h(\hat{\rho}, \overline{\rho}_S, \overline{\rho}_S) < E_{12} \leqslant h(\hat{\rho}, \overline{\rho}_S, \overline{\rho}_N)$, 那么对于资产 1,

$$Z_{N1}^* = 0 < Z_{S1}^* < Z_{I1}^*$$

所有投资者都做多资产 2。

① 若 $\hat{\rho} < \overline{\rho}_S < 0$, 则 $\dfrac{\theta_I \overline{\rho}_S + \theta_S \hat{\rho}}{1 + \theta_N \hat{\rho} \overline{\rho}_S} < 0 < h(\hat{\rho}, \overline{\rho}_S, \overline{\rho}_S) < E_{12} \leqslant h(\hat{\rho}, \overline{\rho}_S, \overline{\rho}_N)$, 因此 $Z_{N2}^* < Z_{S2}^* < Z_{I2}^*$。

② 若 $\hat{\rho} < 0 < \overline{\rho}_S$, 则 $\dfrac{\theta_I \overline{\rho}_S + \theta_S \hat{\rho}}{1 + \theta_N \hat{\rho} \overline{\rho}_S} < h(\hat{\rho}, \overline{\rho}_S, \overline{\rho}_S) < E_{12} \leqslant h(\hat{\rho}, \overline{\rho}_S, \overline{\rho}_N)$, 因此 $Z_{S2}^* < Z_{N2}^* < Z_{I2}^*$。

③ 若 $0 < \hat{\rho} < \overline{\rho}_S$, 则我们有下面的结论:

(a) 若 $0 < \hat{\rho} < \overline{\rho}_S < \overline{\rho}_N < \dfrac{\hat{\rho} + \overline{\rho}_S}{1 + \hat{\rho} \overline{\rho}_S}$, 则 $h(\hat{\rho}, \overline{\rho}_S, \overline{\rho}_S) < \dfrac{\theta_I \overline{\rho}_S + \theta_S \hat{\rho}}{1 + \theta_N \hat{\rho} \overline{\rho}_S} < h(\hat{\rho}, \overline{\rho}_S, \overline{\rho}_N)$, 且若 $E_{12} > \dfrac{\theta_I \overline{\rho}_S + \theta_S \hat{\rho}}{1 + \theta_N \hat{\rho} \overline{\rho}_S}$, 则 $Z_{S2}^* < Z_{I2}^* < Z_{N2}^*$; 若 $E_{12} < \dfrac{\theta_I \overline{\rho}_S + \theta_S \hat{\rho}}{1 + \theta_N \hat{\rho} \overline{\rho}_S}$, 则 $Z_{I2}^* < Z_{S2}^* < Z_{N2}^*$。

(b) 若 $0 < \hat{\rho} < \overline{\rho}_S < \dfrac{\hat{\rho} + \overline{\rho}_S}{1 + \hat{\rho} \overline{\rho}_S} < \overline{\rho}_N$, 则 $h(\hat{\rho}, \overline{\rho}_S, \overline{\rho}_S) < E_{12} < h(\hat{\rho}, \overline{\rho}_S, \overline{\rho}_N) < \dfrac{\theta_I \overline{\rho}_S + \theta_S \hat{\rho}}{1 + \theta_N \hat{\rho} \overline{\rho}_S}$ 且 $Z_{I2}^* < Z_{S2}^* < Z_{N2}^*$。

天真投资者不交易资产 1, 但内部投资者和精明投资者在该资产中持有正头寸。内部投资者将在资产 1 中比精明投资者持有更大的头寸。随着相关系数真实值 (以及精明投资者和天真投资者的最大相关系数) 的增加, 天真投资者最终将比内部投资者持有更多的资产 2 头寸。因此, 天真投资者从资产 1 逃往资产 2。也就是说, 掌握信息较少的投资者从低质量的资产逃向高质量的资产, 从而表现出安全投资转移的交易模式。

具体而言, 对于正相关系数 $\hat{\rho} > 0$, 天真投资者在资产 2 中比内部投资者和精明投资者持有更大的头寸, 天真投资者则从资产 1 逃往资产 2。对于 $\overline{\rho}_N < \dfrac{\hat{\rho} + \overline{\rho}_S}{1 + \hat{\rho} \overline{\rho}_S}$ 的情况, 如果 $E_{12} > \dfrac{\theta_I \overline{\rho}_S + \theta_S \hat{\rho}}{1 + \theta_N \hat{\rho} \overline{\rho}_S}$, 则 $Z_{S2}^* < Z_{I2}^* < Z_{N2}^*$, 内部投资者将在资产 2 中比精明投资者持有更大的头寸; 如果 $E_{12} < \dfrac{\theta_I \overline{\rho}_S + \theta_S \hat{\rho}}{1 + \theta_N \hat{\rho} \overline{\rho}_S}$, 则 $Z_{I2}^* < Z_{S2}^* < Z_{N2}^*$, 精明投资者会比内部投资者在资产 2 上持有更大的头寸, 因此精明投资者会从资产 1 逃往资产 2。对于 $\dfrac{\hat{\rho} + \overline{\rho}_S}{1 + \hat{\rho} \overline{\rho}_S} < \overline{\rho}_N$ 的情况, 则 $Z_{I2}^* < Z_{S2}^* < Z_{N2}^*$, 精明投资者将比内部投资者在资产 2 中持有更大的头寸。

(3) 对于均衡类型 3 (精明投资者和天真投资者均交易两种资产), 如果质量比率适中, 即 $h(\hat{\rho}, \overline{\rho}_S, \overline{\rho}_N) < E_{12} < H(\hat{\rho}, \overline{\rho}_S, \overline{\rho}_N)$, 那么所有投资者在这两种资产上都持有正头寸。

① 若 $\hat{\rho} < \overline{\rho}_S < 0$, 则:

$$\frac{\theta_I \overline{\rho}_S + \theta_S \hat{\rho} + \dfrac{\theta_N}{1-\overline{\rho}_N^2}[(\hat{\rho}+\overline{\rho}_S) - \overline{\rho}_N(1+\hat{\rho}\overline{\rho}_S)]}{(\theta_I + \theta_S) + \dfrac{\theta_N}{1-\overline{\rho}_N^2}[(1+\hat{\rho}\overline{\rho}_S) - \overline{\rho}_N(\hat{\rho}+\overline{\rho}_S)]}$$

$$< \frac{\theta_I \overline{\rho}_N + \dfrac{\theta_S}{1-\overline{\rho}_S^2}[(\overline{\rho}_N+\hat{\rho}) - \overline{\rho}_S(1+\overline{\rho}_N\hat{\rho})] + \theta_N\hat{\rho}}{\theta_I + \dfrac{\theta_S}{1-\overline{\rho}_S^2}[(1+\overline{\rho}_N\hat{\rho}) - \overline{\rho}_S(\overline{\rho}_N+\hat{\rho})] + \theta_N}$$

$$< \frac{\dfrac{\theta_I}{1-\hat{\rho}^2}[(\overline{\rho}_S+\overline{\rho}_N) - \hat{\rho}(1+\overline{\rho}_S\overline{\rho}_N)] + \theta_S\overline{\rho}_N + \theta_N\overline{\rho}_S}{\dfrac{\theta_I}{1-\hat{\rho}^2}[(1+\overline{\rho}_S\overline{\rho}_N) - \hat{\rho}(\overline{\rho}_S+\overline{\rho}_N)] + (\theta_S + \theta_N)}$$

$$< h(\hat{\rho}, \overline{\rho}_S, \overline{\rho}_N) < E_{12} < H(\hat{\rho}, \overline{\rho}_S, \overline{\rho}_N)$$

因此, $Z_{N1}^* < Z_{S1}^* < Z_{I1}^*$ 且 $Z_{N2}^* < Z_{S2}^* < Z_{I2}^*$。

② 若 $\hat{\rho} < 0 < \overline{\rho}_S$, 则:

$$\frac{\theta_I \overline{\rho}_S + \theta_S \hat{\rho} + \dfrac{\theta_N}{1-\overline{\rho}_N^2}[(\hat{\rho}+\overline{\rho}_S) - \overline{\rho}_N(1+\hat{\rho}\overline{\rho}_S)]}{(\theta_I + \theta_S) + \dfrac{\theta_N}{1-\overline{\rho}_N^2}[(1+\hat{\rho}\overline{\rho}_S) - \overline{\rho}_N(\hat{\rho}+\overline{\rho}_S)]}$$

$$< \frac{\theta_I \overline{\rho}_N + \dfrac{\theta_S}{1-\overline{\rho}_S^2}[(\overline{\rho}_N+\hat{\rho}) - \overline{\rho}_S(1+\overline{\rho}_N\hat{\rho})] + \theta_N\hat{\rho}}{\theta_I + \dfrac{\theta_S}{1-\overline{\rho}_S^2}[(1+\overline{\rho}_N\hat{\rho}) - \overline{\rho}_S(\overline{\rho}_N+\hat{\rho})] + \theta_N} < h(\hat{\rho}, \overline{\rho}_S, \overline{\rho}_N)$$

$$< \frac{\dfrac{\theta_I}{1-\hat{\rho}^2}[(\overline{\rho}_S+\overline{\rho}_N) - \hat{\rho}(1+\overline{\rho}_S\overline{\rho}_N)] + \theta_S\overline{\rho}_N + \theta_N\overline{\rho}_S}{\dfrac{\theta_I}{1-\hat{\rho}^2}[(1+\overline{\rho}_S\overline{\rho}_N) - \hat{\rho}(\overline{\rho}_S+\overline{\rho}_N)] + (\theta_S + \theta_N)} < H(\hat{\rho}, \overline{\rho}_S, \overline{\rho}_N)$$

因此, 对于资产 1 有如下结论:

- 若 $E_{21} > \dfrac{\dfrac{\theta_I}{1-\hat{\rho}^2}[(\overline{\rho}_S+\overline{\rho}_N) - \hat{\rho}(1+\overline{\rho}_S\overline{\rho}_N)] + \theta_S\overline{\rho}_N + \theta_N\overline{\rho}_S}{\dfrac{\theta_I}{1-\hat{\rho}^2}[(1+\overline{\rho}_S\overline{\rho}_N) - \hat{\rho}(\overline{\rho}_S+\overline{\rho}_N)] + (\theta_S + \theta_N)}$, 则 $Z_{N1}^* < Z_{S1}^* < Z_{I1}^*$;

- 若 $E_{21} < \dfrac{\dfrac{\theta_I}{1-\hat{\rho}^2}[(\overline{\rho}_S+\overline{\rho}_N) - \hat{\rho}(1+\overline{\rho}_S\overline{\rho}_N)] + \theta_S\overline{\rho}_N + \theta_N\overline{\rho}_S}{\dfrac{\theta_I}{1-\hat{\rho}^2}[(1+\overline{\rho}_S\overline{\rho}_N) - \hat{\rho}(\overline{\rho}_S+\overline{\rho}_N)] + (\theta_S + \theta_N)}$, 则 $Z_{S1}^* < Z_{N1}^* < Z_{I1}^*$。

对于资产 2 有如下结论:

- 若 $E_{12} > \dfrac{\dfrac{\theta_I}{1-\hat{\rho}^2}[(\overline{\rho}_S + \overline{\rho}_N) - \hat{\rho}(1 + \overline{\rho}_S\overline{\rho}_N)] + \theta_S\overline{\rho}_N + \theta_N\overline{\rho}_S}{\dfrac{\theta_I}{1-\hat{\rho}^2}[(1 + \overline{\rho}_S\overline{\rho}_N) - \hat{\rho}(\overline{\rho}_S + \overline{\rho}_N)] + (\theta_S + \theta_N)}$, 则 $Z_{N2}^* < Z_{S2}^* < Z_{I2}^*$;

- 若 $E_{12} < \dfrac{\dfrac{\theta_I}{1-\hat{\rho}^2}[(\overline{\rho}_S + \overline{\rho}_N) - \hat{\rho}(1 + \overline{\rho}_S\overline{\rho}_N)] + \theta_S\overline{\rho}_N + \theta_N\overline{\rho}_S}{\dfrac{\theta_I}{1-\hat{\rho}^2}[(1 + \overline{\rho}_S\overline{\rho}_N) - \hat{\rho}(\overline{\rho}_S + \overline{\rho}_N)] + (\theta_S + \theta_N)}$, 则 $Z_{S2}^* < Z_{N2}^* < Z_{I2}^*$。

③ 若 $0 < \hat{\rho} < \overline{\rho}_S$, 则有如下结论:

(a) 如果 $0 < \hat{\rho} < \overline{\rho}_S < \overline{\rho}_N < \dfrac{\hat{\rho} + \overline{\rho}_S}{1 + \hat{\rho}\overline{\rho}_S}$, 则:

$$\dfrac{\theta_I\overline{\rho}_S + \theta_S\hat{\rho} + \dfrac{\theta_N}{1-\overline{\rho}_N^2}[(\hat{\rho} + \overline{\rho}_S) - \overline{\rho}_N(1 + \hat{\rho}\overline{\rho}_S)]}{(\theta_I + \theta_S) + \dfrac{\theta_N}{1-\overline{\rho}_N^2}[(1 + \hat{\rho}\overline{\rho}_S) - \overline{\rho}_N(\hat{\rho} + \overline{\rho}_S)]}$$

$$< h(\hat{\rho}, \overline{\rho}_S, \overline{\rho}_N) < \dfrac{\theta_I\overline{\rho}_N + \dfrac{\theta_S}{1-\overline{\rho}_S^2}[(\overline{\rho}_N + \hat{\rho}) - \overline{\rho}_S(1 + \overline{\rho}_N\hat{\rho})] + \theta_N\hat{\rho}}{\theta_I + \dfrac{\theta_S}{1-\overline{\rho}_S^2}[(1 + \overline{\rho}_N\hat{\rho}) - \overline{\rho}_S(\overline{\rho}_N + \hat{\rho})] + \theta_N}$$

$$< \dfrac{\dfrac{\theta_I}{1-\hat{\rho}^2}[(\overline{\rho}_S + \overline{\rho}_N) - \hat{\rho}(1 + \overline{\rho}_S\overline{\rho}_N)] + \theta_S\overline{\rho}_N + \theta_N\overline{\rho}_S}{\dfrac{\theta_I}{1-\hat{\rho}^2}[(1 + \overline{\rho}_S\overline{\rho}_N) - \hat{\rho}(\overline{\rho}_S + \overline{\rho}_N)] + (\theta_S + \theta_N)} < H(\hat{\rho}, \overline{\rho}_S, \overline{\rho}_N)$$

因此, 对资产 1 有如下结论:

- 若 $E_{21} > \dfrac{\dfrac{\theta_I}{1-\hat{\rho}^2}[(\overline{\rho}_S + \overline{\rho}_N) - \hat{\rho}(1 + \overline{\rho}_S\overline{\rho}_N)] + \theta_S\overline{\rho}_N + \theta_N\overline{\rho}_S}{\dfrac{\theta_I}{1-\hat{\rho}^2}[(1 + \overline{\rho}_S\overline{\rho}_N) - \hat{\rho}(\overline{\rho}_S + \overline{\rho}_N)] + (\theta_S + \theta_N)}$, 则 $Z_{N1}^* < Z_{S1}^* < Z_{I1}^*$;

- 若 $\dfrac{\dfrac{\theta_I}{1-\hat{\rho}^2}[(\overline{\rho}_S + \overline{\rho}_N) - \hat{\rho}(1 + \overline{\rho}_S\overline{\rho}_N)] + \theta_S\overline{\rho}_N + \theta_N\overline{\rho}_S}{\dfrac{\theta_I}{1-\hat{\rho}^2}[(1 + \overline{\rho}_S\overline{\rho}_N) - \hat{\rho}(\overline{\rho}_S + \overline{\rho}_N)] + (\theta_S + \theta_N)} > E_{21} >$

$\dfrac{\theta_I\overline{\rho}_N + \dfrac{\theta_S}{1-\overline{\rho}_S^2}[(\overline{\rho}_N + \hat{\rho}) - \overline{\rho}_S(1 + \overline{\rho}_N\hat{\rho})] + \theta_N\hat{\rho}}{\theta_I + \dfrac{\theta_S}{1-\overline{\rho}_S^2}[(1 + \overline{\rho}_N\hat{\rho}) - \overline{\rho}_S(\overline{\rho}_N + \hat{\rho})] + \theta_N}$, 则 $Z_{S1}^* < Z_{N1}^* < Z_{I1}^*$;

- 若 $\dfrac{\theta_I\overline{\rho}_N + \dfrac{\theta_S}{1-\overline{\rho}_S^2}[(\overline{\rho}_N + \hat{\rho}) - \overline{\rho}_S(1 + \overline{\rho}_N\hat{\rho})] + \theta_N\hat{\rho}}{\theta_I + \dfrac{\theta_S}{1-\overline{\rho}_S^2}[(1 + \overline{\rho}_N\hat{\rho}) - \overline{\rho}_S(\overline{\rho}_N + \hat{\rho})] + \theta_N} > E_{21}$, 则 $Z_{S1}^* < Z_{I1}^* < Z_{N1}^*$

对于资产 2 有如下结论:

- 若 $E_{12} > \dfrac{\dfrac{\theta_I}{1-\hat{\rho}^2}[(\overline{\rho}_S+\overline{\rho}_N)-\hat{\rho}(1+\overline{\rho}_S\overline{\rho}_N)]+\theta_S\overline{\rho}_N+\theta_N\overline{\rho}_S}{\dfrac{\theta_I}{1-\hat{\rho}^2}[(1+\overline{\rho}_S\overline{\rho}_N)-\hat{\rho}(\overline{\rho}_S+\overline{\rho}_N)]+(\theta_S+\theta_N)}$, 则 $Z_{N2}^* < Z_{S2}^* <$

Z_{I2}^*;

- 若 $\dfrac{\dfrac{\theta_I}{1-\hat{\rho}^2}[(\overline{\rho}_S+\overline{\rho}_N)-\hat{\rho}(1+\overline{\rho}_S\overline{\rho}_N)]+\theta_S\overline{\rho}_N+\theta_N\overline{\rho}_S}{\dfrac{\theta_I}{1-\hat{\rho}^2}[(1+\overline{\rho}_S\overline{\rho}_N)-\hat{\rho}(\overline{\rho}_S+\overline{\rho}_N)]+(\theta_S+\theta_N)} > E_{12} >$

$\dfrac{\theta_I\overline{\rho}_N+\dfrac{\theta_S}{1-\overline{\rho}_S^2}[(\overline{\rho}_N+\hat{\rho})-\overline{\rho}_S(1+\overline{\rho}_N\hat{\rho})]+\theta_N\hat{\rho}}{\theta_I+\dfrac{\theta_S}{1-\overline{\rho}_S^2}[(1+\overline{\rho}_N\hat{\rho})-\overline{\rho}_S(\overline{\rho}_N+\hat{\rho})]+\theta_N}$, 则 $Z_{S2}^* < Z_{N2}^* < Z_{I2}^*$;

- 若 $\dfrac{\theta_I\overline{\rho}_N+\dfrac{\theta_S}{1-\overline{\rho}_S^2}[(\overline{\rho}_N+\hat{\rho})-\overline{\rho}_S(1+\overline{\rho}_N\hat{\rho})]+\theta_N\hat{\rho}}{\theta_I+\dfrac{\theta_S}{1-\overline{\rho}_S^2}[(1+\overline{\rho}_N\hat{\rho})-\overline{\rho}_S(\overline{\rho}_N+\hat{\rho})]+\theta_N} > E_{12}$, 则 $Z_{S2}^* < Z_{I2}^* < Z_{N2}^*$。

(b) 若 $0 < \hat{\rho} < \overline{\rho}_S < \dfrac{\hat{\rho}+\overline{\rho}_S}{1+\hat{\rho}\overline{\rho}_S} < \overline{\rho}_N$, 则:

$$h(\hat{\rho},\overline{\rho}_S,\overline{\rho}_N) < \dfrac{\theta_I\overline{\rho}_S+\theta_S\hat{\rho}+\dfrac{\theta_N}{1-\overline{\rho}_N^2}[(\hat{\rho}+\overline{\rho}_S)-\overline{\rho}_N(1+\hat{\rho}\overline{\rho}_S)]}{(\theta_I+\theta_S)+\dfrac{\theta_N}{1-\overline{\rho}_N^2}[(1+\hat{\rho}\overline{\rho}_S)-\overline{\rho}_N(\hat{\rho}+\overline{\rho}_S)]}$$

$$< \dfrac{\theta_I\overline{\rho}_N+\dfrac{\theta_S}{1-\overline{\rho}_S^2}[(\overline{\rho}_N+\hat{\rho})-\overline{\rho}_S(1+\overline{\rho}_N\hat{\rho})]+\theta_N\hat{\rho}}{\theta_I+\dfrac{\theta_S}{1-\overline{\rho}_S^2}[(1+\overline{\rho}_N\hat{\rho})-\overline{\rho}_S(\overline{\rho}_N+\hat{\rho})]+\theta_N}$$

$$< \dfrac{\dfrac{\theta_I}{1-\hat{\rho}^2}[(\overline{\rho}_S+\overline{\rho}_N)-\hat{\rho}(1+\overline{\rho}_S\overline{\rho}_N)]+\theta_S\overline{\rho}_N+\theta_N\overline{\rho}_S}{\dfrac{\theta_I}{1-\hat{\rho}^2}[(1+\overline{\rho}_S\overline{\rho}_N)-\hat{\rho}(\overline{\rho}_S+\overline{\rho}_N)]+(\theta_S+\theta_N)} < H(\hat{\rho},\overline{\rho}_S,\overline{\rho}_N)$$

因此, 对于资产 1 有如下结论:

- 若 $E_{21} > \dfrac{\dfrac{\theta_I}{1-\hat{\rho}^2}[(\overline{\rho}_S+\overline{\rho}_N)-\hat{\rho}(1+\overline{\rho}_S\overline{\rho}_N)]+\theta_S\overline{\rho}_N+\theta_N\overline{\rho}_S}{\dfrac{\theta_I}{1-\hat{\rho}^2}[(1+\overline{\rho}_S\overline{\rho}_N)-\hat{\rho}(\overline{\rho}_S+\overline{\rho}_N)]+(\theta_S+\theta_N)}$, 则 $Z_{N1}^* < Z_{S1}^* < Z_{I1}^*$;

- 若 $\dfrac{\dfrac{\theta_I}{1-\hat{\rho}^2}[(\overline{\rho}_S+\overline{\rho}_N)-\hat{\rho}(1+\overline{\rho}_S\overline{\rho}_N)]+\theta_S\overline{\rho}_N+\theta_N\overline{\rho}_S}{\dfrac{\theta_I}{1-\hat{\rho}^2}[(1+\overline{\rho}_S\overline{\rho}_N)-\hat{\rho}(\overline{\rho}_S+\overline{\rho}_N)]+(\theta_S+\theta_N)} > E_{21} >$

$$\frac{\theta_I\bar\rho_N + \dfrac{\theta_S}{1-\bar\rho_S^2}[(\bar\rho_N+\hat\rho)-\bar\rho_S(1+\bar\rho_N\hat\rho)] + \theta_N\hat\rho}{\theta_I + \dfrac{\theta_S}{1-\bar\rho_S^2}[(1+\bar\rho_N\hat\rho)-\bar\rho_S(\bar\rho_N+\hat\rho)] + \theta_N}, \text{则 } Z_{S1}^* < Z_{N1}^* < Z_{I1}^*;$$

- 若 $\dfrac{\theta_I\bar\rho_N + \dfrac{\theta_S}{1-\bar\rho_S^2}[(\bar\rho_N+\hat\rho)-\bar\rho_S(1+\bar\rho_N\hat\rho)] + \theta_N\hat\rho}{\theta_I + \dfrac{\theta_S}{1-\bar\rho_S^2}[(1+\bar\rho_N\hat\rho)-\bar\rho_S(\bar\rho_N+\hat\rho)] + \theta_N} > E_{21} >$

$$\frac{\theta_I\bar\rho_S + \theta_S\hat\rho + \dfrac{\theta_N}{1-\bar\rho_N^2}[(\hat\rho+\bar\rho_S)-\bar\rho_N(1+\hat\rho\bar\rho_S)]}{(\theta_I+\theta_S) + \dfrac{\theta_N}{1-\bar\rho_N^2}[(1+\hat\rho\bar\rho_S)-\bar\rho_N(\hat\rho+\bar\rho_S)]}, \text{则 } Z_{S1}^* < Z_{I1}^* < Z_{N1}^*;$$

- 若 $\dfrac{\theta_I\bar\rho_S + \theta_S\hat\rho + \dfrac{\theta_N}{1-\bar\rho_N^2}[(\hat\rho+\bar\rho_S)-\bar\rho_N(1+\hat\rho\bar\rho_S)]}{(\theta_I+\theta_S) + \dfrac{\theta_N}{1-\bar\rho_N^2}[(1+\hat\rho\bar\rho_S)-\bar\rho_N(\hat\rho+\bar\rho_S)]} > E_{21}$，则 $Z_{I1}^* < Z_{S1}^* < Z_{N1}^*$。

对于资产 2 有如下结论:

- 若 $E_{12} > \dfrac{\dfrac{\theta_I}{1-\hat\rho^2}[(\bar\rho_S+\bar\rho_N)-\hat\rho(1+\bar\rho_S\bar\rho_N)] + \theta_S\bar\rho_N + \theta_N\bar\rho_S}{\dfrac{\theta_I}{1-\hat\rho^2}[(1+\bar\rho_S\bar\rho_N)-\hat\rho(\bar\rho_S+\bar\rho_N)] + (\theta_S+\theta_N)}$，则 $Z_{N2}^* < Z_{S2}^* < Z_{I2}^*;$

- 若 $\dfrac{\dfrac{\theta_I}{1-\hat\rho^2}[(\bar\rho_S+\bar\rho_N)-\hat\rho(1+\bar\rho_S\bar\rho_N)] + \theta_S\bar\rho_N + \theta_N\bar\rho_S}{\dfrac{\theta_I}{1-\hat\rho^2}[(1+\bar\rho_S\bar\rho_N)-\hat\rho(\bar\rho_S+\bar\rho_N)] + (\theta_S+\theta_N)} > E_{12} >$

$$\frac{\theta_I\bar\rho_N + \dfrac{\theta_S}{1-\bar\rho_S^2}[(\bar\rho_N+\hat\rho)-\bar\rho_S(1+\bar\rho_N\hat\rho)] + \theta_N\hat\rho}{\theta_I + \dfrac{\theta_S}{1-\bar\rho_S^2}[(1+\bar\rho_N\hat\rho)-\bar\rho_S(\bar\rho_N+\hat\rho)] + \theta_N}, \text{则 } Z_{S2}^* < Z_{N2}^* < Z_{I2}^*;$$

- 若 $\dfrac{\theta_I\bar\rho_N + \dfrac{\theta_S}{1-\bar\rho_S^2}[(\bar\rho_N+\hat\rho)-\bar\rho_S(1+\bar\rho_N\hat\rho)] + \theta_N\hat\rho}{\theta_I + \dfrac{\theta_S}{1-\bar\rho_S^2}[(1+\bar\rho_N\hat\rho)-\bar\rho_S(\bar\rho_N+\hat\rho)] + \theta_N} > E_{12} >$

$$\frac{\theta_I\bar\rho_S + \theta_S\hat\rho + \dfrac{\theta_N}{1-\bar\rho_N^2}[(\hat\rho+\bar\rho_S)-\bar\rho_N(1+\hat\rho\bar\rho_S)]}{(\theta_I+\theta_S) + \dfrac{\theta_N}{1-\bar\rho_N^2}[(1+\hat\rho\bar\rho_S)-\bar\rho_N(\hat\rho+\bar\rho_S)]}, \text{则 } Z_{S2}^* < Z_{I2}^* < Z_{N2}^*;$$

- 若 $\dfrac{\theta_I\bar\rho_S + \theta_S\hat\rho + \dfrac{\theta_N}{1-\bar\rho_N^2}[(\hat\rho+\bar\rho_S)-\bar\rho_N(1+\hat\rho\bar\rho_S)]}{(\theta_I+\theta_S) + \dfrac{\theta_N}{1-\bar\rho_N^2}[(1+\hat\rho\bar\rho_S)-\bar\rho_N(\hat\rho+\bar\rho_S)]} > E_{12}$，则 $Z_{I2}^* < Z_{S2}^* < Z_{N2}^*$。

随着相关系数的真实值 (以及精明投资者和天真投资者的最大相关系数) 的增加,

天真投资者持有更多的高质量资产头寸, 而内部投资者持有更少的低质量资产头寸。因此, 我们观察到天真投资者从低质量资产逃向高质量资产, 内部投资者将资产配置从高质量资产调整到低质量资产。即信息较少的投资者从低质量资产逃向高质量资产, 从而表现出一种安全投资转移的交易模式。

对于正的相关系数的真实值 $\hat{\rho} > 0$, 我们的结论来自以下两种情况。其一, 如果 $\overline{\rho}_N < \dfrac{\hat{\rho} + \overline{\rho}_S}{1 + \hat{\rho}\overline{\rho}_S}$, 内部投资者总是比精明投资者在这两种资产上持有更多的头寸。随着资产 j ($j = 1, 2$) 质量的提高, 天真投资者会在这种资产中持有更多的头寸。因此, 天真投资者从低质量资产逃往高质量资产。其二, 如果 $\dfrac{\hat{\rho} + \overline{\rho}_S}{1 + \hat{\rho}\overline{\rho}_S} < \overline{\rho}_N$, 则随着资产 j ($j = 1, 2$) 质量的提高, 天真投资者会在这种资产中持有更多的头寸; 因此, 信息较少的投资者显著地表现出从低质量资产逃往高质量资产的安全投资转移的交易模式。

(4) 对于均衡类型 4 (天真投资者不交易资产 2), 如果质量比率较大, 即 $H(\hat{\rho}, \overline{\rho}_S, \overline{\rho}_N) \leqslant E_{12} < H(\hat{\rho}, \overline{\rho}_S, \overline{\rho}_S)$, 那么, 所有投资者对资产 1 持有正头寸, 其大小有以下关系:

① 若 $\hat{\rho} < \overline{\rho}_S < 0$, 则 $\dfrac{\theta_I\overline{\rho}_S + \theta_S\hat{\rho}}{1 + \theta_N\hat{\rho}\overline{\rho}_S} < 0 < h(\hat{\rho}, \overline{\rho}_S, \overline{\rho}_S) < E_{21} \leqslant h(\hat{\rho}, \overline{\rho}_S, \overline{\rho}_N)$, 因此 $Z_{N1}^* < Z_{S1}^* < Z_{I1}^*$。

② 若 $\hat{\rho} < 0 < \overline{\rho}_S$, 则 $\dfrac{\theta_I\overline{\rho}_S + \theta_S\hat{\rho}}{1 + \theta_N\hat{\rho}\overline{\rho}_S} < h(\hat{\rho}, \overline{\rho}_S, \overline{\rho}_S) < E_{21} \leqslant h(\hat{\rho}, \overline{\rho}_S, \overline{\rho}_N)$ 且 $Z_{S1}^* < Z_{N1}^* < Z_{I1}^*$。

③ 若 $0 < \hat{\rho} < \overline{\rho}_S$, 则:

(a) 若 $0 < \hat{\rho} < \overline{\rho}_S < \overline{\rho}_N < \dfrac{\hat{\rho} + \overline{\rho}_S}{1 + \hat{\rho}\overline{\rho}_S}$, 则 $h(\hat{\rho}, \overline{\rho}_S, \overline{\rho}_S) < \dfrac{\theta_I\overline{\rho}_S + \theta_S\hat{\rho}}{1 + \theta_N\hat{\rho}\overline{\rho}_S} < h(\hat{\rho}, \overline{\rho}_S, \overline{\rho}_N)$, 且

- 若 $E_{21} > \dfrac{\theta_I\overline{\rho}_S + \theta_S\hat{\rho}}{1 + \theta_N\hat{\rho}\overline{\rho}_S}$, 则 $Z_{S1}^* < Z_{I1}^* < Z_{N1}^*$;

- 若 $E_{21} < \dfrac{\theta_I\overline{\rho}_S + \theta_S\hat{\rho}}{1 + \theta_N\hat{\rho}\overline{\rho}_S}$, 则 $Z_{I1}^* < Z_{S1}^* < Z_{N1}^*$。

(b) 若 $0 < \hat{\rho} < \overline{\rho}_S < \dfrac{\hat{\rho} + \overline{\rho}_S}{1 + \hat{\rho}\overline{\rho}_S} < \overline{\rho}_N$, 则 $h(\hat{\rho}, \overline{\rho}_S, \overline{\rho}_S) < E_{21} < h(\hat{\rho}, \overline{\rho}_S, \overline{\rho}_N) < \dfrac{\theta_I\overline{\rho}_S + \theta_S\hat{\rho}}{1 + \theta_N\hat{\rho}\overline{\rho}_S}$ 且 $Z_{I1}^* < Z_{S1}^* < Z_{N1}^*$。

对于资产 2,

$$Z_{N2}^* = 0 < Z_{S2}^* < Z_{I2}^*$$

天真投资者对资产 2 做出不参与决定, 但内部投资者和精明投资者做多该资产。内部投资者将在资产 2 中持有比精明投资者更多的头寸。随着相关系数的真实值 (以及精明投资者和天真投资者的最大相关系数) 的增加, 天真投资者在资产 1 中持有更多的头寸, 而内部投资者在资产 1 中持有更少的头寸。因此, 我们观察到天真投资者从资产 2 逃往资产 1, 而内部投资者从资产 1 调整到资产 2, 即信息较少的投资者从低质量资产逃向

高质量资产, 从而表现出安全投资转移的交易模式。

若相关系数的真实值为正 $\hat{\rho} > 0$, 天真投资者在资产 1 上持有比内部投资者和精明投资者更大的头寸, 天真投资者从资产 2 逃往资产 1。对于 $\overline{\rho}_N < \dfrac{\hat{\rho} + \overline{\rho}_S}{1 + \hat{\rho}\overline{\rho}_S}$ 的情况, 如果 $E_{21} > \dfrac{\theta_I \overline{\rho}_S + \theta_S \hat{\rho}}{1 + \theta_N \hat{\rho}\overline{\rho}_S}$, 则 $Z_{S1}^* < Z_{I1}^* < Z_{N1}^*$, 内部投资者将在资产 1 中持有比精明投资者更大的头寸; 如果 $E_{21} < \dfrac{\theta_I \overline{\rho}_S + \theta_S \hat{\rho}}{1 + \theta_N \hat{\rho}\overline{\rho}_S}$, 则 $Z_{I2}^* < Z_{S2}^* < Z_{N2}^*$, 精明投资者会在资产 1 上持有比内部投资者更大的头寸, 因此精明投资者会从资产 2 逃往资产 1。对于 $\dfrac{\hat{\rho} + \overline{\rho}_S}{1 + \hat{\rho}\overline{\rho}_S} < \overline{\rho}_N$, $Z_{I1}^* < Z_{S1}^* < Z_{N1}^*$, 精明投资者会在资产 1 中持有比内部投资者更大的头寸。

(5) 对于均衡类型 5 (精明投资者和天真投资者均不交易资产 2), 如果质量比率极大, $H(\hat{\rho}, \overline{\rho}_S, \overline{\rho}_S) \leqslant E_{12}$, 那么:

$$Z_{N1}^* = Z_{S1}^* \lesseqqgtr Z_{I1}^*, \text{当且仅当 } \hat{\rho} \lesseqqgtr 0 \text{ 时}$$
$$Z_{N2}^* = Z_{S2}^* = 0 < Z_{I2}^*$$

所有投资者都在资产 1 中持有多头头寸: 当且仅当相关系数的真实值为负 (正) 时, 精明投资者和天真投资者总是比内部投资者持有更少 (更多) 的均衡头寸; 精明投资者和天真投资者不参与资产 2, 但内部投资者做多该资产。随着相关系数真实值的增加, 精明投资者和天真投资者在资产 1 中持有更多的头寸, 而内部投资者在资产 1 中持有更少的头寸。因此, 精明投资者和天真投资者从低质量的资产 2 逃往高质量的资产 1, 即掌握信息较少的投资者从低质量资产逃向高质量资产, 从而表现出安全投资转移的交易模式。

总结以上 5 种情形, 我们得到了交易模式的如下定理。

定理 3.2　在均衡状态下, 暧昧厌恶的投资者表现出一种安全投资转移的交易模式。随着相关系数的真实值 (以及精明投资者和天真投资者的最大相关系数) 的增加, 信息较少的投资者倾向于从低质量资产逃向高质量资产。

3.6　对资产价格的影响——CAPM 分析

在本节中, 我们将更深入地研究均衡及其对资产价格的影响。我们对 CAPM 分析尤其感兴趣。为了阐明相关系数暧昧性和不参与现象的定价效应, 我们现在转向风险资产的回报, 并探究它们是否产生了偏离 CAPM 的超额回报 (alpha)。对于资产 j, 收益定义为:

$$\tilde{Y}_j = \frac{\tilde{X}_j}{p_j} - 1, \quad j = 1, 2$$

而市场回报 (持有这两种风险资产的全部供给) 为:

$$\tilde{Y}_M = \frac{\tilde{X}_1 Z_1^0 + \tilde{X}_2 Z_2^0}{p_1 Z_1^0 + p_2 Z_2^0} - 1$$

现在想象在这个经济中有一个具有 CARA 效用函数的代表性经济人 (A)。为了使均衡价格相同, 代表性经济人必须对均值持有相同的信念, 即对于 $j = 1, 2$, $\mu_j^A = \mu_j$, 还有一些关于标准差 σ_j^A $(j = 1, 2)$ 的特殊信念, 并且相关系数 ρ^A 取决于不同的均衡种类。

代表性经济人对平均回报有正确的信念, 所以他对平均收益 $\tilde{Y}_j$ 和 $\tilde{Y}_M$ 也会有正确的信念。此外, 从他的观点来看, 因为资产的定价是正确的, 因此 CAPM 必须成立。也就是[1]

$$\overline{Y}_j = \beta_j^A \overline{Y}_M, \quad j = 1, 2$$

其中, β_j^A 是代表性经济人关于资产 j 的 β, 它由下式给出:

$$\beta_1^A = \frac{\text{Cov}^A(\tilde{Y}_M, \tilde{Y}_1)}{\text{Var}^A(\tilde{Y}_M)} = \frac{p_1 Z_1^0 + p_2 Z_2^0}{p_1} \frac{\left[\sigma_1^A\right]^2 Z_1^0 + \rho^A \sigma_1^A \sigma_2^A Z_2^0}{\left[\sigma_1^A\right]^2 \left[Z_1^0\right]^2 + 2\rho^A \sigma_1^A \sigma_2^A Z_1^0 Z_2^0 + \left[\sigma_2^A\right]^2 \left[Z_2^0\right]^2}$$

$$\beta_2^A = \frac{\text{Cov}^A(\tilde{Y}_M, \tilde{Y}_2)}{\text{Var}^A(\tilde{Y}_M)} = \frac{p_1 Z_1^0 + p_2 Z_2^0}{p_2} \frac{\rho^A \sigma_1^A \sigma_2^A Z_1^0 + \left[\sigma_2^A\right]^2 Z_2^0}{\left[\sigma_1^A\right]^2 \left[Z_1^0\right]^2 + 2\rho^A \sigma_1^A \sigma_2^A Z_1^0 Z_2^0 + \left[\sigma_2^A\right]^2 \left[Z_2^0\right]^2}$$

其中, 市场收益和资产 $j(j = 1, 2)$ 收益间的协方差及市场收益自身的方差是用代表性经济人的人为信念计算的, 而非正确的信念。

代表性经济人对两种资产收益的标准差和相关系数的信念不一定是正确的, 所以他对市场组合的方差和市场组合与每种资产收益的协方差的信念也可能不正确。因此, 从他的观点计算出的 β 值并不是从实际回报的数据中计算出来的 β 值。现在考虑一个外部计量经济学家, 他对整个经济有理性的信念, 也就是说, 他知道相关系数 $\hat{\rho}$ 的真实值。因此, 从他的角度来看:

$$\beta_1 = \frac{\text{Cov}(\tilde{Y}_M, \tilde{Y}_1)}{\text{Var}(\tilde{Y}_M)} = \frac{p_1 Z_1^0 + p_2 Z_2^0}{p_1} \frac{\sigma_1 \left[\sigma_1 Z_1^0 + \hat{\rho} \sigma_2 Z_2^0\right]}{\sigma_1^2 \left[Z_1^0\right]^2 + 2\hat{\rho} \sigma_1 \sigma_2 Z_1^0 Z_2^0 + \sigma_2^2 \left[Z_2^0\right]^2}$$

$$\beta_2 = \frac{\text{Cov}(\tilde{Y}_M, \tilde{Y}_2)}{\text{Var}(\tilde{Y}_M)} = \frac{p_1 Z_1^0 + p_2 Z_2^0}{p_2} \frac{\sigma_2 \left[\hat{\rho} \sigma_1 Z_1^0 + \sigma_2 Z_2^0\right]}{\sigma_1^2 \left[Z_1^0\right]^2 + 2\hat{\rho} \sigma_1 \sigma_2 Z_1^0 Z_2^0 + \sigma_2^2 \left[Z_2^0\right]^2}$$

其中, 方差和协方差是用均衡收益的真实分布计算的。

如果我们考虑实际经济中的 CAPM 模型, 这两个资产的实际 β 值与代表性经济人的 β 值不同, 因此这两个资产都是错误定价的。这种错误定价可以由市场调整收益 α_j 表示:

$$\alpha_j = \overline{Y}_j - \beta_j \overline{Y}_M = (\beta_j^A - \beta_j)\overline{Y}_M, \quad j = 1, 2$$

---

[1] 由于我们将无风险资产的收益标准化为 0, 则 $\tilde{Y}_j$ 和 $\tilde{Y}_M$ 的超额收益分别是 $\overline{Y}_j$ $(j = 1, 2)$ 和 $\overline{Y}_M$。

我们使用定理 3.2 中的五种均衡类型来检验这些市场调整收益。

(1) 假设经济中存在的均衡是类型 1——精明投资者和天真投资者不交易资产 1 的非参与均衡。根据定理 3.2, 如果质量比率很小, 即 $E_{12} \leqslant h(\hat{\rho}, \overline{\rho}_S, \overline{\rho}_S)$, 风险资产的均衡价格由下式给出:

$$p_1 = \mu_1 - \alpha\sigma_1 \left[\frac{1 - (1-\theta_I)\hat{\rho}^2}{\theta_I} \sigma_1 Z_1^0 + \hat{\rho}\sigma_2 Z_2^0 \right] \text{ 和 } p_2 = \mu_2 - \alpha\sigma_2[\hat{\rho}\sigma_1 Z_1^0 + \sigma_2 Z_2^0]$$

为了使均衡价格相等, 代表性经济人必须持有以下信念:

$$\sigma_1^A = \sigma_1 \sqrt{\frac{1 - (1-\theta_I)\hat{\rho}^2}{\theta_I}}, \quad \sigma_2^A = \sigma_2 \text{ 且 } \rho^A = \hat{\rho}\sqrt{\frac{\theta_I}{1 - (1-\theta_I)\hat{\rho}^2}}$$

对于 $j = 1, 2$, 真实的参数 β_j^A 计算如下:

$$\beta_1^A = \frac{\text{Cov}^A(\tilde{Y}_M, \tilde{Y}_1)}{\text{Var}^A(\tilde{Y}_M)} = \frac{p_1 Z_1^0 + p_2 Z_2^0}{p_1} \frac{\sigma_1 \left[\frac{1 - (1-\theta_I)\hat{\rho}^2}{\theta_I} \sigma_1 Z_1^0 + \hat{\rho}\sigma_2 Z_2^0 \right]}{\frac{1 - (1-\theta_I)\hat{\rho}^2}{\theta_I} \sigma_1^2 \left[Z_1^0\right]^2 + 2\hat{\rho}\sigma_1\sigma_2 Z_1^0 Z_2^0 + \sigma_2^2 \left[Z_2^0\right]^2}$$

$$\beta_2^A = \frac{\text{Cov}^A(\tilde{Y}_M, \tilde{Y}_2)}{\text{Var}^A(\tilde{Y}_M)} = \frac{p_1 Z_1^0 + p_2 Z_2^0}{p_2} \frac{\sigma_2 \left[\hat{\rho}\sigma_1 Z_1^0 + \sigma_2 Z_2^0\right]}{\frac{1 - (1-\theta_I)\hat{\rho}^2}{\theta_I} \sigma_1^2 \left[Z_1^0\right]^2 + 2\hat{\rho}\sigma_1\sigma_2 Z_1^0 Z_2^0 + \sigma_2^2 \left[Z_2^0\right]^2}$$

很容易检验 $\beta_1^A > \beta_1$ 且 $\beta_2^A < \beta_2$, 根据定理 3.2 的情形 (1),

$$\overline{Y}_M = \alpha \frac{\frac{1 - \hat{\rho}^2}{\theta_I} \sigma_1^2 \left[Z_1^0\right]^2 + (\hat{\rho}\sigma_1 Z_1^0 + \sigma_2 Z_2^0)^2}{p_1 Z_1^0 + p_2 Z_2^0} > 0$$

因此, $\alpha_1 = (\beta_1^A - \beta_1)\overline{Y}_M > 0$ 且 $\alpha_2 = (\beta_2^A - \beta_2)\overline{Y}_M < 0$。

(2) 假设经济中存在的均衡是类型 2——天真投资者不交易资产 1 的非参与均衡。根据定理 3.2, 如果质量比率较小, 即 $h(\hat{\rho}, \overline{\rho}_S, \overline{\rho}_S) < E_{12} \leqslant h(\hat{\rho}, \overline{\rho}_S, \overline{\rho}_N)$, 风险资产的均衡价格由下式给出:

$$p_1 = \mu_1 - \alpha\sigma_1 \frac{\dot{K}(\hat{\rho}, \overline{\rho}_S)\sigma_1 Z_1^0 + \dot{k}(\hat{\rho}, \overline{\rho}_S)\sigma_2 Z_2^0}{\left[\dot{K}(\hat{\rho}, \overline{\rho}_S) - \theta_N\right] \dot{K}(\hat{\rho}, \overline{\rho}_S) - k^2(\hat{\rho}, \overline{\rho}_S, 0)}$$

$$p_2 = \mu_2 - \alpha\sigma_2 \frac{\dot{k}(\hat{\rho}, \overline{\rho}_S)\sigma_1 Z_1^0 + \left[\dot{K}(\hat{\rho}, \overline{\rho}_S) - \theta_N\right] \sigma_2 Z_2^0}{\left[\dot{K}(\hat{\rho}, \overline{\rho}_S) - \theta_N\right] \dot{K}(\hat{\rho}, \overline{\rho}_S) - k^2(\hat{\rho}, \overline{\rho}_S, 0)}$$

为了使均衡价格相等, 代表性经济人必须持有以下信念:

$$\sigma_1^A = \sigma_1 \sqrt{\frac{\dot{K}(\hat{\rho}, \overline{\rho}_S)}{\left[\dot{K}(\hat{\rho}, \overline{\rho}_S) - \theta_N\right] \dot{K}(\hat{\rho}, \overline{\rho}_S) - k^2(\hat{\rho}, \overline{\rho}_S, 0)}}$$

$$\sigma_2^A = \sigma_2 \sqrt{\frac{\dot{K}(\hat{\rho}, \overline{\rho}_S) - \theta_N}{\left[\dot{K}(\hat{\rho}, \overline{\rho}_S) - \theta_N\right] \dot{K}(\hat{\rho}, \overline{\rho}_S) - k^2(\hat{\rho}, \overline{\rho}_S, 0)}}$$

$$\rho^A = \hat{\rho} \frac{\dot{k}(\hat{\rho}, \overline{\rho}_S)}{\sqrt{\left[\dot{K}(\hat{\rho}, \overline{\rho}_S) - \theta_N\right] \dot{K}(\hat{\rho}, \overline{\rho}_S)}}$$

对于 $j = 1, 2$, 真实的参数 β_j^A 计算如下:

$$\beta_1^A = \frac{\mathrm{Cov}^A(\tilde{Y}_M, \tilde{Y}_1)}{\mathrm{Var}^A(\tilde{Y}_M)}$$

$$= \frac{p_1 Z_1^0 + p_2 Z_2^0}{p_1} \frac{\sigma_1 \left[\dot{K}(\hat{\rho}, \overline{\rho}_S)\sigma_1 Z_1^0 + \dot{k}(\hat{\rho}, \overline{\rho}_S)\sigma_2 Z_2^0\right]}{\dot{K}(\hat{\rho}, \overline{\rho}_S)\sigma_1^2 [Z_1^0]^2 + 2\dot{k}(\hat{\rho}, \overline{\rho}_S)\sigma_1\sigma_2 Z_1^0 Z_2^0 + \left[\dot{K}(\hat{\rho}, \overline{\rho}_S) - \theta_N\right]\sigma_2^2 [Z_2^0]^2}$$

$$\beta_2^A = \frac{\mathrm{Cov}^A(\tilde{Y}_M, \tilde{Y}_2)}{\mathrm{Var}^A(\tilde{Y}_M)}$$

$$= \frac{p_1 Z_1^0 + p_2 Z_2^0}{p_2} \frac{\sigma_2 \left\{\dot{k}(\hat{\rho}, \overline{\rho}_S)\sigma_1 Z_1^0 + \left[\dot{K}(\hat{\rho}, \overline{\rho}_S) - \theta_N\right]\sigma_2 Z_2^0\right\}}{\dot{K}(\hat{\rho}, \overline{\rho}_S)\sigma_1^2 [Z_1^0]^2 + 2\dot{k}(\hat{\rho}, \overline{\rho}_S)\sigma_1\sigma_2 Z_1^0 Z_2^0 + \left[\dot{K}(\hat{\rho}, \overline{\rho}_S) - \theta_N\right]\sigma_2^2 [Z_2^0]^2}$$

很容易检验 $\beta_1^A > \beta_1$ 且 $\beta_2^A < \beta_2$, 根据定理 3.2 的情形 (2),

$$\overline{Y}_M = \frac{\alpha}{p_1 Z_1^0 + p_2 Z_2^0}$$

$$\times \frac{\theta_N \sigma_1^2 [Z_1^0]^2 + \left[\dot{K}(\hat{\rho}, \overline{\rho}_S) - \theta_N\right] \left\{\sigma_1^2 [Z_1^0]^2 + \sigma_2^2 [Z_2^0]^2\right\} \left\{1 + \frac{\dot{k}(\hat{\rho}, \overline{\rho}_S)}{\dot{K}(\hat{\rho}, \overline{\rho}_S) - \theta_N} \frac{2\sigma_1 Z_1^0 \sigma_2 Z_2^0}{\sigma_1^2 [Z_1^0]^2 + \sigma_2^2 [Z_2^0]^2}\right\}}{\left[\dot{K}(\hat{\rho}, \overline{\rho}_S) - \theta_N\right] \dot{K}(\hat{\rho}, \overline{\rho}_S) - k^2(\hat{\rho}, \overline{\rho}_S, 0)} > 0$$

因此, $\alpha_1 = (\beta_1^A - \beta_1)\overline{Y}_M > 0$ 且 $\alpha_2 = (\beta_2^A - \beta_2)\overline{Y}_M < 0$。

(3) 假设经济中存在的均衡是类型 3——精明投资者和天真投资者均交易两种资产的参与均衡。根据定理 3.2, 如果质量比率适中, 即 $h(\hat{\rho}, \overline{\rho}_S, \overline{\rho}_N) < E_{12} < H(\hat{\rho}, \overline{\rho}_S, \overline{\rho}_N)$, 风险资产的均衡价格由下式给出:

$$p_1 = \mu_1 - \alpha\sigma_1 \frac{K(\hat{\rho}, \overline{\rho}_S, \overline{\rho}_N)\sigma_1 Z_1^0 + k(\hat{\rho}, \overline{\rho}_S, \overline{\rho}_N)\sigma_2 Z_2^0}{K^2(\hat{\rho}, \overline{\rho}_S, \overline{\rho}_N) - k^2(\hat{\rho}, \overline{\rho}_S, \overline{\rho}_N)}$$

$$p_2 = \mu_2 - \alpha\sigma_2 \frac{k(\hat{\rho}, \overline{\rho}_S, \overline{\rho}_N)\sigma_1 Z_1^0 + K(\hat{\rho}, \overline{\rho}_S, \overline{\rho}_N)\sigma_2 Z_2^0}{K^2(\hat{\rho}, \overline{\rho}_S, \overline{\rho}_N) - k^2(\hat{\rho}, \overline{\rho}_S, \overline{\rho}_N)}$$

为了使均衡价格相等, 代表性经济人必须持有以下的信念:

$$\sigma_j^A = \sigma_j \sqrt{\frac{K(\hat{\rho}, \overline{\rho}_S, \overline{\rho}_N)}{K^2(\hat{\rho}, \overline{\rho}_S, \overline{\rho}_N) - k^2(\hat{\rho}, \overline{\rho}_S, \overline{\rho}_N)}}, \quad j = 1, 2 \text{ 和 } \rho^A = \hat{\rho}\frac{k(\hat{\rho}, \overline{\rho}_S, \overline{\rho}_N)}{K(\hat{\rho}, \overline{\rho}_S, \overline{\rho}_N)}$$

对于 $j = 1, 2$, 真实的参数 β_j^A 计算如下:

$$
\beta_1^A = \frac{\mathrm{Cov}^A(\tilde{Y}_M, \tilde{Y}_1)}{\mathrm{Var}^A(\tilde{Y}_M)}
$$

$$
= \frac{p_1 Z_1^0 + p_2 Z_2^0}{p_1} \cdot \frac{\sigma_1 \left[K(\hat{\rho}, \overline{\rho}_S, \overline{\rho}_N)\sigma_1 Z_1^0 + k(\hat{\rho}, \overline{\rho}_S, \overline{\rho}_N)\sigma_2 Z_2^0 \right]}{K(\hat{\rho}, \overline{\rho}_S, \overline{\rho}_N)\sigma_1^2 \left[Z_1^0\right]^2 + 2k(\hat{\rho}, \overline{\rho}_S, \overline{\rho}_N)\sigma_1\sigma_2 Z_1^0 Z_2^0 + K(\hat{\rho}, \overline{\rho}_S, \overline{\rho}_N)\sigma_2^2 \left[Z_2^0\right]^2}
$$

$$
\beta_2^A = \frac{\mathrm{Cov}^A(\tilde{Y}_M, \tilde{Y}_2)}{\mathrm{Var}^A(\tilde{Y}_M)}
$$

$$
= \frac{p_1 Z_1^0 + p_2 Z_2^0}{p_2} \cdot \frac{\sigma_2 \left[k(\hat{\rho}, \overline{\rho}_S, \overline{\rho}_N)\sigma_1 Z_1^0 + K(\hat{\rho}, \overline{\rho}_S, \overline{\rho}_N)\sigma_2 Z_2^0 \right]}{K(\hat{\rho}, \overline{\rho}_S, \overline{\rho}_N)\sigma_1^2 \left[Z_1^0\right]^2 + 2k(\hat{\rho}, \overline{\rho}_S, \overline{\rho}_N)\sigma_1\sigma_2 Z_1^0 Z_2^0 + K(\hat{\rho}, \overline{\rho}_S, \overline{\rho}_N)\sigma_2^2 \left[Z_2^0\right]^2}
$$

很容易检验, 对于 $\sigma_2 Z_2^0 \lesseqqgtr \sigma_1 Z_1^0$ 有 $\beta_1^A \lesseqqgtr \beta_1$, 以及对于 $\sigma_1 Z_1^0 \lesseqqgtr \sigma_2 Z_2^0$ 有 $\beta_2^A \lesseqqgtr \beta_2$。根据定理 3.2 中的情形 (3),

$$
\overline{Y}_M = \frac{\alpha}{p_1 Z_1^0 + p_2 Z_2^0}
$$

$$
\times \frac{K(\hat{\rho}, \overline{\rho}_S, \overline{\rho}_N) \left\{ \sigma_1^2 \left[Z_1^0\right]^2 + \sigma_2^2 \left[Z_2^0\right]^2 \right\} \left\{ 1 + \dfrac{\dot{k}(\hat{\rho}, \overline{\rho}_S)}{K(\hat{\rho}, \overline{\rho}_S, \overline{\rho}_N)} \dfrac{2\sigma_1 Z_1^0 \sigma_2 Z_2^0}{\sigma_1^2 \left[Z_1^0\right]^2 + \sigma_2^2 \left[Z_2^0\right]^2} \right\}}{K^2(\hat{\rho}, \overline{\rho}_S, \overline{\rho}_N) - k^2(\hat{\rho}, \overline{\rho}_S, \overline{\rho}_N)} > 0
$$

因此, 对于 $\sigma_2 Z_2^0 \lesseqqgtr \sigma_1 Z_1^0$ 有 $\alpha_1 = (\beta_1^A - \beta_1)\overline{Y}_M \lesseqqgtr 0$, 以及对于 $\sigma_1 Z_1^0 \lesseqqgtr \sigma_2 Z_2^0$ 有 $\alpha_2 = (\beta_2^A - \beta_2)\overline{Y}_M \lesseqqgtr 0$。

(4) 假设经济中存在的均衡是类型 4——天真投资者不交易资产 2 的非参与均衡。根据定理 3.2, 如果质量比率较大, 即 $H(\hat{\rho}, \overline{\rho}_S, \overline{\rho}_N) \leqslant E_{12} < H(\hat{\rho}, \overline{\rho}_S, \overline{\rho}_S)$, 风险资产的均衡价格由下式给出:

$$
p_1 = \mu_1 - \alpha\sigma_1 \frac{\left[\dot{K}(\hat{\rho}, \overline{\rho}_S) - \theta_N\right]\sigma_1 Z_1^0 + \dot{k}(\hat{\rho}, \overline{\rho}_S)\sigma_2 Z_2^0}{\dot{K}(\hat{\rho}, \overline{\rho}_S)\left[\dot{K}(\hat{\rho}, \overline{\rho}_S) - \theta_N\right] - k^2(\hat{\rho}, \overline{\rho}_S, 0)}
$$

$$
p_2 = \mu_2 - \alpha\sigma_2 \frac{\dot{k}(\hat{\rho}, \overline{\rho}_S)\sigma_1 Z_1^0 + \dot{K}(\hat{\rho}, \overline{\rho}_S)\sigma_2 Z_2^0}{\dot{K}(\hat{\rho}, \overline{\rho}_S)\left[\dot{K}(\hat{\rho}, \overline{\rho}_S) - \theta_N\right] - k^2(\hat{\rho}, \overline{\rho}_S, 0)}
$$

为了使均衡价格相等, 代表性经济人必须持有以下的信念:

$$
\sigma_1^A = \sigma_2 \sqrt{\frac{\dot{K}(\hat{\rho}, \overline{\rho}_S) - \theta_N}{\dot{K}(\hat{\rho}, \overline{\rho}_S)\left[\dot{K}(\hat{\rho}, \overline{\rho}_S) - \theta_N\right] - k^2(\hat{\rho}, \overline{\rho}_S, 0)}}
$$

$$
\sigma_2^A = \sigma_1 \sqrt{\frac{\dot{K}(\hat{\rho}, \overline{\rho}_S)}{\dot{K}(\hat{\rho}, \overline{\rho}_S)\left[\dot{K}(\hat{\rho}, \overline{\rho}_S) - \theta_N\right] - k^2(\hat{\rho}, \overline{\rho}_S, 0)}}
$$

$$\rho^A = \hat{\rho}\frac{\dot{k}(\hat{\rho},\overline{\rho}_S)}{\sqrt{\dot{K}(\hat{\rho},\overline{\rho}_S)\left[\dot{K}(\hat{\rho},\overline{\rho}_S)-\theta_N\right]}}$$

对于 $j=1,2$, 真实的参数 β_j^A 计算如下:

$$\beta_1^A = \frac{\mathrm{Cov}^A(\tilde{Y}_M,\tilde{Y}_1)}{\mathrm{Var}^A(\tilde{Y}_M)}$$

$$= \frac{p_1Z_1^0+p_2Z_2^0}{p_1}\frac{\sigma_1\left\{\left[\dot{K}(\hat{\rho},\overline{\rho}_S)-\theta_N\right]\sigma_1Z_1^0+\dot{k}(\hat{\rho},\overline{\rho}_S)\sigma_2Z_2^0\right\}}{\left[\dot{K}(\hat{\rho},\overline{\rho}_S)-\theta_N\right]\sigma_1^2\left[Z_1^0\right]^2+2\dot{k}(\hat{\rho},\overline{\rho}_S)\sigma_1\sigma_2Z_1^0Z_2^0+\dot{K}(\hat{\rho},\overline{\rho}_S)\sigma_2^2\left[Z_2^0\right]^2}$$

$$\beta_2^A = \frac{\mathrm{Cov}^A(\tilde{Y}_M,\tilde{Y}_2)}{\mathrm{Var}^A(\tilde{Y}_M)}$$

$$= \frac{p_1Z_1^0+p_2Z_2^0}{p_2}\frac{\sigma_2\left[\dot{k}(\hat{\rho},\overline{\rho}_S)\sigma_1Z_1^0+\dot{K}(\hat{\rho},\overline{\rho}_S)\sigma_2Z_2^0\right]}{\left[\dot{K}(\hat{\rho},\overline{\rho}_S)-\theta_N\right]\sigma_1^2\left[Z_1^0\right]^2+2\dot{k}(\hat{\rho},\overline{\rho}_S)\sigma_1\sigma_2Z_1^0Z_2^0+\dot{K}(\hat{\rho},\overline{\rho}_S)\sigma_2^2\left[Z_2^0\right]^2}$$

很容易检验 $\beta_1^A<\beta_1$ 且 $\beta_2^A>\beta_2$。根据定理 3.2 的情形 (4),

$$\overline{Y}_M = \frac{\alpha}{p_1Z_1^0+p_2Z_2^0}$$

$$\times\frac{\left[\dot{K}(\hat{\rho},\overline{\rho}_S)-\theta_N\right]\left\{\sigma_1^2\left[Z_1^0\right]^2+\sigma_2^2\left[Z_2^0\right]^2\right\}\left\{1+\frac{\dot{k}(\hat{\rho},\overline{\rho}_S)}{\dot{K}(\hat{\rho},\overline{\rho}_S)-\theta_N}\frac{2\sigma_1Z_1^0\sigma_2Z_2^0}{\sigma_1^2\left[Z_1^0\right]^2+\sigma_2^2\left[Z_2^0\right]^2}\right\}+\theta_N\sigma_2^2\left[Z_2^0\right]^2}{\dot{K}(\hat{\rho},\overline{\rho}_S)\left[\dot{K}(\hat{\rho},\overline{\rho}_S)-\theta_N\right]-k^2(\hat{\rho},\overline{\rho}_S,0)}>0$$

因此, $\alpha_1=(\beta_1^A-\beta_1)\overline{Y}_M<0$, $\alpha_2=(\beta_2^A-\beta_2)\overline{Y}_M>0$。

(5) 假设经济中存在的均衡是类型 5——精明投资者和天真投资者均不交易资产 2 的非参与均衡。根据定理 3.2, 如果质量比率很小, 即 $H(\hat{\rho},\overline{\rho}_S,\overline{\rho}_S)\leqslant E_{12}$, 风险资产的均衡价格由下式给出:

$$p_1=\mu_1-\alpha\sigma_1[\sigma_1Z_1^0+\hat{\rho}\sigma_2Z_2^0], \quad p_2=\mu_2-\alpha\sigma_2\left[\hat{\rho}\sigma_1Z_1^0+\frac{1-(1-\theta_I)\hat{\rho}^2}{\theta_I}\sigma_2Z_2^0\right]$$

为了使均衡价格相等, 代表性经济人必须持有以下的信念:

$$\sigma_1^A=\sigma_1, \quad \sigma_2^A=\sigma_2\sqrt{\frac{1-(1-\theta_I)\hat{\rho}^2}{\theta_I}} \text{ 和 } \rho^A=\hat{\rho}\sqrt{\frac{\theta_I}{1-(1-\theta_I)\hat{\rho}^2}}$$

对于 $j=1,2$, 真实的参数 β_j^A 计算如下:

$$\beta_1^A=\frac{\mathrm{Cov}^A(\tilde{Y}_M,\tilde{Y}_1)}{\mathrm{Var}^A(\tilde{Y}_M)}=\frac{p_1Z_1^0+p_2Z_2^0}{p_1}\frac{\sigma_1[\sigma_1Z_1^0+\hat{\rho}\sigma_2Z_2^0]}{\sigma_1^2\left[Z_1^0\right]^2+2\hat{\rho}\sigma_1\sigma_2Z_1^0Z_2^0+\frac{1-(1-\theta_I)\hat{\rho}^2}{\theta_I}\sigma_2^2\left[Z_2^0\right]^2}$$

$$\beta_2^A = \frac{\text{Cov}^A(\tilde{Y}_M, \tilde{Y}_2)}{\text{Var}^A(\tilde{Y}_M)} = \frac{p_1 Z_1^0 + p_2 Z_2^0}{p_2} \frac{\sigma_2 \left[\hat{\rho}\sigma_1 Z_1^0 + \dfrac{1 - (1 - \theta_I)\hat{\rho}^2}{\theta_I}\sigma_2 Z_2^0 \right]}{\sigma_1^2 [Z_1^0]^2 + 2\hat{\rho}\sigma_1\sigma_2 Z_1^0 Z_2^0 + \dfrac{1 - (1 - \theta_I)\hat{\rho}^2}{\theta_I}\sigma_2^2 [Z_2^0]^2}$$

很容易检验 $\beta_1^A < \beta_1$ 且 $\beta_2^A > \beta_2$。根据定理 3.2 的情形 (5),

$$\overline{Y}_M = \alpha \frac{(\sigma_1 Z_1^0 + \hat{\rho}\sigma_2 Z_2^0)^2 + \dfrac{1 - \hat{\rho}^2}{\theta_I}\sigma_2^2 [Z_2^0]^2}{p_1 Z_1^0 + p_2 Z_2^0} > 0$$

因此, $\alpha_1 = (\beta_1^A - \beta_1)\overline{Y}_M < 0$ 且 $\alpha_2 = (\beta_2^A - \beta_2)\overline{Y}_M > 0$。

总结以上分析, 我们得出如下结论: 如果质量比率很小, 即 $E_{12} \leqslant h(\hat{\rho}, \overline{\rho}_S, \overline{\rho}_S)$, 那么非参与均衡 (精明投资者和天真投资者不交易资产 1) 中的市场调整收益为 $\alpha_1 > 0$ 和 $\alpha_2 < 0$; 如果质量比率较小, 即 $h(\hat{\rho}, \overline{\rho}_S, \overline{\rho}_S) < E_{12} \leqslant h(\hat{\rho}, \overline{\rho}_S, \overline{\rho}_N)$, 那么非参与均衡 (天真投资者不交易资产 1) 中的市场调整收益为 $\alpha_1 > 0$ 和 $\alpha_2 < 0$; 如果质量比率适中, 即 $h(\hat{\rho}, \overline{\rho}_S, \overline{\rho}_N) < E_{12} < H(\hat{\rho}, \overline{\rho}_S, \overline{\rho}_N)$, 那么参与均衡 (精明投资者和天真投资者均交易两种资产) 中的市场调整收益对于 $E_{12} < 1$ 为 $\alpha_1 > 0$ 和 $\alpha_2 < 0$, 而对于 $E_{12} > 1$ 为 $\alpha_1 < 0$ 和 $\alpha_2 > 0$; 如果质量比率较大, 即 $H(\hat{\rho}, \overline{\rho}_S, \overline{\rho}_N) \leqslant E_{12} < H(\hat{\rho}, \overline{\rho}_S, \overline{\rho}_S)$, 那么非参与均衡 (天真投资者不交易资产 2) 中的市场调整收益为 $\alpha_1 < 0$ 和 $\alpha_2 > 0$; 如果质量比率很小, 即 $H(\hat{\rho}, \overline{\rho}_S, \overline{\rho}_S) \leqslant E_{12}$, 那么非参与均衡 (精明投资者和天真投资者均不交易资产 2) 中的市场调整收益为 $\alpha_1 < 0$ 和 $\alpha_2 > 0$。一般来说, 不被精明投资者和天真投资者持有的低质量资产有正的超额回报, 而其他高质量风险资产有负的超额回报。这是因为, 为了吸引内部投资者持有低质量资产 (即对于精明投资者和天真投资者具有暧昧性的资产), 其价格必须足够低, 从而产生正的超额回报。相反, 暧昧厌恶的投资者的投资组合中充斥着高质量的资产, 从而推高了高质量资产的价格, 降低了资产的回报。

注意, 对于精明投资者和天真投资者, 在非参与均衡 (类型 1 或类型 5) 下, 暧昧厌恶的投资者将决定不持有低质量资产; 而对于天真投资者, 在部分参与均衡 (类型 2 或类型 4) 下, 天真投资者将决定不参与低质量资产的交易。综上所述, 在 5 种均衡类型下, 质量较低的资产将产生正的超额收益, 而质量较高的资产将产生负的超额收益。也就是说, 无论经济处于完全参与均衡 (精明投资者和天真投资者完全参与) 或部分参与均衡 (精明投资者参与而天真投资者不参与低质量资产) 或非参与均衡 (精明投资者和天真投资者均不参与低质量资产), 精明投资者和天真投资者都会倾向于持有更高质量的资产, 甚至到非理性的程度, 从而使其价格上涨且回报低于标准模型的预测。由此可见, 相关系数暧昧性可以被视为一种补充个股截面表现研究的新方法。

定理 3.3 无论均衡是参与均衡 (精明投资者和天真投资者完全参与) 还是非参与均衡 (天真投资者不参与低质量资产或精明投资者和天真投资者均不参与低质量资产), 质量较低的风险资产将产生正的超额回报, 而质量较高的资产将产生负的超额回报。

3.7 结 论

在本章中, 我们通过添加具有部分信息的精明投资者扩展了 Huang 等 (2017) 提出的多资产模型, 该模型只有两种类型的投资者 (内部投资者和天真投资者)。相关系数暧昧性在精明投资者和天真投资者的需求函数中产生了 4 种情形。这些需求函数的性质导致了唯一的一般均衡的存在, 并有 5 种不同类型的均衡: 完全参与均衡 (精明投资者和天真投资者完全参与)、部分参与均衡 (精明投资者参与而天真投资者不参与低质量资产) 和非参与均衡 (精明投资者和天真投资者均不参与低质量资产), 这取决于风险资产之间的质量比率。暧昧厌恶的投资者 (包括精明投资者和天真投资者) 理性地选择限制自己参与低质量资产的交易, 以避免相关系数暧昧性。当低质量资产相对于高质量资产的质量比率较小时, 只有天真投资者内生性地有限参与低质量资产。此外, 当低质量资产相对于高质量资产的质量比率很小时, 精明投资者和天真投资者内生性地有限参与低质量资产。

掌握信息较多的投资者愿意参与部分风险资产的交易, 掌握信息较少的投资者则不愿意参与低质量风险资产的交易, 这就产生了信息暧昧导致的有限参与现象。然而, 掌握信息较少的投资者对风险资产的需求可能大于掌握信息较多的投资者。此外, 掌握信息较少的投资者可能比掌握信息较多的投资者持有更多的均衡头寸, 主要原因是相关系数的不确定性来自暧昧性 (而不仅仅是纯粹的风险)。此外, 我们进一步发现信息较少的投资者会从低质量资产逃往高质量资产, 而信息较多的投资者会从高质量资产逃往低质量资产。因此, 在均衡下, 所有投资者表现出安全投资转移的交易模式。

本章的主要目的可以在更复杂的框架中进一步研究。例如, 我们可以介绍一种没有信息的投资者。这种没有任何信息的新型投资者被称为噪音投资者 (或不知情投资者)。噪音投资者对相关系数的值没有任何额外的信息, 因此, 当他们优化其期望效用时, 他们考虑了可能值的最大区间 $[-1, 1]$。噪音投资者是对资产边际分布有理性预期的暧昧厌恶经济人, 他们的决策用 Gilboa 和 Schmeidler (1989) 的 MEU 模型描述。相关系数可能的区间 $[-1, 1]$ 意味着噪音投资者的需求函数没有解析解, 使一般均衡的特征难以检验。另外, 我们也可以检验含一个无风险资产和 K 种风险资产 $(K > 2)$ 的多资产模型。一般相关矩阵包括成对资产之间的 $\frac{1}{2}(K-1)K$ 个相关系数, 从而可以建立一个复杂的相关系数信息结构。有时我们可以关注一个具有相关系数相等的矩阵的简单模型。

附 录

附录 A 关于一般均衡存在性的定理 3.1 的证明

我们根据 3.2 节中的 16 种情况 (每种类型的精明投资者和天真投资者有 4 种情况) 检验均衡的存在性。我们在 5 种条件下得到一般均衡, 从而得到 5 种均衡类型, 从中我们观察到有限参与现象。

对于 $\Lambda = N$, 由式 (3.6), 我们根据 4 种可能的情况来分析一般均衡的存在性。

情形 1   天真投资者在这两种风险资产上的交易方向不同, $Z_{N1}^* Z_{N2}^* < 0$。

情形 2   天真投资者不交易风险资产 1, $Z_{N1}^* = 0$。

情形 3   天真投资者不交易风险资产 2, $Z_{N2}^* = 0$。

情形 4   天真投资者在这两种风险资产上的交易方向相同, $Z_{N1}^* Z_{N2}^* > 0$。

如果天真投资者做空其中一个风险资产, 那么从事实 2 我们知道精明投资者做空相同的资产, 同样从事实 1 我们知道内部投资者也做空相同的资产。由于这种资产的供给是严格正的, 经济不可能达到均衡。因此, 我们关注天真投资者不做空任何风险资产的情况。在情形 1 中, 不存在一般均衡, 因为天真投资者持有其中一种风险资产的负头寸, 即 $Z_{N1}^* < 0$ 或 $Z_{N2}^* < 0$。在情形 2 中, 天真投资者不交易风险资产 1, 同时做空风险资产 2 的情况, 即 $Z_{N1}^* = 0$ 且 $Z_{N2}^* < 0$, 同样也不存在一般均衡。在情形 3 中, 天真投资者做空风险资产 1, 不交易风险资产 2 的情况, 即 $Z_{N1}^* < 0$ 且 $Z_{N2}^* = 0$, 也不存在一般均衡。在情形 4 中, 对于天真投资者卖空两种风险资产的情况, $Z_{N1}^* < 0$ 且 $Z_{N2}^* < 0$, 不存在一般均衡。因此, 我们将讨论限制在以下 3 种情形中。

情形 2   天真投资者不交易风险资产 1, 并且做多风险资产 2, $Z_{N1}^* = 0$ 且 $Z_{N2}^* > 0$。

情形 3   天真投资者做多风险资产 1, 不交易风险资产 2, $Z_{N1}^* > 0$ 且 $Z_{N2}^* = 0$。

情形 4   天真投资者做多两种风险资产, $Z_{N1}^* > 0$ 且 $Z_{N2}^* > 0$。

情形 2   天真投资者不交易风险资产 1, 并且做多风险资产 2, $Z_{N1}^* = 0$ 且 $Z_{N2}^* > 0$。

如果天真投资者做多一种风险资产, 那么根据事实 2, 精明投资者也做多同一种资产。如果天真投资者不交易其中一种风险资产, 那么根据事实 2, 精明投资者可能做空, 不交易, 或做多相同的资产。当精明投资者做空风险资产时, 根据事实 1, 内部投资者也会做空相同的资产。由于这种资产的供给是严格正的, 经济不可能达到均衡。因此, 我们排除了不会发生的情况。所以, 一般均衡存在于两种情况: 精明投资者不交易风险资产 1 且做多风险资产 2, 即 $Z_{S1}^* = 0$ 且 $Z_{S2}^* > 0$ (情形 2.1); 精明投资者做多这两种风险资产, 即 $Z_{S1}^* > 0$ 且 $Z_{S2}^* > 0$ (情形 2.2)。

情形 2.1   精明投资者不交易风险资产 1 且做多风险资产 2, $Z_{S1}^* = 0$ 且 $Z_{S2}^* > 0$。

根据式 (3.7), 精明投资者和天真投资者的需求函数为:

$$Z_S^* = \begin{pmatrix} Z_{S1}^* \\ Z_{S2}^* \end{pmatrix} = \frac{1}{\alpha} \begin{pmatrix} 0 \\ \dfrac{R_2}{\sigma_2} \end{pmatrix}, \text{若} \begin{cases} \underline{\rho}_S R_2 \leqslant R_1 \leqslant \overline{\rho}_S R_2 \\ R_2 > 0 \end{cases}$$

和

$$Z_N^* = \begin{pmatrix} Z_{N1}^* \\ Z_{N2}^* \end{pmatrix} = \frac{1}{\alpha} \begin{pmatrix} 0 \\ \dfrac{R_2}{\sigma_2} \end{pmatrix}, \text{若} \begin{cases} \underline{\rho}_N R_2 \leqslant R_1 \leqslant \overline{\rho}_N R_2 \\ R_2 > 0 \end{cases}$$

均衡方程式 (3.8) 可写为:

$$\begin{pmatrix} \ddot{K}(\hat{\rho}) - \theta_S - \theta_N & -\ddot{k}(\hat{\rho}) \\ -\ddot{k}(\hat{\rho}) & \ddot{K}(\hat{\rho}) \end{pmatrix} \begin{pmatrix} R_1 \\ R_2 \end{pmatrix} = \alpha \begin{pmatrix} \sigma_1 Z_1^0 \\ \sigma_2 Z_2^0 \end{pmatrix}$$

我们计算 Sharpe 比率:

$$R_1 = \alpha \frac{\ddot{K}(\hat{\rho})\sigma_1 Z_1^0 + \ddot{k}(\hat{\rho})\sigma_2 Z_2^0}{\left[\ddot{K}(\hat{\rho}) - \theta_S - \theta_N\right]\ddot{K}(\hat{\rho}) - \ddot{k}^2(\hat{\rho})} \tag{A.1a}$$

$$R_2 = \alpha \frac{\ddot{k}(\hat{\rho})\sigma_1 Z_1^0 + \left[\ddot{K}(\hat{\rho}) - \theta_S - \theta_N\right]\sigma_2 Z_2^0}{\left[\ddot{K}(\hat{\rho}) - \theta_S - \theta_N\right]\ddot{K}(\hat{\rho}) - \ddot{k}^2(\hat{\rho})} \tag{A.1b}$$

将精明投资者和天真投资者的均衡条件合并为 $\underline{\rho}_S R_2 \leqslant R_1 \leqslant \overline{\rho}_S R_2$ 和 $R_2 > 0$, 等价于:

$$\frac{\sigma_2 Z_2^0}{\sigma_1 Z_1^0} \geqslant \frac{\ddot{K}(\hat{\rho}) - \overline{\rho}_S \ddot{k}(\hat{\rho})}{\overline{\rho}_S\left[\ddot{K}(\hat{\rho}) - \theta_S - \theta_N\right] - \ddot{k}(\hat{\rho})} > -\frac{\ddot{k}(\hat{\rho})}{\ddot{K}(\hat{\rho}) - \theta_S - \theta_N} > \frac{\ddot{K}(\hat{\rho}) - \underline{\rho}_S \ddot{k}(\hat{\rho})}{\underline{\rho}_S\left[\ddot{K}(\hat{\rho}) - \theta_S - \theta_N\right] - \ddot{k}(\hat{\rho})}$$

因此, 我们得到均衡条件:

$$\frac{\sigma_2 Z_2^0}{\sigma_1 Z_1^0} \geqslant \frac{\ddot{K}(\hat{\rho}) - \overline{\rho}_S \ddot{k}(\hat{\rho})}{\overline{\rho}_S\left[\ddot{K}(\hat{\rho}) - \theta_S - \theta_N\right] - \ddot{k}(\hat{\rho})} = \frac{\dfrac{\theta_I}{1 - \hat{\rho}^2}(1 - \hat{\rho}\overline{\rho}_S) + \theta_S + \theta_N}{\dfrac{\theta_I}{1 - \hat{\rho}^2}(\overline{\rho}_S - \hat{\rho})}$$

$$= \frac{1 - \dfrac{\theta_I}{1 - \hat{\rho}^2}\hat{\rho}(\overline{\rho}_S - \hat{\rho})}{\dfrac{\theta_I}{1 - \hat{\rho}^2}(\overline{\rho}_S - \hat{\rho})} = \frac{1 - \hat{\rho}^2}{\theta_I(\overline{\rho}_S - \hat{\rho})} - \hat{\rho}$$

均衡 Sharpe 比率式 (A.1a) 和式 (A.1b) 可写为:

$$R_1 = \alpha \frac{\left[\dfrac{\theta_I}{1 - \hat{\rho}^2} + \theta_S + \theta_N\right]\sigma_1 Z_1^0 + \dfrac{\theta_I}{1 - \hat{\rho}^2}\hat{\rho}\sigma_2 Z_2^0}{\dfrac{\theta_I}{1 - \hat{\rho}^2}\left[\dfrac{\theta_I}{1 - \hat{\rho}^2} + \theta_S + \theta_N\right] - \left[\dfrac{\theta_I}{1 - \hat{\rho}^2}\hat{\rho}\right]^2} = \alpha\left[\frac{1 - (1 - \theta_I)\hat{\rho}^2}{\theta_I}\sigma_1 Z_1^0 + \hat{\rho}\sigma_2 Z_2^0\right]$$

$$\tag{A.2a}$$

$$R_2 = \alpha \frac{\dfrac{\theta_I}{1 - \hat{\rho}^2}\hat{\rho}\sigma_1 Z_1^0 + \dfrac{\theta_I}{1 - \hat{\rho}^2}\sigma_2 Z_2^0}{\dfrac{\theta_I}{1 - \hat{\rho}^2}\left[\dfrac{\theta_I}{1 - \hat{\rho}^2} + \theta_S + \theta_N\right] - \left[\dfrac{\theta_I}{1 - \hat{\rho}^2}\hat{\rho}\right]^2} = \alpha[\hat{\rho}\sigma_1 Z_1^0 + \sigma_2 Z_2^0] \tag{A.2b}$$

均衡 2.1　如果 $\dfrac{\sigma_2 Z_2^0}{\sigma_1 Z_1^0} \geqslant \dfrac{1-\hat{\rho}^2}{\theta_I(\overline{\rho}_S - \hat{\rho})} - \hat{\rho}$, 那么市场上存在一个唯一的均衡, 风险资产的均衡价格为:

$$
\begin{aligned}
p_1 &= \mu_1 - \alpha \frac{\ddot{K}(\hat{\rho})\sigma_1 Z_1^0 + \ddot{k}(\hat{\rho})\sigma_2 Z_2^0}{\left[\ddot{K}(\hat{\rho}) - \theta_S - \theta_N\right]\ddot{K}(\hat{\rho}) - \ddot{k}^2(\hat{\rho})} \\
&= \mu_1 - \alpha\sigma_1 \left[\frac{1 - (1-\theta_I)\hat{\rho}^2}{\theta_I}\sigma_1 Z_1^0 + \hat{\rho}\sigma_2 Z_2^0\right]
\end{aligned}
\tag{A.3a}
$$

$$
p_2 = \mu_2 - \alpha \frac{\ddot{k}(\hat{\rho})\sigma_1 Z_1^0 + \left[\ddot{K}(\hat{\rho}) - \theta_S - \theta_N\right]\sigma_2 Z_2^0}{\left[\ddot{K}(\hat{\rho}) - \theta_S - \theta_N\right]\ddot{K}(\hat{\rho}) - \ddot{k}^2(\hat{\rho})} = \mu_2 - \alpha\sigma_2[\hat{\rho}\sigma_1 Z_1^0 + \sigma_2 Z_2^0] \tag{A.3b}
$$

在均衡状态下, 内部投资者持有的风险资产头寸为:

$$
Z_{I1}^* = \frac{1}{\theta_I} Z_1^0 > 0 \text{ 和 } Z_{I2}^* = -\hat{\rho}\frac{1 - \theta_I}{\theta_I}\frac{\sigma_1}{\sigma_2} Z_1^0 + Z_2^0 > 0 \tag{A.4}
$$

精明投资者和天真投资者持有的风险资产头寸为:

$$
Z_{S1}^* = Z_{N1}^* = 0 \text{ 且 } Z_{S2}^* = Z_{N2}^* = \hat{\rho}\frac{\sigma_1}{\sigma_2} Z_1^0 + Z_2^0 > 0 \tag{A.5}
$$

情形 2.2　精明投资者做多这两种风险资产, $Z_{S1}^* > 0$ 且 $Z_{S2}^* > 0$。

对于式 (3.7), 精明投资者和天真投资者的需求函数为:

$$
Z_S^* = \begin{pmatrix} Z_{S1}^* \\ Z_{S2}^* \end{pmatrix} = \frac{1}{\alpha(1 - \overline{\rho}_S^2)} \begin{pmatrix} \dfrac{R_1 - \overline{\rho}_S R_2}{\sigma_1} \\ \dfrac{R_2 - \overline{\rho}_S R_1}{\sigma_2} \end{pmatrix}, \text{若} \begin{cases} R_1 > \overline{\rho}_S R_2 \\ R_2 > \overline{\rho}_S R_1 \end{cases}
$$

和

$$
Z_N^* = \begin{pmatrix} Z_{N1}^* \\ Z_{N2}^* \end{pmatrix} = \frac{1}{\alpha} \begin{pmatrix} 0 \\ \dfrac{R_2}{\sigma_2} \end{pmatrix}, \text{若} \begin{cases} \underline{\rho}_N R_2 \leqslant R_1 \leqslant \overline{\rho}_N R_2 \\ R_2 > 0 \end{cases}
$$

均衡方程式 (3.8) 可写为:

$$
\begin{pmatrix} \dot{K}(\hat{\rho}, \overline{\rho}_S) - \theta_N & -\dot{k}(\hat{\rho}, \overline{\rho}_S) \\ -\dot{k}(\hat{\rho}, \overline{\rho}_S) & \dot{K}(\hat{\rho}, \overline{\rho}_S) \end{pmatrix} \begin{pmatrix} R_1 \\ R_2 \end{pmatrix} = \alpha \begin{pmatrix} \sigma_1 Z_1^0 \\ \sigma_2 Z_2^0 \end{pmatrix}
$$

我们计算出 Sharpe 比率:

$$R_1 = \alpha \frac{\dot{K}(\hat{\rho}, \overline{\rho}_S)\sigma_1 Z_1^0 + \dot{k}(\hat{\rho}, \overline{\rho}_S)\sigma_2 Z_2^0}{\left[\dot{K}(\hat{\rho}, \overline{\rho}_S) - \theta_N\right]\dot{K}(\hat{\rho}, \overline{\rho}_S) - \dot{k}^2(\hat{\rho}, \overline{\rho}_S)} \tag{A.6a}$$

$$R_2 = \alpha \frac{\dot{k}(\hat{\rho}, \overline{\rho}_S)\sigma_1 Z_1^0 + \left[\dot{K}(\hat{\rho}, \overline{\rho}_S) - \theta_N\right]\sigma_2 Z_2^0}{\left[\dot{K}(\hat{\rho}, \overline{\rho}_S) - \theta_N\right]\dot{K}(\hat{\rho}, \overline{\rho}_S) - \dot{k}^2(\hat{\rho}, \overline{\rho}_S)} \tag{A.6b}$$

将精明投资者和天真投资者的均衡条件合并为 $\overline{\rho}_S R_2 < R_1 \leqslant \overline{\rho}_N R_2$ 且 $R_2 > \max\{\overline{\rho}_S R_1, 0\}$, 等价于:

$$\frac{\dot{K}(\hat{\rho}, \overline{\rho}_S) - \overline{\rho}_N \dot{k}(\hat{\rho}, \overline{\rho}_S)}{\overline{\rho}_N \left[\dot{K}(\hat{\rho}, \overline{\rho}_S) - \theta_N\right] - \dot{k}(\hat{\rho}, \overline{\rho}_S)} \leqslant \frac{\sigma_2 Z_2^0}{\sigma_1 Z_1^0} < \frac{\dot{K}(\hat{\rho}, \overline{\rho}_S) - \overline{\rho}_S \dot{k}(\hat{\rho}, \overline{\rho}_S)}{\overline{\rho}_S \left[\dot{K}(\hat{\rho}, \overline{\rho}_S) - \theta_N\right] - \dot{k}(\hat{\rho}, \overline{\rho}_S)}$$

因此, 我们得到均衡条件:

$$\frac{1 - \frac{\theta_S}{1 - \overline{\rho}_S^2}(\overline{\rho}_N - \overline{\rho}_S)(\overline{\rho}_S - \hat{\rho})}{\frac{\theta_I}{1 - \hat{\rho}^2}(\overline{\rho}_N - \hat{\rho}) + \frac{\theta_S}{1 - \overline{\rho}_S^2}(\overline{\rho}_N - \overline{\rho}_S)} - \hat{\rho} \leqslant \frac{\sigma_2 Z_2^0}{\sigma_1 Z_1^0} < \frac{1 - \hat{\rho}^2}{\theta_I(\overline{\rho}_S - \hat{\rho})} - \hat{\rho}$$

均衡 Sharpe 比率式 (A.6a) 和式 (A.6b) 可写为:

$$R_1 = \alpha \frac{\left[\frac{\theta_I}{1 - \hat{\rho}^2} + \frac{\theta_S}{1 - \overline{\rho}_S^2} + \theta_N\right]\sigma_1 Z_1^0 + \left[\frac{\theta_I}{1 - \hat{\rho}^2}\hat{\rho} + \frac{\theta_S}{1 - \overline{\rho}_S^2}\overline{\rho}_S\right]\sigma_2 Z_2^0}{\left[\frac{\theta_I}{1 - \hat{\rho}^2} + \frac{\theta_S}{1 - \overline{\rho}_S^2}\right]\left[\frac{\theta_I}{1 - \hat{\rho}^2} + \frac{\theta_S}{1 - \overline{\rho}_S^2} + \theta_N\right] - \left[\frac{\theta_I}{1 - \hat{\rho}^2}\hat{\rho} + \frac{\theta_S}{1 - \overline{\rho}_S^2}\overline{\rho}_S\right]^2} \tag{A.7a}$$

$$R_2 = \alpha \frac{\left[\frac{\theta_I}{1 - \hat{\rho}^2}\hat{\rho} + \frac{\theta_S}{1 - \overline{\rho}_S^2}\overline{\rho}_S\right]\sigma_1 Z_1^0 + \left[\frac{\theta_I}{1 - \hat{\rho}^2} + \frac{\theta_S}{1 - \overline{\rho}_S^2}\right]\sigma_2 Z_2^0}{\left[\frac{\theta_I}{1 - \hat{\rho}^2} + \frac{\theta_S}{1 - \overline{\rho}_S^2}\right]\left[\frac{\theta_I}{1 - \hat{\rho}^2} + \frac{\theta_S}{1 - \overline{\rho}_S^2} + \theta_N\right] - \left[\frac{\theta_I}{1 - \hat{\rho}^2}\hat{\rho} + \frac{\theta_S}{1 - \overline{\rho}_S^2}\overline{\rho}_S\right]^2} \tag{A.7b}$$

均衡 2.2 如果 $\dfrac{1 - \frac{\theta_S}{1 - \overline{\rho}_S^2}(\overline{\rho}_N - \overline{\rho}_S)(\overline{\rho}_S - \hat{\rho})}{\frac{\theta_I}{1 - \hat{\rho}^2}(\overline{\rho}_N - \hat{\rho}) + \frac{\theta_S}{1 - \overline{\rho}_S^2}(\overline{\rho}_N - \overline{\rho}_S)} - \hat{\rho} \leqslant \dfrac{\sigma_2 Z_2^0}{\sigma_1 Z_1^0} < \dfrac{1 - \hat{\rho}^2}{\theta_I(\overline{\rho}_S - \hat{\rho})} - \hat{\rho}$,

那么市场上存在一个唯一的均衡, 风险资产的均衡价格为:

$$p_1 = \mu_1 - \alpha\sigma_1 \frac{\dot{K}(\hat{\rho}, \overline{\rho}_S)\sigma_1 Z_1^0 + \dot{k}(\hat{\rho}, \overline{\rho}_S)\sigma_2 Z_2^0}{\left[\dot{K}(\hat{\rho}, \overline{\rho}_S) - \theta_N\right]\dot{K}(\hat{\rho}, \overline{\rho}_S) - \dot{k}^2(\hat{\rho}, \overline{\rho}_S)} \tag{A.8a}$$

$$p_2 = \mu_2 - \alpha\sigma_2 \frac{\dot{k}(\hat{\rho}, \overline{\rho}_S)\sigma_1 Z_1^0 + \left[\dot{K}(\hat{\rho}, \overline{\rho}_S) - \theta_N\right]\sigma_2 Z_2^0}{\left[\dot{K}(\hat{\rho}, \overline{\rho}_S) - \theta_N\right]\dot{K}(\hat{\rho}, \overline{\rho}_S) - \dot{k}^2(\hat{\rho}, \overline{\rho}_S)} \tag{A.8b}$$

在均衡状态下, 内部投资者持有的风险资产头寸为:

$$Z_{I1}^* = \frac{\left[\dot{K}(\hat{\rho}, \overline{\rho}_S) - \hat{\rho}\dot{k}(\hat{\rho}, \overline{\rho}_S)\right]Z_1^0 + \left\{\dot{k}(\hat{\rho}, \overline{\rho}_S) - \hat{\rho}\left[\dot{K}(\hat{\rho}, \overline{\rho}_S) - \theta_N\right]\right\}\frac{\sigma_2}{\sigma_1}Z_2^0}{(1 - \hat{\rho}^2)\left\{\left[\dot{K}(\hat{\rho}, \overline{\rho}_S) - \theta_N\right]\dot{K}(\hat{\rho}, \overline{\rho}_S) - \dot{k}^2(\hat{\rho}, \overline{\rho}_S)\right\}} > 0 \tag{A.9a}$$

$$Z_{I2}^* = \frac{\left[\dot{k}(\hat{\rho}, \overline{\rho}_S) - \hat{\rho}\dot{K}(\hat{\rho}, \overline{\rho}_S)\right]\frac{\sigma_1}{\sigma_2}Z_1^0 + \left\{\left[\dot{K}(\hat{\rho}, \overline{\rho}_S) - \theta_N\right] - \hat{\rho}\dot{k}(\hat{\rho}, \overline{\rho}_S)\right\}Z_2^0}{(1 - \hat{\rho}^2)\left\{\left[\dot{K}(\hat{\rho}, \overline{\rho}_S) - \theta_N\right]\dot{K}(\hat{\rho}, \overline{\rho}_S) - \dot{k}^2(\hat{\rho}, \overline{\rho}_S)\right\}} > 0 \tag{A.9b}$$

精明投资者持有的风险资产头寸为:

$$Z_{S1}^* = \frac{\left[\dot{K}(\hat{\rho}, \overline{\rho}_S) - \overline{\rho}_S\dot{k}(\hat{\rho}, \overline{\rho}_S)\right]Z_1^0 + \left\{\dot{k}(\hat{\rho}, \overline{\rho}_S) - \overline{\rho}_S\left[\dot{K}(\hat{\rho}, \overline{\rho}_S) - \theta_N\right]\right\}\frac{\sigma_2}{\sigma_1}Z_2^0}{(1 - \overline{\rho}_S^2)\left\{\left[\dot{K}(\hat{\rho}, \overline{\rho}_S) - \theta_N\right]\dot{K}(\hat{\rho}, \overline{\rho}_S) - \dot{k}^2(\hat{\rho}, \overline{\rho}_S)\right\}} > 0$$

$$\tag{A.10a}$$

$$Z_{S2}^* = \frac{\left[\dot{k}(\hat{\rho}, \overline{\rho}_S) - \overline{\rho}_S\dot{K}(\hat{\rho}, \overline{\rho}_S)\right]\frac{\sigma_1}{\sigma_2}Z_1^0 + \left\{\left[\dot{K}(\hat{\rho}, \overline{\rho}_S) - \theta_N\right] - \overline{\rho}_S\dot{k}(\hat{\rho}, \overline{\rho}_S)\right\}Z_2^0}{(1 - \overline{\rho}_S^2)\left\{\left[\dot{K}(\hat{\rho}, \overline{\rho}_S) - \theta_N\right]\dot{K}(\hat{\rho}, \overline{\rho}_S) - \dot{k}^2(\hat{\rho}, \overline{\rho}_S)\right\}} > 0$$

$$\tag{A.10b}$$

天真投资者持有的风险资产头寸为:

$$Z_{N1}^* = 0 \text{ 和 } Z_{N2}^* = \frac{\dot{k}(\hat{\rho}, \overline{\rho}_S)\frac{\sigma_1}{\sigma_2}Z_1^0 + \left[\dot{K}(\hat{\rho}, \overline{\rho}_S) - \theta_N\right]Z_2^0}{\left[\dot{K}(\hat{\rho}, \overline{\rho}_S) - \theta_N\right]\dot{K}(\hat{\rho}, \overline{\rho}_S) - \dot{k}^2(\hat{\rho}, \overline{\rho}_S)} > 0 \tag{A.11}$$

情形 3　天真投资者做多风险资产 1 而不交易风险资产 2, $Z_{N1}^* > 0$ 且 $Z_{N2}^* = 0$。

如果天真投资者做多一种风险资产, 那么根据事实 2, 精明投资者也做多同一种资产。如果天真投资者不交易其中一种风险资产, 那么根据事实 2, 精明投资者可能做空、不交易或做多同一资产。当精明投资者做空风险资产时, 根据事实 1, 内部投资者也会做空相同的资产。由于这种资产的供给是严格正的, 经济不可能达到均衡。因此, 我们排除了不会发生的情况。所以, 一般均衡存在于两种情况: 精明投资者做多风险资产 1, 不交易风险资产 2, 即 $Z_{S1}^* > 0$ 且 $Z_{S2}^* = 0$ (情形 3.1); 精明投资者做多这两种风险资产, 即 $Z_{S1}^* > 0$ 且 $Z_{S2}^* > 0$ (情形 3.2)。

情形 3.1　精明投资者做多风险资产 1, 不交易风险资产 2, $Z_{S1}^* > 0$ 且 $Z_{S2}^* = 0$。

根据式 (3.7), 精明投资者和天真投资者的需求函数为:

$$Z_S^* = \begin{pmatrix} Z_{S1}^* \\ Z_{S2}^* \end{pmatrix} = \frac{1}{\alpha} \begin{pmatrix} \dfrac{R_1}{\sigma_1} \\ 0 \end{pmatrix}, \text{若} \begin{cases} R_1 > 0 \\ \underline{\rho}_S R_1 \leqslant R_2 \leqslant \overline{\rho}_S R_1 \end{cases}$$

和

$$Z_N^* = \begin{pmatrix} Z_{N1}^* \\ Z_{N2}^* \end{pmatrix} = \frac{1}{\alpha} \begin{pmatrix} \dfrac{R_1}{\sigma_1} \\ 0 \end{pmatrix}, \text{若} \begin{cases} R_1 > 0 \\ \underline{\rho}_N R_1 \leqslant R_2 \leqslant \overline{\rho}_N R_1 \end{cases}$$

均衡方程式 (3.8) 可写为:

$$\begin{pmatrix} \ddot{K}(\hat{\rho}) & -\ddot{k}(\hat{\rho}) \\ -\ddot{k}(\hat{\rho}) & \ddot{K}(\hat{\rho}) - \theta_S - \theta_N \end{pmatrix} \begin{pmatrix} R_1 \\ R_2 \end{pmatrix} = \alpha \begin{pmatrix} \sigma_1 Z_1^0 \\ \sigma_2 Z_2^0 \end{pmatrix}$$

我们计算出 Sharpe 比率:

$$R_1 = \alpha \frac{\left[\ddot{K}(\hat{\rho}) - \theta_S - \theta_N \right] \sigma_1 Z_1^0 + \ddot{k}(\hat{\rho}) \sigma_2 Z_2^0}{\ddot{K}(\hat{\rho}) \left[\ddot{K}(\hat{\rho}) - \theta_S - \theta_N \right] - \ddot{k}^2(\hat{\rho})} \tag{A.12a}$$

$$R_2 = \alpha \frac{\ddot{k}(\hat{\rho}) \sigma_1 Z_1^0 + \ddot{K}(\hat{\rho}) \sigma_2 Z_2^0}{\ddot{K}(\hat{\rho}) \left[\ddot{K}(\hat{\rho}) - \theta_S - \theta_N \right] - \ddot{k}^2(\hat{\rho})} \tag{A.12b}$$

将精明投资者和天真投资者的均衡条件合并为 $R_1 > 0$ 和 $\underline{\rho}_S R_1 \leqslant R_2 \leqslant \overline{\rho}_S R_1$, 等价于:

$$\frac{\sigma_1 Z_1^0}{\sigma_2 Z_2^0} \geqslant \frac{\ddot{K}(\hat{\rho}) - \overline{\rho}_S \ddot{k}(\hat{\rho})}{\overline{\rho}_S \left[\ddot{K}(\hat{\rho}) - \theta_S - \theta_N \right] - \ddot{k}(\hat{\rho})} > -\frac{\ddot{k}(\hat{\rho})}{\ddot{K}(\hat{\rho}) - \theta_S - \theta_N}$$

$$> \frac{\underline{\rho}_S \ddot{k}(\hat{\rho}) - \ddot{K}(\hat{\rho})}{\ddot{k}(\hat{\rho}) - \underline{\rho}_S \left[\ddot{K}(\hat{\rho}) - \theta_S - \theta_N \right]}$$

因此, 我们得到均衡条件:

$$\frac{\sigma_1 Z_1^0}{\sigma_2 Z_2^0} \geqslant \frac{\ddot{K}(\hat{\rho}) - \overline{\rho}_S \ddot{k}(\hat{\rho})}{\overline{\rho}_S \left[\ddot{K}(\hat{\rho}) - \theta_S - \theta_N \right] - \ddot{k}(\hat{\rho})} = \frac{\dfrac{\theta_I}{1 - \hat{\rho}^2}(1 - \hat{\rho}\overline{\rho}_S) + \theta_S + \theta_N}{\dfrac{\theta_I}{1 - \hat{\rho}^2}(\overline{\rho}_S - \hat{\rho})}$$

$$= \frac{1 - \dfrac{\theta_I}{1 - \hat{\rho}^2} \hat{\rho}(\overline{\rho}_S - \hat{\rho})}{\dfrac{\theta_I}{1 - \hat{\rho}^2}(\overline{\rho}_S - \hat{\rho})} = \frac{1 - \hat{\rho}^2}{\theta_I(\overline{\rho}_S - \hat{\rho})} - \hat{\rho}$$

均衡 Sharpe 比率式 (A.12a) 和式 (A.12b) 可写为:

$$R_1 = \alpha \frac{\dfrac{\theta_I}{1-\hat{\rho}^2}\sigma_1 Z_1^0 + \dfrac{\theta_I}{1-\hat{\rho}^2}\hat{\rho}\sigma_2 Z_2^0}{\left[\dfrac{\theta_I}{1-\hat{\rho}^2}+\theta_S+\theta_N\right]\dfrac{\theta_I}{1-\hat{\rho}^2}-\left[\dfrac{\theta_I}{1-\hat{\rho}^2}\hat{\rho}\right]^2} = \alpha[\sigma_1 Z_1^0 + \hat{\rho}\sigma_2 Z_2^0] \tag{A.13a}$$

$$R_2 = \alpha \frac{\dfrac{\theta_I}{1-\hat{\rho}^2}\hat{\rho}\sigma_1 Z_1^0 + \left[\dfrac{\theta_I}{1-\hat{\rho}^2}+\theta_S+\theta_N\right]\sigma_2 Z_2^0}{\left[\dfrac{\theta_I}{1-\hat{\rho}^2}+\theta_S+\theta_N\right]\dfrac{\theta_I}{1-\hat{\rho}^2}-\left[\dfrac{\theta_I}{1-\hat{\rho}^2}\hat{\rho}\right]^2} = \alpha\left[\hat{\rho}\sigma_1 Z_1^0 + \frac{1-(1-\theta_I)\hat{\rho}^2}{\theta_I}\sigma_2 Z_2^0\right]$$

$$\tag{A.13b}$$

均衡 3.1　如果 $\dfrac{\sigma_1 Z_1^0}{\sigma_2 Z_2^0} \geqslant \dfrac{1-\hat{\rho}^2}{\theta_I(\overline{\rho}_S - \hat{\rho})} - \hat{\rho}$, 那么市场上存在唯一均衡, 风险资产的均衡价格为:

$$p_1 = \mu_1 - \alpha\sigma_1 \frac{\left[\ddot{K}(\hat{\rho}) - \theta_S - \theta_N\right]\sigma_1 Z_1^0 + \ddot{k}(\hat{\rho})\sigma_2 Z_2^0}{\ddot{K}(\hat{\rho})\left[\ddot{K}(\hat{\rho}) - \theta_S - \theta_N\right] - \ddot{k}^2(\hat{\rho})} = \mu_1 - \alpha\sigma_1[\sigma_1 Z_1^0 + \hat{\rho}\sigma_2 Z_2^0] \tag{A.14a}$$

$$p_2 = \mu_2 - \alpha \frac{\ddot{k}(\hat{\rho})\sigma_1 Z_1^0 + \ddot{K}(\hat{\rho})\sigma_2 Z_2^0}{\ddot{K}(\hat{\rho})\left[\ddot{K}(\hat{\rho}) - \theta_S - \theta_N\right] - \ddot{k}^2(\hat{\rho})} = \mu_2 - \alpha\sigma_2\left[\hat{\rho}\sigma_1 Z_1^0 + \frac{1-(1-\theta_I)\hat{\rho}^2}{\theta_I}\sigma_2 Z_2^0\right] \tag{A.14b}$$

在均衡状态下, 内部投资者持有的风险资产头寸为:

$$Z_{I1}^* = Z_1^0 - \hat{\rho}\frac{1-\theta_I}{\theta_I}\frac{\sigma_2}{\sigma_1}Z_2^0 > 0 \text{ 和 } Z_{I2}^* = \frac{1}{\theta_I}Z_2^0 > 0 \tag{A.15}$$

精明投资者和天真投资者持有的风险资产头寸为:

$$Z_{S1}^* = Z_{N1}^* = Z_1^0 + \hat{\rho}\frac{\sigma_2}{\sigma_1}Z_2^0 > 0 \text{ 和 } Z_{S2}^* = Z_{N2}^* = 0 \tag{A.16}$$

情形 3.2　精明投资者做多这两种风险资产, 即 $Z_{S1}^* > 0$ 且 $Z_{S2}^* > 0$。

根据式 (3.7), 精明投资者和天真投资者的需求函数为:

$$Z_S^* = \begin{pmatrix} Z_{S1}^* \\ Z_{S2}^* \end{pmatrix} = \frac{1}{\alpha(1-\overline{\rho}_S^2)}\begin{pmatrix} \dfrac{R_1 - \overline{\rho}_S R_2}{\sigma_1} \\ \dfrac{R_2 - \overline{\rho}_S R_1}{\sigma_2} \end{pmatrix}, 若 \begin{cases} R_1 > \overline{\rho}_S R_2 \\ R_2 > \overline{\rho}_S R_1 \end{cases}$$

和

$$Z_N^* = \begin{pmatrix} Z_{N1}^* \\ Z_{N2}^* \end{pmatrix} = \frac{1}{\alpha} \begin{pmatrix} \dfrac{R_1}{\sigma_1} \\ 0 \end{pmatrix}, 若 \begin{cases} R_1 > 0 \\ \underline{\rho}_N R_1 \leqslant R_2 \leqslant \overline{\rho}_N R_1 \end{cases}$$

均衡方程式 (3.8) 可写为:

$$\begin{pmatrix} \dot{K}(\hat{\rho}, \overline{\rho}_S) & -\dot{k}(\hat{\rho}, \overline{\rho}_S) \\ -\dot{k}(\hat{\rho}, \overline{\rho}_S) & \dot{K}(\hat{\rho}, \overline{\rho}_S) - \theta_N \end{pmatrix} \begin{pmatrix} R_1 \\ R_2 \end{pmatrix} = \alpha \begin{pmatrix} \sigma_1 Z_1^0 \\ \sigma_2 Z_2^0 \end{pmatrix}$$

我们计算出 Sharpe 比率:

$$R_1 = \alpha \frac{\left[\dot{K}(\hat{\rho}, \overline{\rho}_S) - \theta_N \right] \sigma_1 Z_1^0 + \dot{k}(\hat{\rho}, \overline{\rho}_S) \sigma_2 Z_2^0}{\dot{K}(\hat{\rho}, \overline{\rho}_S) \left[\dot{K}(\hat{\rho}, \overline{\rho}_S) - \theta_N \right] - \dot{k}^2(\hat{\rho}, \overline{\rho}_S)} \tag{A.17a}$$

$$R_2 = \alpha \frac{\dot{k}(\hat{\rho}, \overline{\rho}_S) \sigma_1 Z_1^0 + \dot{K}(\hat{\rho}, \overline{\rho}_S) \sigma_2 Z_2^0}{\dot{K}(\hat{\rho}, \overline{\rho}_S) \left[\dot{K}(\hat{\rho}, \overline{\rho}_S) - \theta_N \right] - \dot{k}^2(\hat{\rho}, \overline{\rho}_S)} \tag{A.17b}$$

将精明投资者和天真投资者的均衡条件合并为 $R_1 > \max\{\overline{\rho}_S R_2, 0\}$ 和 $\overline{\rho}_S R_1 < R_2 \leqslant \overline{\rho}_N R_1$, 等价于:

$$\frac{\dot{K}(\hat{\rho}, \overline{\rho}_S) - \overline{\rho}_N \dot{k}(\hat{\rho}, \overline{\rho}_S)}{\overline{\rho}_N \left[\dot{K}(\hat{\rho}, \overline{\rho}_S) - \theta_N \right] - \dot{k}(\hat{\rho}, \overline{\rho}_S)} \leqslant \frac{\sigma_1 Z_1^0}{\sigma_2 Z_2^0} < \frac{\dot{K}(\hat{\rho}, \overline{\rho}_S) - \overline{\rho}_S \dot{k}(\hat{\rho}, \overline{\rho}_S)}{\overline{\rho}_S \left[\dot{K}(\hat{\rho}, \overline{\rho}_S) - \theta_N \right] - \dot{k}(\hat{\rho}, \overline{\rho}_S)}$$

因此, 我们得到均衡条件:

$$\frac{1 - \dfrac{\theta_S}{1 - \overline{\rho}_S^2}(\overline{\rho}_N - \overline{\rho}_S)(\overline{\rho}_S - \hat{\rho})}{\dfrac{\theta_I}{1 - \hat{\rho}^2}(\overline{\rho}_N - \hat{\rho}) + \dfrac{\theta_S}{1 - \overline{\rho}_S^2}(\overline{\rho}_N - \overline{\rho}_S)} - \hat{\rho} \leqslant \frac{\sigma_1 Z_1^0}{\sigma_2 Z_2^0} < \frac{1 - \hat{\rho}^2}{\theta_I(\overline{\rho}_S - \hat{\rho})} - \hat{\rho}$$

均衡 Sharpe 比率式 (A.17a) 和式 (A.17b) 可写为:

$$R_1 = \alpha \frac{\left[\dfrac{\theta_I}{1 - \hat{\rho}^2} + \dfrac{\theta_S}{1 - \overline{\rho}_S^2} \right] \sigma_1 Z_1^0 + \left[\dfrac{\theta_I}{1 - \hat{\rho}^2}\hat{\rho} + \dfrac{\theta_S}{1 - \overline{\rho}_S^2}\overline{\rho}_S \right] \sigma_2 Z_2^0}{\left[\dfrac{\theta_I}{1 - \hat{\rho}^2} + \dfrac{\theta_S}{1 - \overline{\rho}_S^2} + \theta_N \right] \left[\dfrac{\theta_I}{1 - \hat{\rho}^2} + \dfrac{\theta_S}{1 - \overline{\rho}_S^2} \right] - \left[\dfrac{\theta_I}{1 - \hat{\rho}^2}\hat{\rho} + \dfrac{\theta_S}{1 - \overline{\rho}_S^2}\overline{\rho}_S \right]^2}$$
$$\tag{A.18a}$$

$$R_2 = \alpha \frac{\left[\dfrac{\theta_I}{1 - \hat{\rho}^2}\hat{\rho} + \dfrac{\theta_S}{1 - \overline{\rho}_S^2}\overline{\rho}_S \right] \sigma_1 Z_1^0 + \left[\dfrac{\theta_I}{1 - \hat{\rho}^2} + \dfrac{\theta_S}{1 - \overline{\rho}_S^2} + \theta_N \right] \sigma_2 Z_2^0}{\left[\dfrac{\theta_I}{1 - \hat{\rho}^2} + \dfrac{\theta_S}{1 - \overline{\rho}_S^2} + \theta_N \right] \left[\dfrac{\theta_I}{1 - \hat{\rho}^2} + \dfrac{\theta_S}{1 - \overline{\rho}_S^2} \right] - \left[\dfrac{\theta_I}{1 - \hat{\rho}^2}\hat{\rho} + \dfrac{\theta_S}{1 - \overline{\rho}_S^2}\overline{\rho}_S \right]^2} .$$
$$\tag{A.18b}$$

均衡 3.2　如果 $\dfrac{1 - \dfrac{\theta_S}{1-\overline{\rho}_S^2}(\overline{\rho}_N - \overline{\rho}_S)(\overline{\rho}_S - \hat{\rho})}{\dfrac{\theta_I}{1-\hat{\rho}^2}(\overline{\rho}_N - \hat{\rho}) + \dfrac{\theta_S}{1-\overline{\rho}_S^2}(\overline{\rho}_N - \overline{\rho}_S)} - \hat{\rho} \leqslant \dfrac{\sigma_1 Z_1^0}{\sigma_2 Z_2^0} < \dfrac{1-\hat{\rho}^2}{\theta_I(\overline{\rho}_S - \hat{\rho})} - \hat{\rho},$

那么市场上存在一个唯一的均衡, 风险资产的均衡价格为:

$$p_1 = \mu_1 - \alpha\sigma_1 \frac{\left[\dot{K}(\hat{\rho},\overline{\rho}_S) - \theta_N\right]\sigma_1 Z_1^0 + \dot{k}(\hat{\rho},\overline{\rho}_S)\sigma_2 Z_2^0}{\dot{K}(\hat{\rho},\overline{\rho}_S)\left[\dot{K}(\hat{\rho},\overline{\rho}_S) - \theta_N\right] - \dot{k}^2(\hat{\rho},\overline{\rho}_S)} \tag{A.19a}$$

$$p_2 = \mu_2 - \alpha\sigma_2 \frac{\dot{k}(\hat{\rho},\overline{\rho}_S)\sigma_1 Z_1^0 + \dot{K}(\hat{\rho},\overline{\rho}_S)\sigma_2 Z_2^0}{\dot{K}(\hat{\rho},\overline{\rho}_S)\left[\dot{K}(\hat{\rho},\overline{\rho}_S) - \theta_N\right] - \dot{k}^2(\hat{\rho},\overline{\rho}_S)} \tag{A.19b}$$

在均衡状态下, 内部投资者持有的风险资产头寸为:

$$Z_{I1}^* = \frac{\left\{\left[\dot{K}(\hat{\rho},\overline{\rho}_S) - \theta_N\right] - \hat{\rho}\dot{k}(\hat{\rho},\overline{\rho}_S)\right\}Z_1^0 + \left[\dot{k}(\hat{\rho},\overline{\rho}_S) - \hat{\rho}\dot{K}(\hat{\rho},\overline{\rho}_S)\right]\dfrac{\sigma_2}{\sigma_1}Z_2^0}{(1-\hat{\rho}^2)\left\{\dot{K}(\hat{\rho},\overline{\rho}_S)\left[\dot{K}(\hat{\rho},\overline{\rho}_S) - \theta_N\right] - \dot{k}^2(\hat{\rho},\overline{\rho}_S)\right\}} > 0 \tag{A.20a}$$

$$Z_{I2}^* = \frac{\left\{\dot{k}(\hat{\rho},\overline{\rho}_S) - \hat{\rho}\left[\dot{K}(\hat{\rho},\overline{\rho}_S) - \theta_N\right]\right\}\dfrac{\sigma_1}{\sigma_2}Z_1^0 + \left[\dot{K}(\hat{\rho},\overline{\rho}_S) - \hat{\rho}\dot{k}(\hat{\rho},\overline{\rho}_S)\right]Z_2^0}{(1-\hat{\rho}^2)\left\{\dot{K}(\hat{\rho},\overline{\rho}_S)\left[\dot{K}(\hat{\rho},\overline{\rho}_S) - \theta_N\right] - \dot{k}^2(\hat{\rho},\overline{\rho}_S)\right\}} > 0 \tag{A.20b}$$

精明投资者持有的风险资产头寸为:

$$Z_{S1}^* = \frac{\left\{\left[\dot{K}(\hat{\rho},\overline{\rho}_S) - \theta_N\right] - \overline{\rho}_S\dot{k}(\hat{\rho},\overline{\rho}_S)\right\}Z_1^0 + \left[\dot{k}(\hat{\rho},\overline{\rho}_S) - \overline{\rho}_S\dot{K}(\hat{\rho},\overline{\rho}_S)\right]\dfrac{\sigma_2}{\sigma_1}Z_2^0}{(1-\overline{\rho}_S^2)\left\{\dot{K}(\hat{\rho},\overline{\rho}_S)\left[\dot{K}(\hat{\rho},\overline{\rho}_S) - \theta_N\right] - \dot{k}^2(\hat{\rho},\overline{\rho}_S)\right\}} > 0 \tag{A.21a}$$

$$Z_{S2}^* = \frac{\left\{\dot{k}(\hat{\rho},\overline{\rho}_S) - \overline{\rho}_S\left[\dot{K}(\hat{\rho},\overline{\rho}_S) - \theta_N\right]\right\}\dfrac{\sigma_1}{\sigma_2}Z_1^0 + \left[\dot{K}(\hat{\rho},\overline{\rho}_S) - \overline{\rho}_S\dot{k}(\hat{\rho},\overline{\rho}_S)\right]Z_2^0}{(1-\overline{\rho}_S^2)\left\{\dot{K}(\hat{\rho},\overline{\rho}_S)\left[\dot{K}(\hat{\rho},\overline{\rho}_S) - \theta_N\right] - \dot{k}^2(\hat{\rho},\overline{\rho}_S)\right\}} > 0 \tag{A.21b}$$

天真投资者持有的风险资产头寸为:

$$Z_{N1}^* = \frac{\left[\dot{K}(\hat{\rho},\overline{\rho}_S) - \theta_N\right]Z_1^0 + \dot{k}(\hat{\rho},\overline{\rho}_S)\dfrac{\sigma_2}{\sigma_1}Z_2^0}{\dot{K}(\hat{\rho},\overline{\rho}_S)\left[\dot{K}(\hat{\rho},\overline{\rho}_S) - \theta_N\right] - \dot{k}^2(\hat{\rho},\overline{\rho}_S)} > 0 \text{ 和 } Z_{N2}^* = 0 \tag{A.22}$$

情形 4　天真投资者做多这两种风险资产, $Z_{N1}^* > 0$ 且 $Z_{N2}^* > 0$。

如果天真投资者做多一种风险资产, 那么根据事实 2, 精明投资者也做多同一种资产。因此, 一般均衡存在于这样一种情况中: 精明投资者做多这两种风险资产, 即 $Z_{S1}^* > 0$ 且 $Z_{S2}^* > 0$。

根据式 (3.7), 精明投资者和天真投资者的需求函数为:

$$Z_S^* = \begin{pmatrix} Z_{S1}^* \\ Z_{S2}^* \end{pmatrix} = \frac{1}{\alpha(1 - \overline{\rho}_S^2)} \begin{pmatrix} \dfrac{R_1 - \overline{\rho}_S R_2}{\sigma_1} \\ \dfrac{R_2 - \overline{\rho}_S R_1}{\sigma_2} \end{pmatrix}, \text{若} \begin{cases} R_1 > \overline{\rho}_S R_2 \\ R_2 > \overline{\rho}_S R_1 \end{cases}$$

和

$$Z_N^* = \begin{pmatrix} Z_{N1}^* \\ Z_{N2}^* \end{pmatrix} = \frac{1}{\alpha(1 - \overline{\rho}_N^2)} \begin{pmatrix} \dfrac{R_1 - \overline{\rho}_N R_2}{\sigma_1} \\ \dfrac{R_2 - \overline{\rho}_N R_1}{\sigma_2} \end{pmatrix}, \text{若} \begin{cases} R_1 > \overline{\rho}_N R_2 \\ R_2 > \overline{\rho}_N R_1 \end{cases}$$

均衡方程式 (3.8) 可写为:

$$\begin{pmatrix} K(\hat{\rho}, \overline{\rho}_S, \overline{\rho}_N) & -k(\hat{\rho}, \overline{\rho}_S, \overline{\rho}_N) \\ -k(\hat{\rho}, \overline{\rho}_S, \overline{\rho}_N) & K(\hat{\rho}, \overline{\rho}_S, \overline{\rho}_N) \end{pmatrix} \begin{pmatrix} R_1 \\ R_2 \end{pmatrix} = \alpha \begin{pmatrix} \sigma_1 Z_1^0 \\ \sigma_2 Z_2^0 \end{pmatrix}$$

我们计算出 Sharpe 比率:

$$R_1 = \alpha \frac{K(\hat{\rho}, \overline{\rho}_S, \overline{\rho}_N)\sigma_1 Z_1^0 + k(\hat{\rho}, \overline{\rho}_S, \overline{\rho}_N)\sigma_2 Z_2^0}{K^2(\hat{\rho}, \overline{\rho}_S, \overline{\rho}_N) - k^2(\hat{\rho}, \overline{\rho}_S, \overline{\rho}_N)} \tag{A.23a}$$

$$R_2 = \alpha \frac{k(\hat{\rho}, \overline{\rho}_S, \overline{\rho}_N)\sigma_1 Z_1^0 + K(\hat{\rho}, \overline{\rho}_S, \overline{\rho}_N)\sigma_2 Z_2^0}{K^2(\hat{\rho}, \overline{\rho}_S, \overline{\rho}_N) - k^2(\hat{\rho}, \overline{\rho}_S, \overline{\rho}_N)} \tag{A.23b}$$

将精明投资者和天真投资者的均衡条件合并为 $R_1 > \max\{\overline{\rho}_S R_2, \overline{\rho}_N R_2\}$ 和 $R_2 > \max\{\overline{\rho}_S R_1, \overline{\rho}_N R_1\}$。因此, 我们得到均衡条件:

$$\frac{\sigma_1 Z_1^0}{\sigma_2 Z_2^0} > \frac{\overline{\rho}_N K(\hat{\rho}, \overline{\rho}_S, \overline{\rho}_N) - k(\hat{\rho}, \overline{\rho}_S, \overline{\rho}_N)}{K(\hat{\rho}, \overline{\rho}_S, \overline{\rho}_N) - \overline{\rho}_N k(\hat{\rho}, \overline{\rho}_S, \overline{\rho}_N)}, \quad \frac{\sigma_2 Z_2^0}{\sigma_1 Z_1^0} > \frac{\overline{\rho}_N K(\hat{\rho}, \overline{\rho}_S, \overline{\rho}_N) - k(\hat{\rho}, \overline{\rho}_S, \overline{\rho}_N)}{K(\hat{\rho}, \overline{\rho}_S, \overline{\rho}_N) - \overline{\rho}_N k(\hat{\rho}, \overline{\rho}_S, \overline{\rho}_N)}$$

也就是,

$$\frac{\sigma_1 Z_1^0}{\sigma_2 Z_2^0} < \frac{K(\hat{\rho}, \overline{\rho}_S, \overline{\rho}_N) - \overline{\rho}_N k(\hat{\rho}, \overline{\rho}_S, \overline{\rho}_N)}{\overline{\rho}_N K(\hat{\rho}, \overline{\rho}_S, \overline{\rho}_N) - k(\hat{\rho}, \overline{\rho}_S, \overline{\rho}_N)}, \quad \frac{\sigma_2 Z_2^0}{\sigma_1 Z_1^0} < \frac{K(\hat{\rho}, \overline{\rho}_S, \overline{\rho}_N) - \overline{\rho}_N k(\hat{\rho}, \overline{\rho}_S, \overline{\rho}_N)}{\overline{\rho}_N K(\hat{\rho}, \overline{\rho}_S, \overline{\rho}_N) - k(\hat{\rho}, \overline{\rho}_S, \overline{\rho}_N)}$$

或者等价的

$$\frac{\sigma_1 Z_1^0}{\sigma_2 Z_2^0} < \frac{1 - \dfrac{\theta_S}{1 - \overline{\rho}_S^2}(\overline{\rho}_N - \overline{\rho}_S)(\overline{\rho}_S - \hat{\rho})}{\dfrac{\theta_I}{1 - \hat{\rho}^2}(\overline{\rho}_N - \hat{\rho}) + \dfrac{\theta_S}{1 - \overline{\rho}_S^2}(\overline{\rho}_N - \overline{\rho}_S)} - \hat{\rho}$$

$$\frac{\sigma_2 Z_2^0}{\sigma_1 Z_1^0} < \frac{1 - \dfrac{\theta_S}{1 - \overline{\rho}_S^2}(\overline{\rho}_N - \overline{\rho}_S)(\overline{\rho}_S - \hat{\rho})}{\dfrac{\theta_I}{1 - \hat{\rho}^2}(\overline{\rho}_N - \hat{\rho}) + \dfrac{\theta_S}{1 - \overline{\rho}_S^2}(\overline{\rho}_N - \overline{\rho}_S)} - \hat{\rho}$$

均衡夏普比率式 (A.23a) 和式 (A.23b) 可写为:

$$R_1 = \alpha \frac{\left[\dfrac{\theta_I}{1 - \hat{\rho}^2} + \dfrac{\theta_S}{1 - \overline{\rho}_S^2} + \dfrac{\theta_N}{1 - \overline{\rho}_N^2}\right]\sigma_1 Z_1^0 + \left[\dfrac{\theta_I}{1 - \hat{\rho}^2}\hat{\rho} + \dfrac{\theta_S}{1 - \overline{\rho}_S^2}\overline{\rho}_S + \dfrac{\theta_N}{1 - \overline{\rho}_N^2}\overline{\rho}_N\right]\sigma_2 Z_2^0}{\left[\dfrac{\theta_I}{1 - \hat{\rho}^2} + \dfrac{\theta_S}{1 - \overline{\rho}_S^2} + \dfrac{\theta_N}{1 - \overline{\rho}_N^2}\right]^2 - \left[\dfrac{\theta_I}{1 - \hat{\rho}^2}\hat{\rho} + \dfrac{\theta_S}{1 - \overline{\rho}_S^2}\overline{\rho}_S + \dfrac{\theta_N}{1 - \overline{\rho}_N^2}\overline{\rho}_N\right]^2}$$
$$\text{(A.24a)}$$

$$R_2 = \alpha \frac{\left[\dfrac{\theta_I}{1 - \hat{\rho}^2}\hat{\rho} + \dfrac{\theta_S}{1 - \overline{\rho}_S^2}\overline{\rho}_S + \dfrac{\theta_N}{1 - \overline{\rho}_N^2}\overline{\rho}_N\right]\sigma_1 Z_1^0 + \left[\dfrac{\theta_I}{1 - \hat{\rho}^2} + \dfrac{\theta_S}{1 - \overline{\rho}_S^2} + \dfrac{\theta_N}{1 - \overline{\rho}_N^2}\right]\sigma_2 Z_2^0}{\left[\dfrac{\theta_I}{1 - \hat{\rho}^2} + \dfrac{\theta_S}{1 - \overline{\rho}_S^2} + \dfrac{\theta_N}{1 - \overline{\rho}_N^2}\right]^2 - \left[\dfrac{\theta_I}{1 - \hat{\rho}^2}\hat{\rho} + \dfrac{\theta_S}{1 - \overline{\rho}_S^2}\overline{\rho}_S + \dfrac{\theta_N}{1 - \overline{\rho}_N^2}\overline{\rho}_N\right]^2}$$
$$\text{(A.24b)}$$

均衡 4　如果

$$\frac{\sigma_1 Z_1^0}{\sigma_2 Z_2^0} < \frac{1 - \dfrac{\theta_S}{1 - \overline{\rho}_S^2}(\overline{\rho}_N - \overline{\rho}_S)(\overline{\rho}_S - \hat{\rho})}{\dfrac{\theta_I}{1 - \hat{\rho}^2}(\overline{\rho}_N - \hat{\rho}) + \dfrac{\theta_S}{1 - \overline{\rho}_S^2}(\overline{\rho}_N - \overline{\rho}_S)} - \hat{\rho} \ \text{且}$$

$$\frac{\sigma_2 Z_2^0}{\sigma_1 Z_1^0} < \frac{1 - \dfrac{\theta_S}{1 - \overline{\rho}_S^2}(\overline{\rho}_N - \overline{\rho}_S)(\overline{\rho}_S - \hat{\rho})}{\dfrac{\theta_I}{1 - \hat{\rho}^2}(\overline{\rho}_N - \hat{\rho}) + \dfrac{\theta_S}{1 - \overline{\rho}_S^2}(\overline{\rho}_N - \overline{\rho}_S)} - \hat{\rho}$$

那么市场存在唯一均衡, 风险资产的均衡价格为:

$$p_1 = \mu_1 - \alpha \sigma_1 \frac{K(\hat{\rho}, \overline{\rho}_S, \overline{\rho}_N)\sigma_1 Z_1^0 + k(\hat{\rho}, \overline{\rho}_S, \overline{\rho}_N)\sigma_2 Z_2^0}{K^2(\hat{\rho}, \overline{\rho}_S, \overline{\rho}_N) - k^2(\hat{\rho}, \overline{\rho}_S, \overline{\rho}_N)} \tag{A.25a}$$

$$p_2 = \mu_2 - \alpha \sigma_2 \frac{k(\hat{\rho}, \overline{\rho}_S, \overline{\rho}_N)\sigma_1 Z_1^0 + K(\hat{\rho}, \overline{\rho}_S, \overline{\rho}_N)\sigma_2 Z_2^0}{K^2(\hat{\rho}, \overline{\rho}_S, \overline{\rho}_N) - k^2(\hat{\rho}, \overline{\rho}_S, \overline{\rho}_N)} \tag{A.25b}$$

在均衡状态下, 内部投资者持有的风险资产头寸为:

$$Z_{I1}^* = \frac{\left[K(\hat{\rho}, \overline{\rho}_S, \overline{\rho}_N) - \hat{\rho}k(\hat{\rho}, \overline{\rho}_S, \overline{\rho}_N)\right]Z_1^0 + \left[k(\hat{\rho}, \overline{\rho}_S, \overline{\rho}_N) - \hat{\rho}K(\hat{\rho}, \overline{\rho}_S, \overline{\rho}_N)\right]\dfrac{\sigma_2}{\sigma_1}Z_2^0}{(1 - \hat{\rho}^2)\left[K^2(\hat{\rho}, \overline{\rho}_S, \overline{\rho}_N) - k^2(\hat{\rho}, \overline{\rho}_S, \overline{\rho}_N)\right]} > 0$$
$$\text{(A.26a)}$$

$$Z_{I2}^* = \frac{\left[k(\hat{\rho}, \overline{\rho}_S, \overline{\rho}_N) - \hat{\rho}K(\hat{\rho}, \overline{\rho}_S, \overline{\rho}_N)\right]\frac{\sigma_1}{\sigma_2}Z_1^0 + \left[K(\hat{\rho}, \overline{\rho}_S, \overline{\rho}_N) - \hat{\rho}k(\hat{\rho}, \overline{\rho}_S, \overline{\rho}_N)\right]Z_2^0}{(1 - \hat{\rho}^2)\left[K^2(\hat{\rho}, \overline{\rho}_S, \overline{\rho}_N) - k^2(\hat{\rho}, \overline{\rho}_S, \overline{\rho}_N)\right]} > 0$$

$$(\text{A.26b})$$

精明投资者持有的风险资产正头寸为:

$$Z_{S1}^* = \frac{\left[K(\hat{\rho}, \overline{\rho}_S, \overline{\rho}_N) - \overline{\rho}_S k(\hat{\rho}, \overline{\rho}_S, \overline{\rho}_N)\right]Z_1^0 + \left[k(\hat{\rho}, \overline{\rho}_S, \overline{\rho}_N) - \overline{\rho}_S K(\hat{\rho}, \overline{\rho}_S, \overline{\rho}_N)\right]\frac{\sigma_2}{\sigma_1}Z_2^0}{(1 - \overline{\rho}_S^2)\left[K^2(\hat{\rho}, \overline{\rho}_S, \overline{\rho}_N) - k^2(\hat{\rho}, \overline{\rho}_S, \overline{\rho}_N)\right]} > 0$$

$$(\text{A.27a})$$

$$Z_{S2}^* = \frac{\left[k(\hat{\rho}, \overline{\rho}_S, \overline{\rho}_N) - \overline{\rho}_S K(\hat{\rho}, \overline{\rho}_S, \overline{\rho}_N)\right]\frac{\sigma_1}{\sigma_2}Z_1^0 + \left[K(\hat{\rho}, \overline{\rho}_S, \overline{\rho}_N) - \overline{\rho}_S k(\hat{\rho}, \overline{\rho}_S, \overline{\rho}_N)\right]Z_2^0}{(1 - \overline{\rho}_S^2)\left[K^2(\hat{\rho}, \overline{\rho}_S, \overline{\rho}_N) - k^2(\hat{\rho}, \overline{\rho}_S, \overline{\rho}_N)\right]} > 0$$

$$(\text{A.27b})$$

天真投资者持有的风险资产头寸为:

$$Z_{N1}^* = \frac{\left[K(\hat{\rho}, \overline{\rho}_S, \overline{\rho}_N) - \overline{\rho}_N k(\hat{\rho}, \overline{\rho}_S, \overline{\rho}_N)\right]Z_1^0 + \left[k(\hat{\rho}, \overline{\rho}_S, \overline{\rho}_N) - \overline{\rho}_N K(\hat{\rho}, \overline{\rho}_S, \overline{\rho}_N)\right]\frac{\sigma_2}{\sigma_1}Z_2^0}{(1 - \overline{\rho}_N^2)\left[K^2(\hat{\rho}, \overline{\rho}_S, \overline{\rho}_N) - k^2(\hat{\rho}, \overline{\rho}_S, \overline{\rho}_N)\right]} > 0$$

$$(\text{A.28a})$$

$$Z_{N2}^* = \frac{\left[k(\hat{\rho}, \overline{\rho}_S, \overline{\rho}_N) - \overline{\rho}_N K(\hat{\rho}, \overline{\rho}_S, \overline{\rho}_N)\right]\frac{\sigma_1}{\sigma_2}Z_1^0 + \left[K(\hat{\rho}, \overline{\rho}_S, \overline{\rho}_N) - \overline{\rho}_N k(\hat{\rho}, \overline{\rho}_S, \overline{\rho}_N)\right]Z_2^0}{(1 - \overline{\rho}_N^2)\left[K^2(\hat{\rho}, \overline{\rho}_S, \overline{\rho}_N) - k^2(\hat{\rho}, \overline{\rho}_S, \overline{\rho}_N)\right]} > 0$$

$$(\text{A.28b})$$

附录 B　关于精明投资者和天真投资者需求函数比较的性质 3.3 的证明

精明投资者和天真投资者的需求函数描述为式 (3.7) 中的 4 个部分。我们考虑 4 种情况来比较需求函数: 天真投资者对两种风险资产交易方向不同, $Z_{N1}^* Z_{N2}^* < 0$ (部分 1); 天真投资者不交易风险资产 1, $Z_{N1}^* = 0$ (部分 2); 天真投资者不交易风险资产 2, $Z_{N2}^* = 0$ (部分 3); 天真投资者对这两种风险资产的交易方向相同, $Z_{N1}^* Z_{N2}^* > 0$ (部分 4)。

B.1　部分 1: 天真投资者对这两种风险资产的交易方向不同, $Z_{N1}^* Z_{N2}^* < 0$

$Z_{N1}^* Z_{N2}^* < 0$ 意味着或者 $\begin{cases} R_1 < \underline{\rho}_N R_2 \\ R_2 > \underline{\rho}_N R_1 \end{cases}$ 或者 $\begin{cases} R_1 > \underline{\rho}_N R_2 \\ R_2 < \underline{\rho}_N R_1 \end{cases}$。在式 (3.7) 中取 $\Gamma = N$, 有:

$$Z_N^* = \begin{pmatrix} Z_{N1}^* \\ Z_{N2}^* \end{pmatrix} = \frac{1}{\alpha(1 - \underline{\rho}_N^2)} \begin{pmatrix} \dfrac{R_1 - \underline{\rho}_N R_2}{\sigma_1} \\ \dfrac{R_2 - \underline{\rho}_N R_1}{\sigma_2} \end{pmatrix}$$

情况 1.1　精明投资者对两种风险资产进行不同方向的交易。$Z_{S1}^* Z_{S2}^* < 0$ 意味着

或者 $\begin{cases} R_1 < \underline{\rho}_S R_2 \\ R_2 > \underline{\rho}_S R_1 \end{cases}$ 或者 $\begin{cases} R_1 > \underline{\rho}_S R_2 \\ R_2 < \underline{\rho}_S R_1 \end{cases}$。在式 (3.7) 中取 $\Gamma = S$, 有:

$$Z_S^* = \begin{pmatrix} Z_{S1}^* \\ Z_{S2}^* \end{pmatrix} = \frac{1}{\alpha(1-\underline{\rho}_S^2)} \begin{pmatrix} \dfrac{R_1 - \underline{\rho}_S R_2}{\sigma_1} \\ \dfrac{R_2 - \underline{\rho}_S R_1}{\sigma_2} \end{pmatrix}$$

因此,

$$Z_S^* - Z_N^* = \frac{\underline{\rho}_N - \underline{\rho}_S}{\alpha(1-\underline{\rho}_S^2)(1-\underline{\rho}_N^2)} \begin{pmatrix} \dfrac{-(\underline{\rho}_N + \underline{\rho}_S)R_1 + (1 - \underline{\rho}_N\underline{\rho}_S)R_2}{\sigma_1} \\ \dfrac{-(\underline{\rho}_N + \underline{\rho}_S)R_2 + (1 - \underline{\rho}_N\underline{\rho}_S)R_1}{\sigma_2} \end{pmatrix}$$

$Z_{S1}^* - Z_{N1}^* \lesseqgtr 0$ 等价于 $R_2 \gtreqless \dfrac{\underline{\rho}_N + \underline{\rho}_S}{1 - \underline{\rho}_N\underline{\rho}_S} R_1$ 且 $Z_{S2}^* - Z_{N2}^* \lesseqgtr 0$ 等价于 $R_1 \gtreqless \dfrac{\underline{\rho}_N + \underline{\rho}_S}{1 - \underline{\rho}_N\underline{\rho}_S} R_2$。

情况 1.2　精明投资者不交易风险资产 1。$Z_{S1}^* = 0$ 意味着或者 $\begin{cases} \overline{\rho}_S R_2 \leqslant R_1 \leqslant \underline{\rho}_S R_2 \\ R_2 < 0 \end{cases}$

或者 $\begin{cases} \underline{\rho}_S R_2 \leqslant R_1 \leqslant \overline{\rho}_S R_2 \\ R_2 > 0 \end{cases}$。在式 (3.7) 中取 $\Gamma = S$, 有:

$$Z_S^* = \begin{pmatrix} Z_{S1}^* \\ Z_{S2}^* \end{pmatrix} = \frac{1}{\alpha} \begin{pmatrix} 0 \\ \dfrac{R_2}{\sigma_2} \end{pmatrix}$$

因此,

$$Z_S^* - Z_N^* = -\frac{1}{\alpha(1-\underline{\rho}_N^2)} \begin{pmatrix} \dfrac{R_1 - \underline{\rho}_N R_2}{\sigma_1} \\ \dfrac{\underline{\rho}_N(\underline{\rho}_N R_2 - R_1)}{\sigma_2} \end{pmatrix}$$

$Z_{S1}^* - Z_{N1}^* \lesseqgtr 0$ 等价于 $R_1 \gtreqless \underline{\rho}_N R_2$ 且 $Z_{S2}^* - Z_{N2}^* \lesseqgtr 0$ 等价于 $\underline{\rho}_N^2 R_2 \gtreqless \underline{\rho}_N R_1$。

情况 1.3　精明投资者不交易风险资产 2。$Z_{S2}^* = 0$ 意味着或者 $\begin{cases} R_1 < 0 \\ \overline{\rho}_S R_1 \leqslant R_2 \leqslant \underline{\rho}_S R_1 \end{cases}$

或者 $\begin{cases} R_1 > 0 \\ \underline{\rho}_S R_1 \leqslant R_2 \leqslant \overline{\rho}_S R_1 \end{cases}$。在式 (3.7) 中取 $\Gamma = S$, 有:

$$Z_S^* = \begin{pmatrix} Z_{S1}^* \\ Z_{S2}^* \end{pmatrix} = \frac{1}{\alpha} \begin{pmatrix} \dfrac{R_1}{\sigma_1} \\ 0 \end{pmatrix}$$

因此，

$$Z_S^* - Z_N^* = -\frac{1}{\alpha(1-\underline{\rho}_N^2)}\begin{pmatrix}\dfrac{\underline{\rho}_N(\underline{\rho}_N R_1 - R_2)}{\sigma_1}\\[2mm]\dfrac{R_2 - \underline{\rho}_N R_1}{\sigma_2}\end{pmatrix}$$

$Z_{S1}^* - Z_{N1}^* \lessgtr 0$ 等价于 $\underline{\rho}_N^2 R_1 \gtrless \underline{\rho}_N R_2$ 且 $Z_{S2}^* - Z_{N2}^* \lessgtr 0$ 等价于 $R_2 \gtrless \underline{\rho}_N R_1$。

情况 1.4　精明投资者对两种风险资产的交易方向相同。$Z_{S1}^* Z_{S2}^* > 0$ 意味着或者
$\begin{cases}R_1 < \overline{\rho}_S R_2\\ R_2 < \overline{\rho}_S R_1\end{cases}$ 或者 $\begin{cases}R_1 > \overline{\rho}_S R_2\\ R_2 > \overline{\rho}_S R_1\end{cases}$。在式 (3.7) 中取 $\Gamma = S$，有：

$$Z_S^* = \begin{pmatrix}Z_{S1}^*\\ Z_{S2}^*\end{pmatrix} = \frac{1}{\alpha(1-\overline{\rho}_S^2)}\begin{pmatrix}\dfrac{R_1 - \overline{\rho}_S R_2}{\sigma_1}\\[2mm]\dfrac{R_2 - \overline{\rho}_S R_1}{\sigma_2}\end{pmatrix}$$

因此，

$$Z_S^* - Z_N^* = \frac{\underline{\rho}_N - \overline{\rho}_S}{\alpha(1-\overline{\rho}_S^2)(1-\underline{\rho}_N^2)}\begin{pmatrix}\dfrac{-(\underline{\rho}_N + \overline{\rho}_S)R_1 + (1 - \underline{\rho}_N \overline{\rho}_S)R_2}{\sigma_1}\\[2mm]\dfrac{-(\underline{\rho}_N + \overline{\rho}_S)R_2 + (1 - \underline{\rho}_N \overline{\rho}_S)R_1}{\sigma_2}\end{pmatrix}$$

$Z_{S1}^* - Z_{N1}^* \lessgtr 0$ 等价于 $R_2 \gtrless \dfrac{\underline{\rho}_N + \overline{\rho}_S}{1 - \underline{\rho}_N \overline{\rho}_S}R_1$ 且 $Z_{S2}^* - Z_{N2}^* \lessgtr 0$ 等价于 $R_1 \gtrless \dfrac{\underline{\rho}_N + \overline{\rho}_S}{1 - \underline{\rho}_N \overline{\rho}_S}R_2$。

B.2　部分 2：天真投资者不交易风险资产 1, $Z_{N1}^* = 0$

$Z_{N1}^* = 0$ 意味着或者 $\begin{cases}\overline{\rho}_N R_2 \leqslant R_1 \leqslant \underline{\rho}_N R_2\\ R_2 < 0\end{cases}$ 或者 $\begin{cases}\underline{\rho}_N R_2 \leqslant R_1 \leqslant \overline{\rho}_N R_2\\ R_2 > 0\end{cases}$。在式 (3.7)
中取 $\Gamma = N$，有：

$$Z_N^* = \begin{pmatrix}Z_{N1}^*\\ Z_{N2}^*\end{pmatrix} = \frac{1}{\alpha}\begin{pmatrix}0\\ \dfrac{R_2}{\sigma_2}\end{pmatrix}$$

情况 2.1　精明投资者对两种风险资产进行不同方向的交易。$Z_{S1}^* Z_{S2}^* < 0$ 意味着
或者 $\begin{cases}R_1 < \underline{\rho}_S R_2\\ R_2 > \underline{\rho}_S R_1\end{cases}$ 或者 $\begin{cases}R_1 > \underline{\rho}_S R_2\\ R_2 < \underline{\rho}_S R_1\end{cases}$。在式 (3.7) 中取 $\Gamma = S$，有：

$$Z_S^* = \begin{pmatrix}Z_{S1}^*\\ Z_{S2}^*\end{pmatrix} = \frac{1}{\alpha(1-\underline{\rho}_S^2)}\begin{pmatrix}\dfrac{R_1 - \underline{\rho}_S R_2}{\sigma_1}\\[2mm]\dfrac{R_2 - \underline{\rho}_S R_1}{\sigma_2}\end{pmatrix}$$

因此,

$$Z_S^* - Z_N^* = \frac{1}{\alpha(1-\underline{\rho}_S^2)} \begin{pmatrix} \dfrac{R_1 - \underline{\rho}_S R_2}{\sigma_1} \\ \dfrac{\underline{\rho}_S(\underline{\rho}_S R_2 - R_1)}{\sigma_2} \end{pmatrix}$$

$Z_{S1}^* - Z_{N1}^* \lesseqqgtr 0$ 等价于 $R_1 \lesseqqgtr \underline{\rho}_S R_2$ 且 $Z_{S2}^* - Z_{N2}^* \lesseqqgtr 0$ 等价于 $\underline{\rho}_S^2 R_2 \lesseqqgtr \underline{\rho}_S R_1$。

情况 2.2　精明投资者不交易风险资产 1。$Z_{S1}^* = 0$ 意味着或者 $\begin{cases} \overline{\rho}_S R_2 \leqslant R_1 \leqslant \underline{\rho}_S R_2 \\ R_2 < 0 \end{cases}$

或者 $\begin{cases} \underline{\rho}_S R_2 \leqslant R_1 \leqslant \overline{\rho}_S R_2 \\ R_2 > 0 \end{cases}$。在式 (3.7) 中取 $\Gamma = S$, 有:

$$Z_S^* = \begin{pmatrix} Z_{S1}^* \\ Z_{S2}^* \end{pmatrix} = \frac{1}{\alpha} \begin{pmatrix} 0 \\ \dfrac{R_2}{\sigma_2} \end{pmatrix}$$

因此,

$$Z_S^* - Z_N^* = \begin{pmatrix} 0 \\ 0 \end{pmatrix}$$

情况 2.3　精明投资者不交易风险资产 2。$Z_{S2}^* = 0$ 意味着或者 $\begin{cases} R_1 < 0 \\ \overline{\rho}_S R_1 \leqslant R_2 \leqslant \underline{\rho}_S R_1 \end{cases}$

或者 $\begin{cases} R_1 > 0 \\ \underline{\rho}_S R_1 \leqslant R_2 \leqslant \overline{\rho}_S R_1 \end{cases}$。在式 (3.7) 中取 $\Gamma = S$, 有:

$$Z_S^* = \begin{pmatrix} Z_{S1}^* \\ Z_{S2}^* \end{pmatrix} = \frac{1}{\alpha} \begin{pmatrix} \dfrac{R_1}{\sigma_1} \\ 0 \end{pmatrix}$$

因此,

$$Z_S^* - Z_N^* = \frac{1}{\alpha} \begin{pmatrix} \dfrac{R_1}{\sigma_1} \\ -\dfrac{R_2}{\sigma_2} \end{pmatrix}$$

$Z_{S1}^* - Z_{N1}^* \lesseqqgtr 0$ 等价于 $R_1 \lesseqqgtr 0$ 且 $Z_{S2}^* - Z_{N2}^* \lesseqqgtr 0$ 等价于 $R_2 \gtreqqless 0$。

情况 2.4　精明投资者对两种风险资产的交易方向相同。$Z_{S1}^* Z_{S2}^* > 0$ 意味着或者 $\begin{cases} R_1 < \overline{\rho}_S R_2 \\ R_2 < \overline{\rho}_S R_1 \end{cases}$ 或者 $\begin{cases} R_1 > \overline{\rho}_S R_2 \\ R_2 > \overline{\rho}_S R_1 \end{cases}$。在式 (3.7) 中取 $\Gamma = S$, 有:

$$Z_S^* = \begin{pmatrix} Z_{S1}^* \\ Z_{S2}^* \end{pmatrix} = \frac{1}{\alpha(1-\overline{\rho}_S^2)} \begin{pmatrix} \dfrac{R_1 - \overline{\rho}_S R_2}{\sigma_1} \\ \dfrac{R_2 - \overline{\rho}_S R_1}{\sigma_2} \end{pmatrix}$$

因此，

$$Z_S^* - Z_N^* = \frac{1}{\alpha(1-\bar{\rho}_S^2)}\begin{pmatrix} \dfrac{R_1 - \bar{\rho}_S R_2}{\sigma_1} \\ \dfrac{\bar{\rho}_S(\bar{\rho}_S R_2 - R_1)}{\sigma_2} \end{pmatrix}$$

$Z_{S1}^* - Z_{N1}^* \lesseqqgtr 0$ 等价于 $R_1 \lesseqqgtr \bar{\rho}_S R_2$ 且 $Z_{S2}^* - Z_{N2}^* \lesseqqgtr 0$ 等价于 $\bar{\rho}_S^2 R_2 \lesseqqgtr \bar{\rho}_S R_1$。

B.3　部分 3：天真投资者不交易风险资产 2，$Z_{N2}^* = 0$

$Z_{N2}^* = 0$ 意味着或者 $\begin{cases} R_1 < 0 \\ \bar{\rho}_N R_1 \leqslant R_2 \leqslant \underline{\rho}_N R_1 \end{cases}$ 或者 $\begin{cases} R_1 > 0 \\ \underline{\rho}_N R_1 \leqslant R_2 \leqslant \bar{\rho}_N R_1 \end{cases}$。在式 (3.7) 中取 $\Gamma = N$，有：

$$Z_N^* = \begin{pmatrix} Z_{N1}^* \\ Z_{N2}^* \end{pmatrix} = \frac{1}{\alpha}\begin{pmatrix} \dfrac{R_1}{\sigma_1} \\ 0 \end{pmatrix}$$

情况 3.1　精明投资者对两种风险资产进行不同方向的交易。$Z_{S1}^* Z_{S2}^* < 0$ 意味着或者 $\begin{cases} R_1 < \underline{\rho}_S R_2 \\ R_2 > \underline{\rho}_S R_1 \end{cases}$ 或者 $\begin{cases} R_1 > \underline{\rho}_S R_2 \\ R_2 < \underline{\rho}_S R_1 \end{cases}$。在式 (3.7) 中取 $\Gamma = S$，有：

$$Z_S^* = \begin{pmatrix} Z_{S1}^* \\ Z_{S2}^* \end{pmatrix} = \frac{1}{\alpha(1-\underline{\rho}_S^2)}\begin{pmatrix} \dfrac{R_1 - \underline{\rho}_S R_2}{\sigma_1} \\ \dfrac{R_2 - \underline{\rho}_S R_1}{\sigma_2} \end{pmatrix}$$

因此，

$$Z_S^* - Z_N^* = \frac{1}{\alpha(1-\underline{\rho}_S^2)}\begin{pmatrix} \dfrac{\underline{\rho}_S(\underline{\rho}_S R_1 - R_2)}{\sigma_1} \\ \dfrac{R_2 - \underline{\rho}_S R_1}{\sigma_2} \end{pmatrix}$$

$Z_{S1}^* - Z_{N1}^* \lesseqqgtr 0$ 等价于 $\underline{\rho}_S^2 R_1 \lesseqqgtr \underline{\rho}_S R_2$ 且 $Z_{S2}^* - Z_{N2}^* \lesseqqgtr 0$ 等价于 $R_2 \lesseqqgtr \underline{\rho}_S R_1$。

情况 3.2　精明投资者不交易风险资产 1。$Z_{S1}^* = 0$ 意味着或者 $\begin{cases} \bar{\rho}_S R_2 \leqslant R_1 \leqslant \underline{\rho}_S R_2 \\ R_2 < 0 \end{cases}$

或者 $\begin{cases} \underline{\rho}_S R_2 \leqslant R_1 \leqslant \bar{\rho}_S R_2 \\ R_2 > 0 \end{cases}$。在式 (3.7) 中取 $\Gamma = S$，有：

$$Z_S^* = \begin{pmatrix} Z_{S1}^* \\ Z_{S2}^* \end{pmatrix} = \frac{1}{\alpha}\begin{pmatrix} 0 \\ \dfrac{R_2}{\sigma_2} \end{pmatrix}$$

因此，

$$Z_S^* - Z_N^* = \frac{1}{\alpha}\begin{pmatrix} -\dfrac{R_1}{\sigma_1} \\ \dfrac{R_2}{\sigma_2} \end{pmatrix}$$

$Z_{S1}^* - Z_{N1}^* \lesseqqgtr 0$ 等价于 $R_1 \gtreqqless 0$ 且 $Z_{S2}^* - Z_{N2}^* \lesseqqgtr 0$ 等价于 $R_2 \lesseqqgtr 0$。

情况 3.3 精明投资者不交易风险资产 2。$Z_{S2}^* = 0$ 意味着或者 $\begin{cases} R_1 < 0 \\ \overline{\rho}_S R_1 \leqslant R_2 \leqslant \underline{\rho}_S R_1 \end{cases}$

或者 $\begin{cases} R_1 > 0 \\ \underline{\rho}_S R_1 \leqslant R_2 \leqslant \overline{\rho}_S R_1 \end{cases}$。在式 (3.7) 中取 $\Gamma = S$, 有：

$$Z_S^* = \begin{pmatrix} Z_{S1}^* \\ Z_{S2}^* \end{pmatrix} = \frac{1}{\alpha}\begin{pmatrix} \dfrac{R_1}{\sigma_1} \\ 0 \end{pmatrix}$$

因此，

$$Z_S^* - Z_N^* = \begin{pmatrix} 0 \\ 0 \end{pmatrix}$$

情况 3.4 精明投资者对两种风险资产的交易方向相同。$Z_{S1}^* Z_{S2}^* > 0$ 意味着或者 $\begin{cases} R_1 < \overline{\rho}_S R_2 \\ R_2 < \overline{\rho}_S R_1 \end{cases}$ 或者 $\begin{cases} R_1 > \overline{\rho}_S R_2 \\ R_2 > \overline{\rho}_S R_1 \end{cases}$。在式 (3.7) 中取 $\Gamma = S$, 有：

$$Z_S^* = \begin{pmatrix} Z_{S1}^* \\ Z_{S2}^* \end{pmatrix} = \frac{1}{\alpha(1-\overline{\rho}_S^2)}\begin{pmatrix} \dfrac{R_1 - \overline{\rho}_S R_2}{\sigma_1} \\ \dfrac{R_2 - \overline{\rho}_S R_1}{\sigma_2} \end{pmatrix}$$

因此，

$$Z_S^* - Z_N^* = \frac{1}{\alpha(1-\overline{\rho}_S^2)}\begin{pmatrix} \dfrac{\overline{\rho}_S(\overline{\rho}_S R_1 - R_2)}{\sigma_1} \\ \dfrac{R_2 - \overline{\rho}_S R_1}{\sigma_2} \end{pmatrix}$$

$Z_{S1}^* - Z_{N1}^* \lesseqqgtr 0$ 等价于 $\overline{\rho}_S^2 R_1 \lesseqqgtr \overline{\rho}_S R_2$ 且 $Z_{S2}^* - Z_{N2}^* \lesseqqgtr 0$ 等价于 $R_2 \lesseqqgtr \overline{\rho}_S R_1$。

B.4 部分 4: 投资者对两种风险资产的交易方向相同, $Z_{N1}^* Z_{N2}^* > 0$

$Z_{N1}^* Z_{N2}^* > 0$ 意味着或者 $\begin{cases} R_1 < \overline{\rho}_N R_2 \\ R_2 < \overline{\rho}_N R_1 \end{cases}$ 或者 $\begin{cases} R_1 > \overline{\rho}_N R_2 \\ R_2 > \overline{\rho}_N R_1 \end{cases}$。在式 (3.7) 中取 $\Gamma = N$, 有：

$$Z_N^* = \begin{pmatrix} Z_{N1}^* \\ Z_{N2}^* \end{pmatrix} = \frac{1}{\alpha(1-\overline{\rho}_N^2)}\begin{pmatrix} \dfrac{R_1 - \overline{\rho}_N R_2}{\sigma_1} \\ \dfrac{R_2 - \overline{\rho}_N R_1}{\sigma_2} \end{pmatrix}$$

情况 4.1　精明投资者对两种风险资产进行不同方向的交易。$Z_{S1}^* Z_{S2}^* < 0$ 意味着

或者 $\begin{cases} R_1 < \underline{\rho}_S R_2 \\ R_2 > \underline{\rho}_S R_1 \end{cases}$ 或者 $\begin{cases} R_1 > \underline{\rho}_S R_2 \\ R_2 < \underline{\rho}_S R_1 \end{cases}$。在式 (3.7) 中取 $\Gamma = S$, 有:

$$Z_S^* = \begin{pmatrix} Z_{S1}^* \\ Z_{S2}^* \end{pmatrix} = \frac{1}{\alpha(1 - \underline{\rho}_S^2)} \begin{pmatrix} \dfrac{R_1 - \underline{\rho}_S R_2}{\sigma_1} \\ \dfrac{R_2 - \underline{\rho}_S R_1}{\sigma_2} \end{pmatrix}$$

因此,

$$Z_S^* - Z_N^* = \frac{\overline{\rho}_N - \underline{\rho}_S}{\alpha(1 - \underline{\rho}_S^2)(1 - \overline{\rho}_N^2)} \begin{pmatrix} \dfrac{-(\overline{\rho}_N + \underline{\rho}_S)R_1 + (1 - \overline{\rho}_N \underline{\rho}_S)R_2}{\sigma_1} \\ \dfrac{-(\overline{\rho}_N + \underline{\rho}_S)R_2 + (1 - \overline{\rho}_N \underline{\rho}_S)R_1}{\sigma_2} \end{pmatrix}$$

$Z_{S1}^* - Z_{N1}^* \lesseqqgtr 0$ 等价于 $R_2 \lesseqqgtr \dfrac{\overline{\rho}_N + \underline{\rho}_S}{1 - \overline{\rho}_N \underline{\rho}_S} R_1$ 且 $Z_{S2}^* - Z_{N2}^* \lesseqqgtr 0$ 等价于 $R_1 \lesseqqgtr \dfrac{\overline{\rho}_N + \underline{\rho}_S}{1 - \overline{\rho}_N \underline{\rho}_S} R_2$。

情况 4.2　精明投资者不交易风险资产 1。$Z_{S1}^* = 0$ 意味着或者 $\begin{cases} \overline{\rho}_S R_2 \leqslant R_1 \leqslant \underline{\rho}_S R_2 \\ R_2 < 0 \end{cases}$

或者 $\begin{cases} \underline{\rho}_S R_2 \leqslant R_1 \leqslant \overline{\rho}_S R_2 \\ R_2 > 0 \end{cases}$。在式 (3.7) 中取 $\Gamma = S$, 有:

$$Z_S^* = \begin{pmatrix} Z_{S1}^* \\ Z_{S2}^* \end{pmatrix} = \frac{1}{\alpha} \begin{pmatrix} 0 \\ \dfrac{R_2}{\sigma_2} \end{pmatrix}$$

因此,

$$Z_S^* - Z_N^* = -\frac{1}{\alpha(1 - \overline{\rho}_N^2)} \begin{pmatrix} \dfrac{R_1 - \overline{\rho}_N R_2}{\sigma_1} \\ \dfrac{\overline{\rho}_N(\overline{\rho}_N R_2 - R_1)}{\sigma_2} \end{pmatrix}$$

$Z_{S1}^* - Z_{N1}^* \lesseqqgtr 0$ 等价于 $R_1 \gtreqqless \overline{\rho}_N R_2$ 且 $Z_{S2}^* - Z_{N2}^* \lesseqqgtr 0$ 等价于 $\overline{\rho}_N^2 R_2 \gtreqqless \overline{\rho}_N R_1$。

情况 4.3　精明投资者不交易风险资产 2。$Z_{S2}^* = 0$ 意味着或者 $\begin{cases} R_1 < 0 \\ \overline{\rho}_S R_1 \leqslant R_2 \leqslant \underline{\rho}_S R_1 \end{cases}$

或者 $\begin{cases} R_1 > 0 \\ \underline{\rho}_S R_1 \leqslant R_2 \leqslant \overline{\rho}_S R_1 \end{cases}$。在式 (3.7) 中取 $\Gamma = S$, 有:

$$Z_S^* = \begin{pmatrix} Z_{S1}^* \\ Z_{S2}^* \end{pmatrix} = \frac{1}{\alpha} \begin{pmatrix} \dfrac{R_1}{\sigma_1} \\ 0 \end{pmatrix}$$

因此,

$$Z_S^* - Z_N^* = -\frac{1}{\alpha(1-\overline{\rho}_N^2)}\begin{pmatrix}\dfrac{\overline{\rho}_N(\overline{\rho}_N R_1 - R_2)}{\sigma_1}\\[2mm]\dfrac{R_2 - \overline{\rho}_N R_1}{\sigma_2}\end{pmatrix}$$

$Z_{S1}^* - Z_{N1}^* \lesseqqgtr 0$ 等价于 $\overline{\rho}_N^2 R_1 \gtreqqless \overline{\rho}_N R_2$ 且 $Z_{S2}^* - Z_{N2}^* \lesseqqgtr 0$ 等价于 $R_2 \gtreqqless \overline{\rho}_N R_1$。

　　情况 4.4　精明投资者对两种风险资产的交易方向相同。$Z_{S1}^* Z_{S2}^* > 0$ 意味着或者 $\begin{cases}R_1 < \overline{\rho}_S R_2\\ R_2 < \overline{\rho}_S R_1\end{cases}$ 或者 $\begin{cases}R_1 > \overline{\rho}_S R_2\\ R_2 > \overline{\rho}_S R_1\end{cases}$。在式 (3.7) 中取 $\Gamma = S$,有:

$$Z_S^* = \begin{pmatrix}Z_{S1}^*\\ Z_{S2}^*\end{pmatrix} = \frac{1}{\alpha(1-\overline{\rho}_S^2)}\begin{pmatrix}\dfrac{R_1 - \overline{\rho}_S R_2}{\sigma_1}\\[2mm]\dfrac{R_2 - \overline{\rho}_S R_1}{\sigma_2}\end{pmatrix}$$

因此,

$$Z_S^* - Z_N^* = \frac{\overline{\rho}_N - \overline{\rho}_S}{\alpha(1-\overline{\rho}_S^2)(1-\overline{\rho}_N^2)}\begin{pmatrix}\dfrac{-(\overline{\rho}_N + \overline{\rho}_S)R_1 + (1-\overline{\rho}_N\overline{\rho}_S)R_2}{\sigma_1}\\[2mm]\dfrac{-(\overline{\rho}_N + \overline{\rho}_S)R_2 + (1-\overline{\rho}_N\overline{\rho}_S)R_1}{\sigma_2}\end{pmatrix}$$

$Z_{S1}^* - Z_{N1}^* \lesseqqgtr 0$ 等价于 $R_2 \lesseqqgtr \dfrac{\overline{\rho}_N + \overline{\rho}_S}{1-\overline{\rho}_N\overline{\rho}_S}R_1$ 且 $Z_{S2}^* - Z_{N2}^* \lesseqqgtr 0$ 等价于 $R_1 \lesseqqgtr \dfrac{\overline{\rho}_N + \overline{\rho}_S}{1-\overline{\rho}_N\overline{\rho}_S}R_2$。

附录 C　关于三种投资者均衡头寸比较的性质 3.4、性质 3.5、性质 3.6 的证明

　　在均衡状态下, 精明投资者和天真投资者可能比内部投资者持有更激进的头寸 (多头或空头), 天真投资者可能比精明投资者持有更激进的头寸 (多头或空头)。具体来说, 我们有以下结果。

　　(1) 对于精明投资者和天真投资者不交易资产 1 的非参与均衡, 质量比率很小, 即 $E_{12} \leqslant h(\hat{\rho}, \overline{\rho}_S, \overline{\rho}_S)$, 因此,

$$Z_{S1}^* - Z_{I1}^* = -\frac{1}{\theta_I}Z_1^0 < 0 \text{ 且 } Z_{S2}^* - Z_{I2}^* = \frac{\hat{\rho}}{\theta_I}\frac{\sigma_1}{\sigma_2}Z_1^0 \lesseqqgtr 0, \text{当且仅当 } \hat{\rho} \lesseqqgtr 0 \text{ 时}$$

$$Z_{N1}^* - Z_{I1}^* = -\frac{1}{\theta_I}Z_1^0 < 0 \text{ 且 } Z_{N2}^* - Z_{I2}^* = \frac{\hat{\rho}}{\theta_I}\frac{\sigma_1}{\sigma_2}Z_1^0 \lesseqqgtr 0, \text{当且仅当 } \hat{\rho} \lesseqqgtr 0 \text{ 时}$$

$$Z_{N1}^* - Z_{S1}^* = 0 \text{ 且 } Z_{N2}^* - Z_{S2}^* = 0$$

　　(2) 对于天真投资者不交易资产 1 的非参与均衡, 质量比率较小, 即 $h(\hat{\rho}, \overline{\rho}_S, \overline{\rho}_S) < E_{12} \leqslant h(\hat{\rho}, \overline{\rho}_S, \overline{\rho}_N)$, 因此,

$$\left\{\left[\dot{K}(\hat{\rho}, \overline{\rho}_S) - \theta_N\right]\dot{K}(\hat{\rho}, \overline{\rho}_S) - \dot{k}^2(\hat{\rho}, \overline{\rho}_S)\right\}[Z_{S1}^* - Z_{I1}^*]$$

$$= \frac{\overline{\rho}_S - \hat{\rho}}{(1 - \hat{\rho}^2)(1 - \overline{\rho}_S^2)} \left\{ [\theta_I \overline{\rho}_S + \theta_S \hat{\rho} + \theta_N (\hat{\rho} + \overline{\rho}_S)] Z_1^0 - (\theta_I + \theta_S) \frac{\sigma_2}{\sigma_1} Z_2^0 \right\}$$

$$Z_{S1}^* - Z_{I1}^* < 0, \text{注意} \ \frac{\theta_I \overline{\rho}_S + \theta_S \hat{\rho} + \theta_N (\hat{\rho} + \overline{\rho}_S)}{\theta_I + \theta_S} < H(\hat{\rho}, \overline{\rho}_S, \overline{\rho}_N)$$

$$\left\{ \left[\dot{K}(\hat{\rho}, \overline{\rho}_S) - \theta_N \right] \dot{K}(\hat{\rho}, \overline{\rho}_S) - \dot{k}^2(\hat{\rho}, \overline{\rho}_S) \right\} [Z_{S2}^* - Z_{I2}^*]$$

$$= \frac{\overline{\rho}_S - \hat{\rho}}{(1 - \hat{\rho}^2)(1 - \overline{\rho}_S^2)} \left\{ -[(\theta_I + \theta_S) + \theta_N (1 + \hat{\rho}\overline{\rho}_S)] \frac{\sigma_1}{\sigma_2} Z_1^0 + (\theta_I \overline{\rho}_S + \theta_S \hat{\rho}) Z_2^0 \right\}$$

$$Z_{S2}^* - Z_{I2}^* \lesseqgtr 0, \text{当且仅当} \ E_{12} \gtreqless \frac{\theta_I \overline{\rho}_S + \theta_S \hat{\rho}}{(\theta_I + \theta_S) + \theta_N (1 + \hat{\rho}\overline{\rho}_S)} \ \text{时}$$

$$Z_{N1}^* - Z_{I1}^* = -Z_{I1}^* < 0$$

$$\left\{ \left[\dot{K}(\hat{\rho}, \overline{\rho}_S) - \theta_N \right] \dot{K}(\hat{\rho}, \overline{\rho}_S) - \dot{k}^2(\hat{\rho}, \overline{\rho}_S) \right\} [Z_{N2}^* - Z_{I2}^*]$$

$$= \frac{\hat{\rho}}{1 - \hat{\rho}^2} \left\{ \left[\theta_I + \frac{\theta_S}{1 - \overline{\rho}_S^2} (1 - \hat{\rho}\overline{\rho}_S) + \theta_N \right] \frac{\sigma_1}{\sigma_2} Z_1^0 + \frac{\theta_S}{1 - \overline{\rho}_S^2} (\overline{\rho}_S - \hat{\rho}) Z_2^0 \right\}$$

$$Z_{N2}^* - Z_{I2}^* \lesseqgtr 0, \text{当且仅当} \ \hat{\rho} \lesseqgtr 0 \ \text{时}$$

$$Z_{N1}^* - Z_{S1}^* = -Z_{S1}^* < 0$$

$$\left\{ \left[\dot{K}(\hat{\rho}, \overline{\rho}_S) - \theta_N \right] \dot{K}(\hat{\rho}, \overline{\rho}_S) - \dot{k}^2(\hat{\rho}, \overline{\rho}_S) \right\} [Z_{N2}^* - Z_{S2}^*]$$

$$= \frac{\overline{\rho}_S}{1 - \overline{\rho}_S^2} \left\{ \left[\frac{\theta_I}{1 - \hat{\rho}^2} (1 - \hat{\rho}\overline{\rho}_S) + \theta_S + \theta_N \right] \frac{\sigma_1}{\sigma_2} Z_1^0 - \frac{\theta_I}{1 - \hat{\rho}^2} (\overline{\rho}_S - \hat{\rho}) Z_2^0 \right\}$$

$$Z_{N2}^* - Z_{S2}^* \lesseqgtr 0, \text{当且仅当} \ \overline{\rho}_S \lesseqgtr 0 \ \text{时}$$

(3) 对于精明投资者和天真投资者均交易两种资产的参与均衡, 质量比率适中, 即 $h(\hat{\rho}, \overline{\rho}_S, \overline{\rho}_N) < E_{12} < H(\hat{\rho}, \overline{\rho}_S, \overline{\rho}_N)$, 因此,

$$\left\{ K^2(\hat{\rho}, \overline{\rho}_S, \overline{\rho}_N) - k^2(\hat{\rho}, \overline{\rho}_S, \overline{\rho}_N) \right\} [Z_{S1}^* - Z_{I1}^*]$$

$$= \frac{\overline{\rho}_S - \hat{\rho}}{(1 - \hat{\rho}^2)(1 - \overline{\rho}_S^2)} \left\{ \left[\theta_I \overline{\rho}_S + \theta_S \hat{\rho} + \frac{\theta_N}{1 - \overline{\rho}_N^2} [(\hat{\rho} + \overline{\rho}_S) - \overline{\rho}_N (1 + \hat{\rho}\overline{\rho}_S)] \right] Z_1^0 \right.$$
$$\left. + \left[-(\theta_I + \theta_S) + \frac{\theta_N}{1 - \overline{\rho}_N^2} [-(1 + \hat{\rho}\overline{\rho}_S) + \overline{\rho}_N (\hat{\rho} + \overline{\rho}_S)] \right] \frac{\sigma_2}{\sigma_1} Z_2^0 \right\}$$

$$Z_{S1}^* - Z_{I1}^* \lesseqgtr 0, \text{当且仅当} \ E_{21} \gtreqless \frac{\theta_I \overline{\rho}_S + \theta_S \hat{\rho} + \frac{\theta_N}{1 - \overline{\rho}_N^2} [(\hat{\rho} + \overline{\rho}_S) - \overline{\rho}_N (1 + \hat{\rho}\overline{\rho}_S)]}{(\theta_I + \theta_S) + \frac{\theta_N}{1 - \overline{\rho}_N^2} [(1 + \hat{\rho}\overline{\rho}_S) - \overline{\rho}_N (\hat{\rho} + \overline{\rho}_S)]} \ \text{时}$$

$$\left\{ K^2(\hat{\rho}, \overline{\rho}_S, \overline{\rho}_N) - k^2(\hat{\rho}, \overline{\rho}_S, \overline{\rho}_N) \right\} [Z_{S2}^* - Z_{I2}^*]$$

$$= \frac{\overline{\rho}_S - \hat{\rho}}{(1 - \hat{\rho}^2)(1 - \overline{\rho}_S^2)} \left\{ \left[-(\theta_I + \theta_S) + \frac{\theta_N}{1 - \overline{\rho}_N^2} [-(1 + \hat{\rho}\overline{\rho}_S) + \overline{\rho}_N (\hat{\rho} + \overline{\rho}_S)] \right] \frac{\sigma_1}{\sigma_2} Z_1^0 \right.$$

$$+\left[\theta_I\overline{\rho}_S+\theta_S\hat{\rho}+\frac{\theta_N}{1-\overline{\rho}_N^2}[(\hat{\rho}+\overline{\rho}_S)-\overline{\rho}_N(1+\hat{\rho}\overline{\rho}_S)]\right]Z_2^0\Big\}$$

$Z_{S2}^*-Z_{I2}^*\lesseqgtr 0$, 当且仅当 $E_{12}\gtreqqless\dfrac{\theta_I\overline{\rho}_S+\theta_S\hat{\rho}+\dfrac{\theta_N}{1-\overline{\rho}_N^2}[(\hat{\rho}+\overline{\rho}_S)-\overline{\rho}_N(1+\hat{\rho}\overline{\rho}_S)]}{(\theta_I+\theta_S)+\dfrac{\theta_N}{1-\overline{\rho}_N^2}[(1+\hat{\rho}\overline{\rho}_S)-\overline{\rho}_N(\hat{\rho}+\overline{\rho}_S)]}$ 时

$$\left\{K^2(\hat{\rho},\overline{\rho}_S,\overline{\rho}_N)-k^2(\hat{\rho},\overline{\rho}_S,\overline{\rho}_N)\right\}[Z_{N1}^*-Z_{I1}^*]$$
$$=\frac{\overline{\rho}_N-\hat{\rho}}{(1-\hat{\rho}^2)(1-\overline{\rho}_S^2)}\left\{\left[\theta_I\overline{\rho}_N+\frac{\theta_S}{1-\overline{\rho}_S^2}[(\overline{\rho}_N+\hat{\rho})-\overline{\rho}_S(1+\overline{\rho}_N\hat{\rho})]+\theta_N\hat{\rho}\right]Z_1^0\right.$$
$$\left.+\left[-\theta_I+\frac{\theta_S}{1-\overline{\rho}_S^2}[-(1+\overline{\rho}_N\hat{\rho})+\overline{\rho}_S(\overline{\rho}_N+\hat{\rho})]-\theta_N\right]\frac{\sigma_2}{\sigma_1}Z_2^0\right\}$$

$Z_{N1}^*-Z_{I1}^*\lesseqgtr 0$, 当且仅当 $E_{21}\gtreqqless\dfrac{\theta_I\overline{\rho}_N+\dfrac{\theta_S}{1-\overline{\rho}_S^2}[(\overline{\rho}_N+\hat{\rho})-\overline{\rho}_S(1+\overline{\rho}_N\hat{\rho})]+\theta_N\hat{\rho}}{\theta_I+\dfrac{\theta_S}{1-\overline{\rho}_S^2}[(1+\overline{\rho}_N\hat{\rho})-\overline{\rho}_S(\overline{\rho}_N+\hat{\rho})]+\theta_N}$ 时

$$\left\{K^2(\hat{\rho},\overline{\rho}_S,\overline{\rho}_N)-k^2(\hat{\rho},\overline{\rho}_S,\overline{\rho}_N)\right\}[Z_{N2}^*-Z_{I2}^*]$$
$$=\frac{\overline{\rho}_N-\hat{\rho}}{(1-\hat{\rho}^2)(1-\overline{\rho}_S^2)}\left\{\left[-\theta_I+\frac{\theta_S}{1-\overline{\rho}_S^2}[-(1+\overline{\rho}_N\hat{\rho})+\overline{\rho}_S(\overline{\rho}_N+\hat{\rho})]-\theta_N\right]\frac{\sigma_1}{\sigma_2}Z_1^0\right.$$
$$\left.+\left[\theta_I\overline{\rho}_N+\frac{\theta_S}{1-\overline{\rho}_S^2}[(\overline{\rho}_N)+\hat{\rho}-\overline{\rho}_S(1+\overline{\rho}_N\hat{\rho})]+\theta_N\hat{\rho}\right]Z_2^0\right\}$$

$Z_{N2}^*-Z_{I2}^*\lesseqgtr 0$, 当且仅当 $E_{12}\gtreqqless\dfrac{\theta_I\overline{\rho}_N+\dfrac{\theta_S}{1-\overline{\rho}_S^2}[(\overline{\rho}_N+\hat{\rho})-\overline{\rho}_S(1+\overline{\rho}_N\hat{\rho})]+\theta_N\hat{\rho}}{\theta_I+\dfrac{\theta_S}{1-\overline{\rho}_S^2}[(1+\overline{\rho}_N\hat{\rho})-\overline{\rho}_S(\overline{\rho}_N+\hat{\rho})]+\theta_N}$ 时

$$\left\{K^2(\hat{\rho},\overline{\rho}_S,\overline{\rho}_N)-k^2(\hat{\rho},\overline{\rho}_S,\overline{\rho}_N)\right\}[Z_{N1}^*-Z_{S1}^*]$$
$$=\frac{\overline{\rho}_N-\overline{\rho}_S}{(1-\overline{\rho}_S^2)(1-\overline{\rho}_N^2)}\left\{\left[\frac{\theta_I}{1-\hat{\rho}^2}[(\overline{\rho}_S+\overline{\rho}_N)-\hat{\rho}(1+\overline{\rho}_S\overline{\rho}_N)]+\theta_S\overline{\rho}_N+\theta_N\overline{\rho}_S\right]Z_1^0\right.$$
$$\left.+\left[\frac{\theta_I}{1-\hat{\rho}^2}[-(1+\overline{\rho}_S\overline{\rho}_N)+\hat{\rho}(\overline{\rho}_S+\overline{\rho}_N)]-(\theta_S+\theta_N)\right]\frac{\sigma_2}{\sigma_1}Z_2^0\right\}$$

$Z_{N1}^*-Z_{S1}^*\lesseqgtr 0$, 当且仅当 $E_{21}\gtreqqless\dfrac{\dfrac{\theta_I}{1-\hat{\rho}^2}[(\overline{\rho}_S+\overline{\rho}_N)-\hat{\rho}(1+\overline{\rho}_S\overline{\rho}_N)]+\theta_S\overline{\rho}_N+\theta_N\overline{\rho}_S}{\dfrac{\theta_I}{1-\hat{\rho}^2}[(1+\overline{\rho}_S\overline{\rho}_N)-\hat{\rho}(\overline{\rho}_S+\overline{\rho}_N)]+(\theta_S+\theta_N)}$ 时

$$\left\{K^2(\hat{\rho},\overline{\rho}_S,\overline{\rho}_N)-k^2(\hat{\rho},\overline{\rho}_S,\overline{\rho}_N)\right\}[Z_{N2}^*-Z_{S2}^*]$$
$$=\frac{\overline{\rho}_N-\overline{\rho}_S}{(1-\overline{\rho}_S^2)(1-\overline{\rho}_N^2)}\left\{\left[\frac{\theta_I}{1-\hat{\rho}^2}[-(1+\overline{\rho}_S\overline{\rho}_N)+\hat{\rho}(\overline{\rho}_S+\overline{\rho}_N)]-(\theta_S+\theta_N)\right]\frac{\sigma_1}{\sigma_2}Z_1^0\right.$$

$$+\left[\frac{\theta_I}{1-\hat{\rho}^2}[(\overline{\rho}_S+\overline{\rho}_N)-\hat{\rho}(1+\overline{\rho}_S\overline{\rho}_N)]+\theta_S\overline{\rho}_N+\theta_N\overline{\rho}_S\right]Z_2^0\Bigg\}$$

$$Z_{N2}^*-Z_{S2}^* \lesseqgtr 0, 当且仅当\ E_{12}\lesseqgtr\frac{\dfrac{\theta_I}{1-\hat{\rho}^2}[(\overline{\rho}_S+\overline{\rho}_N)-\hat{\rho}(1+\overline{\rho}_S\overline{\rho}_N)]+\theta_S\overline{\rho}_N+\theta_N\overline{\rho}_S}{\dfrac{\theta_I}{1-\hat{\rho}^2}[(1+\overline{\rho}_S\overline{\rho}_N)-\hat{\rho}(\overline{\rho}_S+\overline{\rho}_N)]+(\theta_S+\theta_N)}\ \text{时}$$

(4) 对于天真投资者不交易资产 2 的非参与均衡, 质量比率较大, 即 $H(\hat{\rho},\overline{\rho}_S,\overline{\rho}_N)\leqslant E_{12}<H(\hat{\rho},\overline{\rho}_S,\overline{\rho}_S)$, 因此,

$$\left\{\dot{K}(\hat{\rho},\overline{\rho}_S)\left[\dot{K}(\hat{\rho},\overline{\rho}_S)-\theta_N\right]-\dot{k}^2(\hat{\rho},\overline{\rho}_S)\right\}[Z_{S1}^*-Z_{I1}^*]$$

$$=\frac{\overline{\rho}_S-\hat{\rho}}{(1-\hat{\rho}^2)(1-\overline{\rho}_S^2)}\left\{(\theta_I\overline{\rho}_S+\theta_S\hat{\rho})Z_1^0-[(\theta_I+\theta_S)+\theta_N(1+\overline{\rho}_S\hat{\rho})]\frac{\sigma_2}{\sigma_1}Z_2^0\right\}$$

$$Z_{S1}^*-Z_{I1}^*\lesseqgtr 0, 当且仅当\ E_{21}\lesseqgtr\frac{\theta_I\overline{\rho}_S+\theta_S\hat{\rho}}{(\theta_I+\theta_S)+\theta_N(1+\overline{\rho}_S\hat{\rho})}\ \text{时}$$

$$\left\{\dot{K}(\hat{\rho},\overline{\rho}_S)\left[\dot{K}(\hat{\rho},\overline{\rho}_S)-\theta_N\right]-\dot{k}^2(\hat{\rho},\overline{\rho}_S)\right\}[Z_{S2}^*-Z_{I2}^*]$$

$$=\frac{\overline{\rho}_S-\hat{\rho}}{(1-\hat{\rho}^2)(1-\overline{\rho}_S^2)}\left\{-(\theta_I+\theta_S)\frac{\sigma_1}{\sigma_2}Z_1^0+[\theta_I\overline{\rho}_S+\theta_S\hat{\rho}+\theta_N(\overline{\rho}_S+\hat{\rho})]Z_2^0\right\}$$

$$Z_{S2}^*-Z_{I2}^*<0, 注意\ \frac{\theta_I\overline{\rho}_S+\theta_S\hat{\rho}+\theta_N(\hat{\rho}+\overline{\rho}_S)}{\theta_I+\theta_S}<H(\hat{\rho},\overline{\rho}_S,\overline{\rho}_N)$$

$$\left\{\dot{K}(\hat{\rho},\overline{\rho}_S)\left[\dot{K}(\hat{\rho},\overline{\rho}_S)-\theta_N\right]-\dot{k}^2(\hat{\rho},\overline{\rho}_S)\right\}[Z_{N1}^*-Z_{I1}^*]$$

$$=\frac{\hat{\rho}}{1-\hat{\rho}^2}\left\{\frac{\theta_S}{1-\overline{\rho}_S^2}(\overline{\rho}_S-\hat{\rho})Z_1^0+\left[\theta_I+\frac{\theta_S}{1-\overline{\rho}_S^2}(1-\overline{\rho}_S\hat{\rho})+\theta_N\right]\frac{\sigma_2}{\sigma_1}Z_2^0\right\}$$

$$Z_{N1}^*-Z_{I1}^* \lesseqgtr 0, 当且仅当\ \hat{\rho}\lesseqgtr 0\ \text{时}$$

$$Z_{N2}^*-Z_{I2}^*=-Z_{I2}^*<0$$

$$\left\{\dot{K}(\hat{\rho},\overline{\rho}_S)\left[\dot{K}(\hat{\rho},\overline{\rho}_S)-\theta_N\right]-\dot{k}^2(\hat{\rho},\overline{\rho}_S)\right\}[Z_{N1}^*-Z_{S1}^*]$$

$$=\frac{\overline{\rho}_S}{1-\overline{\rho}_S^2}\left\{-\frac{\theta_I}{1-\hat{\rho}^2}(\overline{\rho}_S-\hat{\rho})Z_1^0+\left[\frac{\theta_I}{1-\hat{\rho}^2}(1-\overline{\rho}_S\hat{\rho})+\theta_S+\theta_N\right]\frac{\sigma_2}{\sigma_1}Z_2^0\right\}$$

$$Z_{N1}^*-Z_{S1}^* \lesseqgtr 0, 当且仅当\ \overline{\rho}_S\lesseqgtr 0\ \text{时}$$

$$Z_{N2}^*-Z_{S2}^*=-Z_{S2}^*<0$$

(5) 对于精明投资者和天真投资者均不交易资产 2 的非参与均衡, 质量比率很大, 即

$H(\hat{\rho}, \overline{\rho}_S, \overline{\rho}_S) \leqslant E_{12}$，因此，

$$Z_{S1}^* - Z_{I1}^* = \frac{\hat{\rho}}{\theta_I} \frac{\sigma_2}{\sigma_1} Z_2^0 \lesseqgtr 0, \text{当且仅当 } \hat{\rho} \lesseqgtr 0 \text{ 时}, \text{且 } Z_{S2}^* - Z_{I2}^* = -\frac{1}{\theta_I} Z_2^0 < 0$$

$$Z_{N1}^* - Z_{I1}^* = \frac{\hat{\rho}}{\theta_I} \frac{\sigma_2}{\sigma_1} Z_2^0 \lesseqgtr 0, \text{当且仅当 } \hat{\rho} \lesseqgtr 0 \text{ 时}, \text{且 } Z_{N2}^* - Z_{I2}^* = -\frac{1}{\theta_I} Z_2^0 < 0$$

$$Z_{N1}^* - Z_{S1}^* = 0 \text{ 且 } Z_{N2}^* - Z_{S2}^* = 0$$

第 4 章 相关系数暧昧环境下的资产配置、有限参与与安全投资转移

本章研究了市场均衡条件下三种投资者在不完全信息环境下的资产配置决策。在均衡中我们观察到有限参与现象。此外，我们还发现，掌握更多信息的投资者可能并不比掌握较少信息的投资者持有更多的风险资产。掌握较少信息的投资者在风险厌恶态度引起的分散化效应和相关系数暧昧厌恶引起的"安全投资转移"效应之间进行权衡。在均衡状态下，不同投资者的均衡头寸之间的大小同时受到真实相关系数、天真投资者认为的相关系数上限、风险资产质量的影响。在某些情况下，我们观察到天真投资者和噪音投资者从低质量资产"逃离"到高质量资产的安全投资转移现象。

4.1 引　　言

本章研究了相关系数暧昧性对异质投资者最优投资组合和资产均衡价格的影响。在金融市场中，相关系数决定了相互依赖的金融风险因子的联动性而发挥着关键作用。长期以来，研究者关注相关系数在风险测量和资产配置方面的影响，提出 Copula 和 Dependence 的概念以描绘风险因子间的关系，并探究了相关变量作用下的最优资产组合问题。尽管如此，相关系数的讨论仍是金融领域主要关注的问题之一。

因此，在本章中，我们特别关注相关系数不确定性如何影响投资者的交易决策，即暧昧厌恶的投资者由于所掌握的信息的异质性而对资产相关系数形成不同的信念。具体来说，我们扩展了 Huang 等 (2017) 的模型，假设在两种风险资产的金融市场中存在三种类型的投资者：内部投资者、天真投资者和噪音投资者。对于内部投资者来说，他们对这些相关的资产收益有完全信息，而天真投资者和噪音投资者对资产收益的分布只有部分信息，他们几乎无法感知相关系数的精确值。因此，在交易时，天真投资者和噪音投资者都分别设想了相关系数可能存在的区间，然后根据这些区间做出资产配置决策。更具体地说，天真投资者比内部投资者掌握更少的信息，他们为相关系数设想了一个区间 $[\underline{\rho}, \overline{\rho}]$；而噪音投资者完全没有相关系数的信息，所以他们取了最大区间 $[-1, 1]$。在本章模型中，我们分析了投资者的需求函数和相应的一般均衡。

本章得到了三个主要发现。第一个发现是，信息不完全的投资者有减少风险资产交易活动的动机，换言之，他们在某些情况下不进行交易。尽管传统的投资组合选择模型表明，所有理性的投资者都会参与风险资产的交易活动，但我们认为情况并非总是如此。投资者的信息不足和暧昧性厌恶共同抑制了他们对风险资产的参与，特别是对低质量资产的参与。当他们没有足够的信息来确保正的预期回报时，这些拥有较少信息的投资者

宁愿不持有相应的资产。

第二个发现是, 尽管不同的投资者对资产收益有着不同的信念, 但他们总是朝着同一个方向交易。具体来说, 我们给出了市场上三种类型投资者的需求函数, 我们惊奇地发现, 天真投资者保持与内部投资者相同的交易方向, 也就是说, 当拥有信息优势的内部投资者在一种风险资产上做多时, 处于信息劣势的天真投资者也会在该资产上持有正的头寸; 反之亦然。同样, 尽管不存在对噪音投资者的需求函数的解析解, 但我们仍然可以观察到, 噪音投资者与天真投资者的交易方向相同。[①]同向交易使市场达到唯一均衡。

第三个发现是, 在均衡状态下, 部分知情的投资者倾向于退出低质量资产的交易, 而采取安全投资转移的交易策略。具体来说, 我们的模型得到一个唯一的均衡, 它是五种备选类型之一, 具体是哪种取决于两种风险资产之间质量比率的大小。当质量比率很小或很大时, 即当一种风险资产的质量相对于另一种资产较高时, 拥有较少信息的投资者都不会对低质量资产持有任何头寸, 而只会持有质量较高的资产。由于拥有较少信息的投资者不愿意参与低质量资产的交易, 我们称这种均衡为非参与均衡。当两种风险资产的质量比率较大或较小时, 即当一种风险资产的质量相对于另一种风险资产略高时, 噪音投资者仍然拒绝持有任何一种低质量资产, 而天真投资者开始参与两种资产的交易, 这时我们称这种均衡为部分参与均衡。最后, 当质量比率为适中时, 即这两种风险资产具有相近的质量, 天真投资者和噪音投资者对两种资产都持有正头寸, 我们称这种均衡为完全参与均衡。总之, 天真投资者和噪音投资者更喜欢高质量的风险资产, 而对参与质量相对较低的风险资产市场表现出犹豫。因此, 掌握信息越少的投资者越不愿意持有任何低质量资产, 从而表现出对低质量资产的有限参与同时向高质量资产转移的现象。此外, 天真投资者和噪音投资者做出的资产配置决策是他们在两种相反的效应——分散化效应和所谓的安全投资转移效应——之间权衡的结果。

本章的其余部分结构安排如下: 4.2 节介绍了一个包括内部投资者、天真投资者和噪音投资者的一般均衡三资产模型; 4.3 节描述了均衡区域和有限参与, 其中均衡类型可以随着天真投资者考虑的相关系数上限的变化而改变; 4.4 节讨论了资产配置与信息披露的关系; 4.5 节分析了“安全投资转移”现象; 4.6 节是本章结论。所有的证明都在本章附录中提供。

4.2　一 般 均 衡

我们扩展了 Huang 等 (2017) 的模型, 添加了一种没有任何信息的投资者类型。我们分析一个有一种无风险资产和两种风险资产的经济体, 其中无风险资产作为计价单位, 利率恒定为零, 而两种风险资产的收益具有联合正态分布, $\tilde{X}_j \sim \mathbf{N}(\mu_j, \sigma_j^2)$, $j = 1, 2$, 相关系数为 ρ。具体而言, 资产收益遵循二元正态分布 $\tilde{\mathbf{X}} \sim \mathbf{N}(\mu, \mathbf{\Sigma}(\rho))$:

$$\tilde{\mathbf{X}} = \begin{pmatrix} \tilde{X}_1 \\ \tilde{X}_2 \end{pmatrix}, \qquad \mu = \begin{pmatrix} \mu_1 \\ \mu_2 \end{pmatrix}, \qquad \mathbf{\Sigma}(\rho) = \begin{pmatrix} \sigma_1^2 & \rho\sigma_1\sigma_2 \\ \rho\sigma_1\sigma_2 & \sigma_2^2 \end{pmatrix}$$

---

① 这种同向交易行为也与“无意羊群行为”一致 (Sias, 2004; Kremer & Nautz, 2013)。

简单起见, 我们假设所有投资者都具有相同的 CARA 效用, 风险厌恶系数为相同的 α:

$$u(w) = -e^{-\alpha w} \tag{4.1}$$

假设市场上有三种投资者类型, 他们对相关系数的值有不同的信念。Easley 和 O'Hara (2009, 2010) 以及 Huang 等 (2017) 都集中研究了有两种投资者类型的市场: 一种类型的投资者知道资产分布的真实参数; 而另一种类型的投资者不知道这些参数的准确值, 主观地设想了可能值的区间。然而, 与其他资产收益的一阶矩或二阶矩相比, 从历史数据或其他公开信息中估计相关系数的准确值要复杂得多。因此, 在以散户为主体的金融市场中, 有一部分市场参与者无法了解资产收益之间的真实相关系数。本章引入了另一种类型的投资者——噪音投资者, 以代表那些不知道任何相关系数信息的投资者。因此, 在经济中存在三种被赋予不同信息的异质投资者: 内部投资者 (I)、天真投资者 (N) 和噪音投资者 (U), 他们所占的比例分别为 θ_I、θ_N 和 θ_U, $\theta_I + \theta_N + \theta_U = 1$。

用 $\hat{\rho}$ 表示市场上真实相关系数的准确值。内部投资者对收益分布具有完全信息, 因此他们不直接受到相关系数暧昧性的影响, 并按照标准期望效用 (EU) 最大化进行交易。也就是说, 从内部投资者的角度来看, 资产收益的联合正态分布为 $\tilde{\boldsymbol{X}} \sim \boldsymbol{N}(\mu, \boldsymbol{\Sigma}(\hat{\rho}))$。然而, 天真投资者掌握的信息比内部投资者要少, 他们对相关系数的真实值只有部分信息, 因此主观地设想了相关系数存在的范围 $[\underline{\rho}, \overline{\rho}] \subset [-1, 1]$, $-1 < \underline{\rho} < \overline{\rho} < 1$。最后, 噪音投资者与其他两类投资者的不同之处在于其没有相关系数的信息。因此, 噪音投资者考虑区间 $[-1, 1]$。天真投资者和噪音投资者面对的是给定 $[\underline{\rho}, \overline{\rho}]$ 或 $[-1, 1]$ 中的任何可能的 ρ 的经济 $\tilde{\boldsymbol{X}} \sim \boldsymbol{N}(\mu, \boldsymbol{\Sigma}(\rho))$, 他们在做决定时考虑所有这些可能的取值。具体来说, 假设经济中的所有投资者都是相关系数暧昧厌恶的, 因此使用 Giboa 和 Schmeidler (1989) 的公理基础对天真投资者和噪音投资者的厌恶情绪进行建模, 选择一个最优的投资组合以在所有可能的分布中最大化他们的最小期望效用, 就好像他们总是处于最坏的情况下。为了强调本章的主要思想, 并进一步放大我们关于内部投资者、天真投资者和噪音投资者交易行为的均衡讨论, 我们假设三类投资者设想的相关系数区间满足 $\hat{\rho} \in [\underline{\rho}, \overline{\rho}] \subset [-1, 1]$。

两种风险资产的外生市场供给分别为 (Z_1^0, Z_2^0)。由于投资者初始禀赋的分布不影响其需求, 我们假设所有投资者具有相同的初始财富 W_0。因此, 典型投资者的预算约束为:

$$W_0 = m + p_1 z_1 + p_2 z_2 \tag{4.2}$$

其中, m 代表无风险资产的持有量, p_j 是资产 j 的价格, z_j 代表该投资者对风险资产 j 的需求, $j = 1, 2$。我们不对投资者做空施加任何限制。如果 (m, z_1, z_2) 或等价的 $(W_0 - p_1 z_1 - p_2 z_2, z_1, z_2)$ 是投资者选择的投资组合, 他的期末财富为:

$$\tilde{W} = m + \tilde{X}_1 z_1 + \tilde{X}_2 z_2 = W_0 + (\tilde{X}_1 - p_1) z_1 + (\tilde{X}_2 - p_2) z_2 \tag{4.3}$$

对于一个用 CARA 函数来评估他的效用, 并且对相关系数 ρ 有正确信念的内部投

资者, 他的期望效用最大化等价于最大化期末财富的确定性等价 $f(z_1, z_2, \hat{\rho})$, 这里

$$f(z_1, z_2, \rho) = W_0 + (\mu_1 - p_1)z_1 + (\mu_2 - p_2)z_2 - \frac{1}{2}\alpha[\sigma_1^2 z_1^2 + 2\rho\sigma_1\sigma_2 z_1 z_2 + \sigma_2^2 z_2^2]$$

$$= W_0 + \sigma_1 R_1 z_1 + \sigma_2 R_2 z_2 - \frac{1}{2}\alpha[\sigma_1^2 z_1^2 + 2\rho\sigma_1\sigma_2 z_1 z_2 + \sigma_2^2 z_2^2] \tag{4.4}$$

$R_j = \dfrac{\mu_j - p_j}{\sigma_j}$ 表示资产 j 的夏普比率, $j = 1, 2$ (Huang et al., 2017)。进而得到内部投资者对风险资产的需求函数:

$$Z_I^* = \begin{pmatrix} Z_{I1}^* \\ Z_{I2}^* \end{pmatrix} = \frac{1}{\alpha\sigma_1^2\sigma_2^2(1-\hat{\rho}^2)} \begin{pmatrix} \sigma_2^2(\mu_1 - p_1) - \hat{\rho}\sigma_1\sigma_2(\mu_2 - p_2) \\ \sigma_1^2(\mu_2 - p_2) - \hat{\rho}\sigma_1\sigma_2(\mu_1 - p_1) \end{pmatrix}$$

$$= \frac{1}{\alpha(1-\hat{\rho}^2)} \begin{pmatrix} \dfrac{R_1 - \hat{\rho}R_2}{\sigma_1} \\ \dfrac{R_2 - \hat{\rho}R_1}{\sigma_2} \end{pmatrix} \tag{4.5}$$

面对不完全的信息, 一个暧昧厌恶的天真投资者在每个可能的相关系数下评估他的预期效用, 并悲观地认为他正在面对最糟糕的情况, 也就是说, 他在做交易决策时, 认为相关系数的值使他的期望效用最小; 然后选择一个投资组合来最大化这个最小期望效用。具体来说, 对于 $\rho \in [\underline{\rho}, \overline{\rho}]$, 其最终财富的确定性等价可以写成 $f(z_1, z_2, \rho)$。因此, 天真投资者的决策问题是一个两层数学规划问题:

$$\max_{(z_1, z_2)} \min_{\rho \in [\underline{\rho}, \overline{\rho}]} f(z_1, z_2, \rho) = W_0 + \sigma_1 R_1 z_1 + \sigma_2 R_2 z_2 - \frac{1}{2}\alpha[\sigma_1^2 z_1^2 + 2\rho\sigma_1\sigma_2 z_1 z_2 + \sigma_2^2 z_2^2] \tag{4.6}$$

Huang 等 (2017) 求解了两层规划问题, 得到了天真投资者的需求函数:

$$Z_N^* = \begin{pmatrix} Z_{N1}^* \\ Z_{N2}^* \end{pmatrix} = \begin{cases} \dfrac{1}{\alpha(1-\underline{\rho}^2)} \begin{pmatrix} \dfrac{R_1 - \underline{\rho}R_2}{\sigma_1} \\ \dfrac{R_2 - \underline{\rho}R_1}{\sigma_2} \end{pmatrix}, & \text{若} \begin{cases} R_1 < \underline{\rho}R_2 \\ R_2 > \underline{\rho}R_1 \end{cases} \text{或} \begin{cases} R_1 > \underline{\rho}R_2 \\ R_2 < \underline{\rho}R_1 \end{cases} \\[2em] \dfrac{1}{\alpha} \begin{pmatrix} 0 \\ \dfrac{R_2}{\sigma_2} \end{pmatrix}, & \text{若} \begin{cases} \overline{\rho}R_2 \leqslant R_1 \leqslant \underline{\rho}R_2 \\ R_2 < 0 \end{cases} \text{或} \begin{cases} \underline{\rho}R_2 \leqslant R_1 \leqslant \overline{\rho}R_2 \\ R_2 > 0 \end{cases} \\[2em] \dfrac{1}{\alpha} \begin{pmatrix} \dfrac{R_1}{\sigma_1} \\ 0 \end{pmatrix}, & \text{若} \begin{cases} R_1 < 0 \\ \overline{\rho}R_1 \leqslant R_2 \leqslant \underline{\rho}R_1 \end{cases} \text{或} \begin{cases} R_1 > 0 \\ \underline{\rho}R_1 \leqslant R_2 \leqslant \overline{\rho}R_1 \end{cases} \\[2em] \dfrac{1}{\alpha(1-\overline{\rho}^2)} \begin{pmatrix} \dfrac{R_1 - \overline{\rho}R_2}{\sigma_1} \\ \dfrac{R_2 - \overline{\rho}R_1}{\sigma_2} \end{pmatrix}, & \text{若} \begin{cases} R_1 < \overline{\rho}R_2 \\ R_2 < \overline{\rho}R_1 \end{cases} \text{或} \begin{cases} R_1 > \overline{\rho}R_2 \\ R_2 > \overline{\rho}R_1 \end{cases} \end{cases} \tag{4.7}$$

Huang 等 (2017) 讨论了内部投资者和天真投资者的需求函数的性质。我们注意到, 这两类投资者总是在同一个方向进行交易, 这可以从式 (4.2) 和式 (4.4) 式观察到。具体来说, 天真投资者追随内部投资者的交易方向, 他们同时做多或做空风险资产, $Z_{Ij}^* Z_{Nj}^* \geqslant 0$。

与天真投资者的设置类似, 噪音投资者的决策过程可以写成两层数学规划:

$$\max_{(z_1,z_2)} \min_{\rho \in [-1,1]} f(z_1, z_2, \rho) = W_0 + \sigma_1 R_1 z_1 + \sigma_2 R_2 z_2 - \frac{1}{2}\alpha[\sigma_1^2 z_1^2 \qquad (4.8)$$

$$+ 2\rho\sigma_1\sigma_2 z_1 z_2 + \sigma_2^2 z_2^2]$$

本章附录 A 提供了噪音投资者对风险资产的需求函数的计算细节。

定理 4.1 噪音投资者对风险资产的需求函数可以写成:

$$Z_U^* = \begin{pmatrix} Z_{U1}^* \\ Z_{U2}^* \end{pmatrix} = \begin{cases} 满足 \ \sigma_1 Z_{U1}^* - \sigma_2 Z_{U2}^* = \dfrac{R_1}{\alpha} = -\dfrac{R_2}{\alpha}, & 若 R_1 = -R_2 \\[2mm] \dfrac{1}{\alpha}\begin{pmatrix} 0 \\ \dfrac{R_2}{\sigma_2} \end{pmatrix}, & 若 \begin{cases} R_2 \leqslant R_1 \leqslant -R_2 \\ R_2 < 0 \end{cases} 或 \begin{cases} -R_2 \leqslant R_1 \leqslant R_2 \\ R_2 > 0 \end{cases} \\[4mm] \dfrac{1}{\alpha}\begin{pmatrix} \dfrac{R_1}{\sigma_1} \\ 0 \end{pmatrix}, & 若 \begin{cases} R_1 < 0 \\ R_1 \leqslant R_2 \leqslant -R_1 \end{cases} 或 \begin{cases} R_1 > 0 \\ -R_1 \leqslant R_2 \leqslant R_1 \end{cases} \\[4mm] 满足 \ \sigma_1 Z_{U1}^* + \sigma_2 Z_{U2}^* = \dfrac{R_1}{\alpha} = \dfrac{R_2}{\alpha}, & 若 R_1 = R_2 \end{cases} \qquad (4.9)$$

注记 在 $R_1 = -R_2$ 和 $R_1 = R_2$ 的情况下, 噪音投资者对两种风险资产的需求只能用包含两个未知变量的方程表示。看起来似乎我们并未求解出需求函数。事实上, 有附加的限制条件 $R_1 = -R_2$ 和 $R_1 = R_2$, 这有助于我们求出一般均衡。

由式 (4.7) 和式 (4.9) 很容易发现, 除噪音投资者不参与市场的情况外, 噪音投资者也遵循天真投资者的交易方向, $Z_{Nj}^* Z_{Uj}^* \geqslant 0$。[①]

首先, 不同投资者的同向交易策略可以帮助我们消除均衡中永远不会发生的情况。考虑到这两种风险资产都有正的外生市场供给, 投资者的需求 $Z_{Ij}^* Z_{Nj}^* \geqslant 0$ 和 $Z_{Nj}^* Z_{Uj}^* \geqslant 0$ 之间的关系立即排除了天真投资者和噪音投资者在一种或两种资产上建立空头头寸的情况。因此, 我们可以得出这个市场中存在唯一的一般均衡, 它是五种可能性中的一种。其次, 上述投资者需求函数之间的关系告诉我们, 三类投资者同时持有风险资产的正头寸或负头寸。[②]受资产收益之间相关系数暧昧性的影响, 天真投资者和噪音投资者都因信息的缺乏而谨慎交易。"选美效应" 驱使他们 "模仿" 消息更灵通的投资者采取的交易策略。也就是说, 天真 (噪音) 投资者认为, 内部 (天真) 投资者会根据他们的相关系数的信息做出最优的交易决策, 而他们拥有关于相关系数更精确的信息。因此, 天真 (噪

---

① 对于噪音投资者的这种 "同向交易策略" 的证明与 Huang 等 (2017) 完成的证明类似。

② 这种 "同向交易行为" 也与许多实证论文中记录的常见羊群现象一致 (Kraus & Stoll, 1972; Nofsinger & Sias, 1999; Kremer & Nautz, 2013)。

音) 投资者与内部 (天真) 投资者在风险资产上持有相同方向的头寸。因此, 这种 "选美效应" 在某种程度上阻止了拥有信息优势的投资者利用信息不足或缺乏信心的投资者错误做多或做空而产生的获利机会。

为了得到均衡, 我们考虑市场出清条件: 风险资产的总需求等于其市场总供给。令式 (4.5)、式 (4.7) 和式 (4.10) 中的需求和供给向量相等, 则:

$$\theta_I Z_I^* + \theta_N Z_N^* + \theta_U Z_U^* = Z^0 \tag{4.10}$$

或者对于 $j = 1, 2$, $\theta_I Z_{Ij}^* + \theta_N Z_{Nj}^* + \theta_U Z_{Uj}^* = Z_j^0$。

为了简化记号, 对于 $-1 < \hat{\rho} < \overline{\rho} < 1$, 定义

$$k(\hat{\rho}, \overline{\rho}) \equiv \frac{\theta_I}{1 - \hat{\rho}^2}\hat{\rho} + \frac{\theta_N}{1 - \overline{\rho}^2}\overline{\rho} \quad \text{和} \quad K(\hat{\rho}, \overline{\rho}) \equiv \frac{\theta_I}{1 - \hat{\rho}^2} + \frac{\theta_N}{1 - \overline{\rho}^2}$$

$$\dot{k}(\hat{\rho}) \equiv k(\hat{\rho}, 0) = \frac{\theta_I}{1 - \hat{\rho}^2}\hat{\rho} \quad \text{和} \quad \dot{K}(\hat{\rho}) \equiv K(\hat{\rho}, 0) = \frac{\theta_I}{1 - \hat{\rho}^2} + \theta_N$$

则 $|k(\hat{\rho}, \overline{\rho})| < K(\hat{\rho}, \overline{\rho})$ 并且 $|\dot{k}(\hat{\rho})| < \dot{K}(\hat{\rho}) - \theta_N < \dot{K}(\hat{\rho})$。

我们用风险资产 j 的标准差与其市场供应量的乘积 $\sigma_j Z_j^0$ $(j = 1, 2)$ 来表征风险资产 j 的质量, 定义资产质量的比率为:

$$E_{12} = \frac{\sigma_1 Z_1^0}{\sigma_2 Z_2^0} \quad \text{和} \quad E_{21} = \frac{\sigma_2 Z_2^0}{\sigma_1 Z_1^0}$$

对于 $-1 < \hat{\rho} < \overline{\rho} < 1$, 定义

$$H(\hat{\rho}, \overline{\rho}) = \frac{1 - \hat{\rho}^2}{\theta_I(\overline{\rho} - \hat{\rho})} - \hat{\rho} \quad \text{和} \quad h(\hat{\rho}, \overline{\rho}) = \frac{1}{H(\hat{\rho}, \overline{\rho})}$$

$$M(\hat{\rho}, \overline{\rho}) = 1 + \frac{\theta_U}{\dfrac{\theta_I}{1 + \hat{\rho}} + \dfrac{\theta_N}{1 + \overline{\rho}}} \quad \text{和} \quad m(\hat{\rho}, \overline{\rho}) = \frac{1}{M(\hat{\rho}, \overline{\rho})}$$

则 $0 < h(\hat{\rho}, \overline{\rho}) < m(\hat{\rho}, \overline{\rho}) < 1 < M(\hat{\rho}, \overline{\rho}) < H(\hat{\rho}, \overline{\rho})$。

定理 4.2　市场上存在唯一的均衡, 它是以下 5 种类型中的一种 (证明过程参见本章附录 B)。

(1) **均衡类型 1** (天真投资者和噪音投资者不参与资产 1)。若资产质量比率很小, $E_{12} \leqslant h(\hat{\rho}, \overline{\rho})$, 则均衡价格为式 (B.3a) 和式 (B.3b), 三类投资者的均衡头寸分别为式 (B.4a) 和式 (B.4b) 与式 (B.5a) 和式 (B.5b)。

(2) **均衡类型 2** (噪音投资者不参与资产 1)。若资产质量比率较小, $h(\hat{\rho}, \overline{\rho}) < E_{12} \leqslant m(\hat{\rho}, \overline{\rho})$, 则均衡价格为式 (B.8a) 和式 (B.8b), 三类投资者的均衡头寸分别为式 (B.9a) 和式 (B.9b)、式 (B.10a) 和式 (B.10b)、式 (B.11a) 和 (B.11b)。

(3) **均衡类型 3** (天真投资者和噪音投资者参与两种资产)。若资产质量比率适中, $m(\hat{\rho}, \overline{\rho}) < E_{12} < M(\hat{\rho}, \overline{\rho})$, 则均衡价格为式 (B.24a) 和式 (B.24b), 三类投资者的均衡头寸分别为式 (B.25a) 和式 (B.25b)、式 (B.26a) 和式 (B.26b)、式 (B.27a) 和 (B.27b)。

(4) **均衡类型 4** (噪音投资者不参与资产 2)。若资产质量比率较大, $M(\hat{\rho}, \overline{\rho}) \leqslant E_{12} < H(\hat{\rho}, \overline{\rho})$, 则均衡价格为式 (B.19a) 和式 (B.19b), 三类投资者的均衡头寸分别为式 (B.20a) 和式 (B.20b)、式 (B.21a) 和式 (B.21b)、式 (B.22a) 和式 (B.22b)。

(5) **均衡类型 5** (天真投资者和噪音投资者不参与资产 2)。若资产质量比率很大, $H(\hat{\rho}, \overline{\rho}) \leqslant E_{12}$, 则均衡价格为式 (B.14a) 和式 (B.14b), 三类投资者的均衡头寸分别为式 (B.15a) 和式 (B.15b)、式 (B.16a) 和式 (B.16b)。

注记 1 正如投资者的需求函数所示, 他们是否持有风险资产的决定是由资产 Sharpe 比率的相对大小决定的。在均衡状态下, Sharpe 比率是内生决定的, 我们很容易发现, 均衡 Sharpe 比率与风险资产的质量呈线性关系。也就是说, Sharpe 比率之间的比较可以表示为 $j = 1, 2$ 时外生的资产质量 $\sigma_j Z_j^0$ 之间的比较。

注记 2 不同均衡类型之间的边界分别由 $h(\hat{\rho}, \overline{\rho})$、$m(\hat{\rho}, \overline{\rho})$、$M(\hat{\rho}, \overline{\rho})$ 和 $H(\hat{\rho}, \overline{\rho})$ 构成, 其中 $h(\hat{\rho}, \overline{\rho})$ 和 $H(\hat{\rho}, \overline{\rho})$ 分别为在噪音投资者不交易风险资产的情况下, 天真投资者是否参与市场当前均衡的决定边界; $m(\hat{\rho}, \overline{\rho})$ 和 $M(\hat{\rho}, \overline{\rho})$ 分别为天真投资者参与风险资产交易的情况下, 噪音投资者参与和不参与市场当前均衡的决定边界。

注记 3 假设我们的模型中有三种不同的投资者类型, 市场达到一个具有五种备选类型的唯一均衡, 如定理 4.2 所示, 其中市场所处均衡类型由资产 1 的质量与资产 2 的质量之比决定。实际上, 根据资产 2 与资产 1 的质量比率, 可以等价地重写定理 4.2。这一结论表明, 信息较多的投资者更愿意交易风险资产, 而信息不足的投资者则更倾向于采取保守的交易策略, 不愿意交易低质量资产, 这就导致了不完全信息引发的有限参与现象。我们的结果相比 Huang 等 (2017) 的研究结果具有更丰富的含义, 在他们的模型中只有三种类型的可能均衡。

根据定理 4.2, 我们发现天真投资者设想的相关系数区间的下限 $\underline{\rho}$ 与均衡类型无关, 对均衡价格没有影响 (Huang et al., 2017)。此外, 从均衡中我们注意到一个引人注目的特征, 即尽管部分知情投资者有时不愿意参与金融资产的交易活动, 但他们从未同时退出两种风险资产的市场, 这可以直接从他们的需求函数中观察到。在期望暧昧和方差暧昧的模型中没有发现类似的现象。直观地看, 如果拥有较少信息的投资者决定不参与质量相对较低的资产的交易, 他们就不会受到相关系数暧昧性的影响, 因而可以对其他风险资产的投资做出理性决策。

4.3 均衡区间与有限参与

图 4.1 显示了在 $\overline{\rho} - O - E_{12}$ 平面上, 天真投资者的最大相关系数 $\overline{\rho}$ 变化的 5 个均衡区域。如果点 $(\overline{\rho}, E_{12})$ 位于 $(\hat{\rho}, 1) \times (0, h(\hat{\rho}, \overline{\rho}))$ 区域内, 经济所处的均衡类型是天真投资者和噪音投资者都退出资产 1 的非参与均衡, 对称地, 如果点 $(\overline{\rho}, E_{12})$ 位于 $(\hat{\rho}, 1) \times [H(\hat{\rho}, \overline{\rho}), \infty)$ 区域内, 经济所处的均衡类型是天真投资者和噪音投资者都退出资产 2 的非参与均衡。函数 $H(\hat{\rho}, \overline{\rho})$ 是关于 $\overline{\rho}$ 的严格递减且凸的函数, 函数 $h(\hat{\rho}, \overline{\rho})$ 是关于 $\overline{\rho}$ 严格递增且凹的函数。$\overline{\rho}$ 的增大意味着天真投资者的信息更加不准确, 因此相关

系数的暧昧性更高, 进而暧昧厌恶使他们更谨慎地交易, 持有更少的低质量资产, 所以 $H(\hat{\rho}, \overline{\rho})$ 的减小和 $h(\hat{\rho}, \overline{\rho})$ 的增大表示天真投资者相应的非参与区域的扩大。此外, 如果点 $(\overline{\rho}, E_{12})$ 位于曲线梯形 $(\hat{\rho}, 1) \times (h(\hat{\rho}, \overline{\rho}), m(\hat{\rho}, \overline{\rho})]$ 内, 那么经济中的均衡将是部分参与均衡, 噪音投资者不愿意持有资产 1 (而天真投资者持有资产 1)。相反, 如果点 $(\overline{\rho}, E_{12})$ 位于梯形 $(\hat{\rho}, 1) \times [M(\hat{\rho}, \overline{\rho}), H(\hat{\rho}, \overline{\rho}))$ 内, 那么经济中普遍存在的均衡是一个部分参与的均衡, 此时噪音投资者退出资产 2 的交易 (而天真投资者持有资产 2)。最后, 如果点 $(\overline{\rho}, E_{12})$ 位于曲线梯形 $(\hat{\rho}, 1) \times (m(\hat{\rho}, \overline{\rho}), M(\hat{\rho}, \overline{\rho}))$ 内, 经济中普遍存在的均衡是完全参与的均衡, 即所有投资者都交易两种资产。

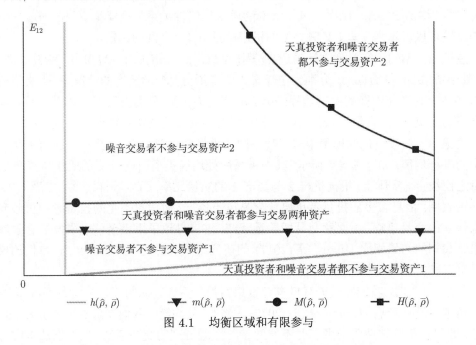

图 4.1　均衡区域和有限参与

　　天真投资者设想的相关系数上限 $\overline{\rho}$ 的增大, 可以改变均衡类型, 产生安全投资转移现象。具体地说, 我们注意到当且仅当质量比率适中时, $m(\hat{\rho}, \overline{\rho}) < E_{12} < M(\hat{\rho}, \overline{\rho})$, 均衡类型 3 发生。函数 $M(\hat{\rho}, \overline{\rho})$ 是关于 $\overline{\rho}$ 从 $M(\hat{\rho}, \hat{\rho}) = \dfrac{1 + \theta_U \hat{\rho}}{\theta_I + \theta_N}$ 到 $M(\hat{\rho}, 1) = 1 + \dfrac{\theta_U}{\dfrac{\theta_I}{1 + \hat{\rho}} + \dfrac{\theta_N}{2}}$

严格递增的凹函数, 而函数 $m(\hat{\rho}, \overline{\rho})$ 是关于 $\overline{\rho}$ 从 $m(\hat{\rho}, \hat{\rho})$ 到 $m(\hat{\rho}, 1)$ 严格递增的凸函数。因此, 如果质量比率 E_{12} 满足 $m(\hat{\rho}, \hat{\rho}) \leqslant E_{12} \leqslant M(\hat{\rho}, \hat{\rho})$, 无论 $\overline{\rho}$ 如何变化, 市场总是处于均衡类型 3。然而, 当经济中的均衡偏离均衡类型 3 时, 情况并不总是如此。如果 $m(\hat{\rho}, 1) < E_{12} < m(\hat{\rho}, \hat{\rho})$, 天真投资者设想的相关系数的上界 $\overline{\rho}$ 增大可以使均衡从类型 2 转变为类型 3。反之, 如果 $M(\hat{\rho}, \hat{\rho}) < E_{12} < M(\hat{\rho}, 1)$, 那么天真投资者设想的相关系数上界 $\overline{\rho}$ 的增大可使均衡由类型 4 变为类型 3。当质量比率满足 $h(\hat{\rho}, 1) < E_{12} < m(\hat{\rho}, 1)$ 时, 增加天真投资者设想的相关系数上限 $\overline{\rho}$ 不改变当前类型 2 的均衡。如果 $M(\hat{\rho}, 1) < E_{12} < H(\hat{\rho}, 1)$, 天真投资者设想的相关系数上界 $\overline{\rho}$ 的增加不改

变当前类型 4 的均衡。如果 $E_{12} \leqslant h(\hat{\rho}, 1)$, 天真投资者设想的相关系数的上界 $\overline{\rho}$ 的增加可以使市场所处均衡从类型 2 转变为类型 1。最后, 如果 $H(\hat{\rho}, 1) \leqslant E_{12}$, 天真投资者设想的相关系数的上界 $\overline{\rho}$ 的增加会使市场中所处的均衡从类型 4 改变为类型 5。

暧昧厌恶投资者在作投资决策时必须权衡两种对立的力量——分散化效应和安全投资转移效应, 正是这两种效应之间的权衡导致了上述发现。一方面, 理性的风险厌恶投资者通常通过将财富配置到不同的资产上来分散投资组合, 我们称之为分散效应; 另一方面, 掌握较少信息的投资者所作的资产配置决策在很大程度上取决于风险资产的质量。面对相关系数暧昧性, 天真投资者和噪音投资者都试图只持有高质量的资产, 以避免暧昧性。信息缺乏的投资者倾向于从低质量资产逃往高质量资产, 我们称之为 "安全投资转移效应"。这种安全投资转移现象在质量比率 E_{12} 很小或很大的情况下是可以观察到的, 天真投资者和噪音投资者仅对更高质量资产持有正头寸。此外, 在其他参数不变的情况下, $\overline{\rho}$ 越大, 天真投资者所面临的暧昧性水平越高, 反映出市场环境的不确定性越大。不断增加的市场不确定性也对噪音投资者的资产配置决策产生了重大影响。噪音投资者对相关系数更加不确定, 他们不知道这两种风险资产是正相关还是负相关。他们厌恶风险的态度超过厌恶暧昧的态度, 因此导致他们在两种资产之间分散投资。

如果 $m(\hat{\rho}, 1) < E_{12} < m(\hat{\rho}, \hat{\rho})$, 虽然资产质量的差异使得天真投资者和噪音投资者向高质量资产转移, 但对于噪音投资者来说, 随着 $\overline{\rho}$ 的增大, 他们对暧昧性的厌恶态度并没有超过对风险的厌恶, 此时分散效应占主导地位, 因此噪音投资者决定同时持有两种风险资产。因此, 市场所处均衡从类型 2 转为类型 3。反之, 如果 $E_{12} \leqslant h(\hat{\rho}, 1)$, 则资产 2 具有相对较高的质量, 且随着相关系数暧昧程度的上升 (随着 $\overline{\rho}$ 的增加), 天真投资者对风险的厌恶不及安全投资转移效应。结果是, 随着 $\overline{\rho}$ 的增加, 天真投资者不愿意持有较低质量的资产, 均衡从类型 2 转移到类型 1。当资产 2 的质量高于资产 1 时, 可以发现类似的结果。

4.4 基于信息结构的资产配置

Huang 等 (2017) 比较了内部投资者和天真投资者的需求函数。但是, 由于缺乏对噪音投资者的需求函数的解析解形式, 我们无法直接找到噪音投资者与其他两类投资者之间的需求函数关系。因此, 在本节中, 我们比较了三种投资者之间的均衡头寸, 并列出了性质 4.1、性质 4.2 和性质 4.3 中的结果。

我们首先比较了内部投资者和天真投资者的均衡头寸。由于篇幅所限, 我们只列出了天真投资者比内部投资者持有更多头寸的情形。

(1) 均衡类型 1 (天真投资者和噪音投资者均不参与资产 1), 若 $\hat{\rho} > 0$, 则 $Z_{N2}^* > Z_{I2}^*$。

(2) 均衡类型 2 (噪音投资者不参与资产 1), 若 $E_{12} < \dfrac{\theta_I \overline{\rho} + \theta_N \hat{\rho}}{1 + \theta_U \hat{\rho} \overline{\rho}}$, 则 $Z_{N2}^* > Z_{I2}^*$。

(3) 均衡类型 4 (噪音投资者不参与资产 2), 若 $E_{21} < \dfrac{\theta_I \overline{\rho} + \theta_N \hat{\rho}}{1 + \theta_U \hat{\rho} \overline{\rho}}$, 则 $Z_{N1}^* > Z_{I1}^*$。

(4) 均衡类型 5 (天真投资者和噪音投资者均不参与资产 2), 若 $\hat{\rho} > 0$, 则 $Z_{N1}^* > Z_{I1}^*$。

由上面的分析, 我们得到 $Z_{N1}^* > Z_{I1}^*$ 的范围为:

$$\{E_{21} \leqslant h(\hat{\rho}, \overline{\rho}) \text{ 对于 } \hat{\rho} > 0\} \cup \left\{E_{21} < \frac{\theta_I \overline{\rho} + \theta_N \hat{\rho}}{1 + \theta_U \hat{\rho}\overline{\rho}} \;\middle|\; h(\hat{\rho}, \overline{\rho}) < E_{21} \leqslant m(\hat{\rho}, \overline{\rho})\right\}$$

$$= \{E_{21} \leqslant h(\hat{\rho}, \overline{\rho})\} \cup \left\{h(\hat{\rho}, \overline{\rho}) < E_{21} < \frac{\theta_I \overline{\rho} + \theta_N \hat{\rho}}{1 + \theta_U \hat{\rho}\overline{\rho}}\right\}$$

$$= \left\{E_{21} < \frac{\theta_I \overline{\rho} + \theta_N \hat{\rho}}{1 + \theta_U \hat{\rho}\overline{\rho}}\right\}, \text{对于 } \hat{\rho} > 0$$

以及 $Z_{N2}^* > Z_{I2}^*$ 的范围为:

$$\{E_{12} \leqslant h(\hat{\rho}, \overline{\rho}) \text{ for } \hat{\rho} > 0\} \cup \left\{E_{12} < \frac{\theta_I \overline{\rho} + \theta_N \hat{\rho}}{1 + \theta_U \hat{\rho}\overline{\rho}} \;\middle|\; h(\hat{\rho}, \overline{\rho}) < E_{12} \leqslant m(\hat{\rho}, \overline{\rho})\right\}$$

$$= \{E_{12} \leqslant h(\hat{\rho}, \overline{\rho})\} \cup \left\{h(\hat{\rho}, \overline{\rho}) < E_{12} < \frac{\theta_I \overline{\rho} + \theta_N \hat{\rho}}{1 + \theta_U \hat{\rho}\overline{\rho}}\right\}$$

$$= \left\{E_{12} < \frac{\theta_I \overline{\rho} + \theta_N \hat{\rho}}{1 + \theta_U \hat{\rho}\overline{\rho}}\right\}, \text{对于 } \hat{\rho} > 0$$

因此, 当相关系数的真实值为正且对应的资产质量较高时, 天真投资者持有的风险资产的均衡头寸大于内部投资者。

性质 4.1　在均衡状态下, 内部投资者并不总是在风险资产上占据主导地位, 在某些情况下, 天真投资者甚至比内部投资者持有更多的头寸。如果 $\hat{\rho} > 0$, 那么对于 $E_{21} < \frac{\theta_I \overline{\rho} + \theta_N \hat{\rho}}{1 + \theta_U \hat{\rho}\overline{\rho}}$ 有 $Z_{N1}^* > Z_{I1}^*$, 对于 $E_{12} < \frac{\theta_I \overline{\rho} + \theta_N \hat{\rho}}{1 + \theta_U \hat{\rho}\overline{\rho}}$ 有 $Z_{N2}^* > Z_{I2}^*$。

接下来, 我们比较了内部投资者和噪音投资者的均衡头寸, 主要结果总结如下。

(1) 均衡类型 1 (天真投资者和噪音投资者均不参与资产 1), 对于 $\hat{\rho} > 0$, 有 $Z_{U2}^* > Z_{I2}^*$。

(2) 均衡类型 2 (噪音投资者不参与资产 1), 对于 $\hat{\rho} > 0$, 有 $Z_{U2}^* > Z_{I2}^*$。

(3) 均衡类型 3 (天真投资者和噪音投资者同时参与一种资产), 对于 $E_{12} < \dfrac{\frac{\theta_I}{1+\hat{\rho}} + \frac{\theta_N}{1+\overline{\rho}} + \frac{\theta_U \hat{\rho}}{1+\hat{\rho}}}{\frac{\theta_I}{1+\hat{\rho}} + \frac{\theta_N}{1+\overline{\rho}} + \frac{\theta_U}{1+\hat{\rho}}}$ 有 $Z_{U1}^* > Z_{I1}^*$, 对于 $E_{21} < \dfrac{\frac{\theta_I}{1+\hat{\rho}} + \frac{\theta_N}{1+\overline{\rho}} + \frac{\theta_U \hat{\rho}}{1+\hat{\rho}}}{\frac{\theta_I}{1+\hat{\rho}} + \frac{\theta_N}{1+\overline{\rho}} + \frac{\theta_U}{1+\hat{\rho}}}$ 有 $Z_{U2}^* > Z_{I2}^*$。

(4) 均衡类型 4 (噪音投资者不参与资产 2), 对于 $\hat{\rho} > 0$, 有 $Z_{U1}^* > Z_{I1}^*$。

(5) 均衡类型 5 (天真投资者和噪音投资者均不参与资产 2), 对于 $\hat{\rho} > 0$, 有 $Z_{U1}^* > Z_{I1}^*$。

由上面的分析, 我们得到 $Z_{U1}^* > Z_{I1}^*$ 的范围为:

$$\{E_{21} \leqslant h(\hat{\rho}, \overline{\rho}) \text{ 对于 } \hat{\rho} > 0\} \cup \{h(\hat{\rho}, \overline{\rho}) < E_{21} \leqslant m(\hat{\rho}, \overline{\rho}) \text{ 对于 } \hat{\rho} > 0\}$$

$$\cup \left\{ E_{21} < \frac{\dfrac{\theta_I}{1+\hat{\rho}} + \dfrac{\theta_N}{1+\overline{\rho}} + \dfrac{\theta_U \hat{\rho}}{1+\hat{\rho}}}{\dfrac{\theta_I}{1+\hat{\rho}} + \dfrac{\theta_N}{1+\overline{\rho}} + \dfrac{\theta_U}{1+\hat{\rho}}} \,\middle|\, m(\hat{\rho},\overline{\rho}) < E_{21} < M(\hat{\rho},\overline{\rho}) \right\}$$

$$= \left\{ E_{21} \leqslant m(\hat{\rho},\overline{\rho}) \right\} \cup \left\{ m(\hat{\rho},\overline{\rho}) < E_{21} < \frac{\dfrac{\theta_I}{1+\hat{\rho}} + \dfrac{\theta_N}{1+\overline{\rho}} + \dfrac{\theta_U \hat{\rho}}{1+\hat{\rho}}}{\dfrac{\theta_I}{1+\hat{\rho}} + \dfrac{\theta_N}{1+\overline{\rho}} + \dfrac{\theta_U}{1+\hat{\rho}}} \right\}$$

$$= \left\{ E_{21} < \frac{\dfrac{\theta_I}{1+\hat{\rho}} + \dfrac{\theta_N}{1+\overline{\rho}} + \dfrac{\theta_U \hat{\rho}}{1+\hat{\rho}}}{\dfrac{\theta_I}{1+\hat{\rho}} + \dfrac{\theta_N}{1+\overline{\rho}} + \dfrac{\theta_U}{1+\hat{\rho}}} \right\}, \text{对于 } \hat{\rho} > 0$$

以及 $Z_{U2}^* > Z_{I2}^*$ 的范围为:

$$\left\{ E_{12} \leqslant h(\hat{\rho},\overline{\rho}) \text{ 对于 } \hat{\rho} > 0 \right\} \cup \left\{ h(\hat{\rho},\overline{\rho}) < E_{12} \leqslant m(\hat{\rho},\overline{\rho}) \text{ 对于 } \hat{\rho} > 0 \right\}$$

$$\cup \left\{ E_{12} < \frac{\dfrac{\theta_I}{1+\hat{\rho}} + \dfrac{\theta_N}{1+\overline{\rho}} + \dfrac{\theta_U \hat{\rho}}{1+\hat{\rho}}}{\dfrac{\theta_I}{1+\hat{\rho}} + \dfrac{\theta_N}{1+\overline{\rho}} + \dfrac{\theta_U}{1+\hat{\rho}}} \,\middle|\, m(\hat{\rho},\overline{\rho}) < E_{12} < M(\hat{\rho},\overline{\rho}) \right\}$$

$$= \left\{ E_{12} \leqslant m(\hat{\rho},\overline{\rho}) \right\} \cup \left\{ m(\hat{\rho},\overline{\rho}) < E_{12} < \frac{\dfrac{\theta_I}{1+\hat{\rho}} + \dfrac{\theta_N}{1+\overline{\rho}} + \dfrac{\theta_U \hat{\rho}}{1+\hat{\rho}}}{\dfrac{\theta_I}{1+\hat{\rho}} + \dfrac{\theta_N}{1+\overline{\rho}} + \dfrac{\theta_U}{1+\hat{\rho}}} \right\}$$

$$= \left\{ E_{12} < \frac{\dfrac{\theta_I}{1+\hat{\rho}} + \dfrac{\theta_N}{1+\overline{\rho}} + \dfrac{\theta_U \hat{\rho}}{1+\hat{\rho}}}{\dfrac{\theta_I}{1+\hat{\rho}} + \dfrac{\theta_N}{1+\overline{\rho}} + \dfrac{\theta_U}{1+\hat{\rho}}} \right\}, \text{对于 } \hat{\rho} > 0$$

因此, 当相关系数的真实值为正时, 噪音投资者对高质量资产的均衡头寸要大于内部投资者。

性质 4.2　在均衡状态下, 内部投资者不会一直在风险资产上占据主导地位, 在某些情况下, 噪音投资者甚至比内部投资者持有更多的头寸。如果 $\hat{\rho} > 0$, 则对于 $E_{21} < \dfrac{\dfrac{\theta_I}{1+\hat{\rho}} + \dfrac{\theta_N}{1+\overline{\rho}} + \dfrac{\theta_U \hat{\rho}}{1+\hat{\rho}}}{\dfrac{\theta_I}{1+\hat{\rho}} + \dfrac{\theta_N}{1+\overline{\rho}} + \dfrac{\theta_U}{1+\hat{\rho}}}$ 有 $Z_{U1}^* > Z_{I1}^*$, 对于 $E_{12} < \dfrac{\dfrac{\theta_I}{1+\hat{\rho}} + \dfrac{\theta_N}{1+\overline{\rho}} + \dfrac{\theta_U \hat{\rho}}{1+\hat{\rho}}}{\dfrac{\theta_I}{1+\hat{\rho}} + \dfrac{\theta_N}{1+\overline{\rho}} + \dfrac{\theta_U}{1+\hat{\rho}}}$ 有 $Z_{U2}^* > Z_{I2}^*$。

我们接下来比较了天真投资者和噪音投资者的均衡头寸, 主要结果总结如下。

(1) 均衡类型 2 (噪音投资者不参与资产 1), 对于 $\overline{\rho} > 0$, 有 $Z_{U2}^* > Z_{N2}^*$。

(2) 均衡类型 3 (天真投资者和噪音投资者同时参与一种资产), 对于 $E_{12} <$

$$\frac{\dfrac{\theta_I}{1+\hat{\rho}} + \dfrac{\theta_N}{1+\overline{\rho}} + \dfrac{\theta_U\overline{\rho}}{1+\overline{\rho}}}{\dfrac{\theta_I}{1+\hat{\rho}} + \dfrac{\theta_N}{1+\overline{\rho}} + \dfrac{\theta_U}{1+\overline{\rho}}}$$
有 $Z^*_{U1} > Z^*_{N1}$, 对于 $E_{21} < \dfrac{\dfrac{\theta_I}{1+\hat{\rho}} + \dfrac{\theta_N}{1+\overline{\rho}} + \dfrac{\theta_U\overline{\rho}}{1+\overline{\rho}}}{\dfrac{\theta_I}{1+\hat{\rho}} + \dfrac{\theta_N}{1+\overline{\rho}} + \dfrac{\theta_U}{1+\overline{\rho}}}$ 有 $Z^*_{U2} >$ Z^*_{N2}。

(3) 均衡类型 4 (噪音投资者不参与资产 2), 对于 $\overline{\rho} > 0$, 有 $Z^*_{U1} > Z^*_{N1}$。

从以上分析中我们得到 $Z^*_{U1} > Z^*_{N1}$ 的范围为:

$$\{h(\hat{\rho},\overline{\rho}) < E_{21} \leqslant m(\hat{\rho},\overline{\rho})\ 对于\ \overline{\rho} > 0\}$$

$$\cup \left\{ E_{21} < \left. \frac{\dfrac{\theta_I}{1+\hat{\rho}} + \dfrac{\theta_N}{1+\overline{\rho}} + \dfrac{\theta_U\overline{\rho}}{1+\overline{\rho}}}{\dfrac{\theta_I}{1+\hat{\rho}} + \dfrac{\theta_N}{1+\overline{\rho}} + \dfrac{\theta_U}{1+\overline{\rho}}} \right|\ m(\hat{\rho},\overline{\rho}) < E_{21} < M(\hat{\rho},\overline{\rho}) \right\}$$

$$= \{h(\hat{\rho},\overline{\rho}) < E_{21} \leqslant m(\hat{\rho},\overline{\rho})\} \cup \left\{ m(\hat{\rho},\overline{\rho}) < E_{21} < \frac{\dfrac{\theta_I}{1+\hat{\rho}} + \dfrac{\theta_N}{1+\overline{\rho}} + \dfrac{\theta_U\overline{\rho}}{1+\overline{\rho}}}{\dfrac{\theta_I}{1+\hat{\rho}} + \dfrac{\theta_N}{1+\overline{\rho}} + \dfrac{\theta_U}{1+\overline{\rho}}} \right\}$$

$$= \left\{ h(\hat{\rho},\overline{\rho}) < E_{21} < \frac{\dfrac{\theta_I}{1+\hat{\rho}} + \dfrac{\theta_N}{1+\overline{\rho}} + \dfrac{\theta_U\overline{\rho}}{1+\overline{\rho}}}{\dfrac{\theta_I}{1+\hat{\rho}} + \dfrac{\theta_N}{1+\overline{\rho}} + \dfrac{\theta_U}{1+\overline{\rho}}} \right\}, 对于\ \overline{\rho} > 0$$

以及 $Z^*_{U2} > Z^*_{N2}$ 的范围为:

$$\{h(\hat{\rho},\overline{\rho}) < E_{12} \leqslant m(\hat{\rho},\overline{\rho})\ 对于\ \overline{\rho} > 0\}$$

$$\cup \left\{ E_{12} < \left. \frac{\dfrac{\theta_I}{1+\hat{\rho}} + \dfrac{\theta_N}{1+\overline{\rho}} + \dfrac{\theta_U\overline{\rho}}{1+\overline{\rho}}}{\dfrac{\theta_I}{1+\hat{\rho}} + \dfrac{\theta_N}{1+\overline{\rho}} + \dfrac{\theta_U}{1+\overline{\rho}}} \right|\ m(\hat{\rho},\overline{\rho}) < E_{12} < M(\hat{\rho},\overline{\rho}) \right\}$$

$$= \{h(\hat{\rho},\overline{\rho}) < E_{12} \leqslant m(\hat{\rho},\overline{\rho})\} \cup \left\{ m(\hat{\rho},\overline{\rho}) < E_{12} < \frac{\dfrac{\theta_I}{1+\hat{\rho}} + \dfrac{\theta_N}{1+\overline{\rho}} + \dfrac{\theta_U\overline{\rho}}{1+\overline{\rho}}}{\dfrac{\theta_I}{1+\hat{\rho}} + \dfrac{\theta_N}{1+\overline{\rho}} + \dfrac{\theta_U}{1+\overline{\rho}}} \right\}$$

$$= \left\{ h(\hat{\rho},\overline{\rho}) < E_{12} < \frac{\dfrac{\theta_I}{1+\hat{\rho}} + \dfrac{\theta_N}{1+\overline{\rho}} + \dfrac{\theta_U\overline{\rho}}{1+\overline{\rho}}}{\dfrac{\theta_I}{1+\hat{\rho}} + \dfrac{\theta_N}{1+\overline{\rho}} + \dfrac{\theta_U}{1+\overline{\rho}}} \right\}, 对于\ \overline{\rho} > 0$$

因此, 当天真投资者感知到的相关系数上界为正时, 噪音投资者持有的优质资产的均衡头寸要大于天真投资者。

性质 4.3 在均衡状态下, 拥有信息优势的投资者并不总是在风险资产上占据主导地位, 在某些情况下, 噪音投资者比天真投资者持有更多的头寸。具体地说, 如果 $\overline{\rho} > 0$,

那么对于 $h(\hat{\rho}, \overline{\rho}) < E_{21} < \dfrac{\dfrac{\theta_I}{1+\hat{\rho}} + \dfrac{\theta_N}{1+\overline{\rho}} + \dfrac{\theta_U \overline{\rho}}{1+\overline{\rho}}}{\dfrac{\theta_I}{1+\hat{\rho}} + \dfrac{\theta_N}{1+\overline{\rho}} + \dfrac{\theta_U}{1+\overline{\rho}}}$ 有 $Z_{U1}^* > Z_{N1}^*$，对于 $h(\hat{\rho}, \overline{\rho}) < E_{12} < $

$$\dfrac{\dfrac{\theta_I}{1+\hat{\rho}} + \dfrac{\theta_N}{1+\overline{\rho}} + \dfrac{\theta_U \overline{\rho}}{1+\overline{\rho}}}{\dfrac{\theta_I}{1+\hat{\rho}} + \dfrac{\theta_N}{1+\overline{\rho}} + \dfrac{\theta_U}{1+\overline{\rho}}}$$ 有 $Z_{U2}^* > Z_{N2}^*$。

性质 4.1 至性质 4.3 表明，信息较少的投资者可能不会像传统模型预测的那样，持有较小的风险资产头寸；相反，在某些情况下，他们甚至会持有更多的头寸。对于天真投资者来说，当两种风险资产具有明显不同的质量，且相关系数 $\overline{\rho}$ 的上界为正时，他们会比内部投资者持有更多的优质资产。虽然他们的风险厌恶态度可能会驱使他们在资产之间进行分散化，但 $\overline{\rho}$ 为正代表天真投资者会认为这两种资产是正相关的，这降低了分散化效应的收益。因此，相对于内部投资者，天真投资者会采取安全投资转移的策略来避免相关系数暧昧性，对于高质量的资产持有更大的头寸。同样，当噪音投资者认为两种风险资产具有正相关系数和可区分的质量时，他们也倾向于采取安全投资转移的交易策略，他们甚至会比天真投资者和内部投资者持有更多的高质量资产。在下一节中，我们将深入研究均衡状态下的安全投资转移现象。

4.5　安全投资转移现象

4.4 节比较了不同类型投资者之间的均衡头寸。我们惊讶地发现，掌握更多信息的投资者可能不会一直比那些掌握较少信息的投资者持有更多的风险资产头寸。此外，我们探索了不同类型投资者的决策，进一步发现掌握较少信息的投资者倾向于从低质量资产 "逃离" 到高质量资产。为了清楚地比较均衡头寸，我们分别研究定理 4.2 中的每种情况。

(1) 均衡类型 1 (天真投资者和噪音投资者不参与资产 1)，如果质量比率很小，$E_{12} \leqslant h(\hat{\rho}, \overline{\rho})$，那么

$$Z_{U1}^* = Z_{N1}^* = 0 < Z_{I1}^*$$
$$Z_{U2}^* = Z_{N2}^* \gtreqqless Z_{I2}^*，当且仅当 \hat{\rho} \lesseqqgtr 0 \text{ 时}$$

天真投资者和噪音投资者决定不交易资产 1，而内部投资者则对该资产持正头寸。由于资产 2 的质量高，在均衡中所有投资者都持有资产 2。此外，天真投资者和噪音投资者可能比内部投资者持有更多的资产 2：当且仅当相关系数的精确值为负 (正) 时，天真投资者和噪音投资者总是比内部投资者持有更少 (更多) 的高质量风险资产均衡头寸，这是很直观的。尽管传统模型表明，投资者的风险厌恶促使他们分散投资组合，但他们对相关系数的暧昧厌恶会相反地驱使他们只关注一种资产，特别是当风险资产之间正相关时。资产之间的正相关关系使通过分散投资降低投资组合风险变得不可能，而只关注

高质量资产可以通过规避相关系数暧昧性使投资者受益。因此, 拥有较少信息的投资者会逃离低质量资产 1, 甚至比内部投资者在高质量资产 2 上持有更大的头寸。因此, 我们观察到, 无论是天真投资者还是噪音投资者, 都存在一种安全投资转移的现象。

(2) 均衡类型 2 (噪音投资者不参与资产 1), 如果质量比率较小, $h(\hat{\rho}, \overline{\rho}) < E_{12} \leqslant m(\hat{\rho}, \overline{\rho})$, 那么对于资产 1, 有:

$$Z_{U1}^* = 0 < Z_{N1}^* < Z_{I1}^*$$

对于资产 2, 所有投资者都有正头寸:

① 如果 $\hat{\rho} < \overline{\rho} < 0$, 那么 $\dfrac{\theta_I \overline{\rho} + \theta_N \hat{\rho}}{1 + \theta_U \hat{\rho} \overline{\rho}} < 0 < h(\hat{\rho}, \overline{\rho}) < E_{12} \leqslant m(\hat{\rho}, \overline{\rho})$ 且 $Z_{U2}^* < Z_{N2}^* < Z_{I2}^*$。

② 如果 $\hat{\rho} < 0 < \overline{\rho}$, 那么 $\dfrac{\theta_I \overline{\rho} + \theta_N \hat{\rho}}{1 + \theta_U \hat{\rho} \overline{\rho}} < h(\hat{\rho}, \overline{\rho}) < E_{12} \leqslant m(\hat{\rho}, \overline{\rho})$ 且 $Z_{N2}^* < Z_{U2}^* < Z_{I2}^*$。

③ 如果 $0 < \hat{\rho} < \overline{\rho}$, 那么 $h(\hat{\rho}, \overline{\rho}) < \dfrac{\theta_I \overline{\rho} + \theta_N \hat{\rho}}{1 + \theta_U \hat{\rho} \overline{\rho}} < m(\hat{\rho}, \overline{\rho})$, 且如果 $E_{12} > \dfrac{\theta_I \overline{\rho} + \theta_N \hat{\rho}}{1 + \theta_U \hat{\rho} \overline{\rho}}$ 有 $Z_{N2}^* < Z_{I2}^* < Z_{U2}^*$, 如果 $E_{12} < \dfrac{\theta_I \overline{\rho} + \theta_N \hat{\rho}}{1 + \theta_U \hat{\rho} \overline{\rho}}$ 有 $Z_{I2}^* < Z_{N2}^* < Z_{U2}^*$。

噪音投资者作出不参与资产 1 的决定, 而内部投资者和天真投资者则持有该资产的正头寸。此外, 我们有 $Z_{U1}^* = 0 < Z_{N1}^* < Z_{I1}^*$, 内部投资者比天真投资者在资产 1 上持有更大的头寸。对于资产 2, 所有投资者都持有正头寸。随着真实相关系数 (以及天真投资者设想相关系数的上限) 的增加, 噪音投资者持有的头寸逐渐增加并高于天真投资者, 甚至高于内部投资者。最终, 当 $\hat{\rho} > 0$ 时, 噪音投资者比内部投资者和天真投资者对资产 2 持有更大的头寸。因此, 我们观察到噪音投资者的安全投资转移现象。此外, 如果 $E_{12} > \dfrac{\theta_I \overline{\rho} + \theta_N \hat{\rho}}{1 + \theta_U \hat{\rho} \overline{\rho}}$, 则 $Z_{N2}^* < Z_{I2}^* < Z_{U2}^*$, 内部投资者在资产 2 上持有的头寸比天真投资者更大; 如果 $E_{12} < \dfrac{\theta_I \overline{\rho} + \theta_N \hat{\rho}}{1 + \theta_U \hat{\rho} \overline{\rho}}$, 则 $Z_{I2}^* < Z_{N2}^* < Z_{U2}^*$, 天真投资者在资产 2 上持有的头寸比内部投资者更大。因此, 我们还发现了天真投资者的安全投资转移现象, 即当两种资产的质量不同时, 他们倾向于 “逃离” 质量较低的资产, 转向质量较高的资产。

均衡类型 2 的结果更清楚地表明, 投资者的资产配置选择同时受到相关系数正负和风险资产质量的影响。传统模型表明, 信息较少的投资者通常比具有信息优势的投资者更谨慎地在风险资产上持有较少的头寸。然而, 我们认为, 当投资者不得不在暧昧性下交易时, 情况可能并不总是如此。事实上, 在某些情况下, 天真投资者和噪音投资者会采取追逐高质量的交易策略。同时, 面对风险和暧昧性, 投资者需要在降低投资组合风险 (分散化效应) 和避免相关系数暧昧性 (安全投资转移效应) 之间做出权衡。噪音投资者不知道市场的真实相关系数; 而资产 1 的低质量让他们觉得自己会承担额外的信用风险。因此, 他们会选择高质量的资产 2, 而非同时选择两种资产, 以达到减少不确定性的目的。此外, 噪音投资者会跟随内部投资者和天真投资者的交易方向, 所以 $\hat{\rho}$ 和 $\overline{\rho}$ 的信号会间接对他们的资产配置产生一定的影响。当 $\bar{\rho}$ 为正时, 两种资产在现实中可能正相关, 这就导致资产 1 不具吸引力 (因为这两种资产的收益正相关, 资产 2 更优越)。进而, 噪音投资者比天真投资者持有更多的资产 2, 当 $\hat{\rho} > 0$ 时甚至会比内部投资者持有更多的资产。

对于天真投资者来说, 他们拥有更多的相关信息, 因此在资产配置方面比噪音投资者表现得更自信。他们也要像噪音投资者一样进行权衡, 而他们所掌握的额外信息使他们更看重分散化效应。然而, 当风险资产之间的质量差异明显 $\left(E_{12} < \dfrac{\theta_I \bar{\rho} + \theta_N \hat{\rho}}{1 + \theta_U \hat{\rho} \bar{\rho}} \right)$ 时, 天真投资者也会逃离低质量资产, 而比内部投资者对资产 2 持有更大的头寸。

(3) 均衡类型 3 (天真投资者和噪音投资者同时参与一种资产), 如果质量比率适中, $m(\hat{\rho}, \bar{\rho}) < E_{12} < M(\hat{\rho}, \bar{\rho})$, 那么所有投资者都做多这两种资产, 并且内部投资者在这两种资产上持有的头寸总是比天真投资者要大。

① 如果 $\hat{\rho} < \bar{\rho} < 0$, 那么 $\dfrac{\dfrac{\theta_I}{1+\hat{\rho}} + \dfrac{\theta_N}{1+\bar{\rho}} + \dfrac{\theta_U \hat{\rho}}{1+\hat{\rho}}}{\dfrac{\theta_I}{1+\hat{\rho}} + \dfrac{\theta_N}{1+\bar{\rho}} + \dfrac{\theta_U}{1+\hat{\rho}}} < \dfrac{\dfrac{\theta_I}{1+\hat{\rho}} + \dfrac{\theta_N}{1+\bar{\rho}} + \dfrac{\theta_U \bar{\rho}}{1+\bar{\rho}}}{\dfrac{\theta_I}{1+\hat{\rho}} + \dfrac{\theta_N}{1+\bar{\rho}} + \dfrac{\theta_U}{1+\bar{\rho}}} <$

$m(\hat{\rho}, \bar{\rho}) < E_{12} < M(\hat{\rho}, \bar{\rho})$, 因此 $Z_{U1}^* < Z_{N1}^* < Z_{I1}^*$ 且 $Z_{U2}^* < Z_{N2}^* < Z_{I2}^*$。

② 如果 $\hat{\rho} < 0 < \bar{\rho}$, 那么 $\dfrac{\dfrac{\theta_I}{1+\hat{\rho}} + \dfrac{\theta_N}{1+\bar{\rho}} + \dfrac{\theta_U \hat{\rho}}{1+\hat{\rho}}}{\dfrac{\theta_I}{1+\hat{\rho}} + \dfrac{\theta_N}{1+\bar{\rho}} + \dfrac{\theta_U}{1+\hat{\rho}}} < m(\hat{\rho}, \bar{\rho}) < \dfrac{\dfrac{\theta_I}{1+\hat{\rho}} + \dfrac{\theta_N}{1+\bar{\rho}} + \dfrac{\theta_U \bar{\rho}}{1+\bar{\rho}}}{\dfrac{\theta_I}{1+\hat{\rho}} + \dfrac{\theta_N}{1+\bar{\rho}} + \dfrac{\theta_U}{1+\bar{\rho}}}$

$< M(\hat{\rho}, \bar{\rho})$。

因此, 对于资产 1,

- 如果 $E_{21} > \dfrac{\dfrac{\theta_I}{1+\hat{\rho}} + \dfrac{\theta_N}{1+\bar{\rho}} + \dfrac{\theta_U \bar{\rho}}{1+\bar{\rho}}}{\dfrac{\theta_I}{1+\hat{\rho}} + \dfrac{\theta_N}{1+\bar{\rho}} + \dfrac{\theta_U}{1+\bar{\rho}}}$, 那么 $Z_{U1}^* < Z_{N1}^* < Z_{I1}^*$,

- 如果 $E_{21} < \dfrac{\dfrac{\theta_I}{1+\hat{\rho}} + \dfrac{\theta_N}{1+\bar{\rho}} + \dfrac{\theta_U \bar{\rho}}{1+\bar{\rho}}}{\dfrac{\theta_I}{1+\hat{\rho}} + \dfrac{\theta_N}{1+\bar{\rho}} + \dfrac{\theta_U}{1+\bar{\rho}}}$, 那么 $Z_{N1}^* < Z_{U1}^* < Z_{I1}^*$。

对于资产 2,

- 如果 $E_{12} > \dfrac{\dfrac{\theta_I}{1+\hat{\rho}} + \dfrac{\theta_N}{1+\bar{\rho}} + \dfrac{\theta_U \bar{\rho}}{1+\bar{\rho}}}{\dfrac{\theta_I}{1+\hat{\rho}} + \dfrac{\theta_N}{1+\bar{\rho}} + \dfrac{\theta_U}{1+\bar{\rho}}}$, 那么 $Z_{U2}^* < Z_{N2}^* < Z_{I2}^*$;

- 如果 $E_{12} < \dfrac{\dfrac{\theta_I}{1+\hat{\rho}} + \dfrac{\theta_N}{1+\bar{\rho}} + \dfrac{\theta_U \bar{\rho}}{1+\bar{\rho}}}{\dfrac{\theta_I}{1+\hat{\rho}} + \dfrac{\theta_N}{1+\bar{\rho}} + \dfrac{\theta_U}{1+\bar{\rho}}}$, 那么 $Z_{N2}^* < Z_{U2}^* < Z_{I2}^*$。

③ 如果 $0 < \hat{\rho} < \overline{\rho}$, 那么 $m(\hat{\rho}, \overline{\rho}) < \dfrac{\dfrac{\theta_I}{1+\hat{\rho}} + \dfrac{\theta_N}{1+\overline{\rho}} + \dfrac{\theta_U \hat{\rho}}{1+\hat{\rho}}}{\dfrac{\theta_I}{1+\hat{\rho}} + \dfrac{\theta_N}{1+\overline{\rho}} + \dfrac{\theta_U}{1+\hat{\rho}}} < \dfrac{\dfrac{\theta_I}{1+\hat{\rho}} + \dfrac{\theta_N}{1+\overline{\rho}} + \dfrac{\theta_U \overline{\rho}}{1+\overline{\rho}}}{\dfrac{\theta_I}{1+\hat{\rho}} + \dfrac{\theta_N}{1+\overline{\rho}} + \dfrac{\theta_U}{1+\overline{\rho}}}$

$< M(\hat{\rho}, \overline{\rho})$。

因此, 对于资产 1,

- 如果 $E_{21} > \dfrac{\dfrac{\theta_I}{1+\hat{\rho}} + \dfrac{\theta_N}{1+\overline{\rho}} + \dfrac{\theta_U \overline{\rho}}{1+\overline{\rho}}}{\dfrac{\theta_I}{1+\hat{\rho}} + \dfrac{\theta_N}{1+\overline{\rho}} + \dfrac{\theta_U}{1+\overline{\rho}}}$, 那么 $Z_{U1}^* < Z_{N1}^* < Z_{I1}^*$;

- 如果 $\dfrac{\dfrac{\theta_I}{1+\hat{\rho}} + \dfrac{\theta_N}{1+\overline{\rho}} + \dfrac{\theta_U \overline{\rho}}{1+\overline{\rho}}}{\dfrac{\theta_I}{1+\hat{\rho}} + \dfrac{\theta_N}{1+\overline{\rho}} + \dfrac{\theta_U}{1+\overline{\rho}}} > E_{21} > \dfrac{\dfrac{\theta_I}{1+\hat{\rho}} + \dfrac{\theta_N}{1+\overline{\rho}} + \dfrac{\theta_U \hat{\rho}}{1+\hat{\rho}}}{\dfrac{\theta_I}{1+\hat{\rho}} + \dfrac{\theta_N}{1+\overline{\rho}} + \dfrac{\theta_U}{1+\hat{\rho}}}$, 那么 $Z_{N1}^* <$ $Z_{U1}^* < Z_{I1}^*$;

- 如果 $\dfrac{\dfrac{\theta_I}{1+\hat{\rho}} + \dfrac{\theta_N}{1+\overline{\rho}} + \dfrac{\theta_U \hat{\rho}}{1+\hat{\rho}}}{\dfrac{\theta_I}{1+\hat{\rho}} + \dfrac{\theta_N}{1+\overline{\rho}} + \dfrac{\theta_U}{1+\hat{\rho}}} > E_{21}$, 那么 $Z_{N1}^* < Z_{I1}^* < Z_{U1}^*$。

对于资产 2,

- 如果 $E_{12} > \dfrac{\dfrac{\theta_I}{1+\hat{\rho}} + \dfrac{\theta_N}{1+\overline{\rho}} + \dfrac{\theta_U \overline{\rho}}{1+\overline{\rho}}}{\dfrac{\theta_I}{1+\hat{\rho}} + \dfrac{\theta_N}{1+\overline{\rho}} + \dfrac{\theta_U}{1+\overline{\rho}}}$, 那么 $Z_{U2}^* < Z_{N2}^* < Z_{I2}^*$;

- 如果 $\dfrac{\dfrac{\theta_I}{1+\hat{\rho}} + \dfrac{\theta_N}{1+\overline{\rho}} + \dfrac{\theta_U \overline{\rho}}{1+\overline{\rho}}}{\dfrac{\theta_I}{1+\hat{\rho}} + \dfrac{\theta_N}{1+\overline{\rho}} + \dfrac{\theta_U}{1+\overline{\rho}}} > E_{12} > \dfrac{\dfrac{\theta_I}{1+\hat{\rho}} + \dfrac{\theta_N}{1+\overline{\rho}} + \dfrac{\theta_U \hat{\rho}}{1+\hat{\rho}}}{\dfrac{\theta_I}{1+\hat{\rho}} + \dfrac{\theta_N}{1+\overline{\rho}} + \dfrac{\theta_U}{1+\hat{\rho}}}$, 那么 $Z_{N2}^* <$ $Z_{U2}^* < Z_{I2}^*$;

- 如果 $\dfrac{\dfrac{\theta_I}{1+\hat{\rho}} + \dfrac{\theta_N}{1+\overline{\rho}} + \dfrac{\theta_U \hat{\rho}}{1+\hat{\rho}}}{\dfrac{\theta_I}{1+\hat{\rho}} + \dfrac{\theta_N}{1+\overline{\rho}} + \dfrac{\theta_U}{1+\hat{\rho}}} > E_{12}$, 那么 $Z_{N2}^* < Z_{I2}^* < Z_{U2}^*$。

在均衡类型 3 中, 内部投资者总是比天真投资者在两种风险资产上持有更多的头寸. 很明显, 投资者之间均衡头寸的大小同时受到相关系数正负和质量比率的影响: 随着真实相关系数 (以及天真投资者的最大相关系数) 的增加和资产 j ($j = 1, 2$) 相对于其他资产质量的增加, 噪音投资者将首先比天真投资者、随后比内部投资者在该资产上持有更大的头寸. 因此, 结果表明, 在均衡下, 噪音投资者在某些情况下会从低质量资产逃往高质量资产.

正如我们前面所讨论的, 拥有较少信息的投资者作资产配置决策时面临着安全投资转移效应和分散化效应之间的权衡. 在均衡类型 3 中, 质量比率适中. 同样, 资产 1 和资产 2 具有相近的质量, 这使得专注于一种风险资产带来的好处下降。因此, 由风险厌恶引起的分散化效应优于安全投资转移效应, 这促使所有投资者在这两种资产上分散财富。我们发现相关系数的正负确实对噪音投资者的资产配置有影响。由于没有额外的相关信息, 噪音投资者会谨慎地交易这两种风险资产。当真实的相关系数 $\hat{\rho}$ 和天真投资者的最大相关系数 $\overline{\rho}$ 为负时, 噪音投资者在两种资产之间分散投资。此外, 他们对暧昧性的厌恶促使他们在风险资产上投资更少的财富, 这使得他们在两种资产上的头寸都比内部投资者和天真投资者要小。然而, 一旦他们意识到这两种风险资产可能正相关, 他们就会显著地转向更高质量的资产, 因为分散投资在降低投资组合风险方面是无效的。因此, 我们观察到一个安全投资转移的现象, 即如果 $\overline{\rho} > 0$, 噪音投资者将比天真投资者持有更多质量较高的资产; 此外, 如果 $\hat{\rho} > 0$, 噪音投资者甚至会比内部投资者持有更大的头寸。然而, 天真投资者并不比内部投资者持有更多的资产。对于天真投资者来说, 这两种风险资产没有显著差异, 因此安全投资转移效应对他们的影响很小。

(4) 均衡类型 4 (噪音投资者不参与资产 2), 如果质量比率较大, $M(\hat{\rho}, \overline{\rho}) \leqslant E_{12} < H(\hat{\rho}, \overline{\rho})$, 那么所有投资者都持有资产 1 的正头寸。

① 如果 $\hat{\rho} < \overline{\rho} < 0$, 那么 $\dfrac{\theta_I \overline{\rho} + \theta_N \hat{\rho}}{1 + \theta_U \hat{\rho}\overline{\rho}} < 0 < h(\hat{\rho}, \overline{\rho}) < E_{21} \leqslant m(\hat{\rho}, \overline{\rho})$, 因此 $Z_{U1}^* < Z_{N1}^* < Z_{I1}^*$。

② 如果 $\hat{\rho} < 0 < \overline{\rho}$, 那么 $\dfrac{\theta_I \overline{\rho} + \theta_N \hat{\rho}}{1 + \theta_U \hat{\rho}\overline{\rho}} < h(\hat{\rho}, \overline{\rho}) < E_{21} \leqslant m(\hat{\rho}, \overline{\rho})$, 且 $Z_{N1}^* < Z_{U1}^* < Z_{I1}^*$。

③ 如果 $0 < \hat{\rho} < \overline{\rho}$, 那么 $h(\hat{\rho}, \overline{\rho}) < \dfrac{\theta_I \overline{\rho} + \theta_N \hat{\rho}}{1 + \theta_U \hat{\rho}\overline{\rho}} < m(\hat{\rho}, \overline{\rho})$, 且如果 $E_{21} > \dfrac{\theta_I \overline{\rho} + \theta_N \hat{\rho}}{1 + \theta_U \hat{\rho}\overline{\rho}}$, 那么 $Z_{N1}^* < Z_{I1}^* < Z_{U1}^*$; 如果 $E_{21} < \dfrac{\theta_I \overline{\rho} + \theta_N \hat{\rho}}{1 + \theta_U \hat{\rho}\overline{\rho}}$, 那么 $Z_{I1}^* < Z_{N1}^* < Z_{U1}^*$。

对于资产 2,

$$Z_{U2}^* = 0 < Z_{N2}^* < Z_{I2}^*$$

与均衡类型 2 的结果类似, 在该情景下, 资产 1 的质量明显高于资产 2, 噪音投资者不参与交易资产 2, 而内部投资者和天真投资者则持有该资产的正头寸。我们有 $Z_{U2}^* = 0 < Z_{N2}^* < Z_{I2}^*$, 在这种情况下, 内部投资者在资产 2 上持有比天真投资者更大的头寸。随着真实相关系数 (以及噪音投资者感知到相关系数的上限) 的增加, 噪音投资者逐渐比天真投资者和内部投资者持有更多的资产 1。因此, 我们发现了噪音投资者从资产 2 到资产 1 的安全投资转移现象。此外, 当 $\hat{\rho} > 0$ 时, 如果 $E_{21} > \dfrac{\theta_I \overline{\rho} + \theta_N \hat{\rho}}{1 + \theta_U \hat{\rho}\overline{\rho}}$, 那么 $Z_{N1}^* < Z_{I1}^* < Z_{U1}^*$, 资产 1 质量并没有显著超过资产 2, 安全投资转移效应的低收益使这种情况下天真投资者谨慎地在资产 1 上持有比内部投资者更小的头寸; 如果 $E_{21} < \dfrac{\theta_I \overline{\rho} + \theta_N \hat{\rho}}{1 + \theta_U \hat{\rho}\overline{\rho}}$, 则 $Z_{I1}^* < Z_{N1}^* < Z_{U1}^*$, 资产质量之间的明显差异鼓励天真投资者在资产 1 上比内部投资者持有更大的头寸。因此, 在这个场景中, 我们观察到在天真投资者

和噪音投资者身上出现了一种追逐质量的交易模式。

(5) 均衡类型 5 (天真投资者和噪音投资者不参与资产 2), 如果质量比率很大, $H(\hat{\rho}, \bar{\rho}) \leqq E_{12}$, 那么

$$Z_{U1}^* = Z_{N1}^* \lessgtr Z_{I1}^*, \text{当且仅当 } \hat{\rho} \lessgtr 0 \text{ 时}$$
$$Z_{U2}^* = Z_{N2}^* = 0 < Z_{I2}^*$$

在均衡类型 5 中, 高质量比率代表了两种风险资产之间显著的质量差异, 即资产 1 的质量明显高于资产 2。因此, 投资者的暧昧厌恶态度以及显著的资产质量差异鼓励所有投资者在资产 1 上持有正头寸: 当且仅当两种资产之间的真实相关系数为负 (正) 时, 天真投资者和噪音投资者总是比内部投资者持有更小 (更大) 的均衡头寸。然而, 资产 2 的较低质量和投资者对相关系数暧昧性的厌恶, 限制了天真投资者和噪音投资者对资产 2 的交易, 而内部投资者则持有该资产的正头寸。随着真实相关系数的增加, 天真投资者和噪音投资者甚至比内部投资者持有更多的资产 1 头寸。原因很直观。当两种资产之间的真实相关系数为负时, 天真投资者和噪音投资者需要在资产之间进行分散化, 因此, 他们减少了持有资产 1 的头寸。而资产 2 的低质量使他们不愿持有该资产, 拥有较少信息的投资者只能在风险厌恶态度的驱使下减少对风险资产的投资。当真正的相关系数为正时, 分散投资对降低风险的作用较小。此外, 掌握较少信息的投资者试图避免相关系数的暧昧性, 因此, 我们注意到在天真投资者和噪音投资者身上出现了一种安全投资转移的现象, 他们从低质量的资产 2 逃往高质量的资产 1, 甚至比内部投资者持有更多头寸。

图 4.2 至图 4.4 直观地展示了处于信息劣势的投资者比拥有信息优势的投资者在

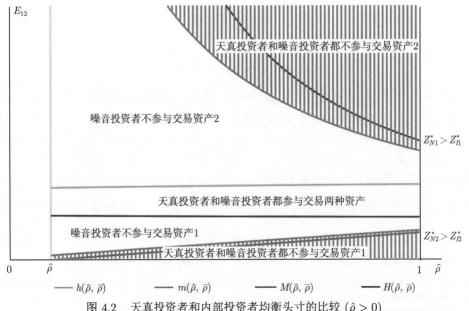

图 4.2　天真投资者和内部投资者均衡头寸的比较 $(\hat{\rho} > 0)$

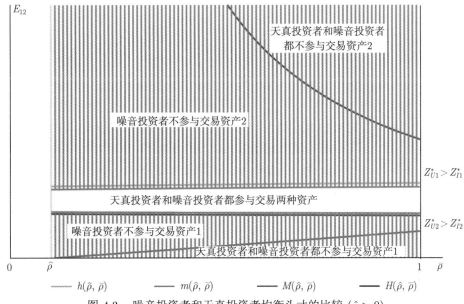

图 4.3 噪音投资者和天真投资者均衡头寸的比较 ($\hat{\rho} > 0$)

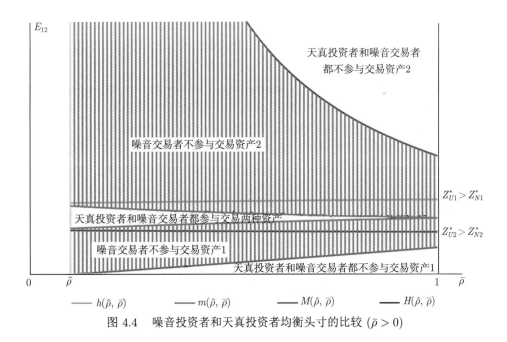

图 4.4 噪音投资者和天真投资者均衡头寸的比较 ($\bar{\rho} > 0$)

风险资产上持有更多头寸的区域。总结以上 5 种情况，我们得到了有关交易模式的如下定理：

定理 4.3 在均衡状态下，拥有较少信息的投资者表现出"安全投资转移"的交易模式，他们倾向于从低质量资产逃往高质量资产。

4.6 结　　论

在本章中, 我们扩展了 Huang 等 (2017) 的多资产模型, 该模型有两种投资者类型 (内部投资者和天真投资者), 在其基础上增加了一个额外的类型——噪音投资者, 他们没有任何信息。在我们的模型中, 受相关系数暧昧性的影响, 天真投资者的需求函数中存在四种情况, 使得其需求曲线连续但有结点, 且天真投资者在两种风险资产上的交易方向与内部投资者相同。噪音投资者的需求函数没有解析解。然而, 我们发现, 在均衡状态下, 他们对两种资产的交易策略都追随天真投资者的交易策略。需求函数的内在特性导致一个唯一的一般均衡的存在, 它有 5 种不同的类型: 完全参与均衡 (适用于天真投资者和噪音投资者), 部分参与均衡 (适用于噪音投资者) 和非参与均衡 (适用于天真投资者和噪音投资者), 均衡的类型取决于风险资产的质量。暧昧性厌恶投资者 (包括天真投资者和噪音投资者) 理性地选择有限参与, 以减少他们对相关系数暧昧性的暴露。当资产之间的相对质量足够小或足够大时, 对低质量资产市场的有限参与就会内生地发生在天真投资者和噪音投资者身上。只有当资产之间的相对质量足够小或足够大时, 噪音投资者才会内生地不参与低质量资产。

正如我们所知, 内部投资者拥有关于资产收益之间相关系数的完全信息, 而天真投资者比内部投资者拥有的信息更少, 但他们比噪音投资者拥有更多的信息。在均衡状态下, 我们发现天真投资者愿意参与市场活动, 但他们所掌握的信息的缺乏会限制他们参与一些风险资产的交易。因此, 拥有信息较多的投资者的均衡头寸可能不会大于天真投资者。换言之, 在某些情况下, 天真投资者可能比掌握更多相关系数信息的投资者持有更多的头寸。我们给出了信息较少的投资者比信息较多的投资者持有更多均衡头寸的范围。主要原因是相关系数的不确定性来自暧昧性 (不仅仅是纯粹的风险)。天真投资者必须在其风险厌恶态度所导致的分散化效应和其对相关系数暧昧性的厌恶所导致的安全投资转移效应之间作出权衡。最终, 资产质量之间的显著差异、正的相关系数, 以及对相关系数暧昧性的厌恶, 促使天真投资者比内部投资者在高质量资产上持有更多头寸, 这导致了均衡状态下的安全投资转移现象。

附　　录

附录 A　定理 4.1 的证明: 噪音投资者的需求函数

为了研究双层数学规划式 (4.8), 我们研究了内部最小化问题。其中, 对于任何投资组合, 如果对两种风险资产的需求具有相反的符号, 最小值将出现在噪音投资者设想到的可能相关区间的下界; 如果对两种资产的需求具有相同的符号, 则它发生在可能的相关系数区间的上界。简而言之, 最小值是发生在可能相关系数区间的上限还是下限取决于 $z_1 z_2$ 的符号。

$$\min_{\rho \in [-1,1]} f(z_1, z_2, \rho) = \begin{cases} f(z_1, z_2, -1), & \text{若 } z_1 z_2 < 0 \\ f(0, z_2, \rho), & \text{若 } z_1 = 0 \\ f(z_1, 0, \rho), & \text{若 } z_2 = 0 \\ f(z_1, z_2, 1), & \text{若 } z_1 z_2 > 0 \end{cases} \quad \text{(A.1)}$$

式 (A.1) 表示分段曲面。它表明, 对于噪音投资者, 其预期效用的最小值总是出现在其感知区间的端点处 $[-1, 1]$。换句话说, 对于一个噪音投资者来说, 相关系数的极值比设想的区间中的其他可能值更重要。此外, 投资者持有风险资产的方向决定了最低值是否出现在 -1 或 1。具体来说, 如果两个风险资产的头寸都为正 (负), 最小值将出现在 1; 否则, 如果投资者持有一项风险资产的正头寸, 但持有另一项风险的负头寸, 那么最小值将出现在 -1。

在推导数学规划式 (4.8) 的最优解时, 需要分别考虑以下 4 个问题:

(1) $\max\limits_{z_1 z_2 < 0} \min\limits_{\rho \in [-1,1]} f(z_1, z_2, \rho) = \max\limits_{z_1 z_2 < 0} f(z_1, z_2, -1)$;

(2) $\max\limits_{z_1 = 0} \min\limits_{\rho \in [-1,1]} f(z_1, z_2, \rho) = \max\limits_{z_2} f(0, z_2, \rho)$;

(3) $\max\limits_{z_2 = 0} \min\limits_{\rho \in [-1,1]} f(z_1, z_2, \rho) = \max\limits_{z_1} f(z_1, 0, \rho)$;

(4) $\max\limits_{z_1 z_2 > 0} \min\limits_{\rho \in [-1,1]} f(z_1, z_2, \rho) = \max\limits_{z_1 z_2 > 0} f(z_1, z_2, 1)$。

首先考虑问题 (1): $\max\limits_{z_1 z_2 < 0} \min\limits_{\rho \in [-1,1]} f(z_1, z_2, \rho) = \max\limits_{z_1 z_2 < 0} f(z_1, z_2, -1)$, 其中,

$$f(z_1, z_2, -1) = W_0 + \sigma_1 R_1 z_1 + \sigma_2 R_2 z_2 - \frac{1}{2}\alpha[\sigma_1^2 z_1^2 - 2\sigma_1\sigma_2 z_1 z_2 + \sigma_2^2 z_2^2]$$

$$= W_0 + \sigma_1 R_1 z_1 + \sigma_2 R_2 z_2 - \frac{1}{2}\alpha[\sigma_1 z_1 - \sigma_2 z_2]^2$$

则一阶条件 (FOC) 为:

$$0 = \sigma_1 R_1 - \alpha\sigma_1[\sigma_1 z_1 - \sigma_2 z_2] \ \text{和} \ 0 = \sigma_2 R_2 - \alpha\sigma_2[\sigma_2 z_2 - \sigma_1 z_1]$$

因此, 噪音投资者的需求函数满足:

$$\sigma_1 Z_{U1}^* - \sigma_2 Z_{U2}^* = \frac{R_1}{\alpha} = -\frac{R_2}{\alpha} \quad \text{(A.2)}$$

因此 $R_2 = -R_1$ 且

$$\max_{z_1 z_2 < 0} \min_{\rho \in [-1,1]} f(z_1, z_2, -1) = W_0 + \frac{R_1^2}{2\alpha} = W_0 + \frac{R_2^2}{2\alpha}$$

其次考虑问题 (2): $\max\limits_{z_1 = 0} \min\limits_{\rho \in [-1,1]} f(z_1, z_2, \rho) = \max\limits_{z_2} f(0, z_2, \rho)$。二次曲面 $f(z_1, z_2, \rho)$ 抛物线 1 在平面 $z_1 = 0$ 上的截距为:

$$f(0, z_2, \rho) = W_0 + \sigma_2 R_2 z_2 - \frac{1}{2}\alpha\sigma_2^2 z_2^2 \ \text{和} \ z_1 = 0$$

抛物线 1 的顶点为 $\left(0, \dfrac{R_2}{\alpha\sigma_2}\right)$, 因此,

$$Z_U^* = \begin{pmatrix} Z_{U1}^* \\ Z_{U2}^* \end{pmatrix} = \frac{1}{\alpha} \begin{pmatrix} 0 \\ \dfrac{R_2}{\sigma_2} \end{pmatrix} \tag{A.3}$$

且 $\displaystyle\max_{z_2} f(0, z_2, \rho) = f\left(0, \dfrac{R_2}{\alpha\sigma_2}, \rho\right) = W_0 + \dfrac{R_2^2}{2\alpha}$。

　　再次考察问题 (3): $\displaystyle\max_{z_2=0}\min_{\rho\in[-1,1]} f(z_1, z_2, \rho) = \max_{z_1} f(z_1, 0, \rho)$。二次曲面 $f(z_1, z_2, \rho)$ 抛物线 2 在平面 $z_2 = 0$ 的截距为:

$$f(z_1, 0, \rho) = W_0 + \sigma_1 R_1 z_1 - \frac{1}{2}\alpha\sigma_1^2 z_1^2 \text{ 和 } z_2 = 0$$

抛物线 2 是顶点为 $\left(\dfrac{R_1}{\alpha\sigma_1}, 0\right)$, 因此,

$$Z_U^* = \begin{pmatrix} Z_{U1}^* \\ Z_{U2}^* \end{pmatrix} = \frac{1}{\alpha} \begin{pmatrix} \dfrac{R_1}{\sigma_1} \\ 0 \end{pmatrix} \tag{A.4}$$

且 $\displaystyle\max_{z_1} f(z_1, 0, \rho) = f\left(\dfrac{R_1}{\alpha\sigma_1}, 0, \rho\right) = W_0 + \dfrac{R_1^2}{2\alpha}$。

　　最后考虑问题 (4): $\displaystyle\max_{z_1 z_2 > 0}\min_{\rho\in[-1,1]} f(z_1, z_2, \rho) = \max_{z_1 z_2 > 0} f(z_1, z_2, 1)$, 其中,

$$f(z_1, z_2, 1) = W_0 + \sigma_1 R_1 z_1 + \sigma_2 R_2 z_2 - \frac{1}{2}\alpha[\sigma_1^2 z_1^2 + 2\sigma_1\sigma_2 z_1 z_2 + \sigma_2^2 z_2^2]$$

$$= W_0 + \sigma_1 R_1 z_1 + \sigma_2 R_2 z_2 - \frac{1}{2}\alpha[\sigma_1 z_1 + \sigma_2 z_2]^2$$

则一阶条件 (FOC) 为:

$$0 = \sigma_1 R_1 - \alpha\sigma_1[\sigma_1 z_1 + \sigma_2 z_2] \text{ 和 } 0 = \sigma_2 R_2 - \alpha\sigma_2[\sigma_1 z_1 + \sigma_2 z_2]$$

因此, 噪音投资者的需求函数满足:

$$\sigma_1 Z_{U1}^* + \sigma_2 Z_{U2}^* = \frac{R_1}{\alpha} = \frac{R_2}{\alpha} \tag{A.5}$$

因此, $R_2 = R_1$ 且

$$\max_{z_1 z_2 > 0}\min_{\rho\in[-1,1]} f(z_1, z_2, 1) = W_0 + \frac{R_1^2}{2\alpha} = W_0 + \frac{R_2^2}{2\alpha}$$

附录 B　关于一般均衡存在性的定理 4.2 的证明

我们现在根据 16 种情况 (每种类型的天真投资者和噪音投资者有 4 种情况) 来检验均衡的存在性。我们在 8 种不同的情况下研究市场均衡, 最终得出一个具有 5 种备选类型的唯一均衡, 其表现出不参与现象。

根据式 (4.9), 我们根据 4 种可能的场景来分析一般均衡的存在性。

场景 1: 噪音投资者在两种风险资产上进行不同方向的交易, 即 $Z_{U1}^* Z_{U2}^* < 0$;

场景 2: 噪音投资者不愿持有风险资产 1, 即 $Z_{U1}^* = 0$;

场景 3: 噪音投资者不愿持有风险资产 2, 即 $Z_{U2}^* = 0$;

场景 4: 噪音投资者同时做多两种风险资产, 即 $Z_{U1}^* Z_{U2}^* > 0$。

与 Huang 等 (2017) 的讨论类似, 在本章中, 我们得出的结论是, 尽管不同的投资者对资产相关系数有不同的信息, 但他们采取的是同一方向的交易策略, 正如我们从他们的需求函数中看到的那样。因此, 我们关注的是噪音投资者不做空任何风险资产的情况; 否则, 严格正的市场供给将意味着不存在均衡。我们将讨论限制在以下 3 个场景中。

场景 2: 噪音投资者不愿意持有资产 1, 即 $Z_{U1}^* = 0$, 且持有资产 2 的正头寸, 即 $Z_{U2}^* > 0$;

场景 3: 噪音投资者做多资产 1, 即 $Z_{U1}^* > 0$, 且不愿意交易资产 2, 即 $Z_{U2}^* = 0$;

场景 4: 噪音投资者积极持有这两种资产, 即 $Z_{U1}^* > 0$ 且 $Z_{U2}^* > 0$。

场景 2: 噪音投资者不愿意持有资产 1, 即 $Z_{U1}^* = 0$, 且持有资产 2 的正头寸, 即 $Z_{U2}^* > 0$。

根据上面的讨论, 不同投资者采取的同向交易策略和严格正的市场供给表明, 天真投资者做空风险资产的情况可以排除。因此, 一般均衡存在于两种情况: (场景 2.1) $Z_{N1}^* = 0$ 且 $Z_{N2}^* > 0$; (场景 2.2) $Z_{N1}^* > 0$ 且 $Z_{N2}^* > 0$。

场景 2.1: 天真和噪音的投资者不交易风险资产 1, 但对风险资产 2 持有正头寸, 即对于 $\Gamma = N, U$, $Z_{\Gamma 1}^* = 0$ 且 $Z_{\Gamma 2}^* > 0$。

根据式 (4.7) 和式 (4.9), 均衡方程式 (4.10) 可以写成:

$$
\begin{pmatrix} \dot{K}(\hat{\rho}) - \theta_N & -\dot{k}(\hat{\rho}) \\ -\dot{k}(\hat{\rho}) & \dot{K}(\hat{\rho}) + \theta_U \end{pmatrix} \begin{pmatrix} R_1 \\ R_2 \end{pmatrix} = \alpha \begin{pmatrix} \sigma_1 Z_1^0 \\ \sigma_2 Z_2^0 \end{pmatrix}
$$

我们计算出 Sharpe 比率为:

$$
R_1 = \alpha \frac{\left[\dot{K}(\hat{\rho}) + \theta_U \right] \sigma_1 Z_1^0 + \dot{k}(\hat{\rho}) \sigma_2 Z_2^0}{\left[\dot{K}(\hat{\rho}) - \theta_N \right] \left[\dot{K}(\hat{\rho}) + \theta_U \right] - \dot{k}^2(\hat{\rho})} \tag{B.1a}
$$

$$
R_2 = \alpha \frac{\dot{k}(\hat{\rho}) \sigma_1 Z_1^0 + \left[\dot{K}(\hat{\rho}) - \theta_N \right] \sigma_2 Z_2^0}{\left[\dot{K}(\hat{\rho}) - \theta_N \right] \left[\dot{K}(\hat{\rho}) + \theta_U \right] - \dot{k}^2(\hat{\rho})} \tag{B.1b}
$$

天真投资者和噪音投资者的均衡条件被合并为 $\underline{\rho} R_2 \leqslant R_1 \leqslant \overline{\rho} R_2$ 和 $R_2 > 0$, 等价于

$$\frac{\sigma_2 Z_2^0}{\sigma_1 Z_1^0} \geqslant \frac{\left[\dot{K}(\hat{\rho}) + \theta_U\right] - \overline{\rho}\dot{k}(\hat{\rho})}{\overline{\rho}\left[\dot{K}(\hat{\rho}) - \theta_N\right] - \dot{k}(\hat{\rho})} > -\frac{\dot{k}(\hat{\rho})}{\dot{K}(\hat{\rho}) - \theta_N} > \frac{\underline{\rho}\dot{k}(\hat{\rho}) - \left[\dot{K}(\hat{\rho}) + \theta_U\right]}{\dot{k}(\hat{\rho}) - \underline{\rho}\left[\dot{K}(\hat{\rho}) - \theta_N\right]}$$

因此, 我们得到一个均衡条件:

$$\frac{\sigma_2 Z_2^0}{\sigma_1 Z_1^0} \geqslant \frac{\left[\dot{K}(\hat{\rho}) + \theta_U\right] - \overline{\rho}\dot{k}(\hat{\rho})}{\overline{\rho}\left[\dot{K}(\hat{\rho}) - \theta_N\right] - \dot{k}(\hat{\rho})} = \frac{\dfrac{\theta_I}{1 - \hat{\rho}^2}(1 - \hat{\rho}\overline{\rho}) + \theta_N + \theta_U}{\dfrac{\theta_I}{1 - \hat{\rho}^2}(\overline{\rho} - \hat{\rho})}$$

$$= \frac{1 - \dfrac{\theta_I}{1 - \hat{\rho}^2}\hat{\rho}(\overline{\rho} - \hat{\rho})}{\dfrac{\theta_I}{1 - \hat{\rho}^2}(\overline{\rho} - \hat{\rho})} = \frac{1 - \hat{\rho}^2}{\theta_I(\overline{\rho} - \hat{\rho})} - \hat{\rho}$$

均衡 Sharpe 比率式 (B.1a) 和式 (B.1b) 可写为:

$$R_1 = \alpha \frac{\left[\dfrac{\theta_I}{1 - \hat{\rho}^2} + \theta_N + \theta_U\right]\sigma_1 Z_1^0 + \dfrac{\theta_I}{1 - \hat{\rho}^2}\hat{\rho}\sigma_2 Z_2^0}{\dfrac{\theta_I}{1 - \hat{\rho}^2}\left[\dfrac{\theta_I}{1 - \hat{\rho}^2} + \theta_N + \theta_U\right] - \left[\dfrac{\theta_I}{1 - \hat{\rho}^2}\hat{\rho}\right]^2} = \alpha\left[\frac{1 - (1 - \theta_I)\hat{\rho}^2}{\theta_I}\sigma_1 Z_1^0 + \hat{\rho}\sigma_2 Z_2^0\right]$$

$$\text{(B.2a)}$$

$$R_2 = \alpha \frac{\dfrac{\theta_I}{1 - \hat{\rho}^2}\hat{\rho}\sigma_1 Z_1^0 + \dfrac{\theta_I}{1 - \hat{\rho}^2}\sigma_2 Z_2^0}{\dfrac{\theta_I}{1 - \hat{\rho}^2}\left[\dfrac{\theta_I}{1 - \hat{\rho}^2} + \theta_N + \theta_U\right] - \left[\dfrac{\theta_I}{1 - \hat{\rho}^2}\hat{\rho}\right]^2} = \alpha[\hat{\rho}\sigma_1 Z_1^0 + \sigma_2 Z_2^0] \qquad \text{(B.2b)}$$

均衡 2.1　如果 $\dfrac{\sigma_2 Z_2^0}{\sigma_1 Z_1^0} \geqslant \dfrac{1 - \hat{\rho}^2}{\theta_I(\overline{\rho} - \hat{\rho})} - \hat{\rho}$, 那么市场上存在一个唯一均衡, 均衡价格是

$$p_1 = \mu_1 - \alpha\sigma_1 \frac{\left[\dot{K}(\hat{\rho}) + \theta_U\right]\sigma_1 Z_1^0 + \dot{k}(\hat{\rho})\sigma_2 Z_2^0}{\left[\dot{K}(\hat{\rho}) - \theta_N\right]\left[\dot{K}(\hat{\rho}) + \theta_U\right] - \dot{k}^2(\hat{\rho})}$$

$$= \mu_1 - \alpha\sigma_1\left[\frac{1 - (1 - \theta_I)\hat{\rho}^2}{\theta_I}\sigma_1 Z_1^0 + \hat{\rho}\sigma_2 Z_2^0\right] \qquad \text{(B.3a)}$$

$$p_2 = \mu_2 - \alpha\frac{\dot{k}(\hat{\rho})\sigma_1 Z_1^0 + \left[\dot{K}(\hat{\rho}) - \theta_N\right]\sigma_2 Z_2^0}{\left[\dot{K}(\hat{\rho}) - \theta_N\right]\left[\dot{K}(\hat{\rho}) + \theta_U\right] - \dot{k}^2(\hat{\rho})} = \mu_2 - \alpha\sigma_2[\hat{\rho}\sigma_1 Z_1^0 + \sigma_2 Z_2^0] \qquad \text{(B.3b)}$$

在均衡状态下, 内部投资者持有两种风险资产:

$$Z_{I1}^* = \frac{\left\{\left[\dot{K}(\hat{\rho}) + \theta_U\right] - \hat{\rho}\dot{k}(\hat{\rho})\right\} Z_1^0 + \left\{\dot{k}(\hat{\rho}) - \hat{\rho}\left[\dot{K}(\hat{\rho}) - \theta_N\right]\right\} \frac{\sigma_2}{\sigma_1} Z_2^0}{(1 - \hat{\rho}^2)\left\{\left[\dot{K}(\hat{\rho}) - \theta_N\right]\left[\dot{K}(\hat{\rho}) + \theta_U\right] - \dot{k}^2(\hat{\rho})\right\}} = \frac{1}{\theta_I} Z_1^0 > 0 \tag{B.4a}$$

$$Z_{I2}^* = \frac{\left\{\dot{k}(\hat{\rho}) - \hat{\rho}\left[\dot{K}(\hat{\rho}) + \theta_U\right]\right\} \frac{\sigma_1}{\sigma_2} Z_1^0 + \left\{\left[\dot{K}(\hat{\rho}) - \theta_N\right] - \hat{\rho}\dot{k}(\hat{\rho})\right\} Z_2^0}{(1 - \hat{\rho}^2)\left\{\left[\dot{K}(\hat{\rho}) - \theta_N\right]\left[\dot{K}(\hat{\rho}) + \theta_U\right] - \dot{k}^2(\hat{\rho})\right\}}$$

$$= -\hat{\rho}\frac{1 - \theta_I}{\theta_I}\frac{\sigma_1}{\sigma_2} Z_1^0 + Z_2^0 > 0 \tag{B.4b}$$

天真投资者和噪音投资者在风险资产上的均衡头寸是

$$Z_{N1}^* = Z_{U1}^* = 0 \tag{B.5a}$$

$$Z_{N2}^* = Z_{U2}^* = \frac{\dot{k}(\hat{\rho})\frac{\sigma_1}{\sigma_2} Z_1^0 + \left[\dot{K}(\hat{\rho}) - \theta_N\right] Z_2^0}{\left[\dot{K}(\hat{\rho}) - \theta_N\right]\left[\dot{K}(\hat{\rho}) + \theta_U\right] - \dot{k}^2(\hat{\rho})} = \hat{\rho}\frac{\sigma_1}{\sigma_2} Z_1^0 + Z_2^0 > 0 \tag{B.5b}$$

场景 2.2 天真投资者长期持有两种风险资产, 即 $Z_{N1}^* > 0$ 且 $Z_{N2}^* > 0$, 噪音投资者不愿意持有资产 1, 即 $Z_{U1}^* = 0$, 并做多资产 2, 即 $Z_{U2}^* > 0$。

根据式 (4.7) 和式 (4.9), 均衡方程式 (4.10) 可以写为:

$$\begin{pmatrix} K(\hat{\rho}, \overline{\rho}) & -k(\hat{\rho}, \overline{\rho}) \\ -k(\hat{\rho}, \overline{\rho}) & K(\hat{\rho}, \overline{\rho}) + \theta_U \end{pmatrix} \begin{pmatrix} R_1 \\ R_2 \end{pmatrix} = \alpha \begin{pmatrix} \sigma_1 Z_1^0 \\ \sigma_2 Z_2^0 \end{pmatrix}$$

我们计算出 Sharpe 比率为:

$$R_1 = \alpha \frac{\left[K(\hat{\rho}, \overline{\rho}) + \theta_U\right]\sigma_1 Z_1^0 + k(\hat{\rho}, \overline{\rho})\sigma_2 Z_2^0}{K(\hat{\rho}, \overline{\rho})\left[K(\hat{\rho}, \overline{\rho}) + \theta_U\right] - k^2(\hat{\rho}, \overline{\rho})} \tag{B.6a}$$

$$R_2 = \alpha \frac{k(\hat{\rho}, \overline{\rho})\sigma_1 Z_1^0 + K(\hat{\rho}, \overline{\rho})\sigma_2 Z_2^0}{K(\hat{\rho}, \overline{\rho})\left[K(\hat{\rho}, \overline{\rho}) + \theta_U\right] - k^2(\hat{\rho}, \overline{\rho})} \tag{B.6b}$$

天真投资者和噪音投资者的均衡条件被合并为 $\overline{\rho}R_2 < R_1 \leqslant R_2$ 和 $R_2 > \max\{\overline{\rho}R_1, R_1, 0\}$, 等价于

$$\frac{\left[K(\hat{\rho}, \overline{\rho}) + \theta_U\right] - k(\hat{\rho}, \overline{\rho})}{K(\hat{\rho}, \overline{\rho}) - k(\hat{\rho}, \overline{\rho})} \leqslant \frac{\sigma_2 Z_2^0}{\sigma_1 Z_1^0} < \frac{\left[K(\hat{\rho}, \overline{\rho}) + \theta_U\right] - \overline{\rho}k(\hat{\rho}, \overline{\rho})}{\overline{\rho}K(\hat{\rho}, \overline{\rho}) - k(\hat{\rho}, \overline{\rho})}$$

因此, 我们得到均衡条件:

$$1 + \frac{\theta_U}{\dfrac{\theta_I}{1 + \hat{\rho}} + \dfrac{\theta_N}{1 + \overline{\rho}}} \leqslant \frac{\sigma_2 Z_2^0}{\sigma_1 Z_1^0} < \frac{1 - \hat{\rho}^2}{\theta_I(\overline{\rho} - \hat{\rho})} - \hat{\rho}$$

均衡 Sharpe 比率式 (B.6a) 和式 (B.6b) 可改写为:

$$R_1 = \alpha \frac{\left[\dfrac{\theta_I}{1-\hat{\rho}^2} + \dfrac{\theta_N}{1-\overline{\rho}^2} + \theta_U\right]\sigma_1 Z_1^0 + \left[\dfrac{\theta_I}{1-\hat{\rho}^2}\hat{\rho} + \dfrac{\theta_N}{1-\overline{\rho}^2}\overline{\rho}\right]\sigma_2 Z_2^0}{\left[\dfrac{\theta_I}{1-\hat{\rho}^2} + \dfrac{\theta_N}{1-\overline{\rho}^2}\right]\left[\dfrac{\theta_I}{1-\hat{\rho}^2} + \dfrac{\theta_N}{1-\overline{\rho}^2} + \theta_U\right] - \left[\dfrac{\theta_I}{1-\hat{\rho}^2}\hat{\rho} + \dfrac{\theta_N}{1-\overline{\rho}^2}\overline{\rho}\right]^2} \tag{B.7a}$$

$$R_2 = \alpha \frac{\left[\dfrac{\theta_I}{1-\hat{\rho}^2}\hat{\rho} + \dfrac{\theta_N}{1-\overline{\rho}^2}\overline{\rho}\right]\sigma_1 Z_1^0 + \left[\dfrac{\theta_I}{1-\hat{\rho}^2} + \dfrac{\theta_N}{1-\overline{\rho}^2}\right]\sigma_2 Z_2^0}{\left[\dfrac{\theta_I}{1-\hat{\rho}^2} + \dfrac{\theta_N}{1-\overline{\rho}^2}\right]\left[\dfrac{\theta_I}{1-\hat{\rho}^2} + \dfrac{\theta_N}{1-\overline{\rho}^2} + \theta_U\right] - \left[\dfrac{\theta_I}{1-\hat{\rho}^2}\hat{\rho} + \dfrac{\theta_N}{1-\overline{\rho}^2}\overline{\rho}\right]^2} \tag{B.7b}$$

均衡 2.2 如果 $1 + \dfrac{\theta_U}{\dfrac{\theta_I}{1+\hat{\rho}} + \dfrac{\theta_N}{1+\overline{\rho}}} \leqslant \dfrac{\sigma_2 Z_2^0}{\sigma_1 Z_1^0} < \dfrac{1-\hat{\rho}^2}{\theta_I(\overline{\rho}-\hat{\rho})} - \hat{\rho}$, 那么市场上出现唯一均衡, 均衡价格是

$$p_1 = \mu_1 - \alpha\sigma_1 \frac{\left[K(\hat{\rho},\overline{\rho}) + \theta_U\right]\sigma_1 Z_1^0 + k(\hat{\rho},\overline{\rho})\sigma_2 Z_2^0}{K(\hat{\rho},\overline{\rho})\left[K(\hat{\rho},\overline{\rho}) + \theta_U\right] - k^2(\hat{\rho},\overline{\rho})} \tag{B.8a}$$

$$p_2 = \mu_2 - \alpha\sigma_2 \frac{k(\hat{\rho},\overline{\rho})\sigma_1 Z_1^0 + K(\hat{\rho},\overline{\rho})\sigma_2 Z_2^0}{K(\hat{\rho},\overline{\rho})\left[K(\hat{\rho},\overline{\rho}) + \theta_U\right] - k^2(\hat{\rho},\overline{\rho})} \tag{B.8b}$$

在均衡状态下, 内部投资者持有两种风险资产:

$$Z_{I1}^* = \frac{\{[K(\hat{\rho},\overline{\rho}) + \theta_U] - \hat{\rho}k(\hat{\rho},\overline{\rho})\}Z_1^0 + [k(\hat{\rho},\overline{\rho}) - \hat{\rho}K(\hat{\rho},\overline{\rho})]\dfrac{\sigma_2}{\sigma_1}Z_2^0}{(1-\hat{\rho}^2)\{K(\hat{\rho},\overline{\rho})[K(\hat{\rho},\overline{\rho}) + \theta_U] - k^2(\hat{\rho},\overline{\rho})\}} > 0 \tag{B.9a}$$

$$Z_{I2}^* = \frac{\{k(\hat{\rho},\overline{\rho}) - \hat{\rho}[K(\hat{\rho},\overline{\rho}) + \theta_U]\}\dfrac{\sigma_1}{\sigma_2}Z_1^0 + [K(\hat{\rho},\overline{\rho}) - \hat{\rho}k(\hat{\rho},\overline{\rho})]Z_2^0}{(1-\hat{\rho}^2)\{K(\hat{\rho},\overline{\rho})[K(\hat{\rho},\overline{\rho}) + \theta_U] - k^2(\hat{\rho},\overline{\rho})\}} > 0 \tag{B.9b}$$

天真投资者也会对风险资产持有正头寸:

$$Z_{N1}^* = \frac{\{[K(\hat{\rho},\overline{\rho}) + \theta_U] - \overline{\rho}k(\hat{\rho},\overline{\rho})\}Z_1^0 + [k(\hat{\rho},\overline{\rho}) - \overline{\rho}K(\hat{\rho},\overline{\rho})]\dfrac{\sigma_2}{\sigma_1}Z_2^0}{(1-\overline{\rho}^2)\{K(\hat{\rho},\overline{\rho})[K(\hat{\rho},\overline{\rho}) + \theta_U] - k^2(\hat{\rho},\overline{\rho})\}} > 0 \tag{B.10a}$$

$$Z_{N2}^* = \frac{\{k(\hat{\rho},\overline{\rho}) - \overline{\rho}[K(\hat{\rho},\overline{\rho}) + \theta_U]\}\dfrac{\sigma_1}{\sigma_2}Z_1^0 + [K(\hat{\rho},\overline{\rho}) - \overline{\rho}k(\hat{\rho},\overline{\rho})]Z_2^0}{(1-\overline{\rho}^2)\{K(\hat{\rho},\overline{\rho})[K(\hat{\rho},\overline{\rho}) + \theta_U] - k^2(\hat{\rho},\overline{\rho})\}} > 0 \tag{B.10b}$$

噪音投资者持有的风险资产均衡头寸是

$$Z_{U1}^* = 0 \tag{B.11a}$$

$$Z_{U2}^* = \frac{k(\hat{\rho},\overline{\rho})\dfrac{\sigma_1}{\sigma_2}Z_1^0 + K(\hat{\rho},\overline{\rho})Z_2^0}{K(\hat{\rho},\overline{\rho})[K(\hat{\rho},\overline{\rho}) + \theta_U] - k^2(\hat{\rho},\overline{\rho})} > 0 \tag{B.11b}$$

场景 3　噪音投资者做多资产 1, 即 $Z_{U1}^* > 0$, 且不愿意交易资产 2, 即 $Z_{U2}^* = 0$。

根据本章的讨论, 我们知道所有投资者都采取同向交易策略, 即如果一个投资者对金融资产的需求为负值, 其他投资者也会 (严格来说) 持有负头寸。由于市场供给严格为正, 不存在均衡。因此, 一般均衡存在于两种情况: (场景 3.1) $Z_{N1}^* > 0$ 且 $Z_{N2}^* = 0$; (场景 3.2) $Z_{N1}^* > 0$ 且 $Z_{N2}^* > 0$。

场景 3.1　天真和噪音投资者做多资产 1, 但不愿意持有资产 2, 即对于 $\Gamma = N, U$, $Z_{\Gamma1}^* > 0$ 且 $Z_{\Gamma2}^* = 0$。

根据式 (4.7) 和式 (4.9), 均衡方程式 (4.10) 可写为:

$$\begin{pmatrix} \dot{K}(\hat{\rho}) + \theta_U & -\dot{k}(\hat{\rho}) \\ -\dot{k}(\hat{\rho}) & \dot{K}(\hat{\rho}) - \theta_N \end{pmatrix} \begin{pmatrix} R_1 \\ R_2 \end{pmatrix} = \alpha \begin{pmatrix} \sigma_1 Z_1^0 \\ \sigma_2 Z_2^0 \end{pmatrix}$$

我们计算出 Sharpe 比率为:

$$R_1 = \alpha \frac{\left[\dot{K}(\hat{\rho}) - \theta_N\right] \sigma_1 Z_1^0 + \dot{k}(\hat{\rho}) \sigma_2 Z_2^0}{\left[\dot{K}(\hat{\rho}) + \theta_U\right]\left[\dot{K}(\hat{\rho}) - \theta_N\right] - \dot{k}^2(\hat{\rho})} \tag{B.12a}$$

$$R_2 = \alpha \frac{\dot{k}(\hat{\rho}) \sigma_1 Z_1^0 + \left[\dot{K}(\hat{\rho}) + \theta_U\right] \sigma_2 Z_2^0}{\left[\dot{K}(\hat{\rho}) + \theta_U\right]\left[\dot{K}(\hat{\rho}) - \theta_N\right] - \dot{k}^2(\hat{\rho})} \tag{B.12b}$$

天真投资者和噪音投资者的均衡条件被合并为 $R_1 > 0$ 和 $\underline{\rho} R_1 \leqslant R_2 \leqslant \overline{\rho} R_1$, 等价于

$$\frac{\sigma_1 Z_1^0}{\sigma_2 Z_2^0} \geqslant \frac{\left[\dot{K}(\hat{\rho}) + \theta_U\right] - \overline{\rho}\dot{k}(\hat{\rho})}{\overline{\rho}\left[\dot{K}(\hat{\rho}) - \theta_N\right] - \dot{k}(\hat{\rho})} > -\frac{\dot{k}(\hat{\rho})}{\dot{K}(\hat{\rho}) - \theta_N} > \frac{\underline{\rho}\dot{k}(\hat{\rho}) - \left[\dot{K}(\hat{\rho}) + \theta_U\right]}{\dot{k}(\hat{\rho}) - \underline{\rho}\left[\dot{K}(\hat{\rho}) - \theta_N\right]}$$

因此, 我们得到均衡条件:

$$\frac{\sigma_1 Z_1^0}{\sigma_2 Z_2^0} \geqslant \frac{\left[\dot{K}(\hat{\rho}) + \theta_U\right] - \overline{\rho}\dot{k}(\hat{\rho})}{\overline{\rho}\left[\dot{K}(\hat{\rho}) - \theta_N\right] - \dot{k}(\hat{\rho})} = \frac{\dfrac{\theta_I}{1 - \hat{\rho}^2}(1 - \hat{\rho}\overline{\rho}) + \theta_N + \theta_U}{\dfrac{\theta_I}{1 - \hat{\rho}^2}(\overline{\rho} - \hat{\rho})}$$

$$= \frac{1 - \dfrac{\theta_I}{1 - \hat{\rho}^2}\hat{\rho}(\overline{\rho} - \hat{\rho})}{\dfrac{\theta_I}{1 - \hat{\rho}^2}(\overline{\rho} - \hat{\rho})} = \frac{1 - \hat{\rho}^2}{\theta_I(\overline{\rho} - \hat{\rho})} - \hat{\rho}$$

均衡 Sharpe 比率式 (B.12a) 和式 (B.12b) 可写为:

$$R_1 = \alpha \frac{\dfrac{\theta_I}{1 - \hat{\rho}^2}\sigma_1 Z_1^0 + \dfrac{\theta_I}{1 - \hat{\rho}^2}\hat{\rho}\sigma_2 Z_2^0}{\left[\dfrac{\theta_I}{1 - \hat{\rho}^2} + \theta_N + \theta_U\right]\dfrac{\theta_I}{1 - \hat{\rho}^2} - \left[\dfrac{\theta_I}{1 - \hat{\rho}^2}\hat{\rho}\right]^2} = \alpha[\sigma_1 Z_1^0 + \hat{\rho}\sigma_2 Z_2^0] \tag{B.13a}$$

$$R_2 = \alpha \frac{\dfrac{\theta_I}{1-\hat{\rho}^2}\hat{\rho}\sigma_1 Z_1^0 + \left[\dfrac{\theta_I}{1-\hat{\rho}^2} + \theta_N + \theta_U\right]\sigma_2 Z_2^0}{\left[\dfrac{\theta_I}{1-\hat{\rho}^2} + \theta_N + \theta_U\right]\dfrac{\theta_I}{1-\hat{\rho}^2} - \left[\dfrac{\theta_I}{1-\hat{\rho}^2}\hat{\rho}\right]^2} = \alpha\left[\hat{\rho}\sigma_1 Z_1^0 + \frac{1-(1-\theta_I)\hat{\rho}^2}{\theta_I}\sigma_2 Z_2^0\right]$$

$$\text{(B.13b)}$$

均衡 3.1　如果 $\dfrac{\sigma_1 Z_1^0}{\sigma_2 Z_2^0} \geqslant \dfrac{1-\hat{\rho}^2}{\theta_I(\bar{\rho}-\hat{\rho})} - \hat{\rho}$, 那么市场上出现唯一均衡, 均衡价格为:

$$p_1 = \mu_1 - \alpha\sigma_1 \frac{\left[\dot{K}(\hat{\rho}) - \theta_N\right]\sigma_1 Z_1^0 + \dot{k}(\hat{\rho})\sigma_2 Z_2^0}{\left[\dot{K}(\hat{\rho}) + \theta_U\right]\left[\dot{K}(\hat{\rho}) - \theta_N\right] - \dot{k}^2(\hat{\rho})} = \mu_1 - \alpha\sigma_1[\sigma_1 Z_1^0 + \hat{\rho}\sigma_2 Z_2^0] \quad \text{(B.14a)}$$

$$p_2 = \mu_2 - \alpha\sigma_2 \frac{\dot{k}(\hat{\rho})\sigma_1 Z_1^0 + \left[\dot{K}(\hat{\rho}) + \theta_U\right]\sigma_2 Z_2^0}{\left[\dot{K}(\hat{\rho}) + \theta_U\right]\left[\dot{K}(\hat{\rho}) - \theta_N\right] - \dot{k}^2(\hat{\rho})}$$

$$= \mu_2 - \alpha\sigma_2\left[\hat{\rho}\sigma_1 Z_1^0 + \frac{1-(1-\theta_I)\hat{\rho}^2}{\theta_I}\sigma_2 Z_2^0\right] \quad \text{(B.14b)}$$

在均衡状态下, 内部投资者对这两种风险资产持有正头寸:

$$Z_{I1}^* = \frac{\left\{\left[\dot{K}(\hat{\rho}) - \theta_N\right] - \hat{\rho}\dot{k}(\hat{\rho})\right\}Z_1^0 + \left\{\dot{k}(\hat{\rho}) - \hat{\rho}\left[\dot{K}(\hat{\rho}) + \theta_U\right]\right\}\dfrac{\sigma_2}{\sigma_1}Z_2^0}{(1-\hat{\rho}^2)\left\{\left[\dot{K}(\hat{\rho}) + \theta_U\right]\left[\dot{K}(\hat{\rho}) - \theta_N\right] - \dot{k}^2(\hat{\rho})\right\}}$$

$$= Z_1^0 - \hat{\rho}\frac{1-\theta_I}{\theta_I}\frac{\sigma_2}{\sigma_1}Z_2^0 > 0 \quad \text{(B.15a)}$$

$$Z_{I2}^* = \frac{\left\{\dot{k}(\hat{\rho}) - \hat{\rho}\left[\dot{K}(\hat{\rho}) - \theta_N\right]\right\}\dfrac{\sigma_1}{\sigma_2}Z_1^0 + \left\{\left[\dot{K}(\hat{\rho}) + \theta_U\right] - \hat{\rho}\dot{k}(\hat{\rho})\right\}Z_2^0}{(1-\hat{\rho}^2)\left\{\left[\dot{K}(\hat{\rho}) + \theta_U\right]\left[\dot{K}(\hat{\rho}) - \theta_N\right] - \dot{k}^2(\hat{\rho})\right\}}$$

$$= \frac{1}{\theta_I}Z_2^0 > 0 \quad \text{(B.15b)}$$

天真投资者和噪音投资者持有的风险资产头寸是

$$Z_{N1}^* = Z_{U1}^* = \frac{\left[\dot{K}(\hat{\rho}) - \theta_N\right]Z_1^0 + \dot{k}(\hat{\rho})\dfrac{\sigma_2}{\sigma_1}Z_2^0}{\left[\dot{K}(\hat{\rho}) + \theta_U\right]\left[\dot{K}(\hat{\rho}) - \theta_N\right] - \dot{k}^2(\hat{\rho})} = Z_1^0 + \hat{\rho}\frac{\sigma_2}{\sigma_1}Z_2^0 > 0 \quad \text{(B.16a)}$$

$$Z_{N2}^* = Z_{U2}^* = 0 \quad \text{(B.16b)}$$

场景 3.2　天真投资者长期持有两种风险资产, 即 $Z_{N1}^* > 0$ 和 $Z_{N2}^* > 0$; 噪音投资者做多资产 1, 即 $Z_{U1}^* > 0$, 且不愿意持有资产 2, 即 $Z_{U2}^* = 0$。

根据式 (4.7) 和式 (4.9), 均衡方程式 (4.10) 可写成:

$$\begin{pmatrix} K(\hat{\rho}, \overline{\rho}) + \theta_U & -k(\hat{\rho}, \overline{\rho}) \\ -k(\hat{\rho}, \overline{\rho}) & K(\hat{\rho}, \overline{\rho}) \end{pmatrix} \begin{pmatrix} R_1 \\ R_2 \end{pmatrix} = \alpha \begin{pmatrix} \sigma_1 Z_1^0 \\ \sigma_2 Z_2^0 \end{pmatrix}$$

我们计算出 Sharpe 比率为:

$$R_1 = \alpha \frac{K(\hat{\rho}, \overline{\rho})\sigma_1 Z_1^0 + k(\hat{\rho}, \overline{\rho})\sigma_2 Z_2^0}{[K(\hat{\rho}, \overline{\rho}) + \theta_U] K(\hat{\rho}, \overline{\rho}) - k^2(\hat{\rho}, \overline{\rho})} \tag{B.17a}$$

$$R_2 = \alpha \frac{k(\hat{\rho}, \overline{\rho})\sigma_1 Z_1^0 + [K(\hat{\rho}, \overline{\rho}) + \theta_U] \sigma_2 Z_2^0}{[K(\hat{\rho}, \overline{\rho}) + \theta_U] K(\hat{\rho}, \overline{\rho}) - k^2(\hat{\rho}, \overline{\rho})} \tag{B.17b}$$

天真投资者和噪音投资者的均衡条件被合并为 $R_1 > \max\{\overline{\rho}R_2, R_2, 0\}$ 以及 $\overline{\rho}R_1 < R_2 \leqslant R_1$, 等价于

$$\frac{[K(\hat{\rho}, \overline{\rho}) + \theta_U] - k(\hat{\rho}, \overline{\rho})}{K(\hat{\rho}, \overline{\rho}) - k(\hat{\rho}, \overline{\rho})} \leqslant \frac{\sigma_1 Z_1^0}{\sigma_2 Z_2^0} < \frac{[K(\hat{\rho}, \overline{\rho}) + \theta_U] - \overline{\rho}k(\hat{\rho}, \overline{\rho})}{\overline{\rho}K(\hat{\rho}, \overline{\rho}) - k(\hat{\rho}, \overline{\rho})}$$

因此, 我们得到均衡条件:

$$1 + \frac{\theta_U}{\frac{\theta_I}{1 + \hat{\rho}} + \frac{\theta_N}{1 + \overline{\rho}}} \leqslant \frac{\sigma_1 Z_1^0}{\sigma_2 Z_2^0} < \frac{1 - \hat{\rho}^2}{\theta_I(\overline{\rho} - \hat{\rho})} - \hat{\rho}$$

均衡 Sharpe 比率式 (B.17a) 和 (B.17b) 可改写为:

$$R_1 = \alpha \frac{\left[\frac{\theta_I}{1 - \hat{\rho}^2} + \frac{\theta_N}{1 - \overline{\rho}^2}\right]\sigma_1 Z_1^0 + \left[\frac{\theta_I}{1 - \hat{\rho}^2}\hat{\rho} + \frac{\theta_N}{1 - \overline{\rho}^2}\overline{\rho}\right]\sigma_2 Z_2^0}{\left[\frac{\theta_I}{1 - \hat{\rho}^2} + \frac{\theta_N}{1 - \overline{\rho}^2} + \theta_U\right]\left[\frac{\theta_I}{1 - \hat{\rho}^2} + \frac{\theta_N}{1 - \overline{\rho}^2}\right] - \left[\frac{\theta_I}{1 - \hat{\rho}^2}\hat{\rho} + \frac{\theta_N}{1 - \overline{\rho}^2}\overline{\rho}\right]^2} \tag{B.18a}$$

$$R_2 = \alpha \frac{\left[\frac{\theta_I}{1 - \hat{\rho}^2}\hat{\rho} + \frac{\theta_N}{1 - \overline{\rho}^2}\overline{\rho}\right]\sigma_1 Z_1^0 + \left[\frac{\theta_I}{1 - \hat{\rho}^2} + \frac{\theta_N}{1 - \overline{\rho}^2} + \theta_U\right]\sigma_2 Z_2^0}{\left[\frac{\theta_I}{1 - \hat{\rho}^2} + \frac{\theta_N}{1 - \overline{\rho}^2} + \theta_U\right]\left[\frac{\theta_I}{1 - \hat{\rho}^2} + \frac{\theta_N}{1 - \overline{\rho}^2}\right] - \left[\frac{\theta_I}{1 - \hat{\rho}^2}\hat{\rho} + \frac{\theta_N}{1 - \overline{\rho}^2}\overline{\rho}\right]^2} \tag{B.18b}$$

均衡 3.2 如果 $1 + \dfrac{\theta_U}{\frac{\theta_I}{1 + \hat{\rho}} + \frac{\theta_N}{1 + \overline{\rho}}} \leqslant \dfrac{\sigma_1 Z_1^0}{\sigma_2 Z_2^0} < \dfrac{1 - \hat{\rho}^2}{\theta_I(\overline{\rho} - \hat{\rho})} - \hat{\rho}$, 那么市场上出现唯一均衡, 均衡价格是

$$p_1 = \mu_1 - \alpha\sigma_1 \frac{K(\hat{\rho}, \overline{\rho})\sigma_1 Z_1^0 + k(\hat{\rho}, \overline{\rho})\sigma_2 Z_2^0}{[K(\hat{\rho}, \overline{\rho}) + \theta_U] K(\hat{\rho}, \overline{\rho}) - k^2(\hat{\rho}, \overline{\rho})} \tag{B.19a}$$

$$p_2 = \mu_2 - \alpha\sigma_2 \frac{k(\hat{\rho}, \overline{\rho})\sigma_1 Z_1^0 + [K(\hat{\rho}, \overline{\rho}) + \theta_U] \sigma_2 Z_2^0}{[K(\hat{\rho}, \overline{\rho}) + \theta_U] K(\hat{\rho}, \overline{\rho}) - k^2(\hat{\rho}, \overline{\rho})} \tag{B.19b}$$

在均衡状态下, 内部投资者对这两种风险资产持有正头寸:

$$Z_{I1}^* = \frac{\{K(\hat{\rho}, \overline{\rho}) - \hat{\rho} k(\hat{\rho}, \overline{\rho})\} Z_1^0 + \{k(\hat{\rho}, \overline{\rho}) - \hat{\rho} [K(\hat{\rho}, \overline{\rho}) + \theta_U]\} \frac{\sigma_2}{\sigma_1} Z_2^0}{(1 - \hat{\rho}^2) \{[K(\hat{\rho}, \overline{\rho}) + \theta_U] K(\hat{\rho}, \overline{\rho}) - k^2(\hat{\rho}, \overline{\rho})\}} > 0 \qquad \text{(B.20a)}$$

$$Z_{I2}^* = \frac{\{k(\hat{\rho}, \overline{\rho}) - \hat{\rho} K(\hat{\rho}, \overline{\rho})\} \frac{\sigma_1}{\sigma_2} Z_1^0 + \{[K(\hat{\rho}, \overline{\rho}) + \theta_U] - \hat{\rho} k(\hat{\rho}, \overline{\rho})\} Z_2^0}{(1 - \hat{\rho}^2) \{[K(\hat{\rho}, \overline{\rho}) + \theta_U] K(\hat{\rho}, \overline{\rho}) - k^2(\hat{\rho}, \overline{\rho})\}} > 0 \qquad \text{(B.20b)}$$

天真投资者持有以下风险资产:

$$Z_{N1}^* = \frac{\{K(\hat{\rho}, \overline{\rho}) - \overline{\rho} k(\hat{\rho}, \overline{\rho})\} Z_1^0 + \{k(\hat{\rho}, \overline{\rho}) - \overline{\rho} [K(\hat{\rho}, \overline{\rho}) + \theta_U]\} \frac{\sigma_2}{\sigma_1} Z_2^0}{(1 - \overline{\rho}^2) \{[K(\hat{\rho}, \overline{\rho}) + \theta_U] K(\hat{\rho}, \overline{\rho}) - k^2(\hat{\rho}, \overline{\rho})\}} > 0 \qquad \text{(B.21a)}$$

$$Z_{N2}^* = \frac{\{k(\hat{\rho}, \overline{\rho}) - \overline{\rho} K(\hat{\rho}, \overline{\rho})\} \frac{\sigma_1}{\sigma_2} Z_1^0 + \{[K(\hat{\rho}, \overline{\rho}) + \theta_U] - \overline{\rho} k(\hat{\rho}, \overline{\rho})\} Z_2^0}{(1 - \overline{\rho}^2) \{[K(\hat{\rho}, \overline{\rho}) + \theta_U] K(\hat{\rho}, \overline{\rho}) - k^2(\hat{\rho}, \overline{\rho})\}} > 0 \qquad \text{(B.21b)}$$

而噪音投资者持有以下风险资产头寸:

$$Z_{U1}^* = \frac{K(\hat{\rho}, \overline{\rho}) Z_1^0 + k(\hat{\rho}, \overline{\rho}) \frac{\sigma_2}{\sigma_1} Z_2^0}{[K(\hat{\rho}, \overline{\rho}) + \theta_U] K(\hat{\rho}, \overline{\rho}) - k^2(\hat{\rho}, \overline{\rho})} > 0 \qquad \text{(B.22a)}$$

$$Z_{U2}^* = 0 \qquad \text{(B.22b)}$$

场景 4   噪音投资者长期持有两种风险资产, 即 $Z_{U1}^* > 0$ 且 $Z_{U2}^* > 0$。

我们注意到, 根据投资者的同向交易策略, 在噪音投资者做多两种风险资产的情况下, 其他两种投资者也会做多这两种风险资产。

根据式 (4.7) 和式 (4.9), 均衡方程式 (4.10) 可写成:

$$\frac{\theta_I}{\alpha(1 - \hat{\rho}^2)} \begin{pmatrix} \dfrac{R_1 - \hat{\rho} R_2}{\sigma_1} \\ \dfrac{R_2 - \hat{\rho} R_1}{\sigma_2} \end{pmatrix} + \frac{\theta_N}{\alpha(1 - \overline{\rho}^2)} \begin{pmatrix} \dfrac{R_1 - \overline{\rho} R_2}{\sigma_1} \\ \dfrac{R_2 - \overline{\rho} R_1}{\sigma_2} \end{pmatrix} + \theta_U \begin{pmatrix} Z_{U1}^* \\ Z_{U2}^* \end{pmatrix} = \begin{pmatrix} Z_1^0 \\ Z_2^0 \end{pmatrix}$$

$\rho \equiv R_1 = R_2$, 那么 $\sigma_1 Z_{U1}^* + \sigma_2 Z_{U2}^* = \dfrac{R}{\alpha} > 0$ 且

$$\left[\frac{\theta_I}{1 + \hat{\rho}} + \frac{\theta_N}{1 + \overline{\rho}} \right] \begin{pmatrix} \dfrac{1}{\sigma_1} \\ \dfrac{1}{\sigma_2} \end{pmatrix} \frac{R}{\alpha} + \theta_U \begin{pmatrix} Z_{U1}^* \\ Z_{U2}^* \end{pmatrix} = \begin{pmatrix} Z_1^0 \\ Z_2^0 \end{pmatrix}$$

因此,

$$2 \left[\frac{\theta_I}{1 + \hat{\rho}} + \frac{\theta_N}{1 + \overline{\rho}} \right] \frac{R}{\alpha} + \theta_U \frac{R}{\alpha} = \sigma_1 Z_1^0 + \sigma_2 Z_2^0$$

我们计算出 Sharpe 比率为:

$$R = R_1 = R_2 = \alpha \frac{\sigma_1 Z_1^0 + \sigma_2 Z_2^0}{2\left[\dfrac{\theta_I}{1+\hat{\rho}} + \dfrac{\theta_N}{1+\overline{\rho}}\right] + \theta_U} \tag{B.23}$$

和

$$Z_I^* = \begin{pmatrix} Z_{I1}^* \\ Z_{I2}^* \end{pmatrix} = \frac{[\sigma_1 Z_1^0 + \sigma_2 Z_2^0]\dfrac{1}{1+\hat{\rho}}}{2\left[\dfrac{\theta_I}{1+\hat{\rho}} + \dfrac{\theta_N}{1+\overline{\rho}}\right] + \theta_U} \begin{pmatrix} \dfrac{1}{\sigma_1} \\ \dfrac{1}{\sigma_2} \end{pmatrix}$$

$$Z_N^* = \begin{pmatrix} Z_{N1}^* \\ Z_{N2}^* \end{pmatrix} = \frac{[\sigma_1 Z_1^0 + \sigma_2 Z_2^0]\dfrac{1}{1+\overline{\rho}}}{2\left[\dfrac{\theta_I}{1+\hat{\rho}} + \dfrac{\theta_N}{1+\overline{\rho}}\right] + \theta_U} \begin{pmatrix} \dfrac{1}{\sigma_1} \\ \dfrac{1}{\sigma_2} \end{pmatrix}$$

以及

$$Z_U^* = \begin{pmatrix} Z_{U1}^* \\ Z_{U2}^* \end{pmatrix} = \frac{1}{\theta_U}\left[\begin{pmatrix} Z_1^0 \\ Z_2^0 \end{pmatrix} - \frac{[\sigma_1 Z_1^0 + \sigma_2 Z_2^0]\left[\dfrac{\theta_I}{1+\hat{\rho}} + \dfrac{\theta_N}{1+\overline{\rho}}\right]}{2\left[\dfrac{\theta_I}{1+\hat{\rho}} + \dfrac{\theta_N}{1+\overline{\rho}}\right] + \theta_U} \begin{pmatrix} \dfrac{1}{\sigma_1} \\ \dfrac{1}{\sigma_2} \end{pmatrix} \right]$$

$$= \frac{1}{\theta_U}\frac{1}{2\left[\dfrac{\theta_I}{1+\hat{\rho}} + \dfrac{\theta_N}{1+\overline{\rho}}\right] + \theta_U} \begin{pmatrix} \left[\dfrac{\theta_I}{1+\hat{\rho}} + \dfrac{\theta_N}{1+\overline{\rho}} + \theta_U\right] Z_1^0 - \left[\dfrac{\theta_I}{1+\hat{\rho}} + \dfrac{\theta_N}{1+\overline{\rho}}\right]\dfrac{\sigma_2}{\sigma_1} Z_2^0 \\ \left[\dfrac{\theta_I}{1+\hat{\rho}} + \dfrac{\theta_N}{1+\overline{\rho}} + \theta_U\right] Z_2^0 - \left[\dfrac{\theta_I}{1+\hat{\rho}} + \dfrac{\theta_N}{1+\overline{\rho}}\right]\dfrac{\sigma_1}{\sigma_2} Z_1^0 \end{pmatrix}$$

$$Z_{U1}^* > 0, \text{当且仅当}\quad \frac{\sigma_1 Z_1^0}{\sigma_2 Z_2^0} > \frac{\dfrac{\theta_I}{1+\hat{\rho}} + \dfrac{\theta_N}{1+\overline{\rho}}}{\dfrac{\theta_I}{1+\hat{\rho}} + \dfrac{\theta_N}{1+\overline{\rho}} + \theta_U} \quad \text{时}$$

$$Z_{U2}^* > 0, \text{当且仅当}\quad \frac{\sigma_2 Z_2^0}{\sigma_1 Z_1^0} > \frac{\dfrac{\theta_I}{1+\hat{\rho}} + \dfrac{\theta_N}{1+\overline{\rho}}}{\dfrac{\theta_I}{1+\hat{\rho}} + \dfrac{\theta_N}{1+\overline{\rho}} + \theta_U} \quad \text{时}$$

因此, 我们得到均衡条件:

$$\frac{\sigma_1 Z_1^0}{\sigma_2 Z_2^0} > \frac{\dfrac{\theta_I}{1+\hat{\rho}} + \dfrac{\theta_N}{1+\overline{\rho}}}{\dfrac{\theta_I}{1+\hat{\rho}} + \dfrac{\theta_N}{1+\overline{\rho}} + \theta_U} \quad \text{和} \quad \frac{\sigma_2 Z_2^0}{\sigma_1 Z_1^0} > \frac{\dfrac{\theta_I}{1+\hat{\rho}} + \dfrac{\theta_N}{1+\overline{\rho}}}{\dfrac{\theta_I}{1+\hat{\rho}} + \dfrac{\theta_N}{1+\overline{\rho}} + \theta_U}$$

或者, 等价地:

$$\frac{\sigma_1 Z_1^0}{\sigma_2 Z_2^0} < \frac{\dfrac{\theta_I}{1+\hat\rho} + \dfrac{\theta_N}{1+\overline\rho} + \theta_U}{\dfrac{\theta_I}{1+\hat\rho} + \dfrac{\theta_N}{1+\overline\rho}} \quad 和 \quad \frac{\sigma_2 Z_2^0}{\sigma_1 Z_1^0} < \frac{\dfrac{\theta_I}{1+\hat\rho} + \dfrac{\theta_N}{1+\overline\rho} + \theta_U}{\dfrac{\theta_I}{1+\hat\rho} + \dfrac{\theta_N}{1+\overline\rho}}$$

均衡 4　如果 $\dfrac{\sigma_1 Z_1^0}{\sigma_2 Z_2^0} < \dfrac{\dfrac{\theta_I}{1+\hat\rho} + \dfrac{\theta_N}{1+\overline\rho} + \theta_U}{\dfrac{\theta_I}{1+\hat\rho} + \dfrac{\theta_N}{1+\overline\rho}}$ 且 $\dfrac{\sigma_2 Z_2^0}{\sigma_1 Z_1^0} < \dfrac{\dfrac{\theta_I}{1+\hat\rho} + \dfrac{\theta_N}{1+\overline\rho} + \theta_U}{\dfrac{\theta_I}{1+\hat\rho} + \dfrac{\theta_N}{1+\overline\rho}}$, 那么

市场上出现唯一均衡, 均衡价格是

$$p_1 = \mu_1 - \alpha\sigma_1 \frac{\sigma_1 Z_1^0 + \sigma_2 Z_2^0}{2\left[\dfrac{\theta_I}{1+\hat\rho} + \dfrac{\theta_N}{1+\overline\rho}\right] + \theta_U} \tag{B.24a}$$

$$p_2 = \mu_2 - \alpha\sigma_2 \frac{\sigma_1 Z_1^0 + \sigma_2 Z_2^0}{2\left[\dfrac{\theta_I}{1+\hat\rho} + \dfrac{\theta_N}{1+\overline\rho}\right] + \theta_U} \tag{B.24b}$$

在均衡状态下, 内部投资者对这两种风险资产持有正头寸:

$$Z_{I1}^* = \frac{1}{1+\hat\rho} \frac{Z_1^0 + \dfrac{\sigma_2}{\sigma_1}Z_2^0}{2\left[\dfrac{\theta_I}{1+\hat\rho} + \dfrac{\theta_N}{1+\overline\rho}\right] + \theta_U} \tag{B.25a}$$

$$Z_{I2}^* = \frac{1}{1+\hat\rho} \frac{\dfrac{\sigma_1}{\sigma_2}Z_1^0 + Z_2^0}{2\left[\dfrac{\theta_I}{1+\hat\rho} + \dfrac{\theta_N}{1+\overline\rho}\right] + \theta_U} \tag{B.25b}$$

天真投资者持有以下风险资产:

$$Z_{N1}^* = \frac{1}{1+\overline\rho} \frac{Z_1^0 + \dfrac{\sigma_2}{\sigma_1}Z_2^0}{2\left[\dfrac{\theta_I}{1+\hat\rho} + \dfrac{\theta_N}{1+\overline\rho}\right] + \theta_U} \tag{B.26a}$$

$$Z_{N2}^* = \frac{1}{1+\overline\rho} \frac{\dfrac{\sigma_1}{\sigma_2}Z_1^0 + Z_2^0}{2\left[\dfrac{\theta_I}{1+\hat\rho} + \dfrac{\theta_N}{1+\overline\rho}\right] + \theta_U} \tag{B.26b}$$

而噪音投资者持有以下风险资产头寸:

$$Z_{U1}^* = \frac{1}{\theta_U} \frac{\left[\dfrac{\theta_I}{1+\hat{\rho}} + \dfrac{\theta_N}{1+\overline{\rho}} + \theta_U\right] Z_1^0 - \left[\dfrac{\theta_I}{1+\hat{\rho}} + \dfrac{\theta_N}{1+\overline{\rho}}\right] \dfrac{\sigma_2}{\sigma_1} Z_2^0}{2\left[\dfrac{\theta_I}{1+\hat{\rho}} + \dfrac{\theta_N}{1+\overline{\rho}}\right] + \theta_U} \qquad (\text{B.27a})$$

$$Z_{U2}^* = \frac{1}{\theta_U} \frac{\left[\dfrac{\theta_I}{1+\hat{\rho}} + \dfrac{\theta_N}{1+\overline{\rho}} + \theta_U\right] Z_2^0 - \left[\dfrac{\theta_I}{1+\hat{\rho}} + \dfrac{\theta_N}{1+\overline{\rho}}\right] \dfrac{\sigma_1}{\sigma_2} Z_1^0}{2\left[\dfrac{\theta_I}{1+\hat{\rho}} + \dfrac{\theta_N}{1+\overline{\rho}}\right] + \theta_U} \qquad (\text{B.27b})$$

第 5 章 异质信念、有限参与与安全投资转移

本章将 Huang 等 (2017) 的多资产模型扩展到四种类型的投资者, 即四类具有不同的信息结构的投资者——内部投资者、精明投资者、天真投资者和噪音投资者, 并重新探索了在相关系数暧昧性下的有限参与现象。我们探讨了在市场均衡下, 资产配置是否依赖于不完全信息, 即信息掌握程度较少的投资者是否会比信息较多的投资者进行更激进的交易。随着相关系数的增加以及风险资产质量的提高, 我们发现信息较少的投资者会从低质量资产逃往高质量资产。因此, 在均衡状态下, 所有投资者都表现出 "安全投资转移" 的交易特征。

5.1 引　　言

在本章中, 我们在 Huang 等 (2017) 的模型基础上引入两类对相关系数掌握程度不同的投资者, 并在模型推导中发现了投资者在均衡时会表现出安全投资转移现象。Huang 等 (2017) 的模型只考察了两种类型的投资者: 一种拥有内部信息, 另一种拥有部分信息。本章额外加入两类投资者, 即分别拥有关于相关系数的部分信息以及不拥有任何关于相关系数信息的投资者。Huang 等 (2017) 在相关系数暧昧性框架下探讨了当投资者出现安全投资转移行为时的有限参与现象。而本章发现, 当市场中包含四类投资者时, 随着投资者信息掌握程度的上升, 这一信息披露过程中出现了安全投资转移的现象。在本章中, 模型假设市场中包含四类对相关系数的取值持有不同认知的投资者。其中, 内部投资者知道相关系数的真实值, 精明投资者和天真投资者只知道部分信息, 且精明投资者比天真投资者掌握更多信息; 此外, 噪音投资者不知道任何关于相关系数的额外信息。在这种暧昧信息的框架下, 市场达到唯一的一般均衡, 是 7 种可能均衡当中的一种, 而最终市场处于何种均衡状态则取决于风险资产的相对质量 (质量比率)。对均衡区域的分析表明, 市场存在非参与、少部分参与、大部分参与和完全参与均衡。在均衡状态下, 掌握信息较少的投资者有可能持有比掌握信息较多的投资者更大的头寸。此外, 相关系数暧昧性内生地导致了安全投资转移现象, 即掌握信息较少的投资者在均衡时会从低质量资产逃往高质量资产。

Huang 等 (2017) 在相关系数暧昧性的框架下, 考察了在观察到安全投资转移行为时的有限参与现象。在他们的研究中, 有两种不同信念的投资者参与经济: 内部投资者和天真投资者。内部投资者知道相关系数的真实值, 天真投资者不知道, 而是考虑相关系数取值所属的可能区间。因此, 暧昧厌恶的天真投资者持有不完全信息, 使得他们虽然对资产边际分布有理性预期, 但认为风险资产相关系数的取值存在暧昧性。在本章中, 我们将 Huang 等 (2017) 的模型进行了拓展, 引入两类新的投资者: 一类投资者具有部

分信息, 另一类投资者完全不具有相关系数的信息。不知道相关系数真实值的投资者称为精明投资者, 而不知道任何相关系数信息的投资者在此称为噪音投资者。因此, 我们关注具有异质信念的四类投资者: 内部投资者、精明投资者、天真投资者和噪音投资者。在这种暧昧信息框架之下, 经济中存在着唯一且具有 7 种可能类型的均衡, 而经济最终达到何种均衡状态则取决于风险资产之间的质量比率 (相对质量)。对均衡区域的分析表明, 存在非参与、少部分参与、大部分参与和完全参与均衡。精明投资者和天真投资者对相关系数认知的变化导致了资产安全转移现象。

与 Huang 等 (2017) 的模型结果类似, 本章模型同样得到了唯一的一般均衡, 是 7 种可能性中的一种, 而处于何种经济状态取决于风险资产的质量比率。具体而言, 当低质量资产相对于高质量资产的质量比率趋于微小时, 精明投资者、天真投资者和噪音投资者将持有高质量资产, 而不交易低质量资产, 我们将该均衡称为非参与均衡。当低质量资产相对于高质量资产的质量比率很小, 天真投资者和噪音投资者将持有高质量资产, 但不参与低质量资产的交易活动, 而精明投资者将参与这两种资产的交易, 我们将这种均衡称为少部分参与均衡。当低质量资产相对于高质量资产的质量比率较小时, 噪音投资者仅购买高质量资产, 但不交易低质量资产, 而精明投资者和天真投资者均参与这两种资产的交易, 我们将该均衡称为大部分参与均衡。最后, 当低质量资产相对于高质量资产的质量比率为适中时, 精明投资者、简单投资者和噪音投资者都将参与这两种资产的交易活动并持有正头寸, 这种均衡称为完全参与均衡。因此, 具有暧昧厌恶态度的投资者 (精明投资者、天真投资者和噪音投资者) 愿意选择高质量的风险资产, 但不参与低质量的风险资产。均衡类型分为精明投资者、天真投资者和噪音投资者的有限参与均衡, 或是天真投资者和噪音投资者的有限参与均衡, 抑或是只有噪音投资者对低质量资产呈现出有限参与行为的均衡。

然而, 我们不能直接声称, 掌握信息较多的投资者的交易头寸大于信息较少的投资者的交易头寸。我们在模型中说明了, 在均衡状态下, 即便是信息掌握较少的投资者亦可以比信息较多的投资者进行更激进的交易。此外, 我们发现, 相关系数暧昧性内生地导致了安全投资转移现象: 信息较少的投资者倾向于从低质量资产 "逃往" 高质量资产。

CAPM 分析表明, 无论经济处于完全参与均衡 (对于精明投资者、天真投资者和噪音投资者而言) 还是非参与均衡 (对于噪音投资者, 或者对于天真投资者和噪音投资者, 抑或对于精明投资者、天真投资者和噪音投资者而言), 精明投资者、天真投资者和噪音投资者都会青睐质量更高的资产, 这种青睐甚至达到了不理性的程度, 使得其资产价格上涨, 收益低于标准模型的预测值。因此, 无论市场是处于非参与均衡、部分参与均衡还是完全参与均衡, 质量较低的风险资产将产生正超额收益, 而质量较高的资产将产生负超额收益。

在本章中, 我们研究了相关系数暧昧性对投资者行为和资产价格的影响。在我们的模型中, 个人在进行金融决策时同时面临风险和暧昧性, 我们还证明, 有限参与的交易行为是精明投资者、天真投资者和噪音投资者为了避免相关系数暧昧性的影响而做出的理性决策。在均衡状态下, 信息较少的投资者可能比信息较多的投资者持有更大的头寸。

此外, 相关系数暧昧性内生地导致了安全投资转移现象。

5.2 基 本 模 型

我们分析了一个有 3 种资产的经济体。一种是无风险资产, 即货币, 其恒定价格为 1; 另两种为风险资产, 其收益服从正态分布, $\tilde{X}_j \sim N(\mu_j, \sigma_j^2)$, $j = 1, 2$, 风险资产收益之间的相关系数用 ρ 衡量。因此, 风险资产的收益遵循二维正态分布 $\tilde{\boldsymbol{X}} \sim \boldsymbol{N}(\boldsymbol{\mu}, \boldsymbol{\Sigma}(\rho))$。其中,

$$\tilde{\boldsymbol{X}} = \begin{pmatrix} \tilde{X}_1 \\ \tilde{X}_2 \end{pmatrix}, \qquad \boldsymbol{\mu} = \begin{pmatrix} \mu_1 \\ \mu_2 \end{pmatrix}, \qquad \boldsymbol{\Sigma}(\rho) = \begin{pmatrix} \sigma_1^2 & \rho\sigma_1\sigma_2 \\ \rho\sigma_1\sigma_2 & \sigma_2^2 \end{pmatrix}$$

所有投资者都具有 CARA 效用, 风险厌恶系数设置为 α, 即

$$u(w) = -e^{-\alpha w} \tag{5.1}$$

市场中包含 4 种对经济有着异质信念的投资者: 内部投资者 (I)、精明投资者 (S)、天真投资者 (N) 和噪音投资者 (U)。他们在所有投资者中的占比分别为 θ_I、θ_S、θ_N、$\theta_U \in (0, 1)$, 且 $\theta_I + \theta_S + \theta_N + \theta_U = 1$。在我们的框架中, 精明投资者、天真投资者和噪音投资者统称为 SNU 投资者, 精明投资者和天真投资者统称为 SN 投资者, 天真投资者和噪音投资者统称为 NU 投资者。由于内部投资者知道真实的相关系数, 他们有时也被称为 “知情投资者”, 因为他们知道完整的信息。设 $\hat{\rho}$ 表示真实相关系数。由于内部投资者具有理性预期, 因此他们知道相关系数的真实值 $\hat{\rho}$。故而在他们看来, 收益服从正态分布 $\tilde{\boldsymbol{X}} \sim \boldsymbol{N}(\boldsymbol{\mu}, \boldsymbol{\Sigma}(\hat{\rho}))$。内部投资者是标准的期望效用最大化者, 对收益参数具有理性预期。然而, 精明投资者和天真投资者则不同于内部投资者, 因为他们不知道相关系数的确切值, 因此考虑区间 $[\underline{\rho}_\Lambda, \overline{\rho}_\Lambda] \subset [-1, 1]$, 其中 $-1 < \underline{\rho}_\Lambda < \overline{\rho}_\Lambda < 1$, $\Lambda = S, N$。我们假设精明投资者比天真投资者知道更多的信息, 这意味着精明投资者所估计的相关系数所属区间比天真投资者的估计区间要更小 (更精确)。因此, 有 $[\underline{\rho}_S, \overline{\rho}_S] \subset [\underline{\rho}_N, \overline{\rho}_N] \subset [-1, 1]$, 即 $-1 < \underline{\rho}_N < \underline{\rho}_S < \overline{\rho}_S < \overline{\rho}_N < 1$。噪音投资者根本不知道相关系数的具体值, 因为他们没有信息, 有时也可将他们称为 “噪音投资者”。为此, 噪音投资者认为相关系数有可能是单位区间 $[\underline{\rho}_U, \overline{\rho}_U] = [-1, 1]$ 上的任意一个值。对于任意 $\rho \in [\underline{\rho}_\Lambda, \overline{\rho}_\Lambda]$, $\Lambda = S, N, U$, SNU 投资者面临的资产收益为 $\tilde{\boldsymbol{X}} \sim \boldsymbol{N}(\boldsymbol{\mu}, \boldsymbol{\Sigma}(\rho))$。因此, 他们在做决定时会将所有这些可能的收益分布都进行考虑。根据 Gilboa 和 Schmeidler (1989) 的暧昧厌恶公理基础, 我们在对 SNU 投资者的决策问题进行建模时将其刻画为选择一个投资组合, 以最大化其在一组可能分布上的最小期望效用。为了使我们对内部投资者、精明投资者和天真投资者之间的均衡相互作用的分析有趣, 我们假设内部投资者观察到的真实相关系数是精明投资者认为可能的极值的凸组合, $\hat{\rho} \in [\underline{\rho}_S, \overline{\rho}_S] \subset [\underline{\rho}_N, \overline{\rho}_N] \subset [\underline{\rho}_U, \overline{\rho}_U] = [-1, 1]$。

风险资产的人均禀赋为 (Z_1^0, Z_2^0)。初始禀赋在投资者间的准确分布并不会影响他们对风险资产的需求, 因此我们没有具体说明。我们用 W_0 表示代表性经济人的财富。在

不会发生混淆的情况下, 我们不列出代表性经济人类型的下标。投资者的预算约束为:

$$W_0 = m + p_1 z_1 + p_2 z_2 \tag{5.2}$$

其中, m 表示投资者持有的货币, p_j 是资产 j 的价格, z_j 是投资者对风险资产 j 的需求量 $(j = 1,2)$。投资者可以做多或做空每种资产。如果投资者选择投资组合 (m, z_1, z_2), 他的下一期财富将为:

$$\tilde{W} = m + \tilde{X}_1 z_1 + \tilde{X}_2 z_2 \tag{5.3}$$

等价地, 我们可以将投资者的资产组合表示为 $(W_0 - p_1 z_1 - p_2 z_2, z_1, z_2)$, 那么他的下一期财富将写为:

$$\tilde{W} = W_0 + (\tilde{X}_1 - p_1) z_1 + (\tilde{X}_2 - p_2) z_2$$

对于具有 CARA 效用且知道相关系数取值为 $\hat{\rho}$ 的内部投资者而言, 其下一期财富所对应的期望效用是 $f(z_1, z_2, \hat{\rho})$ 的严格递增变换, 其中,

$$f(z_1, z_2, \rho) = W_0 + (\mu_1 - p_1) z_1 + (\mu_2 - p_2) z_2 - \frac{1}{2}\alpha[\sigma_1^2 z_1^2 + 2\rho\sigma_1\sigma_2 z_1 z_2 + \sigma_2^2 z_2^2]$$

$$= W_0 + \sigma_1 R_1 z_1 + \sigma_2 R_2 z_2 - \frac{1}{2}\alpha[\sigma_1^2 z_1^2 + 2\rho\sigma_1\sigma_2 z_1 z_2 + \sigma_2^2 z_2^2] \tag{5.4}$$

我们将 $R_j = \dfrac{\mu_j - p_j}{\sigma_j} (j = 1,2)$ 定义为 Sharpe 比率, 它衡量的是平均而言人们多承担一单位风险可以额外获得的收益 (Huang et al., 2017)。因此, 内部投资者对风险资产的需求函数为:

$$Z_I^* = \begin{pmatrix} Z_{I1}^* \\ Z_{I2}^* \end{pmatrix} = \frac{1}{\alpha\sigma_1^2\sigma_2^2(1-\hat{\rho}^2)} \begin{pmatrix} \sigma_2^2(\mu_1 - p_1) - \hat{\rho}\sigma_1\sigma_2(\mu_2 - p_2) \\ \sigma_1^2(\mu_2 - p_2) - \hat{\rho}\sigma_1\sigma_2(\mu_1 - p_1) \end{pmatrix}$$

$$= \frac{1}{\alpha(1-\hat{\rho}^2)} \begin{pmatrix} \dfrac{R_1 - \hat{\rho}R_2}{\sigma_1} \\ \dfrac{R_2 - \hat{\rho}R_1}{\sigma_2} \end{pmatrix} \tag{5.5}$$

SNU 投资者在决策时会估计每个可能的相关系数取值下的财富所对应的期望效用, 选择能够最大化这些期望效用当中的最小值的投资组合。实际上, SNU 投资者试图避免最坏的结果, 因此会选择能够减少暴露在不利结果下的资产组合。对于 $\Lambda = S, N, U$, 给定相关系数 $\rho \in [\underline{\rho}_\Lambda, \bar{\rho}_\Lambda]$, 其下一期财富对应的期望效用是 $f(z_1, z_2, \rho)$ 的严格单调递增变换。因此, SNU 投资者的决策问题可以写成一个双层数学规划问题 $(\Lambda = S, N, U)$:

$$\max_{(z_1, z_2)} \min_{\rho \in [\underline{\rho}_\Lambda, \bar{\rho}_\Lambda]} f(z_1, z_2, \rho)$$

$$=W_0 + \sigma_1 R_1 z_1 + \sigma_2 R_2 z_2 - \frac{1}{2}\alpha[\sigma_1^2 z_1^2 + 2\rho\sigma_1\sigma_2 z_1 z_2 + \sigma_2^2 z_2^2] \tag{5.6}$$

对于 SN 投资者, 有两种方法可以解决上述双层数学规划问题。本章附录 A 采用 Sion 的最小最大化定理来交换双层优化问题的求解顺序:

$$\max_{(z_1,z_2)} \min_{\rho\in[\underline{\rho}_\Lambda,\overline{\rho}_\Lambda]} f(z_1,z_2,\rho) = \min_{\rho\in[\underline{\rho}_\Lambda,\overline{\rho}_\Lambda]} \max_{(z_1,z_2)} f(z_1,z_2,\rho) \tag{5.7}$$

SN 投资者对风险资产的需求函数算得为 $(\Lambda = S, N)$。

$$Z_\Lambda^* = \begin{pmatrix} Z_{\Lambda 1}^* \\ Z_{\Lambda 2}^* \end{pmatrix} = \begin{cases} \dfrac{1}{\alpha(1-\underline{\rho}_\Lambda^2)}\begin{pmatrix} \dfrac{R_1 - \underline{\rho}_\Lambda R_2}{\sigma_1} \\ \dfrac{R_2 - \underline{\rho}_\Lambda R_1}{\sigma_2} \end{pmatrix}, & 若 \begin{cases} R_1 < \underline{\rho}_\Lambda R_2 \\ R_2 > \underline{\rho}_\Lambda R_1 \end{cases} 或 \begin{cases} R_1 > \underline{\rho}_\Lambda R_2 \\ R_2 < \underline{\rho}_\Lambda R_1 \end{cases} \\[18pt] \dfrac{1}{\alpha}\begin{pmatrix} 0 \\ \dfrac{R_2}{\sigma_2} \end{pmatrix}, & 若 \begin{cases} \overline{\rho}_\Lambda R_2 \leqslant R_1 \leqslant \underline{\rho}_\Lambda R_2 \\ R_2 < 0 \end{cases} 或 \begin{cases} \underline{\rho}_\Lambda R_2 \leqslant R_1 \leqslant \overline{\rho}_\Lambda R_2 \\ R_2 > 0 \end{cases} \\[18pt] \dfrac{1}{\alpha}\begin{pmatrix} \dfrac{R_1}{\sigma_1} \\ 0 \end{pmatrix}, & 若 \begin{cases} R_1 < 0 \\ \overline{\rho}_\Lambda R_1 \leqslant R_2 \leqslant \underline{\rho}_\Lambda R_1 \end{cases} 或 \begin{cases} R_1 > 0 \\ \underline{\rho}_\Lambda R_1 \leqslant R_2 \leqslant \overline{\rho}_\Lambda R_1 \end{cases} \\[18pt] \dfrac{1}{\alpha(1-\overline{\rho}_\Lambda^2)}\begin{pmatrix} \dfrac{R_1 - \overline{\rho}_\Lambda R_2}{\sigma_1} \\ \dfrac{R_2 - \overline{\rho}_\Lambda R_1}{\sigma_2} \end{pmatrix}, & 若 \begin{cases} R_1 < \overline{\rho}_\Lambda R_2 \\ R_2 < \overline{\rho}_\Lambda R_1 \end{cases} 或 \begin{cases} R_1 > \overline{\rho}_\Lambda R_2 \\ R_2 > \overline{\rho}_\Lambda R_1 \end{cases} \end{cases}$$

$$\tag{5.8}$$

对于噪音投资者, $[\underline{\rho}_U, \overline{\rho}_U] = [-1, 1]$。噪音投资者的决策问题式 (5.6) 可以写成一个双层数学规划:

$$\max_{(z_1,z_2)} \min_{\rho\in[-1,1]} f(z_1,z_2,\rho)$$

$$=W_0 + \sigma_1 R_1 z_1 + \sigma_2 R_2 z_2 - \frac{1}{2}\alpha[\sigma_1^2 z_1^2 + 2\rho\sigma_1\sigma_2 z_1 z_2 + \sigma_2^2 z_2^2] \tag{5.9}$$

我们首先计算内层的最小化问题, 即对于任何资产组合, 如果对两种资产采取不同方向的交易策略, 则最小值出现在相关系数区间的左端点; 如果对两种资产采取相同方向的交易策略, 则最小值出现在相关系数的区间右端点。即最小值出现在相关系数的区间左端点或是区间右端点取决于 $z_1 z_2$ 的符号。

$$\min_{\rho\in[-1,1]} f(z_1,z_2,\rho) = \begin{cases} f(z_1,z_2,-1), & 当 z_1 z_2 < 0 \\ f(0,z_2,\rho), & 当 z_1 = 0 \\ f(z_1,0,\rho), & 当 z_2 = 0 \\ f(z_1,z_2,1), & 当 z_1 z_2 > 0 \end{cases} \tag{5.10}$$

式 (5.10) 刻画了一个分段曲面。它表明, 对于任何投资组合, 最小值出现在区间 $[-1, 1]$ 的端点。因此, 对投资者而言, 重要的不是集合内的相关系数值, 而是相关系数所能取到的极值。最小值是落在 $\rho = -1$ 处还是落在 $\rho = 1$ 上取决于投资者所持有的资产头寸。如果投资者在一种风险资产上做多, 在另一种风险资产上做空, 则最小值落在 $\rho = -1$ 处; 如果投资者在两种风险资产上均做多 (或均做空), 则最小值落在 $\rho = 1$ 上。

噪音投资者对风险资产的需求函数为:

$$Z_U^* = \begin{pmatrix} Z_{U1}^* \\ Z_{U2}^* \end{pmatrix} = \begin{cases} \sigma_1 Z_{U1}^* - \sigma_2 Z_{U2}^* = \dfrac{R_1}{\alpha} = -\dfrac{R_2}{\alpha}, & \text{若} R_1 = -R_2 \\[2mm] \dfrac{1}{\alpha}\begin{pmatrix} 0 \\ \dfrac{R_2}{\sigma_2} \end{pmatrix}, & \text{若} \begin{cases} R_2 \leqslant R_1 \leqslant -R_2 \\ R_2 < 0 \end{cases} \text{或} \begin{cases} -R_2 \leqslant R_1 \leqslant R_2 \\ R_2 > 0 \end{cases} \\[4mm] \dfrac{1}{\alpha}\begin{pmatrix} \dfrac{R_1}{\sigma_1} \\ 0 \end{pmatrix}, & \text{若} \begin{cases} R_1 < 0 \\ R_1 \leqslant R_2 \leqslant -R_1 \end{cases} \text{或} \begin{cases} R_1 > 0 \\ -R_1 \leqslant R_2 \leqslant R_1 \end{cases} \\[4mm] \sigma_1 Z_{U1}^* + \sigma_2 Z_{U2}^* = \dfrac{R_1}{\alpha} = \dfrac{R_2}{\alpha}, & \text{若} R_1 = R_2 \end{cases} \tag{5.11}$$

注记 在 $R_1 = -R_2$ 和 $R_1 = R_2$ 两种情况下, 我们只能得到包含两个未知变量的方程。看起来我们没有将噪音投资者的需求函数给完全求解出来。事实上, 我们还有额外的条件没使用, 即 $R_1 = -R_2$ 和 $R_1 = R_2$, 这两个条件有助于我们求解一般均衡。

Huang 等 (2017) 列出了 SN 投资者需求函数所具备的性质:

(1) SN 投资者的需求函数在价格上是连续的, 但在几个价格上有结点;

(2) 可以观察到 SN 投资者的不参与现象;

(3) SN 投资者关于是否持有资产的决定独立于投资者所认为的相关系数可能取值区间;

(4) 内部投资者和 SN 投资者的交易方向相同, 但不参与的情况除外。

事实 1 除 SN 投资者不参与交易的情况 $Z_{\Lambda j}^* = 0$ 外, 内部投资者和 SN 投资者的交易方向相同, $Z_{Ij}^* Z_{\Lambda j}^* \geqslant 0$, $\Lambda = S, N$, $j = 1, 2$。具体来说, 当内部投资者做多 (或做空) 一项资产时, SN 投资者也会做多 (或做空) 或不交易同一项资产。

(1) 如果 $Z_{Ij}^* < 0$, 则 $Z_{\Lambda j}^* \leqslant 0$;

(2) 如果 $Z_{Ij}^* = 0$, 则 $Z_{\Lambda j}^* = 0$;

(3) 如果 $Z_{Ij}^* > 0$, 则 $Z_{\Lambda j}^* \geqslant 0$。

事实 1 的证明详见 Huang 等 (2017) 的研究。我们可以使用类似的证明过程来检查精明投资者和天真投资者以及 SN 投资者和噪音投资者的投资方向, 发现除了不参与交易的情况以外, 他们同样采用同方向交易。

事实 2 除天真投资者不参与市场的情况 $Z_{Nj}^* = 0$ 外, 精明投资者和天真投资者将保持相同的交易方向, $Z_{Sj}^* Z_{Nj}^* \geqslant 0 (j = 1, 2)$。具体来说, 当精明投资者对一项资产做多 (或做空) 时, 天真投资者也会做多 (或做空) 或不交易同一项资产。

(1) 如果 $Z_{Sj}^* < 0$, 则 $Z_{Nj}^* \leqslant 0$;

(2) 如果 $Z_{Sj}^* = 0$, 则 $Z_{Nj}^* = 0$;

(3) 如果 $Z_{Sj}^* > 0$, 则 $Z_{Nj}^* \geqslant 0$。

事实 3　除噪音投资者不参与市场交易的情况 $Z_{Uj}^* = 0$ 外, SN 投资者和噪音投资者在同一方向交易, $Z_{\Lambda j}^* Z_{Uj}^* \geqslant 0$, $\Lambda = S, N$, $j = 1, 2$。具体来说, 当 SN 投资者做多 (或做空) 一项资产时, 噪音投资者也会做多 (或做空) 或不交易同一项资产。

(1) 如果 $Z_{\Lambda j}^* < 0$, 则 $Z_{Uj}^* \leqslant 0$;

(2) 如果 $Z_{\Lambda j}^* = 0$, 则 $Z_{Uj}^* = 0$;

(3) 如果 $Z_{\Lambda j}^* > 0$, 则 $Z_{Uj}^* \geqslant 0$。

首先, 事实 1 至事实 3 有助于我们剔除不可能的均衡情况。在两种资产都有正供给的假设下, 这 3 个事实立即排除了 SNU 投资者做空两种或是做空其中一种风险资产的均衡。因此, 在我们的经济中, 只有 7 种可能的均衡情况。其次, 这个结果告诉我们, 这4 种类型的投资者同时处于风险资产的需求端或供给端。相同的交易方向有助于防止内部投资者在其他投资者错误做空或做多资产时, 利用投资者的信息缺失或暧昧厌恶态度来获取利益。我们还可以考虑这是 SNU 投资者在交易中的谨慎表现, 因为信息较少的投资者会遵循与信息较多的投资者相同的交易方向。

考虑均衡条件: 人均资产需求等于人均供给, 即

$$\theta_I Z_I^* + \theta_S Z_S^* + \theta_N Z_N^* + \theta_U Z_U^* = Z^0 \tag{5.12}$$

或者 $\theta_I Z_{Ij}^* + \theta_S Z_{Sj}^* + \theta_N Z_{Nj}^* + \theta_U Z_{Uj}^* = Z_j^0$, $j = 1, 2$。

为了简化后文公式中的符号, 做如下定义: 对于 $-1 < \rho < \rho_S < \rho_N < 1$,

$$k(\rho, \rho_S, \rho_N) \equiv \frac{\theta_I}{1-\rho^2}\rho + \frac{\theta_S}{1-\rho_S^2}\rho_S + \frac{\theta_N}{1-\rho_N^2}\rho_N \quad \text{和}$$

$$K(\rho, \rho_S, \rho_N) \equiv \frac{\theta_I}{1-\rho^2} + \frac{\theta_S}{1-\rho_S^2} + \frac{\theta_N}{1-\rho_N^2}$$

$$\dot{k}(\rho, \rho_S) \equiv k(\rho, \rho_S, 0) = \frac{\theta_I}{1-\rho^2}\rho + \frac{\theta_S}{1-\rho_S^2}\rho_S \quad \text{和}$$

$$\dot{K}(\rho, \rho_S) \equiv K(\rho, \rho_S, 0) = \frac{\theta_I}{1-\rho^2} + \frac{\theta_S}{1-\rho_S^2} + \theta_N$$

$$\ddot{k}(\rho) \equiv k(\rho, 0, 0) = \frac{\theta_I}{1-\rho^2}\rho \quad \text{和} \quad \ddot{K}(\rho) \equiv K(\rho, 0, 0) = \frac{\theta_I}{1-\rho^2} + \theta_S + \theta_N$$

则

$$|k(\rho, \rho_S, \rho_N)| < K(\rho, \rho_S, \rho_N), \quad \text{因此} \quad \frac{k(\rho, \rho_S, \rho_N)}{K(\rho, \rho_S, \rho_N)} \in (\rho, \rho_N)$$

$$|\dot{k}(\rho, \rho_S)| < \dot{K}(\rho, \rho_S) - \theta_N < \dot{K}(\rho, \rho_S), \quad \text{因此} \quad \frac{\dot{k}(\rho, \rho_S)}{\dot{K}(\rho, \rho_S) - \theta_N} \in (\rho, \rho_S) \text{以及}$$

$$|\ddot{k}(\rho)| < \ddot{K}(\rho) - \theta_S - \theta_N < \ddot{K}(\rho)$$

我们构造了一个刻画风险资产 j 质量水平的指标, 将风险资产的质量定义为其标准差和供给量的乘积, $\sigma_j Z_j^0$, 并将两种风险资产的质量比率表示为:

$$E_{12} = \frac{\sigma_1 Z_1^0}{\sigma_2 Z_2^0} \ \text{和} \ E_{21} = \frac{\sigma_2 Z_2^0}{\sigma_1 Z_1^0}$$

我们还定义, 对于 $-1 < \hat{\rho} < \overline{\rho}_S < \overline{\rho}_N < 1$,

$$H(\hat{\rho}, \overline{\rho}_S, \overline{\rho}_N) = \frac{1 - \dfrac{\theta_S}{1 - \overline{\rho}_S^2}(\overline{\rho}_N - \overline{\rho}_S)(\overline{\rho}_S - \hat{\rho})}{\dfrac{\theta_I}{1 - \hat{\rho}^2}(\overline{\rho}_N - \hat{\rho}) + \dfrac{\theta_S}{1 - \overline{\rho}_S^2}(\overline{\rho}_N - \overline{\rho}_S)} - \hat{\rho} \quad \text{和}$$

$$h(\hat{\rho}, \overline{\rho}_S, \overline{\rho}_N) = \frac{1}{H(\hat{\rho}, \overline{\rho}_S, \overline{\rho}_N)}$$

$$M(\hat{\rho}, \overline{\rho}_S, \overline{\rho}_N) = 1 + \frac{\theta_U}{\dfrac{\theta_I}{1 + \hat{\rho}} + \dfrac{\theta_S}{1 + \overline{\rho}_S} + \dfrac{\theta_N}{1 + \overline{\rho}_N}} \quad \text{和} \quad m(\hat{\rho}, \overline{\rho}_S, \overline{\rho}_N) = \frac{1}{M(\hat{\rho}, \overline{\rho}_S, \overline{\rho}_N)}$$

则 $0 < h(\hat{\rho}, \overline{\rho}_S, \overline{\rho}_N) < m(\hat{\rho}, \overline{\rho}_S, \overline{\rho}_N) < 1 < M(\hat{\rho}, \overline{\rho}_S, \overline{\rho}_N) < H(\hat{\rho}, \overline{\rho}_S, \overline{\rho}_N)$。根据本章附录 D 中的均衡 2.2 和均衡 2.3, 或者是根据均衡 3.2 和均衡 3.3, 有:

$$H(\hat{\rho}, \overline{\rho}_S, \overline{\rho}_N) = \frac{\left[\dot{K}(\hat{\rho}, \overline{\rho}_S) + \theta_U\right] - \overline{\rho}_N \dot{k}(\hat{\rho}, \overline{\rho}_S)}{\overline{\rho}_N \left[\dot{K}(\hat{\rho}, \overline{\rho}_S) - \theta_N\right] - \dot{k}(\hat{\rho}, \overline{\rho}_S)} = \frac{[K(\hat{\rho}, \overline{\rho}_S, \overline{\rho}_N) + \theta_U] - \overline{\rho}_N k(\hat{\rho}, \overline{\rho}_S, \overline{\rho}_N)}{\overline{\rho}_N K(\hat{\rho}, \overline{\rho}_S, \overline{\rho}_N) - k(\hat{\rho}, \overline{\rho}_S, \overline{\rho}_N)}$$

根据本章附录 D 中的均衡 2.1 和均衡 2.2, 或者均衡 3.1 和均衡 3.2, 有:

$$H(\hat{\rho}, \overline{\rho}_S, \overline{\rho}_S) = \frac{1 - \hat{\rho}^2}{\theta_I(\overline{\rho}_S - \hat{\rho})} - \hat{\rho} = \frac{\left[\ddot{K}(\hat{\rho}) + \theta_U\right] - \overline{\rho}_S \ddot{k}(\hat{\rho})}{\overline{\rho}_S \left[\ddot{K}(\hat{\rho}) - \theta_S - \theta_N\right] - \ddot{k}(\hat{\rho})}$$

$$= \frac{\left[\dot{K}(\hat{\rho}, \overline{\rho}_S) + \theta_U\right] - \overline{\rho}_S \dot{k}(\hat{\rho}, \overline{\rho}_S)}{\overline{\rho}_S \left[\dot{K}(\hat{\rho}, \overline{\rho}_S) - \theta_N\right] - \dot{k}(\hat{\rho}, \overline{\rho}_S)}$$

根据本章附录 D 中的均衡 2.3、均衡 3.3 和均衡 4, 有:

$$M(\hat{\rho}, \overline{\rho}_S, \overline{\rho}_N) = \frac{[K(\hat{\rho}, \overline{\rho}_S, \overline{\rho}_N) + \theta_U] - k(\hat{\rho}, \overline{\rho}_S, \overline{\rho}_N)}{K(\hat{\rho}, \overline{\rho}_S, \overline{\rho}_N) - k(\hat{\rho}, \overline{\rho}_S, \overline{\rho}_N)}$$

不难检验, 对于 $-1 < \hat{\rho} < \overline{\rho}_S < \overline{\rho}_N < 1$, 有 $1 < H(\hat{\rho}, \overline{\rho}_S, \overline{\rho}_N) < H(\hat{\rho}, \overline{\rho}_S, \overline{\rho}_S)$, 则

$$0 < h(\hat{\rho}, \overline{\rho}_S, \overline{\rho}_S) < h(\hat{\rho}, \overline{\rho}_S, \overline{\rho}_N) < m(\hat{\rho}, \overline{\rho}_S, \overline{\rho}_N) < 1$$

$$< M(\hat{\rho}, \overline{\rho}_S, \overline{\rho}_N) < H(\hat{\rho}, \overline{\rho}_S, \overline{\rho}_N) < H(\hat{\rho}, \overline{\rho}_S, \overline{\rho}_S)$$

定理 5.1 说明了模型一般均衡的存在性。证明过程参见本章附录 D。

定理 5.1　市场中存在唯一的一般均衡，它是以下 7 种情形中的一种。

(1) **均衡类型 1**(SNU 投资者不参与资产 1 交易)。若资产 1 的质量相对于资产 2 微小, $E_{12} \leqslant h(\hat{\rho}, \overline{\rho}_S, \overline{\rho}_S)$, 则风险资产的均衡价格由式 (D.3a) 和式 (D.3b) 给出。在均衡状态下，内部投资者持有式 (D.4a) 和式 (D.4b) 中的风险资产头寸，SNU 投资者持有式 (D.5a) 和式 (D.5b) 中的风险资产头寸。

(2) **均衡类型 2**(NU 投资者不参与资产 1 交易)。若资产 1 的质量相对于资产 2 很小, $h(\hat{\rho}, \overline{\rho}_S, \overline{\rho}_S) < E_{12} \leqslant h(\hat{\rho}, \overline{\rho}_S, \overline{\rho}_N)$, 则风险资产的均衡价格由式 (D.8a) 和式 (D.8b) 给出。在均衡状态下，内部投资者持有式 (D.9a) 和式 (D.9b) 中的风险资产头寸，精明投资者持有式 (D.10a) 和式 (D.10b) 中的风险资产头寸，NU 投资者持有式 (D.11a) 和式 (D.11b) 中的风险资产头寸。

(3) **均衡类型 3**(噪音投资者不参与资产 1 交易)。若资产 1 的质量相对于资产 2 较小, $h(\hat{\rho}, \overline{\rho}_S, \overline{\rho}_N) < E_{12} \leqslant m(\hat{\rho}, \overline{\rho}_S, \overline{\rho}_N)$, 则风险资产的均衡价格由式 (D.14a) 和式 (D.14b) 给出。在均衡状态下，内部投资者持有式 (D.15a) 和式 (D.15b) 中的风险资产头寸，精明投资者持有式 (D.16a) 和式 (D.16b) 中的风险资产头寸，天真投资者持有式 (D.17a) 和式 (D.17b) 中的风险资产头寸，噪音投资者持有式 (D.18a) 和式 (D.18b) 中的风险资产头寸。

(4) **均衡类型 4**(SNU 投资者参与两种资产的交易)。若资产 1 的质量相对于资产 2 适中, $m(\hat{\rho}, \overline{\rho}_S, \overline{\rho}_N) < E_{12} < M(\hat{\rho}, \overline{\rho}_S, \overline{\rho}_N)$, 则风险资产的均衡价格由式 (D.38a) 和式 (D.38b) 给出。在均衡状态下，内部投资者持有式 (D.39a) 和式 (D.39b) 中的风险资产头寸，精明投资者持有式 (D.40a) 和式 (D.40b) 中的风险资产头寸，天真投资者持有式 (D.41a) 和式 (D.41b) 中的风险资产头寸，噪音投资者持有式 (D.42a) 和式 (D.42b) 中的风险资产头寸。

(5) **均衡类型 5**(噪音投资者不参与资产 2 交易)。若资产 1 的质量相对于资产 2 较大, $M(\hat{\rho}, \overline{\rho}_S, \overline{\rho}_N) \leqslant E_{12} < H(\hat{\rho}, \overline{\rho}_S, \overline{\rho}_N)$, 则风险资产的均衡价格由式 (D.32a) 和式 (D.32b) 给出。在均衡状态下，内部投资者持有式 (D.33a) 和式 (D.33b) 中的风险资产头寸，精明投资者持有式 (D.34a) 和式 (D.34b) 中的风险资产头寸，天真投资者持有式 (D.35a) 和式 (D.35b) 中的风险资产头寸，噪音投资者持有式 (D.36a) 和式 (D.36b) 中的风险资产头寸。

(6) **均衡类型 6**(NU 投资者不参与资产 2 交易)。若资产 1 的质量相对于资产 2 很大, $H(\hat{\rho}, \overline{\rho}_S, \overline{\rho}_N) \leqslant E_{12} < H(\hat{\rho}, \overline{\rho}_S, \overline{\rho}_S)$, 则风险资产的均衡价格由式 (D.26a) 和式 (D.26b) 给出。在均衡状态下，内部投资者持有式 (D.27a) 和式 (D.27b) 中的风险资产头寸，精明投资者持有式 (D.28a) 和式 (D.28b) 中的风险资产头寸，NU 投资者持有式 (D.29a) 和式 (D.29b) 中的风险资产头寸。

(7) **均衡类型 7**(SNU 投资者不参与资产 2 交易)。若资产 1 的质量相对于资产 2 巨大, $H(\hat{\rho}, \overline{\rho}_S, \overline{\rho}_S) \leqslant E_{12}$, 则风险资产的均衡价格由式 (D.21a) 和式 (D.21b) 给出。在均衡状态下，内部投资者持有式 (D.22a) 和式 (D.22b) 中的风险资产头寸，SNU 投资者持

有式 (D.23a) 和式 (D.23b) 中的风险资产头寸。

注记 1 如前文所示, 投资者在作投资决策时是通过比较两项资产的 Sharpe 比率来决定是否持有资产。在均衡状态下, 在对 Sharpe 比率进行内生求解后, 对 Sharpe 比率进行比较等价于比较风险资产的外生质量 $\sigma_j Z_j^0$, $j = 1, 2$。如果质量比率微小, $E_{12} \leqslant h(\hat{\rho}, \overline{\rho}_S, \overline{\rho}_S)$, 那么 SNU 投资者决定不参与风险资产 1 的交易 (但内部投资者购买该资产), 所有投资者均购买资产 2。如果质量比率很小, $h(\hat{\rho}, \overline{\rho}_S, \overline{\rho}_S) < E_{12} \leqslant h(\hat{\rho}, \overline{\rho}_S, \overline{\rho}_N)$, 那么 NU 投资者决定不参与资产 1 的交易 (但内部投资者和精明投资者买入该资产), 所有投资者均购买资产 2。如果质量比率较小, $h(\hat{\rho}, \overline{\rho}_S, \overline{\rho}_N) < E_{12} \leqslant m(\hat{\rho}, \overline{\rho}_S, \overline{\rho}_N)$, 那么噪音投资者不参与资产 1 的交易 (但内部投资者和 SN 投资者均购买该资产), 所有投资者均买入资产 2。如果质量比率适中, $m(\hat{\rho}, \overline{\rho}_S, \overline{\rho}_N) < E_{12} < M(\hat{\rho}, \overline{\rho}_S, \overline{\rho}_N)$, 那么所有投资者对两种风险资产均持有正头寸。如果质量比率较大, $M(\hat{\rho}, \overline{\rho}_S, \overline{\rho}_N) \leqslant E_{12} < H(\hat{\rho}, \overline{\rho}_S, \overline{\rho}_N)$, 那么噪音投资者决定不参与资产 2 的交易 (但内部投资者和 SN 投资者均买入该资产), 所有投资者均购买资产 1。如果质量比率很大, $H(\hat{\rho}, \overline{\rho}_S, \overline{\rho}_N) \leqslant E_{12} < H(\hat{\rho}, \overline{\rho}_S, \overline{\rho}_S)$, 那么 NU 投资者对资产 2 做出不参与交易的决策 (但内部投资者和精明投资者买入该资产), 所有投资者均购买资产 1。如果质量比率巨大, $H(\hat{\rho}, \overline{\rho}_S, \overline{\rho}_S) \leqslant E_{12}$, 那么 SNU 投资者不参与资产 2 的交易 (但内部投资者购买该资产), 所有投资者均对资产 1 持有多头。因此, 资产质量越高, 投资者越喜欢该资产。

注记 2 根据对称性, 我们可以将定理 5.1 中关于资产质量比率的条件按照资产 2 相对于资产 1 的质量比率的形式也写一遍。在均衡类型 1 中, 如果质量比率是微小, $E_{12} \leqslant h(\hat{\rho}, \overline{\rho}_S, \overline{\rho}_S)$, 那么 SNU 投资者不交易资产 1。在均衡类型 7 中, 如果质量比率为巨大, $H(\hat{\rho}, \overline{\rho}_S, \overline{\rho}_S) \leqslant E_{12}$, 那么 SNU 投资者不交易资产 2。我们将类型 1 和类型 7 称为"非参与均衡"。在均衡类型 2 中, 如果质量比率很小, $h(\hat{\rho}, \overline{\rho}_S, \overline{\rho}_S) < E_{12} \leqslant h(\hat{\rho}, \overline{\rho}_S, \overline{\rho}_N)$, 那么 NU 投资者不交易资产 1。在均衡类型 6 中, 如果质量比率很大, $H(\hat{\rho}, \overline{\rho}_S, \overline{\rho}_N) \leqslant E_{12} < H(\hat{\rho}, \overline{\rho}_S, \overline{\rho}_S)$, 那么 NU 投资者不交易资产 2。我们将类型 2 和类型 6 称为"少部分参与均衡"。在均衡类型 3 中, 如果质量比率较小, $h(\hat{\rho}, \overline{\rho}_S, \overline{\rho}_N) < E_{12} \leqslant m(\hat{\rho}, \overline{\rho}_S, \overline{\rho}_N)$, 那么噪音投资者不交易资产 1。在均衡类型 5 中, 如果质量比率较大, $M(\hat{\rho}, \overline{\rho}_S, \overline{\rho}_N) \leqslant E_{12} < H(\hat{\rho}, \overline{\rho}_S, \overline{\rho}_N)$, 那么噪音投资者不交易资产 2。我们将类型 3 和类型 5 称为"大部分参与均衡"。在均衡类型 4 中, 如果质量比率为适中, $m(\hat{\rho}, \overline{\rho}_S, \overline{\rho}_N) < E_{12} < M(\hat{\rho}, \overline{\rho}_S, \overline{\rho}_N)$, 那么所有投资者均参与两种资产的交易。我们将类型 4 称为"完全参与均衡"。

注记 3 Huang 等 (2017) 检验了包含两种类型投资者 (内部投资者和天真投资者) 的市场均衡, 并展示了 3 种类型的均衡: 如果质量比率为适中, 那么均衡时天真投资者选择同时参与两种资产的交易; 如果质量比率较小或较大, 对于天真投资者而言, 存在他们仅参与风险资产 1 或风险资产 2 的"非参与均衡"。在本章中, 我们增加了两种类型的投资者, 分别是拥有部分信息的精明投资者和完全没有额外信息的噪音投资者, 这 4 种类型的投资者 (内部投资者、精明投资者、天真投资者和噪音投资者) 共同参与金融市场活动。而后, 本章的定理 5.1 提出了 7 种可能的均衡类型: 如果质量比率为适中, 则 SNU 投资者同时参与两种资产的交易, 此时市场中存在一个完全参与均衡; 如果质量比率较小或较大, 噪音投资者分别选择不参与风险资产 1 和风险资产 2 的交易, 从而存在对噪音投资者而言的非参与均衡; 如果质量比率很小或很大, 在风险资产 1 和资产 2 中分别存在一个对 NU 投资者而言的非参与均衡; 如果质量比率为微小或巨大, 则在资产 1 和资产 2 上分别存在一个对 SNU 投资者而言的非参与均衡。结论表明, 持有较多信息的投资者更愿意参与风险资产的交易, 而持有较少信息的投资者不愿意参与交易, 这是由于信息不完全导致的有限参与现象。我们的结果比 Huang 等 (2017) 的包含两种类型投资者的市场中所发现的均衡情况更加复杂, 在他们的模型中仅存在 3 种类型不同的均衡。

注记 4　$m(\hat{\rho}, \overline{\rho}_S, \overline{\rho}_N)$ 和 $M(\hat{\rho}, \overline{\rho}_S, \overline{\rho}_N)$ 表示的是决定均衡中噪音投资者是否参与风险资产交易的资产质量比率的临界值 (假设 SN 投资者购买两种风险资产)。$h(\hat{\rho}, \overline{\rho}_S, \overline{\rho}_N)$ 和 $H(\hat{\rho}, \overline{\rho}_S, \overline{\rho}_N)$ 表示决定天真投资者是否参与市场的临界值 (在精明投资者同时购买风险资产、噪音投资者不参与低质量资产交易的情况下)。而这两个临界值 $h(\hat{\rho}, \overline{\rho}_S, \overline{\rho}_S)$ 和 $H(\hat{\rho}, \overline{\rho}_S, \overline{\rho}_S)$ 的极值则构成了决定精明投资者在均衡时是否参与资产交易的临界值 (假设 NU 投资者不交易低质量资产)。临界值 $m(\hat{\rho}, \overline{\rho}_S, \overline{\rho}_N)$ 和 $M(\hat{\rho}, \overline{\rho}_S, \overline{\rho}_N)$ 由 SN 投资者认为的相关系数最大可能取值决定。函数 $M(\hat{\rho}, \overline{\rho}_S, \overline{\rho}_N)$ 关于相关系数取值区间的右端点 $\overline{\rho}_S$ 和 $\overline{\rho}_N$ 是严格单调递增的, 而函数 $m(\hat{\rho}, \overline{\rho}_S, \overline{\rho}_N)$ 则关于 $\overline{\rho}_S$ 和 $\overline{\rho}_N$ 严格单调递减。临界值 $h(\hat{\rho}, \overline{\rho}_S, \overline{\rho}_N)$ 和 $H(\hat{\rho}, \overline{\rho}_S, \overline{\rho}_N)$ 的取值同样由 SN 投资者认为的相关系数区间的右端点决定, 函数 $H(\hat{\rho}, \overline{\rho}_S, \overline{\rho}_N)$ 关于 $\overline{\rho}_N$ 严格递减, 其中 $H(\hat{\rho}, \overline{\rho}_S, \overline{\rho}_S) = \dfrac{1 - \hat{\rho}^2}{\theta_I(\overline{\rho}_S - \hat{\rho})} - \hat{\rho}$, $H(\hat{\rho}, \overline{\rho}_S, 1) = \dfrac{\theta_N + \theta_U}{\dfrac{\theta_I}{1 + \hat{\rho}} + \dfrac{\theta_S}{1 + \overline{\rho}_S}} + 1$, 而 $h(\hat{\rho}, \overline{\rho}_S, \overline{\rho}_N)$ 则关于 $\overline{\rho}_N$ 严格单调递增。此外, 函数 $H(\hat{\rho}, \overline{\rho}_S, \overline{\rho}_S)$ 关于 $\overline{\rho}_S$ 严格单调递减, 而 $h(\hat{\rho}, \overline{\rho}_S, \overline{\rho}_S)$ 则关于 $\overline{\rho}_S$ 严格单调递增。

从定理 5.1 中我们还可以发现, 不论是对于天真投资者还是对于精明投资者而言, 他们估计出的相关系数取值所属区间的下界 $\underline{\rho}_S$ 和 $\underline{\rho}_N$ 对均衡情形和均衡价格没有任何影响。

我们所观察到的有限参与的另一个有趣特征是, 从定理 5.1 中可以发现, 在均衡状态下, 投资者不能同时不参与两种风险资产的交易。这一现象在期望暧昧和方差暧昧模型中并未出现, 而是相关系数暧昧性下的特殊现象。直观而言, 如果 SNU 投资者决定不交易低质量资产 (并且信息较少的投资者也决定不交易该资产), 那么投资者们会为了避免相关系数暧昧性产生的影响而理性地投资高质量资产。

5.3　均衡区间和有限参与

如定理 5.1 所述, 如果资产间的质量比率是微小的, $E_{12} \leqslant h(\hat{\rho}, \overline{\rho}_S, \overline{\rho}_S)$, 则市场中存在唯一的非参与均衡, 此时 SNU 投资者不参与风险资产 1 的交易, 但他们持有风险资产 2 的正头寸; 如果资产间的质量比率很小, $h(\hat{\rho}, \overline{\rho}_S, \overline{\rho}_S) < E_{12} \leqslant h(\hat{\rho}, \overline{\rho}_S, \overline{\rho}_N)$, 则市场中存在唯一的少部分参与均衡, 此时 NU 投资者不参与交易风险资产 1, 但他们持有风险资产 2 的多头头寸, 而精明投资者对两种风险资产均持有正头寸; 如果质量比率较小,

$h(\hat{\rho}, \overline{\rho}_S, \overline{\rho}_N) < E_{12} \leqslant m(\hat{\rho}, \overline{\rho}_S, \overline{\rho}_N)$, 则市场中存在唯一的大部分参与均衡, 此时噪音投资者不参与资产 1 的交易, 但他们在风险资产 2 中持有多头头寸, 而 SN 投资者在这两种风险资产中都持有正头寸; 如果质量比率为适中, $m(\hat{\rho}, \overline{\rho}_S, \overline{\rho}_N) < E_{12} < M(\hat{\rho}, \overline{\rho}_S, \overline{\rho}_N)$, 则市场中存在唯一的完全参与均衡, SNU 投资者此时对两种资产均持有正头寸; 如果质量比率较大, $M(\hat{\rho}, \overline{\rho}_S, \overline{\rho}_N) \leqslant E_{12} < H(\hat{\rho}, \overline{\rho}_S, \overline{\rho}_N)$, 则市场中存在唯一的大部分参与均衡, 此时噪音投资者不参与风险资产 2 的交易, 但他们会购买风险资产 1, 而 SN 投资者在这两种风险资产上均持有正头寸; 如果质量比率很大, $H(\hat{\rho}, \overline{\rho}_S, \overline{\rho}_N) \leqslant E_{12} < H(\hat{\rho}, \overline{\rho}_S, \overline{\rho}_S)$, 那么市场中存在一个唯一的小部分参与均衡, 此时 NU 投资者不交易风险资产 2, 但他们会购买风险资产 1, 而精明投资者在这两种风险资产上均持有正头寸; 如果质量比率为巨大, $H(\hat{\rho}, \overline{\rho}_S, \overline{\rho}_S) \leqslant E_{12}$, 则市场中存在唯一的非参与均衡, 此时 SNU 投资者均选择不交易风险资产 2, 但他们均会购买风险资产 1。图 5.1 绘制了在其他条件不变的情况下, 给定相关系数的最大可能取值 $\overline{\rho}_N$ 时, 均衡中 7 种情形各自对应的区间在平面 $\overline{\rho}_N - O - E_{12}$ 上的变化情况, 以及在给定最大可能相关系数 $\overline{\rho}_S$ 时, 7 种均衡情形在平面 $\overline{\rho}_S - O - E_{12}$ 上的变化情况。

5.3.1 天真投资者的相关系数最大可能取值

给定精明投资者 S 所估计的相关系数可能的取值上界 $\overline{\rho}_S$, 点 $(\overline{\rho}_N, E_{12})$ 位于图 5.1(a) 中平面 $\overline{\rho}_N - O - E_{12}$ 中所示的 7 个均衡区间之一。如果点 $(\overline{\rho}_N, E_{12})$ 位于矩形 $(\overline{\rho}_S, 1) \times (0, h(\hat{\rho}, \overline{\rho}_S, \overline{\rho}_S)]$ 内, 则此时市场处于均衡类型 1 —— SNU 投资者不参与资产 1 交易活动的非参与均衡 (但他们均购买资产 2)。如果点 $(\overline{\rho}_N, E_{12})$ 位于矩形 $(\overline{\rho}_S, 1) \times [H(\hat{\rho}, \overline{\rho}_S, \overline{\rho}_S), \infty)$ 中, 则此时市场处于均衡类型 7 ——SNU 投资者不参与

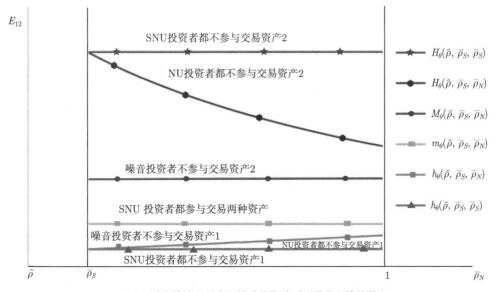

(a) 天真投资者的最大相关系数 $\overline{\rho}_N$ 变动对均衡区域的影响

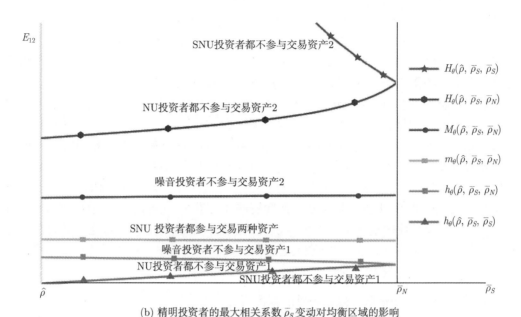

(b) 精明投资者的最大相关系数 $\bar{\rho}_S$ 变动对均衡区域的影响

图 5.1　均衡区域和有限参与

资产 2 交易活动的非参与均衡 (但他们均购买资产 1)。函数 $H(\hat{\rho}, \bar{\rho}_S, \bar{\rho}_N)$ 是关于 $\bar{\rho}_N$ 严格递减且凸的函数, 其中 $H(\hat{\rho}, \bar{\rho}_S, \bar{\rho}_N) \geqslant H(\hat{\rho}, \bar{\rho}_S, 1) = 1 + \dfrac{\theta_N + \theta_U}{\dfrac{\theta_I}{1+\hat{\rho}} + \dfrac{\theta_S}{1+\bar{\rho}_S}}$, 函数

$h(\hat{\rho}, \bar{\rho}_S, \bar{\rho}_N)$ 是关于 $\bar{\rho}_N$ 严格递增且凹的函数, 其中 $h(\hat{\rho}, \bar{\rho}_S, \bar{\rho}_N) \leqslant h(\hat{\rho}, \bar{\rho}_S, 1) < 1$, 因此, 如果点 $(\bar{\rho}_N, E_{12})$ 位于曲边三角形 $(\bar{\rho}_S, 1) \times (h(\hat{\rho}, \bar{\rho}_S, \bar{\rho}_S), h(\hat{\rho}, \bar{\rho}_S, \bar{\rho}_N)]$ 内, 则此时市场处于均衡类型 2—— NU 投资者不参与资产 1 交易活动的非参与均衡 (但 NU 投资者均购买资产 2, 而精明投资者对这两种资产均持有正头寸)。而如果点 $(\bar{\rho}_N, E_{12})$ 位于曲边三角形 $(\bar{\rho}_S, 1) \times [H(\hat{\rho}, \bar{\rho}_S, \bar{\rho}_N), H(\hat{\rho}, \bar{\rho}_S, \bar{\rho}))$ 内, 则市场处于均衡类型 6 —— NU 投资者不参与资产 2 交易活动的非参与均衡 (但他们均买入资产 1, 而精明投资者对这两种资产均持有正头寸)。函数 $M(\hat{\rho}, \bar{\rho}_S, \bar{\rho}_N)$ 是关于 $\bar{\rho}_N$ 严格递增的凹函数, 其中, $1 + \dfrac{\theta_U}{\dfrac{\theta_I}{1+\hat{\rho}} + \dfrac{\theta_S + \theta_N}{1+\bar{\rho}_S}} = M(\hat{\rho}, \bar{\rho}_S, \bar{\rho}_S) \leqslant M(\hat{\rho}, \bar{\rho}_S, \bar{\rho}_N) \leqslant M(\hat{\rho}, \bar{\rho}_S, 1) =$

$1 + \dfrac{\theta_U}{\dfrac{\theta_I}{1+\hat{\rho}} + \dfrac{\theta_S}{1+\bar{\rho}_S} + \dfrac{\theta_N}{2}}$, 而函数 $m(\hat{\rho}, \bar{\rho}_S, \bar{\rho}_N)$ 是关于 $\bar{\rho}_N$ 严格递减的凸函数, 其中 $m(\hat{\rho},$ $\bar{\rho}_S, 1) \leqslant m(\hat{\rho}, \bar{\rho}_S, \bar{\rho}_N) \leqslant m(\hat{\rho}, \bar{\rho}_S, 0)$, 因此, 如果点 $(\bar{\rho}_N, E_{12})$ 位于曲边梯形 $(\bar{\rho}_S, 1) \times$ $(h(\hat{\rho}, \bar{\rho}_S, \bar{\rho}_N), m(\hat{\rho}, \bar{\rho}_S, \bar{\rho}_N)]$ 内, 则市场处于均衡类型 3—— 噪音投资者不参与资产 1 交易活动的非参与均衡 (但他们会持有资产 2 的正头寸, SN 投资者均正向持有两种资产), 如果点 $(\bar{\rho}_N, E_{12})$ 位于曲边梯形 $(\bar{\rho}_S, 1) \times [M(\hat{\rho}, \bar{\rho}_S, \bar{\rho}_N), H(\hat{\rho}, \bar{\rho}_S, \bar{\rho}_N)]$ 内, 则此时市场

处于均衡类型 5——噪音投资者不参与资产 2 交易活动的非参与均衡 (但他们会购买资产 1, SN 投资者对两种资产均持有正头寸)。最后, 如果点 $(\overline{\rho}_N, E_{12})$ 位于曲边梯形 $(\overline{\rho}_S, 1) \times (m(\hat{\rho}, \overline{\rho}_S, \overline{\rho}_N), M(\hat{\rho}, \overline{\rho}_S, \overline{\rho}_N))$ 内, 此时市场处于均衡类型 4——完全参与均衡, 即 SNU 投资者均持有两种资产的正头寸。

在保持其他条件相同的情况下, 天真投资者认为的相关系数最大可能取值 $\overline{\rho}_N$ 的上升会改变市场所处的均衡类型。从数学上看, 值得注意的是均衡类型 4 的出现条件是当且仅当资产质量比率为适中时, $m(\hat{\rho}, \overline{\rho}_S, \overline{\rho}_N) < E_{12} < M(\hat{\rho}, \overline{\rho}_S, \overline{\rho}_N)$。函数 $M(\hat{\rho}, \overline{\rho}_S, \overline{\rho}_N)$ 是在 $[\overline{\rho}_S, 1]$ 上关于 $\overline{\rho}_N$ 严格递增的凹函数, 而函数 $m(\hat{\rho}, \overline{\rho}_S, \overline{\rho}_N)$ 是在 $[\overline{\rho}_S, 1]$ 上关于 $\overline{\rho}_N$ 严格递减的凸函数。函数 $M(\hat{\rho}, \overline{\rho}_S, \overline{\rho}_N)$ 从 $M(\hat{\rho}, \overline{\rho}_S, \overline{\rho}_S) = 1 + \dfrac{\theta_U}{\dfrac{\theta_I}{1+\hat{\rho}} + \dfrac{\theta_S + \theta_N}{1+\overline{\rho}_S}}$ 递增

至 $M(\hat{\rho}, \overline{\rho}_S, 1) = 1 + \dfrac{\theta_U}{\dfrac{\theta_I}{1+\hat{\rho}} + \dfrac{\theta_S}{1+\overline{\rho}_S} + \dfrac{\theta_N}{2}}$, 而函数 $m(\hat{\rho}, \overline{\rho}_S, \overline{\rho}_N)$ 从 $m(\hat{\rho}, \overline{\rho}_S, \overline{\rho}_S)$ 递减

至 $m(\hat{\rho}, \overline{\rho}_S, 1)$。因此, 如果质量比率 E_{12} 满足 $m(\hat{\rho}, \overline{\rho}_S, \overline{\rho}_S) \leqslant E_{12} \leqslant M(\hat{\rho}, \overline{\rho}_S, \overline{\rho}_S)$, 则市场处于均衡类型 4。我们接下来看一下质量比率较低的情况: $E_{12} < m(\hat{\rho}, \overline{\rho}_S, \overline{\rho}_S)$。如果 $m(\hat{\rho}, \overline{\rho}_S, 1) < E_{12} < m(\hat{\rho}, \overline{\rho}_S, \overline{\rho}_S)$, 则相关系数的最大可能取值 $\overline{\rho}_N$ 的上升会改变 E_{12} 和 $m(\hat{\rho}, \overline{\rho}_S, \overline{\rho}_N)$ 之间的大小关系, 从而将市场所处的均衡从均衡类型 3 转变为均衡类型 4。如果资产质量比率 E_{12} 满足 $h(\hat{\rho}, \overline{\rho}_S, 1) \leqslant E_{12} \leqslant m(\hat{\rho}, \overline{\rho}_S, 1)$, 则市场总会处在均衡类型 3 中。函数 $h(\hat{\rho}, \overline{\rho}_S, \overline{\rho}_N)$ 是在 $[\overline{\rho}_S, 1]$ 上关于 $\overline{\rho}_N$ 严格递增的凹函数, 并且从 $h(\hat{\rho}, \overline{\rho}_S, \overline{\rho}_S)$ 增至 $h(\hat{\rho}, \overline{\rho}_S, 1)$。如果 $h(\hat{\rho}, \overline{\rho}_S, \overline{\rho}_S) < E_{12} < h(\hat{\rho}, \overline{\rho}_S, 1)$, $\overline{\rho}_N$ 的上升会改变 E_{12} 和 $h(\hat{\rho}, \overline{\rho}_S, \overline{\rho}_N)$ 之间的大小关系, 并将市场所处的均衡从均衡类型 3 转变为均衡类型 2。如果质量比率 E_{12} 满足 $E_{12} \leqslant h(\hat{\rho}, \overline{\rho}_S, \overline{\rho}_S)$, 则市场将一直处于均衡类型 1。下面, 我们再来看当质量比率较高时的情况: $M(\hat{\rho}, \overline{\rho}_S, \overline{\rho}_S) < E_{12}$。如果 $M(\hat{\rho}, \overline{\rho}_S, \overline{\rho}_S) < E_{12} < M(\hat{\rho}, \overline{\rho}_S, 1)$, 天真投资者认为的相关系数最大可能取值 $\overline{\rho}_N$ 的上升会改变 E_{12} 和 $M(\hat{\rho}, \overline{\rho}_S, \overline{\rho}_N)$ 之间的大小关系, 从而将市场所处的均衡状态从均衡类型 5 转变为均衡类型 4。如果质量比率 E_{12} 满足 $M(\hat{\rho}, \overline{\rho}_S, 1) \leqslant E_{12} \leqslant H(\hat{\rho}, \overline{\rho}_S, 1)$, 则市场会一直处于均衡类型 5。函数 $H(\hat{\rho}, \overline{\rho}_S, \overline{\rho}_N)$ 是在 $[\overline{\rho}_S, 1]$ 上关于 $\overline{\rho}_N$ 严格递减的凸函数, 并且从 $H(\hat{\rho}, \overline{\rho}_S, \overline{\rho}_S) = \dfrac{1-\hat{\rho}^2}{\theta_I(\overline{\rho}_S - \hat{\rho})} - \hat{\rho}$ 递减至

$H(\hat{\rho}, \overline{\rho}_S, 1) = 1 + \dfrac{\theta_N + \theta_U}{\dfrac{\theta_I}{1+\hat{\rho}} + \dfrac{\theta_S}{1+\overline{\rho}_S}}$。如果 $H(\hat{\rho}, \overline{\rho}_S, 1) < E_{12} < H(\hat{\rho}, \overline{\rho}_S, \overline{\rho}_S)$, 则相关系数

最大可能取值 $\overline{\rho}_N$ 的变化会改变 E_{12} 和 $H(\hat{\rho}, \overline{\rho}_S, \overline{\rho}_N)$ 之间的大小关系, 并将市场所处的均衡状态从均衡类型 5 转变为均衡类型 6。如果质量比率 E_{12} 满足 $H(\hat{\rho}, \overline{\rho}_S, \overline{\rho}_S) \leqslant E_{12}$, 则市场会一直处于均衡类型 7。

我们同样可以用直观的方式来理解上述结论 (Huang et al., 2017)。当风险资产之间的质量比率为适中时 (在较小的区间内), 受到暧昧性影响的投资者 (SNU) 在持有两种风险资产时不可避免地需要承受相关系数上的暧昧性。当质量比率较小或较大时, 对于 NU 投资者

来说, 两种风险资产之间存在显著区别; 随着 $\overline{\rho}_N$ 的上升, 市场对 NU 投资者来说变得更加具有不确定性; 为了避免相关系数暧昧性造成的影响, 噪音投资者将只持有质量较高的资产, 从而导致市场出现噪音投资者不参与低质量资产交易活动的非参与均衡 (但 SN 投资者在两种资产中都进行交易)。当质量比率足够小或足够大时, 两种风险资产对 SN 投资者而言具有显著区别。随着市场变得更加不确定, 天真投资者认为相关系数可能取到的最大值 $\overline{\rho}_N$ 上升, 因此, 为了避免相关系数暧昧性造成的影响, 天真投资者将选择只持有质量更高的资产, 导致市场出现天真投资者不参与低质量资产交易活动的非参与均衡 (但精明投资者仍同时交易这两种资产)。此外, 当质量比率为微小或巨大时, 这两种资产对内部投资者和精明投资者而言也有着显著区别。随着市场对精明投资者来说变得更加不确定, 并且天真投资者认为的最大相关系数 $\overline{\rho}_N$ 增加, 为了避免暧昧性带来的影响, 精明投资者将选择只持有质量较高的资产, 从而导致市场出现精明投资者不参与低质量资产交易活动的非参与均衡。

性质 5.1　当质量比率适中时, 即 $m(\hat{\rho}, \overline{\rho}_S, \overline{\rho}_S) \leqslant E_{12} \leqslant M(\hat{\rho}, \overline{\rho}_S, \overline{\rho}_S)$, 天真投资者认为相关系数的最大可能取值 $\overline{\rho}_N$ 变化不会改变均衡类型, 市场只会处在均衡类型 4 (SNU 投资者参与两种风险资产的交易活动)。如果 E_{12} 位于两侧的区间, 即 $m(\hat{\rho}, \overline{\rho}_S, 1) < E_{12} < m(\hat{\rho}, \overline{\rho}_S, \overline{\rho}_S)$ 或 $M(\hat{\rho}, \overline{\rho}_S, \overline{\rho}_S) < E_{12} < M(\hat{\rho}, \overline{\rho}_S, 1)$, 则天真投资者的最大相关系数 $\overline{\rho}_N$ 的上升会将市场从均衡类型 3 或均衡类型 5 (噪音投资者不参与资产 1 或资产 2 交易活动) 转变为均衡类型 4 (SNU 投资者均参与两种资产的交易活动)。如果 E_{12} 位于较近的两侧区间中, $h(\hat{\rho}, \overline{\rho}_S, 1) \leqslant E_{12} \leqslant m(\hat{\rho}, \overline{\rho}_S, 1)$ 或 $M(\hat{\rho}, \overline{\rho}_S, 1) \leqslant E_{12} \leqslant H(\hat{\rho}, \overline{\rho}_S, 1)$, 天真投资者的最大相关系数 $\overline{\rho}_N$ 变化不会改变均衡类型, 市场只能分别处于均衡类型 3 或均衡类型 5 (噪音投资者不参与资产 1 或资产 2 的交易活动)。如果 E_{12} 位于较远的两侧区间中, $h(\hat{\rho}, \overline{\rho}_S, \overline{\rho}_S) < E_{12} < h(\hat{\rho}, \overline{\rho}_S, 1)$ 或 $H(\hat{\rho}, \overline{\rho}_S, 1) < E_{12} < H(\hat{\rho}, \overline{\rho}_S, \overline{\rho}_S)$, 则天真投资者的最大相关系数 $\overline{\rho}_N$ 上升可能会将市场所处的均衡状态从均衡类型 3 (噪音投资者不参与资产 1 的交易活动) 转变为均衡类型 2 (NU 投资者均不参与资产 1 的交易活动) 或从均衡类型 5 (噪音投资者不参与资产 2 的交易活动) 转变为均衡类型 6 (NU 投资者均不参与资产 2 的交易活动)。如果 E_{12} 位于最远的两端区间中, $E_{12} \leqslant h(\hat{\rho}, \overline{\rho}_S, \overline{\rho}_S)$ 或 $H(\hat{\rho}, \overline{\rho}_S, \overline{\rho}_S) \leqslant E_{12}$, 天真投资者的最大相关系数 $\overline{\rho}_N$ 变化不会改变均衡类型, 市场将分别保持在均衡类型 1 或均衡类型 7 中 (SNU 投资者不参与资产 1 或资产 2 的交易活动), 即受到暧昧性影响的投资者将持有高质量资产, 而不交易低质量资产。

5.3.2　精明投资者的相关系数最大可能取值

给定天真投资者认为的相关系数最大可能取值 $\overline{\rho}_N$, 点 $(\overline{\rho}_S, E_{12})$ 位于图 5.1(b) 的平面 $\overline{\rho}_S - O - E_{12}$ 中所示的 7 个均衡区域之一。函数 $H(\hat{\rho}, \overline{\rho}_S, \overline{\rho}_S)$ 是关于 $\overline{\rho}_S$ 严格递减的凸函数, 函数 $h(\hat{\rho}, \overline{\rho}_S, \overline{\rho}_S)$ 是关于 $\overline{\rho}_S$ 严格递增的凹函数, 因此, 如果点 $(\overline{\rho}_S, E_{12})$ 落在曲边三角形 $(\hat{\rho}, \overline{\rho}_N) \times (0, h(\hat{\rho}, \overline{\rho}_S, \overline{\rho}_S)]$ 内, 则此时市场处于均衡类型 1 —— SNU 投资者不参与资产 1 交易活动的非参与均衡 (但他们均会购买资产 2); 如果点 $(\overline{\rho}_S, E_{12})$ 位于曲边三角形 $(\hat{\rho}, \overline{\rho}_N) \times [H(\hat{\rho}, \overline{\rho}_S, \overline{\rho}_S), \infty)$ 内, 则市场处于均衡类型 7 —— SNU 投资者不参与资产 2 交易活动的非参与均衡 (但他们均会购买资产 1)。函数 $H(\hat{\rho}, \overline{\rho}_S, \overline{\rho}_N)$

关于 $\overline{\rho}_S$ 严格递减, 函数 $h(\hat{\rho}, \overline{\rho}_S, \overline{\rho}_N)$ 关于 $\overline{\rho}_S$ 严格递增, 因此, 如果点 $(\overline{\rho}_S, E_{12})$ 位于曲边三角形 $(\hat{\rho}, \overline{\rho}_N) \times (h(\hat{\rho}, \overline{\rho}_S, \overline{\rho}_S), h(\hat{\rho}, \overline{\rho}_S, \overline{\rho}_N)]$ 内, 此时市场处于均衡类型 2 —— NU 投资者不参与资产 1 交易活动的非参与均衡 (但他们均会购买资产 2, 而精明投资者持有两种风险资产的正头寸), 如果点 $(\overline{\rho}_S, E_{12})$ 位于曲边三角形 $(\hat{\rho}, \overline{\rho}_N) \times [H(\hat{\rho}, \overline{\rho}_S, \overline{\rho}_N),$ $H(\hat{\rho}, \overline{\rho}_S, \overline{\rho}_S))$ 内, 则市场处于均衡类型 6 —— NU 投资者不参与资产 2 交易活动的非参与均衡 (但他们均会买入资产 1, 而精明投资者对两种风险资产均持有正头寸). 函数 $M(\hat{\rho}, \overline{\rho}_S, \overline{\rho}_N)$ 是关于 $\overline{\rho}_S$ 严格递增的凹函数, 其中 $1 + \dfrac{\theta_U}{\dfrac{\theta_I + \theta_S}{1 + \hat{\rho}} + \dfrac{\theta_N}{1 + \overline{\rho}_N}} = M(\hat{\rho}, \hat{\rho}, \overline{\rho}_N) \leqslant$

$M(\hat{\rho}, \overline{\rho}_S, \overline{\rho}_N) \leqslant M(\hat{\rho}, \overline{\rho}_N, \overline{\rho}_N) = 1 + \dfrac{\theta_U}{\dfrac{\theta_I}{1 + \hat{\rho}} + \dfrac{\theta_S + \theta_N}{1 + \overline{\rho}_N}}$, 且函数 $m(\hat{\rho}, \overline{\rho}_S, \overline{\rho}_N)$ 是关于 $\overline{\rho}_S$

严格递减的凸函数, 其中 $m(\hat{\rho}, \overline{\rho}_N, \overline{\rho}_N) \leqslant m(\hat{\rho}, \overline{\rho}_S, \overline{\rho}_N) \leqslant m(\hat{\rho}, \hat{\rho}, \overline{\rho}_N)$, 因此, 如果点 $(\overline{\rho}_S, E_{12})$ 落在曲边梯形 $(\hat{\rho}, \overline{\rho}_N) \times (h(\hat{\rho}, \overline{\rho}_S, \overline{\rho}_N), m(\hat{\rho}, \overline{\rho}_S, \overline{\rho}_N)]$ 内, 则市场处于均衡类型 3 —— 噪音投资者不参与资产 1 交易活动的非参与均衡 (但他们均会买入资产 2, 而 SN 投资者对两种风险资产均持有正头寸); 如果点 $(\overline{\rho}_S, E_{12})$ 落在曲边梯形 $(\hat{\rho}, \overline{\rho}_N) \times [M(\hat{\rho}, \overline{\rho}_S, \overline{\rho}_N), H(\hat{\rho}, \overline{\rho}_S, \overline{\rho}_N))$ 内, 则市场处于均衡类型 5 —— 噪音投资者不参与资产 2 交易活动的非参与均衡 (但他们均会买入资产 1, 而 SN 投资者对两种风险资产均持有正头寸). 最后, 如果点 $(\overline{\rho}_S, E_{12})$ 落在曲边梯形 $(\hat{\rho}, \overline{\rho}_N) \times (m(\hat{\rho}, \overline{\rho}_S, \overline{\rho}_N), M(\hat{\rho}, \overline{\rho}_S, \overline{\rho}_N))$ 内, 则市场处于均衡类型 4 —— SNU 投资者均对两种风险资产持有正头寸的完全参与均衡 (但他们均会买入资产 1, 而 SN 投资者对两种风险资产均持有正头寸).

保持其他条件不变的情况下, 精明投资者认为的相关系数最大可能取值 $\overline{\rho}_S$ 的上升会改变市场中所处的均衡类型. 从数学上看, 值得注意的是, 当且仅当质量比率为适中, 即 $m(\hat{\rho}, \overline{\rho}_S, \overline{\rho}_N) < E_{12} < M(\hat{\rho}, \overline{\rho}_S, \overline{\rho}_N)$ 时, 均衡类型 4 出现. 函数 $M(\hat{\rho}, \overline{\rho}_S, \overline{\rho}_N)$ 是在区间 $[\hat{\rho}, \overline{\rho}_N]$ 上关于 $\overline{\rho}_S$ 严格递增的凹函数, 而函数 $m(\hat{\rho}, \overline{\rho}_S, \overline{\rho}_N)$ 是在区间 $[\hat{\rho}, \overline{\rho}_N]$ 上关于 $\overline{\rho}_S$ 严格递减的凸函数. 函数 $M(\hat{\rho}, \overline{\rho}_S, \overline{\rho}_N)$ 从 $M(\hat{\rho}, \hat{\rho}, \overline{\rho}_N) = 1 + \dfrac{\theta_U}{\dfrac{\theta_I + \theta_S}{1 + \hat{\rho}} + \dfrac{\theta_N}{1 + \overline{\rho}_N}}$

递增至 $M(\hat{\rho}, \overline{\rho}_N, \overline{\rho}_N) = 1 + \dfrac{\theta_U}{\dfrac{\theta_I}{1 + \hat{\rho}} + \dfrac{\theta_S + \theta_N}{1 + \overline{\rho}_N}}$, 而函数 $h(\hat{\rho}, \overline{\rho}_S, \overline{\rho}_N)$ 从 $h(\hat{\rho}, \hat{\rho}, \overline{\rho}_N)$ 递减至 $h(\hat{\rho}, \overline{\rho}_N, \overline{\rho}_N)$. 因此, 如果质量比率 E_{12} 满足 $m(\hat{\rho}, \hat{\rho}, \overline{\rho}_N) \leqslant E_{12} \leqslant M(\hat{\rho}, \hat{\rho}, \overline{\rho}_N)$, 则市场处于均衡类型 4. 我们接下来看一下质量比率较低的情况: $E_{12} < m(\hat{\rho}, \hat{\rho}, \overline{\rho}_N)$. 如果 $m(\hat{\rho}, \overline{\rho}_N, \overline{\rho}_N) < E_{12} < m(\hat{\rho}, \hat{\rho}, \overline{\rho}_N)$, 则精明投资者认为的相关系数最大可能取值 $\overline{\rho}_S$ 的上升会改变 E_{12} 和 $m(\hat{\rho}, \overline{\rho}_S, \overline{\rho}_N)$ 之间的大小关系, 从而将市场所处的均衡从均衡类型 3 转变为均衡类型 4. 如果资产质量比率 E_{12} 满足 $h(\hat{\rho}, \hat{\rho}, \overline{\rho}_N) \leqslant E_{12} \leqslant m(\hat{\rho}, \overline{\rho}_N, \overline{\rho}_N)$, 则市场总会处在均衡类型 3 中. 函数 $h(\hat{\rho}, \overline{\rho}_S, \overline{\rho}_N)$ 在 $[\hat{\rho}, \overline{\rho}_N]$ 上关于 $\overline{\rho}_S$ 严格递减, 并且 $h(\hat{\rho}, \overline{\rho}_S, \overline{\rho}_N)$ 从 $h(\hat{\rho}, \hat{\rho}, \overline{\rho}_N)$ 减至 $h(\hat{\rho}, \overline{\rho}_N, \overline{\rho}_N)$. 如果 $h(\hat{\rho}, \overline{\rho}_N, \overline{\rho}_N) < E_{12} < h(\hat{\rho}, \hat{\rho}, \overline{\rho}_N)$,

$\overline{\rho}_S$ 的上升会改变 E_{12} 和 $h(\hat{\rho}, \overline{\rho}_S, \overline{\rho}_N)$ 之间的大小关系, 并将市场所处的均衡从均衡类型 2 转变为均衡类型 3。函数 $h(\hat{\rho}, \overline{\rho}_S, \overline{\rho}_S)$ 在 $[\hat{\rho}, \overline{\rho}_N]$ 上是关于 $\overline{\rho}_S$ 严格递增的凹函数, 并且 $h(\hat{\rho}, \overline{\rho}_S, \overline{\rho}_S)$ 从 $h(\hat{\rho}, \hat{\rho}, \hat{\rho}) = 0$ 增至 $h(\hat{\rho}, \overline{\rho}_N, \overline{\rho}_N)$。如果质量比率 E_{12} 满足 $E_{12} \leqslant h(\hat{\rho}, \overline{\rho}_N, \overline{\rho}_N)$, 则精明投资者认为的相关系数最大可能取值 $\overline{\rho}_S$ 的上升会改变 E_{12} 和 $h(\hat{\rho}, \overline{\rho}_S, \overline{\rho}_N)$ 之间的大小关系, 从而将市场所处的均衡从均衡类型 2 转变为均衡类型 1。下面, 我们再来看当质量比率较高时的情况: $M(\hat{\rho}, \hat{\rho}, \overline{\rho}_N) < E_{12}$。如果 $M(\hat{\rho}, \hat{\rho}, \overline{\rho}_N) < E_{12} < M(\hat{\rho}, \overline{\rho}_N, \overline{\rho}_N)$, 精明投资者认为的相关系数最大可能取值 $\overline{\rho}_S$ 的上升会改变 E_{12} 和 $M(\hat{\rho}, \overline{\rho}_S, \overline{\rho}_N)$ 之间的大小关系, 从而将市场所处的均衡状态从均衡类型 5 转变为均衡类型 4。如果质量比率 E_{12} 满足 $M(\hat{\rho}, \overline{\rho}_N, \overline{\rho}_N) \leqslant E_{12} \leqslant H(\hat{\rho}, \hat{\rho}, \overline{\rho}_N)$, 则市场会一直处于均衡类型 5。函数 $H(\hat{\rho}, \overline{\rho}_S, \overline{\rho}_N)$ 在 $[\hat{\rho}, \overline{\rho}_N]$ 上关于 $\overline{\rho}_S$ 严格递增, 并且 $H(\hat{\rho}, \overline{\rho}_S, \overline{\rho}_N)$ 从 $H(\hat{\rho}, \hat{\rho}, \overline{\rho}_N) = \dfrac{1 - \hat{\rho}^2}{(\theta_I + \theta_S)(\overline{\rho}_N - \hat{\rho})} - \hat{\rho}$ 增至 $H(\hat{\rho}, \overline{\rho}_N, \overline{\rho}_N) = \dfrac{1 - \hat{\rho}^2}{\theta_I(\overline{\rho}_N - \hat{\rho})} - \hat{\rho}$。如果 $H(\hat{\rho}, \hat{\rho}, \overline{\rho}_N) < E_{12} < H(\hat{\rho}, \overline{\rho}_N, \overline{\rho}_N)$, 则相关系数最大可能取值 $\overline{\rho}_S$ 的上升会改变 E_{12} 和 $H(\hat{\rho}, \overline{\rho}_N, \overline{\rho}_N)$ 之间的大小关系, 并将市场所处的均衡状态从均衡类型 6 转变为均衡类型 5。函数 $H(\hat{\rho}, \overline{\rho}_S, \overline{\rho}_S) = \dfrac{1 - \hat{\rho}^2}{\theta_I(\overline{\rho}_S - \hat{\rho})} - \hat{\rho}$ 是区间 $[\hat{\rho}, \overline{\rho}_N]$ 上关于 $\overline{\rho}_S$ 严格递减的凸函数, 且 $H(\hat{\rho}, \overline{\rho}_S, \overline{\rho}_S)$ 从 $H(\hat{\rho}, \hat{\rho}, \hat{\rho}) = \infty$ 减至 $H(\hat{\rho}, \overline{\rho}_N, \overline{\rho}_N) = \dfrac{1 - \hat{\rho}^2}{\theta_I(\overline{\rho}_N - \hat{\rho})} - \hat{\rho}$。如果质量比率 E_{12} 满足 $H(\hat{\rho}, \overline{\rho}_N, \overline{\rho}_N) \leqslant E_{12}$, 则增加精明投资者认为的相关系数最大可能取值 $\overline{\rho}_S$ 会改变 E_{12} 和 $H(\hat{\rho}, \overline{\rho}_S, \overline{\rho}_N)$ 之间的大小关系, 从而将市场所处的均衡状态从均衡类型 6 转变为均衡类型 7。

我们也可以直观地理解这一点。为了同时持有这两种资产, SN 投资者不得不承受相关系数暧昧性。当质量比率足够小或足够大时, 这两种风险资产之间具有显著区别。随着市场对他们而言变得更加不确定, 且精明投资者认为的相关系数最大可能取值 $\overline{\rho}_S$ 增加, 他们为了避开暧昧性的影响, 将选择只持有质量较高的资产, 从而导致 SN 投资者出现对质量较低资产的非参与均衡。

性质 5.2　当质量比率取值适中时, $m(\hat{\rho}, \hat{\rho}, \overline{\rho}_N) \leqslant E_{12} \leqslant M(\hat{\rho}, \hat{\rho}, \overline{\rho}_N)$, 精明投资者认为的最大相关系数 $\overline{\rho}_S$ 变化不会改变均衡类型, 市场只会处在均衡类型 4 (SNU 投资者参与两种风险资产的交易活动)。如果 E_{12} 位于两侧的区间, $m(\hat{\rho}, \overline{\rho}_N, \overline{\rho}_N) < E_{12} < m(\hat{\rho}, \hat{\rho}, \overline{\rho}_N)$ 或 $M(\hat{\rho}, \hat{\rho}, \overline{\rho}_N) < E_{12} < M(\hat{\rho}, \overline{\rho}_N, \overline{\rho}_N)$, 则精明投资者的最大相关系数 $\overline{\rho}_S$ 的上升会将市场从均衡类型 3 或均衡类型 5 (噪音投资者不参与资产 1 或资产 2 交易活动) 转变为均衡类型 4 (SNU 投资者均参与两种资产的交易活动)。如果 E_{12} 位于较近的两侧区间中, $h(\hat{\rho}, \hat{\rho}, \overline{\rho}_N) \leqslant E_{12} \leqslant m(\hat{\rho}, \overline{\rho}_N, \overline{\rho}_N)$ 或 $M(\hat{\rho}, \overline{\rho}_N, \overline{\rho}_N) \leqslant E_{12} \leqslant H(\hat{\rho}, \hat{\rho}, \overline{\rho}_N)$, 精明投资者的最大相关系数 $\overline{\rho}_S$ 变化不会改变均衡类型, 市场只能分别处于均衡类型 3 或均衡类型 5 (噪音投资者不参与资产 1 或资产 2 的交易活动)。如果 E_{12} 位于较远的两侧区间中, $h(\hat{\rho}, \overline{\rho}_N, \overline{\rho}_N) < E_{12} < h(\hat{\rho}, \hat{\rho}, \overline{\rho}_N)$ 或 $H(\hat{\rho}, \hat{\rho}, \overline{\rho}_N) < E_{12} < H(\hat{\rho}, \overline{\rho}_N, \overline{\rho}_N)$, 则精明投资者的最大相关系数 $\overline{\rho}_S$ 上升可能会将市场所处的均衡状态从均衡类型 2 (NU 投资者

均不参与资产 1 的交易活动) 转变为均衡类型 3 (噪音投资者不参与资产 1 的交易活动) 或从均衡类型 6 (NU 投资者均不参与资产 2 的交易活动) 转变为均衡类型 5 (噪音投资者不参与资产 2 的交易活动)。如果 E_{12} 位于最远的两端区间中，$E_{12} \leqslant h(\hat{\rho}, \overline{\rho}_N, \overline{\rho}_N)$ 或 $H(\hat{\rho}, \overline{\rho}_N, \overline{\rho}_N) \leqslant E_{12}$，精明投资者认为的最大相关系数 $\overline{\rho}_S$ 变化可能会将市场所处的均衡状态从均衡类型 2 (NU 投资者均不参与资产 1 的交易活动) 转变为均衡类型 1 (SNU 投资者均不参与资产 1 的交易活动)，或是将市场从均衡类型 6 (NU 投资者均不参与资产 2 的交易活动) 转变为均衡类型 7 (SNU 投资者不参与资产 2 的交易活动)。

5.4 资产配置和信息结构

在本节中，我们将介绍信息结构与投资者均衡头寸之间的关系。我们比较了 4 种类型投资者的需求函数，然后比较他们的均衡头寸的大小。

5.4.1 需求函数和信息揭露

事实 1、事实 2 和事实 3 中讨论了不同类型投资者的交易方向，但并未说明投资者交易量之间的关系。我们凭直觉可能会推测那些持有更多信息的投资者的需求函数大于持有较少信息的投资者。事实上，这是一个直觉上的谬论。Huang 等 (2007) 提出了下列事实 4，即精明投资者和天真投资者可能会持有比内部投资者更多的头寸 (多头或空头)。

事实 4 精明投资者和天真投资者可能会持有比内部投资者更大的头寸 (多头或空头)。

我们可以使用同样的证明方法来检验精明投资者和天真投资者的对应结果。精明投资者在面对相关系数暧昧性时，会尽量避免受到暧昧性的影响，并要求额外的暧昧性补偿；与精明投资者类似，天真投资者同样为了避免资产收益中的暧昧性，而减少了持有的风险资产的头寸。然而，我们在下面的事实 5 中说明，即使对暧昧性的厌恶态度扭曲了天真投资者的行为，他们仍可能选择持有更激进的风险头寸。

事实 5 天真投资者可能比精明投资者持有更多的头寸 (多头或空头)。

我们不能断定投资者掌握的信息越多，就会持有越大的风险资产头寸。此外，由于噪音投资者的需求函数中存在两个自由变量，我们无法直接比较噪音投资者与其他类型投资者之间的头寸。噪音投资者可能比 SN 投资者持有更多或更少的风险头寸 (多头或空头)。

5.4.2 均衡头寸和信息结构

我们在定理 5.1 中列出了内部投资者、精明投资者和天真投资者的均衡头寸，下面，我们将在性质 5.3、性质 5.4 和性质 5.5 中比较不同类型投资者之间的均衡头寸的大小。

本章附录 E 比较了内部投资者和精明投资者的均衡头寸，如下所示。

(1) 均衡类型 1。如果两种风险资产之间的质量比率微小，$E_{12} \leqslant h(\hat{\rho}, \overline{\rho}_S, \overline{\rho}_S)$，那么对 $\hat{\rho} > 0$ 有 $Z_{S2}^* > Z_{I2}^*$。

(2) 均衡类型 2。如果两种风险资产之间的质量比率很小，$h(\hat{\rho}, \overline{\rho}_S, \overline{\rho}_S) < E_{12} \leqslant h(\hat{\rho}, \overline{\rho}_S, \overline{\rho}_N)$，那么对 $E_{12} < \dfrac{\theta_I \overline{\rho}_S + \theta_S \hat{\rho}}{1 + (\theta_N + \theta_U)\hat{\rho}\overline{\rho}_S}$ 有 $Z_{S2}^* > Z_{I2}^*$。

(3) 均衡类型 3。如果两种风险资产之间的质量比率较小，$h(\hat{\rho}, \overline{\rho}_S, \overline{\rho}_N) < E_{12} \leqslant$ $m(\hat{\rho}, \overline{\rho}_S, \overline{\rho}_N)$，那么对 $E_{12} < \dfrac{\theta_I \overline{\rho}_S + \theta_S \hat{\rho} + \theta_N \dfrac{(\hat{\rho} + \overline{\rho}_S) - \overline{\rho}_N (1 + \hat{\rho}\overline{\rho}_S)}{1 - \overline{\rho}_N^2}}{1 + \theta_N \dfrac{(\overline{\rho}_N - \hat{\rho})(\overline{\rho}_N - \overline{\rho}_S)}{1 - \overline{\rho}_N^2} + \theta_U \hat{\rho}\overline{\rho}_S}$ 有 $Z_{S2}^* > Z_{I2}^*$。

(4) 均衡类型 5。如果两种风险资产之间的质量比率较大，$M(\hat{\rho}, \overline{\rho}_S, \overline{\rho}_N) \leqslant E_{12} <$ $H(\hat{\rho}, \overline{\rho}_S, \overline{\rho}_N)$，那么对 $E_{21} < \dfrac{\theta_I \overline{\rho}_S + \theta_S \hat{\rho} + \theta_N \dfrac{(\hat{\rho} + \overline{\rho}_S) - \overline{\rho}_N (1 + \hat{\rho}\overline{\rho}_S)}{1 - \overline{\rho}_N^2}}{1 + \theta_N \dfrac{(\overline{\rho}_N - \hat{\rho})(\overline{\rho}_N - \overline{\rho}_S)}{1 - \overline{\rho}_N^2} + \theta_U \hat{\rho}\overline{\rho}_S}$ 有 $Z_{S1}^* > Z_{I1}^*$。

(5) 均衡类型 6。如果两种风险资产之间的质量比率很大，$H(\hat{\rho}, \overline{\rho}_S, \overline{\rho}_N) \leqslant E_{12} <$ $H(\hat{\rho}, \overline{\rho}_S, \overline{\rho}_S)$，那么对 $E_{21} < \dfrac{\theta_I \overline{\rho}_S + \theta_S \hat{\rho}}{1 + (\theta_N + \theta_U)\hat{\rho}\overline{\rho}_S}$ 有 $Z_{S1}^* > Z_{I1}^*$。

(6) 均衡类型 7。如果两种风险资产之间的质量比率巨大，$H(\hat{\rho}, \overline{\rho}_S, \overline{\rho}_S) \leqslant E_{12}$，那么对 $\hat{\rho} > 0$ 有 $Z_{S1}^* > Z_{I1}^*$。

根据上述分析可知，$Z_{S1}^* > Z_{I1}^*$ 的对应区间为：

$$\{E_{21} \leqslant h(\hat{\rho}, \overline{\rho}_S, \overline{\rho}_S) \text{ 其中 } \hat{\rho} > 0\}$$

$$\cup \left\{ E_{21} < \frac{\theta_I \overline{\rho}_S + \theta_S \hat{\rho}}{1 + (\theta_N + \theta_U)\hat{\rho}\overline{\rho}_S} \,\middle|\, h(\hat{\rho}, \overline{\rho}_S, \overline{\rho}_S) < E_{21} \leqslant h(\hat{\rho}, \overline{\rho}_S, \overline{\rho}_N) \right\}$$

$$\cup \left\{ E_{21} < \frac{\theta_I \overline{\rho}_S + \theta_S \hat{\rho} + \theta_N \dfrac{(\hat{\rho} + \overline{\rho}_S) - \overline{\rho}_N (1 + \hat{\rho}\overline{\rho}_S)}{1 - \overline{\rho}_N^2}}{1 + \theta_N \dfrac{(\overline{\rho}_N - \hat{\rho})(\overline{\rho}_N - \overline{\rho}_S)}{1 - \overline{\rho}_N^2} + \theta_U \hat{\rho}\overline{\rho}_S} \,\middle|\, h(\hat{\rho}, \overline{\rho}_S, \overline{\rho}_N) < E_{21} \leqslant m(\hat{\rho}, \overline{\rho}_S, \overline{\rho}_N) \right\}$$

$$= \begin{cases} \left\{ h(\hat{\rho}, \overline{\rho}_S, \overline{\rho}_N) < E_{21} < \dfrac{\theta_I \overline{\rho}_S + \theta_S \hat{\rho} + \theta_N \dfrac{(\hat{\rho} + \overline{\rho}_S) - \overline{\rho}_N (1 + \hat{\rho}\overline{\rho}_S)}{1 - \overline{\rho}_N^2}}{1 + \theta_N \dfrac{(\overline{\rho}_N - \hat{\rho})(\overline{\rho}_N - \overline{\rho}_S)}{1 - \overline{\rho}_N^2} + \theta_U \hat{\rho}\overline{\rho}_S} \right\} \\ \quad \cup \left\{ E_{21} < \dfrac{\theta_I \overline{\rho}_S + \theta_S \hat{\rho}}{1 + (\theta_N + \theta_U)\hat{\rho}\overline{\rho}_S} \right\}, \quad \text{若} 0 < \hat{\rho} < \overline{\rho}_S < \overline{\rho}_N < \dfrac{\hat{\rho} + \overline{\rho}_S}{1 + \hat{\rho}\overline{\rho}_S} \\[2ex] \left\{ E_{21} < \dfrac{\theta_I \overline{\rho}_S + \theta_S \hat{\rho}}{1 + (\theta_N + \theta_U)\hat{\rho}\overline{\rho}_S} \right\}, \quad\quad\quad \text{若} 0 < \hat{\rho} < \overline{\rho}_S < \dfrac{\hat{\rho} + \overline{\rho}_S}{1 + \hat{\rho}\overline{\rho}_S} < \overline{\rho}_N \end{cases}$$

而 $Z_{S2}^* > Z_{I2}^*$ 的对应区间为：

$$\{E_{12} \leqslant h(\hat{\rho}, \overline{\rho}_S, \overline{\rho}_S) \text{ 其中 } \hat{\rho} > 0\}$$

$$\cup \left\{ E_{12} < \frac{\theta_I \overline{\rho}_S + \theta_S \hat{\rho}}{1 + (\theta_N + \theta_U)\hat{\rho}\overline{\rho}_S} \,\middle|\, h(\hat{\rho}, \overline{\rho}_S, \overline{\rho}_S) < E_{12} \leqslant h(\hat{\rho}, \overline{\rho}_S, \overline{\rho}_N) \right\}$$

$$\cup\left\{E_{12} < \frac{\theta_I\overline{\rho}_S + \theta_S\hat{\rho} + \theta_N\dfrac{(\hat{\rho}+\overline{\rho}_S)-\overline{\rho}_N(1+\hat{\rho}\overline{\rho}_S)}{1-\overline{\rho}_N^2}}{1+\theta_N\dfrac{(\overline{\rho}_N-\hat{\rho})(\overline{\rho}_N-\overline{\rho}_S)}{1-\overline{\rho}_N^2}+\theta_U\hat{\rho}\overline{\rho}_S}\,\middle|\, h(\hat{\rho},\overline{\rho}_S,\overline{\rho}_N) < E_{12} \leqslant m(\hat{\rho},\overline{\rho}_S,\overline{\rho}_N)\right\}$$

$$=\begin{cases}\left\{h(\hat{\rho},\overline{\rho}_S,\overline{\rho}_N) < E_{12} < \dfrac{\theta_I\overline{\rho}_S + \theta_S\hat{\rho} + \theta_N\dfrac{(\hat{\rho}+\overline{\rho}_S)-\overline{\rho}_N(1+\hat{\rho}\overline{\rho}_S)}{1-\overline{\rho}_N^2}}{1+\theta_N\dfrac{(\overline{\rho}_N-\hat{\rho})(\overline{\rho}_N-\overline{\rho}_S)}{1-\overline{\rho}_N^2}+\theta_U\hat{\rho}\overline{\rho}_S}\right\} \\ \qquad\cup\left\{E_{12} < \dfrac{\theta_I\overline{\rho}_S + \theta_S\hat{\rho}}{1+(\theta_N+\theta_U)\hat{\rho}\overline{\rho}_S}\right\}, \quad\text{若 } 0 < \hat{\rho} < \overline{\rho}_S < \overline{\rho}_N < \dfrac{\hat{\rho}+\overline{\rho}_S}{1+\hat{\rho}\overline{\rho}_S} \\ \left\{E_{12} < \dfrac{\theta_I\overline{\rho}_S + \theta_S\hat{\rho}}{1+(\theta_N+\theta_U)\hat{\rho}\overline{\rho}_S}\right\}, \qquad\text{若 } 0 < \hat{\rho} < \overline{\rho}_S < \dfrac{\hat{\rho}+\overline{\rho}_S}{1+\hat{\rho}\overline{\rho}_S} < \overline{\rho}_N \end{cases}$$

因此, 如果真实的相关系数为正, 那么精明投资者在高质量资产上配置的头寸将高于内部投资者 (见图 5.2)。

性质 5.3 当市场达到均衡时, 精明投资者可能比内部投资者持有更多的风险头寸。具体来说, 若 $\hat{\rho} > 0$, 则当风险资产质量比率满足下述不等关系时, 有 $Z_{S1}^* > Z_{I1}^*$:

$$E_{21} < \frac{\theta_I\overline{\rho}_S + \theta_S\hat{\rho}}{1+(\theta_N+\theta_U)\hat{\rho}\overline{\rho}_S} \quad \text{或}$$

$$h(\hat{\rho},\overline{\rho}_S,\overline{\rho}_N) < E_{21} < \frac{\theta_I\overline{\rho}_S + \theta_S\hat{\rho} + \theta_N\dfrac{(\hat{\rho}+\overline{\rho}_S)-\overline{\rho}_N(1+\hat{\rho}\overline{\rho}_S)}{1-\overline{\rho}_N^2}}{1+\theta_N\dfrac{(\overline{\rho}_N-\hat{\rho})(\overline{\rho}_N-\overline{\rho}_S)}{1-\overline{\rho}_N^2}+\theta_U\hat{\rho}\overline{\rho}_S}$$

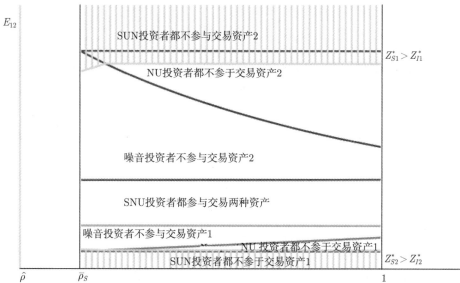

(a) 天真投资者的最大相关系数$\overline{\rho}_N$变动对精明投资者和内部投资者均衡头寸大小比较的影响

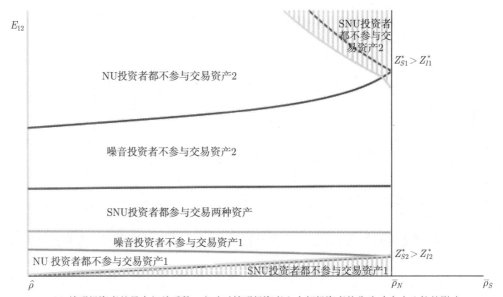

(b) 精明投资者的最大相关系数$\bar{\rho}_S$变动对精明投资者和内部投资者均衡头寸大小比较的影响

图 5.2　精明投资者和内部投资者均衡头寸的比较 $(\hat{\rho} > 0)$

以及当资产质量比率满足下述不等式时，有 $Z^*_{S2} > Z^*_{I2}$：

$$E_{12} < \frac{\theta_I \bar{\rho}_S + \theta_S \hat{\rho}}{1 + (\theta_N + \theta_U)\hat{\rho}\bar{\rho}_S} \quad 或$$

$$h(\hat{\rho}, \bar{\rho}_S, \bar{\rho}_N) < E_{12} < \frac{\theta_I \bar{\rho}_S + \theta_S \hat{\rho} + \theta_N \dfrac{(\hat{\rho} + \bar{\rho}_S) - \bar{\rho}_N(1 + \hat{\rho}\bar{\rho}_S)}{1 - \bar{\rho}_N^2}}{1 + \theta_N \dfrac{(\bar{\rho}_N - \hat{\rho})(\bar{\rho}_N - \bar{\rho}_S)}{1 - \bar{\rho}_N^2} + \theta_U \hat{\rho}\bar{\rho}_S}$$

本章附录 E 比较了内部投资者和天真投资者的均衡头寸，比较结果如下所示。

(1) 均衡类型 1 和均衡类型 2。如果两种风险资产之间的质量比率非常小或很小，$E_{12} \leqslant h(\hat{\rho}, \bar{\rho}_S, \bar{\rho}_N)$，那么对 $\hat{\rho} > 0$ 有 $Z^*_{N2} > Z^*_{I2}$。

(2) 均衡类型 3。如果两种风险资产之间的质量比率较小，$h(\hat{\rho}, \bar{\rho}_S, \bar{\rho}_N) < E_{12} \leqslant m(\hat{\rho}, \bar{\rho}_S, \bar{\rho}_N)$，那么对 $E_{12} < \dfrac{\theta_I \bar{\rho}_N + \theta_S \dfrac{(\hat{\rho} + \bar{\rho}_N) - \bar{\rho}_S(1 + \hat{\rho}\bar{\rho}_N)}{1 - \bar{\rho}_S^2} + \theta_N \hat{\rho}}{1 + \theta_S \dfrac{(\bar{\rho}_S - \hat{\rho})(\bar{\rho}_S - \bar{\rho}_N)}{1 - \bar{\rho}_S^2} + \theta_U \hat{\rho}\bar{\rho}_N}$ 有 $Z^*_{N2} > Z^*_{I2}$。

(3) 均衡类型 5。如果两种风险资产之间的质量比率较大，$M(\hat{\rho}, \bar{\rho}_S, \bar{\rho}_N) \leqslant E_{12} < H(\hat{\rho}, \bar{\rho}_S, \bar{\rho}_N)$，那么对 $E_{21} < \dfrac{\theta_I \bar{\rho}_N + \theta_S \dfrac{(\hat{\rho} + \bar{\rho}_N) - \bar{\rho}_S(1 + \hat{\rho}\bar{\rho}_N)}{1 - \bar{\rho}_S^2} + \theta_N \hat{\rho}}{1 + \theta_S \dfrac{(\bar{\rho}_S - \hat{\rho})(\bar{\rho}_S - \bar{\rho}_N)}{1 - \bar{\rho}_S^2} + \theta_U \hat{\rho}\bar{\rho}_N}$ 有 $Z^*_{N1} > Z^*_{I1}$。

(4) 均衡类型 6 和均衡类型 7。如果两种风险资产之间的质量比率很大或非常大，$H(\hat{\rho}, \overline{\rho}_S, \overline{\rho}_N) \leqslant E_{12}$，那么对 $\hat{\rho} > 0$ 有 $Z_{N1}^* > Z_{I1}^*$。

根据上述分析可知，$Z_{N1}^* > Z_{I1}^*$ 的对应区间为：

$$\{E_{21} \leqslant h(\hat{\rho}, \overline{\rho}_S, \overline{\rho}_N) \text{ 其中 } \hat{\rho} > 0\}$$

$$\cup \left\{ E_{21} < \left. \frac{\theta_I \overline{\rho}_N + \theta_S \dfrac{(\hat{\rho} + \overline{\rho}_N) - \overline{\rho}_S (1 + \hat{\rho}\overline{\rho}_N)}{1 - \overline{\rho}_S^2} + \theta_N \hat{\rho}}{1 + \theta_S \dfrac{(\overline{\rho}_S - \hat{\rho})(\overline{\rho}_S - \overline{\rho}_N)}{1 - \overline{\rho}_S^2} + \theta_U \hat{\rho}\overline{\rho}_N} \, \right| h(\hat{\rho}, \overline{\rho}_S, \overline{\rho}_N) < E_{21} \leqslant m(\hat{\rho}, \overline{\rho}_S, \overline{\rho}_N) \right\}$$

$$= \left\{ E_{21} < \frac{\theta_I \overline{\rho}_N + \theta_S \dfrac{(\hat{\rho} + \overline{\rho}_N) - \overline{\rho}_S (1 + \hat{\rho}\overline{\rho}_N)}{1 - \overline{\rho}_S^2} + \theta_N \hat{\rho}}{1 + \theta_S \dfrac{(\overline{\rho}_S - \hat{\rho})(\overline{\rho}_S - \overline{\rho}_N)}{1 - \overline{\rho}_S^2} + \theta_U \hat{\rho}\overline{\rho}_N} \right\}, \text{ 其中 } \hat{\rho} > 0$$

而 $Z_{N2}^* > Z_{I2}^*$ 的对应区间为：

$$\{E_{12} \leqslant h(\hat{\rho}, \overline{\rho}_S, \overline{\rho}_N) \text{ 其中 } \hat{\rho} > 0\}$$

$$\cup \left\{ E_{12} < \left. \frac{\theta_I \overline{\rho}_N + \theta_S \dfrac{(\hat{\rho} + \overline{\rho}_N) - \overline{\rho}_S (1 + \hat{\rho}\overline{\rho}_N)}{1 - \overline{\rho}_S^2} + \theta_N \hat{\rho}}{1 + \theta_S \dfrac{(\overline{\rho}_S - \hat{\rho})(\overline{\rho}_S - \overline{\rho}_N)}{1 - \overline{\rho}_S^2} + \theta_U \hat{\rho}\overline{\rho}_N} \, \right| h(\hat{\rho}, \overline{\rho}_S, \overline{\rho}_N) < E_{12} \leqslant m(\hat{\rho}, \overline{\rho}_S, \overline{\rho}_N) \right\}$$

$$= \left\{ E_{12} < \frac{\theta_I \overline{\rho}_N + \theta_S \dfrac{(\hat{\rho} + \overline{\rho}_N) - \overline{\rho}_S (1 + \hat{\rho}\overline{\rho}_N)}{1 - \overline{\rho}_S^2} + \theta_N \hat{\rho}}{1 + \theta_S \dfrac{(\overline{\rho}_S - \hat{\rho})(\overline{\rho}_S - \overline{\rho}_N)}{1 - \overline{\rho}_S^2} + \theta_U \hat{\rho}\overline{\rho}_N} \right\}, \quad \text{ 其中 } \hat{\rho} > 0$$

因此，如果真实的相关系数为正值，那么天真投资者配置的高质量资产的头寸大于内部投资者配置的头寸 (见图 5.3)。

性质 5.4 当市场达到均衡时，天真投资者可能比内部投资者持有更高的风险头寸。若 $\hat{\rho} > 0$，则当风险资产质量比率满足 $E_{21} < \dfrac{\theta_I \overline{\rho}_N + \theta_S \dfrac{(\hat{\rho} + \overline{\rho}_N) - \overline{\rho}_S (1 + \hat{\rho}\overline{\rho}_N)}{1 - \overline{\rho}_S^2} + \theta_N \hat{\rho}}{1 + \theta_S \dfrac{(\overline{\rho}_S - \hat{\rho})(\overline{\rho}_S - \overline{\rho}_N)}{1 - \overline{\rho}_S^2} + \theta_U \hat{\rho}\overline{\rho}_N}$

时，有 $Z_{N1}^* > Z_{I1}^*$；当资产质量比率满足 $E_{12} < \dfrac{\theta_I \overline{\rho}_N + \theta_S \dfrac{(\hat{\rho} + \overline{\rho}_N) - \overline{\rho}_S (1 + \hat{\rho}\overline{\rho}_N)}{1 - \overline{\rho}_S^2} + \theta_N \hat{\rho}}{1 + \theta_S \dfrac{(\overline{\rho}_S - \hat{\rho})(\overline{\rho}_S - \overline{\rho}_N)}{1 - \overline{\rho}_S^2} + \theta_U \hat{\rho}\overline{\rho}_N}$ 时，

有 $Z_{N2}^* > Z_{I2}^*$。

本章附录 E 比较了精明投资者和天真投资者的均衡头寸，比较结果如下所示。

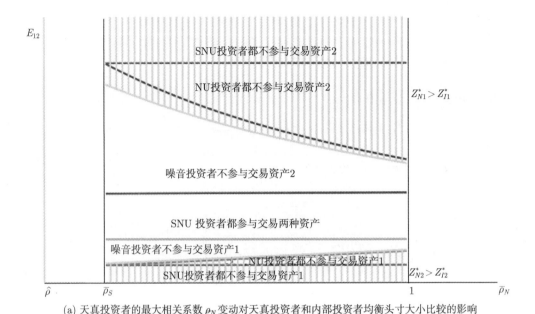

(a) 天真投资者的最大相关系数 ρ_N 变动对天真投资者和内部投资者均衡头寸大小比较的影响

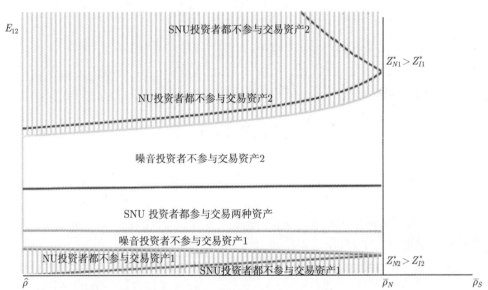

(b) 精明投资者的最大相关系数 $\bar{\rho}_S$ 变动对天真投资者和内部投资者均衡头寸大小比较的影响

图 5.3　天真投资者和内部投资者均衡头与的比较 ($\hat{\rho} > 0$)

(1) 均衡类型 2。如果两种风险资产之间的质量比率很小，$h(\hat{\rho}, \overline{\rho}_S, \overline{\rho}_S) < E_{12} \leqslant h(\hat{\rho}, \overline{\rho}_S, \overline{\rho}_N)$，那么对 $\overline{\rho}_S > 0$ 有 $Z_{N2}^* > Z_{S2}^*$。

(2) 均衡类型 3。如果两种风险资产之间的质量比率较小，$h(\hat{\rho}, \overline{\rho}_S, \overline{\rho}_N) < E_{12} \leqslant$

$m(\hat{\rho}, \overline{\rho}_S, \overline{\rho}_N)$，那么对 $E_{12} < \dfrac{\theta_I \dfrac{(\overline{\rho}_S + \overline{\rho}_N) - \hat{\rho}(1 + \overline{\rho}_S \overline{\rho}_N)}{1 - \hat{\rho}^2} + \theta_S \overline{\rho}_N + \theta_N \overline{\rho}_S}{1 + \theta_I \dfrac{(\hat{\rho} - \overline{\rho}_S)(\hat{\rho} - \overline{\rho}_N)}{1 - \hat{\rho}^2} + \theta_U \overline{\rho}_S \overline{\rho}_N}$ 有 $Z_{N2}^* > Z_{S2}^*$。

(3) 均衡类型 5。如果两种风险资产之间的质量比率较大，$M(\hat{\rho}, \overline{\rho}_S, \overline{\rho}_N) \leqslant E_{12} < $

$$H(\hat{\rho}, \overline{\rho}_S, \overline{\rho}_N), \text{那么对 } E_{21} < \frac{\theta_I \dfrac{(\overline{\rho}_S + \overline{\rho}_N) - \hat{\rho}(1 + \overline{\rho}_S \overline{\rho}_N)}{1 - \hat{\rho}^2} + \theta_S \overline{\rho}_N + \theta_N \overline{\rho}_S}{1 + \theta_I \dfrac{(\hat{\rho} - \overline{\rho}_S)(\hat{\rho} - \overline{\rho}_N)}{1 - \hat{\rho}^2} + \theta_U \overline{\rho}_S \overline{\rho}_N} \text{ 有 } Z_{N1}^* > Z_{S1}^*。$$

(4) 均衡类型 6。如果两种风险资产之间的质量比率很大，$H(\hat{\rho}, \overline{\rho}_S, \overline{\rho}_N) \leqslant E_{12} < H(\hat{\rho}, \overline{\rho}_S, \overline{\rho}_S)$，那么对 $\overline{\rho}_S > 0$ 有 $Z_{N1}^* > Z_{S1}^*$。

根据上述分析可知，$Z_{N1}^* > Z_{S1}^*$ 的对应区间为：

$$\{h(\hat{\rho}, \overline{\rho}_S, \overline{\rho}_S) < E_{21} \leqslant h(\hat{\rho}, \overline{\rho}_S, \overline{\rho}_N) \text{ 其中} \overline{\rho}_S > 0\}$$

$$\cup \left\{ E_{21} < \frac{\theta_I \dfrac{(\overline{\rho}_S + \overline{\rho}_N) - \hat{\rho}(1 + \overline{\rho}_S \overline{\rho}_N)}{1 - \hat{\rho}^2} + \theta_S \overline{\rho}_N + \theta_N \overline{\rho}_S}{1 + \theta_I \dfrac{(\hat{\rho} - \overline{\rho}_S)(\hat{\rho} - \overline{\rho}_N)}{1 - \hat{\rho}^2} + \theta_U \overline{\rho}_S \overline{\rho}_N} \;\middle|\; h(\hat{\rho}, \overline{\rho}_S, \overline{\rho}_N) < E_{21} \leqslant m(\hat{\rho}, \overline{\rho}_S, \overline{\rho}_N) \right\}$$

$$= \left\{ h(\hat{\rho}, \overline{\rho}_S, \overline{\rho}_S) < E_{21} < \frac{\dfrac{\theta_I}{1 - \hat{\rho}^2}[(\overline{\rho}_S + \overline{\rho}_N) - \hat{\rho}(1 + \overline{\rho}_S \overline{\rho}_N)] + \theta_S \overline{\rho}_N + \theta_N \overline{\rho}_S}{\dfrac{\theta_I}{1 - \hat{\rho}^2}[(1 + \overline{\rho}_S \overline{\rho}_N) - \hat{\rho}(\overline{\rho}_S + \overline{\rho}_N)] + (\theta_S + \theta_N)} \right\}, \text{ 其中} \overline{\rho}_S > 0$$

而 $Z_{N2}^* > Z_{S2}^*$ 的对应区间为：

$$\{h(\hat{\rho}, \overline{\rho}_S, \overline{\rho}_S) < E_{12} \leqslant h(\hat{\rho}, \overline{\rho}_S, \overline{\rho}_N) \text{ 其中} \overline{\rho}_S > 0\}$$

$$\cup \left\{ E_{12} < \frac{\theta_I \dfrac{(\overline{\rho}_S + \overline{\rho}_N) - \hat{\rho}(1 + \overline{\rho}_S \overline{\rho}_N)}{1 - \hat{\rho}^2} + \theta_S \overline{\rho}_N + \theta_N \overline{\rho}_S}{1 + \theta_I \dfrac{(\hat{\rho} - \overline{\rho}_S)(\hat{\rho} - \overline{\rho}_N)}{1 - \hat{\rho}^2} + \theta_U \overline{\rho}_S \overline{\rho}_N} \;\middle|\; h(\hat{\rho}, \overline{\rho}_S, \overline{\rho}_N) < E_{12} \leqslant m(\hat{\rho}, \overline{\rho}_S, \overline{\rho}_N) \right\}$$

$$= \left\{ h(\hat{\rho}, \overline{\rho}_S, \overline{\rho}_S) < E_{12} < \frac{\dfrac{\theta_I}{1 - \hat{\rho}^2}[(\overline{\rho}_S + \overline{\rho}_N) - \hat{\rho}(1 + \overline{\rho}_S \overline{\rho}_N)] + \theta_S \overline{\rho}_N + \theta_N \overline{\rho}_S}{\dfrac{\theta_I}{1 - \hat{\rho}^2}[(1 + \overline{\rho}_S \overline{\rho}_N) - \hat{\rho}(\overline{\rho}_S + \overline{\rho}_N)] + (\theta_S + \theta_N)} \right\}, \text{ 其中} \overline{\rho}_S > 0$$

因此，如果精明投资者认为的最大相关系数为正，那么，天真投资者在高质量资产上配置的头寸高于精明投资者配置的头寸 (见图 5.4)。

性质 5.5 当市场达到均衡时，天真投资者可能比精明投资者持有更大的风险头寸。若 $\overline{\rho}_S > 0$，则当风险资产质量比率满足

$$h(\hat{\rho}, \overline{\rho}_S, \overline{\rho}_S) < E_{21} < \frac{\dfrac{\theta_I}{1 - \hat{\rho}^2}[(\overline{\rho}_S + \overline{\rho}_N) - \hat{\rho}(1 + \overline{\rho}_S \overline{\rho}_N)] + \theta_S \overline{\rho}_N + \theta_N \overline{\rho}_S}{\dfrac{\theta_I}{1 - \hat{\rho}^2}[(1 + \overline{\rho}_S \overline{\rho}_N) - \hat{\rho}(\overline{\rho}_S + \overline{\rho}_N)] + (\theta_S + \theta_N)}$$

时，有 $Z_{N1}^* > Z_{S1}^*$；当资产质量比率满足

$$h(\hat{\rho}, \overline{\rho}_N, \overline{\rho}_S) < E_{12} < \cfrac{\cfrac{\theta_I}{1-\hat{\rho}^2}[(\overline{\rho}_S + \overline{\rho}_N) - \hat{\rho}(1 + \overline{\rho}_S\overline{\rho}_N)] + \theta_S\overline{\rho}_N + \theta_N\overline{\rho}_S}{\cfrac{\theta_I}{1-\hat{\rho}^2}[(1 + \overline{\rho}_S\overline{\rho}_N) - \hat{\rho}(\overline{\rho}_S + \overline{\rho}_N)] + (\theta_S + \theta_N)}$$

时, 有 $Z_{N2}^* > Z_{S2}^*$。

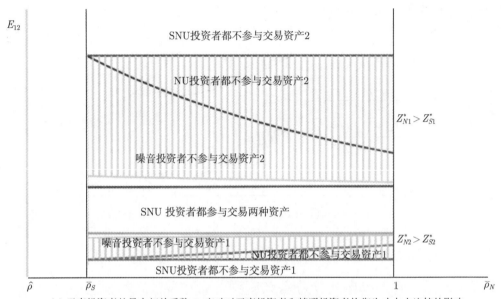

(a) 天真投资者的最大相关系数 $\overline{\rho}_N$ 变动对天真投资者和精明投资者均衡头寸大小比较的影响

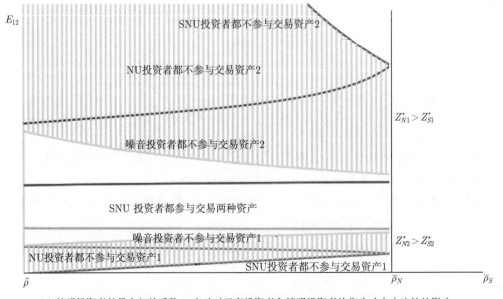

(b) 精明投资者的最大相关系数 $\overline{\rho}_S$ 变动对天真投资者和精明投资者均衡头寸大小比较的影响

图 5.4　天真投资者和精明投资者均衡头寸的比较 ($\overline{\rho}_S > 0$)

定理 5.1 还列出了噪音投资者的均衡头寸, 因此我们可以将他们在均衡时的头寸与内部投资者和 SN 投资者的均衡头寸进行对比, 结果列在了性质 5.6、性质 5.7 和性质 5.8 中。

本章附录 E 比较了内部投资者和噪音投资者的均衡头寸, 比较结果如下所示。

(1) 均衡类型 1、均衡类型 2 和均衡类型 3。如果两种风险资产之间的质量比率微小、很小或者较小, $E_{12} \leqslant m(\hat{\rho}, \overline{\rho}_S, \overline{\rho}_N)$, 那么对 $\hat{\rho} > 0$ 有 $Z_{U2}^* > Z_{I2}^*$。

(2) 均衡类型 4。如果两种风险资产之间的质量比率适中, $m(\hat{\rho}, \overline{\rho}_S, \overline{\rho}_N) < E_{12} < M(\hat{\rho}, \overline{\rho}_S, \overline{\rho}_N)$, 那么对 $E_{21} < \dfrac{\dfrac{\theta_I}{1+\hat{\rho}} + \dfrac{\theta_S}{1+\overline{\rho}_S} + \dfrac{\theta_N}{1+\overline{\rho}_N} + \dfrac{\theta_U \hat{\rho}}{1+\hat{\rho}}}{\dfrac{\theta_I}{1+\hat{\rho}} + \dfrac{\theta_S}{1+\overline{\rho}_S} + \dfrac{\theta_N}{1+\overline{\rho}_N} + \dfrac{\theta_U}{1+\hat{\rho}}}$ 有 $Z_{U1}^* > Z_{I1}^*$, 对 $E_{12} <$

$\dfrac{\dfrac{\theta_I}{1+\hat{\rho}} + \dfrac{\theta_S}{1+\overline{\rho}_S} + \dfrac{\theta_N}{1+\overline{\rho}_N} + \dfrac{\theta_U \hat{\rho}}{1+\hat{\rho}}}{\dfrac{\theta_I}{1+\hat{\rho}} + \dfrac{\theta_S}{1+\overline{\rho}_S} + \dfrac{\theta_N}{1+\overline{\rho}_N} + \dfrac{\theta_U}{1+\hat{\rho}}}$ 有 $Z_{U2}^* > Z_{I2}^*$。

(3) 均衡类型 5、均衡类型 6 和均衡类型 7。如果两种风险资产之间的质量比率较大、很大或者巨大, $M(\hat{\rho}, \overline{\rho}_S, \overline{\rho}_N) \leqslant E_{12}$, 那么对 $\hat{\rho} > 0$ 有 $Z_{U1}^* > Z_{I1}^*$。

根据上述分析可知, $Z_{U1}^* > Z_{I1}^*$ 的对应区间为:

$$\{E_{21} \leqslant m(\hat{\rho}, \overline{\rho}_S, \overline{\rho}_N) \text{ 其中 } \hat{\rho} > 0\}$$

$$\cup \left\{ E_{21} < \frac{\dfrac{\theta_I}{1+\hat{\rho}} + \dfrac{\theta_S}{1+\overline{\rho}_S} + \dfrac{\theta_N}{1+\overline{\rho}_N} + \dfrac{\theta_U \hat{\rho}}{1+\hat{\rho}}}{\dfrac{\theta_I}{1+\hat{\rho}} + \dfrac{\theta_S}{1+\overline{\rho}_S} + \dfrac{\theta_N}{1+\overline{\rho}_N} + \dfrac{\theta_U}{1+\hat{\rho}}} \,\middle|\, m(\hat{\rho}, \overline{\rho}_S, \overline{\rho}_N) < E_{21} \leqslant M(\hat{\rho}, \overline{\rho}_S, \overline{\rho}_N) \right\}$$

$$= \left\{ E_{21} < \frac{\dfrac{\theta_I}{1+\hat{\rho}} + \dfrac{\theta_S}{1+\overline{\rho}_S} + \dfrac{\theta_N}{1+\overline{\rho}_N} + \dfrac{\theta_U \hat{\rho}}{1+\hat{\rho}}}{\dfrac{\theta_I}{1+\hat{\rho}} + \dfrac{\theta_S}{1+\overline{\rho}_S} + \dfrac{\theta_N}{1+\overline{\rho}_N} + \dfrac{\theta_U}{1+\hat{\rho}}} \right\}, \quad \text{其中 } \hat{\rho} > 0$$

而 $Z_{U2}^* > Z_{I2}^*$ 的对应区间为:

$$\{E_{12} \leqslant m(\hat{\rho}, \overline{\rho}_S, \overline{\rho}_N) \text{ 其中 } \hat{\rho} > 0\}$$

$$\cup \left\{ E_{12} < \frac{\dfrac{\theta_I}{1+\hat{\rho}} + \dfrac{\theta_S}{1+\overline{\rho}_S} + \dfrac{\theta_N}{1+\overline{\rho}_N} + \dfrac{\theta_U \hat{\rho}}{1+\hat{\rho}}}{\dfrac{\theta_I}{1+\hat{\rho}} + \dfrac{\theta_S}{1+\overline{\rho}_S} + \dfrac{\theta_N}{1+\overline{\rho}_N} + \dfrac{\theta_U}{1+\hat{\rho}}} \,\middle|\, m(\hat{\rho}, \overline{\rho}_S, \overline{\rho}_N) < E_{12} \leqslant M(\hat{\rho}, \overline{\rho}_S, \overline{\rho}_N) \right\}$$

$$= \left\{ E_{12} < \frac{\dfrac{\theta_I}{1+\hat{\rho}} + \dfrac{\theta_S}{1+\overline{\rho}_S} + \dfrac{\theta_N}{1+\overline{\rho}_N} + \dfrac{\theta_U \hat{\rho}}{1+\hat{\rho}}}{\dfrac{\theta_I}{1+\hat{\rho}} + \dfrac{\theta_S}{1+\overline{\rho}_S} + \dfrac{\theta_N}{1+\overline{\rho}_N} + \dfrac{\theta_U}{1+\hat{\rho}}} \right\}, \quad \text{其中 } \hat{\rho} > 0$$

因此, 如果真实的相关系数为正, 那么, 噪音投资者在高质量资产上配置的头寸高于内部投资者配置的头寸。

性质 5.6　当市场达到均衡时, 噪音投资者可能比内部投资者持有更大的风险头寸。

若 $\hat{\rho} > 0$, 则当风险资产质量比率满足 $E_{21} < \dfrac{\dfrac{\theta_I}{1+\hat{\rho}} + \dfrac{\theta_S}{1+\overline{\rho}_S} + \dfrac{\theta_N}{1+\overline{\rho}_N} + \dfrac{\theta_U\hat{\rho}}{1+\hat{\rho}}}{\dfrac{\theta_I}{1+\hat{\rho}} + \dfrac{\theta_S}{1+\overline{\rho}_S} + \dfrac{\theta_N}{1+\overline{\rho}_N} + \dfrac{\theta_U}{1+\hat{\rho}}}$ 时,

有 $Z_{U1}^* > Z_{I1}^*$; 当资产质量比率满足 $E_{12} < \dfrac{\dfrac{\theta_I}{1+\hat{\rho}} + \dfrac{\theta_S}{1+\overline{\rho}_S} + \dfrac{\theta_N}{1+\overline{\rho}_N} + \dfrac{\theta_U\hat{\rho}}{1+\hat{\rho}}}{\dfrac{\theta_I}{1+\hat{\rho}} + \dfrac{\theta_S}{1+\overline{\rho}_S} + \dfrac{\theta_N}{1+\overline{\rho}_N} + \dfrac{\theta_U}{1+\hat{\rho}}}$ 时, 有

$Z_{U2}^* > Z_{I2}^*$。

本章附录 E 还比较了精明投资者和噪音投资者的均衡头寸, 比较结果如下所示。

(1) 均衡类型 2 和均衡类型 3。如果两种风险资产之间的质量比率很小或者较小, $h(\hat{\rho}, \overline{\rho}_S, \overline{\rho}_S) < E_{12} \leqslant m(\hat{\rho}, \overline{\rho}_S, \overline{\rho}_N)$, 那么对 $\overline{\rho}_S > 0$ 有 $Z_{U2}^* > Z_{S2}^*$。

(2) 均衡类型 4。如果两种风险资产之间的质量比率适中, $m(\hat{\rho}, \overline{\rho}_S, \overline{\rho}_N) < E_{12} <$

$M(\hat{\rho}, \overline{\rho}_S, \overline{\rho}_N)$, 那么对 $E_{21} < \dfrac{\dfrac{\theta_I}{1+\hat{\rho}} + \dfrac{\theta_S}{1+\overline{\rho}_S} + \dfrac{\theta_N}{1+\overline{\rho}_N} + \dfrac{\theta_U\overline{\rho}_S}{1+\overline{\rho}_S}}{\dfrac{\theta_I}{1+\hat{\rho}} + \dfrac{\theta_S}{1+\overline{\rho}_S} + \dfrac{\theta_N}{1+\overline{\rho}_N} + \dfrac{\theta_U}{1+\overline{\rho}_S}}$ 有 $Z_{U1}^* > Z_{S1}^*$, 且对

$E_{12} < \dfrac{\dfrac{\theta_I}{1+\hat{\rho}} + \dfrac{\theta_S}{1+\overline{\rho}_S} + \dfrac{\theta_N}{1+\overline{\rho}_N} + \dfrac{\theta_U\overline{\rho}_S}{1+\overline{\rho}_S}}{\dfrac{\theta_I}{1+\hat{\rho}} + \dfrac{\theta_S}{1+\overline{\rho}_S} + \dfrac{\theta_N}{1+\overline{\rho}_N} + \dfrac{\theta_U}{1+\overline{\rho}_S}}$ 有 $Z_{U2}^* > Z_{S2}^*$。

(3) 均衡类型 5 和均衡类型 6。如果两种风险资产之间的质量比率较大或者很大, $M(\hat{\rho}, \overline{\rho}_S, \overline{\rho}_N) \leqslant E_{12} < H(\hat{\rho}, \overline{\rho}_S, \overline{\rho}_S)$, 那么对 $\overline{\rho}_S > 0$ 有 $Z_{U1}^* > Z_{S1}^*$。

根据上述分析可知, $Z_{U1}^* > Z_{S1}^*$ 的对应区间为:

$$\{h(\hat{\rho}, \overline{\rho}_S, \overline{\rho}_S) < E_{21} \leqslant m(\hat{\rho}, \overline{\rho}_S, \overline{\rho}_N) \text{ 其中 } \overline{\rho}_S > 0\}$$

$$\cup \left\{ E_{21} < \left. \dfrac{\dfrac{\theta_I}{1+\hat{\rho}} + \dfrac{\theta_S}{1+\overline{\rho}_S} + \dfrac{\theta_N}{1+\overline{\rho}_N} + \dfrac{\theta_U\overline{\rho}_S}{1+\overline{\rho}_S}}{\dfrac{\theta_I}{1+\hat{\rho}} + \dfrac{\theta_S}{1+\overline{\rho}_S} + \dfrac{\theta_N}{1+\overline{\rho}_N} + \dfrac{\theta_U}{1+\overline{\rho}_S}} \right| m(\hat{\rho}, \overline{\rho}_S, \overline{\rho}_N) < E_{21} \leqslant M(\hat{\rho}, \overline{\rho}_S, \overline{\rho}_N) \right\}$$

$$= \left\{ h(\hat{\rho}, \overline{\rho}_S, \overline{\rho}_S) < E_{21} < \dfrac{\dfrac{\theta_I}{1+\hat{\rho}} + \dfrac{\theta_S}{1+\overline{\rho}_S} + \dfrac{\theta_N}{1+\overline{\rho}_N} + \dfrac{\theta_U\overline{\rho}_S}{1+\overline{\rho}_S}}{\dfrac{\theta_I}{1+\hat{\rho}} + \dfrac{\theta_S}{1+\overline{\rho}_S} + \dfrac{\theta_N}{1+\overline{\rho}_N} + \dfrac{\theta_U}{1+\overline{\rho}_S}} \right\}, \quad \text{其中 } \overline{\rho}_S > 0$$

而 $Z_{U2}^* > Z_{S2}^*$ 的对应区间为:

$$\{h(\hat{\rho}, \overline{\rho}_S, \overline{\rho}_S) < E_{12} \leqslant m(\hat{\rho}, \overline{\rho}_S, \overline{\rho}_N) \text{ 其中 } \overline{\rho}_S > 0\}$$

$$\cup \left\{ E_{12} < \frac{\dfrac{\theta_I}{1+\hat{\rho}} + \dfrac{\theta_S}{1+\overline{\rho}_S} + \dfrac{\theta_N}{1+\overline{\rho}_N} + \dfrac{\theta_U \overline{\rho}_S}{1+\overline{\rho}_S}}{\dfrac{\theta_I}{1+\hat{\rho}} + \dfrac{\theta_S}{1+\overline{\rho}_S} + \dfrac{\theta_N}{1+\overline{\rho}_N} + \dfrac{\theta_U}{1+\overline{\rho}_S}} \middle| m(\hat{\rho}, \overline{\rho}_S, \overline{\rho}_N) < E_{12} \leqslant M(\hat{\rho}, \overline{\rho}_S, \overline{\rho}_N) \right\}$$

$$= \left\{ h(\hat{\rho}, \overline{\rho}_S, \overline{\rho}_S) < E_{12} < \frac{\dfrac{\theta_I}{1+\hat{\rho}} + \dfrac{\theta_S}{1+\overline{\rho}_S} + \dfrac{\theta_N}{1+\overline{\rho}_N} + \dfrac{\theta_U \overline{\rho}_S}{1+\overline{\rho}_S}}{\dfrac{\theta_I}{1+\hat{\rho}} + \dfrac{\theta_S}{1+\overline{\rho}_S} + \dfrac{\theta_N}{1+\overline{\rho}_N} + \dfrac{\theta_U}{1+\overline{\rho}_S}} \right\}, \quad \text{其中 } \overline{\rho}_S > 0$$

因此, 如果精明投资者认为的最大相关系数为正, 那么噪音投资者在高质量资产上配置的头寸高于精明投资者配置的头寸.

性质 5.7 当市场达到均衡时, 噪音投资者可能比精明投资者持有更大的风险头寸. 若 $\overline{\rho}_S > 0$, 则当风险资产质量比率满足

$$h(\hat{\rho}, \overline{\rho}_S, \overline{\rho}_S) < E_{21} < \frac{\dfrac{\theta_I}{1+\hat{\rho}} + \dfrac{\theta_S}{1+\overline{\rho}_S} + \dfrac{\theta_N}{1+\overline{\rho}_N} + \dfrac{\theta_U \overline{\rho}_S}{1+\overline{\rho}_S}}{\dfrac{\theta_I}{1+\hat{\rho}} + \dfrac{\theta_S}{1+\overline{\rho}_S} + \dfrac{\theta_N}{1+\overline{\rho}_N} + \dfrac{\theta_U}{1+\overline{\rho}_S}}$$

时, 有 $Z_{U1}^* > Z_{S1}^*$; 当资产质量比率满足

$$h(\hat{\rho}, \overline{\rho}_S, \overline{\rho}_S) < E_{12} < \frac{\dfrac{\theta_I}{1+\hat{\rho}} + \dfrac{\theta_S}{1+\overline{\rho}_S} + \dfrac{\theta_N}{1+\overline{\rho}_N} + \dfrac{\theta_U \overline{\rho}_S}{1+\overline{\rho}_S}}{\dfrac{\theta_I}{1+\hat{\rho}} + \dfrac{\theta_S}{1+\overline{\rho}_S} + \dfrac{\theta_N}{1+\overline{\rho}_N} + \dfrac{\theta_U}{1+\overline{\rho}_S}}$$

时, 有 $Z_{U2}^* > Z_{S2}^*$.

本章附录 E 还比较了天真投资者和噪音投资者的均衡头寸, 比较结果如下所示.

(1) 均衡类型 3. 如果两种风险资产之间的质量比率很小, $h(\hat{\rho}, \overline{\rho}_S, \overline{\rho}_N) < E_{12} \leqslant m(\hat{\rho}, \overline{\rho}_S, \overline{\rho}_N)$, 那么对 $\overline{\rho}_N > 0$ 有 $Z_{U2}^* > Z_{N2}^*$.

(2) 均衡类型 4. 如果两种风险资产之间的质量比率适中, $m(\hat{\rho}, \overline{\rho}_S, \overline{\rho}_N) < E_{12} <$

$$M(\hat{\rho}, \overline{\rho}_S, \overline{\rho}_N), \text{那么对 } E_{21} < \frac{\dfrac{\theta_I}{1+\hat{\rho}} + \dfrac{\theta_S}{1+\overline{\rho}_S} + \dfrac{\theta_N}{1+\overline{\rho}_N} + \dfrac{\theta_U \overline{\rho}_N}{1+\overline{\rho}_N}}{\dfrac{\theta_I}{1+\hat{\rho}} + \dfrac{\theta_S}{1+\overline{\rho}_S} + \dfrac{\theta_N}{1+\overline{\rho}_N} + \dfrac{\theta_U}{1+\overline{\rho}_N}} \text{ 有 } Z_{U1}^* > Z_{N1}^*, \text{且对}$$

$$E_{12} < \frac{\dfrac{\theta_I}{1+\hat{\rho}} + \dfrac{\theta_S}{1+\overline{\rho}_S} + \dfrac{\theta_N}{1+\overline{\rho}_N} + \dfrac{\theta_U \overline{\rho}_N}{1+\overline{\rho}_N}}{\dfrac{\theta_I}{1+\hat{\rho}} + \dfrac{\theta_S}{1+\overline{\rho}_S} + \dfrac{\theta_N}{1+\overline{\rho}_N} + \dfrac{\theta_U}{1+\overline{\rho}_N}} \text{ 有 } Z_{U2}^* > Z_{N2}^*.$$

(3) 均衡类型 5. 如果两种风险资产之间的质量比率很大, $M(\hat{\rho}, \overline{\rho}_S, \overline{\rho}_N) \leqslant E_{12} < H(\hat{\rho}, \overline{\rho}_S, \overline{\rho}_N)$, 那么对 $\overline{\rho}_N > 0$ 有 $Z_{U1}^* > Z_{N1}^*$.

根据上述分析可知, $Z_{U1}^* > Z_{N1}^*$ 的对应区间为:

$$\{h(\hat{\rho}, \overline{\rho}_S, \overline{\rho}_N) < E_{21} \leqslant m(\hat{\rho}, \overline{\rho}_S, \overline{\rho}_N) \text{ 其中 } \overline{\rho}_N > 0\}$$

$$\cup \left\{ E_{21} < \frac{\dfrac{\theta_I}{1+\hat{\rho}} + \dfrac{\theta_S}{1+\overline{\rho}_S} + \dfrac{\theta_N}{1+\overline{\rho}_N} + \dfrac{\theta_U \overline{\rho}_N}{1+\overline{\rho}_N}}{\dfrac{\theta_I}{1+\hat{\rho}} + \dfrac{\theta_S}{1+\overline{\rho}_S} + \dfrac{\theta_N}{1+\overline{\rho}_N} + \dfrac{\theta_U}{1+\overline{\rho}_N}} \,\middle|\, m(\hat{\rho}, \overline{\rho}_S, \overline{\rho}_N) < E_{21} \leqslant M(\hat{\rho}, \overline{\rho}_S, \overline{\rho}_N) \right\}$$

$$= \left\{ h(\hat{\rho}, \overline{\rho}_S, \overline{\rho}_N) < E_{21} < \frac{\dfrac{\theta_I}{1+\hat{\rho}} + \dfrac{\theta_S}{1+\overline{\rho}_S} + \dfrac{\theta_N}{1+\overline{\rho}_N} + \dfrac{\theta_U \overline{\rho}_N}{1+\overline{\rho}_N}}{\dfrac{\theta_I}{1+\hat{\rho}} + \dfrac{\theta_S}{1+\overline{\rho}_S} + \dfrac{\theta_N}{1+\overline{\rho}_N} + \dfrac{\theta_U}{1+\overline{\rho}_N}} \right\}, \quad \text{其中} \ \overline{\rho}_N > 0$$

而 $Z_{U2}^* > Z_{N2}^*$ 的对应区间为:

$$\{ h(\hat{\rho}, \overline{\rho}_S, \overline{\rho}_N) < E_{12} \leqslant m(\hat{\rho}, \overline{\rho}_S, \overline{\rho}_N) \ \text{其中} \ \overline{\rho}_N > 0 \}$$

$$\cup \left\{ E_{12} < \frac{\dfrac{\theta_I}{1+\hat{\rho}} + \dfrac{\theta_S}{1+\overline{\rho}_S} + \dfrac{\theta_N}{1+\overline{\rho}_N} + \dfrac{\theta_U \overline{\rho}_N}{1+\overline{\rho}_N}}{\dfrac{\theta_I}{1+\hat{\rho}} + \dfrac{\theta_S}{1+\overline{\rho}_S} + \dfrac{\theta_N}{1+\overline{\rho}_N} + \dfrac{\theta_U}{1+\overline{\rho}_N}} \,\middle|\, m(\hat{\rho}, \overline{\rho}_S, \overline{\rho}_N) < E_{12} \leqslant M(\hat{\rho}, \overline{\rho}_S, \overline{\rho}_N) \right\}$$

$$= \left\{ h(\hat{\rho}, \overline{\rho}_S, \overline{\rho}_N) < E_{12} < \frac{\dfrac{\theta_I}{1+\hat{\rho}} + \dfrac{\theta_S}{1+\overline{\rho}_S} + \dfrac{\theta_N}{1+\overline{\rho}_N} + \dfrac{\theta_U \overline{\rho}_N}{1+\overline{\rho}_N}}{\dfrac{\theta_I}{1+\hat{\rho}} + \dfrac{\theta_S}{1+\overline{\rho}_S} + \dfrac{\theta_N}{1+\overline{\rho}_N} + \dfrac{\theta_U}{1+\overline{\rho}_N}} \right\}, \quad \text{其中} \ \overline{\rho}_N > 0$$

因此, 如果天真投资者认为的最大相关系数为正, 那么, 噪音投资者在高质量资产上配置的头寸高于天真投资者配置的头寸。

性质 5.8　当市场达到均衡时, 噪音投资者可能比天真投资者持有更大的风险头寸。具体来说, 若 $\overline{\rho}_N > 0$, 则当风险资产质量比率满足

$$h(\hat{\rho}, \overline{\rho}_S, \overline{\rho}_N) < E_{21} < \frac{\dfrac{\theta_I}{1+\hat{\rho}} + \dfrac{\theta_S}{1+\overline{\rho}_S} + \dfrac{\theta_N}{1+\overline{\rho}_N} + \dfrac{\theta_U \overline{\rho}_N}{1+\overline{\rho}_N}}{\dfrac{\theta_I}{1+\hat{\rho}} + \dfrac{\theta_S}{1+\overline{\rho}_S} + \dfrac{\theta_N}{1+\overline{\rho}_N} + \dfrac{\theta_U}{1+\overline{\rho}_N}}$$

时, 有 $Z_{U1}^* > Z_{N1}^*$; 当资产质量比率满足

$$h(\hat{\rho}, \overline{\rho}_S, \overline{\rho}_N) < E_{12} < \frac{\dfrac{\theta_I}{1+\hat{\rho}} + \dfrac{\theta_S}{1+\overline{\rho}_S} + \dfrac{\theta_N}{1+\overline{\rho}_N} + \dfrac{\theta_U \overline{\rho}_N}{1+\overline{\rho}_N}}{\dfrac{\theta_I}{1+\hat{\rho}} + \dfrac{\theta_S}{1+\overline{\rho}_S} + \dfrac{\theta_N}{1+\overline{\rho}_N} + \dfrac{\theta_U}{1+\overline{\rho}_S}}$$

时, 有 $Z_{U2}^* > Z_{N2}^*$。

噪音投资者和 ISN 投资者均衡头寸的比较如图 5.5 所示。

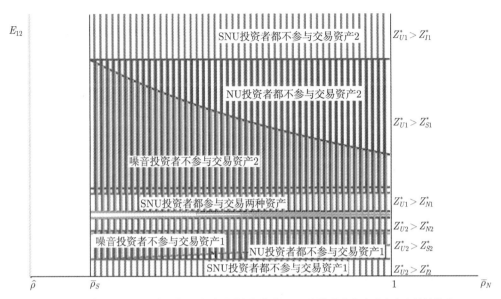

(a) 天真投资者的最大相关系数 $\bar{\rho}_N$ 变动对噪音投资者和ISN投资者均衡头寸大小比较的影响

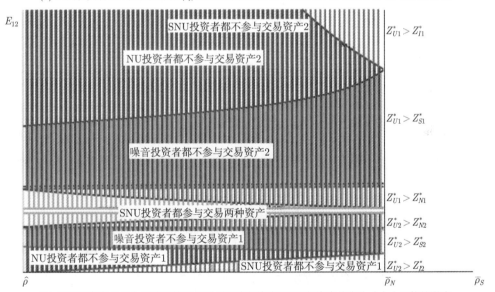

(b) 精明投资者的最大相关系数 $\bar{\rho}_S$ 变动对噪音投资者和ISN投资者均衡头寸大小比较的影响

图 5.5　噪音投资者和 ISN 投资者均衡头寸的比较 $(\hat{\rho} > 0)$

5.5　安全投资转移现象

我们在 5.4 节比较了不同类型投资者的均衡头寸, 得出了信息结构与均衡头寸之间的关系 —— 持有更多信息的投资者并非总比持有较少信息的投资者拥有更多的均衡头寸。本章探讨了拥有不同信息的投资者的决策问题, 发现持有较少信息的投资者倾向于从低质量资产逃到高质量资产上, 呈现出安全投资转移现象。为了比较各类投资的均衡头寸, 我们依次考察定理 5.1 中包含的每一种情形。

(1) 均衡类型 1 (SNU 投资者不参与资产 1 交易), 如果资产 1 的质量相对于资产 2 微小, $E_{12} \leqslant h(\hat{\rho}, \overline{\rho}_S, \overline{\rho}_S)$, 那么

$$Z_{U1}^* = Z_{N1}^* = Z_{S1}^* = 0 < Z_{I1}^*$$

$$Z_{U2}^* = Z_{N2}^* = Z_{S2}^* \lesseqqgtr Z_{I2}^*, \quad 当且仅当 \hat{\rho} \lesseqqgtr 0 时$$

SNU 投资者对资产 1 做出不参与交易的决策, 但内部投资者选择购买该资产; 所有投资者都将对资产 2 持有正头寸: 当且仅当真实相关系数为负 (正) 时, SNU 投资者总是比内部投资者持有更少 (更多) 的均衡头寸。随着真实相关系数的增加, SNU 投资者将在均衡时持有更多的资产 2 头寸, 而内部投资者则持有更少的资产 2。因此, 我们观察到 SNU 的投资者从资产 1 逃到资产 2 的现象, 即受到相关系数暧昧性的影响, 信息较少的投资者将从低质量资产逃到高质量资产。

(2) 均衡类型 2 (NU 投资者不参与资产 1 交易), 如果资产 1 的质量相对于资产 2 很小, $h(\hat{\rho}, \overline{\rho}_S, \overline{\rho}_S) < E_{12} \leqslant h(\hat{\rho}, \overline{\rho}_S, \overline{\rho}_N)$, 那么对于资产 1, 有:

- 若 $E_{21} > \dfrac{\theta_I \overline{\rho}_S + \theta_S \hat{\rho} + (\theta_N + \theta_U)(\hat{\rho} + \overline{\rho}_S)}{\theta_I + \theta_S}$, 则 $Z_{U1}^* = Z_{N1}^* = 0 < Z_{S1}^* < Z_{I1}^*$;

- 若 $E_{21} < \dfrac{\theta_I \overline{\rho}_S + \theta_S \hat{\rho} + (\theta_N + \theta_U)(\hat{\rho} + \overline{\rho}_S)}{\theta_I + \theta_S}$, 则 $Z_{U1}^* = Z_{N1}^* = 0 < Z_{I1}^* < Z_{S1}^*$。

NU 投资者对资产 1 作出不参与交易的决策, 但 IS 投资者选择对该资产持有正头寸。如果 $E_{21} > \dfrac{\theta_I \overline{\rho}_S + \theta_S \hat{\rho} + (\theta_N + \theta_U)(\hat{\rho} + \overline{\rho}_S)}{\theta_I + \theta_S}$, 那么 $Z_{U1}^* = Z_{N1}^* = 0 < Z_{S1}^* < Z_{I1}^*$, 内部投资者在资产 1 上持有的头寸将高于精明投资者持有的头寸; 如果 $E_{21} < \dfrac{\theta_I \overline{\rho}_S + \theta_S \hat{\rho} + (\theta_N + \theta_U)(\hat{\rho} + \overline{\rho}_S)}{\theta_I + \theta_S}$, 那么 $Z_{U1}^* = Z_{N1}^* = 0 < Z_{I1}^* < Z_{S1}^*$, 精明投资者将在资产 1 上持有大于内部投资者的头寸。所有投资者都持有资产 2 的正头寸。

① 如果 $\hat{\rho} < \overline{\rho}_S < 0$, 那么 $\dfrac{\theta_I \overline{\rho}_S + \theta_S \hat{\rho}}{1 + (\theta_N + \theta_U)\hat{\rho}\overline{\rho}_S} < 0 < h(\hat{\rho}, \overline{\rho}_S, \overline{\rho}_S) < E_{12} \leqslant h(\hat{\rho}, \overline{\rho}_S, \overline{\rho}_N)$, 因此 $Z_{U2}^* = Z_{N2}^* < Z_{S2}^* < Z_{I2}^*$。

② 如果 $\hat{\rho} < 0 < \overline{\rho}_S$, 那么 $Z_{S2}^* < Z_{U2}^* = Z_{N2}^* < Z_{I2}^*$。

③ 如果 $0 < \hat{\rho} < \overline{\rho}_S$, 那么我们可以得到如下结论:

- 若 $E_{12} > \dfrac{\theta_I \overline{\rho}_S + \theta_S \hat{\rho}}{1 + (\theta_N + \theta_U)\hat{\rho}\overline{\rho}_S}$, 则 $Z_{S2}^* < Z_{I2}^* < Z_{U2}^* = Z_{N2}^*$;

- 若 $E_{12} < \dfrac{\theta_I \overline{\rho}_S + \theta_S \hat{\rho}}{1 + (\theta_N + \theta_U)\hat{\rho}\overline{\rho}_S}$, 则 $Z_{I2}^* < Z_{S2}^* < Z_{U2}^* = Z_{N2}^*$。

随着真实的相关系数 (以及精明投资者认为的最大相关系数) 增加, NU 投资者将在资产 2 上持有更多头寸, 内部投资者则在资产 2 上持有更少头寸。因此, NU 投资者从

资产 1 逃到资产 2, 内部投资者从资产 2 转移至资产 1。换言之, 我们观察到掌握信息较少的投资者从低质量资产逃到高质量资产的安全投资转移现象。

当真实的相关系数取值为正时, $0 < \hat{\rho}$, NU 投资者在资产 2 上的均衡头寸高于 IS 投资者, 从资产 1 逃到了资产 2。此外, 若 $E_{12} > \dfrac{\theta_I \overline{\rho}_S + \theta_S \hat{\rho}}{1 + (\theta_N + \theta_U)\hat{\rho}\overline{\rho}_S}$, 则 $Z_{S2}^* < Z_{I2}^* < Z_{U2}^* = Z_{N2}^*$, 内部投资者在资产 2 上持有的均衡头寸高于精明投资者持有的头寸; 而若 $E_{12} < \dfrac{\theta_I \overline{\rho}_S + \theta_S \hat{\rho}}{1 + (\theta_N + \theta_U)\hat{\rho}\overline{\rho}_S}$, 则 $Z_{I2}^* < Z_{S2}^* < Z_{U2}^* = Z_{N2}^*$, 精明投资者将在资产 2 上持有高于内部投资的头寸。

(3) 均衡类型 3 (噪音投资者不参与资产 1 交易), 如果资产 1 的质量相对于资产 2 较小, $h(\hat{\rho}, \overline{\rho}_S, \overline{\rho}_N) < E_{12} \leqslant m(\hat{\rho}, \overline{\rho}_S, \overline{\rho}_N)$, 那么对于资产 1,

① 若 $E_{21} > \dfrac{\theta_I \dfrac{(\overline{\rho}_S + \overline{\rho}_N) - \hat{\rho}(1 + \overline{\rho}_S \overline{\rho}_N)}{1 - \hat{\rho}^2} + \theta_S \overline{\rho}_N + \theta_N \overline{\rho}_S + \theta_U(\overline{\rho}_S + \overline{\rho}_N)}{\theta_I \dfrac{(1 + \overline{\rho}_S \overline{\rho}_N) - \hat{\rho}(\overline{\rho}_S + \overline{\rho}_N)}{1 - \hat{\rho}^2} + \theta_S + \theta_N}$, 则 $Z_{U1}^* = 0 < Z_{N1}^* < Z_{S1}^* < Z_{I1}^*$;

② 若 $\dfrac{\theta_I \dfrac{(\overline{\rho}_S + \overline{\rho}_N) - \hat{\rho}(1 + \overline{\rho}_S \overline{\rho}_N)}{1 - \hat{\rho}^2} + \theta_S \overline{\rho}_N + \theta_N \overline{\rho}_S + \theta_U(\overline{\rho}_S + \overline{\rho}_N)}{\theta_I \dfrac{(1 + \overline{\rho}_S \overline{\rho}_N) - \hat{\rho}(\overline{\rho}_S + \overline{\rho}_N)}{1 - \hat{\rho}^2} + \theta_S + \theta_N} > E_{21} >$

$\dfrac{\theta_I \overline{\rho}_N + \theta_S \dfrac{(\hat{\rho} + \overline{\rho}_N) - \overline{\rho}_S(1 + \hat{\rho}\overline{\rho}_N)}{1 - \overline{\rho}_S^2} + \theta_N \hat{\rho} + \theta_U(\hat{\rho} + \overline{\rho}_N)}{\theta_I + \theta_S \dfrac{(1 + \hat{\rho}\overline{\rho}_N) - \overline{\rho}_S(\hat{\rho} + \overline{\rho}_N)}{1 - \overline{\rho}_S^2} + \theta_N}$, 则 $Z_{U1}^* = 0 < Z_{S1}^* < Z_{N1}^* < Z_{I1}^*$;

③ 若 $\dfrac{\theta_I \overline{\rho}_N + \theta_S \dfrac{(\hat{\rho} + \overline{\rho}_N) - \overline{\rho}_S(1 + \hat{\rho}\overline{\rho}_N)}{1 - \overline{\rho}_S^2} + \theta_N \hat{\rho} + \theta_U(\hat{\rho} + \overline{\rho}_N)}{\theta_I + \theta_S \dfrac{(1 + \hat{\rho}\overline{\rho}_N) - \overline{\rho}_S(\hat{\rho} + \overline{\rho}_N)}{1 - \overline{\rho}_S^2} + \theta_N} > E_{21} >$

$\dfrac{\theta_I \overline{\rho}_S + \theta_S \hat{\rho} + \theta_N \dfrac{(\hat{\rho} + \overline{\rho}_S) - \overline{\rho}_N(1 + \hat{\rho}\overline{\rho}_S)}{1 - \overline{\rho}_N^2} + \theta_U(\hat{\rho} + \overline{\rho}_S)}{\theta_I + \theta_S + \theta_N \dfrac{(1 + \hat{\rho}\overline{\rho}_S) - \overline{\rho}_N(\hat{\rho} + \overline{\rho}_S)}{1 - \overline{\rho}_N^2}}$, 则 $Z_{U1}^* = 0 < Z_{S1}^* < Z_{I1}^* < Z_{N1}^*$;

④ 若 $\dfrac{\theta_I \overline{\rho}_S + \theta_S \hat{\rho} + \theta_N \dfrac{(\hat{\rho} + \overline{\rho}_S) - \overline{\rho}_N(1 + \hat{\rho}\overline{\rho}_S)}{1 - \overline{\rho}_N^2} + \theta_U(\hat{\rho} + \overline{\rho}_S)}{\theta_I + \theta_S + \theta_N \dfrac{(1 + \hat{\rho}\overline{\rho}_S) - \overline{\rho}_N(\hat{\rho} + \overline{\rho}_S)}{1 - \overline{\rho}_N^2}} > E_{21}$, 则 $Z_{U1}^* = 0 < Z_{I1}^* < Z_{S1}^* < Z_{N1}^*$。

噪音投资者对资产 1 作出不参与交易的决策, 但 ISN 投资者均持有该资产的正头寸。随着资产 1 质量的提高, 天真投资者将首先持有比精明投资者更大的头寸, 然后甚至持有比内部投资者更大的头寸。

所有投资者都持有资产 2 的正头寸。

① 如果 $\hat{\rho} < \overline{\rho}_S < \overline{\rho}_N < 0$, 那么 $\dfrac{\theta_I \dfrac{(\overline{\rho}_S + \overline{\rho}_N) - \hat{\rho}(1 + \overline{\rho}_S\overline{\rho}_N)}{1 - \hat{\rho}^2} + \theta_S\overline{\rho}_N + \theta_N\overline{\rho}_S}{\theta_I \dfrac{(\hat{\rho} - \overline{\rho}_S)(\hat{\rho} - \overline{\rho}_N)}{1 - \hat{\rho}^2} + 1 + \theta_U\overline{\rho}_S\overline{\rho}_N} <$

$h(\hat{\rho}, \overline{\rho}_S, \overline{\rho}_N) < E_{12} \leqslant m(\hat{\rho}, \overline{\rho}_S, \overline{\rho}_N)$, 因此 $Z_{U2}^* < Z_{N2}^* < Z_{S2}^* < Z_{I2}^*$。

② 如果 $\hat{\rho} < \overline{\rho}_S < 0 < \overline{\rho}_N$, 那么 $\dfrac{\theta_I \dfrac{(\overline{\rho}_S + \overline{\rho}_N) - \hat{\rho}(1 + \overline{\rho}_S\overline{\rho}_N)}{1 - \hat{\rho}^2} + \theta_S\overline{\rho}_N + \theta_N\overline{\rho}_S}{\theta_I \dfrac{(\hat{\rho} - \overline{\rho}_S)(\hat{\rho} - \overline{\rho}_N)}{1 - \hat{\rho}^2} + 1 + \theta_U\overline{\rho}_S\overline{\rho}_N} <$

$h(\hat{\rho}, \overline{\rho}_S, \overline{\rho}_N) < E_{12} \leqslant m(\hat{\rho}, \overline{\rho}_S, \overline{\rho}_N)$, 因此 $Z_{N2}^* < Z_{U2}^* < Z_{S2}^* < Z_{I2}^*$。

③ 如果 $\hat{\rho} < 0 < \overline{\rho}_S < \overline{\rho}_N$, 那么 $\dfrac{\theta_I\overline{\rho}_N + \theta_S \dfrac{(\hat{\rho} + \overline{\rho}_N) - \overline{\rho}_S(1 + \hat{\rho}\overline{\rho}_N)}{1 - \overline{\rho}_S^2} + \theta_N\hat{\rho}}{1 + \theta_S \dfrac{(\overline{\rho}_S - \hat{\rho})(\overline{\rho}_S - \overline{\rho}_N)}{1 - \overline{\rho}_S^2} + \theta_U\hat{\rho}\overline{\rho}_N} <$

$h(\hat{\rho}, \overline{\rho}_S, \overline{\rho}_N) < \dfrac{\theta_I \dfrac{(\overline{\rho}_S + \overline{\rho}_N) - \hat{\rho}(1 + \overline{\rho}_S\overline{\rho}_N)}{1 - \hat{\rho}^2} + \theta_S\overline{\rho}_N + \theta_N\overline{\rho}_S}{\theta_I \dfrac{(\hat{\rho} - \overline{\rho}_S)(\hat{\rho} - \overline{\rho}_N)}{1 - \hat{\rho}^2} + 1 + \theta_U\overline{\rho}_S\overline{\rho}_N}$。

a. 若 $E_{12} > \dfrac{\theta_I \dfrac{(\overline{\rho}_S + \overline{\rho}_N) - \hat{\rho}(1 + \overline{\rho}_S\overline{\rho}_N)}{1 - \hat{\rho}^2} + \theta_S\overline{\rho}_N + \theta_N\overline{\rho}_S}{\theta_I \dfrac{(\hat{\rho} - \overline{\rho}_S)(\hat{\rho} - \overline{\rho}_N)}{1 - \hat{\rho}^2} + 1 + \theta_U\overline{\rho}_S\overline{\rho}_N}$, 则 $Z_{N2}^* < Z_{S2}^* < Z_{U2}^* <$

Z_{I2}^*;

b. 若 $E_{12} < \dfrac{\theta_I \dfrac{(\overline{\rho}_S + \overline{\rho}_N) - \hat{\rho}(1 + \overline{\rho}_S\overline{\rho}_N)}{1 - \hat{\rho}^2} + \theta_S\overline{\rho}_N + \theta_N\overline{\rho}_S}{\theta_I \dfrac{(\hat{\rho} - \overline{\rho}_S)(\hat{\rho} - \overline{\rho}_N)}{1 - \hat{\rho}^2} + 1 + \theta_U\overline{\rho}_S\overline{\rho}_N}$, 则 $Z_{S2}^* < Z_{N2}^* < Z_{U2}^* <$

Z_{I2}^*。

④ 如果 $0 < \hat{\rho} < \overline{\rho}_S < \overline{\rho}_N$, 那么我们可以得到如下结论:

a. 若 $0 < \hat{\rho} < \overline{\rho}_S < \overline{\rho}_N < \dfrac{\hat{\rho} + \overline{\rho}_S}{1 + \hat{\rho}\overline{\rho}_S}$, 则

$$h(\hat{\rho}, \overline{\rho}_S, \overline{\rho}_N) < \dfrac{\theta_I\overline{\rho}_S + \theta_S\hat{\rho} + \theta_N \dfrac{(\hat{\rho} + \overline{\rho}_S) - \overline{\rho}_N(1 + \hat{\rho}\overline{\rho}_S)}{1 - \overline{\rho}_N^2}}{1 + \theta_N \dfrac{(\overline{\rho}_N - \hat{\rho})(\overline{\rho}_N - \overline{\rho}_S)}{1 - \overline{\rho}_N^2} + \theta_U\hat{\rho}\overline{\rho}_S}$$

$$< \frac{\theta_I \overline{\rho}_N + \theta_S \dfrac{(\hat{\rho} + \overline{\rho}_N) - \overline{\rho}_S(1 + \hat{\rho}\overline{\rho}_N)}{1 - \overline{\rho}_S^2} + \theta_N \hat{\rho}}{1 + \theta_S \dfrac{(\overline{\rho}_S - \hat{\rho})(\overline{\rho}_S - \overline{\rho}_N)}{1 - \overline{\rho}_S^2} + \theta_U \hat{\rho}\overline{\rho}_N}$$

$$< \frac{\theta_I \dfrac{(\overline{\rho}_S + \overline{\rho}_N) - \hat{\rho}(1 + \overline{\rho}_S\overline{\rho}_N)}{1 - \hat{\rho}^2} + \theta_S \overline{\rho}_N + \theta_N \overline{\rho}_S}{\theta_I \dfrac{(\hat{\rho} - \overline{\rho}_S)(\hat{\rho} - \overline{\rho}_N)}{1 - \hat{\rho}^2} + 1 + \theta_U \overline{\rho}_S\overline{\rho}_N}$$

因此,

- 若 $E_{12} > \dfrac{\theta_I \dfrac{(\overline{\rho}_S + \overline{\rho}_N) - \hat{\rho}(1 + \overline{\rho}_S\overline{\rho}_N)}{1 - \hat{\rho}^2} + \theta_S \overline{\rho}_N + \theta_N \overline{\rho}_S}{\theta_I \dfrac{(\hat{\rho} - \overline{\rho}_S)(\hat{\rho} - \overline{\rho}_N)}{1 - \hat{\rho}^2} + 1 + \theta_U \overline{\rho}_S\overline{\rho}_N}$, 则 $Z_{N2}^* < Z_{S2}^* < Z_{I2}^* < Z_{U2}^*$;

- 若 $\dfrac{\theta_I \dfrac{(\overline{\rho}_S + \overline{\rho}_N) - \hat{\rho}(1 + \overline{\rho}_S\overline{\rho}_N)}{1 - \hat{\rho}^2} + \theta_S \overline{\rho}_N + \theta_N \overline{\rho}_S}{\theta_I \dfrac{(\hat{\rho} - \overline{\rho}_S)(\hat{\rho} - \overline{\rho}_N)}{1 - \hat{\rho}^2} + 1 + \theta_U \overline{\rho}_S\overline{\rho}_N} > E_{12} >$

$\dfrac{\theta_I \overline{\rho}_N + \theta_S \dfrac{(\hat{\rho} + \overline{\rho}_N) - \overline{\rho}_S(1 + \hat{\rho}\overline{\rho}_N)}{1 - \overline{\rho}_S^2} + \theta_N \hat{\rho}}{1 + \theta_S \dfrac{(\overline{\rho}_S - \hat{\rho})(\overline{\rho}_S - \overline{\rho}_N)}{1 - \overline{\rho}_S^2} + \theta_U \hat{\rho}\overline{\rho}_N}$, 则 $Z_{S2}^* < Z_{N2}^* < Z_{I2}^* < Z_{U2}^*$;

- 若 $\dfrac{\theta_I \overline{\rho}_N + \theta_S \dfrac{(\hat{\rho} + \overline{\rho}_N) - \overline{\rho}_S(1 + \hat{\rho}\overline{\rho}_N)}{1 - \overline{\rho}_S^2} + \theta_N \hat{\rho}}{1 + \theta_S \dfrac{(\overline{\rho}_S - \hat{\rho})(\overline{\rho}_S - \overline{\rho}_N)}{1 - \overline{\rho}_S^2} + \theta_U \hat{\rho}\overline{\rho}_N} > E_{12} >$

$\dfrac{\theta_I \overline{\rho}_S + \theta_S \hat{\rho} + \theta_N \dfrac{(\hat{\rho} + \overline{\rho}_S) - \overline{\rho}_N(1 + \hat{\rho}\overline{\rho}_S)}{1 - \overline{\rho}_N^2}}{1 + \theta_N \dfrac{(\overline{\rho}_N - \hat{\rho})(\overline{\rho}_N - \overline{\rho}_S)}{1 - \overline{\rho}_N^2} + \theta_U \hat{\rho}\overline{\rho}_S}$, 则 $Z_{S2}^* < Z_{I2}^* < Z_{N2}^* < Z_{U2}^*$;

- 若 $\dfrac{\theta_I \overline{\rho}_S + \theta_S \hat{\rho} + \theta_N \dfrac{(\hat{\rho} + \overline{\rho}_S) - \overline{\rho}_N(1 + \hat{\rho}\overline{\rho}_S)}{1 - \overline{\rho}_N^2}}{1 + \theta_N \dfrac{(\overline{\rho}_N - \hat{\rho})(\overline{\rho}_N - \overline{\rho}_S)}{1 - \overline{\rho}_N^2} + \theta_U \hat{\rho}\overline{\rho}_S} > E_{12}$, 则 $Z_{I2}^* < Z_{S2}^* < Z_{N2}^* < Z_{U2}^*$。

b. 若 $0 < \hat{\rho} < \overline{\rho}_S < \dfrac{\hat{\rho} + \overline{\rho}_S}{1 + \hat{\rho}\overline{\rho}_S} < \overline{\rho}_N$, 则

$$\frac{\theta_I \overline{\rho}_S + \theta_S \hat{\rho} + \theta_N \dfrac{(\hat{\rho} + \overline{\rho}_S) - \overline{\rho}_N(1 + \hat{\rho}\overline{\rho}_S)}{1 - \overline{\rho}_N^2}}{1 + \theta_N \dfrac{(\overline{\rho}_N - \hat{\rho})(\overline{\rho}_N - \overline{\rho}_S)}{1 - \overline{\rho}_N^2} + \theta_U \hat{\rho}\overline{\rho}_S} < h(\hat{\rho}, \overline{\rho}_S, \overline{\rho}_N)$$

$$
< \frac{\theta_I \overline{\rho}_N + \theta_S \dfrac{(\hat{\rho} + \overline{\rho}_N) - \overline{\rho}_S(1 + \hat{\rho}\overline{\rho}_N)}{1 - \overline{\rho}_S^2} + \theta_N \hat{\rho}}{1 + \theta_S \dfrac{(\overline{\rho}_S - \hat{\rho})(\overline{\rho}_S - \overline{\rho}_N)}{1 - \overline{\rho}_S^2} + \theta_U \hat{\rho}\overline{\rho}_N}
$$

$$
< \frac{\theta_I \dfrac{(\overline{\rho}_S + \overline{\rho}_N) - \hat{\rho}(1 + \overline{\rho}_S \overline{\rho}_N)}{1 - \hat{\rho}^2} + \theta_S \overline{\rho}_N + \theta_N \overline{\rho}_S}{\theta_I \dfrac{(\hat{\rho} - \overline{\rho}_S)(\hat{\rho} - \overline{\rho}_N)}{1 - \hat{\rho}^2} + 1 + \theta_U \overline{\rho}_S \overline{\rho}_N}
$$

因此,

- 若 $E_{12} > \dfrac{\theta_I \dfrac{(\overline{\rho}_S + \overline{\rho}_N) - \hat{\rho}(1 + \overline{\rho}_S \overline{\rho}_N)}{1 - \hat{\rho}^2} + \theta_S \overline{\rho}_N + \theta_N \overline{\rho}_S}{\theta_I \dfrac{(\hat{\rho} - \overline{\rho}_S)(\hat{\rho} - \overline{\rho}_N)}{1 - \hat{\rho}^2} + 1 + \theta_U \overline{\rho}_S \overline{\rho}_N}$, 则 $Z_{N2}^* < Z_{S2}^* < Z_{I2}^* < $

Z_{U2}^*;

- 若 $\dfrac{\theta_I \dfrac{(\overline{\rho}_S + \overline{\rho}_N) - \hat{\rho}(1 + \overline{\rho}_S \overline{\rho}_N)}{1 - \hat{\rho}^2} + \theta_S \overline{\rho}_N + \theta_N \overline{\rho}_S}{\theta_I \dfrac{(\hat{\rho} - \overline{\rho}_S)(\hat{\rho} - \overline{\rho}_N)}{1 - \hat{\rho}^2} + 1 + \theta_U \overline{\rho}_S \overline{\rho}_N} > E_{12} >$

$\dfrac{\theta_I \overline{\rho}_N + \theta_S \dfrac{(\hat{\rho} + \overline{\rho}_N) - \overline{\rho}_S(1 + \hat{\rho}\overline{\rho}_N)}{1 - \overline{\rho}_S^2} + \theta_N \hat{\rho}}{1 + \theta_S \dfrac{(\overline{\rho}_S - \hat{\rho})(\overline{\rho}_S - \overline{\rho}_N)}{1 - \overline{\rho}_S^2} + \theta_U \hat{\rho}\overline{\rho}_N}$, 则 $Z_{S2}^* < Z_{N2}^* < Z_{I2}^* < Z_{U2}^*$;

- 若 $\dfrac{\theta_I \overline{\rho}_N + \theta_S \dfrac{(\hat{\rho} + \overline{\rho}_N) - \overline{\rho}_S(1 + \hat{\rho}\overline{\rho}_N)}{1 - \overline{\rho}_S^2} + \theta_N \hat{\rho}}{1 + \theta_S \dfrac{(\overline{\rho}_S - \hat{\rho})(\overline{\rho}_S - \overline{\rho}_N)}{1 - \overline{\rho}_S^2} + \theta_U \hat{\rho}\overline{\rho}_N} > E_{12}$, 则 $Z_{S2}^* < Z_{I2}^* < Z_{N2}^* < Z_{U2}^*$。

随着真实的相关系数 (以及精明投资者和天真投资者认为的最大相关系数) 增加, 噪音投资者和天真投资者在资产 2 上将持有更多头寸, 而内部投资者和精明投资者在资产 2 上持有更少头寸。因此, 噪音投资者和天真投资者从资产 1 逃到资产 2。换言之, 掌握信息较少的投资者将从低质量资产逃到高质量资产上, 呈现出安全投资转移现象。

当真实的相关系数取值为正时, $0 < \hat{\rho}$, 噪音投资者在资产 2 上的均衡头寸高于 ISN 投资者。此外, 若 $0 < \hat{\rho} < \overline{\rho}_S < \overline{\rho}_N < \dfrac{\hat{\rho} + \overline{\rho}_S}{1 + \hat{\rho}\overline{\rho}_S}$, 则随着资产 1 质量的提高, 掌握信息较少的投资者将在资产 2 上持有更多头寸, 而掌握信息较多的投资者在资产 2 上将持有较少头寸; 此外, 若 $0 < \hat{\rho} < \overline{\rho}_S < \dfrac{\hat{\rho} + \overline{\rho}_S}{1 + \hat{\rho}\overline{\rho}_S} < \overline{\rho}_N$, 则随着资产 1 质量的提高, 掌握信息较少的投资者在资产 2 上持有更多头寸, 而掌握信息较多的投资者对资产 2 持有的头寸较少, 但内部投资者在资产 2 上持有的头寸高于精明投资者。

(4) 均衡类型 4 (SNU 投资者参与两种资产的交易), 如果资产 1 的质量相对于资产 2 适中, $m(\hat{\rho}, \overline{\rho}_S, \overline{\rho}_N) < E_{12} < M(\hat{\rho}, \overline{\rho}_S, \overline{\rho}_N)$, 那么所有投资者都将对两种风险资产持有

正头寸。

对于资产 1,

① 若 $E_{21} > \dfrac{\dfrac{\theta_I}{1+\hat\rho}+\dfrac{\theta_S}{1+\overline\rho_S}+\dfrac{\theta_N}{1+\overline\rho_N}+\dfrac{\theta_U\overline\rho_N}{1+\overline\rho_N}}{\dfrac{\theta_I}{1+\hat\rho}+\dfrac{\theta_S}{1+\overline\rho_S}+\dfrac{\theta_N}{1+\overline\rho_N}+\dfrac{\theta_U}{1+\overline\rho_N}}$, 则 $Z^*_{U1} < Z^*_{N1} < Z^*_{S1} < Z^*_{I1}$;

② 若 $\dfrac{\dfrac{\theta_I}{1+\hat\rho}+\dfrac{\theta_S}{1+\overline\rho_S}+\dfrac{\theta_N}{1+\overline\rho_N}+\dfrac{\theta_U\overline\rho_N}{1+\overline\rho_N}}{\dfrac{\theta_I}{1+\hat\rho}+\dfrac{\theta_S}{1+\overline\rho_S}+\dfrac{\theta_N}{1+\overline\rho_N}+\dfrac{\theta_U}{1+\overline\rho_N}} > E_{21} > \dfrac{\dfrac{\theta_I}{1+\hat\rho}+\dfrac{\theta_S}{1+\overline\rho_S}+\dfrac{\theta_N}{1+\overline\rho_N}+\dfrac{\theta_U\overline\rho_S}{1+\overline\rho_S}}{\dfrac{\theta_I}{1+\hat\rho}+\dfrac{\theta_S}{1+\overline\rho_S}+\dfrac{\theta_N}{1+\overline\rho_N}+\dfrac{\theta_U}{1+\overline\rho_S}}$,

则 $Z^*_{N1} < Z^*_{U1} < Z^*_{S1} < Z^*_{I1}$;

③ 若 $\dfrac{\dfrac{\theta_I}{1+\hat\rho}+\dfrac{\theta_S}{1+\overline\rho_S}+\dfrac{\theta_N}{1+\overline\rho_N}+\dfrac{\theta_U\overline\rho_S}{1+\overline\rho_S}}{\dfrac{\theta_I}{1+\hat\rho}+\dfrac{\theta_S}{1+\overline\rho_S}+\dfrac{\theta_N}{1+\overline\rho_N}+\dfrac{\theta_U}{1+\overline\rho_S}} > E_{21} > \dfrac{\dfrac{\theta_I}{1+\hat\rho}+\dfrac{\theta_S}{1+\overline\rho_S}+\dfrac{\theta_N}{1+\overline\rho_N}+\dfrac{\theta_U\hat\rho}{1+\hat\rho}}{\dfrac{\theta_I}{1+\hat\rho}+\dfrac{\theta_S}{1+\overline\rho_S}+\dfrac{\theta_N}{1+\overline\rho_N}+\dfrac{\theta_U}{1+\hat\rho}}$,

则 $Z^*_{N1} < Z^*_{S1} < Z^*_{U1} < Z^*_{I1}$;

④ 若 $\dfrac{\dfrac{\theta_I}{1+\hat\rho}+\dfrac{\theta_S}{1+\overline\rho_S}+\dfrac{\theta_N}{1+\overline\rho_N}+\dfrac{\theta_U\hat\rho}{1+\hat\rho}}{\dfrac{\theta_I}{1+\hat\rho}+\dfrac{\theta_S}{1+\overline\rho_S}+\dfrac{\theta_N}{1+\overline\rho_N}+\dfrac{\theta_U}{1+\hat\rho}} > E_{21}$, 则 $Z^*_{N1} < Z^*_{S1} < Z^*_{I1} < Z^*_{U1}$。

对于资产 2,

① 若 $E_{12} > \dfrac{\dfrac{\theta_I}{1+\hat\rho}+\dfrac{\theta_S}{1+\overline\rho_S}+\dfrac{\theta_N}{1+\overline\rho_N}+\dfrac{\theta_U\overline\rho_N}{1+\overline\rho_N}}{\dfrac{\theta_I}{1+\hat\rho}+\dfrac{\theta_S}{1+\overline\rho_S}+\dfrac{\theta_N}{1+\overline\rho_N}+\dfrac{\theta_U}{1+\overline\rho_N}}$, 则 $Z^*_{U2} < Z^*_{N2} < Z^*_{S2} < Z^*_{I2}$;

② 若 $\dfrac{\dfrac{\theta_I}{1+\hat\rho}+\dfrac{\theta_S}{1+\overline\rho_S}+\dfrac{\theta_N}{1+\overline\rho_N}+\dfrac{\theta_U\overline\rho_N}{1+\overline\rho_N}}{\dfrac{\theta_I}{1+\hat\rho}+\dfrac{\theta_S}{1+\overline\rho_S}+\dfrac{\theta_N}{1+\overline\rho_N}+\dfrac{\theta_U}{1+\overline\rho_N}} > E_{12} > \dfrac{\dfrac{\theta_I}{1+\hat\rho}+\dfrac{\theta_S}{1+\overline\rho_S}+\dfrac{\theta_N}{1+\overline\rho_N}+\dfrac{\theta_U\overline\rho_S}{1+\overline\rho_S}}{\dfrac{\theta_I}{1+\hat\rho}+\dfrac{\theta_S}{1+\overline\rho_S}+\dfrac{\theta_N}{1+\overline\rho_N}+\dfrac{\theta_U}{1+\overline\rho_S}}$,

则 $Z^*_{N2} < Z^*_{U2} < Z^*_{S2} < Z^*_{I2}$;

③ 若 $\dfrac{\dfrac{\theta_I}{1+\hat\rho}+\dfrac{\theta_S}{1+\overline\rho_S}+\dfrac{\theta_N}{1+\overline\rho_N}+\dfrac{\theta_U\overline\rho_S}{1+\overline\rho_S}}{\dfrac{\theta_I}{1+\hat\rho}+\dfrac{\theta_S}{1+\overline\rho_S}+\dfrac{\theta_N}{1+\overline\rho_N}+\dfrac{\theta_U}{1+\overline\rho_S}} > E_{12} > \dfrac{\dfrac{\theta_I}{1+\hat\rho}+\dfrac{\theta_S}{1+\overline\rho_S}+\dfrac{\theta_N}{1+\overline\rho_N}+\dfrac{\theta_U\hat\rho}{1+\hat\rho}}{\dfrac{\theta_I}{1+\hat\rho}+\dfrac{\theta_S}{1+\overline\rho_S}+\dfrac{\theta_N}{1+\overline\rho_N}+\dfrac{\theta_U}{1+\hat\rho}}$,

则 $Z^*_{N2} < Z^*_{S2} < Z^*_{U2} < Z^*_{I2}$;

④ 若 $\dfrac{\dfrac{\theta_I}{1+\hat\rho}+\dfrac{\theta_S}{1+\overline\rho_S}+\dfrac{\theta_N}{1+\overline\rho_N}+\dfrac{\theta_U\hat\rho}{1+\hat\rho}}{\dfrac{\theta_I}{1+\hat\rho}+\dfrac{\theta_S}{1+\overline\rho_S}+\dfrac{\theta_N}{1+\overline\rho_N}+\dfrac{\theta_U}{1+\hat\rho}} > E_{12}$, 则 $Z^*_{N2} < Z^*_{S2} < Z^*_{I2} < Z^*_{U2}$。

内部投资者对这两种风险资产持有的头寸大于精明投资者, 而精明投资者对这两种资产持有的头寸也大于天真投资者。随着风险资产质量的提高, 噪音投资者将持有更高的均衡头寸。

(5) 均衡类型 5 (噪音投资者不参与资产 2 交易), 如果资产 1 的质量相对于资产 2 较大, $M(\hat{\rho}, \overline{\rho}_S, \overline{\rho}_N) \leqslant E_{12} < H(\hat{\rho}, \overline{\rho}_S, \overline{\rho}_N)$, 那么所有投资者都将持有资产 1 的正头寸。

对于资产 1,

① 如果 $\hat{\rho} < \overline{\rho}_S < \overline{\rho}_N < 0$, 那么 $\dfrac{\theta_I \dfrac{(\overline{\rho}_S + \overline{\rho}_N) - \hat{\rho}(1 + \overline{\rho}_S\overline{\rho}_N)}{1 - \hat{\rho}^2} + \theta_S\overline{\rho}_N + \theta_N\overline{\rho}_S}{\theta_I \dfrac{(\hat{\rho} - \overline{\rho}_S)(\hat{\rho} - \overline{\rho}_N)}{1 - \hat{\rho}^2} + 1 + \theta_U\overline{\rho}_S\overline{\rho}_N} <$

$h(\hat{\rho}, \overline{\rho}_S, \overline{\rho}_N) < E_{21} \leqslant m(\hat{\rho}, \overline{\rho}_S, \overline{\rho}_N)$, 因此 $Z_{U1}^* < Z_{N1}^* < Z_{S1}^* < Z_{I1}^*$。

② 如果 $\hat{\rho} < \overline{\rho}_S < 0 < \overline{\rho}_N$, 那么 $\dfrac{\theta_I \dfrac{(\overline{\rho}_S + \overline{\rho}_N) - \hat{\rho}(1 + \overline{\rho}_S\overline{\rho}_N)}{1 - \hat{\rho}^2} + \theta_S\overline{\rho}_N + \theta_N\overline{\rho}_S}{\theta_I \dfrac{(\hat{\rho} - \overline{\rho}_S)(\hat{\rho} - \overline{\rho}_N)}{1 - \hat{\rho}^2} + 1 + \theta_U\overline{\rho}_S\overline{\rho}_N} <$

$h(\hat{\rho}, \overline{\rho}_S, \overline{\rho}_N) < E_{21} \leqslant m(\hat{\rho}, \overline{\rho}_S, \overline{\rho}_N)$, 因此 $Z_{N1}^* < Z_{U1}^* < Z_{S1}^* < Z_{I1}^*$。

③ 如果 $\hat{\rho} < 0 < \overline{\rho}_S < \overline{\rho}_N$, 那么 $\dfrac{\theta_I\overline{\rho}_N + \theta_S \dfrac{(\hat{\rho} + \overline{\rho}_N) - \overline{\rho}_S(1 + \hat{\rho}\overline{\rho}_N)}{1 - \overline{\rho}_S^2} + \theta_N\hat{\rho}}{1 + \theta_S \dfrac{(\overline{\rho}_S - \hat{\rho})(\overline{\rho}_S - \overline{\rho}_N)}{1 - \overline{\rho}_S^2} + \theta_U\hat{\rho}\overline{\rho}_N} <$

$h(\hat{\rho}, \overline{\rho}_S, \overline{\rho}_N) < \dfrac{\theta_I \dfrac{(\overline{\rho}_S + \overline{\rho}_N) - \hat{\rho}(1 + \overline{\rho}_S\overline{\rho}_N)}{1 - \hat{\rho}^2} + \theta_S\overline{\rho}_N + \theta_N\overline{\rho}_S}{\theta_I \dfrac{(\hat{\rho} - \overline{\rho}_S)(\hat{\rho} - \overline{\rho}_N)}{1 - \hat{\rho}^2} + 1 + \theta_U\overline{\rho}_S\overline{\rho}_N}$。

a. 若 $E_{21} > \dfrac{\theta_I \dfrac{(\overline{\rho}_S + \overline{\rho}_N) - \hat{\rho}(1 + \overline{\rho}_S\overline{\rho}_N)}{1 - \hat{\rho}^2} + \theta_S\overline{\rho}_N + \theta_N\overline{\rho}_S}{\theta_I \dfrac{(\hat{\rho} - \overline{\rho}_S)(\hat{\rho} - \overline{\rho}_N)}{1 - \hat{\rho}^2} + 1 + \theta_U\overline{\rho}_S\overline{\rho}_N}$, 则 $Z_{N1}^* < Z_{S1}^* < Z_{U1}^* < Z_{I1}^*$;

b. 若 $E_{21} < \dfrac{\theta_I \dfrac{(\overline{\rho}_S + \overline{\rho}_N) - \hat{\rho}(1 + \overline{\rho}_S\overline{\rho}_N)}{1 - \hat{\rho}^2} + \theta_S\overline{\rho}_N + \theta_N\overline{\rho}_S}{\theta_I \dfrac{(\hat{\rho} - \overline{\rho}_S)(\hat{\rho} - \overline{\rho}_N)}{1 - \hat{\rho}^2} + 1 + \theta_U\overline{\rho}_S\overline{\rho}_N}$, 则 $Z_{S1}^* < Z_{N1}^* < Z_{U1}^* < Z_{I1}^*$。

④ 如果 $0 < \hat{\rho} < \overline{\rho}_S < \overline{\rho}_N$, 那么我们可得如下结论:

a. 若 $0 < \hat{\rho} < \overline{\rho}_S < \overline{\rho}_N < \dfrac{\hat{\rho} + \overline{\rho}_S}{1 + \hat{\rho}\overline{\rho}_S}$, 则

$$h(\hat{\rho}, \overline{\rho}_S, \overline{\rho}_N) < \dfrac{\theta_I\overline{\rho}_S + \theta_S\hat{\rho} + \theta_N \dfrac{(\hat{\rho} + \overline{\rho}_S) - \overline{\rho}_N(1 + \hat{\rho}\overline{\rho}_S)}{1 - \overline{\rho}_N^2}}{1 + \theta_N \dfrac{(\overline{\rho}_N - \hat{\rho})(\overline{\rho}_N - \overline{\rho}_S)}{1 - \overline{\rho}_N^2} + \theta_U\hat{\rho}\overline{\rho}_S}$$

$$< \frac{\theta_I \overline{\rho}_N + \theta_S \dfrac{(\hat{\rho} + \overline{\rho}_N) - \overline{\rho}_S(1 + \hat{\rho}\overline{\rho}_N)}{1 - \overline{\rho}_S^2} + \theta_N \hat{\rho}}{1 + \theta_S \dfrac{(\overline{\rho}_S - \hat{\rho})(\overline{\rho}_S - \overline{\rho}_N)}{1 - \overline{\rho}_S^2} + \theta_U \hat{\rho}\overline{\rho}_N}$$

$$< \frac{\theta_I \dfrac{(\overline{\rho}_S + \overline{\rho}_N) - \hat{\rho}(1 + \overline{\rho}_S\overline{\rho}_N)}{1 - \hat{\rho}^2} + \theta_S \overline{\rho}_N + \theta_N \overline{\rho}_S}{\theta_I \dfrac{(\hat{\rho} - \overline{\rho}_S)(\hat{\rho} - \overline{\rho}_N)}{1 - \hat{\rho}^2} + 1 + \theta_U \overline{\rho}_S \overline{\rho}_N}$$

因此,

- 若 $E_{21} > \dfrac{\theta_I \dfrac{(\overline{\rho}_S + \overline{\rho}_N) - \hat{\rho}(1 + \overline{\rho}_S\overline{\rho}_N)}{1 - \hat{\rho}^2} + \theta_S \overline{\rho}_N + \theta_N \overline{\rho}_S}{\theta_I \dfrac{(\hat{\rho} - \overline{\rho}_S)(\hat{\rho} - \overline{\rho}_N)}{1 - \hat{\rho}^2} + 1 + \theta_U \overline{\rho}_S \overline{\rho}_N}$, 则 $Z_{N1}^* < Z_{S1}^* < Z_{I1}^* <$

Z_{U1}^*;

- 若 $\dfrac{\theta_I \dfrac{(\overline{\rho}_S + \overline{\rho}_N) - \hat{\rho}(1 + \overline{\rho}_S\overline{\rho}_N)}{1 - \hat{\rho}^2} + \theta_S \overline{\rho}_N + \theta_N \overline{\rho}_S}{\theta_I \dfrac{(\hat{\rho} - \overline{\rho}_S)(\hat{\rho} - \overline{\rho}_N)}{1 - \hat{\rho}^2} + 1 + \theta_U \overline{\rho}_S \overline{\rho}_N} > E_{21} >$

$\dfrac{\theta_I \overline{\rho}_N + \theta_S \dfrac{(\hat{\rho} + \overline{\rho}_N) - \overline{\rho}_S(1 + \hat{\rho}\overline{\rho}_N)}{1 - \overline{\rho}_S^2} + \theta_N \hat{\rho}}{1 + \theta_S \dfrac{(\overline{\rho}_S - \hat{\rho})(\overline{\rho}_S - \overline{\rho}_N)}{1 - \overline{\rho}_S^2} + \theta_U \hat{\rho}\overline{\rho}_N}$, 则 $Z_{S1}^* < Z_{N1}^* < Z_{I1}^* < Z_{U1}^*$;

- 若 $\dfrac{\theta_I \overline{\rho}_N + \theta_S \dfrac{(\hat{\rho} + \overline{\rho}_N) - \overline{\rho}_S(1 + \hat{\rho}\overline{\rho}_N)}{1 - \overline{\rho}_S^2} + \theta_N \hat{\rho}}{1 + \theta_S \dfrac{(\overline{\rho}_S - \hat{\rho})(\overline{\rho}_S - \overline{\rho}_N)}{1 - \overline{\rho}_S^2} + \theta_U \hat{\rho}\overline{\rho}_N} > E_{21} >$

$\dfrac{\theta_I \overline{\rho}_S + \theta_S \hat{\rho} + \theta_N \dfrac{(\hat{\rho} + \overline{\rho}_S) - \overline{\rho}_N(1 + \hat{\rho}\overline{\rho}_S)}{1 - \overline{\rho}_N^2}}{1 + \theta_N \dfrac{(\overline{\rho}_N - \hat{\rho})(\overline{\rho}_N - \overline{\rho}_S)}{1 - \overline{\rho}_N^2} + \theta_U \hat{\rho}\overline{\rho}_S}$, 则 $Z_{S1}^* < Z_{I1}^* < Z_{N1}^* < Z_{U1}^*$;

- 若 $\dfrac{\theta_I \overline{\rho}_S + \theta_S \hat{\rho} + \theta_N \dfrac{(\hat{\rho} + \overline{\rho}_S) - \overline{\rho}_N(1 + \hat{\rho}\overline{\rho}_S)}{1 - \overline{\rho}_N^2}}{1 + \theta_N \dfrac{(\overline{\rho}_N - \hat{\rho})(\overline{\rho}_N - \overline{\rho}_S)}{1 - \overline{\rho}_N^2} + \theta_U \hat{\rho}\overline{\rho}_S} > E_{21}$, 则 $Z_{I1}^* < Z_{S1}^* < Z_{N1}^* < Z_{U1}^*$。

b. 若 $0 < \hat{\rho} < \overline{\rho}_S < \dfrac{\hat{\rho} + \overline{\rho}_S}{1 + \hat{\rho}\overline{\rho}_S} < \overline{\rho}_N$, 则

$$\frac{\theta_I \overline{\rho}_S + \theta_S \hat{\rho} + \theta_N \dfrac{(\hat{\rho} + \overline{\rho}_S) - \overline{\rho}_N(1 + \hat{\rho}\overline{\rho}_S)}{1 - \overline{\rho}_N^2}}{1 + \theta_N \dfrac{(\overline{\rho}_N - \hat{\rho})(\overline{\rho}_N - \overline{\rho}_S)}{1 - \overline{\rho}_N^2} + \theta_U \hat{\rho}\overline{\rho}_S} < h(\hat{\rho}, \overline{\rho}_S, \overline{\rho}_N)$$

$$< \frac{\theta_I \overline{\rho}_N + \theta_S \dfrac{(\hat{\rho} + \overline{\rho}_N) - \overline{\rho}_S(1 + \hat{\rho}\overline{\rho}_N)}{1 - \overline{\rho}_S^2} + \theta_N \hat{\rho}}{1 + \theta_S \dfrac{(\overline{\rho}_S - \hat{\rho})(\overline{\rho}_S - \overline{\rho}_N)}{1 - \overline{\rho}_S^2} + \theta_U \hat{\rho}\overline{\rho}_N}$$

$$< \frac{\theta_I \dfrac{(\overline{\rho}_S + \overline{\rho}_N) - \hat{\rho}(1 + \overline{\rho}_S\overline{\rho}_N)}{1 - \hat{\rho}^2} + \theta_S \overline{\rho}_N + \theta_N \overline{\rho}_S}{\theta_I \dfrac{(\hat{\rho} - \overline{\rho}_S)(\hat{\rho} - \overline{\rho}_N)}{1 - \hat{\rho}^2} + 1 + \theta_U \overline{\rho}_S \overline{\rho}_N}$$

因此,

- 若 $E_{21} > \dfrac{\theta_I \dfrac{(\overline{\rho}_S + \overline{\rho}_N) - \hat{\rho}(1 + \overline{\rho}_S\overline{\rho}_N)}{1 - \hat{\rho}^2} + \theta_S \overline{\rho}_N + \theta_N \overline{\rho}_S}{\theta_I \dfrac{(\hat{\rho} - \overline{\rho}_S)(\hat{\rho} - \overline{\rho}_N)}{1 - \hat{\rho}^2} + 1 + \theta_U \overline{\rho}_S \overline{\rho}_N}$, 则 $Z_{N1}^* < Z_{S1}^* < Z_{I1}^* <$

Z_{U1}^*;

- 若 $\dfrac{\theta_I \dfrac{(\overline{\rho}_S + \overline{\rho}_N) - \hat{\rho}(1 + \overline{\rho}_S\overline{\rho}_N)}{1 - \hat{\rho}^2} + \theta_S \overline{\rho}_N + \theta_N \overline{\rho}_S}{\theta_I \dfrac{(\hat{\rho} - \overline{\rho}_S)(\hat{\rho} - \overline{\rho}_N)}{1 - \hat{\rho}^2} + 1 + \theta_U \overline{\rho}_S \overline{\rho}_N} > E_{21} >$

$\dfrac{\theta_I \overline{\rho}_N + \theta_S \dfrac{(\hat{\rho} + \overline{\rho}_N) - \overline{\rho}_S(1 + \hat{\rho}\overline{\rho}_N)}{1 - \overline{\rho}_S^2} + \theta_N \hat{\rho}}{1 + \theta_S \dfrac{(\overline{\rho}_S - \hat{\rho})(\overline{\rho}_S - \overline{\rho}_N)}{1 - \overline{\rho}_S^2} + \theta_U \hat{\rho}\overline{\rho}_N}$, 则 $Z_{S1}^* < Z_{N1}^* < Z_{I1}^* < Z_{U1}^*$;

- 若 $\dfrac{\theta_I \overline{\rho}_N + \theta_S \dfrac{(\hat{\rho} + \overline{\rho}_N) - \overline{\rho}_S(1 + \hat{\rho}\overline{\rho}_N)}{1 - \overline{\rho}_S^2} + \theta_N \hat{\rho}}{1 + \theta_S \dfrac{(\overline{\rho}_S - \hat{\rho})(\overline{\rho}_S - \overline{\rho}_N)}{1 - \overline{\rho}_S^2} + \theta_U \hat{\rho}\overline{\rho}_N} > E_{21}$, 则 $Z_{S1}^* < Z_{I1}^* < Z_{N1}^* < Z_{U1}^*$。

随着真实的相关系数 (以及精明投资者和天真投资者的最大相关系数) 增加, 噪音投资者和天真投资者将在资产 1 上持有更多头寸, 而内部投资者和精明投资者在资产 2 上持有更少头寸。因此, 噪音投资者和天真投资者从资产 2 逃到资产 1, 内部投资者和精明投资者从资产 1 转移至资产 2。换言之, 掌握信息较少的投资者将从从低质量资产逃到高质量资产, 呈现出安全投资转移现象。

当真实的相关系数取值为正时, $0 < \hat{\rho}$, 噪音投资者在资产 1 上的均衡头寸高于 ISN 投资者。此外, 若 $0 < \hat{\rho} < \overline{\rho}_S < \overline{\rho}_N < \dfrac{\hat{\rho} + \overline{\rho}_S}{1 + \hat{\rho}\overline{\rho}_S}$, 则随着资产 1 质量的提高, 掌握信息较少的投资者将在资产 1 上持有更多头寸, 而掌握信息较多的投资者在资产 1 上将持有较少头寸; 若 $0 < \hat{\rho} < \overline{\rho}_S < \dfrac{\hat{\rho} + \overline{\rho}_S}{1 + \hat{\rho}\overline{\rho}_S} < \overline{\rho}_N$, 则随着资产 1 质量的提高, 掌握信息较少的投资者在资产 1 上持有更多头寸, 而掌握信息较多的投资者在资产 1 上持有较少头寸, 但内部投资者始终不会成为持有资产 1 头寸最少的投资者。

对于资产 2,

① 若 $E_{12} > \dfrac{\theta_I \dfrac{(\overline{\rho}_S + \overline{\rho}_N) - \hat{\rho}(1 + \overline{\rho}_S\overline{\rho}_N)}{1 - \hat{\rho}^2} + \theta_S\overline{\rho}_N + \theta_N\overline{\rho}_S + \theta_U(\overline{\rho}_S + \overline{\rho}_N)}{\theta_I \dfrac{(1 + \overline{\rho}_S\overline{\rho}_N) - \hat{\rho}(\overline{\rho}_S + \overline{\rho}_N)}{1 - \hat{\rho}^2} + \theta_S + \theta_N}$, 则 $Z_{U2}^* =$

$0 < Z_{N2}^* < Z_{S2}^* < Z_{I2}^*$;

② 若 $\dfrac{\theta_I \dfrac{(\overline{\rho}_S + \overline{\rho}_N) - \hat{\rho}(1 + \overline{\rho}_S\overline{\rho}_N)}{1 - \hat{\rho}^2} + \theta_S\overline{\rho}_N + \theta_N\overline{\rho}_S + \theta_U(\overline{\rho}_S + \overline{\rho}_N)}{\theta_I \dfrac{(1 + \overline{\rho}_S\overline{\rho}_N) - \hat{\rho}(\overline{\rho}_S + \overline{\rho}_N)}{1 - \hat{\rho}^2} + \theta_S + \theta_N} > E_{12} >$

$\dfrac{\theta_I\overline{\rho}_N + \theta_S \dfrac{(\hat{\rho} + \overline{\rho}_N) - \overline{\rho}_S(1 + \hat{\rho}\overline{\rho}_N)}{1 - \overline{\rho}_S^2} + \theta_N\hat{\rho} + \theta_U(\hat{\rho} + \overline{\rho}_N)}{\theta_I + \theta_S \dfrac{(1 + \hat{\rho}\overline{\rho}_N) - \overline{\rho}_S(\hat{\rho} + \overline{\rho}_N)}{1 - \overline{\rho}_S^2} + \theta_N}$, 则 $Z_{U2}^* = 0 < Z_{S2}^* < Z_{N2}^* <$

Z_{I2}^*;

③ 若 $\dfrac{\theta_I\overline{\rho}_N + \theta_S \dfrac{(\hat{\rho} + \overline{\rho}_N) - \overline{\rho}_S(1 + \hat{\rho}\overline{\rho}_N)}{1 - \overline{\rho}_S^2} + \theta_N\hat{\rho} + \theta_U(\hat{\rho} + \overline{\rho}_N)}{\theta_I + \theta_S \dfrac{(1 + \hat{\rho}\overline{\rho}_N) - \overline{\rho}_S(\hat{\rho} + \overline{\rho}_N)}{1 - \overline{\rho}_S^2} + \theta_N} > E_{12} >$

$\dfrac{\theta_I\overline{\rho}_S + \theta_S\hat{\rho} + \theta_N \dfrac{(\hat{\rho} + \overline{\rho}_S) - \overline{\rho}_N(1 + \hat{\rho}\overline{\rho}_S)}{1 - \overline{\rho}_N^2} + \theta_U(\hat{\rho} + \overline{\rho}_S)}{\theta_I + \theta_S + \theta_N \dfrac{(1 + \hat{\rho}\overline{\rho}_S) - \overline{\rho}_N(\hat{\rho} + \overline{\rho}_S)}{1 - \overline{\rho}_N^2}}$, 则 $Z_{U2}^* = 0 < Z_{S2}^* < Z_{I2}^* <$

Z_{N2}^*;

④ 若 $\dfrac{\theta_I\overline{\rho}_S + \theta_S\hat{\rho} + \theta_N \dfrac{(\hat{\rho} + \overline{\rho}_S) - \overline{\rho}_N(1 + \hat{\rho}\overline{\rho}_S)}{1 - \overline{\rho}_N^2} + \theta_U(\hat{\rho} + \overline{\rho}_S)}{\theta_I + \theta_S + \theta_N \dfrac{(1 + \hat{\rho}\overline{\rho}_S) - \overline{\rho}_N(\hat{\rho} + \overline{\rho}_S)}{1 - \overline{\rho}_N^2}} > E_{12}$, 则 $Z_{U2}^* = 0 <$

$Z_{I2}^* < Z_{S2}^* < Z_{N2}^*$。

噪音投资者对资产 2 作出不参与交易的决策, 但 ISN 投资者均对该资产持有正头寸。随着资产 2 质量的提高, 天真投资者首先会比精明投资者持有更大的头寸, 然后甚至拥有比内部投资者更大的头寸。

(6) 均衡类型 6 (NU 投资者不参与资产 2 交易), 如果资产 1 的质量相对于资产 2 很大, $H(\hat{\rho}, \overline{\rho}_S, \overline{\rho}_N) \leqslant E_{12} < H(\hat{\rho}, \overline{\rho}_S, \overline{\rho}_S)$, 那么所有投资者都对资产 1 持有正头寸。

对于资产 1,

① 如果 $\hat{\rho} < \overline{\rho}_S < 0$, 那么 $\dfrac{\theta_I\overline{\rho}_S + \theta_S\hat{\rho}}{1 + (\theta_N + \theta_U)\hat{\rho}\overline{\rho}_S} < 0 < h(\hat{\rho}, \overline{\rho}_S, \overline{\rho}_S) < E_{21} \leqslant$

$h(\hat{\rho}, \overline{\rho}_S, \overline{\rho}_N)$, 因此 $Z_{U1}^* = Z_{N1}^* < Z_{S1}^* < Z_{I1}^*$。

② 如果 $\hat{\rho} < 0 < \overline{\rho}_S$, 那么 $Z_{S1}^* < Z_{U1}^* = Z_{N1}^* < Z_{I1}^*$。

③ 如果 $0 < \hat{\rho} < \overline{\rho}_S$, 那么我们可得如下结论:

a. 若 $E_{21} > \dfrac{\theta_I \overline{\rho}_S + \theta_S \hat{\rho}}{1 + (\theta_N + \theta_U)\hat{\rho}\overline{\rho}_S}$, 则 $Z_{S1}^* < Z_{I1}^* < Z_{U1}^* = Z_{N1}^*$;

b. 若 $E_{21} < \dfrac{\theta_I \overline{\rho}_S + \theta_S \hat{\rho}}{1 + (\theta_N + \theta_U)\hat{\rho}\overline{\rho}_S}$, 则 $Z_{I1}^* < Z_{S1}^* < Z_{U1}^* = Z_{N1}^*$。

随着真实相关系数 (以及精明投资者认为的最大相关系数) 增加, NU 投资者将对资产 1 持有更大的头寸, 内部投资者将对资产 1 持有更少的头寸。因此, NU 投资者从资产 2 逃到资产 1, 内部投资者从资产 1 转移资产 2。换言之, 掌握信息较少的投资者从低质量资产逃到高质量资产, 出现安全投资转移现象。

当真实的相关系数取值为正时, $0 < \hat{\rho}$, NU 投资者在资产 2 上的均衡头寸高于 IS 投资者, 将资产从资产 2 逃到资产 1 上。此外, 若 $E_{12} > \dfrac{\theta_I \overline{\rho}_S + \theta_S \hat{\rho}}{1 + (\theta_N + \theta_U)\hat{\rho}\overline{\rho}_S}$, 则 $Z_{S2}^* < Z_{I2}^* < Z_{U2}^* = Z_{N2}^*$, 内部投资者在资产 1 上持有的头寸将高于精明投资者; 若 $E_{12} < \dfrac{\theta_I \overline{\rho}_S + \theta_S \hat{\rho}}{1 + (\theta_N + \theta_U)\hat{\rho}\overline{\rho}_S}$, 则 $Z_{I2}^* < Z_{S2}^* < Z_{U2}^* = Z_{N2}^*$, 精明投资者在资产 1 上持有的均衡头寸将高于内部投资者。

对于资产 2,

① 若 $E_{12} > \dfrac{\theta_I \overline{\rho}_S + \theta_S \hat{\rho} + (\theta_N + \theta_U)(\hat{\rho} + \overline{\rho}_S)}{\theta_I + \theta_S}$, 则 $Z_{U2}^* = Z_{N2}^* = 0 < Z_{S2}^* < Z_{I2}^*$;

② 若 $E_{12} < \dfrac{\theta_I \overline{\rho}_S + \theta_S \hat{\rho} + (\theta_N + \theta_U)(\hat{\rho} + \overline{\rho}_S)}{\theta_I + \theta_S}$, 则 $Z_{U2}^* = Z_{N2}^* = 0 < Z_{I2}^* < Z_{S2}^*$。

NU 投资者对资产 2 作出不参与交易的决策, 但 IS 投资者对该资产持有正头寸。若 $E_{12} > \dfrac{\theta_I \overline{\rho}_S + \theta_S \hat{\rho} + (\theta_N + \theta_U)(\hat{\rho} + \overline{\rho}_S)}{\theta_I + \theta_S}$, 则 $Z_{U2}^* = Z_{N2}^* = 0 < Z_{S2}^* < Z_{I2}^*$, 内部投资者在资产 2 上持有的均衡头寸将高于精明投资者; 若 $E_{12} < \dfrac{\theta_I \overline{\rho}_S + \theta_S \hat{\rho} + (\theta_N + \theta_U)(\hat{\rho} + \overline{\rho}_S)}{\theta_I + \theta_S}$, 则 $Z_{U2}^* = Z_{N2}^* = 0 < Z_{I2}^* < Z_{S2}^*$, 精明投资者在资产 2 上持有的均衡头寸将高于内部投资者。

(7) 均衡类型 7 (SNU 投资者不参与资产 2 交易), 如果资产 1 的质量相对于资产 2 巨大, $H(\hat{\rho}, \overline{\rho}_S, \overline{\rho}_S) \leqslant E_{12}$, 那么

$$Z_{U1}^* = Z_{N1}^* = Z_{S1}^* \lesseqgtr Z_{I1}^*, 当且仅当 \hat{\rho} \lesseqgtr 0 时$$

$$Z_{U2}^* = Z_{N2}^* = Z_{S2}^* = 0 < Z_{I2}^*$$

所有投资者均对资产 1 持有正头寸: 当且仅当真实的相关系数取值为负 (正) 时, SNU 投资者总是比内部投资者持有更少 (更多) 的均衡头寸; SNU 投资者对资产 1 作出不参与交易决策, 但内部投资者对该资产持有正头寸。随着真实相关系数的增加, SNU 投资者将持有更多的资产 1, 内部投资者将持有更少的资产 1。因此, SNU 的投资者从资产 2 逃到资产 1, 内部投资者从资产 1 转移至资产 2。换言之, 掌握信息较少的投资者从低质量资产逃到高质量资产, 出现安全投资转移现象。

综合上述 7 种情形, 我们在下面定理中总结了投资者的交易特征。

定理 5.2 在均衡状态下, 对相关系数暧昧性持厌恶态度的投资者都表现出"安全投资转移"的交易特征。掌握信息越少的投资者往往会更快地转向高质量资产。

5.6 对资产定价的影响 —— CAPM 分析

在本章中, 我们将更深入地探讨市场均衡及其对资产价格的影响。我们重点关注 CAPM 分析。为了阐明相关系数暧昧性和投资者有限参与现象带来的定价效应, 我们现在着重考察风险资产的回报, 并探讨这些风险资产是否会产生偏离 CAPM 模型的超额收益 (α)。对于资产 j, 收益率定义为:

$$\tilde{Y}_j = \frac{\tilde{X}_j}{p_j} - 1, \ j = 1, 2$$

而市场收益率 (持有市场中所有风险资产) 定义为:

$$\tilde{Y}_M = \frac{\tilde{X}_1 Z_1^0 + \tilde{X}_2 Z_2^0}{p_1 Z_1^0 + p_2 Z_2^0} - 1$$

现在我们假设在这个经济体中有一个具有 CARA 效用函数的代表性投资者 (A)。为了使均衡价格相同, 代表性投资者必须对资产收益的均值持有相同的信念, 即对于 $j = 1, 2$, $\mu_j^A = \mu_j$; 对于资产 $j = 1, 2$ 的标准差 σ_j^A 和资产间的相关系数取值 ρ^A, 代表性投资者可以针对每一种市场情形有自己独特的信念。

代表性投资者对风险资产的回报均值有正确的信念, 因此他也会对资产和市场的收益率均值有正确的信念。此外, 由于从代表性投资者的角度来看, 资产是正确定价的, 因此他认为 CAPM 必然成立。由于我们将无风险资产的回报标准化为 0, 故而风险资产 $\tilde{Y}_j$ 和市场组合 $\tilde{Y}_M$ 的超额收益分别为 $\overline{Y}_j$ 和 $\overline{Y}_M$,

$$\overline{Y}_j = \beta_j^A \overline{Y}_M, \ j = 1, 2$$

其中, β_j^A 是代表性投资者认为的资产 j 的 β 值,

$$\beta_1^A = \frac{\text{Cov}^A(\tilde{Y}_M, \tilde{Y}_1)}{\text{Var}^A(\tilde{Y}_M)} = \frac{p_1 Z_1^0 + p_2 Z_2^0}{p_1} \frac{\left[\sigma_1^A\right]^2 Z_1^0 + \rho^A \sigma_1^A \sigma_2^A Z_2^0}{\left[\sigma_1^A\right]^2 \left[Z_1^0\right]^2 + 2\rho^A \sigma_1^A \sigma_2^A Z_1^0 Z_2^0 + \left[\sigma_2^A\right]^2 \left[Z_2^0\right]^2}$$

$$\beta_2^A = \frac{\text{Cov}^A(\tilde{Y}_M, \tilde{Y}_2)}{\text{Var}^A(\tilde{Y}_M)} = \frac{p_1 Z_1^0 + p_2 Z_2^0}{p_2} \frac{\rho^A \sigma_1^A \sigma_2^A Z_1^0 + \left[\sigma_2^A\right]^2 Z_2^0}{\left[\sigma_1^A\right]^2 \left[Z_1^0\right]^2 + 2\rho^A \sigma_1^A \sigma_2^A Z_1^0 Z_2^0 + \left[\sigma_2^A\right]^2 \left[Z_2^0\right]^2}$$

其中, 市场收益率和资产 $j = 1, 2$ 收益率的协方差, 以及市场收益率的方差是使用代表性投资者的信念而非正确信念来计算的。代表性投资者对资产收益率的标准差以及资产间相关系数取值的信念有可能不正确, 因此他对市场方差、市场协方差和每种资产收益率的信念可能是错误的。故而, 从代表性投资者的视角计算的 β 值并非根据真实市场数

据计算出的 β 值。现在考虑一位对整个经济有理性信念的外部计量学家, 也就是说, 知道相关系数 $\hat{\rho}$ 的真实值。因此, 从他的视角来看,

$$\beta_1 = \frac{\text{Cov}(\tilde{Y}_M, \tilde{Y}_1)}{\text{Var}(\tilde{Y}_M)} = \frac{p_1 Z_1^0 + p_2 Z_2^0}{p_1} \frac{\sigma_1 [\sigma_1 Z_1^0 + \hat{\rho}\sigma_2 Z_2^0]}{\sigma_1^2 [Z_1^0]^2 + 2\hat{\rho}\sigma_1\sigma_2 Z_1^0 Z_2^0 + \sigma_2^2 [Z_2^0]^2}$$

$$\beta_2 = \frac{\text{Cov}(\tilde{Y}_M, \tilde{Y}_2)}{\text{Var}(\tilde{Y}_M)} = \frac{p_1 Z_1^0 + p_2 Z_2^0}{p_2} \frac{\sigma_2 [\hat{\rho}\sigma_1 Z_1^0 + \sigma_2 Z_2^0]}{\sigma_1^2 [Z_1^0]^2 + 2\hat{\rho}\sigma_1\sigma_2 Z_1^0 Z_2^0 + \sigma_2^2 [Z_2^0]^2}$$

其中, 方差和协方差是用均衡收益的真实分布计算的。

当我们考虑实际经济中的 CAPM 模型时, 两种资产的实际 β 值都与代表性投资者认为的 β 值不同, 因此在实际经济中这两种资产都被错误定价。这种错误定价可以被 α_j, 即市场调整后收益捕获:

$$\alpha_j = \overline{Y}_j - \beta_j \overline{Y}_M = (\beta_j^A - \beta_j)\overline{Y}_M, \quad j = 1, 2$$

我们通过分别考察定理 5.2 中包含的 7 种类型均衡来检验市场调整后的收益。

假设市场所处的均衡状态是均衡类型 1 (SNU 投资者不参与资产 1 交易), 则从定理 5.2 来看, 如果两种资产间的质量比率微小, $E_{12} \leqslant h(\hat{\rho}, \overline{\rho}_S, \overline{\rho}_S)$, 那么风险资产的均衡价格由本章附录 D 中的式 (D.3a) 和式 (D.3b) 给出。

为了使均衡价格相同, 代表性投资者必须持有以下信念:

$$\sigma_1^A = \sigma_1 \sqrt{\frac{1 - (1 - \theta_I)\hat{\rho}^2}{\theta_I}}, \quad \sigma_2^A = \sigma_2, \quad \rho^A = \hat{\rho}\sqrt{\frac{\theta_I}{1 - (1 - \theta_I)\hat{\rho}^2}}\Theta$$

则参数 β_j^A, $j = 1, 2$ 的计算方式如下:

$$\beta_1^A = \frac{Cov^A(\tilde{Y}_M, \tilde{Y}_1)}{Var^A(\tilde{Y}_M)} = \frac{p_1 Z_1^0 + p_2 Z_2^0}{p_1} \frac{\sigma_1 \left[\frac{1 - (1 - \theta_I)\hat{\rho}^2}{\theta_I}\sigma_1 Z_1^0 + \hat{\rho}\sigma_2 Z_2^0\right]}{\frac{1 - (1 - \theta_I)\hat{\rho}^2}{\theta_I}\sigma_1^2 [Z_1^0]^2 + 2\hat{\rho}\sigma_1\sigma_2 Z_1^0 Z_2^0 + \sigma_2^2 [Z_2^0]^2}$$

$$\beta_2^A = \frac{Cov^A(\tilde{Y}_M, \tilde{Y}_2)}{Var^A(\tilde{Y}_M)} = \frac{p_1 Z_1^0 + p_2 Z_2^0}{p_2} \frac{\sigma_2 [\hat{\rho}\sigma_1 Z_1^0 + \sigma_2 Z_2^0]}{\frac{1 - (1 - \theta_I)\hat{\rho}^2}{\theta_I}\sigma_1^2 [Z_1^0]^2 + 2\hat{\rho}\sigma_1\sigma_2 Z_1^0 Z_2^0 + \sigma_2^2 [Z_2^0]^2}\Theta$$

我们可以检验得出 $\beta_1^A > \beta_1$ 以及 $\beta_2^A < \beta_2$, 因此 $\alpha_1 = (\beta_1^A - \beta_1)\overline{Y}_M > 0$ 以及 $\alpha_2 = (\beta_2^A - \beta_2)\overline{Y}_M < 0$。

接下来我们假设市场所处的均衡状态是均衡类型 2 (NU 投资者不参与资产 1 交易), 则根据定理 5.2, 如果两种资产间的质量比率很小, $h(\hat{\rho}, \overline{\rho}_S, \overline{\rho}_S) < E_{12} \leqslant h(\hat{\rho}, \overline{\rho}_S, \overline{\rho}_N)$, 那么风险资产的均衡价格由本章附录 D 中的式 (D.8a) 和式 (D.8b) 给出。

为了使均衡价格相同, 代表性投资者必须持有以下信念:

$$\sigma_1^A = \sigma_1 \sqrt{\frac{\dot{K}(\hat{\rho}, \overline{\rho}_S) + \theta_U}{\left[\dot{K}(\hat{\rho}, \overline{\rho}_S) - \theta_N\right]\left[\dot{K}(\hat{\rho}, \overline{\rho}_S) + \theta_U\right] - k^2(\hat{\rho}, \overline{\rho}_S)}}$$

$$\sigma_2^A = \sigma_2 \sqrt{\frac{\dot{K}(\hat{\rho}, \overline{\rho}_S) - \theta_N}{\left[\dot{K}(\hat{\rho}, \overline{\rho}_S) - \theta_N\right]\left[\dot{K}(\hat{\rho}, \overline{\rho}_S) + \theta_U\right] - \dot{k}^2(\hat{\rho}, \overline{\rho}_S)}}$$

$$\rho^A = \frac{\dot{k}(\hat{\rho}, \overline{\rho}_S)}{\sqrt{\left[\dot{K}(\hat{\rho}, \overline{\rho}_S) - \theta_N\right]\left[\dot{K}(\hat{\rho}, \overline{\rho}_S) + \theta_U\right]}}$$

则参数 β_j^A, $j = 1, 2$ 的计算方式如下:

$$\beta_1^A = \frac{\text{Cov}^A(\tilde{Y}_M, \tilde{Y}_1)}{\text{Var}^A(\tilde{Y}_M)} = \frac{p_1 Z_1^0 + p_2 Z_2^0}{p_1}$$

$$\frac{\sigma_1 \left\{\left[\dot{K}(\hat{\rho}, \overline{\rho}_S) + \theta_U\right]\sigma_1 Z_1^0 + \dot{k}(\hat{\rho}, \overline{\rho}_S)\sigma_2 Z_2^0\right\}}{\left[\dot{K}(\hat{\rho}, \overline{\rho}_S) + \theta_U\right]\sigma_1^2 \left[Z_1^0\right]^2 + 2\dot{k}(\hat{\rho}, \overline{\rho}_S)\sigma_1\sigma_2 Z_1^0 Z_2^0 + \left[\dot{K}(\hat{\rho}, \overline{\rho}_S) - \theta_N\right]\sigma_2^2 \left[Z_2^0\right]^2}$$

$$\beta_2^A = \frac{\text{Cov}^A(\tilde{Y}_M, \tilde{Y}_2)}{\text{Var}^A(\tilde{Y}_M)} = \frac{p_1 Z_1^0 + p_2 Z_2^0}{p_2}$$

$$\frac{\sigma_2 \left\{\dot{k}(\hat{\rho}, \overline{\rho}_S)\sigma_1 Z_1^0 + \left[\dot{K}(\hat{\rho}, \overline{\rho}_S) - \theta_N\right]\sigma_2 Z_2^0\right\}}{\left[\dot{K}(\hat{\rho}, \overline{\rho}_S) + \theta_U\right]\sigma_1^2 \left[Z_1^0\right]^2 + 2\dot{k}(\hat{\rho}, \overline{\rho}_S)\sigma_1\sigma_2 Z_1^0 Z_2^0 + \left[\dot{K}(\hat{\rho}, \overline{\rho}_S) - \theta_N\right]\sigma_2^2 \left[Z_2^0\right]^2}$$

我们可以检验得出 $\beta_1^A > \beta_1$ 以及 $\beta_2^A < \beta_2$, 因此 $\alpha_1 = (\beta_1^A - \beta_1)\overline{Y}_M > 0$ 以及 $\alpha_2 = (\beta_2^A - \beta_2)\overline{Y}_M < 0$。

下面我们假设市场处在均衡类型 3 (噪音投资者不参与资产 1 交易), 则根据定理 5.2, 如果资产间的质量比率较小, $h(\hat{\rho}, \overline{\rho}_S, \overline{\rho}_N) < E_{12} \leqslant m(\hat{\rho}, \overline{\rho}_S, \overline{\rho}_N)$, 那么风险资产的均衡价格由本章附录 D 中的式 (D.14a) 和式 (D.14b) 给出。

为了使均衡价格相同, 代表性投资者必须持有以下信念:

$$\sigma_1^A = \sigma_1 \sqrt{\frac{K(\hat{\rho}, \overline{\rho}_S, \overline{\rho}_N) + \theta_U}{K(\hat{\rho}, \overline{\rho}_S, \overline{\rho}_N)\left[K(\hat{\rho}, \overline{\rho}_S, \overline{\rho}_N) + \theta_U\right] - k^2(\hat{\rho}, \overline{\rho}_S, \overline{\rho}_N)}}$$

$$\sigma_2^A = \sigma_2 \sqrt{\frac{K(\hat{\rho}, \overline{\rho}_S, \overline{\rho}_N)}{K(\hat{\rho}, \overline{\rho}_S, \overline{\rho}_N)\left[K(\hat{\rho}, \overline{\rho}_S, \overline{\rho}_N) + \theta_U\right] - k^2(\hat{\rho}, \overline{\rho}_S, \overline{\rho}_N)}}$$

$$\rho^A = \frac{k(\hat{\rho}, \overline{\rho}_S, \overline{\rho}_N)}{\sqrt{K(\hat{\rho}, \overline{\rho}_S, \overline{\rho}_N)\left[K(\hat{\rho}, \overline{\rho}_S, \overline{\rho}_N) + \theta_U\right]}}$$

则参数 β_j^A, $j = 1, 2$ 的计算方式如下:

$$\beta_1^A = \frac{\text{Cov}^A(\tilde{Y}_M, \tilde{Y}_1)}{\text{Var}^A(\tilde{Y}_M)} = \frac{p_1 Z_1^0 + p_2 Z_2^0}{p_1}$$

$$\frac{\sigma_1 \left\{ [K(\hat{\rho}, \overline{\rho}_S, \overline{\rho}_N) + \theta_U] \sigma_1 Z_1^0 + k(\hat{\rho}, \overline{\rho}_S, \overline{\rho}_N) \sigma_2 Z_2^0 \right\}}{[K(\hat{\rho}, \overline{\rho}_S, \overline{\rho}_N) + \theta_U] \sigma_1^2 [Z_1^0]^2 + 2k(\hat{\rho}, \overline{\rho}_S, \overline{\rho}_N) \sigma_1 \sigma_2 Z_1^0 Z_2^0 + K(\hat{\rho}, \overline{\rho}_S, \overline{\rho}_N) \sigma_2^2 [Z_2^0]^2}$$

$$\beta_2^A = \frac{\text{Cov}^A(\tilde{Y}_M, \tilde{Y}_2)}{\text{Var}^A(\tilde{Y}_M)} = \frac{p_1 Z_1^0 + p_2 Z_2^0}{p_2}$$

$$\frac{\sigma_2 \left\{ k(\hat{\rho}, \overline{\rho}_S, \overline{\rho}_N) \sigma_1 Z_1^0 + K(\hat{\rho}, \overline{\rho}_S, \overline{\rho}_N) \sigma_2 Z_2^0 \right\}}{[K(\hat{\rho}, \overline{\rho}_S, \overline{\rho}_N) + \theta_U] \sigma_1^2 [Z_1^0]^2 + 2k(\hat{\rho}, \overline{\rho}_S, \overline{\rho}_N) \sigma_1 \sigma_2 Z_1^0 Z_2^0 + K(\hat{\rho}, \overline{\rho}_S, \overline{\rho}_N) \sigma_2^2 [Z_2^0]^2}$$

我们可以检验得出 $\beta_1^A > \beta_1$ 以及 $\beta_2^A < \beta_2$, 因此 $\alpha_1 = (\beta_1^A - \beta_1)\overline{Y}_M > 0$ 以及 $\alpha_2 = (\beta_2^A - \beta_2)\overline{Y}_M < 0$。

接下来我们假设市场所处的均衡状态是均衡类型 4 (SNU 投资者参与两种资产的交易), 则根据定理 5.2, 如果两种资产间的质量比率适中, $m(\hat{\rho}, \overline{\rho}_S, \overline{\rho}_N) < E_{12} < M(\hat{\rho}, \overline{\rho}_S, \overline{\rho}_N)$, 那么风险资产的均衡价格由本章附录 D 中的式 (D.38a) 和式 (D.38b) 给出。

为了使均衡价格相同, 代表性投资者必须持有以下信念:

$$\sigma_j^A = \frac{\sigma_j}{\sqrt{2 \left[\dfrac{\theta_I}{1 + \hat{\rho}} + \dfrac{\theta_S}{1 + \overline{\rho}_S} + \dfrac{\theta_N}{1 + \overline{\rho}_N} \right] + \theta_U}}, \ j = 1, 2$$

$$\rho^A = 1$$

则参数 β_j^A, $j = 1, 2$ 的计算方式如下:

$$\beta_1^A = \frac{\text{Cov}^A(\tilde{Y}_M, \tilde{Y}_1)}{\text{Var}^A(\tilde{Y}_M)} = \frac{p_1 Z_1^0 + p_2 Z_2^0}{p_1} \frac{\sigma_1 [\sigma_1 Z_1^0 + \sigma_2 Z_2^0]}{\sigma_1^2 [Z_1^0]^2 + 2\sigma_1 \sigma_2 Z_1^0 Z_2^0 + \sigma_2^2 [Z_2^0]^2}$$

$$\beta_2^A = \frac{\text{Cov}^A(\tilde{Y}_M, \tilde{Y}_2)}{\text{Var}^A(\tilde{Y}_M)} = \frac{p_1 Z_1^0 + p_2 Z_2^0}{p_1} \frac{\sigma_2 [\sigma_1 Z_1^0 + \sigma_2 Z_2^0]}{\sigma_1^2 [Z_1^0]^2 + 2\sigma_1 \sigma_2 Z_1^0 Z_2^0 + \sigma_2^2 [Z_2^0]^2}$$

我们可以检验得出, 对 $\sigma_2 Z_2^0 \lesseqqgtr \sigma_1 Z_1^0$ 有 $\beta_1^A \lesseqqgtr \beta_1$, 以及对 $\sigma_1 Z_1^0 \lesseqqgtr \sigma_2 Z_2^0$ 有 $\beta_2^A \lesseqqgtr \beta_2$, 因此对 $\sigma_2 Z_2^0 \lesseqqgtr \sigma_1 Z_1^0$ 有 $\alpha_1 = (\beta_1^A - \beta_1)\overline{Y}_M \lesseqqgtr 0$, 以及对 $\sigma_1 Z_1^0 \lesseqqgtr \sigma_2 Z_2^0$ 有 $\alpha_2 = (\beta_2^A - \beta_2)\overline{Y}_M \lesseqqgtr 0$。

如果市场所处的均衡状态是均衡类型 5 (噪音投资者不参与资产 2 交易), 则根据定理 5.2, 如果资产间的质量比率较大, $M(\hat{\rho}, \overline{\rho}_S, \overline{\rho}_N) \leqslant E_{12} < H(\hat{\rho}, \overline{\rho}_S, \overline{\rho}_N)$, 那么风险资产的均衡价格由本章附录 D 中的式 (D.32a) 和式 (D.32b) 给出。

为了使均衡价格相同, 代表性投资者必须持有以下信念:

$$\sigma_1^A = \sigma_2 \sqrt{\frac{K(\hat{\rho},\overline{\rho}_S,\overline{\rho}_N)}{[K(\hat{\rho},\overline{\rho}_S,\overline{\rho}_N)+\theta_U]\,K(\hat{\rho},\overline{\rho}_S,\overline{\rho}_N)-k^2(\hat{\rho},\overline{\rho}_S,0)}}$$

$$\sigma_2^A = \sigma_1 \sqrt{\frac{K(\hat{\rho},\overline{\rho}_S,\overline{\rho}_N)+\theta_U}{[K(\hat{\rho},\overline{\rho}_S,\overline{\rho}_N)+\theta_U]\,K(\hat{\rho},\overline{\rho}_S,\overline{\rho}_N)-k^2(\hat{\rho},\overline{\rho}_S,0)}}$$

$$\rho^A = \frac{k(\hat{\rho},\overline{\rho}_S,\overline{\rho}_N)}{\sqrt{[K(\hat{\rho},\overline{\rho}_S,\overline{\rho}_N)+\theta_U]\,K(\hat{\rho},\overline{\rho}_S,\overline{\rho}_N)}}$$

则参数 β_j^A, $j=1,2$ 的计算方式如下:

$$\beta_1^A = \frac{\mathrm{Cov}^A(\tilde{Y}_M,\tilde{Y}_1)}{\mathrm{Var}^A(\tilde{Y}_M)} = \frac{p_1 Z_1^0 + p_2 Z_2^0}{p_1}$$

$$\frac{\sigma_1\{K(\hat{\rho},\overline{\rho}_S,\overline{\rho}_N)\sigma_1 Z_1^0 + k(\hat{\rho},\overline{\rho}_S,\overline{\rho}_N)\sigma_2 Z_2^0\}}{K(\hat{\rho},\overline{\rho}_S,\overline{\rho}_N)\sigma_1^2[Z_1^0]^2 + 2k(\hat{\rho},\overline{\rho}_S,\overline{\rho}_N)\sigma_1\sigma_2 Z_1^0 Z_2^0 + [K(\hat{\rho},\overline{\rho}_S,\overline{\rho}_N)+\theta_U]\sigma_2^2[Z_2^0]^2}$$

$$\beta_2^A = \frac{\mathrm{Cov}^A(\tilde{Y}_M,\tilde{Y}_2)}{\mathrm{Var}^A(\tilde{Y}_M)} = \frac{p_1 Z_1^0 + p_2 Z_2^0}{p_2}$$

$$\frac{\sigma_2[k(\hat{\rho},\overline{\rho}_S,\overline{\rho}_N)\sigma_1 Z_1^0 + [K(\hat{\rho},\overline{\rho}_S,\overline{\rho}_N)+\theta_U]\sigma_2 Z_2^0]}{K(\hat{\rho},\overline{\rho}_S,\overline{\rho}_N)\sigma_1^2[Z_1^0]^2 + 2k(\hat{\rho},\overline{\rho}_S,\overline{\rho}_N)\sigma_1\sigma_2 Z_1^0 Z_2^0 + [K(\hat{\rho},\overline{\rho}_S,\overline{\rho}_N)+\theta_U]\sigma_2^2[Z_2^0]^2}$$

我们可以检验得出 $\beta_1^A < \beta_1$ 以及 $\beta_2^A > \beta_2$, 因此 $\alpha_1 = (\beta_1^A - \beta_1)\overline{Y}_M < 0$ 以及 $\alpha_2 = (\beta_2^A - \beta_2)\overline{Y}_M > 0$。

如果市场所处的均衡状态是均衡类型 6 (NU 投资者不参与资产 2 交易), 则根据定理 5.2, 如果资产间的质量比率很大, $H(\hat{\rho},\overline{\rho}_S,\overline{\rho}_N) \leqslant E_{12} < H(\hat{\rho},\overline{\rho}_S,\overline{\rho}_S)$, 那么风险资产的均衡价格由本章附录 D 中的式 (D.26a) 和式 (D.26b) 给出。

为了使均衡价格相同, 代表性投资者必须持有以下信念:

$$\sigma_1^A = \sigma_2 \sqrt{\frac{\dot{K}(\hat{\rho},\overline{\rho}_S)-\theta_N}{[\dot{K}(\hat{\rho},\overline{\rho}_S)+\theta_U][\dot{K}(\hat{\rho},\overline{\rho}_S)-\theta_N]-k^2(\hat{\rho},\overline{\rho}_S,0)}}$$

$$\sigma_2^A = \sigma_1 \sqrt{\frac{\dot{K}(\hat{\rho},\overline{\rho}_S)+\theta_U}{[\dot{K}(\hat{\rho},\overline{\rho}_S)+\theta_U][\dot{K}(\hat{\rho},\overline{\rho}_S)-\theta_N]-k^2(\hat{\rho},\overline{\rho}_S,0)}}$$

$$\rho^A = \frac{\dot{k}(\hat{\rho},\overline{\rho}_S)}{\sqrt{[\dot{K}(\hat{\rho},\overline{\rho}_S)+\theta_U][\dot{K}(\hat{\rho},\overline{\rho}_S)-\theta_N]}}$$

则参数 β_j^A, $j=1,2$ 的计算方式如下:

$$\beta_1^A = \frac{\mathrm{Cov}^A(\tilde{Y}_M,\tilde{Y}_1)}{\mathrm{Var}^A(\tilde{Y}_M)} = \frac{p_1 Z_1^0 + p_2 Z_2^0}{p_1}$$

$$\frac{\sigma_1 \left\{ \left[\dot{K}(\hat{\rho}, \overline{\rho}_S) - \theta_N \right] \sigma_1 Z_1^0 + \dot{k}(\hat{\rho}, \overline{\rho}_S) \sigma_2 Z_2^0 \right\}}{\left[\dot{K}(\hat{\rho}, \overline{\rho}_S) - \theta_N \right] \sigma_1^2 \left[Z_1^0 \right]^2 + 2\dot{k}(\hat{\rho}, \overline{\rho}_S) \sigma_1 \sigma_2 Z_1^0 Z_2^0 + \left[\dot{K}(\hat{\rho}, \overline{\rho}_S) + \theta_U \right] \sigma_2^2 \left[Z_2^0 \right]^2}$$

$$\beta_2^A = \frac{\mathrm{Cov}^A(\tilde{Y}_M, \tilde{Y}_2)}{\mathrm{Var}^A(\tilde{Y}_M)} = \frac{p_1 Z_1^0 + p_2 Z_2^0}{p_2}$$

$$\frac{\sigma_2 \left\{ \dot{k}(\hat{\rho}, \overline{\rho}_S) \sigma_1 Z_1^0 + \left[\dot{K}(\hat{\rho}, \overline{\rho}_S) + \theta_U \right] \sigma_2 Z_2^0 \right\}}{\left[\dot{K}(\hat{\rho}, \overline{\rho}_S) - \theta_N \right] \sigma_1^2 \left[Z_1^0 \right]^2 + 2\dot{k}(\hat{\rho}, \overline{\rho}_S) \sigma_1 \sigma_2 Z_1^0 Z_2^0 + \left[\dot{K}(\hat{\rho}, \overline{\rho}_S) + \theta_U \right] \sigma_2^2 \left[Z_2^0 \right]^2}$$

我们可以检验得出 $\beta_1^A < \beta_1$ 以及 $\beta_2^A > \beta_2$, 因此 $\alpha_1 = (\beta_1^A - \beta_1)\overline{Y}_M < 0$ 以及 $\alpha_2 = (\beta_2^A - \beta_2)\overline{Y}_M > 0$。

最后, 我们假设市场所处的均衡状态是均衡类型 7 (SNU 投资者不参与资产 2 交易), 则根据定理 5.2, 如果资产间的质量比率巨大, $H(\hat{\rho}, \overline{\rho}_S, \overline{\rho}_S) \leqslant E_{12}$, 那么风险资产的均衡价格由本章附录 D 中的式 (D.21a) 和式 (D.21b) 给出。

为了使均衡价格相同, 代表性投资者必须持有以下信念:

$$\sigma_1^A = \sigma_1, \quad \sigma_2^A = \sigma_2 \sqrt{\frac{1 - (1 - \theta_I)\hat{\rho}^2}{\theta_I}}, \quad \rho^A = \hat{\rho} \sqrt{\frac{\theta_I}{1 - (1 - \theta_I)\hat{\rho}^2}}$$

则参数 β_j^A, $j = 1, 2$ 的计算方式如下:

$$\beta_1^A = \frac{\mathrm{Cov}^A(\tilde{Y}_M, \tilde{Y}_1)}{\mathrm{Var}^A(\tilde{Y}_M)} = \frac{p_1 Z_1^0 + p_2 Z_2^0}{p_1} \frac{\sigma_1 \left[\sigma_1 Z_1^0 + \hat{\rho} \sigma_2 Z_2^0 \right]}{\sigma_1^2 \left[Z_1^0 \right]^2 + 2\hat{\rho}\sigma_1\sigma_2 Z_1^0 Z_2^0 + \dfrac{1 - (1 - \theta_I)\hat{\rho}^2}{\theta_I} \sigma_2^2 \left[Z_2^0 \right]^2}$$

$$\beta_2^A = \frac{\mathrm{Cov}^A(\tilde{Y}_M, \tilde{Y}_2)}{\mathrm{Var}^A(\tilde{Y}_M)} = \frac{p_1 Z_1^0 + p_2 Z_2^0}{p_2} \frac{\sigma_2 \left[\hat{\rho}\sigma_1 Z_1^0 + \dfrac{1 - (1 - \theta_I)\hat{\rho}^2}{\theta_I} \sigma_2 Z_2^0 \right]}{\sigma_1^2 \left[Z_1^0 \right]^2 + 2\hat{\rho}\sigma_1\sigma_2 Z_1^0 Z_2^0 + \dfrac{1 - (1 - \theta_I)\hat{\rho}^2}{\theta_I} \sigma_2^2 \left[Z_2^0 \right]^2}$$

我们可以检验得出 $\beta_1^A < \beta_1$ 以及 $\beta_2^A > \beta_2$, 因此 $\alpha_1 = (\beta_1^A - \beta_1)\overline{Y}_M < 0$ 以及 $\alpha_2 = (\beta_2^A - \beta_2)\overline{Y}_M > 0$。

综上, 我们将所得结论总结如下。如果资产间的质量比率微小, $E_{12} \leqslant h(\hat{\rho}, \overline{\rho}_S, \overline{\rho}_S)$, 那么在 SNU 投资者不参与资产 1 交易的市场均衡中, 经市场调整后的资产超额收益满足 $\alpha_1 > 0$ 以及 $\alpha_2 < 0$。如果资产间的质量比率很小, $h(\hat{\rho}, \overline{\rho}_S, \overline{\rho}_S) < E_{12} \leqslant h(\hat{\rho}, \overline{\rho}_S, \overline{\rho}_N)$, 那么在 NU 投资者不参与资产 1 交易的市场均衡中, 经市场调整后的资产超额收益满足 $\alpha_1 > 0$ 以及 $\alpha_2 < 0$。如果资产间的质量比率较小, $h(\hat{\rho}, \overline{\rho}_S, \overline{\rho}_N) < E_{12} \leqslant m(\hat{\rho}, \overline{\rho}_S, \overline{\rho}_N)$, 那么在噪音投资者不参与资产 1 交易的市场均衡中, 经市场调整后的资产超额收益满足 $\alpha_1 > 0$ 以及 $\alpha_2 < 0$。如果资产间的质量比率适中, $m(\hat{\rho}, \overline{\rho}_S, \overline{\rho}_N) < E_{12} < M(\hat{\rho}, \overline{\rho}_S, \overline{\rho}_N)$, 那么在 SNU 投资者参与两种资产交易的市场均衡中, 对于 $E_{12} < 1$, 经市场调整后的资

产超额收益满足 $\alpha_1 > 0$ 和 $\alpha_2 < 0$; 对于 $E_{12} > 1$, 经市场调整后的资产超额收益满足 $\alpha_1 < 0$ 和 $\alpha_2 > 0$。如果资产间的质量比率较大, $M(\hat{\rho}, \overline{\rho}_S, \overline{\rho}_N) \leqslant E_{12} < H(\hat{\rho}, \overline{\rho}_S, \overline{\rho}_N)$, 那么在噪音投资者不参与资产 2 交易的市场均衡中, 经市场调整后的资产超额收益满足 $\alpha_1 < 0$ 和 $\alpha_2 > 0$。如果资产间的质量比率很大, $H(\hat{\rho}, \overline{\rho}_S, \overline{\rho}_N) \leqslant E_{12} < H(\hat{\rho}, \overline{\rho}_S, \overline{\rho}_S)$, 那么在 NU 投资者不参与资产 2 交易的市场均衡中, 经市场调整后的资产超额收益满足 $\alpha_1 < 0$ 和 $\alpha_2 > 0$。如果资产间的质量比率巨大, $H(\hat{\rho}, \overline{\rho}_S, \overline{\rho}_S) \leqslant E_{12}$, 那么在 SNU 投资者不参与资产 2 交易的市场均衡中, 经市场调整后的资产超额收益满足 $\alpha_1 < 0$ 和 $\alpha_2 > 0$。一般来说, SNU 投资者选择不持有的风险资产通常具有正的超额收益, 而 SNU 投资者持有的风险资产具有负的超额收益。这是因为为了吸引内部投资者持有具有暧昧性收益的风险资产, 其价格必须保持较低水平、回报率保持较高水平。相反, 具有暧昧厌恶态度的投资者对无暧昧性的投资组合赋予了过大的投资权重, 从而提高了其价格并降低了其回报率。

值得注意的是, 在非参与均衡 (均衡类型 1 或均衡类型 7) 下, SNU 投资者选择不持有低质量资产; 在少部分参与均衡 (均衡类型 2 或均衡类型 6) 下, NU 投资者决定不持有低质量资产; 在大部分参与均衡 (均衡类型 3 或均衡类型 5) 下, 噪音投资者决定不持有低质量资产; 在完全参与均衡 (均衡类型 4) 下, SNU 投资者持有两种风险资产。综上所述, 在 7 种均衡类型下, 质量较低的资产将产生正的超额收益, 而质量较高的资产将产生负的超额收益。换言之, 无论经济是处于 (对于 SNU 投资者而言的) 参与均衡还是 (对 SNU 投资者、NU 投资者或噪音投资者而言的) 非参与均衡, 相应的投资者都会更偏爱质量更高的资产, 甚至达到了非理性的程度, 造成其价格上涨, 收益率低于标准模型的预测结果。由此我们可以看出, 相关系数暧昧性可以作为新的方式来研究个股横截面表现差异。

定理 5.3　无论均衡是完全参与均衡还是大部分参与均衡、少部分参与均衡, 抑或是非参与均衡, 质量较低的风险资产都会产生正的超额收益, 而质量较高的资产则会产生负的超额收益。

5.7　结　论

在本章中, 我们扩展了 Huang 等 (2017) 提出的多资产模型, 他们的模型中仅包含两种类型的投资者 (内部投资者和天真投资者), 而我们在模型中额外增加了两种类型投资者, 分别是具有部分信息的精明投资者和没有信息的噪音投资者。相关系数暧昧性的存在使得精明投资者、天真投资者和噪音投资者的需求函数存在 4 种可能的情况。这一需求函数的特征导致市场出现包含 7 种可能类型的一般均衡。因此, 我们得到了 7 种不同类型的均衡结果: (对精明投资者、天真投资者和噪音投资者而言的) 完全参与均衡、(天真投资者和噪音投资者不参与交易的) 少部分参与均衡、(噪音投资者不参与交易的) 大部分参与均衡, 以及 (对精明投资者、天真投资者和噪音投资者而言的) 非参与均衡, 而市场具体会达到哪种均衡状态则取决于风险资产间的质量比率。持有暧昧厌恶态度的

投资者 (包括精明投资者、天真投资者和噪音投资者) 会理性地选择有限参与来避免相关系数暧昧性的影响。当低质量资产相对于高质量资产的质量比率较小时, 噪音投资者会内生地选择有限参与低质量资产的交易活动; 当低质量资产相对于高质量资产的质量比率很小时, 天真投资者和噪音投资者均会理性地选择有限参与市场; 当低质量资产相对于高质量资产的质量比率非常小时, 精明投资者、天真投资者和噪音投资者均会选择有限参与策略。

此外, 掌握信息较多的投资者愿意参与一些风险资产的交易, 而掌握信息较少的投资者不愿意参与交易, 这是由于暧昧性导致的有限参与现象。然而, 掌握信息较少的投资者的需求可能大于掌握信息较多的投资者并持有更高的均衡头寸, 这背后的主要原因在于相关系数暧昧性的存在使得投资者同时面临包含风险和暧昧性在内的两种不确定性的影响。此外, 我们进一步探讨了掌握信息较少的投资者从低质量资产逃向高质量资产的 "安全投资转移" 交易特征。因此, 在均衡状态下, 所有投资者都表现出向高质量资产转移的投资趋势。

本章研究的主要问题可以拓展到更复杂的模型框架中进行更深入探讨。例如, 我们可以考察包含一种无风险资产和 $K(K > 2)$ 种风险资产的多资产模型。可以用具有一般形式的相关系数矩阵来刻画风险资产间的相关性。因此, 我们可以设定更为复杂的相关系数信息结构, 或是从所有资产都具有相同相关系数的简单模型做起。

附　　录

附录 A　SN 投资者的需求函数

对于 SN 投资者, 有两种方法可以解决上述双层数学规划问题。我们采用 Sion (1958) 的最小最大化定理来交换双层优化问题的求解顺序。

我们使用 Sion (1958) 的最小最大化定理交换双层优化问题的求解顺序来求解双层数学规划式 (5.7) 的最优解。

$$\min_{\rho\in[\underline{\rho},\overline{\rho}]} \max_{(z_1,z_2)} f(z_1,z_2,\rho) = w + \sigma_1 R_1 z_1 + \sigma_2 R_2 z_2 - \frac{1}{2}\alpha[\sigma_1^2 z_1^2 + 2\rho\sigma_1\sigma_2 z_1 z_2 + \sigma_2^2 z_2^2] \quad \text{(A.1)}$$

内层规划 $\max_{(z_1,z_2)} f(z_1,z_2,\rho) = w + \sigma_1 R_1 z_1 + \sigma_2 R_2 z_2 - \frac{1}{2}\alpha[\sigma_1^2 z_1^2 + 2\rho\sigma_1\sigma_2 z_1 z_2 + \sigma_2^2 z_2^2]$ 的一阶条件 (FOC) 为:

$$\frac{\partial f(z_1,z_2,\rho)}{\partial z_1} = \sigma_1 R_1 - \alpha\sigma_1[\sigma_1 z_1 + \rho\sigma_2 z_2] = 0 \quad \text{和}$$

$$\frac{\partial f(z_1,z_2,\rho)}{\partial z_2} = \sigma_2 R_2 - \alpha\sigma_2[\rho\sigma_1 z_1 + \sigma_2 z_2] = 0$$

因此, 内层规划的解为:

$$z_1(\rho) = \frac{R_1 - \rho R_2}{\alpha(1-\rho^2)\sigma_1} \quad \text{和} \quad z_2(\rho) = \frac{R_2 - \rho R_1}{\alpha(1-\rho^2)\sigma_2}$$

这样,

$$F(\rho) \equiv \max_{(z_1,z_2)} f(z_1,z_2,\rho) = f\left(\frac{R_1-\rho R_2}{\alpha(1-\rho^2)}, \frac{R_2-\rho R_1}{\alpha(1-\rho^2)}, \rho\right) = w + \frac{R_1^2 - 2\rho R_1 R_2 + R_2^2}{2\alpha(1-\rho^2)}$$

双层数学规划式 (A.1) 等价于下面的数学规划:

$$\min_{\rho\in[\underline{\rho},\overline{\rho}]} F(\rho) = f\left(\frac{R_1-\rho R_2}{\alpha(1-\rho^2)}, \frac{R_2-\rho R_1}{\alpha(1-\rho^2)}, \rho\right) = w + \frac{R_1^2 - 2\rho R_1 R_2 + R_2^2}{2\alpha(1-\rho^2)}$$

因此,

$$F'(\rho) = \frac{1}{\alpha(1-\rho^2)^2}\left\{\rho[R_1^2 + R_2^2] - (1+\rho^2)R_1 R_2\right\} = -\alpha\sigma_1\sigma_2 z_1(\rho) z_2(\rho)$$

外层规划一阶条件 (FOC) $F'(\rho) = 0$ 的解依赖 $R_1 R_2$ 的符号。结果可以列为下面几种情形。

情形 1　如果 $R_1 R_2 < 0$, 那么 $\rho_+ = \frac{1}{2}\left[\frac{R_1^2+R_2^2}{R_1 R_2} + \sqrt{\left(\frac{R_1^2+R_2^2}{R_1 R_2}\right)^2 - 4}\right] \in [-1, 0)$。对于 $\rho < \rho_+$ 有 $F'(\rho) < 0$, 对于 $\rho > \rho_+$ 有 $F'(\rho) > 0$。因此, $\min_{\rho\in[-1,1]} F(\rho) = F(\rho_+)$。

情形 1.1　若 $\rho_+ \leqslant \underline{\rho} < \overline{\rho}$, 则 $\min_{\rho\in[\underline{\rho},\overline{\rho}]} F(\rho) = F(\underline{\rho})$。因此, $z_1(\underline{\rho}) = \frac{R_1-\underline{\rho}R_2}{\alpha(1-\underline{\rho}^2)\sigma_1}$、$z_2(\underline{\rho}) = \frac{R_2-\underline{\rho}R_1}{\alpha(1-\underline{\rho}^2)\sigma_2}$, 且 $z_1(\underline{\rho})z_2(\underline{\rho}) = -\frac{F'(\underline{\rho})}{\alpha\sigma_1\sigma_2} < 0$。

情形 1.2　若 $\underline{\rho} < \rho_+ < \overline{\rho}$, 则 $\min_{\rho\in[\underline{\rho},\overline{\rho}]} F(\rho) = F(\rho_+)$。因此, $z_1(\rho_+) = \frac{R_1-\rho_+ R_2}{\alpha(1-\rho_+^2)\sigma_1}$、$z_2(\rho_+) = \frac{R_2-\rho_+ R_1}{\alpha(1-\rho_+^2)\sigma_2}$, 且 $z_1(\rho_+)z_2(\rho_+) = -\frac{F'(\rho_+)}{\alpha\sigma_1\sigma_2} = 0$。

情形 1.3　若 $\underline{\rho} < \overline{\rho} \leqslant \rho_+$, 则 $\min_{\rho\in[\underline{\rho},\overline{\rho}]} F(\rho) = F(\overline{\rho})$。因此, $z_1(\overline{\rho}) = \frac{R_1-\overline{\rho}R_2}{\alpha(1-\overline{\rho}^2)\sigma_1}$、$z_2(\overline{\rho}) = \frac{R_2-\overline{\rho}R_1}{\alpha(1-\overline{\rho}^2)\sigma_2}$, 且 $z_1(\overline{\rho})z_2(\overline{\rho}) = -\frac{F'(\overline{\rho})}{\alpha\sigma_1\sigma_2} > 0$。

情形 2　如果 $R_1 R_2 = 0$, 那么 $\rho = 0$。对于 $\rho < 0$ 有 $F'(\rho) < 0$, 对于 $\rho > 0$ 有 $F'(\rho) > 0$。因此, $\min_{\rho\in[-1,1]} F(\rho) = F(0)$。

情形 2.1　若 $0 \leqslant \underline{\rho} < \overline{\rho}$, 则 $\min_{\rho\in[\underline{\rho},\overline{\rho}]} F(\rho) = F(\underline{\rho})$。因此, $z_1(\underline{\rho}) = \frac{R_1-\underline{\rho}R_2}{\alpha(1-\underline{\rho}^2)\sigma_1}$、$z_2(\underline{\rho}) = \frac{R_2-\underline{\rho}R_1}{\alpha(1-\underline{\rho}^2)\sigma_2}$, 且 $z_1(\underline{\rho})z_2(\underline{\rho}) = -\frac{F'(\underline{\rho})}{\alpha\sigma_1\sigma_2} < 0$。

情形 2.2　若 $\underline{\rho} < 0 < \overline{\rho}$, 则 $\min_{\rho\in[\underline{\rho},\overline{\rho}]} F(\rho) = F(0)$。因此, $z_1(0) = \frac{R_1}{\alpha\sigma_1}$、$z_2(0) = \frac{R_2}{\alpha\sigma_2}$,

且 $z_1(0)z_2(0) = -\dfrac{F'(0)}{\alpha\sigma_1\sigma_2} = 0$。

情形 2.3　若 $\underline{\rho} < \overline{\rho} \leqslant 0$, 则 $\min\limits_{\rho\in[\underline{\rho},\overline{\rho}]} F(\rho) = F(\overline{\rho})$。因此, $z_1(\overline{\rho}) = \dfrac{R_1 - \overline{\rho}R_2}{\alpha(1-\overline{\rho}^2)\sigma_1}$、

$z_2(\overline{\rho}) = \dfrac{R_2 - \overline{\rho}R_1}{\alpha(1-\overline{\rho}^2)\sigma_2}$, 且 $z_1(\overline{\rho})z_2(\overline{\rho}) = -\dfrac{F'(\overline{\rho})}{\alpha\sigma_1\sigma_2} > 0$。

情形 3　如果 $R_1R_2 > 0$, 那么 $\rho_- = \dfrac{1}{2}\left[\dfrac{R_1^2 + R_2^2}{R_1R_2} - \sqrt{\left(\dfrac{R_1^2 + R_2^2}{R_1R_2}\right)^2 - 4}\right] \in (0,1]$。

对于 $\rho < \rho_+$ 有 $F'(\rho) < 0$, 对于 $\rho > \rho_+$ 有 $F'(\rho) > 0$。因此, $\min\limits_{\rho\in[-1,1]} F(\rho) = F(\rho_-)$。

情形 3.1　若 $\rho_- \leqslant \underline{\rho} < \overline{\rho}$, 则 $\min\limits_{\rho\in[\underline{\rho},\overline{\rho}]} F(\rho) = F(\underline{\rho})$。因此, $z_1(\underline{\rho}) = \dfrac{R_1 - \underline{\rho}R_2}{\alpha(1-\underline{\rho}^2)\sigma_1}$、

$z_2(\underline{\rho}) = \dfrac{R_2 - \underline{\rho}R_1}{\alpha(1-\underline{\rho}^2)\sigma_2}$, 且 $z_1(\underline{\rho})z_2(\underline{\rho}) = -\dfrac{F'(\underline{\rho})}{\alpha\sigma_1\sigma_2} < 0$。

情形 3.2　若 $\underline{\rho} < \rho_- < \overline{\rho}$, 则 $\min\limits_{\rho\in[\underline{\rho},\overline{\rho}]} F(\rho) = F(\rho_-)$。因此, $z_1(\rho_-) = \dfrac{R_1 - \rho_-R_2}{\alpha(1-\rho_-^2)\sigma_1}$、

$z_2(\rho_-) = \dfrac{R_2 - \rho_-R_1}{\alpha(1-\rho_-^2)\sigma_2}$, 且 $z_1(\rho_-)z_2(\rho_-) = -\dfrac{F'(\rho_-)}{\alpha\sigma_1\sigma_2} = 0$。

情形 3.3　若 $\underline{\rho} < \overline{\rho} \leqslant \rho_-$, 则 $\min\limits_{\rho\in[\underline{\rho},\overline{\rho}]} F(\rho) = F(\overline{\rho})$。因此, $z_1(\overline{\rho}) = \dfrac{R_1 - \overline{\rho}R_2}{\alpha(1-\overline{\rho}^2)\sigma_1}$、

$z_2(\overline{\rho}) = \dfrac{R_2 - \overline{\rho}R_1}{\alpha(1-\overline{\rho}^2)\sigma_2}$, 且 $z_1(\overline{\rho})z_2(\overline{\rho}) = -\dfrac{F'(\overline{\rho})}{\alpha\sigma_1\sigma_2} > 0$。

总之, 在以上 3 种情形中, $F'(\rho) = 0$ 存在唯一解 $\rho^* \in [-1,1]$, 因此, 对于 $\rho < \rho^*$ 有 $F'(\rho) < 0$, 且对于 $\rho > \rho^*$ 有 $F'(\rho) > 0$。因此, $\min\limits_{\rho\in[-1,1]} F(\rho) = F(\rho^*)$。我们按照下面 3 种情形考虑:

情形 1　如果 $\rho^* \leqslant \underline{\rho} < \overline{\rho}$, 那么 $\min\limits_{\rho\in[\underline{\rho},\overline{\rho}]} F(\rho) = F(\underline{\rho})$。因此, $z_1(\underline{\rho}) = \dfrac{R_1 - \underline{\rho}R_2}{\alpha(1-\underline{\rho}^2)\sigma_1}$、

$z_2(\underline{\rho}) = \dfrac{R_2 - \underline{\rho}R_1}{\alpha(1-\underline{\rho}^2)\sigma_2}$, 且 $z_1(\underline{\rho})z_2(\underline{\rho}) = -\dfrac{F'(\underline{\rho})}{\alpha\sigma_1\sigma_2} < 0$。

情形 2　如果 $\underline{\rho} < \rho^* < \overline{\rho}$, 那么 $\min\limits_{\rho\in[\underline{\rho},\overline{\rho}]} F(\rho) = F(\rho^*)$。因此, $z_1(\rho^*) = \dfrac{R_1 - \rho^*R_2}{\alpha(1-\rho^{*2})\sigma_1}$、

$z_2(\rho^*) = \dfrac{R_2 - \rho^*R_1}{\alpha(1-\rho^{*2})\sigma_2}$, 且 $z_1(\rho^*)z_2(\rho^*) = -\dfrac{F'(\rho^*)}{\alpha\sigma_1\sigma_2} = 0$。

情形 2.1　$z_1(\rho^*) = \dfrac{R_1 - \rho^*R_2}{\alpha(1-\rho^{*2})\sigma_1} = 0$, 因此, $\rho^* = \dfrac{R_1}{R_2}$ 且 $z_2(\rho^*) = \dfrac{R_2 - \rho^*R_1}{\alpha(1-\rho^{*2})\sigma_2} = $

$\dfrac{R_2}{\alpha\sigma_2}$。

情形 2.2　$z_2(\rho^*) = \dfrac{R_2 - \rho^*R_1}{\alpha(1-\rho^{*2})\sigma_2} = 0$, 因此, $\rho^* = \dfrac{R_2}{R_1}$ 且 $z_1(\rho^*) = \dfrac{R_1 - \rho^*R_2}{\alpha(1-\rho^{*2})\sigma_1} = $

$\dfrac{R_1}{\alpha\sigma_1}$。

情形 3 如果 $\underline{\rho} < \overline{\rho} \leqslant \rho^*$，那么 $\min\limits_{\rho\in[\underline{\rho},\overline{\rho}]} F(\rho) = F(\overline{\rho})$。因此，$z_1(\overline{\rho}) = \dfrac{R_1 - \overline{\rho}R_2}{\alpha(1 - \overline{\rho}^2)\sigma_1}$、

$z_2(\overline{\rho}) = \dfrac{R_2 - \overline{\rho}R_1}{\alpha(1 - \overline{\rho}^2)\sigma_2}$，且 $z_1(\overline{\rho})z_2(\overline{\rho}) = -\dfrac{F'(\overline{\rho})}{\alpha\sigma_1\sigma_2} > 0$。

因此，我们得到 SN 投资者的需求函数：对于 $\Gamma = S, N$，

$$Z_\Gamma^* = \begin{pmatrix} Z_{\Gamma 1}^* \\ Z_{\Gamma 2}^* \end{pmatrix}$$

$$= \begin{cases} \dfrac{1}{\alpha(1 - \underline{\rho}^2)} \begin{pmatrix} \dfrac{R_1 - \underline{\rho}R_2}{\sigma_1} \\ \dfrac{R_2 - \underline{\rho}R_1}{\sigma_2} \end{pmatrix}, & 若(\Gamma 1.1) \begin{cases} R_1 < \underline{\rho}R_2 \\ R_2 > \underline{\rho}R_1 \end{cases} \text{或} (\Gamma 1.2) \begin{cases} R_1 > \underline{\rho}R_2 \\ R_2 < \underline{\rho}R_1 \end{cases} \\[3em] \dfrac{1}{\alpha} \begin{pmatrix} 0 \\ \dfrac{R_2}{\sigma_2} \end{pmatrix}, & 若(\Gamma-.2) \begin{cases} \overline{\rho}R_2 \leqslant R_1 \leqslant \underline{\rho}R_2 \\ R_2 < 0 \end{cases} \text{或} (\Gamma+.2) \begin{cases} \underline{\rho}R_2 \leqslant R_1 \leqslant \overline{\rho}R_2 \\ R_2 > 0 \end{cases} \\[3em] \dfrac{1}{\alpha} \begin{pmatrix} \dfrac{R_1}{\sigma_1} \\ 0 \end{pmatrix}, & 若(\Gamma-.1) \begin{cases} R_1 < 0 \\ \overline{\rho}R_1 \leqslant R_2 \leqslant \underline{\rho}R_1 \end{cases} \text{或} (\Gamma+.1) \begin{cases} R_1 > 0 \\[1em] \underline{\rho}R_1 \leqslant R_2 \leqslant \overline{\rho}R_1 \end{cases} \\[3em] \dfrac{1}{\alpha(1 - \overline{\rho}^2)} \begin{pmatrix} \dfrac{R_1 - \overline{\rho}R_2}{\sigma_1} \\ \dfrac{R_2 - \overline{\rho}R_1}{\sigma_2} \end{pmatrix}, & 若(\Gamma 2.1) \begin{cases} R_1 < \overline{\rho}R_2 \\ R_2 < \overline{\rho}R_1 \end{cases} \text{或} (\Gamma 2.2) \begin{cases} R_1 > \overline{\rho}R_2 \\ R_2 > \overline{\rho}R_1 \end{cases} \end{cases}$$

$$(\text{A}.2)$$

附录 B　噪音投资者的需求函数

为了求解原始规划式 (5.9) 的最优解，我们需要考虑式 (5.10) 导致的 4 个问题：

(1) $\max\limits_{z_1 z_2 < 0} \min\limits_{\rho\in[-1,1]} f(z_1, z_2, \rho) = \max\limits_{z_1 z_2 < 0} f(z_1, z_2, -1)$；

(2) $\max\limits_{z_1 = 0} \min\limits_{\rho\in[-1,1]} f(z_1, z_2, \rho) = \max\limits_{z_2} f(0, z_2, \rho)$；

(3) $\max\limits_{z_2 = 0} \min\limits_{\rho\in[-1,1]} f(z_1, z_2, \rho) = \max\limits_{z_1} f(z_1, 0, \rho)$；

(4) $\max\limits_{z_1 z_2 > 0} \min\limits_{\rho\in[-1,1]} f(z_1, z_2, \rho) = \max\limits_{z_1 z_2 > 0} f(z_1, z_2, 1)$。

首先考虑问题 (1)：$\max\limits_{z_1 z_2 < 0} \min\limits_{\rho\in[-1,1]} f(z_1, z_2, \rho) = \max\limits_{z_1 z_2 < 0} f(z_1, z_2, -1)$，其中，

$$f(z_1, z_2, -1) = w + \sigma_1 R_1 z_1 + \sigma_2 R_2 z_2 - \frac{1}{2}\alpha[\sigma_1^2 z_1^2 - 2\sigma_1\sigma_2 z_1 z_2 + \sigma_2^2 z_2^2]$$

$$= w + \sigma_1 R_1 z_1 + \sigma_2 R_2 z_2 - \frac{1}{2}\alpha[\sigma_1 z_1 - \sigma_2 z_2]^2$$

一阶条件 (FOC) 为:

$$0 = \sigma_1 R_1 - \alpha\sigma_1[\sigma_1 z_1 - \sigma_2 z_2] \text{ 和 } 0 = \sigma_2 R_2 - \alpha\sigma_2[\sigma_2 z_2 - \sigma_1 z_1]$$

因此, 噪音投资者的需求函数满足:

$$\sigma_1 Z_{U1}^* - \sigma_2 Z_{U2}^* = \frac{R_1}{\alpha} = -\frac{R_2}{\alpha}$$

则 $R_2 = -R_1$ 且

$$\max_{z_1 z_2 < 0} \min_{\rho \in [-1,1]} f(z_1, z_2, -1) = w + \frac{R_1^2}{2\alpha} = w + \frac{R_2^2}{2\alpha}$$

其次考虑问题 (2): $\max\limits_{z_1=0} \min\limits_{\rho \in [-1,1]} f(z_1, z_2, \rho) = \max\limits_{z_2} f(0, z_2, \rho)$。二次曲面 $f(z_1, z_2, \rho)$ 相交平面 $z_1 = 0$ 得抛物线 1:

$$f(0, z_2, \rho) = w + \sigma_2 R_2 z_2 - \frac{1}{2}\alpha\sigma_2^2 z_2^2 \quad \text{和} \quad z_1 = 0$$

抛物线 1 的顶点是 $\left(0, \dfrac{R_2}{\alpha\sigma_2}\right)$, 那么,

$$Z_U^* = \begin{pmatrix} Z_{U1}^* \\ Z_{U2}^* \end{pmatrix} = \frac{1}{\alpha}\begin{pmatrix} 0 \\ \dfrac{R_2}{\sigma_2} \end{pmatrix}$$

且 $\max\limits_{z_2} f(0, z_2, \rho) = f\left(0, \dfrac{R_2}{\alpha\sigma_2}, \rho\right) = w + \dfrac{R_2^2}{2\alpha}$。

再次考虑问题 (3): $\max\limits_{z_2=0} \min\limits_{\rho \in [-1,1]} f(z_1, z_2, \rho) = \max\limits_{z_1} f(z_1, 0, \rho)$。二次曲面 $f(z_1, z_2, \rho)$ 相交平面 $z_2 = 0$ 得抛物线 2:

$$f(z_1, 0, \rho) = w + \sigma_1 R_1 z_1 - \frac{1}{2}\alpha\sigma_1^2 z_1^2 \quad \text{和} \quad z_2 = 0$$

抛物线 1 的顶点是 $\left(\dfrac{R_1}{\alpha\sigma_1}, 0\right)$, 那么,

$$Z_U^* = \begin{pmatrix} Z_{U1}^* \\ Z_{U2}^* \end{pmatrix} = \frac{1}{\alpha}\begin{pmatrix} \dfrac{R_1}{\sigma_1} \\ 0 \end{pmatrix}$$

且 $\max\limits_{z_1} f(z_1, 0, \rho) = f\left(\dfrac{R_1}{\alpha\sigma_1}, 0, \rho\right) = w + \dfrac{R_1^2}{2\alpha}$。

最后考虑问题 (4): $\max\limits_{z_1 z_2 > 0} \min\limits_{\rho \in [-1,1]} f(z_1, z_2, \rho) = \max\limits_{z_1 z_2 > 0} f(z_1, z_2, 1)$, 其中,

$$f(z_1, z_2, 1) = w + \sigma_1 R_1 z_1 + \sigma_2 R_2 z_2 - \frac{1}{2}\alpha[\sigma_1^2 z_1^2 + 2\sigma_1\sigma_2 z_1 z_2 + \sigma_2^2 z_2^2]$$

$$= w + \sigma_1 R_1 z_1 + \sigma_2 R_2 z_2 - \frac{1}{2}\alpha[\sigma_1 z_1 + \sigma_2 z_2]^2$$

一阶条件 (FOC) 为:

$$0 = \sigma_1 R_1 - \alpha\sigma_1[\sigma_1 z_1 + \sigma_2 z_2] \quad \text{和} \quad 0 = \sigma_2 R_2 - \alpha\sigma_2[\sigma_1 z_1 + \sigma_2 z_2]$$

因此, 噪音投资者的需求函数满足:

$$\sigma_1 Z_{U1}^* + \sigma_2 Z_{U2}^* = \frac{R_1}{\alpha} = \frac{R_2}{\alpha}$$

则 $R_2 = R_1$ 且

$$\max_{z_1 z_2 > 0} \min_{\rho \in [-1,1]} f(z_1, z_2, 1) = w + \frac{R_1^2}{2\alpha} = w + \frac{R_2^2}{2\alpha}$$

总结以上 4 个问题的解, 我们得到原始规划式 (5.9) 的最优解。因此, 噪音投资者对风险资产的需求函数为:

$$Z_U^* = \begin{pmatrix} Z_{U1}^* \\ Z_{U2}^* \end{pmatrix}$$

$$= \begin{cases} \text{满足 } \sigma_1 Z_{U1}^* - \sigma_2 Z_{U2}^* = \dfrac{R_1}{\alpha} = -\dfrac{R_2}{\alpha}, \quad \text{若}(U1) = (U1.1) \cup (U1.2) \quad R_1 = -R_2 \\[2mm] \dfrac{1}{\alpha}\begin{pmatrix} 0 \\ \dfrac{R_2}{\sigma_2} \end{pmatrix}, \quad \text{若}(U-.2)\begin{cases} R_2 \leqslant R_1 \leqslant -R_2 \\ R_2 < 0 \end{cases} \text{或}(U+.2)\begin{cases} -R_2 \leqslant R_1 \leqslant R_2 \\ R_2 > 0 \end{cases} \\[4mm] \dfrac{1}{\alpha}\begin{pmatrix} \dfrac{R_1}{\sigma_1} \\ 0 \end{pmatrix}, \quad \text{若}(U-.1)\begin{cases} R_1 < 0 \\ R_1 \leqslant R_2 \leqslant -R_1 \end{cases} \text{或}(U+.1)\begin{cases} R_1 > 0 \\ -R_1 \leqslant R_2 \leqslant R_1 \end{cases} \\[4mm] \text{满足 } \sigma_1 Z_{U1}^* + \sigma_2 Z_{U2}^* = \dfrac{R_1}{\alpha} = \dfrac{R_2}{\alpha}, \quad \text{若}(U2) = (U2.1) \cup (U2.2) \quad R_1 = R_2 \end{cases}$$

$$\text{(B.1)}$$

附录 C　SN 投资者事实 2 与事实 3 的证明

C.1　SN 投资者需求函数事实 2 的证明

本章附录 A 中式 (A.2) 是 SN 投资者对风险资产的需求函数。那么, 在 $(\Gamma1.1)$ 上, $Z_{\Gamma1}^* < 0$ 与 $Z_{\Gamma2}^* > 0$　在 $(\Gamma-.1)$ 上, $Z_{\Gamma1}^* < 0$ 与 $Z_{\Gamma2}^* = 0$

在 $(\Gamma1.2)$ 上, $Z^*_{\Gamma1} > 0$ 与 $Z^*_{\Gamma2} < 0$　　在 $(\Gamma + .1)$ 上, $Z^*_{\Gamma1} > 0$ 与 $Z^*_{\Gamma2} = 0$

在 $(\Gamma2.1)$ 上, $Z^*_{\Gamma1} < 0$ 与 $Z^*_{\Gamma2} < 0$　　在 $(\Gamma - .2)$ 上, $Z^*_{\Gamma1} = 0$ 与 $Z^*_{\Gamma2} < 0$

在 $(\Gamma2.2)$ 上, $Z^*_{\Gamma1} > 0$ 与 $Z^*_{\Gamma2} > 0$　　在 $(\Gamma + .2)$ 上, $Z^*_{\Gamma1} = 0$ 与 $Z^*_{\Gamma2} > 0$

因为

$$(N1.1) \subseteq (S1.1) \qquad (S - .1) \subseteq (N - .1)$$
$$(N1.2) \subseteq (S1.2) \qquad (S + .1) \subseteq (N + .1)$$
$$(N2.1) \subseteq (S2.1) \qquad (S - .2) \subseteq (N - .2)$$
$$(N2.2) \subseteq (S2.2) \qquad (S + .2) \subseteq (N + .2)$$

那么,

$$在(N1.1)上, Z^*_{N1} < 0 与 Z^*_{N2} > 0, Z^*_{S1} < 0 与 Z^*_{S2} > 0$$
$$在(N1.2)上, Z^*_{N1} > 0 与 Z^*_{N2} < 0, Z^*_{S1} > 0 与 Z^*_{S2} < 0$$
$$在(N2.1)上, Z^*_{N1} < 0 与 Z^*_{N2} < 0, Z^*_{S1} < 0 与 Z^*_{S2} < 0$$
$$在(N2.2)上, Z^*_{N1} > 0 与 Z^*_{N2} > 0, Z^*_{S1} > 0 与 Z^*_{S2} > 0$$

因此, 在 $(N1.1) \cup (N1.2) \cup (N2.1) \cup (N2.2)$ 上 $Z^*_{Sj}Z^*_{Nj} > 0$, $j = 1, 2$。

注意:

在 $[(S1.1) \cup (S - .1) \cup (S2.1)]$ 上 $Z^*_{S1} < 0$, 且 $(N - .1) \subset [(S1.1) \cup (S - .1) \cup (S2.1)]$, 则在 $(N - .1)$ 上 $Z^*_{S1} < 0$;

在 $[(S1.2) \cup (S + .1) \cup (S2.2)]$ 上 $Z^*_{S1} > 0$, 且 $(N + .1) \subset [(S1.2) \cup (S + .1) \cup (S2.2)]$, 则在 $(N + .1)$ 上 $Z^*_{S1} > 0$;

在 $[(S2.1) \cup (S - .2) \cup (S1.2)]$ 上 $Z^*_{S2} < 0$, 且 $(N - .2) \subset [(S2.1) \cup (S - .2) \cup (S1.2)]$, 则在 $(N - .2)$ 上 $Z^*_{S1} < 0$;

在 $[(S1.1) \cup (S + .2) \cup (S2.2)]$ 上 $Z^*_{S2} > 0$, 且 $(N + .2) \subset [(S1.1) \cup (S + .2) \cup (S2.2)]$, 则在 $(N + .2)$ 上 $Z^*_{S1} > 0$。

那么,

$$在(N - .1)上, Z^*_{N1} < 0 与 Z^*_{N2} = 0 且 Z^*_{S1} < 0$$
$$在(N + .1)上, Z^*_{N1} > 0 与 Z^*_{N2} = 0 且 Z^*_{S1} > 0$$
$$在(N - .2)上, Z^*_{N1} = 0 与 Z^*_{N2} < 0 且 Z^*_{S2} < 0$$
$$在(N + .2)上, Z^*_{N1} = 0 与 Z^*_{N2} > 0 且 Z^*_{S2} > 0$$

因此, 在 $(N - .1) \cup (N + .1)$ 上 $Z^*_{S1}Z^*_{N1} > 0$ 与 $Z^*_{S2}Z^*_{N2} = 0$; 在 $(N - .2) \cup (N + .2)$ 上 $Z^*_{S1}Z^*_{N1} = 0$ 与 $Z^*_{S2}Z^*_{N2} > 0$。

因此,

(1) 若 $Z_{Sj}^* < 0$, 则 $Z_{Nj}^* \leqslant 0$, $j = 1, 2$;

(2) 若 $Z_{Sj}^* = 0$, 则 $Z_{Nj}^* = 0$, $j = 1, 2$;

(3) 若 $Z_{Sj}^* > 0$, 则 $Z_{Nj}^* \geqslant 0$, $j = 1, 2$。

C.2　SN 投资者需求函数事实 3 的证明

式 (A.2) 是 SN 投资者对风险资产的需求函数。那么,

在$(\Gamma 1.1)$上,$Z_{\Gamma 1}^* < 0$与$Z_{\Gamma 2}^* > 0$　　　　在$(\Gamma - .1)$上,$Z_{\Gamma 1}^* < 0$与$Z_{\Gamma 2}^* = 0$

在$(\Gamma 1.2)$上,$Z_{\Gamma 1}^* > 0$与$Z_{\Gamma 2}^* < 0$　　　　在$(\Gamma + .1)$上,$Z_{\Gamma 1}^* > 0$与$Z_{\Gamma 2}^* = 0$

在$(\Gamma 2.1)$上,$Z_{\Gamma 1}^* < 0$与$Z_{\Gamma 2}^* < 0$　　　　在$(\Gamma - .2)$上,$Z_{\Gamma 1}^* = 0$与$Z_{\Gamma 2}^* < 0$

在$(\Gamma 2.2)$上,$Z_{\Gamma 1}^* > 0$与$Z_{\Gamma 2}^* > 0$　　　　在$(\Gamma + .2)$上,$Z_{\Gamma 1}^* = 0$与$Z_{\Gamma 2}^* > 0$

式 (B.1) 是噪音投资者对风险资产的需求函数。那么,

在$(U1.1)$上,$Z_{U1}^* < 0$与$Z_{U2}^* > 0$　　　　在$(U - .1)$上,$Z_{U1}^* < 0$与$Z_{U2}^* = 0$

在$(U1.2)$上,$Z_{U1}^* > 0$与$Z_{U2}^* < 0$　　　　在$(U + .1)$上,$Z_{U1}^* > 0$与$Z_{U2}^* = 0$

在$(U2.1)$上,$Z_{U1}^* < 0$与$Z_{U2}^* < 0$　　　　在$(U - .2)$上,$Z_{U1}^* = 0$与$Z_{U2}^* < 0$

在$(U2.2)$上,$Z_{U1}^* > 0$与$Z_{U2}^* > 0$　　　　在$(U + .2)$上,$Z_{U1}^* = 0$与$Z_{U2}^* > 0$

注意:

$(\Gamma 1.1) \subset (U - .1) \cup (U1.1) \cup (U + .2)$　　　　$(\Gamma - .1) \subset (U - .1)$

$(\Gamma 1.2) \subset (U - .2) \cup (U1.2) \cup (U + .1)$　　　　$(\Gamma + .1) \subset (U + .1)$

$(\Gamma 2.1) \subset (U - .1) \cup (U2.1) \cup (U - .2)$　　　　$(\Gamma - .2) \subset (U - .2)$

$(\Gamma 2.2) \subset (U + .2) \cup (U2.2) \cup (U + .1)$　　　　$(\Gamma + .2) \subset (U + .2)$

那么,

在$(U1.1)$上,$Z_{\Gamma 1}^* < 0$与$Z_{\Gamma 2}^* > 0$, $Z_{U1}^* < 0$与$Z_{U2}^* > 0$

在$(U1.2)$上,$Z_{\Gamma 1}^* > 0$与$Z_{\Gamma 2}^* < 0$, $Z_{U1}^* > 0$与$Z_{U2}^* < 0$

在$(U2.1)$上,$Z_{\Gamma 1}^* < 0$与$Z_{\Gamma 2}^* < 0$, $Z_{U1}^* < 0$与$Z_{U2}^* < 0$

在$(U2.2)$上,$Z_{\Gamma 1}^* > 0$与$Z_{\Gamma 2}^* > 0$, $Z_{U1}^* > 0$与$Z_{U2}^* > 0$

因此, 在 $(U1.1) \cup (U1.2) \cup (U2.1) \cup (U2.1)$ 上 $Z_{\Gamma j}^* Z_{Uj}^* > 0$, $j = 1, 2$。

注意:

在 $[(S1.1) \cup (S - .1) \cup (S2.1)]$ 上 $Z_{S1}^* < 0$, 且 $(N - .1) \subset [(S1.1) \cup (S - .1) \cup (S2.1)]$, 则在 $(N - .1)$ 上 $Z_{S1}^* < 0$;

在 $[(\Gamma 1.1) \cup (\Gamma - .1) \cup (\Gamma 2.1)]$ 上 $Z_{\Gamma 1}^* < 0$, 且 $(U - .1) \subset [(\Gamma 1.1) \cup (\Gamma - .1) \cup (\Gamma 2.1)]$, 则在 $(U - .1)$ 上 $Z_{\Gamma 1}^* < 0$;

在 $[(\Gamma1.2)\cup(\Gamma+.1)\cup(\Gamma2.2)]$ 上 $Z_{\Gamma1}^*>0$, 且 $(U+.1)\subset[(\Gamma1.2)\cup(\Gamma+.1)\cup(\Gamma2.2)]$, 则在 $(U+.1)$ 上 $Z_{\Gamma1}^*>0$;

在 $[(\Gamma2.1)\cup(\Gamma-.2)\cup(\Gamma1.2)]$ 上 $Z_{\Gamma2}^*<0$, 且 $(U-.2)\subset[(\Gamma2.1)\cup(\Gamma-.2)\cup(\Gamma1.2)]$, 则在 $(U-.2)$ 上 $Z_{\Gamma1}^*<0$;

在 $[(\Gamma1.1)\cup(\Gamma+.2)\cup(\Gamma2.2)]$ 上 $Z_{\Gamma2}^*>0$, 且 $(U+.2)\subset[(\Gamma1.1)\cup(\Gamma+.2)\cup(\Gamma2.2)]$, 则在 $(U+.2)$ 上 $Z_{\Gamma1}^*>0$。

那么,

$$在(U-.1)上, Z_{\Gamma1}^*<0 与 Z_{U1}^*<0 且 Z_{U2}^*=0$$
$$在(U+.1)上, Z_{\Gamma1}^*>0 与 Z_{U1}^*>0 且 Z_{U2}^*=0$$
$$在(U-.2)上, Z_{\Gamma2}^*<0 与 Z_{U1}^*=0 且 Z_{U2}^*<0$$
$$在(U+.2)上, Z_{\Gamma2}^*>0 与 Z_{U1}^*=0 且 Z_{U2}^*>0$$

因此, 在 $(U-.1)\cup(U+.1)$ 上 $Z_{\Gamma1}^*Z_{U1}^*>0$ 与 $Z_{\Gamma2}^*Z_{U2}^*=0$; 在 $(U-.2)\cup(U+.2)$ 上 $Z_{\Gamma1}^*Z_{U1}^*=0$ 与 $Z_{\Gamma2}^*Z_{U2}^*>0$。

因此,

(1) 若 $Z_{\Gamma j}^*<0$, 则 $Z_{Uj}^*\leqslant 0$, $j=1,2$;

(2) 若 $Z_{\Gamma j}^*=0$, 则 $Z_{Uj}^*=0$, $j=1,2$;

(3) 若 $Z_{\Gamma j}^*>0$, 则 $Z_{Uj}^*\geqslant 0$, $j=1,2$。

附录 D　关于一般均衡存在性的定理 5.1 的证明

我们根据 5.2 节中的 64 种情况 (每种类型的精明投资者、天真投资者和噪音投资者有 4 种情况) 来检验均衡的存在性。我们在 7 种不同的情况下研究市场均衡, 最终得出一个具有 7 种备选类型的唯一均衡, 其表现出不参与现象。

根据式 (5.10), 我们根据 4 种可能的场景来分析一般均衡的存在性。

场景 1　噪音投资者在两种风险资产上进行不同方向的交易, 即 $Z_{U1}^*Z_{U2}^*<0$。

场景 2　噪音投资者不愿持有风险资产 1, 即 $Z_{U1}^*=0$。

场景 3　噪音投资者不愿持有风险资产 2, 即 $Z_{U2}^*=0$。

场景 4　噪音投资者同时做多两种风险资产, 即 $Z_{U1}^*Z_{U2}^*>0$。

如果噪音投资者卖空其中一种风险资产, 那么, 根据事实 3, SN 投资者卖空同一资产, 根据事实 1, 内部投资者也卖空相同资产。经济不可能达到平衡, 因为这种资产的供应量严格为正。因此, 我们关注噪音投资者不会卖空任何风险资产的场景。在场景 1 中, 噪音投资者做空一种风险资产, $Z_{U1}^*<0$ 或者 $Z_{U2}^*<0$, 因此不存在一般均衡。在场景 2 中, 噪音投资者不交易风险资产 1 和卖空风险资产 2, $Z_{U1}^*=0$ 和 $Z_{U2}^*<0$ 的情况下, 不存在一般均衡。在场景 3 中, 噪音投资者卖空风险资产 1 而不交易风险资产 2, $Z_{U1}^*<0$ 和 $Z_{U2}^*=0$ 的情况下, 不存在一般均衡。在场景 4 中, 噪音投资者卖空两种风险资产 $(Z_{U1}^*<0$ 和 $Z_{U2}^*<0)$ 的情况下, 不存在一般均衡。因此, 我们将讨论限制在以下 3 种场景中。

场景 2　噪音投资者不愿持有风险资产 1, 即 $Z_{U1}^* = 0$, 并持有资产 2 的正头寸, 即 $Z_{U2}^* > 0$。

场景 3　噪音投资者做多资产 1, 即 $Z_{U1}^* > 0$, 且不愿意交易资产 2, 即 $Z_{U2}^* = 0$。

场景 4　噪音投资者做多这两种资产, 即 $Z_{U1}^* > 0$ 且 $Z_{U2}^* > 0$。

场景 2　噪音投资者不交易风险资产 1 并且做多风险资产 2, $Z_{U1}^* = 0$ 且 $Z_{U2}^* > 0$。

注意, 噪音投资者做多风险资产 2, 那么, 根据事实 3, SN 投资者做多风险资产 2。因此, 根据事实 1, 内部投资者做多风险资产 2。

我们假设噪音投资者不交易风险资产 1, 那么, 根据事实 3, 天真投资者可以卖空、不交易、做多风险资产 1。当天真投资者卖空风险资产 1 时, 根据事实 2, 精明投资者卖空风险资产 1, 并且根据事实 1, 内部投资者也卖空风险资产 1。经济不可能达到平衡, 因为风险资产 1 的供应量严格为正。我们排除了这种不会发生的情况。因此, 一般均衡存在于两种情况下: 天真投资者不交易风险资产 1, 天真投资者做多风险资产 1。

如果天真投资者不交易风险资产 1, 根据事实 2, 精明投资者可能会卖空、不交易、做多风险资产 1。当精明投资者卖空风险资产 1 时, 根据事实 1, 内部投资者也卖空风险资产 1。经济不可能达到平衡, 因为风险资产 1 的供应量严格为正。我们排除了这种不会发生的情况。因此, 一般均衡存在于两种情况下: 精明投资者不交易风险资产 1, 精明投资者做多风险资产 1。

如果天真投资者做多风险资产 1, 那么, 根据事实 2, 精明投资者做多风险资产 1, 因此根据事实 1, 内部投资者也做多风险资产 1。

总结上述分析, 我们考虑一般均衡存在的 3 种情况。

场景 2.1　SN 投资者不交易风险资产 1 而做多风险资产 2, $Z_{\Lambda1}^* = 0$ 与 $Z_{\Lambda2}^* > 0$, $\Lambda = S, N$。

场景 2.2　精明投资者做多两种风险资产, $Z_{S1}^* > 0$ 与 $Z_{S2}^* > 0$, 且天真投资者不交易风险资产 1 而做多风险资产 2, $Z_{N1}^* = 0$ 与 $Z_{N2}^* > 0$。

场景 2.3　SN 投资者做多两种风险资产, $Z_{\Lambda1}^* > 0$ 与 $Z_{\Lambda2}^* > 0$, $\Lambda = S, N$。

场景 2.1　SNU 投资者不交易风险资产 1 而做多风险资产 2, $Z_{\Lambda1}^* = 0$ 与 $Z_{\Lambda2}^* > 0$, $\Lambda = S, N, U$。

式 (5.8) 给出 SN 投资者的需求函数:

$$Z_S^* = \begin{pmatrix} Z_{S1}^* \\ Z_{S2}^* \end{pmatrix} = \frac{1}{\alpha} \begin{pmatrix} 0 \\ \dfrac{R_2}{\sigma_2} \end{pmatrix}, \quad 若 \quad \begin{cases} \underline{\rho}_S R_2 \leqslant R_1 \leqslant \overline{\rho}_S R_2 \\ R_2 > 0 \end{cases}$$

与

$$Z_N^* = \begin{pmatrix} Z_{N1}^* \\ Z_{N2}^* \end{pmatrix} = \frac{1}{\alpha} \begin{pmatrix} 0 \\ \dfrac{R_2}{\sigma_2} \end{pmatrix}, \quad 若 \quad \begin{cases} \underline{\rho}_N R_2 \leqslant R_1 \leqslant \overline{\rho}_N R_2 \\ R_2 > 0 \end{cases}$$

式 (5.11) 给出噪音投资者的需求函数:

$$Z_U^* = \begin{pmatrix} Z_{U1}^* \\ Z_{U2}^* \end{pmatrix} = \frac{1}{\alpha} \begin{pmatrix} 0 \\ \dfrac{R_2}{\sigma_2} \end{pmatrix}, \quad 若 \begin{cases} -R_2 \leqslant R_1 \leqslant R_2 \\ R_2 > 0 \end{cases}$$

均衡方程式 (5.12) 可写成:

$$\begin{pmatrix} \ddot{K}(\hat{\rho}) - \theta_S - \theta_N & -\ddot{k}(\hat{\rho}) \\ -\ddot{k}(\hat{\rho}) & \ddot{K}(\hat{\rho}) + \theta_U \end{pmatrix} \begin{pmatrix} R_1 \\ R_2 \end{pmatrix} = \alpha \begin{pmatrix} \sigma_1 Z_1^0 \\ \sigma_2 Z_2^0 \end{pmatrix}$$

我们解出 Sharpe 比率:

$$R_1 = \alpha \frac{\left[\ddot{K}(\hat{\rho}) + \theta_U \right] \sigma_1 Z_1^0 + \ddot{k}(\hat{\rho}) \sigma_2 Z_2^0}{\left[\ddot{K}(\hat{\rho}) - \theta_S - \theta_N \right] \left[\ddot{K}(\hat{\rho}) + \theta_U \right] - \ddot{k}^2(\hat{\rho})} \tag{D.1a}$$

$$R_2 = \alpha \frac{\ddot{k}(\hat{\rho}) \sigma_1 Z_1^0 + \left[\ddot{K}(\hat{\rho}) - \theta_S - \theta_N \right] \sigma_2 Z_2^0}{\left[\ddot{K}(\hat{\rho}) - \theta_S - \theta_N \right] \left[\ddot{K}(\hat{\rho}) + \theta_U \right] - \ddot{k}^2(\hat{\rho})} \tag{D.1b}$$

SNU 投资者的均衡条件合并为 $\underline{\rho}_S R_2 \leqslant R_1 \leqslant \overline{\rho}_S R_2$ 与 $R_2 > 0$, 等价于

$$\frac{\sigma_2 Z_2^0}{\sigma_1 Z_1^0} \geqslant \frac{\left[\ddot{K}(\hat{\rho}) + \theta_U \right] - \overline{\rho}_S \ddot{k}(\hat{\rho})}{\overline{\rho}_S \left[\ddot{K}(\hat{\rho}) - \theta_S - \theta_N \right] - \ddot{k}(\hat{\rho})} > -\frac{\ddot{k}(\hat{\rho})}{\ddot{K}(\hat{\rho}) - \theta_S - \theta_N}$$

$$> \frac{\underline{\rho}_S \ddot{k}(\hat{\rho}) - \left[\ddot{K}(\hat{\rho}) + \theta_U \right]}{\ddot{k}(\hat{\rho}) - \underline{\rho}_S \left[\ddot{K}(\hat{\rho}) - \theta_S - \theta_N \right]}$$

因此, 我们得到均衡条件:

$$\frac{\sigma_2 Z_2^0}{\sigma_1 Z_1^0} \geqslant \frac{\left[\ddot{K}(\hat{\rho}) + \theta_U \right] - \overline{\rho}_S \ddot{k}(\hat{\rho})}{\overline{\rho}_S \left[\ddot{K}(\hat{\rho}) - \theta_S - \theta_N \right] - \ddot{k}(\hat{\rho})} = \frac{\dfrac{\theta_I}{1 - \hat{\rho}^2}(1 - \hat{\rho}\overline{\rho}_S) + \theta_S + \theta_N + \theta_U}{\dfrac{\theta_I}{1 - \hat{\rho}^2}(\overline{\rho}_S - \hat{\rho})}$$

$$= \frac{1 - \dfrac{\theta_I}{1 - \hat{\rho}^2} \hat{\rho}(\overline{\rho}_S - \hat{\rho})}{\dfrac{\theta_I}{1 - \hat{\rho}^2}(\overline{\rho}_S - \hat{\rho})} = \frac{1 - \hat{\rho}^2}{\theta_I(\overline{\rho}_S - \hat{\rho})} - \hat{\rho}$$

均衡 Sharpe 比率式 (D.1a) 与式 (D.1b) 可改写为:

$$R_1 = \alpha \frac{\left[\dfrac{\theta_I}{1 - \hat{\rho}^2} + \theta_S + \theta_N + \theta_U \right] \sigma_1 Z_1^0 + \dfrac{\theta_I}{1 - \hat{\rho}^2} \hat{\rho} \sigma_2 Z_2^0}{\dfrac{\theta_I}{1 - \hat{\rho}^2} \left[\dfrac{\theta_I}{1 - \hat{\rho}^2} + \theta_S + \theta_N + \theta_U \right] - \left[\dfrac{\theta_I}{1 - \hat{\rho}^2} \hat{\rho} \right]^2}$$

$$= \alpha \left[\frac{1 - (1 - \theta_I)\hat{\rho}^2}{\theta_I} \sigma_1 Z_1^0 + \hat{\rho}\sigma_2 Z_2^0 \right] \tag{D.2a}$$

$$R_2 = \alpha \frac{\frac{\theta_I}{1 - \hat{\rho}^2}\hat{\rho}\sigma_1 Z_1^0 + \frac{\theta_I}{1 - \hat{\rho}^2}\sigma_2 Z_2^0}{\frac{\theta_I}{1 - \hat{\rho}^2}\left[\frac{\theta_I}{1 - \hat{\rho}^2} + \theta_S + \theta_N + \theta_U \right] - \left[\frac{\theta_I}{1 - \hat{\rho}^2}\hat{\rho} \right]^2} = \alpha[\hat{\rho}\sigma_1 Z_1^0 + \sigma_2 Z_2^0] \tag{D.2b}$$

均衡 2.1　如果 $\frac{\sigma_2 Z_2^0}{\sigma_1 Z_1^0} \geqslant \frac{1 - \hat{\rho}^2}{\theta_I(\bar{\rho}_S - \hat{\rho})} - \hat{\rho}$，那么存在唯一市场均衡，均衡价格为：

$$p_1 = \mu_1 - \alpha\sigma_1 \frac{\left[\ddot{K}(\hat{\rho}) + \theta_U \right]\sigma_1 Z_1^0 + \ddot{k}(\hat{\rho})\sigma_2 Z_2^0}{\left[\ddot{K}(\hat{\rho}) - \theta_S - \theta_N \right]\left[\ddot{K}(\hat{\rho}) + \theta_U \right] - \ddot{k}^2(\hat{\rho})}$$

$$= \mu_1 - \alpha\sigma_1 \left[\frac{1 - (1 - \theta_I)\hat{\rho}^2}{\theta_I}\sigma_1 Z_1^0 + \hat{\rho}\sigma_2 Z_2^0 \right] \tag{D.3a}$$

$$p_2 = \mu_2 - \alpha \frac{\ddot{k}(\hat{\rho})\sigma_1 Z_1^0 + \left[\ddot{K}(\hat{\rho}) - \theta_S - \theta_N \right]\sigma_2 Z_2^0}{\left[\ddot{K}(\hat{\rho}) - \theta_S - \theta_N \right]\left[\ddot{K}(\hat{\rho}) + \theta_U \right] - \ddot{k}^2(\hat{\rho})}$$

$$= \mu_2 - \alpha\sigma_2[\hat{\rho}\sigma_1 Z_1^0 + \sigma_2 Z_2^0] \tag{D.3b}$$

内部投资者的均衡头寸为：

$$Z_{I1}^* = \frac{\left\{ \left[\ddot{K}(\hat{\rho}) + \theta_U \right] - \hat{\rho}\ddot{k}(\hat{\rho}) \right\} Z_1^0 + \left\{ \ddot{k}(\hat{\rho}) - \hat{\rho}\left[\ddot{K}(\hat{\rho}) - \theta_S - \theta_N \right] \right\}\frac{\sigma_2}{\sigma_1} Z_2^0}{(1 - \hat{\rho}^2)\left\{ \left[\ddot{K}(\hat{\rho}) - \theta_S - \theta_N \right]\left[\ddot{K}(\hat{\rho}) + \theta_U \right] - \ddot{k}^2(\hat{\rho}) \right\}}$$

$$= \frac{1}{\theta_I} Z_1^0 > 0 \tag{D.4a}$$

$$Z_{I2}^* = \frac{\left\{ \ddot{k}(\hat{\rho}) - \hat{\rho}\left[\ddot{K}(\hat{\rho}) + \theta_U \right] \right\}\frac{\sigma_1}{\sigma_2} Z_1^0 + \left\{ \left[\ddot{K}(\hat{\rho}) - \theta_S - \theta_N \right] - \hat{\rho}\ddot{k}(\hat{\rho}) \right\} Z_2^0}{(1 - \hat{\rho}^2)\left\{ \left[\ddot{K}(\hat{\rho}) - \theta_S - \theta_N \right]\left[\ddot{K}(\hat{\rho}) + \theta_U \right] - \ddot{k}^2(\hat{\rho}) \right\}}$$

$$= -\hat{\rho}\frac{1 - \theta_I}{\theta_I}\frac{\sigma_1}{\sigma_2} Z_1^0 + Z_2^0 > 0 \tag{D.4b}$$

SNU 投资者的均衡头寸为：

$$Z_{S1}^* = Z_{N1}^* = Z_{U1}^* = 0 \tag{D.5a}$$

$$Z_{S2}^* = Z_{N2}^* = Z_{U2}^* = \frac{\ddot{k}(\hat{\rho})\frac{\sigma_1}{\sigma_2} Z_1^0 + \left[\ddot{K}(\hat{\rho}) - \theta_S - \theta_N \right] Z_2^0}{\left[\ddot{K}(\hat{\rho}) - \theta_S - \theta_N \right]\left[\ddot{K}(\hat{\rho}) + \theta_U \right] - \ddot{k}^2(\hat{\rho})}$$

$$= \hat{\rho}\frac{\sigma_1}{\sigma_2} Z_1^0 + Z_2^0 > 0 \tag{D.5b}$$

场景 2.2　精明投资者做多两种风险资产, $Z_{S1}^* > 0$ 与 $Z_{S2}^* > 0$, 且天真投资者不交易风险资产 1 而做多风险资产 2, $Z_{\Lambda 1}^* = 0$ 与 $Z_{\Lambda 2}^* > 0$, $\Lambda = N, U$。

式 (5.8) 给出 SN 投资者的需求函数:

$$Z_S^* = \begin{pmatrix} Z_{S1}^* \\ Z_{S2}^* \end{pmatrix} = \frac{1}{\alpha(1 - \overline{\rho}_S^2)} \begin{pmatrix} \dfrac{R_1 - \overline{\rho}_S R_2}{\sigma_1} \\ \dfrac{R_2 - \overline{\rho}_S R_1}{\sigma_2} \end{pmatrix}, \quad 若 \begin{cases} R_1 > \overline{\rho}_S R_2 \\ R_2 > \overline{\rho}_S R_1 \end{cases}$$

与

$$Z_N^* = \begin{pmatrix} Z_{N1}^* \\ Z_{N2}^* \end{pmatrix} = \frac{1}{\alpha} \begin{pmatrix} 0 \\ \dfrac{R_2}{\sigma_2} \end{pmatrix}, \quad 若 \begin{cases} \underline{\rho}_N R_2 \leqslant R_1 \leqslant \overline{\rho}_N R_2 \\ R_2 > 0 \end{cases}$$

式 (5.11) 给出噪音投资者的需求函数:

$$Z_U^* = \begin{pmatrix} Z_{U1}^* \\ Z_{U2}^* \end{pmatrix} = \frac{1}{\alpha} \begin{pmatrix} 0 \\ \dfrac{R_2}{\sigma_2} \end{pmatrix}, \quad 若 \begin{cases} -R_2 \leqslant R_1 \leqslant R_2 \\ R_2 > 0 \end{cases}$$

均衡方程式 (5.12) 可写成:

$$\begin{pmatrix} \dot{K}(\hat{\rho}, \overline{\rho}_S) - \theta_N & -\dot{k}(\hat{\rho}, \overline{\rho}_S) \\ -\dot{k}(\hat{\rho}, \overline{\rho}_S) & \dot{K}(\hat{\rho}, \overline{\rho}_S) + \theta_U \end{pmatrix} \begin{pmatrix} R_1 \\ R_2 \end{pmatrix} = \alpha \begin{pmatrix} \sigma_1 Z_1^0 \\ \sigma_2 Z_2^0 \end{pmatrix}$$

我们解出 Sharpe 比率:

$$R_1 = \alpha \frac{\left[\dot{K}(\hat{\rho}, \overline{\rho}_S) + \theta_U \right] \sigma_1 Z_1^0 + \dot{k}(\hat{\rho}, \overline{\rho}_S) \sigma_2 Z_2^0}{\left[\dot{K}(\hat{\rho}, \overline{\rho}_S) - \theta_N \right] \left[\dot{K}(\hat{\rho}, \overline{\rho}_S) + \theta_U \right] - \dot{k}^2(\hat{\rho}, \overline{\rho}_S)} \tag{D.6a}$$

$$R_2 = \alpha \frac{\dot{k}(\hat{\rho}, \overline{\rho}_S) \sigma_1 Z_1^0 + \left[\dot{K}(\hat{\rho}, \overline{\rho}_S) - \theta_N \right] \sigma_2 Z_2^0}{\left[\dot{K}(\hat{\rho}, \overline{\rho}_S) - \theta_N \right] \left[\dot{K}(\hat{\rho}, \overline{\rho}_S) + \theta_U \right] - \dot{k}^2(\hat{\rho}, \overline{\rho}_S)} \tag{D.6b}$$

SNU 投资者的均衡条件合并为 $\overline{\rho}_S R_2 < R_1 \leqslant \overline{\rho}_N R_2$ 与 $R_2 > \max\{\overline{\rho}_S R_1, 0\}$, 等价于

$$\frac{\left[\dot{K}(\hat{\rho}, \overline{\rho}_S) + \theta_U \right] - \overline{\rho}_N \dot{k}(\hat{\rho}, \overline{\rho}_S)}{\overline{\rho}_N \left[\dot{K}(\hat{\rho}, \overline{\rho}_S) - \theta_N \right] - \dot{k}(\hat{\rho}, \overline{\rho}_S)} \leqslant \frac{\sigma_2 Z_2^0}{\sigma_1 Z_1^0} < \frac{\left[\dot{K}(\hat{\rho}, \overline{\rho}_S) + \theta_U \right] - \overline{\rho}_S \dot{k}(\hat{\rho}, \overline{\rho}_S)}{\overline{\rho}_S \left[\dot{K}(\hat{\rho}, \overline{\rho}_S) - \theta_N \right] - \dot{k}(\hat{\rho}, \overline{\rho}_S)}$$

因此, 我们得到均衡条件:

$$\frac{1 - \dfrac{\theta_S}{1 - \overline{\rho}_S^2}(\overline{\rho}_N - \overline{\rho}_S)(\overline{\rho}_S - \hat{\rho})}{\dfrac{\theta_I}{1 - \hat{\rho}^2}(\overline{\rho}_N - \hat{\rho}) + \dfrac{\theta_S}{1 - \overline{\rho}_S^2}(\overline{\rho}_N - \overline{\rho}_S)} - \hat{\rho} \leqslant \frac{\sigma_2 Z_2^0}{\sigma_1 Z_1^0} < \frac{1 - \hat{\rho}^2}{\theta_I(\overline{\rho}_S - \hat{\rho})} - \hat{\rho}$$

均衡 Sharpe 比率式 (D.6a) 与式 (D.6b) 可改写为:

$$R_1 = \alpha \frac{\left[\dfrac{\theta_I}{1-\hat{\rho}^2} + \dfrac{\theta_S}{1-\overline{\rho}_S^2} + \theta_N + \theta_U\right]\sigma_1 Z_1^0 + \left[\dfrac{\theta_I}{1-\hat{\rho}^2}\hat{\rho} + \dfrac{\theta_S}{1-\overline{\rho}_S^2}\overline{\rho}_S\right]\sigma_2 Z_2^0}{\left[\dfrac{\theta_I}{1-\hat{\rho}^2} + \dfrac{\theta_S}{1-\overline{\rho}_S^2}\right]\left[\dfrac{\theta_I}{1-\hat{\rho}^2} + \dfrac{\theta_S}{1-\overline{\rho}_S^2} + \theta_N + \theta_U\right] - \left[\dfrac{\theta_I}{1-\hat{\rho}^2}\hat{\rho} + \dfrac{\theta_S}{1-\overline{\rho}_S^2}\overline{\rho}_S\right]^2}$$

$$\tag{D.7a}$$

$$R_2 = \alpha \frac{\left[\dfrac{\theta_I}{1-\hat{\rho}^2}\hat{\rho} + \dfrac{\theta_S}{1-\overline{\rho}_S^2}\overline{\rho}_S\right]\sigma_1 Z_1^0 + \left[\dfrac{\theta_I}{1-\hat{\rho}^2} + \dfrac{\theta_S}{1-\overline{\rho}_S^2}\right]\sigma_2 Z_2^0}{\left[\dfrac{\theta_I}{1-\hat{\rho}^2} + \dfrac{\theta_S}{1-\overline{\rho}_S^2}\right]\left[\dfrac{\theta_I}{1-\hat{\rho}^2} + \dfrac{\theta_S}{1-\overline{\rho}_S^2} + \theta_N + \theta_U\right] - \left[\dfrac{\theta_I}{1-\hat{\rho}^2}\hat{\rho} + \dfrac{\theta_S}{1-\overline{\rho}_S^2}\overline{\rho}_S\right]^2}$$

$$\tag{D.7b}$$

均衡 2.2 　如果 $\dfrac{1 - \dfrac{\theta_S}{1-\overline{\rho}_S^2}(\overline{\rho}_N - \overline{\rho}_S)(\overline{\rho}_S - \hat{\rho})}{\dfrac{\theta_I}{1-\hat{\rho}^2}(\overline{\rho}_N - \hat{\rho}) + \dfrac{\theta_S}{1-\overline{\rho}_S^2}(\overline{\rho}_N - \overline{\rho}_S)} - \hat{\rho} \leqslant \dfrac{\sigma_2 Z_2^0}{\sigma_1 Z_1^0} < \dfrac{1-\hat{\rho}^2}{\theta_I(\overline{\rho}_S - \hat{\rho})} - \hat{\rho},$

那么存在唯一市场均衡, 均衡价格为:

$$p_1 = \mu_1 - \alpha\sigma_1 \frac{\left[\dot{K}(\hat{\rho}, \overline{\rho}_S) + \theta_U\right]\sigma_1 Z_1^0 + \dot{k}(\hat{\rho}, \overline{\rho}_S)\sigma_2 Z_2^0}{\left[\dot{K}(\hat{\rho}, \overline{\rho}_S) - \theta_N\right]\left[\dot{K}(\hat{\rho}, \overline{\rho}_S) + \theta_U\right] - \dot{k}^2(\hat{\rho}, \overline{\rho}_S)} \tag{D.8a}$$

$$p_2 = \mu_2 - \alpha\sigma_2 \frac{\dot{k}(\hat{\rho}, \overline{\rho}_S)\sigma_1 Z_1^0 + \left[\dot{K}(\hat{\rho}, \overline{\rho}_S) - \theta_N\right]\sigma_2 Z_2^0}{\left[\dot{K}(\hat{\rho}, \overline{\rho}_S) - \theta_N\right]\left[\dot{K}(\hat{\rho}, \overline{\rho}_S) + \theta_U\right] - \dot{k}^2(\hat{\rho}, \overline{\rho}_S)} \tag{D.8b}$$

内部投资者的均衡头寸为:

$$Z_{I1}^* = \frac{\left\{\left[\dot{K}(\hat{\rho}, \overline{\rho}_S) + \theta_U\right] - \hat{\rho}\dot{k}(\hat{\rho}, \overline{\rho}_S)\right\}Z_1^0 + \left\{\dot{k}(\hat{\rho}, \overline{\rho}_S) - \hat{\rho}\left[\dot{K}(\hat{\rho}, \overline{\rho}_S) - \theta_N\right]\right\}\dfrac{\sigma_2}{\sigma_1}Z_2^0}{(1-\hat{\rho}^2)\left\{\left[\dot{K}(\hat{\rho}, \overline{\rho}_S) - \theta_N\right]\left[\dot{K}(\hat{\rho}, \overline{\rho}_S) + \theta_U\right] - \dot{k}^2(\hat{\rho}, \overline{\rho}_S)\right\}} > 0$$

$$\tag{D.9a}$$

$$Z_{I2}^* = \frac{\left\{\dot{k}(\hat{\rho}, \overline{\rho}_S) - \hat{\rho}\left[\dot{K}(\hat{\rho}, \overline{\rho}_S) + \theta_U\right]\right\}\dfrac{\sigma_1}{\sigma_2}Z_1^0 + \left\{\left[\dot{K}(\hat{\rho}, \overline{\rho}_S) - \theta_N\right] - \hat{\rho}\dot{k}(\hat{\rho}, \overline{\rho}_S)\right\}Z_2^0}{(1-\hat{\rho}^2)\left\{\left[\dot{K}(\hat{\rho}, \overline{\rho}_S) - \theta_N\right]\left[\dot{K}(\hat{\rho}, \overline{\rho}_S) + \theta_U\right] - \dot{k}^2(\hat{\rho}, \overline{\rho}_S)\right\}} > 0$$

$$\tag{D.9b}$$

精明投资者的均衡头寸为:

$$Z_{S1}^* = \frac{\left\{\left[\dot{K}(\hat{\rho}, \overline{\rho}_S) + \theta_U\right] - \overline{\rho}_S\dot{k}(\hat{\rho}, \overline{\rho}_S)\right\}Z_1^0 + \left\{\dot{k}(\hat{\rho}, \overline{\rho}_S) - \overline{\rho}_S\left[\dot{K}(\hat{\rho}, \overline{\rho}_S) - \theta_N\right]\right\}\dfrac{\sigma_2}{\sigma_1}Z_2^0}{(1-\overline{\rho}_S^2)\left\{\left[\dot{K}(\hat{\rho}, \overline{\rho}_S) - \theta_N\right]\left[\dot{K}(\hat{\rho}, \overline{\rho}_S) + \theta_U\right] - \dot{k}^2(\hat{\rho}, \overline{\rho}_S)\right\}}$$

$$> 0 \tag{D.10a}$$

$$Z_{S2}^* = \frac{\left\{\dot{k}(\hat{\rho},\overline{\rho}_S) - \overline{\rho}_S\left[\dot{K}(\hat{\rho},\overline{\rho}_S) + \theta_U\right]\right\}\frac{\sigma_1}{\sigma_2}Z_1^0 + \left\{\left[\dot{K}(\hat{\rho},\overline{\rho}_S) - \theta_N\right] - \overline{\rho}_S\dot{k}(\hat{\rho},\overline{\rho}_S)\right\}Z_2^0}{(1-\overline{\rho}_S^2)\left\{\left[\dot{K}(\hat{\rho},\overline{\rho}_S) - \theta_N\right]\left[\dot{K}(\hat{\rho},\overline{\rho}_S) + \theta_U\right] - \dot{k}^2(\hat{\rho},\overline{\rho}_S)\right\}}$$

$$> 0 \tag{D.10b}$$

NU 投资者的均衡头寸为:

$$Z_{N1}^* = Z_{U1}^* = 0 \tag{D.11a}$$

$$Z_{N2}^* = Z_{U2}^* = \frac{\dot{k}(\hat{\rho},\overline{\rho}_S)\frac{\sigma_1}{\sigma_2}Z_1^0 + \left[\dot{K}(\hat{\rho},\overline{\rho}_S) - \theta_N\right]Z_2^0}{\left[\dot{K}(\hat{\rho},\overline{\rho}_S) - \theta_N\right]\left[\dot{K}(\hat{\rho},\overline{\rho}_S) + \theta_U\right] - \dot{k}^2(\hat{\rho},\overline{\rho}_S)} > 0 \tag{D.11b}$$

场景 2.3 SN 投资者做多两种风险资产, $Z_{\Lambda 1}^* > 0$ 与 $Z_{\Lambda 2}^* > 0$, $\Lambda = S, N$, 且噪音投资者不交易风险资产 1 而做多风险资产 2, $Z_{U1}^* = 0$ 与 $Z_{U2}^* > 0$。

式 (5.8) 给出 SN 投资者的需求函数:

$$Z_S^* = \begin{pmatrix} Z_{S1}^* \\ Z_{S2}^* \end{pmatrix} = \frac{1}{\alpha(1-\overline{\rho}_S^2)}\begin{pmatrix} \dfrac{R_1 - \overline{\rho}_S R_2}{\sigma_1} \\ \dfrac{R_2 - \overline{\rho}_S R_1}{\sigma_2} \end{pmatrix}, \quad \text{若} \begin{cases} R_1 > \overline{\rho}_S R_2 \\ R_2 > \overline{\rho}_S R_1 \end{cases}$$

与

$$Z_N^* = \begin{pmatrix} Z_{N1}^* \\ Z_{N2}^* \end{pmatrix} = \frac{1}{\alpha(1-\overline{\rho}_N^2)}\begin{pmatrix} \dfrac{R_1 - \overline{\rho}_N R_2}{\sigma_1} \\ \dfrac{R_2 - \overline{\rho}_N R_1}{\sigma_2} \end{pmatrix}, \quad \text{若} \begin{cases} R_1 > \overline{\rho}_N R_2 \\ R_2 > \overline{\rho}_N R_1 \end{cases}$$

式 (5.11) 给出噪音投资者的需求函数:

$$Z_U^* = \begin{pmatrix} Z_{U1}^* \\ Z_{U2}^* \end{pmatrix} = \frac{1}{\alpha}\begin{pmatrix} 0 \\ \dfrac{R_2}{\sigma_2} \end{pmatrix}, \quad \text{若} \begin{cases} -R_2 \leqslant R_1 \leqslant R_2 \\ R_2 > 0 \end{cases}$$

均衡方程式 (5.12) 可写成:

$$\begin{pmatrix} K(\hat{\rho},\overline{\rho}_S,\overline{\rho}_N) & -k(\hat{\rho},\overline{\rho}_S,\overline{\rho}_N) \\ -k(\hat{\rho},\overline{\rho}_S,\overline{\rho}_N) & K(\hat{\rho},\overline{\rho}_S,\overline{\rho}_N) + \theta_U \end{pmatrix}\begin{pmatrix} R_1 \\ R_2 \end{pmatrix} = \alpha\begin{pmatrix} \sigma_1 Z_1^0 \\ \sigma_2 Z_2^0 \end{pmatrix}$$

我们解出 Sharpe 比率:

$$R_1 = \alpha\frac{\left[K(\hat{\rho},\overline{\rho}_S,\overline{\rho}_N) + \theta_U\right]\sigma_1 Z_1^0 + k(\hat{\rho},\overline{\rho}_S,\overline{\rho}_N)\sigma_2 Z_2^0}{K(\hat{\rho},\overline{\rho}_S,\overline{\rho}_N)\left[K(\hat{\rho},\overline{\rho}_S,\overline{\rho}_N) + \theta_U\right] - k^2(\hat{\rho},\overline{\rho}_S,\overline{\rho}_N)} \tag{D.12a}$$

$$R_2 = \alpha \frac{k(\hat{\rho}, \overline{\rho}_S, \overline{\rho}_N)\sigma_1 Z_1^0 + K(\hat{\rho}, \overline{\rho}_S, \overline{\rho}_N)\sigma_2 Z_2^0}{K(\hat{\rho}, \overline{\rho}_S, \overline{\rho}_N)\left[K(\hat{\rho}, \overline{\rho}_S, \overline{\rho}_N) + \theta_U\right] - k^2(\hat{\rho}, \overline{\rho}_S, \overline{\rho}_N)} \tag{D.12b}$$

SNU 投资者的均衡条件合并为 $\overline{\rho}_N R_2 < R_1 \leqslant R_2$ 与 $R_2 > \max\{\overline{\rho}_S R_1, \overline{\rho}_N R_1, 0\}$, 等价于

$$\frac{\left[K(\hat{\rho}, \overline{\rho}_S, \overline{\rho}_N) + \theta_U\right] - k(\hat{\rho}, \overline{\rho}_S, \overline{\rho}_N)}{K(\hat{\rho}, \overline{\rho}_S, \overline{\rho}_N) - k(\hat{\rho}, \overline{\rho}_S, \overline{\rho}_N)} \leqslant \frac{\sigma_2 Z_2^0}{\sigma_1 Z_1^0} < \frac{\left[K(\hat{\rho}, \overline{\rho}_S, \overline{\rho}_N) + \theta_U\right] - \overline{\rho}_N k(\hat{\rho}, \overline{\rho}_S, \overline{\rho}_N)}{\overline{\rho}_N K(\hat{\rho}, \overline{\rho}_S, \overline{\rho}_N) - k(\hat{\rho}, \overline{\rho}_S, \overline{\rho}_N)}$$

因此, 我们得到均衡条件:

$$1 + \frac{\theta_U}{\dfrac{\theta_I}{1+\hat{\rho}} + \dfrac{\theta_S}{1+\overline{\rho}_S} + \dfrac{\theta_N}{1+\overline{\rho}_N}} \leqslant \frac{\sigma_2 Z_2^0}{\sigma_1 Z_1^0} < \frac{1 - \dfrac{\theta_S}{1-\overline{\rho}_S^2}(\overline{\rho}_N - \overline{\rho}_S)(\overline{\rho}_S - \hat{\rho})}{\dfrac{\theta_I}{1-\hat{\rho}^2}(\overline{\rho}_N - \hat{\rho}) + \dfrac{\theta_S}{1-\overline{\rho}_S^2}(\overline{\rho}_N - \overline{\rho}_S)} - \hat{\rho}$$

均衡 Sharpe 比率式 (D.12a) 与式 (D.12b) 可改写为:

$$R_1 = \alpha \frac{\left[\dfrac{\theta_I}{1-\hat{\rho}^2} + \dfrac{\theta_S}{1-\overline{\rho}_S^2} + \dfrac{\theta_N}{1-\overline{\rho}_N^2} + \theta_U\right]\sigma_1 Z_1^0 + \left[\dfrac{\theta_I}{1-\hat{\rho}^2}\hat{\rho} + \dfrac{\theta_S}{1-\overline{\rho}_S^2}\overline{\rho}_S + \dfrac{\theta_N}{1-\overline{\rho}_N^2}\overline{\rho}_N\right]\sigma_2 Z_2^0}{\left[\dfrac{\theta_I}{1-\hat{\rho}^2} + \dfrac{\theta_S}{1-\overline{\rho}_S^2} + \dfrac{\theta_N}{1-\overline{\rho}_N^2}\right]\left[\dfrac{\theta_I}{1-\hat{\rho}^2} + \dfrac{\theta_S}{1-\overline{\rho}_S^2} + \dfrac{\theta_N}{1-\overline{\rho}_N^2} + \theta_U\right] - \left[\dfrac{\theta_I}{1-\hat{\rho}^2}\hat{\rho} + \dfrac{\theta_S}{1-\overline{\rho}_S^2}\overline{\rho}_S + \dfrac{\theta_N}{1-\overline{\rho}_N^2}\overline{\rho}_N\right]^2} \tag{D.13a}$$

$$R_2 = \alpha \frac{\left[\dfrac{\theta_I}{1-\hat{\rho}^2}\hat{\rho} + \dfrac{\theta_S}{1-\overline{\rho}_S^2}\overline{\rho}_S + \dfrac{\theta_N}{1-\overline{\rho}_N^2}\overline{\rho}_N\right]\sigma_1 Z_1^0 + \left[\dfrac{\theta_I}{1-\hat{\rho}^2} + \dfrac{\theta_S}{1-\overline{\rho}_S^2} + \dfrac{\theta_N}{1-\overline{\rho}_N^2}\right]\sigma_2 Z_2^0}{\left[\dfrac{\theta_I}{1-\hat{\rho}^2} + \dfrac{\theta_S}{1-\overline{\rho}_S^2} + \dfrac{\theta_N}{1-\overline{\rho}_N^2}\right]\left[\dfrac{\theta_I}{1-\hat{\rho}^2} + \dfrac{\theta_S}{1-\overline{\rho}_S^2} + \dfrac{\theta_N}{1-\overline{\rho}_N^2} + \theta_U\right] - \left[\dfrac{\theta_I}{1-\hat{\rho}^2}\hat{\rho} + \dfrac{\theta_S}{1-\overline{\rho}_S^2}\overline{\rho}_S + \dfrac{\theta_N}{1-\overline{\rho}_N^2}\overline{\rho}_N\right]^2} \tag{D.13b}$$

均衡 2.3　如果

$$1 + \frac{\theta_U}{\dfrac{\theta_I}{1+\hat{\rho}} + \dfrac{\theta_S}{1+\overline{\rho}_S} + \dfrac{\theta_N}{1+\overline{\rho}_N}} \leqslant \frac{\sigma_2 Z_2^0}{\sigma_1 Z_1^0} < \frac{1 - \dfrac{\theta_S}{1-\overline{\rho}_S^2}(\overline{\rho}_N - \overline{\rho}_S)(\overline{\rho}_S - \hat{\rho})}{\dfrac{\theta_I}{1-\hat{\rho}^2}(\overline{\rho}_N - \hat{\rho}) + \dfrac{\theta_S}{1-\overline{\rho}_S^2}(\overline{\rho}_N - \overline{\rho}_S)} - \hat{\rho},$$

那么存在唯一市场均衡, 均衡价格为:

$$p_1 = \mu_1 - \alpha\sigma_1 \frac{\left[K(\hat{\rho}, \overline{\rho}_S, \overline{\rho}_N) + \theta_U\right]\sigma_1 Z_1^0 + k(\hat{\rho}, \overline{\rho}_S, \overline{\rho}_N)\sigma_2 Z_2^0}{K(\hat{\rho}, \overline{\rho}_S, \overline{\rho}_N)\left[K(\hat{\rho}, \overline{\rho}_S, \overline{\rho}_N) + \theta_U\right] - k^2(\hat{\rho}, \overline{\rho}_S, \overline{\rho}_N)} \tag{D.14a}$$

$$p_2 = \mu_2 - \alpha\sigma_2 \frac{k(\hat{\rho}, \overline{\rho}_S, \overline{\rho}_N)\sigma_1 Z_1^0 + K(\hat{\rho}, \overline{\rho}_S, \overline{\rho}_N)\sigma_2 Z_2^0}{K(\hat{\rho}, \overline{\rho}_S, \overline{\rho}_N)\left[K(\hat{\rho}, \overline{\rho}_S, \overline{\rho}_N) + \theta_U\right] - k^2(\hat{\rho}, \overline{\rho}_S, \overline{\rho}_N)} \tag{D.14b}$$

内部投资者的均衡头寸为:

$$Z_{I1}^* = \frac{\left\{\left[K(\hat{\rho}, \overline{\rho}_S, \overline{\rho}_N) + \theta_U\right] - \hat{\rho}k(\hat{\rho}, \overline{\rho}_S, \overline{\rho}_N)\right\}Z_1^0 + \left[k(\hat{\rho}, \overline{\rho}_S, \overline{\rho}_N) - \hat{\rho}K(\hat{\rho}, \overline{\rho}_S, \overline{\rho}_N)\right]\dfrac{\sigma_2}{\sigma_1}Z_2^0}{(1-\hat{\rho}^2)\left\{K(\hat{\rho}, \overline{\rho}_S, \overline{\rho}_N)\left[K(\hat{\rho}, \overline{\rho}_S, \overline{\rho}_N) + \theta_U\right] - k^2(\hat{\rho}, \overline{\rho}_S, \overline{\rho}_N)\right\}}$$

$$> 0 \tag{D.15a}$$

$$Z_{I2}^* = \frac{\{k(\hat{\rho}, \overline{\rho}_S, \overline{\rho}_N) - \hat{\rho}\left[K(\hat{\rho}, \overline{\rho}_S, \overline{\rho}_N) + \theta_U\right]\}\frac{\sigma_1}{\sigma_2}Z_1^0 + [K(\hat{\rho}, \overline{\rho}_S, \overline{\rho}_N) - \hat{\rho}k(\hat{\rho}, \overline{\rho}_S, \overline{\rho}_N)]\, Z_2^0}{(1 - \hat{\rho}^2)\{K(\hat{\rho}, \overline{\rho}_S, \overline{\rho}_N)\left[K(\hat{\rho}, \overline{\rho}_S, \overline{\rho}_N) + \theta_U\right] - k^2(\hat{\rho}, \overline{\rho}_S, \overline{\rho}_N)\}}$$

$$> 0 \tag{D.15b}$$

精明投资者的均衡头寸为:

$$Z_{S1}^* = \frac{\{[K(\hat{\rho}, \overline{\rho}_S, \overline{\rho}_N) + \theta_U] - \overline{\rho}_S k(\hat{\rho}, \overline{\rho}_S, \overline{\rho}_N)\}Z_1^0 + [k(\hat{\rho}, \overline{\rho}_S, \overline{\rho}_N) - \overline{\rho}_S K(\hat{\rho}, \overline{\rho}_S, \overline{\rho}_N)]\frac{\sigma_2}{\sigma_1}Z_2^0}{(1 - \overline{\rho}_S^2)\{K(\hat{\rho}, \overline{\rho}_S, \overline{\rho}_N)\left[K(\hat{\rho}, \overline{\rho}_S, \overline{\rho}_N) + \theta_U\right] - k^2(\hat{\rho}, \overline{\rho}_S, \overline{\rho}_N)\}}$$

$$> 0 \tag{D.16a}$$

$$Z_{S2}^* = \frac{\{k(\hat{\rho}, \overline{\rho}_S, \overline{\rho}_N) - \overline{\rho}_S\left[K(\hat{\rho}, \overline{\rho}_S, \overline{\rho}_N) + \theta_U\right]\}\frac{\sigma_1}{\sigma_2}Z_1^0 + [K(\hat{\rho}, \overline{\rho}_S, \overline{\rho}_N) - \overline{\rho}_S k(\hat{\rho}, \overline{\rho}_S, \overline{\rho}_N)]\, Z_2^0}{(1 - \overline{\rho}_S^2)\{K(\hat{\rho}, \overline{\rho}_S, \overline{\rho}_N)\left[K(\hat{\rho}, \overline{\rho}_S, \overline{\rho}_N) + \theta_U\right] - k^2(\hat{\rho}, \overline{\rho}_S, \overline{\rho}_N)\}}$$

$$> 0 \tag{D.16b}$$

天真投资者的均衡头寸为:

$$Z_{N1}^* = \frac{\{[K(\hat{\rho}, \overline{\rho}_S, \overline{\rho}_N) + \theta_U] - \overline{\rho}_N k(\hat{\rho}, \overline{\rho}_S, \overline{\rho}_N)\}Z_1^0 + [k(\hat{\rho}, \overline{\rho}_S, \overline{\rho}_N) - \overline{\rho}_N K(\hat{\rho}, \overline{\rho}_S, \overline{\rho}_N)]\frac{\sigma_2}{\sigma_1}Z_2^0}{(1 - \overline{\rho}_N^2)\{K(\hat{\rho}, \overline{\rho}_S, \overline{\rho}_N)\left[K(\hat{\rho}, \overline{\rho}_S, \overline{\rho}_N) + \theta_U\right] - k^2(\hat{\rho}, \overline{\rho}_S, \overline{\rho}_N)\}}$$

$$> 0 \tag{D.17a}$$

$$Z_{N2}^* = \frac{\{k(\hat{\rho}, \overline{\rho}_S, \overline{\rho}_N) - \overline{\rho}_N\left[K(\hat{\rho}, \overline{\rho}_S, \overline{\rho}_N) + \theta_U\right]\}\frac{\sigma_1}{\sigma_2}Z_1^0 + [K(\hat{\rho}, \overline{\rho}_S, \overline{\rho}_N) - \overline{\rho}_N k(\hat{\rho}, \overline{\rho}_S, \overline{\rho}_N)]\, Z_2^0}{(1 - \overline{\rho}_N^2)\{K(\hat{\rho}, \overline{\rho}_S, \overline{\rho}_N)\left[K(\hat{\rho}, \overline{\rho}_S, \overline{\rho}_N) + \theta_U\right] - k^2(\hat{\rho}, \overline{\rho}_S, \overline{\rho}_N)\}}$$

$$> 0 \tag{D.17b}$$

噪音投资者的均衡头寸为:

$$Z_{U1}^* = 0 \tag{D.18a}$$

$$Z_{U2}^* = \frac{k(\hat{\rho}, \overline{\rho}_S, \overline{\rho}_N)\frac{\sigma_1}{\sigma_2}Z_1^0 + K(\hat{\rho}, \overline{\rho}_S, \overline{\rho}_N)Z_2^0}{K(\hat{\rho}, \overline{\rho}_S, \overline{\rho}_N)\left[K(\hat{\rho}, \overline{\rho}_S, \overline{\rho}_N) + \theta_U\right] - k^2(\hat{\rho}, \overline{\rho}_S, \overline{\rho}_N)} > 0 \tag{D.18b}$$

场景 3　噪音投资者做多风险资产 1, 即 $Z_{U1}^* > 0$, 且不愿意交易风险资产 2, 即 $Z_{U2}^* = 0$。

注意, 噪音投资者做多风险资产 1, 那么, 根据事实 3, SN 投资者做多风险资产 1。因此, 根据事实 1, 内部投资者做多风险资产 1。

我们假设噪音投资者不交易风险资产 2, 那么, 根据事实 3, 天真的投资者可以卖空、不交易、做多风险资产 2。当天真投资者卖空风险资产 2 时, 根据事实 2, 精明投资者卖空风险资产 2, 并且根据事实 1, 内部投资者也卖空风险资产 2。经济不可能达到平衡, 因为风险资产 2 的供应量严格为正。我们排除了这种不会发生的情况。因此, 一般均衡存在于两种情况下: 天真投资者不交易风险资产 2, 天真投资者做多风险资产 2。

如果天真投资者不交易风险资产 2, 根据事实 2, 精明投资者可能会卖空、不交易、做多风险资产 2。当精明投资者卖空风险资产 2 时, 根据事实 1, 内部投资者也卖空风险资产 2。经济不可能达到平衡, 因为风险资产 2 的供应量严格为正。我们排除了这种不会发生的情况。因此, 一般均衡存在于两种情况下: 精明投资者不交易风险资产 2, 精明投资者做多风险资产 2。

如果天真投资者做多风险资产 2, 那么, 根据事实 2, 精明投资者做多风险资产 2, 因此, 根据事实 1, 内部投资者也做多风险资产 2。

总结上述分析, 我们考虑一般均衡存在的 3 种情况。

场景 3.1　SN 投资者做多风险资产 1 而不交易风险资产 2, $Z_{\Lambda 1}^* > 0$ 与 $Z_{\Lambda 2}^* = 0$, $\Lambda = S, N$。

场景 3.2　精明投资者做多两种风险资产, $Z_{S1}^* > 0$ 与 $Z_{S2}^* > 0$, 且天真投资者做多风险资产 1 而不交易风险资产 2, $Z_{N1}^* > 0$ 与 $Z_{N2}^* = 0, \Lambda = N, U$。

场景 3.3　SN 投资者做多两种风险资产, $Z_{\Lambda 1}^* > 0$ 与 $Z_{\Lambda 2}^* > 0$, $\Lambda = S, N$。

场景 3.1　SNU 投资者做多风险资产 1 而不交易风险资产 2, $Z_{\Lambda 1}^* > 0$ 与 $Z_{\Lambda 2}^* = 0$, $\Lambda = S, N, U$。

式 (5.8) 给出 SN 投资者的需求函数:

$$Z_S^* = \begin{pmatrix} Z_{S1}^* \\ Z_{S2}^* \end{pmatrix} = \frac{1}{\alpha} \begin{pmatrix} \dfrac{R_1}{\sigma_1} \\ 0 \end{pmatrix}, \quad 若 \begin{cases} R_1 > 0 \\ \underline{\varrho}_S R_1 \leqslant R_2 \leqslant \bar{\varrho}_S R_1 \end{cases}$$

与

$$Z_N^* = \begin{pmatrix} Z_{N1}^* \\ Z_{N2}^* \end{pmatrix} = \frac{1}{\alpha} \begin{pmatrix} \dfrac{R_1}{\sigma_1} \\ 0 \end{pmatrix}, \quad 若 \begin{cases} R_1 > 0 \\ \underline{\rho}_N R_1 \leqslant R_2 \leqslant \bar{\rho}_N R_1 \end{cases}$$

式 (5.11) 给出噪音投资者的需求函数:

$$Z_U^* = \begin{pmatrix} Z_{U1}^* \\ Z_{U2}^* \end{pmatrix} = \frac{1}{\alpha} \begin{pmatrix} \dfrac{R_1}{\sigma_1} \\ 0 \end{pmatrix}, \quad 若 \begin{cases} R_1 > 0 \\ -R_1 \leqslant R_2 \leqslant R_1 \end{cases}$$

均衡方程式 (5.12) 可写成:

$$\begin{pmatrix} \ddot{K}(\hat{\rho}) + \theta_U & -\ddot{k}(\hat{\rho}) \\ -\ddot{k}(\hat{\rho}) & \ddot{K}(\hat{\rho}) - \theta_S - \theta_N \end{pmatrix} \begin{pmatrix} R_1 \\ R_2 \end{pmatrix} = \alpha \begin{pmatrix} \sigma_1 Z_1^0 \\ \sigma_2 Z_2^0 \end{pmatrix}$$

我们解出 Sharpe 比率:

$$R_1 = \alpha \frac{\left[\ddot{K}(\hat{\rho}) - \theta_S - \theta_N\right]\sigma_1 Z_1^0 + \ddot{k}(\hat{\rho})\sigma_2 Z_2^0}{\left[\ddot{K}(\hat{\rho}) + \theta_U\right]\left[\ddot{K}(\hat{\rho}) - \theta_S - \theta_N\right] - \ddot{k}^2(\hat{\rho})} \tag{D.19a}$$

$$R_2 = \alpha \frac{\ddot{k}(\hat{\rho})\sigma_1 Z_1^0 + \left[\ddot{K}(\hat{\rho}) + \theta_U\right]\sigma_2 Z_2^0}{\left[\ddot{K}(\hat{\rho}) + \theta_U\right]\left[\ddot{K}(\hat{\rho}) - \theta_S - \theta_N\right] - \ddot{k}^2(\hat{\rho})} \tag{D.19b}$$

SNU 投资者的均衡条件合并为 $R_1 > 0$ 与 $\underline{\rho}_S R_1 \leqslant R_2 \leqslant \overline{\rho}_S R_1$, 等价于

$$\frac{\sigma_1 Z_1^0}{\sigma_2 Z_2^0} \geqslant \frac{\left[\ddot{K}(\hat{\rho}) + \theta_U\right] - \overline{\rho}_S \ddot{k}(\hat{\rho})}{\overline{\rho}_S \left[\ddot{K}(\hat{\rho}) - \theta_S - \theta_N\right] - \ddot{k}(\hat{\rho})} > -\frac{\ddot{k}(\hat{\rho})}{\ddot{K}(\hat{\rho}) - \theta_S - \theta_N}$$

$$> \frac{\underline{\rho}_S \ddot{k}(\hat{\rho}) - \left[\ddot{K}(\hat{\rho}) + \theta_U\right]}{\ddot{k}(\hat{\rho}) - \underline{\rho}_S \left[\ddot{K}(\hat{\rho}) - \theta_S - \theta_N\right]}$$

因此, 我们得到均衡条件:

$$\frac{\sigma_1 Z_1^0}{\sigma_2 Z_2^0} \geqslant \frac{\left[\ddot{K}(\hat{\rho}) + \theta_U\right] - \overline{\rho}_S \ddot{k}(\hat{\rho})}{\overline{\rho}_S \left[\ddot{K}(\hat{\rho}) - \theta_S - \theta_N\right] - \ddot{k}(\hat{\rho})} = \frac{\frac{\theta_I}{1 - \hat{\rho}^2}(1 - \hat{\rho}\overline{\rho}_S) + \theta_S + \theta_N + \theta_U}{\frac{\theta_I}{1 - \hat{\rho}^2}(\overline{\rho}_S - \hat{\rho})}$$

$$= \frac{1 - \frac{\theta_I}{1 - \hat{\rho}^2}\hat{\rho}(\overline{\rho}_S - \hat{\rho})}{\frac{\theta_I}{1 - \hat{\rho}^2}(\overline{\rho}_S - \hat{\rho})} = \frac{1 - \hat{\rho}^2}{\theta_I(\overline{\rho}_S - \hat{\rho})} - \hat{\rho}$$

均衡 Sharpe 比率式 (D.19a) 与式 (D.19b) 可改写为:

$$R_1 = \alpha \frac{\frac{\theta_I}{1 - \hat{\rho}^2}\sigma_1 Z_1^0 + \frac{\theta_I}{1 - \hat{\rho}^2}\hat{\rho}\sigma_2 Z_2^0}{\frac{\theta_I}{1 - \hat{\rho}^2}\left[\frac{\theta_I}{1 - \hat{\rho}^2} + \theta_S + \theta_N + \theta_U\right] - \left[\frac{\theta_I}{1 - \hat{\rho}^2}\hat{\rho}\right]^2} = \alpha[\sigma_1 Z_1^0 + \hat{\rho}\sigma_2 Z_2^0] \tag{D.20a}$$

$$R_2 = \alpha \frac{\frac{\theta_I}{1 - \hat{\rho}^2}\hat{\rho}\sigma_1 Z_1^0 + \left[\frac{\theta_I}{1 - \hat{\rho}^2} + \theta_S + \theta_N + \theta_U\right]\sigma_2 Z_2^0}{\frac{\theta_I}{1 - \hat{\rho}^2}\left[\frac{\theta_I}{1 - \hat{\rho}^2} + \theta_S + \theta_N + \theta_U\right] - \left[\frac{\theta_I}{1 - \hat{\rho}^2}\hat{\rho}\right]^2}$$

$$= \alpha \left[\hat{\rho}\sigma_1 Z_1^0 + \frac{1 - (1 - \theta_I)\hat{\rho}^2}{\theta_I}\sigma_2 Z_2^0\right] \tag{D.20b}$$

均衡 3.1 如果 $\dfrac{\sigma_1 Z_1^0}{\sigma_2 Z_2^0} \geqslant \dfrac{1-\hat{\rho}^2}{\theta_I(\bar{\rho}_S - \hat{\rho})} - \hat{\rho}$, 那么存在唯一市场均衡, 均衡价格为:

$$p_1 = \mu_1 - \alpha\sigma_1 \frac{\left[\ddot{K}(\hat{\rho}) - \theta_S - \theta_N\right]\sigma_1 Z_1^0 + \ddot{k}(\hat{\rho})\sigma_2 Z_2^0}{\left[\ddot{K}(\hat{\rho}) + \theta_U\right]\left[\ddot{K}(\hat{\rho}) - \theta_S - \theta_N\right] - \ddot{k}^2(\hat{\rho})}$$

$$= \mu_1 - \alpha\sigma_1[\sigma_1 Z_1^0 + \hat{\rho}\sigma_2 Z_2^0] \tag{D.21a}$$

$$p_2 = \mu_2 - \alpha\sigma_2 \frac{\ddot{k}(\hat{\rho})\sigma_1 Z_1^0 + \left[\ddot{K}(\hat{\rho}) + \theta_U\right]\sigma_2 Z_2^0}{\left[\ddot{K}(\hat{\rho}) + \theta_U\right]\left[\ddot{K}(\hat{\rho}) - \theta_S - \theta_N\right] - \ddot{k}^2(\hat{\rho})}$$

$$= \mu_2 - \alpha\sigma_2 \left[\hat{\rho}\sigma_1 Z_1^0 + \frac{1 - (1-\theta_I)\hat{\rho}^2}{\theta_I}\sigma_2 Z_2^0\right] \tag{D.21b}$$

内部投资者的均衡头寸为:

$$Z_{I1}^* = \frac{\left\{\left[\ddot{K}(\hat{\rho}) - \theta_S - \theta_N\right] - \hat{\rho}\ddot{k}(\hat{\rho})\right\}Z_1^0 + \left\{\ddot{k}(\hat{\rho}) - \hat{\rho}\left[\ddot{K}(\hat{\rho}) + \theta_U\right]\right\}\frac{\sigma_2}{\sigma_1}Z_2^0}{(1-\hat{\rho}^2)\left\{\left[\ddot{K}(\hat{\rho}) + \theta_U\right]\left[\ddot{K}(\hat{\rho}) - \theta_S - \theta_N\right] - \ddot{k}^2(\hat{\rho})\right\}}$$

$$= Z_1^0 - \hat{\rho}\frac{1 - \theta_I}{\theta_I}\frac{\sigma_2}{\sigma_1}Z_2^0 > 0 \tag{D.22a}$$

$$Z_{I2}^* = \frac{\left\{\ddot{k}(\hat{\rho}) - \hat{\rho}\left[\ddot{K}(\hat{\rho}) - \theta_S - \theta_N\right]\right\}\frac{\sigma_1}{\sigma_2}Z_1^0 + \left\{\left[\ddot{K}(\hat{\rho}) + \theta_U\right] - \hat{\rho}\ddot{k}(\hat{\rho})\right\}Z_2^0}{(1-\hat{\rho}^2)\left\{\left[\ddot{K}(\hat{\rho}) + \theta_U\right]\left[\ddot{K}(\hat{\rho}) - \theta_S - \theta_N\right] - \ddot{k}^2(\hat{\rho})\right\}}$$

$$= \frac{1}{\theta_I}Z_2^0 > 0 \tag{D.22b}$$

SNU 投资者的均衡头寸为:

$$Z_{S1}^* = Z_{N1}^* = Z_{U1}^* = \frac{\left[\ddot{K}(\hat{\rho}) - \theta_S - \theta_N\right]Z_1^0 + \ddot{k}(\hat{\rho})\frac{\sigma_2}{\sigma_1}Z_2^0}{\left[\ddot{K}(\hat{\rho}) - \theta_S - \theta_N\right]\left[\ddot{K}(\hat{\rho}) + \theta_U\right] - \ddot{k}^2(\hat{\rho})}$$

$$= Z_1^0 + \hat{\rho}\frac{\sigma_2}{\sigma_1}Z_2^0 > 0 \tag{D.23a}$$

$$Z_{S2}^* = Z_{N2}^* = Z_{U2}^* = 0 \tag{D.23b}$$

场景 3.2 精明投资者做多两种风险资产, $Z_{S1}^* > 0$ 与 $Z_{S2}^* > 0$, 且天真投资者做多风险资产 1 而不交易风险资产 2, $Z_{\Lambda 1}^* > 0$ 与 $Z_{\Lambda 2}^* = 0$, $\Lambda = N, U$。

式 (5.8) 给出 SN 投资者的需求函数:

$$Z_S^* = \begin{pmatrix} Z_{S1}^* \\ Z_{S2}^* \end{pmatrix} = \frac{1}{\alpha(1-\bar{\rho}_S^2)}\begin{pmatrix} \dfrac{R_1 - \bar{\rho}_S R_2}{\sigma_1} \\ \dfrac{R_2 - \bar{\rho}_S R_1}{\sigma_2} \end{pmatrix}, \quad 若 \begin{cases} R_1 > \bar{\rho}_S R_2 \\ R_2 > \bar{\rho}_S R_1 \end{cases}$$

与

$$Z_N^* = \begin{pmatrix} Z_{N1}^* \\ Z_{N2}^* \end{pmatrix} = \frac{1}{\alpha} \begin{pmatrix} \dfrac{R_1}{\sigma_1} \\ 0 \end{pmatrix}, \quad 若 \begin{cases} R_1 > 0 \\ \underline{\rho}_N R_1 \leqslant R_2 \leqslant \overline{\rho}_N R_1 \end{cases}$$

式 (5.11) 给出噪音投资者的需求函数:

$$Z_U^* = \begin{pmatrix} Z_{U1}^* \\ Z_{U2}^* \end{pmatrix} = \frac{1}{\alpha} \begin{pmatrix} \dfrac{R_1}{\sigma_1} \\ 0 \end{pmatrix}, \quad 若 \begin{cases} R_1 > 0 \\ -R_1 \leqslant R_2 \leqslant R_1 \end{cases}$$

均衡方程式 (5.12) 可写成:

$$\begin{pmatrix} \dot{K}(\hat{\rho}, \overline{\rho}_S) + \theta_U & -\dot{k}(\hat{\rho}, \overline{\rho}_S) \\ -\dot{k}(\hat{\rho}, \overline{\rho}_S) & \dot{K}(\hat{\rho}, \overline{\rho}_S) - \theta_N \end{pmatrix} \begin{pmatrix} R_1 \\ R_2 \end{pmatrix} = \alpha \begin{pmatrix} \sigma_1 Z_1^0 \\ \sigma_2 Z_2^0 \end{pmatrix}$$

我们解出 Sharpe 比率:

$$R_1 = \alpha \frac{\left[\dot{K}(\hat{\rho}, \overline{\rho}_S) - \theta_N \right] \sigma_1 Z_1^0 + \dot{k}(\hat{\rho}, \overline{\rho}_S) \sigma_2 Z_2^0}{\left[\dot{K}(\hat{\rho}, \overline{\rho}_S) + \theta_U \right] \left[\dot{K}(\hat{\rho}, \overline{\rho}_S) - \theta_N \right] - \dot{k}^2(\hat{\rho}, \overline{\rho}_S)} \tag{D.24a}$$

$$R_2 = \alpha \frac{\dot{k}(\hat{\rho}, \overline{\rho}_S) \sigma_1 Z_1^0 + \left[\dot{K}(\hat{\rho}, \overline{\rho}_S) + \theta_U \right] \sigma_2 Z_2^0}{\left[\dot{K}(\hat{\rho}, \overline{\rho}_S) + \theta_U \right] \left[\dot{K}(\hat{\rho}, \overline{\rho}_S) - \theta_N \right] - \dot{k}^2(\hat{\rho}, \overline{\rho}_S)} \tag{D.24b}$$

SNU 投资者的均衡条件合并为 $R_1 > \max\{\overline{\rho}_S R_2, 0\}$ 与 $\overline{\rho}_S R_1 < R_2 \leqslant \overline{\rho}_N R_1$, 等价于

$$\frac{\left[\dot{K}(\hat{\rho}, \overline{\rho}_S) + \theta_U \right] - \overline{\rho}_N \dot{k}(\hat{\rho}, \overline{\rho}_S)}{\overline{\rho}_N \left[\dot{K}(\hat{\rho}, \overline{\rho}_S) - \theta_N \right] - \dot{k}(\hat{\rho}, \overline{\rho}_S)} \leqslant \frac{\sigma_1 Z_1^0}{\sigma_2 Z_2^0} < \frac{\left[\dot{K}(\hat{\rho}, \overline{\rho}_S) + \theta_U \right] - \overline{\rho}_S \dot{k}(\hat{\rho}, \overline{\rho}_S)}{\overline{\rho}_S \left[\dot{K}(\hat{\rho}, \overline{\rho}_S) - \theta_N \right] - \dot{k}(\hat{\rho}, \overline{\rho}_S)}$$

因此, 我们得到均衡条件:

$$\frac{1 - \dfrac{\theta_S}{1 - \overline{\rho}_S^2} (\overline{\rho}_N - \overline{\rho}_S)(\overline{\rho}_S - \hat{\rho})}{\dfrac{\theta_I}{1 - \hat{\rho}^2} (\overline{\rho}_N - \hat{\rho}) + \dfrac{\theta_S}{1 - \overline{\rho}_S^2} (\overline{\rho}_N - \overline{\rho}_S)} - \hat{\rho} \leqslant \frac{\sigma_1 Z_1^0}{\sigma_2 Z_2^0} < \frac{1 - \hat{\rho}^2}{\theta_I (\overline{\rho}_S - \hat{\rho})} - \hat{\rho}$$

均衡 Sharpe 比率式 (D.24a) 与式 (D.24b) 可改写为:

$$R_1 = \alpha \frac{\left[\dfrac{\theta_I}{1 - \hat{\rho}^2} + \dfrac{\theta_S}{1 - \overline{\rho}_S^2} \right] \sigma_1 Z_1^0 + \left[\dfrac{\theta_I}{1 - \hat{\rho}^2} \hat{\rho} + \dfrac{\theta_S}{1 - \overline{\rho}_S^2} \overline{\rho}_S \right] \sigma_2 Z_2^0}{\left[\dfrac{\theta_I}{1 - \hat{\rho}^2} + \dfrac{\theta_S}{1 - \overline{\rho}_S^2} + \theta_N + \theta_U \right] \left[\dfrac{\theta_I}{1 - \hat{\rho}^2} + \dfrac{\theta_S}{1 - \overline{\rho}_S^2} \right] - \left[\dfrac{\theta_I}{1 - \hat{\rho}^2} \hat{\rho} + \dfrac{\theta_S}{1 - \overline{\rho}_S^2} \overline{\rho}_S \right]^2}$$

$$\tag{D.25a}$$

$$R_2 = \alpha \frac{\left[\dfrac{\theta_I}{1-\hat{\rho}^2}\hat{\rho} + \dfrac{\theta_S}{1-\overline{\rho}_S^2}\overline{\rho}_S\right]\sigma_1 Z_1^0 + \left[\dfrac{\theta_I}{1-\hat{\rho}^2} + \dfrac{\theta_S}{1-\overline{\rho}_S^2} + \theta_N + \theta_U\right]\sigma_2 Z_2^0}{\left[\dfrac{\theta_I}{1-\hat{\rho}^2} + \dfrac{\theta_S}{1-\overline{\rho}_S^2} + \theta_N + \theta_U\right]\left[\dfrac{\theta_I}{1-\hat{\rho}^2} + \dfrac{\theta_S}{1-\overline{\rho}_S^2}\right] - \left[\dfrac{\theta_I}{1-\hat{\rho}^2}\hat{\rho} + \dfrac{\theta_S}{1-\overline{\rho}_S^2}\overline{\rho}_S\right]^2}$$

$$\tag{D.25b}$$

均衡 3.2 如果 $\dfrac{1 - \dfrac{\theta_S}{1-\overline{\rho}_S^2}(\overline{\rho}_N - \overline{\rho}_S)(\overline{\rho}_S - \hat{\rho})}{\dfrac{\theta_I}{1-\hat{\rho}^2}(\overline{\rho}_N - \hat{\rho}) + \dfrac{\theta_S}{1-\overline{\rho}_S^2}(\overline{\rho}_N - \overline{\rho}_S)} - \hat{\rho} \leqslant \dfrac{\sigma_1 Z_1^0}{\sigma_2 Z_2^0} < \dfrac{1-\hat{\rho}^2}{\theta_I(\overline{\rho}_S - \hat{\rho})} - \hat{\rho},$

那么存在唯一市场均衡, 均衡价格为:

$$p_1 = \mu_1 - \alpha\sigma_1 \frac{\left[\dot{K}(\hat{\rho},\overline{\rho}_S) - \theta_N\right]\sigma_1 Z_1^0 + \dot{k}(\hat{\rho},\overline{\rho}_S)\sigma_2 Z_2^0}{\left[\dot{K}(\hat{\rho},\overline{\rho}_S) + \theta_U\right]\left[\dot{K}(\hat{\rho},\overline{\rho}_S) - \theta_N\right] - \dot{k}^2(\hat{\rho},\overline{\rho}_S)} \tag{D.26a}$$

$$p_2 = \mu_2 - \alpha\sigma_2 \frac{\dot{k}(\hat{\rho},\overline{\rho}_S)\sigma_1 Z_1^0 + \left[\dot{K}(\hat{\rho},\overline{\rho}_S) + \theta_U\right]\sigma_2 Z_2^0}{\left[\dot{K}(\hat{\rho},\overline{\rho}_S) + \theta_U\right]\left[\dot{K}(\hat{\rho},\overline{\rho}_S) - \theta_N\right] - \dot{k}^2(\hat{\rho},\overline{\rho}_S)} \tag{D.26b}$$

内部投资者的均衡头寸为:

$$Z_{I1}^* = \frac{\left\{\left[\dot{K}(\hat{\rho},\overline{\rho}_S) - \theta_N\right] - \hat{\rho}\dot{k}(\hat{\rho},\overline{\rho}_S)\right\}Z_1^0 + \left\{\dot{k}(\hat{\rho},\overline{\rho}_S) - \hat{\rho}\left[\dot{K}(\hat{\rho},\overline{\rho}_S) + \theta_U\right]\right\}\dfrac{\sigma_2}{\sigma_1}Z_2^0}{(1-\hat{\rho}^2)\left\{\left[\dot{K}(\hat{\rho},\overline{\rho}_S) + \theta_U\right]\left[\dot{K}(\hat{\rho},\overline{\rho}_S) - \theta_N\right] - \dot{k}^2(\hat{\rho},\overline{\rho}_S)\right\}} > 0$$

$$\tag{D.27a}$$

$$Z_{I2}^* = \frac{\left\{\dot{k}(\hat{\rho},\overline{\rho}_S) - \hat{\rho}\left[\dot{K}(\hat{\rho},\overline{\rho}_S) - \theta_N\right]\right\}\dfrac{\sigma_1}{\sigma_2}Z_1^0 + \left\{\left[\dot{K}(\hat{\rho},\overline{\rho}_S) + \theta_U\right] - \hat{\rho}\dot{k}(\hat{\rho},\overline{\rho}_S)\right\}Z_2^0}{(1-\hat{\rho}^2)\left\{\left[\dot{K}(\hat{\rho},\overline{\rho}_S) + \theta_U\right]\left[\dot{K}(\hat{\rho},\overline{\rho}_S) - \theta_N\right] - \dot{k}^2(\hat{\rho},\overline{\rho}_S)\right\}} > 0$$

$$\tag{D.27b}$$

精明投资者的均衡头寸为:

$$Z_{S1}^* = \frac{\left\{\left[\dot{K}(\hat{\rho},\overline{\rho}_S) - \theta_N\right] - \overline{\rho}_S\dot{k}(\hat{\rho},\overline{\rho}_S)\right\}Z_1^0 + \left\{\dot{k}(\hat{\rho},\overline{\rho}_S) - \overline{\rho}_S\left[\dot{K}(\hat{\rho},\overline{\rho}_S) + \theta_U\right]\right\}\dfrac{\sigma_2}{\sigma_1}Z_2^0}{(1-\overline{\rho}_S^2)\left\{\left[\dot{K}(\hat{\rho},\overline{\rho}_S) + \theta_U\right]\left[\dot{K}(\hat{\rho},\overline{\rho}_S) - \theta_N\right] - \dot{k}^2(\hat{\rho},\overline{\rho}_S)\right\}}$$

$$> 0 \tag{D.28a}$$

$$Z_{S2}^* = \frac{\left\{\dot{k}(\hat{\rho},\overline{\rho}_S) - \overline{\rho}_S\left[\dot{K}(\hat{\rho},\overline{\rho}_S) - \theta_N\right]\right\}\dfrac{\sigma_1}{\sigma_2}Z_1^0 + \left\{\left[\dot{K}(\hat{\rho},\overline{\rho}_S) + \theta_U\right] - \overline{\rho}_S\dot{k}(\hat{\rho},\overline{\rho}_S)\right\}Z_2^0}{(1-\overline{\rho}_S^2)\left\{\left[\dot{K}(\hat{\rho},\overline{\rho}_S) + \theta_U\right]\left[\dot{K}(\hat{\rho},\overline{\rho}_S) - \theta_N\right] - \dot{k}^2(\hat{\rho},\overline{\rho}_S)\right\}}$$

$$> 0 \tag{D.28b}$$

NU 投资者的均衡头寸为:

$$Z_{N1}^* = Z_{U1}^* = \frac{\left[\dot{K}(\hat{\rho}, \overline{\rho}_S) - \theta_N\right] Z_1^0 + \dot{k}(\hat{\rho}, \overline{\rho}_S)\frac{\sigma_2}{\sigma_1} Z_2^0}{\left[\dot{K}(\hat{\rho}, \overline{\rho}_S) + \theta_U\right]\left[\dot{K}(\hat{\rho}, \overline{\rho}_S) - \theta_N\right] - \dot{k}^2(\hat{\rho}, \overline{\rho}_S)} > 0 \qquad \text{(D.29a)}$$

$$Z_{N2}^* = Z_{U2}^* = 0 \qquad \text{(D.29b)}$$

场景 3.3　SN 投资者做多两种风险资产, $Z_{\Lambda 1}^* > 0$ 与 $Z_{\Lambda 2}^* > 0$, $\Lambda = S, N$, 且噪音投资者做多风险资产 1 而不交易风险资产 2, $Z_{U1}^* > 0$ 与 $Z_{U2}^* = 0$。

式 (5.8) 给出 SN 投资者的需求函数:

$$Z_S^* = \begin{pmatrix} Z_{S1}^* \\ Z_{S2}^* \end{pmatrix} = \frac{1}{\alpha(1 - \overline{\rho}_S^2)} \begin{pmatrix} \dfrac{R_1 - \overline{\rho}_S R_2}{\sigma_1} \\ \dfrac{R_2 - \overline{\rho}_S R_1}{\sigma_2} \end{pmatrix}, \quad \text{若} \begin{cases} R_1 > \overline{\rho}_S R_2 \\ R_2 > \overline{\rho}_S R_1 \end{cases}$$

与

$$Z_N^* = \begin{pmatrix} Z_{N1}^* \\ Z_{N2}^* \end{pmatrix} = \frac{1}{\alpha(1 - \overline{\rho}_N^2)} \begin{pmatrix} \dfrac{R_1 - \overline{\rho}_N R_2}{\sigma_1} \\ \dfrac{R_2 - \overline{\rho}_N R_1}{\sigma_2} \end{pmatrix}, \quad \text{若} \begin{cases} R_1 > \overline{\rho}_N R_2 \\ R_2 > \overline{\rho}_N R_1 \end{cases}$$

式 (5.11) 给出噪音投资者的需求函数:

$$Z_U^* = \begin{pmatrix} Z_{U1}^* \\ Z_{U2}^* \end{pmatrix} = \frac{1}{\alpha} \begin{pmatrix} \dfrac{R_1}{\sigma_1} \\ 0 \end{pmatrix}, \quad \text{若} \begin{cases} R_1 > 0 \\ -R_1 \leqslant R_2 \leqslant R_1 \end{cases}$$

均衡方程式 (5.12) 可写成:

$$\begin{pmatrix} K(\hat{\rho}, \overline{\rho}_S, \overline{\rho}_N) + \theta_U & -k(\hat{\rho}, \overline{\rho}_S, \overline{\rho}_N) \\ -k(\hat{\rho}, \overline{\rho}_S, \overline{\rho}_N) & K(\hat{\rho}, \overline{\rho}_S, \overline{\rho}_N) \end{pmatrix} \begin{pmatrix} R_1 \\ R_2 \end{pmatrix} = \alpha \begin{pmatrix} \sigma_1 Z_1^0 \\ \sigma_2 Z_2^0 \end{pmatrix}$$

我们解出 Sharpe 比率:

$$R_1 = \alpha \frac{K(\hat{\rho}, \overline{\rho}_S, \overline{\rho}_N)\sigma_1 Z_1^0 + k(\hat{\rho}, \overline{\rho}_S, \overline{\rho}_N)\sigma_2 Z_2^0}{[K(\hat{\rho}, \overline{\rho}_S, \overline{\rho}_N) + \theta_U] K(\hat{\rho}, \overline{\rho}_S, \overline{\rho}_N) - k^2(\hat{\rho}, \overline{\rho}_S, \overline{\rho}_N)} \qquad \text{(D.30a)}$$

$$R_2 = \alpha \frac{k(\hat{\rho}, \overline{\rho}_S, \overline{\rho}_N)\sigma_1 Z_1^0 + [K(\hat{\rho}, \overline{\rho}_S, \overline{\rho}_N) + \theta_U] \sigma_2 Z_2^0}{[K(\hat{\rho}, \overline{\rho}_S, \overline{\rho}_N) + \theta_U] K(\hat{\rho}, \overline{\rho}_S, \overline{\rho}_N) - k^2(\hat{\rho}, \overline{\rho}_S, \overline{\rho}_N)} \qquad \text{(D.30b)}$$

SNU 投资者的均衡条件合并为 $R_1 > \max\{\overline{\rho}_S R_2, \overline{\rho}_N R_2, 0\}$ 与 $\overline{\rho}_N R_1 < R_2 \leqslant R_1$, 等价于

$$\frac{[K(\hat{\rho}, \overline{\rho}_S, \overline{\rho}_N) + \theta_U] - k(\hat{\rho}, \overline{\rho}_S, \overline{\rho}_N)}{K(\hat{\rho}, \overline{\rho}_S, \overline{\rho}_N) - k(\hat{\rho}, \overline{\rho}_S, \overline{\rho}_N)} \leqslant \frac{\sigma_1 Z_1^0}{\sigma_2 Z_2^0} < \frac{[K(\hat{\rho}, \overline{\rho}_S, \overline{\rho}_N) + \theta_U] - \overline{\rho}_N k(\hat{\rho}, \overline{\rho}_S, \overline{\rho}_N)}{\overline{\rho}_N K(\hat{\rho}, \overline{\rho}_S, \overline{\rho}_N) - k(\hat{\rho}, \overline{\rho}_S, \overline{\rho}_N)}$$

因此, 我们得到均衡条件:

$$1 + \cfrac{\theta_U}{\cfrac{\theta_I}{1+\hat{\rho}} + \cfrac{\theta_S}{1+\overline{\rho}_S} + \cfrac{\theta_N}{1+\overline{\rho}_N}} \leqslant \frac{\sigma_1 Z_1^0}{\sigma_2 Z_2^0} < \cfrac{1 - \cfrac{\theta_S}{1-\overline{\rho}_S^2}(\overline{\rho}_N - \overline{\rho}_S)(\overline{\rho}_S - \hat{\rho})}{\cfrac{\theta_I}{1-\hat{\rho}^2}(\overline{\rho}_N - \hat{\rho}) + \cfrac{\theta_S}{1-\overline{\rho}_S^2}(\overline{\rho}_N - \overline{\rho}_S)} - \hat{\rho}$$

均衡 Sharpe 比率式 (D.30a) 与式 (D.30b) 可改写为:

$$R_1 = \alpha \frac{\left[\frac{\theta_I}{1-\hat{\rho}^2} + \frac{\theta_S}{1-\overline{\rho}_S^2} + \frac{\theta_N}{1-\overline{\rho}_N^2}\right]\sigma_1 Z_1^0 + \left[\frac{\theta_I}{1-\hat{\rho}^2}\hat{\rho} + \frac{\theta_S}{1-\overline{\rho}_S^2}\overline{\rho}_S + \frac{\theta_N}{1-\overline{\rho}_N^2}\overline{\rho}_N\right]\sigma_2 Z_2^0}{\left[\frac{\theta_I}{1-\hat{\rho}^2} + \frac{\theta_S}{1-\overline{\rho}_S^2} + \frac{\theta_N}{1-\overline{\rho}_N^2} + \theta_U\right]\left[\frac{\theta_I}{1-\hat{\rho}^2} + \frac{\theta_S}{1-\overline{\rho}_S^2} + \frac{\theta_N}{1-\overline{\rho}_N^2}\right] - \left[\frac{\theta_I}{1-\hat{\rho}^2}\hat{\rho} + \frac{\theta_S}{1-\overline{\rho}_S^2}\overline{\rho}_S + \frac{\theta_N}{1-\overline{\rho}_N^2}\overline{\rho}_N\right]^2}$$
$$\text{(D.31a)}$$

$$R_2 = \alpha \frac{\left[\frac{\theta_I}{1-\hat{\rho}^2}\hat{\rho} + \frac{\theta_S}{1-\overline{\rho}_S^2}\overline{\rho}_S + \frac{\theta_N}{1-\overline{\rho}_N^2}\overline{\rho}_N\right]\sigma_1 Z_1^0 + \left[\frac{\theta_I}{1-\hat{\rho}^2} + \frac{\theta_S}{1-\overline{\rho}_S^2} + \frac{\theta_N}{1-\overline{\rho}_N^2} + \theta_U\right]\sigma_2 Z_2^0}{\left[\frac{\theta_I}{1-\hat{\rho}^2} + \frac{\theta_S}{1-\overline{\rho}_S^2} + \frac{\theta_N}{1-\overline{\rho}_N^2} + \theta_U\right]\left[\frac{\theta_I}{1-\hat{\rho}^2} + \frac{\theta_S}{1-\overline{\rho}_S^2} + \frac{\theta_N}{1-\overline{\rho}_N^2}\right] - \left[\frac{\theta_I}{1-\hat{\rho}^2}\hat{\rho} + \frac{\theta_S}{1-\overline{\rho}_S^2}\overline{\rho}_S + \frac{\theta_N}{1-\overline{\rho}_N^2}\overline{\rho}_N\right]^2}$$
$$\text{(D.31b)}$$

均衡 3.3　如果

$$1 + \cfrac{\theta_U}{\cfrac{\theta_I}{1+\hat{\rho}} + \cfrac{\theta_S}{1+\overline{\rho}_S} + \cfrac{\theta_N}{1+\overline{\rho}_N}} \leqslant \frac{\sigma_1 Z_1^0}{\sigma_2 Z_2^0} < \cfrac{1 - \cfrac{\theta_S}{1-\overline{\rho}_S^2}(\overline{\rho}_N - \overline{\rho}_S)(\overline{\rho}_S - \hat{\rho})}{\cfrac{\theta_I}{1-\hat{\rho}^2}(\overline{\rho}_N - \hat{\rho}) + \cfrac{\theta_S}{1-\overline{\rho}_S^2}(\overline{\rho}_N - \overline{\rho}_S)} - \hat{\rho},$$

那么存在唯一的市场均衡, 均衡价格为:

$$p_1 = \mu_1 - \alpha\sigma_1 \frac{K(\hat{\rho}, \overline{\rho}_S, \overline{\rho}_N)\sigma_1 Z_1^0 + k(\hat{\rho}, \overline{\rho}_S, \overline{\rho}_N)\sigma_2 Z_2^0}{[K(\hat{\rho}, \overline{\rho}_S, \overline{\rho}_N) + \theta_U]K(\hat{\rho}, \overline{\rho}_S, \overline{\rho}_N) - k^2(\hat{\rho}, \overline{\rho}_S, \overline{\rho}_N)} \tag{D.32a}$$

$$p_2 = \mu_2 - \alpha\sigma_2 \frac{k(\hat{\rho}, \overline{\rho}_S, \overline{\rho}_N)\sigma_1 Z_1^0 + [K(\hat{\rho}, \overline{\rho}_S, \overline{\rho}_N) + \theta_U]\sigma_2 Z_2^0}{[K(\hat{\rho}, \overline{\rho}_S, \overline{\rho}_N) + \theta_U]K(\hat{\rho}, \overline{\rho}_S, \overline{\rho}_N) - k^2(\hat{\rho}, \overline{\rho}_S, \overline{\rho}_N)} \tag{D.32b}$$

内部投资者的均衡头寸为:

$$Z_{I1}^* = \frac{[K(\hat{\rho}, \overline{\rho}_S, \overline{\rho}_N) - \hat{\rho}k(\hat{\rho}, \overline{\rho}_S, \overline{\rho}_N)]Z_1^0 + \{k(\hat{\rho}, \overline{\rho}_S, \overline{\rho}_N) - \hat{\rho}[K(\hat{\rho}, \overline{\rho}_S, \overline{\rho}_N) + \theta_U]\}\frac{\sigma_2}{\sigma_1}Z_2^0}{(1-\hat{\rho}^2)\{[K(\hat{\rho}, \overline{\rho}_S, \overline{\rho}_N) + \theta_U]K(\hat{\rho}, \overline{\rho}_S, \overline{\rho}_N) - k^2(\hat{\rho}, \overline{\rho}_S, \overline{\rho}_N)\}}$$
$$> 0 \tag{D.33a}$$

$$Z_{I2}^* = \frac{[k(\hat{\rho}, \overline{\rho}_S, \overline{\rho}_N) - \hat{\rho}K(\hat{\rho}, \overline{\rho}_S, \overline{\rho}_N)]\frac{\sigma_1}{\sigma_2}Z_1^0 + \{[K(\hat{\rho}, \overline{\rho}_S, \overline{\rho}_N) + \theta_U] - \hat{\rho}k(\hat{\rho}, \overline{\rho}_S, \overline{\rho}_N)\}Z_2^0}{(1-\hat{\rho}^2)\{[K(\hat{\rho}, \overline{\rho}_S, \overline{\rho}_N) + \theta_U]K(\hat{\rho}, \overline{\rho}_S, \overline{\rho}_N) - k^2(\hat{\rho}, \overline{\rho}_S, \overline{\rho}_N)\}}$$
$$> 0 \tag{D.33b}$$

精明投资者的均衡头寸为:

$$Z_{S1}^* = \frac{[K(\hat{\rho},\overline{\rho}_S,\overline{\rho}_N) - \overline{\rho}_S k(\hat{\rho},\overline{\rho}_S,\overline{\rho}_N)]Z_1^0 + \{k(\hat{\rho},\overline{\rho}_S,\overline{\rho}_N) - \overline{\rho}_S[K(\hat{\rho},\overline{\rho}_S,\overline{\rho}_N)+\theta_U]\}\frac{\sigma_2}{\sigma_1}Z_2^0}{(1-\overline{\rho}_S^2)\{[K(\hat{\rho},\overline{\rho}_S,\overline{\rho}_N)+\theta_U]K(\hat{\rho},\overline{\rho}_S,\overline{\rho}_N) - k^2(\hat{\rho},\overline{\rho}_S,\overline{\rho}_N)\}}$$

$$> 0 \tag{D.34a}$$

$$Z_{S2}^* = \frac{[k(\hat{\rho},\overline{\rho}_S,\overline{\rho}_N) - \overline{\rho}_S K(\hat{\rho},\overline{\rho}_S,\overline{\rho}_N)]\frac{\sigma_1}{\sigma_2}Z_1^0 + \{[K(\hat{\rho},\overline{\rho}_S,\overline{\rho}_N)+\theta_U] - \overline{\rho}_S k(\hat{\rho},\overline{\rho}_S,\overline{\rho}_N)\}Z_2^0}{(1-\overline{\rho}_S^2)\{[K(\hat{\rho},\overline{\rho}_S,\overline{\rho}_N)+\theta_U]K(\hat{\rho},\overline{\rho}_S,\overline{\rho}_N) - k^2(\hat{\rho},\overline{\rho}_S,\overline{\rho}_N)\}}$$

$$> 0 \tag{D.34b}$$

天真投资者的均衡头寸为:

$$Z_{N1}^* = \frac{[K(\hat{\rho},\overline{\rho}_S,\overline{\rho}_N) - \overline{\rho}_N k(\hat{\rho},\overline{\rho}_S,\overline{\rho}_N)]Z_1^0 + \{k(\hat{\rho},\overline{\rho}_S,\overline{\rho}_N) - \overline{\rho}_N[K(\hat{\rho},\overline{\rho}_S,\overline{\rho}_N)+\theta_U]\}\frac{\sigma_2}{\sigma_1}Z_2^0}{(1-\overline{\rho}_N^2)\{[K(\hat{\rho},\overline{\rho}_S,\overline{\rho}_N)+\theta_U]K(\hat{\rho},\overline{\rho}_S,\overline{\rho}_N) - k^2(\hat{\rho},\overline{\rho}_S,\overline{\rho}_N)\}}$$

$$> 0 \tag{D.35a}$$

$$Z_{N2}^* = \frac{[k(\hat{\rho},\overline{\rho}_S,\overline{\rho}_N) - \overline{\rho}_N K(\hat{\rho},\overline{\rho}_S,\overline{\rho}_N)]\frac{\sigma_1}{\sigma_2}Z_1^0 + \{[K(\hat{\rho},\overline{\rho}_S,\overline{\rho}_N)+\theta_U] - \overline{\rho}_N k(\hat{\rho},\overline{\rho}_S,\overline{\rho}_N)\}Z_2^0}{(1-\overline{\rho}_N^2)\{[K(\hat{\rho},\overline{\rho}_S,\overline{\rho}_N)+\theta_U]K(\hat{\rho},\overline{\rho}_S,\overline{\rho}_N) - k^2(\hat{\rho},\overline{\rho}_S,\overline{\rho}_N)\}}$$

$$> 0 \tag{D.35b}$$

噪音投资者的均衡头寸为:

$$Z_{U1}^* = \frac{K(\hat{\rho},\overline{\rho}_S,\overline{\rho}_N)Z_1^0 + k(\hat{\rho},\overline{\rho}_S,\overline{\rho}_N)\frac{\sigma_2}{\sigma_1}Z_2^0}{[K(\hat{\rho},\overline{\rho}_S,\overline{\rho}_N)+\theta_U]K(\hat{\rho},\overline{\rho}_S,\overline{\rho}_N) - k^2(\hat{\rho},\overline{\rho}_S,\overline{\rho}_N)} > 0 \tag{D.36a}$$

$$Z_{U2}^* = 0 \tag{D.36b}$$

场景 4　噪音投资者做多两种风险资产, $Z_{U1}^* > 0$ 且 $Z_{U2}^* > 0$。

请注意,噪音投资者做多两种风险资产, $Z_{Uj}^* > 0$, $j = 1, 2$, 那么, 根据事实 2, SN 投资者长期买入这两种风险, $Z_{\Lambda j}^* > 0$, $\Lambda = S, N = 1, 2, j = 1, 2$, 因此, 根据事实 1, 内部投资者也长期买入两个风险资产, $Z_{Ij}^* * > 0$, $j = 1, 2$。

式 (5.8) 给出 SN 投资者的需求函数:

$$Z_S^* = \begin{pmatrix} Z_{S1}^* \\ Z_{S2}^* \end{pmatrix} = \frac{1}{\alpha(1-\overline{\rho}_S^2)} \begin{pmatrix} \dfrac{R_1 - \overline{\rho}_S R_2}{\sigma_1} \\ \dfrac{R_2 - \overline{\rho}_S R_1}{\sigma_2} \end{pmatrix}, \quad \text{若} \begin{cases} R_1 > \overline{\rho}_S R_2 \\ R_2 > \overline{\rho}_S R_1 \end{cases}$$

与

$$Z_N^* = \begin{pmatrix} Z_{N1}^* \\ Z_{N2}^* \end{pmatrix} = \frac{1}{\alpha(1 - \overline{\rho}_N^2)} \begin{pmatrix} \dfrac{R_1 - \overline{\rho}_N R_2}{\sigma_1} \\ \dfrac{R_2 - \overline{\rho}_N R_1}{\sigma_2} \end{pmatrix}, \quad 若 \begin{cases} R_1 > \overline{\rho}_N R_2 \\ R_2 > \overline{\rho}_N R_1 \end{cases}$$

式 (5.11) 给出噪音投资者的需求函数:

$$\sigma_1 Z_{U1}^* + \sigma_2 Z_{U2}^* = \frac{R_1}{\alpha} = \frac{R_2}{\alpha} > 0$$

均衡方程式 (5.12) 可写成:

$$\frac{\theta_I}{\alpha(1 - \hat{\rho}^2)} \begin{pmatrix} \dfrac{R_1 - \hat{\rho} R_2}{\sigma_1} \\ \dfrac{R_2 - \hat{\rho} R_1}{\sigma_2} \end{pmatrix} + \frac{\theta_S}{\alpha(1 - \overline{\rho}_S^2)} \begin{pmatrix} \dfrac{R_1 - \overline{\rho}_S R_2}{\sigma_1} \\ \dfrac{R_2 - \overline{\rho}_S R_1}{\sigma_2} \end{pmatrix}$$

$$+ \frac{\theta_N}{\alpha(1 - \overline{\rho}_N^2)} \begin{pmatrix} \dfrac{R_1 - \overline{\rho}_N R_2}{\sigma_1} \\ \dfrac{R_2 - \overline{\rho}_N R_1}{\sigma_2} \end{pmatrix} + \theta_U \begin{pmatrix} Z_{U1}^* \\ Z_{U2}^* \end{pmatrix} = \begin{pmatrix} Z_1^0 \\ Z_2^0 \end{pmatrix}$$

满足 $R \equiv R_1 = R_2$, 那么 $\sigma_1 Z_{U1}^* + \sigma_2 Z_{U2}^* = \dfrac{R}{\alpha} > 0$ 且

$$\left[\frac{\theta_I}{1 + \hat{\rho}} + \frac{\theta_S}{1 + \overline{\rho}_S} + \frac{\theta_N}{1 + \overline{\rho}_N} \right] \begin{pmatrix} \dfrac{1}{\sigma_1} \\ \dfrac{1}{\sigma_2} \end{pmatrix} \frac{R}{\alpha} + \theta_U \begin{pmatrix} Z_{U1}^* \\ Z_{U2}^* \end{pmatrix} = \begin{pmatrix} Z_1^0 \\ Z_2^0 \end{pmatrix}$$

因此,

$$2 \left[\frac{\theta_I}{1 + \hat{\rho}} + \frac{\theta_S}{1 + \overline{\rho}_S} + \frac{\theta_N}{1 + \overline{\rho}_N} \right] \frac{R}{\alpha} + \theta_U \frac{R}{\alpha} = \sigma_1 Z_1^0 + \sigma_2 Z_2^0$$

我们解出 Sharpe 比率:

$$R = R_1 = R_2 = \alpha \frac{\sigma_1 Z_1^0 + \sigma_2 Z_2^0}{2 \left[\dfrac{\theta_I}{1 + \hat{\rho}} + \dfrac{\theta_S}{1 + \overline{\rho}_S} + \dfrac{\theta_N}{1 + \overline{\rho}_N} \right] + \theta_U} \tag{D.37}$$

满足

$$Z_I^* = \begin{pmatrix} Z_{I1}^* \\ Z_{I2}^* \end{pmatrix} = \frac{[\sigma_1 Z_1^0 + \sigma_2 Z_2^0] \dfrac{1}{1 + \hat{\rho}}}{2 \left[\dfrac{\theta_I}{1 + \hat{\rho}} + \dfrac{\theta_S}{1 + \overline{\rho}_S} + \dfrac{\theta_N}{1 + \overline{\rho}_N} \right] + \theta_U} \begin{pmatrix} \dfrac{1}{\sigma_1} \\ \dfrac{1}{\sigma_2} \end{pmatrix}$$

$$Z_S^* = \begin{pmatrix} Z_{S1}^* \\ Z_{S2}^* \end{pmatrix} = \frac{[\sigma_1 Z_1^0 + \sigma_2 Z_2^0]\dfrac{1}{1+\overline{\rho}_S}}{2\left[\dfrac{\theta_I}{1+\hat{\rho}} + \dfrac{\theta_S}{1+\overline{\rho}_S} + \dfrac{\theta_N}{1+\overline{\rho}_N}\right] + \theta_U} \begin{pmatrix} \dfrac{1}{\sigma_1} \\ \dfrac{1}{\sigma_2} \end{pmatrix}$$

$$Z_N^* = \begin{pmatrix} Z_{N1}^* \\ Z_{N2}^* \end{pmatrix} = \frac{[\sigma_1 Z_1^0 + \sigma_2 Z_2^0]\dfrac{1}{1+\overline{\rho}_N}}{2\left[\dfrac{\theta_I}{1+\hat{\rho}} + \dfrac{\theta_S}{1+\overline{\rho}_S} + \dfrac{\theta_N}{1+\overline{\rho}_N}\right] + \theta_U} \begin{pmatrix} \dfrac{1}{\sigma_1} \\ \dfrac{1}{\sigma_2} \end{pmatrix}$$

且

$$Z_U^* = \begin{pmatrix} Z_{U1}^* \\ Z_{U2}^* \end{pmatrix} = \frac{1}{\theta_U}\left[\begin{pmatrix} Z_1^0 \\ Z_2^0 \end{pmatrix} - \frac{[\sigma_1 Z_1^0 + \sigma_2 Z_2^0]\left[\dfrac{\theta_I}{1+\hat{\rho}} + \dfrac{\theta_S}{1+\overline{\rho}_S} + \dfrac{\theta_N}{1+\overline{\rho}_N}\right]}{2\left[\dfrac{\theta_I}{1+\hat{\rho}} + \dfrac{\theta_S}{1+\overline{\rho}_S} + \dfrac{\theta_N}{1+\overline{\rho}_N}\right] + \theta_U}\begin{pmatrix} \dfrac{1}{\sigma_1} \\ \dfrac{1}{\sigma_2} \end{pmatrix}\right]$$

$$= \frac{1}{\theta_U}\frac{1}{2\left[\dfrac{\theta_I}{1+\hat{\rho}} + \dfrac{\theta_S}{1+\overline{\rho}_S} + \dfrac{\theta_N}{1+\overline{\rho}_N}\right] + \theta_U}$$

$$\begin{pmatrix} \left[\dfrac{\theta_I}{1+\hat{\rho}} + \dfrac{\theta_S}{1+\overline{\rho}_S} + \dfrac{\theta_N}{1+\overline{\rho}_N} + \theta_U\right]Z_1^0 - \left[\dfrac{\theta_I}{1+\hat{\rho}} + \dfrac{\theta_S}{1+\overline{\rho}_S} + \dfrac{\theta_N}{1+\overline{\rho}_N}\right]\dfrac{\sigma_2}{\sigma_1}Z_2^0 \\ \left[\dfrac{\theta_I}{1+\hat{\rho}} + \dfrac{\theta_S}{1+\overline{\rho}_S} + \dfrac{\theta_N}{1+\overline{\rho}_N} + \theta_U\right]Z_2^0 - \left[\dfrac{\theta_I}{1+\hat{\rho}} + \dfrac{\theta_S}{1+\overline{\rho}_S} + \dfrac{\theta_N}{1+\overline{\rho}_N}\right]\dfrac{\sigma_1}{\sigma_2}Z_1^0 \end{pmatrix}$$

$$Z_{U1}^* > 0, \text{当且仅当} \frac{\sigma_1 Z_1^0}{\sigma_2 Z_2^0} > \frac{\dfrac{\theta_I}{1+\hat{\rho}} + \dfrac{\theta_S}{1+\overline{\rho}_S} + \dfrac{\theta_N}{1+\overline{\rho}_N}}{\dfrac{\theta_I}{1+\hat{\rho}} + \dfrac{\theta_S}{1+\overline{\rho}_S} + \dfrac{\theta_N}{1+\overline{\rho}_N} + \theta_U}$$

$$Z_{U2}^* > 0, \text{当且仅当} \frac{\sigma_2 Z_2^0}{\sigma_1 Z_1^0} > \frac{\dfrac{\theta_I}{1+\hat{\rho}} + \dfrac{\theta_S}{1+\overline{\rho}_S} + \dfrac{\theta_N}{1+\overline{\rho}_N}}{\dfrac{\theta_I}{1+\hat{\rho}} + \dfrac{\theta_S}{1+\overline{\rho}_S} + \dfrac{\theta_N}{1+\overline{\rho}_N} + \theta_U}$$

因此, 我们得到均衡条件:

$$\frac{\sigma_1 Z_1^0}{\sigma_2 Z_2^0} > \frac{\dfrac{\theta_I}{1+\hat{\rho}} + \dfrac{\theta_S}{1+\overline{\rho}_S} + \dfrac{\theta_N}{1+\overline{\rho}_N}}{\dfrac{\theta_I}{1+\hat{\rho}} + \dfrac{\theta_S}{1+\overline{\rho}_S} + \dfrac{\theta_N}{1+\overline{\rho}_N} + \theta_U} \quad \text{和} \quad \frac{\sigma_2 Z_2^0}{\sigma_1 Z_1^0} > \frac{\dfrac{\theta_I}{1+\hat{\rho}} + \dfrac{\theta_S}{1+\overline{\rho}_S} + \dfrac{\theta_N}{1+\overline{\rho}_N}}{\dfrac{\theta_I}{1+\hat{\rho}} + \dfrac{\theta_S}{1+\overline{\rho}_S} + \dfrac{\theta_N}{1+\overline{\rho}_N} + \theta_U}$$

或者,

$$\frac{\sigma_1 Z_1^0}{\sigma_2 Z_2^0} < \frac{\dfrac{\theta_I}{1+\hat{\rho}} + \dfrac{\theta_S}{1+\overline{\rho}_S} + \dfrac{\theta_N}{1+\overline{\rho}_N} + \theta_U}{\dfrac{\theta_I}{1+\hat{\rho}} + \dfrac{\theta_S}{1+\overline{\rho}_S} + \dfrac{\theta_N}{1+\overline{\rho}_N}} \quad \text{和} \quad \frac{\sigma_2 Z_2^0}{\sigma_1 Z_1^0} < \frac{\dfrac{\theta_I}{1+\hat{\rho}} + \dfrac{\theta_S}{1+\overline{\rho}_S} + \dfrac{\theta_N}{1+\overline{\rho}_N} + \theta_U}{\dfrac{\theta_I}{1+\hat{\rho}} + \dfrac{\theta_S}{1+\overline{\rho}_S} + \dfrac{\theta_N}{1+\overline{\rho}_N}}$$

均衡 4　如果 $\dfrac{\sigma_1 Z_1^0}{\sigma_2 Z_2^0} < \dfrac{\dfrac{\theta_I}{1+\hat{\rho}} + \dfrac{\theta_S}{1+\overline{\rho}_S} + \dfrac{\theta_N}{1+\overline{\rho}_N} + \theta_U}{\dfrac{\theta_I}{1+\hat{\rho}} + \dfrac{\theta_S}{1+\overline{\rho}_S} + \dfrac{\theta_N}{1+\overline{\rho}_N}}$ 与

$$\frac{\sigma_2 Z_2^0}{\sigma_1 Z_1^0} < \frac{\dfrac{\theta_I}{1+\hat{\rho}} + \dfrac{\theta_S}{1+\overline{\rho}_S} + \dfrac{\theta_N}{1+\overline{\rho}_N} + \theta_U}{\dfrac{\theta_I}{1+\hat{\rho}} + \dfrac{\theta_S}{1+\overline{\rho}_S} + \dfrac{\theta_N}{1+\overline{\rho}_N}},$$

那么存在唯一市场均衡, 均衡价格为:

$$p_1 = \mu_1 - \alpha\sigma_1 \frac{\sigma_1 Z_1^0 + \sigma_2 Z_2^0}{2\left[\dfrac{\theta_I}{1+\hat{\rho}} + \dfrac{\theta_S}{1+\overline{\rho}_S} + \dfrac{\theta_N}{1+\overline{\rho}_N}\right] + \theta_U} \tag{D.38a}$$

$$p_2 = \mu_2 - \alpha\sigma_2 \frac{\sigma_1 Z_1^0 + \sigma_2 Z_2^0}{2\left[\dfrac{\theta_I}{1+\hat{\rho}} + \dfrac{\theta_S}{1+\overline{\rho}_S} + \dfrac{\theta_N}{1+\overline{\rho}_N}\right] + \theta_U} \tag{D.38b}$$

内部投资者的均衡头寸为:

$$Z_{I1}^* = \frac{1}{1+\hat{\rho}} \frac{Z_1^0 + \dfrac{\sigma_2}{\sigma_1} Z_2^0}{2\left[\dfrac{\theta_I}{1+\hat{\rho}} + \dfrac{\theta_S}{1+\overline{\rho}_S} + \dfrac{\theta_N}{1+\overline{\rho}_N}\right] + \theta_U} \tag{D.39a}$$

$$Z_{I2}^* = \frac{1}{1+\hat{\rho}} \frac{\dfrac{\sigma_1}{\sigma_2} Z_1^0 + Z_2^0}{2\left[\dfrac{\theta_I}{1+\hat{\rho}} + \dfrac{\theta_S}{1+\overline{\rho}_S} + \dfrac{\theta_N}{1+\overline{\rho}_N}\right] + \theta_U} \tag{D.39b}$$

精明投资者的均衡头寸为:

$$Z_{S1}^* = \frac{1}{1+\overline{\rho}_S} \frac{Z_1^0 + \dfrac{\sigma_2}{\sigma_1} Z_2^0}{2\left[\dfrac{\theta_I}{1+\hat{\rho}} + \dfrac{\theta_S}{1+\overline{\rho}_S} + \dfrac{\theta_N}{1+\overline{\rho}_N}\right] + \theta_U} \tag{D.40a}$$

$$Z_{S2}^* = \frac{1}{1+\overline{\rho}_S} \frac{\dfrac{\sigma_1}{\sigma_2} Z_1^0 + Z_2^0}{2\left[\dfrac{\theta_I}{1+\hat{\rho}} + \dfrac{\theta_S}{1+\overline{\rho}_S} + \dfrac{\theta_N}{1+\overline{\rho}_N}\right] + \theta_U} \tag{D.40b}$$

天真投资者的均衡头寸为:

$$Z_{N1}^* = \frac{1}{1+\overline{\rho}_N} \frac{Z_1^0 + \dfrac{\sigma_2}{\sigma_1} Z_2^0}{2\left[\dfrac{\theta_I}{1+\hat{\rho}} + \dfrac{\theta_S}{1+\overline{\rho}_S} + \dfrac{\theta_N}{1+\overline{\rho}_N}\right] + \theta_U} \tag{D.41a}$$

$$Z_{N2}^* = \frac{1}{1+\overline{\rho}_N} \frac{\dfrac{\sigma_1}{\sigma_2}Z_1^0 + Z_2^0}{2\left[\dfrac{\theta_I}{1+\hat{\rho}} + \dfrac{\theta_S}{1+\overline{\rho}_S} + \dfrac{\theta_N}{1+\overline{\rho}_N}\right] + \theta_U} \tag{D.41b}$$

噪音投资者的均衡头寸为:

$$Z_{U1}^* = \frac{1}{\theta_U} \frac{\left[\dfrac{\theta_I}{1+\hat{\rho}} + \dfrac{\theta_S}{1+\overline{\rho}_S} + \dfrac{\theta_N}{1+\overline{\rho}_N} + \theta_U\right]Z_1^0 - \left[\dfrac{\theta_I}{1+\hat{\rho}} + \dfrac{\theta_S}{1+\overline{\rho}_S} + \dfrac{\theta_N}{1+\overline{\rho}_N}\right]\dfrac{\sigma_2}{\sigma_1}Z_2^0}{2\left[\dfrac{\theta_I}{1+\hat{\rho}} + \dfrac{\theta_S}{1+\overline{\rho}_S} + \dfrac{\theta_N}{1+\overline{\rho}_N}\right] + \theta_U}$$

$$\tag{D.42a}$$

$$Z_{U2}^* = \frac{1}{\theta_U} \frac{\left[\dfrac{\theta_I}{1+\hat{\rho}} + \dfrac{\theta_S}{1+\overline{\rho}_S} + \dfrac{\theta_N}{1+\overline{\rho}_N} + \theta_U\right]Z_2^0 - \left[\dfrac{\theta_I}{1+\hat{\rho}} + \dfrac{\theta_S}{1+\overline{\rho}_S} + \dfrac{\theta_N}{1+\overline{\rho}_N}\right]\dfrac{\sigma_1}{\sigma_2}Z_1^0}{2\left[\dfrac{\theta_I}{1+\hat{\rho}} + \dfrac{\theta_S}{1+\overline{\rho}_S} + \dfrac{\theta_N}{1+\overline{\rho}_N}\right] + \theta_U}$$

$$\tag{D.42b}$$

附录 E　性质 5.3 至性质 5.8 的证明: 比较四类投资者的均衡头寸

在均衡状态, SNU 投资者可能比内部投资者持有更高头寸, 天真投资者可能比精明投资者持有更高头寸。另外, 噪音投资者可能比 ISN 投资者持有更高头寸。具体地, 我们有以下结果。

(1) SNU 投资者不交易资产 1, 质量比率微小, $E_{12} \leqslant h(\hat{\rho}, \overline{\rho}_S, \overline{\rho}_S)$, 那么,

$$Z_{\Lambda 1}^* - Z_{I1}^* = -\frac{1}{\theta_I}Z_1^0 < 0 \text{和} Z_{\Lambda 2}^* - Z_{I2}^* = \frac{\hat{\rho}}{\theta_I}\frac{\sigma_1}{\sigma_2}Z_1^0 \lesseqqgtr 0, \text{当且仅当}\hat{\rho} \lesseqqgtr 0, \ \Lambda = S, N, U$$

$$Z_{S1}^* = Z_{N1}^* = Z_{U1}^* = 0 \text{和} Z_{S2}^* = Z_{N2}^* = Z_{U2}^* = \hat{\rho}\frac{\sigma_1}{\sigma_2}Z_1^0 + Z_2^0 > 0$$

(2) NU 投资者不交易资产 1, 质量比率很小, $h(\hat{\rho}, \overline{\rho}_S, \overline{\rho}_S) < E_{12} \leqslant h(\hat{\rho}, \overline{\rho}_S, \overline{\rho}_N)$, 那么,

$$\left\{\left[\dot{K}(\hat{\rho}, \overline{\rho}_S) - \theta_N\right]\left[\dot{K}(\hat{\rho}, \overline{\rho}_S) + \theta_U\right] - \dot{k}^2(\hat{\rho}, \overline{\rho}_S)\right\}[Z_{S1}^* - Z_{I1}^*]$$

$$= \frac{\overline{\rho}_S - \hat{\rho}}{(1-\hat{\rho}^2)(1-\overline{\rho}_S^2)}\left\{[\theta_I\overline{\rho}_S + \theta_S\hat{\rho} + (\theta_N + \theta_U)(\hat{\rho} + \overline{\rho}_S)]Z_1^0 - (\theta_I + \theta_S)\frac{\sigma_2}{\sigma_1}Z_2^0\right\}$$

$$Z_{S1}^* - Z_{I1}^* \lesseqqgtr 0, \text{当且仅当} E_{21} \gtreqqless \frac{\theta_I\overline{\rho}_S + \theta_S\hat{\rho} + (\theta_N + \theta_U)(\hat{\rho} + \overline{\rho}_S)}{\theta_I + \theta_S}$$

$$\left\{\left[\dot{K}(\hat{\rho}, \overline{\rho}_S) - \theta_N\right]\left[\dot{K}(\hat{\rho}, \overline{\rho}_S) + \theta_U\right] - \dot{k}^2(\hat{\rho}, \overline{\rho}_S)\right\}[Z_{S2}^* - Z_{I2}^*]$$

$$= \frac{\overline{\rho}_S - \hat{\rho}}{(1-\hat{\rho}^2)(1-\overline{\rho}_S^2)}\left\{-[(\theta_I + \theta_S) + (\theta_N + \theta_U)(1 + \hat{\rho}\overline{\rho}_S)]\frac{\sigma_1}{\sigma_2}Z_1^0 + (\theta_I\overline{\rho}_S + \theta_S\hat{\rho})Z_2^0\right\}$$

$$Z_{S2}^* - Z_{I2}^* \lesseqqgtr 0, \text{当且仅当} E_{12} \gtreqqless \frac{\theta_I \bar{\rho}_S + \theta_S \hat{\rho}}{\theta_I + \theta_S + (\theta_N + \theta_U)(1 + \hat{\rho}\bar{\rho}_S)} = \frac{\theta_I \bar{\rho}_S + \theta_S \hat{\rho}}{1 + (\theta_N + \theta_U)\hat{\rho}\bar{\rho}_S}$$

$$Z_{\Lambda 1}^* - Z_{I1}^* = -Z_{I1}^* < 0, \Lambda = N, U$$

$$\left\{ \left[\dot{K}(\hat{\rho}, \bar{\rho}_S) - \theta_N \right] \left[\dot{K}(\hat{\rho}, \bar{\rho}_S) + \theta_U \right] - \dot{k}^2(\hat{\rho}, \bar{\rho}_S) \right\} [Z_{\Lambda 2}^* - Z_{I2}^*]$$

$$= \frac{\hat{\rho}}{1 - \hat{\rho}^2} \left\{ \left[1 + \frac{\theta_S}{1 - \bar{\rho}_S^2} \bar{\rho}_S (\bar{\rho}_S - \hat{\rho}) \right] \frac{\sigma_1}{\sigma_2} Z_1^0 + \frac{\theta_S}{1 - \bar{\rho}_S^2} (\bar{\rho}_S - \hat{\rho}) Z_2^0 \right\}, \text{对于} \ \Lambda = N, U$$

$$Z_{\Lambda 2}^* - Z_{I2}^* \lesseqqgtr 0, \text{当且仅当} \hat{\rho} \lesseqqgtr 0, \text{对于} \ \Lambda = N, U$$

$$Z_{\Lambda 1}^* - Z_{S1}^* = -Z_{S1}^* < 0, \Lambda = N, U$$

$$\left\{ \left[\dot{K}(\hat{\rho}, \bar{\rho}_S) - \theta_N \right] \left[\dot{K}(\hat{\rho}, \bar{\rho}_S) + \theta_U \right] - \dot{k}^2(\hat{\rho}, \bar{\rho}_S) \right\} [Z_{\Lambda 2}^* - Z_{S2}^*]$$

$$= \frac{\bar{\rho}_S}{1 - \bar{\rho}_S^2} \left\{ \left[1 - \frac{\theta_I}{1 - \hat{\rho}^2} \hat{\rho}(\bar{\rho}_S - \hat{\rho}) \right] \frac{\sigma_1}{\sigma_2} Z_1^0 - \frac{\theta_I}{1 - \hat{\rho}^2}(\bar{\rho}_S - \hat{\rho}) Z_2^0 \right\}, \text{对于} \ \Lambda = N, U$$

$$Z_{\Lambda 2}^* - Z_{S2}^* \lesseqqgtr 0, \text{当且仅当} \bar{\rho}_S \lesseqqgtr 0, \Lambda = N, U$$

$$Z_{N1}^* = Z_{U1}^* = 0 \ \text{和} \ Z_{N2}^* = Z_{U2}^* = \frac{\dot{k}(\hat{\rho}, \bar{\rho}_S)\frac{\sigma_1}{\sigma_2} Z_1^0 + \left[\dot{K}(\hat{\rho}, \bar{\rho}_S) - \theta_N \right] Z_2^0}{\left[\dot{K}(\hat{\rho}, \bar{\rho}_S) - \theta_N \right] \left[\dot{K}(\hat{\rho}, \bar{\rho}_S) + \theta_U \right] - \dot{k}^2(\hat{\rho}, \bar{\rho}_S)} > 0$$

(3) 噪音投资者不交易资产 1, 质量比率较小, $h(\hat{\rho}, \bar{\rho}_S, \bar{\rho}_N) < E_{12} \leq m(\hat{\rho}, \bar{\rho}_S, \bar{\rho}_N)$, 那么,

$$\left\{ K(\hat{\rho}, \bar{\rho}_S, \bar{\rho}_N) \left[K(\hat{\rho}, \bar{\rho}_S, \bar{\rho}_N) + \theta_U \right] - k^2(\hat{\rho}, \bar{\rho}_S, \bar{\rho}_N) \right\} [Z_{S1}^* - Z_{I1}^*]$$

$$= \frac{\bar{\rho}_S - \hat{\rho}}{(1 - \hat{\rho}^2)(1 - \bar{\rho}_S^2)} \left\{ \left[\theta_I \bar{\rho}_S + \theta_S \hat{\rho} + \theta_N \frac{(\hat{\rho} + \bar{\rho}_S) - \bar{\rho}_N(1 + \hat{\rho}\bar{\rho}_S)}{1 - \bar{\rho}_N^2} + \theta_U(\hat{\rho} + \bar{\rho}_S) \right] Z_1^0 \right.$$

$$\left. - \left[\theta_I + \theta_S + \theta_N \frac{(1 + \hat{\rho}\bar{\rho}_S) - \bar{\rho}_N(\hat{\rho} + \bar{\rho}_S)}{1 - \bar{\rho}_N^2} \right] \frac{\sigma_2}{\sigma_1} Z_2^0 \right\}$$

$$Z_{S1}^* - Z_{I1}^* \lesseqqgtr 0, \text{当且仅当} E_{21} \gtreqqless \frac{\theta_I \bar{\rho}_S + \theta_S \hat{\rho} + \theta_N \dfrac{(\hat{\rho} + \bar{\rho}_S) - \bar{\rho}_N(1 + \hat{\rho}\bar{\rho}_S)}{1 - \bar{\rho}_N^2} + \theta_U(\hat{\rho} + \bar{\rho}_S)}{\theta_I + \theta_S + \theta_N \dfrac{(1 + \hat{\rho}\bar{\rho}_S) - \bar{\rho}_N(\hat{\rho} + \bar{\rho}_S)}{1 - \bar{\rho}_N^2}}$$

$$\left\{ K(\hat{\rho}, \bar{\rho}_S, \bar{\rho}_N) \left[K(\hat{\rho}, \bar{\rho}_S, \bar{\rho}_N) + \theta_U \right] - k^2(\hat{\rho}, \bar{\rho}_S, \bar{\rho}_N) \right\} [Z_{S2}^* - Z_{I2}^*]$$

$$= \frac{\bar{\rho}_S - \hat{\rho}}{(1 - \hat{\rho}^2)(1 - \bar{\rho}_S^2)} \left\{ - \left[\theta_I + \theta_S + \theta_N \frac{(1 + \hat{\rho}\bar{\rho}_S) - \bar{\rho}_N(\hat{\rho} + \bar{\rho}_S)}{1 - \bar{\rho}_N^2} + \theta_U(1 + \hat{\rho}\bar{\rho}_S) \right] \frac{\sigma_1}{\sigma_2} Z_1^0 \right.$$

$$\left. + \left[\theta_I \bar{\rho}_S + \theta_S \hat{\rho} + \theta_N \frac{(\hat{\rho} + \bar{\rho}_S) - \bar{\rho}_N(1 + \hat{\rho}\bar{\rho}_S)}{1 - \bar{\rho}_N^2} \right] Z_2^0 \right\}$$

$$Z_{S2}^* - Z_{I2}^* \lesseqgtr 0, \text{当且仅当} E_{12} \gtreqless \frac{\theta_I \overline{\rho}_S + \theta_S \hat{\rho} + \theta_N \dfrac{(\hat{\rho} + \overline{\rho}_S) - \overline{\rho}_N(1 + \hat{\rho}\overline{\rho}_S)}{1 - \overline{\rho}_N^2}}{\theta_I + \theta_S + \theta_N \dfrac{(1 + \hat{\rho}\overline{\rho}_S) - \overline{\rho}_N(\hat{\rho} + \overline{\rho}_S)}{1 - \overline{\rho}_N^2} + \theta_U(1 + \hat{\rho}\overline{\rho}_S)}$$

$$= \frac{\theta_I \overline{\rho}_S + \theta_S \hat{\rho} + \theta_N \dfrac{(\hat{\rho} + \overline{\rho}_S) - \overline{\rho}_N(1 + \hat{\rho}\overline{\rho}_S)}{1 - \overline{\rho}_N^2}}{1 + \theta_N \dfrac{(\overline{\rho}_N - \hat{\rho})(\overline{\rho}_N - \overline{\rho}_S)}{1 - \overline{\rho}_N^2} + \theta_U \hat{\rho}\overline{\rho}_S}$$

$$\{K(\hat{\rho}, \overline{\rho}_S, \overline{\rho}_N)[K(\hat{\rho}, \overline{\rho}_S, \overline{\rho}_N) + \theta_U] - k^2(\hat{\rho}, \overline{\rho}_S, \overline{\rho}_N)\}[Z_{N1}^* - Z_{I1}^*]$$

$$= \frac{\overline{\rho}_N - \hat{\rho}}{(1 - \hat{\rho}^2)(1 - \overline{\rho}_S^2)} \left\{ \left[\theta_I \overline{\rho}_N + \theta_S \frac{(\hat{\rho} + \overline{\rho}_N) - \overline{\rho}_S(1 + \hat{\rho}\overline{\rho}_N)}{1 - \overline{\rho}_S^2} + \theta_N \hat{\rho} + \theta_U(\hat{\rho} + \overline{\rho}_N) \right] Z_1^0 \right.$$

$$\left. - \left[\theta_I + \theta_S \frac{(1 + \hat{\rho}\overline{\rho}_N) - \overline{\rho}_S(\hat{\rho} + \overline{\rho}_N)}{1 - \overline{\rho}_S^2} + \theta_N \right] \frac{\sigma_2}{\sigma_1} Z_2^0 \right\}$$

$$Z_{N1}^* - Z_{I1}^* \lesseqgtr 0, \text{当且仅当} E_{21} \gtreqless \frac{\theta_I \overline{\rho}_N + \theta_S \dfrac{(\hat{\rho} + \overline{\rho}_N) - \overline{\rho}_S(1 + \hat{\rho}\overline{\rho}_N)}{1 - \overline{\rho}_S^2} + \theta_N \hat{\rho} + \theta_U(\hat{\rho} + \overline{\rho}_N)}{\theta_I + \theta_S \dfrac{(1 + \hat{\rho}\overline{\rho}_N) - \overline{\rho}_S(\hat{\rho} + \overline{\rho}_N)}{1 - \overline{\rho}_S^2} + \theta_N}$$

$$\{K(\hat{\rho}, \overline{\rho}_S, \overline{\rho}_N)[K(\hat{\rho}, \overline{\rho}_S, \overline{\rho}_N) + \theta_U] - k^2(\hat{\rho}, \overline{\rho}_S, \overline{\rho}_N)\}[Z_{N2}^* - Z_{I2}^*]$$

$$= \frac{\overline{\rho}_N - \hat{\rho}}{(1 - \hat{\rho}^2)(1 - \overline{\rho}_S^2)} \left\{ - \left[\theta_I + \theta_S \frac{(1 + \hat{\rho}\overline{\rho}_N) - \overline{\rho}_S(\hat{\rho} + \overline{\rho}_N)}{1 - \overline{\rho}_S^2} + \theta_N + \theta_U(1 + \hat{\rho}\overline{\rho}_N) \right] \frac{\sigma_1}{\sigma_2} Z_1^0 \right.$$

$$\left. + \left[\theta_I \overline{\rho}_N + \theta_S \frac{(\hat{\rho} + \overline{\rho}_N) - \overline{\rho}_S(1 + \hat{\rho}\overline{\rho}_N)}{1 - \overline{\rho}_S^2} + \theta_N \hat{\rho} \right] Z_2^0 \right\}$$

$$Z_{N2}^* - Z_{I2}^* \lesseqgtr 0, \text{当且仅当} E_{12} \gtreqless \frac{\theta_I \overline{\rho}_N + \theta_S \dfrac{(\hat{\rho} + \overline{\rho}_N) - \overline{\rho}_S(1 + \hat{\rho}\overline{\rho}_N)}{1 - \overline{\rho}_S^2} + \theta_N \hat{\rho}}{\theta_I + \theta_S \dfrac{(1 + \hat{\rho}\overline{\rho}_N) - \overline{\rho}_S(\hat{\rho} + \overline{\rho}_N)}{1 - \overline{\rho}_S^2} + \theta_N + \theta_U(1 + \hat{\rho}\overline{\rho}_N)}$$

$$= \frac{\theta_I \overline{\rho}_N + \theta_S \dfrac{(\hat{\rho} + \overline{\rho}_N) - \overline{\rho}_S(1 + \hat{\rho}\overline{\rho}_N)}{1 - \overline{\rho}_S^2} + \theta_N \hat{\rho}}{1 + \theta_S \dfrac{(\overline{\rho}_S - \hat{\rho})(\overline{\rho}_S - \overline{\rho}_N)}{1 - \overline{\rho}_S^2} + \theta_U \hat{\rho}\overline{\rho}_N}$$

$$\{K(\hat{\rho}, \overline{\rho}_S, \overline{\rho}_N)[K(\hat{\rho}, \overline{\rho}_S, \overline{\rho}_N) + \theta_U] - k^2(\hat{\rho}, \overline{\rho}_S, \overline{\rho}_N)\}[Z_{N1}^* - Z_{S1}^*]$$

$$= \frac{\overline{\rho}_N - \overline{\rho}_S}{(1 - \overline{\rho}_S^2)(1 - \overline{\rho}_N^2)} \left\{ \left[\theta_I \frac{(\overline{\rho}_S + \overline{\rho}_N) - \hat{\rho}(1 + \overline{\rho}_S\overline{\rho}_N)}{1 - \hat{\rho}^2} + \theta_S \overline{\rho}_N + \theta_N \overline{\rho}_S + \theta_U(\overline{\rho}_S + \overline{\rho}_N) \right] Z_1^0 \right.$$

$$\left. - \left[\theta_I \frac{(1 + \overline{\rho}_S\overline{\rho}_N) - \hat{\rho}(\overline{\rho}_S + \overline{\rho}_N)}{1 - \hat{\rho}^2} + \theta_S + \theta_N \right] \frac{\sigma_2}{\sigma_1} Z_2^0 \right\}$$

$$Z_{N1}^* - Z_{S1}^* \lesseqgtr 0, \text{当且仅当}$$

$$E_{21} \gtreqless \frac{\theta_I \dfrac{(\overline{\rho}_S + \overline{\rho}_N) - \hat{\rho}(1 + \overline{\rho}_S\overline{\rho}_N)}{1 - \hat{\rho}^2} + \theta_S\overline{\rho}_N + \theta_N\overline{\rho}_S + \theta_U(\overline{\rho}_S + \overline{\rho}_N)}{\theta_I \dfrac{(1 + \overline{\rho}_S\overline{\rho}_N) - \hat{\rho}(\overline{\rho}_S + \overline{\rho}_N)}{1 - \hat{\rho}^2} + \theta_S + \theta_N}$$

$$\left\{ K(\hat{\rho}, \overline{\rho}_S, \overline{\rho}_N) \left[K(\hat{\rho}, \overline{\rho}_S, \overline{\rho}_N) + \theta_U \right] - k^2(\hat{\rho}, \overline{\rho}_S, \overline{\rho}_N) \right\} [Z_{N2}^* - Z_{S2}^*]$$

$$= \frac{\overline{\rho}_N - \overline{\rho}_S}{(1 - \overline{\rho}_S^2)(1 - \overline{\rho}_N^2)} \left\{ -\left[\theta_I \frac{(1 + \overline{\rho}_S\overline{\rho}_N) - \hat{\rho}(\overline{\rho}_S + \overline{\rho}_N)}{1 - \hat{\rho}^2} + \theta_S + \theta_N + \theta_U(1 + \overline{\rho}_S\overline{\rho}_N) \right] \frac{\sigma_1}{\sigma_2} Z_1^0 \right.$$

$$\left. + \left[\theta_I \frac{(\overline{\rho}_S + \overline{\rho}_N) - \hat{\rho}(1 + \overline{\rho}_S\overline{\rho}_N)}{1 - \hat{\rho}^2} + \theta_S\overline{\rho}_N + \theta_N\overline{\rho}_S \right] Z_2^0 \right\}$$

$Z_{N2}^* - Z_{S2}^* \lesseqgtr 0$，当且仅当

$$E_{12} \gtreqless \frac{\theta_I \dfrac{(\overline{\rho}_S + \overline{\rho}_N) - \hat{\rho}(1 + \overline{\rho}_S\overline{\rho}_N)}{1 - \hat{\rho}^2} + \theta_S\overline{\rho}_N + \theta_N\overline{\rho}_S}{\theta_I \dfrac{(1 + \overline{\rho}_S\overline{\rho}_N) - \hat{\rho}(\overline{\rho}_S + \overline{\rho}_N)}{1 - \hat{\rho}^2} + \theta_S + \theta_N + \theta_U(1 + \overline{\rho}_S\overline{\rho}_N)}$$

$$= \frac{\theta_I \dfrac{(\overline{\rho}_S + \overline{\rho}_N) - \hat{\rho}(1 + \overline{\rho}_S\overline{\rho}_N)}{1 - \hat{\rho}^2} + \theta_S\overline{\rho}_N + \theta_N\overline{\rho}_S}{\theta_I \dfrac{(\hat{\rho} - \overline{\rho}_S)(\hat{\rho} - \overline{\rho}_N)}{1 - \hat{\rho}^2} + 1 + \theta_U\overline{\rho}_S\overline{\rho}_N}$$

$Z_{U1}^* - Z_{\Lambda 1}^* = -Z_{\Lambda 1}^* < 0, \ \Lambda = I, S, N$

$$\left\{ K(\hat{\rho}, \overline{\rho}_S, \overline{\rho}_N) \left[K(\hat{\rho}, \overline{\rho}_S, \overline{\rho}_N) + \theta_U \right] - k^2(\hat{\rho}, \overline{\rho}_S, \overline{\rho}_N) \right\} [Z_{U2}^* - Z_{I2}^*]$$

$$= \frac{\hat{\rho}}{1 - \hat{\rho}^2} \left\{ \left[1 + \theta_S\overline{\rho}_S \frac{\overline{\rho}_S - \hat{\rho}}{1 - \overline{\rho}_S^2} + \theta_N\overline{\rho}_N \frac{\overline{\rho}_N - \hat{\rho}}{1 - \overline{\rho}_N^2} \right] \frac{\sigma_1}{\sigma_2} Z_1^0 + \left[\theta_S \frac{\overline{\rho}_S - \hat{\rho}}{1 - \overline{\rho}_S^2} + \theta_N \frac{\overline{\rho}_N - \hat{\rho}}{1 - \overline{\rho}_N^2} \right] Z_2^0 \right\}$$

$Z_{U2}^* - Z_{I2}^* \lesseqgtr 0$，当且仅当 $\hat{\rho} \lesseqgtr 0$

$$\left\{ K(\hat{\rho}, \overline{\rho}_S, \overline{\rho}_N) \left[K(\hat{\rho}, \overline{\rho}_S, \overline{\rho}_N) + \theta_U \right] - k^2(\hat{\rho}, \overline{\rho}_S, \overline{\rho}_N) \right\} [Z_{U2}^* - Z_{S2}^*]$$

$$= \frac{\overline{\rho}_S}{1 - \overline{\rho}_S^2} \left\{ \left[1 + \theta_I\hat{\rho} \frac{\hat{\rho} - \overline{\rho}_S}{1 - \hat{\rho}^2} + \theta_N\overline{\rho}_N \frac{\overline{\rho}_N - \overline{\rho}_S}{1 - \overline{\rho}_N^2} \right] \frac{\sigma_1}{\sigma_2} Z_1^0 + \left[\theta_I \frac{\hat{\rho} - \overline{\rho}_S}{1 - \hat{\rho}^2} + \theta_N \frac{\overline{\rho}_N - \overline{\rho}_S}{1 - \overline{\rho}_N^2} \right] Z_2^0 \right\}$$

$Z_{U2}^* - Z_{S2}^* \lesseqgtr 0$，当且仅当 $\overline{\rho}_S \lesseqgtr 0$，因为 $\dfrac{\theta_I \dfrac{\hat{\rho} - \overline{\rho}_S}{1 - \hat{\rho}^2} + \theta_N \dfrac{\overline{\rho}_N - \overline{\rho}_S}{1 - \overline{\rho}_N^2}}{1 + \theta_I\hat{\rho} \dfrac{\hat{\rho} - \overline{\rho}_S}{1 - \hat{\rho}^2} + \theta_N\overline{\rho}_N \dfrac{\overline{\rho}_N - \overline{\rho}_S}{1 - \overline{\rho}_N^2}}$

$< h(\hat{\rho}, \overline{\rho}_S, \overline{\rho}_N) < E_{12} \leqslant m(\hat{\rho}, \overline{\rho}_S, \overline{\rho}_N)$

$$\left\{ K(\hat{\rho}, \overline{\rho}_S, \overline{\rho}_N) \left[K(\hat{\rho}, \overline{\rho}_S, \overline{\rho}_N) + \theta_U \right] - k^2(\hat{\rho}, \overline{\rho}_S, \overline{\rho}_N) \right\} [Z_{U2}^* - Z_{N2}^*]$$

$$= \frac{\overline{\rho}_N}{1 - \overline{\rho}_N^2} \left\{ \left[1 + \theta_I\hat{\rho} \frac{\hat{\rho} - \overline{\rho}_N}{1 - \hat{\rho}^2} + \theta_S\overline{\rho}_S \frac{\overline{\rho}_S - \overline{\rho}_N}{1 - \overline{\rho}_S^2} \right] \frac{\sigma_1}{\sigma_2} Z_1^0 + \left[\theta_I \frac{\hat{\rho} - \overline{\rho}_N}{1 - \hat{\rho}^2} + \theta_S \frac{\overline{\rho}_S - \overline{\rho}_N}{1 - \overline{\rho}_S^2} \right] Z_2^0 \right\}$$

$$Z_{U2}^* - Z_{N2}^* \gtreqless 0, \text{当且仅当} \overline{\rho}_N \lesseqgtr 0$$

(4) SNU 投资者交易两种资产, 质量比率适中, $m(\hat{\rho}, \overline{\rho}_S, \overline{\rho}_N) < E_{12} < M(\hat{\rho}, \overline{\rho}_S, \overline{\rho}_N)$, 那么,

$$Z_{S1}^* - Z_{I1}^* = -\frac{\overline{\rho}_S - \hat{\rho}}{(1+\hat{\rho})(1+\overline{\rho}_S)} \frac{Z_1^0 + \frac{\sigma_2}{\sigma_1}Z_2^0}{2\left[\frac{\theta_I}{1+\hat{\rho}} + \frac{\theta_S}{1+\overline{\rho}_S} + \frac{\theta_N}{1+\overline{\rho}_N}\right] + \theta_U} < 0$$

$$Z_{S2}^* - Z_{I2}^* = -\frac{\overline{\rho}_S - \hat{\rho}}{(1+\hat{\rho})(1+\overline{\rho}_S)} \frac{\frac{\sigma_1}{\sigma_2}Z_1^0 + Z_2^0}{2\left[\frac{\theta_I}{1+\hat{\rho}} + \frac{\theta_S}{1+\overline{\rho}_S} + \frac{\theta_N}{1+\overline{\rho}_N}\right] + \theta_U} < 0$$

$$Z_{N1}^* - Z_{I1}^* = -\frac{\overline{\rho}_N - \hat{\rho}}{(1+\hat{\rho})(1+\overline{\rho}_N)} \frac{Z_1^0 + \frac{\sigma_2}{\sigma_1}Z_2^0}{2\left[\frac{\theta_I}{1+\hat{\rho}} + \frac{\theta_S}{1+\overline{\rho}_S} + \frac{\theta_N}{1+\overline{\rho}_N}\right] + \theta_U} < 0$$

$$Z_{N2}^* - Z_{I2}^* = -\frac{\overline{\rho}_N - \hat{\rho}}{(1+\hat{\rho})(1+\overline{\rho}_N)} \frac{\frac{\sigma_1}{\sigma_2}Z_1^0 + Z_2^0}{2\left[\frac{\theta_I}{1+\hat{\rho}} + \frac{\theta_S}{1+\overline{\rho}_S} + \frac{\theta_N}{1+\overline{\rho}_N}\right] + \theta_U} < 0$$

$$Z_{N1}^* - Z_{S1}^* = -\frac{\overline{\rho}_N - \overline{\rho}_S}{(1+\overline{\rho}_S)(1+\overline{\rho}_N)} \frac{Z_1^0 + \frac{\sigma_2}{\sigma_1}Z_2^0}{2\left[\frac{\theta_I}{1+\hat{\rho}} + \frac{\theta_S}{1+\overline{\rho}_S} + \frac{\theta_N}{1+\overline{\rho}_N}\right] + \theta_U} < 0$$

$$Z_{N2}^* - Z_{S2}^* = -\frac{\overline{\rho}_N - \overline{\rho}_S}{(1+\overline{\rho}_S)(1+\overline{\rho}_N)} \frac{\frac{\sigma_1}{\sigma_2}Z_1^0 + Z_2^0}{2\left[\frac{\theta_I}{1+\hat{\rho}} + \frac{\theta_S}{1+\overline{\rho}_S} + \frac{\theta_N}{1+\overline{\rho}_N}\right] + \theta_U} < 0$$

$$\theta_U \left\{ 2\left[\frac{\theta_I}{1+\hat{\rho}} + \frac{\theta_S}{1+\overline{\rho}_S} + \frac{\theta_N}{1+\overline{\rho}_N}\right] + \theta_U \right\} [Z_{U1}^* - Z_{I1}^*]$$

$$= \left[\frac{\theta_I}{1+\hat{\rho}} + \frac{\theta_S}{1+\overline{\rho}_S} + \frac{\theta_N}{1+\overline{\rho}_N} + \frac{\theta_U\hat{\rho}}{1+\hat{\rho}}\right] Z_1^0 - \left[\frac{\theta_I}{1+\hat{\rho}} + \frac{\theta_S}{1+\overline{\rho}_S} + \frac{\theta_N}{1+\overline{\rho}_N} + \frac{\theta_U}{1+\hat{\rho}}\right] \frac{\sigma_2}{\sigma_1} Z_2^0$$

$$Z_{U1}^* - Z_{I1}^* \lesseqgtr 0, \text{当且仅当} E_{21} \gtreqless \frac{\frac{\theta_I}{1+\hat{\rho}} + \frac{\theta_S}{1+\overline{\rho}_S} + \frac{\theta_N}{1+\overline{\rho}_N} + \frac{\theta_U\hat{\rho}}{1+\hat{\rho}}}{\frac{\theta_I}{1+\hat{\rho}} + \frac{\theta_S}{1+\overline{\rho}_S} + \frac{\theta_N}{1+\overline{\rho}_N} + \frac{\theta_U}{1+\hat{\rho}}}$$

$$\theta_U \left\{ 2\left[\frac{\theta_I}{1+\hat{\rho}} + \frac{\theta_S}{1+\overline{\rho}_S} + \frac{\theta_N}{1+\overline{\rho}_N}\right] + \theta_U \right\} [Z_{U2}^* - Z_{I2}^*]$$

$$= \left[\frac{\theta_I}{1+\hat{\rho}} + \frac{\theta_S}{1+\overline{\rho}_S} + \frac{\theta_N}{1+\overline{\rho}_N} + \frac{\theta_U\hat{\rho}}{1+\hat{\rho}}\right] Z_2^0 - \left[\frac{\theta_I}{1+\hat{\rho}} + \frac{\theta_S}{1+\overline{\rho}_S} + \frac{\theta_N}{1+\overline{\rho}_N} + \frac{\theta_U}{1+\hat{\rho}}\right] \frac{\sigma_1}{\sigma_2} Z_1^0$$

$$Z_{U2}^* - Z_{I2}^* \lesseqgtr 0, \text{当且仅当} E_{12} \gtreqless \frac{\dfrac{\theta_I}{1+\hat{\rho}} + \dfrac{\theta_S}{1+\overline{\rho}_S} + \dfrac{\theta_N}{1+\overline{\rho}_N} + \dfrac{\theta_U \hat{\rho}}{1+\hat{\rho}}}{\dfrac{\theta_I}{1+\hat{\rho}} + \dfrac{\theta_S}{1+\overline{\rho}_S} + \dfrac{\theta_N}{1+\overline{\rho}_N} + \dfrac{\theta_U}{1+\hat{\rho}}}$$

$$\theta_U \left\{ 2\left[\frac{\theta_I}{1+\hat{\rho}} + \frac{\theta_S}{1+\overline{\rho}_S} + \frac{\theta_N}{1+\overline{\rho}_N} \right] + \theta_U \right\} [Z_{U1}^* - Z_{S1}^*]$$

$$= \left[\frac{\theta_I}{1+\hat{\rho}} + \frac{\theta_S}{1+\overline{\rho}_S} + \frac{\theta_N}{1+\overline{\rho}_N} + \frac{\theta_U \overline{\rho}_S}{1+\overline{\rho}_S} \right] Z_1^0$$

$$- \left[\frac{\theta_I}{1+\hat{\rho}} + \frac{\theta_S}{1+\overline{\rho}_S} + \frac{\theta_N}{1+\overline{\rho}_N} + \frac{\theta_U}{1+\overline{\rho}_S} \right] \frac{\sigma_2}{\sigma_1} Z_2^0$$

$$Z_{U1}^* - Z_{S1}^* \lesseqgtr 0, \text{当且仅当} E_{21} \gtreqless \frac{\dfrac{\theta_I}{1+\hat{\rho}} + \dfrac{\theta_S}{1+\overline{\rho}_S} + \dfrac{\theta_N}{1+\overline{\rho}_N} + \dfrac{\theta_U \overline{\rho}_S}{1+\overline{\rho}_S}}{\dfrac{\theta_I}{1+\hat{\rho}} + \dfrac{\theta_S}{1+\overline{\rho}_S} + \dfrac{\theta_N}{1+\overline{\rho}_N} + \dfrac{\theta_U}{1+\overline{\rho}_S}}$$

$$\theta_U \left\{ 2\left[\frac{\theta_I}{1+\hat{\rho}} + \frac{\theta_S}{1+\overline{\rho}_S} + \frac{\theta_N}{1+\overline{\rho}_N} \right] + \theta_U \right\} [Z_{U2}^* - Z_{S2}^*]$$

$$= \left[\frac{\theta_I}{1+\hat{\rho}} + \frac{\theta_S}{1+\overline{\rho}_S} + \frac{\theta_N}{1+\overline{\rho}_N} + \frac{\theta_U \overline{\rho}_S}{1+\overline{\rho}_S} \right] Z_2^0$$

$$- \left[\frac{\theta_I}{1+\hat{\rho}} + \frac{\theta_S}{1+\overline{\rho}_S} + \frac{\theta_N}{1+\overline{\rho}_N} + \frac{\theta_U}{1+\overline{\rho}_S} \right] \frac{\sigma_1}{\sigma_2} Z_1^0$$

$$Z_{U2}^* - Z_{S2}^* \lesseqgtr 0, \text{当且仅当} E_{12} \gtreqless \frac{\dfrac{\theta_I}{1+\hat{\rho}} + \dfrac{\theta_S}{1+\overline{\rho}_S} + \dfrac{\theta_N}{1+\overline{\rho}_N} + \dfrac{\theta_U \overline{\rho}_S}{1+\overline{\rho}_S}}{\dfrac{\theta_I}{1+\hat{\rho}} + \dfrac{\theta_S}{1+\overline{\rho}_S} + \dfrac{\theta_N}{1+\overline{\rho}_N} + \dfrac{\theta_U}{1+\overline{\rho}_S}}$$

$$\theta_U \left\{ 2\left[\frac{\theta_I}{1+\hat{\rho}} + \frac{\theta_S}{1+\overline{\rho}_S} + \frac{\theta_N}{1+\overline{\rho}_N} \right] + \theta_U \right\} [Z_{U1}^* - Z_{N1}^*]$$

$$= \left[\frac{\theta_I}{1+\hat{\rho}} + \frac{\theta_S}{1+\overline{\rho}_S} + \frac{\theta_N}{1+\overline{\rho}_N} + \frac{\theta_U \overline{\rho}_N}{1+\overline{\rho}_N} \right] Z_1^0$$

$$- \left[\frac{\theta_I}{1+\hat{\rho}} + \frac{\theta_S}{1+\overline{\rho}_S} + \frac{\theta_N}{1+\overline{\rho}_N} + \frac{\theta_U}{1+\overline{\rho}_N} \right] \frac{\sigma_2}{\sigma_1} Z_2^0$$

$$Z_{U1}^* - Z_{N1}^* \lesseqgtr 0, \text{当且仅当} E_{21} \gtreqless \frac{\dfrac{\theta_I}{1+\hat{\rho}} + \dfrac{\theta_S}{1+\overline{\rho}_S} + \dfrac{\theta_N}{1+\overline{\rho}_N} + \dfrac{\theta_U \overline{\rho}_N}{1+\overline{\rho}_N}}{\dfrac{\theta_I}{1+\hat{\rho}} + \dfrac{\theta_S}{1+\overline{\rho}_S} + \dfrac{\theta_N}{1+\overline{\rho}_N} + \dfrac{\theta_U}{1+\overline{\rho}_N}}$$

$$\theta_U \left\{ 2\left[\frac{\theta_I}{1+\hat{\rho}} + \frac{\theta_S}{1+\overline{\rho}_S} + \frac{\theta_N}{1+\overline{\rho}_N} \right] + \theta_U \right\} [Z_{U2}^* - Z_{N2}^*]$$

$$= \left[\frac{\theta_I}{1+\hat{\rho}} + \frac{\theta_S}{1+\overline{\rho}_S} + \frac{\theta_N}{1+\overline{\rho}_N} + \frac{\theta_U \overline{\rho}_N}{1+\overline{\rho}_N} \right] Z_2^0$$

$$- \left[\frac{\theta_I}{1+\hat{\rho}} + \frac{\theta_S}{1+\overline{\rho}_S} + \frac{\theta_N}{1+\overline{\rho}_N} + \frac{\theta_U}{1+\overline{\rho}_N} \right] \frac{\sigma_1}{\sigma_2} Z_1^0$$

$$Z_{U2}^* - Z_{N2}^* \lesseqgtr 0, \ 当且仅当 E_{12} \gtreqless \frac{\dfrac{\theta_I}{1+\hat{\rho}} + \dfrac{\theta_S}{1+\overline{\rho}_S} + \dfrac{\theta_N}{1+\overline{\rho}_N} + \dfrac{\theta_U \overline{\rho}_N}{1+\overline{\rho}_N}}{\dfrac{\theta_I}{1+\hat{\rho}} + \dfrac{\theta_S}{1+\overline{\rho}_S} + \dfrac{\theta_N}{1+\overline{\rho}_N} + \dfrac{\theta_U}{1+\overline{\rho}_N}}$$

(5) 噪音投资者不交易资产 2, 质量比率较大, $M(\hat{\rho}, \overline{\rho}_S, \overline{\rho}_N) \leqslant E_{12} < H(\hat{\rho}, \overline{\rho}_S, \overline{\rho}_N)$, 那么,

$$\left\{ [K(\hat{\rho}, \overline{\rho}_S, \overline{\rho}_N) + \theta_U] K(\hat{\rho}, \overline{\rho}_S, \overline{\rho}_N) - k^2(\hat{\rho}, \overline{\rho}_S, \overline{\rho}_N) \right\} [Z_{S1}^* - Z_{I1}^*]$$

$$= \frac{\overline{\rho}_S - \hat{\rho}}{(1-\hat{\rho}^2)(1-\overline{\rho}_S^2)} \left\{ \left[\theta_I \overline{\rho}_S + \theta_S \hat{\rho} + \theta_N \frac{(\hat{\rho}+\overline{\rho}_S) - \overline{\rho}_N(1+\hat{\rho}\overline{\rho}_S)}{1-\overline{\rho}_N^2} \right] Z_1^0 \right.$$

$$\left. - \left[\theta_I + \theta_S + \theta_N \frac{(1+\hat{\rho}\overline{\rho}_S) - \overline{\rho}_N(\hat{\rho}+\overline{\rho}_S)}{1-\overline{\rho}_N^2} + \theta_U(1+\hat{\rho}\overline{\rho}_S) \right] \frac{\sigma_2}{\sigma_1} Z_2^0 \right\}$$

$$Z_{S1}^* - Z_{I1}^* \lesseqgtr 0, \ 当且仅当 E_{21} \gtreqless \frac{\theta_I \overline{\rho}_S + \theta_S \hat{\rho} + \theta_N \dfrac{(\hat{\rho}+\overline{\rho}_S) - \overline{\rho}_N(1+\hat{\rho}\overline{\rho}_S)}{1-\overline{\rho}_N^2}}{\theta_I + \theta_S + \theta_N \dfrac{(1+\hat{\rho}\overline{\rho}_S) - \overline{\rho}_N(\hat{\rho}+\overline{\rho}_S)}{1-\overline{\rho}_N^2} + \theta_U(1+\hat{\rho}\overline{\rho}_S)}$$

$$= \frac{\theta_I \overline{\rho}_S + \theta_S \hat{\rho} + \theta_N \dfrac{(\hat{\rho}+\overline{\rho}_S) - \overline{\rho}_N(1+\hat{\rho}\overline{\rho}_S)}{1-\overline{\rho}_N^2}}{1 + \theta_N \dfrac{(\overline{\rho}_N - \hat{\rho})(\overline{\rho}_N - \overline{\rho}_S)}{1-\overline{\rho}_N^2} + \theta_U \hat{\rho}\overline{\rho}_S}$$

$$\left\{ [K(\hat{\rho}, \overline{\rho}_S, \overline{\rho}_N) + \theta_U] K(\hat{\rho}, \overline{\rho}_S, \overline{\rho}_N) - k^2(\hat{\rho}, \overline{\rho}_S, \overline{\rho}_N) \right\} [Z_{S2}^* - Z_{I2}^*]$$

$$= \frac{\overline{\rho}_S - \hat{\rho}}{(1-\hat{\rho}^2)(1-\overline{\rho}_S^2)} \left\{ - \left[\theta_I + \theta_S + \theta_N \frac{(1+\hat{\rho}\overline{\rho}_S) - \overline{\rho}_N(\hat{\rho}+\overline{\rho}_S)}{1-\overline{\rho}_N^2} \right] \frac{\sigma_1}{\sigma_2} Z_1^0 \right.$$

$$\left. + \left[\theta_I \overline{\rho}_S + \theta_S \hat{\rho} + \theta_N \frac{(\hat{\rho}+\overline{\rho}_S) - \overline{\rho}_N(1+\hat{\rho}\overline{\rho}_S)}{1-\overline{\rho}_N^2} + \theta_U(\hat{\rho}+\overline{\rho}_S) \right] Z_2^0 \right\}$$

$$Z_{S2}^* - Z_{I2}^* \lesseqgtr 0, \ 当且仅当 E_{12} \gtreqless \frac{\theta_I \overline{\rho}_S + \theta_S \hat{\rho} + \theta_N \dfrac{(\hat{\rho}+\overline{\rho}_S) - \overline{\rho}_N(1+\hat{\rho}\overline{\rho}_S)}{1-\overline{\rho}_N^2} + \theta_U(\hat{\rho}+\overline{\rho}_S)}{\theta_I + \theta_S + \theta_N \dfrac{(1+\hat{\rho}\overline{\rho}_S) - \overline{\rho}_N(\hat{\rho}+\overline{\rho}_S)}{1-\overline{\rho}_N^2}}$$

$$\left\{ [K(\hat{\rho}, \overline{\rho}_S, \overline{\rho}_N) + \theta_U] K(\hat{\rho}, \overline{\rho}_S, \overline{\rho}_N) - k^2(\hat{\rho}, \overline{\rho}_S, \overline{\rho}_N) \right\} [Z_{N1}^* - Z_{I1}^*]$$

$$= \frac{\overline{\rho}_N - \hat{\rho}}{(1-\hat{\rho}^2)(1-\overline{\rho}_S^2)} \left\{ \left[\theta_I \overline{\rho}_N + \theta_S \frac{(\hat{\rho}+\overline{\rho}_N) - \overline{\rho}_S(1+\hat{\rho}\overline{\rho}_N)}{1-\overline{\rho}_S^2} + \theta_N \hat{\rho} \right] Z_1^0 \right.$$

$$\left. - \left[\theta_I + \theta_S \frac{(1+\hat{\rho}\overline{\rho}_N) - \overline{\rho}_S(\hat{\rho}+\overline{\rho}_N)}{1-\overline{\rho}_S^2} + \theta_N + \theta_U(1+\hat{\rho}\overline{\rho}_N) \right] \frac{\sigma_2}{\sigma_1} Z_2^0 \right\}$$

$$Z_{N1}^* - Z_{I1}^* \lesseqqgtr 0, \text{当且仅当} E_{21} \gtreqqless \frac{\theta_I \overline{\rho}_N + \theta_S \dfrac{(\hat{\rho} + \overline{\rho}_N) - \overline{\rho}_S(1 + \hat{\rho}\overline{\rho}_N)}{1 - \overline{\rho}_S^2} + \theta_N \hat{\rho}}{\theta_I + \theta_S \dfrac{(1 + \hat{\rho}\overline{\rho}_N) - \overline{\rho}_S(\hat{\rho} + \overline{\rho}_N)}{1 - \overline{\rho}_S^2} + \theta_N + \theta_U(1 + \hat{\rho}\overline{\rho}_N)}$$

$$= \frac{\theta_I \overline{\rho}_N + \theta_S \dfrac{(\hat{\rho} + \overline{\rho}_N) - \overline{\rho}_S(1 + \hat{\rho}\overline{\rho}_N)}{1 - \overline{\rho}_S^2} + \theta_N \hat{\rho}}{1 + \theta_S \dfrac{(\overline{\rho}_S - \hat{\rho})(\overline{\rho}_S - \overline{\rho}_N)}{1 - \overline{\rho}_S^2} + \theta_U \hat{\rho}\overline{\rho}_N}$$

$$\left\{ \left[K(\hat{\rho}, \overline{\rho}_S, \overline{\rho}_N) + \theta_U \right] K(\hat{\rho}, \overline{\rho}_S, \overline{\rho}_N) - k^2(\hat{\rho}, \overline{\rho}_S, \overline{\rho}_N) \right\} \left[Z_{N2}^* - Z_{I2}^* \right]$$

$$= \frac{\overline{\rho}_N - \hat{\rho}}{(1 - \hat{\rho}^2)(1 - \overline{\rho}_S^2)} \left\{ - \left[\theta_I + \theta_S \frac{(1 + \hat{\rho}\overline{\rho}_N) - \overline{\rho}_S(\hat{\rho} + \overline{\rho}_N)}{1 - \overline{\rho}_S^2} + \theta_N \right] \frac{\sigma_1}{\sigma_2} Z_1^0 \right.$$

$$+ \left. \left[\theta_I \overline{\rho}_N + \theta_S \frac{(\hat{\rho} + \overline{\rho}_N) - \overline{\rho}_S(1 + \hat{\rho}\overline{\rho}_N)}{1 - \overline{\rho}_S^2} + \theta_N \hat{\rho} + \theta_U(\hat{\rho} + \overline{\rho}_N) \right] Z_2^0 \right\}$$

$$Z_{N2}^* - Z_{I2}^* \lesseqqgtr 0, \text{当且仅当} E_{12} \gtreqqless \frac{\theta_I \overline{\rho}_N + \theta_S \dfrac{(\hat{\rho} + \overline{\rho}_N) - \overline{\rho}_S(1 + \hat{\rho}\overline{\rho}_N)}{1 - \overline{\rho}_S^2} + \theta_N \hat{\rho} + \theta_U(\hat{\rho} + \overline{\rho}_N)}{\theta_I + \theta_S \dfrac{(1 + \hat{\rho}\overline{\rho}_N) - \overline{\rho}_S(\hat{\rho} + \overline{\rho}_N)}{1 - \overline{\rho}_S^2} + \theta_N}$$

$$\left\{ \left[K(\hat{\rho}, \overline{\rho}_S, \overline{\rho}_N) + \theta_U \right] K(\hat{\rho}, \overline{\rho}_S, \overline{\rho}_N) - k^2(\hat{\rho}, \overline{\rho}_S, \overline{\rho}_N) \right\} \left[Z_{N1}^* - Z_{S1}^* \right]$$

$$= \frac{\overline{\rho}_N - \overline{\rho}_S}{(1 - \overline{\rho}_S^2)(1 - \overline{\rho}_N^2)} \left\{ \left[\theta_I \frac{(\overline{\rho}_S + \overline{\rho}_N) - \hat{\rho}(1 + \overline{\rho}_S\overline{\rho}_N)}{1 - \hat{\rho}^2} + \theta_S \overline{\rho}_N + \theta_N \overline{\rho}_S \right] Z_1^0 \right.$$

$$- \left. \left[\theta_I \frac{(1 + \overline{\rho}_S\overline{\rho}_N) - \hat{\rho}(\overline{\rho}_S + \overline{\rho}_N)}{1 - \hat{\rho}^2} + \theta_S + \theta_N + \theta_U(1 + \overline{\rho}_S\overline{\rho}_N) \right] \frac{\sigma_2}{\sigma_1} Z_2^0 \right\}$$

$$Z_{N1}^* - Z_{S1}^* \lesseqqgtr 0, \text{当且仅当} E_{21} \gtreqqless \frac{\theta_I \dfrac{(\overline{\rho}_S + \overline{\rho}_N) - \hat{\rho}(1 + \overline{\rho}_S\overline{\rho}_N)}{1 - \hat{\rho}^2} + \theta_S \overline{\rho}_N + \theta_N \overline{\rho}_S}{\theta_I \dfrac{(1 + \overline{\rho}_S\overline{\rho}_N) - \hat{\rho}(\overline{\rho}_S + \overline{\rho}_N)}{1 - \hat{\rho}^2} + \theta_S + \theta_N + \theta_U(1 + \overline{\rho}_S\overline{\rho}_N)}$$

$$= \frac{\theta_I \dfrac{(\overline{\rho}_S + \overline{\rho}_N) - \hat{\rho}(1 + \overline{\rho}_S\overline{\rho}_N)}{1 - \hat{\rho}^2} + \theta_S \overline{\rho}_N + \theta_N \overline{\rho}_S}{\theta_I \dfrac{(\hat{\rho} - \overline{\rho}_S)(\hat{\rho} - \overline{\rho}_N)}{1 - \hat{\rho}^2} + \theta_U \overline{\rho}_S\overline{\rho}_N}$$

$$\left\{ \left[K(\hat{\rho}, \overline{\rho}_S, \overline{\rho}_N) + \theta_U \right] K(\hat{\rho}, \overline{\rho}_S, \overline{\rho}_N) - k^2(\hat{\rho}, \overline{\rho}_S, \overline{\rho}_N) \right\} \left[Z_{N2}^* - Z_{S2}^* \right]$$

$$= \frac{\overline{\rho}_N - \overline{\rho}_S}{(1 - \overline{\rho}_S^2)(1 - \overline{\rho}_N^2)} \left\{ - \left[\theta_I \frac{(1 + \overline{\rho}_S\overline{\rho}_N) - \hat{\rho}(\overline{\rho}_S + \overline{\rho}_N)}{1 - \hat{\rho}^2} + \theta_S + \theta_N \right] \frac{\sigma_1}{\sigma_2} Z_1^0 \right.$$

$$+ \left. \left[\theta_I \frac{(\overline{\rho}_S + \overline{\rho}_N) - \hat{\rho}(1 + \overline{\rho}_S\overline{\rho}_N)}{1 - \hat{\rho}^2} + \theta_S \overline{\rho}_N + \theta_N \overline{\rho}_S + \theta_U(\overline{\rho}_S + \overline{\rho}_N) \right] Z_2^0 \right\}$$

$$Z_{N2}^* - Z_{S2}^* \lesseqqgtr 0, \text{当且仅当}$$

$$E_{12} \gtreqqless \frac{\theta_I \dfrac{(\overline{\rho}_S + \overline{\rho}_N) - \hat{\rho}(1 + \overline{\rho}_S \overline{\rho}_N)}{1 - \hat{\rho}^2} + \theta_S \overline{\rho}_N + \theta_N \overline{\rho}_S + \theta_U(\overline{\rho}_S + \overline{\rho}_N)}{\theta_I \dfrac{(1 + \overline{\rho}_S \overline{\rho}_N) - \hat{\rho}(\overline{\rho}_S + \overline{\rho}_N)}{1 - \hat{\rho}^2} + \theta_S + \theta_N}$$

$$\left\{ K(\hat{\rho}, \overline{\rho}_S, \overline{\rho}_N) \left[K(\hat{\rho}, \overline{\rho}_S, \overline{\rho}_N) + \theta_U \right] - k^2(\hat{\rho}, \overline{\rho}_S, \overline{\rho}_N) \right\} [Z^*_{U1} - Z^*_{I1}]$$

$$= \frac{\hat{\rho}}{1 - \hat{\rho}^2} \left\{ \left[\theta_S \frac{\overline{\rho}_S - \hat{\rho}}{1 - \overline{\rho}_S^2} + \theta_N \frac{\overline{\rho}_N - \hat{\rho}}{1 - \overline{\rho}_N^2} \right] Z_1^0 + \left[1 + \theta_S \overline{\rho}_S \frac{\overline{\rho}_S - \hat{\rho}}{1 - \overline{\rho}_S^2} + \theta_N \overline{\rho}_N \frac{\overline{\rho}_N - \hat{\rho}}{1 - \overline{\rho}_N^2} \right] \frac{\sigma_2}{\sigma_1} Z_2^0 \right\}$$

$$Z^*_{U1} - Z^*_{I1} \lesseqqgtr 0, \text{当且仅当} \hat{\rho} \lesseqqgtr 0$$

$$\left\{ K(\hat{\rho}, \overline{\rho}_S, \overline{\rho}_N) \left[K(\hat{\rho}, \overline{\rho}_S, \overline{\rho}_N) + \theta_U \right] - k^2(\hat{\rho}, \overline{\rho}_S, \overline{\rho}_N) \right\} [Z^*_{U1} - Z^*_{S1}]$$

$$= \frac{\overline{\rho}_S}{1 - \overline{\rho}_S^2} \left\{ \left[\theta_I \frac{\hat{\rho} - \overline{\rho}_S}{1 - \hat{\rho}^2} + \theta_N \frac{\overline{\rho}_N - \overline{\rho}_S}{1 - \overline{\rho}_N^2} \right] Z_1^0 + \left[1 + \theta_I \hat{\rho} \frac{\hat{\rho} - \overline{\rho}_S}{1 - \hat{\rho}^2} + \theta_N \overline{\rho}_N \frac{\overline{\rho}_N - \overline{\rho}_S}{1 - \overline{\rho}_N^2} \right] \frac{\sigma_2}{\sigma_1} Z_2^0 \right\}$$

$$Z^*_{U1} - Z^*_{S1} \lesseqqgtr 0, \text{当且仅当} \overline{\rho}_S \lesseqqgtr 0, \text{因为} - \frac{\theta_I \dfrac{\hat{\rho} - \overline{\rho}_S}{1 - \hat{\rho}^2} + \theta_N \dfrac{\overline{\rho}_N - \overline{\rho}_S}{1 - \overline{\rho}_N^2}}{1 + \theta_I \hat{\rho} \dfrac{\hat{\rho} - \overline{\rho}_S}{1 - \hat{\rho}^2} + \theta_N \overline{\rho}_N \dfrac{\overline{\rho}_N - \overline{\rho}_S}{1 - \overline{\rho}_N^2}}$$

$$< h(\hat{\rho}, \overline{\rho}_S, \overline{\rho}_N) < E_{21} \leqslant m(\hat{\rho}, \overline{\rho}_S, \overline{\rho}_N)$$

$$\left\{ K(\hat{\rho}, \overline{\rho}_S, \overline{\rho}_N) \left[K(\hat{\rho}, \overline{\rho}_S, \overline{\rho}_N) + \theta_U \right] - k^2(\hat{\rho}, \overline{\rho}_S, \overline{\rho}_N) \right\} [Z^*_{U1} - Z^*_{N1}]$$

$$= \frac{\overline{\rho}_N}{1 - \overline{\rho}_N^2} \left\{ \left[\theta_I \frac{\hat{\rho} - \overline{\rho}_N}{1 - \hat{\rho}^2} + \theta_S \frac{\overline{\rho}_S - \overline{\rho}_N}{1 - \overline{\rho}_S^2} \right] Z_1^0 + \left[1 + \theta_I \hat{\rho} \frac{\hat{\rho} - \overline{\rho}_N}{1 - \hat{\rho}^2} + \theta_S \overline{\rho}_S \frac{\overline{\rho}_S - \overline{\rho}_N}{1 - \overline{\rho}_S^2} \right] \frac{\sigma_2}{\sigma_1} Z_2^0 \right\}$$

$$Z^*_{U1} - Z^*_{N1} \lesseqqgtr 0, \text{当且仅当} \overline{\rho}_N \lesseqqgtr 0$$

$$Z^*_{U2} - Z^*_{\Lambda 2} = -Z^*_{\Lambda 2} < 0, \Lambda = I, S, N$$

(6) NU 投资者不交易资产 2, 质量比率很大, $H(\hat{\rho}, \overline{\rho}_S, \overline{\rho}_N) \leqslant E_{12} < H(\hat{\rho}, \overline{\rho}_S, \overline{\rho}_S)$, 那么,

$$\left\{ \left[\dot{K}(\hat{\rho}, \overline{\rho}_S) + \theta_U \right] \left[\dot{K}(\hat{\rho}, \overline{\rho}_S) - \theta_N \right] - \dot{k}^2(\hat{\rho}, \overline{\rho}_S) \right\} [Z^*_{S1} - Z^*_{I1}]$$

$$= \frac{\overline{\rho}_S - \hat{\rho}}{(1 - \hat{\rho}^2)(1 - \overline{\rho}_S^2)} \left\{ (\theta_I \overline{\rho}_S + \theta_S \hat{\rho}) Z_1^0 - \left[(\theta_I + \theta_S) + (\theta_N + \theta_U)(1 + \overline{\rho}_S \hat{\rho}) \right] \frac{\sigma_2}{\sigma_1} Z_2^0 \right\}$$

$$Z^*_{S1} - Z^*_{I1} \lesseqqgtr 0, \text{当且仅当} E_{21} \gtreqqless \frac{\theta_I \overline{\rho}_S + \theta_S \hat{\rho}}{\theta_I + \theta_S + (\theta_N + \theta_U)(1 + \overline{\rho}_S \hat{\rho})} = \frac{\theta_I \overline{\rho}_S + \theta_S \hat{\rho}}{1 + (\theta_N + \theta_U)\hat{\rho}\overline{\rho}_S}$$

$$\left\{ \left[\dot{K}(\hat{\rho}, \overline{\rho}_S) + \theta_U \right] \left[\dot{K}(\hat{\rho}, \overline{\rho}_S) - \theta_N \right] - \dot{k}^2(\hat{\rho}, \overline{\rho}_S) \right\} [Z^*_{S2} - Z^*_{I2}]$$

$$= \frac{\overline{\rho}_S - \hat{\rho}}{(1 - \hat{\rho}^2)(1 - \overline{\rho}_S^2)} \left\{ -(\theta_I + \theta_S) \frac{\sigma_1}{\sigma_2} Z_1^0 + \left[\theta_I \overline{\rho}_S + \theta_S \hat{\rho} + (\theta_N + \theta_U)(\overline{\rho}_S + \hat{\rho}) \right] Z_2^0 \right\}$$

$$Z_{S2}^* - Z_{I2}^* \lesseqgtr 0, \text{当且仅当} E_{12} \gtreqless \frac{\theta_I \bar{\rho}_S + \theta_S \hat{\rho} + (\theta_N + \theta_U)(\bar{\rho}_S + \hat{\rho})}{\theta_I + \theta_S}$$

$$\left\{ \left[\dot{K}(\hat{\rho}, \bar{\rho}_S) + \theta_U \right] \left[\dot{K}(\hat{\rho}, \bar{\rho}_S) - \theta_N \right] - \dot{k}^2(\hat{\rho}, \bar{\rho}_S) \right\} [Z_{\Lambda 1}^* - Z_{I1}^*]$$

$$= \frac{\hat{\rho}}{1 - \hat{\rho}^2} \left\{ \frac{\theta_S}{1 - \bar{\rho}_S^2} (\bar{\rho}_S - \hat{\rho}) Z_1^0 + \left[1 + \frac{\theta_S}{1 - \bar{\rho}_S^2} \bar{\rho}_S (\bar{\rho}_S - \hat{\rho}) \right] \frac{\sigma_2}{\sigma_1} Z_2^0 \right\}, \quad \Lambda = N, U$$

$$Z_{\Lambda 1}^* - Z_{I1}^* \lesseqgtr 0, \text{当且仅当} \hat{\rho} \lesseqgtr 0, \Lambda = N, U$$

$$Z_{\Lambda 2}^* - Z_{I2}^* = -Z_{I2}^* < 0, \Lambda = N, U$$

$$\left\{ \left[\dot{K}(\hat{\rho}, \bar{\rho}_S) + \theta_U \right] \left[\dot{K}(\hat{\rho}, \bar{\rho}_S) - \theta_N \right] - \dot{k}^2(\hat{\rho}, \bar{\rho}_S) \right\} [Z_{\Lambda 1}^* - Z_{S1}^*]$$

$$= \frac{\bar{\rho}_S}{1 - \bar{\rho}_S^2} \left\{ -\frac{\theta_I}{1 - \hat{\rho}^2} (\bar{\rho}_S - \hat{\rho}) Z_1^0 + \left[1 - \frac{\theta_I}{1 - \hat{\rho}^2} \hat{\rho} (\bar{\rho}_S - \hat{\rho}) \right] \frac{\sigma_2}{\sigma_1} Z_2^0 \right\}, \Lambda = N, U$$

$$Z_{\Lambda 1}^* - Z_{S1}^* \lesseqgtr 0, \text{当且仅当} \bar{\rho}_S \lesseqgtr 0, \Lambda = N, U$$

$$Z_{\Lambda 2}^* - Z_{S2}^* = -Z_{S2}^* < 0, \text{对于} \Lambda = N, U$$

$$Z_{N1}^* = Z_{U1}^* = \frac{\left[\dot{K}(\hat{\rho}, \bar{\rho}_S) - \theta_N \right] Z_1^0 + \dot{k}(\hat{\rho}, \bar{\rho}_S) \dfrac{\sigma_2}{\sigma_1} Z_2^0}{\left[\dot{K}(\hat{\rho}, \bar{\rho}_S) + \theta_U \right] \left[\dot{K}(\hat{\rho}, \bar{\rho}_S) - \theta_N \right] - \dot{k}^2(\hat{\rho}, \bar{\rho}_S)} > 0 \quad \text{和} \quad Z_{N2}^* = Z_{U2}^* = 0$$

(7) SNU 投资者不交易资产 2, 质量比率巨大, $H(\hat{\rho}, \bar{\rho}_S, \bar{\rho}_S) \leqslant E_{12}$, 那么,

$$Z_{\Lambda 1}^* - Z_{I1}^* = \frac{\hat{\rho}}{\theta_I} \frac{\sigma_2}{\sigma_1} Z_2^0 \lesseqgtr 0, \text{当且仅当} \hat{\rho} \lesseqgtr 0 \text{和} Z_{\Lambda 2}^* - Z_{I2}^* = -\frac{1}{\theta_I} Z_2^0 < 0, \Lambda = S, N, U$$

$$Z_{S1}^* = Z_{N1}^* = Z_{U1}^* = Z_1^0 + \hat{\rho} \frac{\sigma_2}{\sigma_1} Z_2^0 > 0 \text{和} Z_{S2}^* = Z_{N2}^* = Z_{U2}^* = 0$$

第 6 章　基于相关系数暧昧性的安全投资转移与投资组合分散化

我们认为资产收益之间的相关系数暧昧性在"安全投资转移"的发生中起着重要作用，在某些情况下，这会导致对投资组合信息不完全的投资者分散化不足。在本章中，我们考虑了一个多资产经济，有 4 种对相关系数有异质性信念的投资者，其中暧昧厌恶投资者在最大最小期望效用框架下作出决策。根据资产质量的分散性，市场存在唯一的一般均衡，是 4 种备选类型中的一种。我们定义了一种衡量投资组合分散化不足程度的指标，通过该指标我们发现，如果相关系数为负，相关系数暧昧性将促使信息较少的投资者持有非分散投资组合，而正相关系数则会促使一些信息较少的投资者持有完全分散的投资组合。

6.1　引　　言

本章旨在研究具有相关系数暧昧性的市场下的一般均衡，特别是比较不同类型投资者的均衡头寸。更准确地说，我们建立了一个理论模型来说明资产收益之间的相关系数暧昧性如何扭曲投资者的交易策略，以及如何导致资产分散化不足的现象。我们对在相关系数暧昧性环境下的均衡头寸特别感兴趣，从中我们可以很容易地推断出为什么拥有不同信息的投资者会作出不同的投资组合选择。文献研究指出，投资者持有的信息的确会影响他们的交易策略，通常他们坚持认为，总体而言，拥有更多市场信息的投资者在风险资产上持有更大的头寸，并比没有信息优势的投资者交易更加积极。在本章中，我们研究了信息如何影响均衡投资组合，以及它是否与现有研究的结果一致。

在我们的模型中，经济由一个无风险资产和多个风险资产组成。风险资产具有 Huang 等 (2017) 所述的联合正态分布收益，并且它们具有相同的相关系数；也就是说，每对风险资产之间的相关系数是相同的，但对投资者而言相关系数的取值存在暧昧性。我们假设经济中有 4 种类型的投资者：内部投资者、精明投资者、天真投资者和噪音投资者。他们之间唯一的区别是他们对收益相关系数所处区间的异质性信念。内部投资者是知道相关系数精确值的标准期望效用最大化者，他们不受暧昧性环境的直接影响。其他人则是暧昧厌恶的投资者：尽管他们对资产的分布有理性预期，但他们没有足够的信息来得出准确的相关系数。具体而言，精明投资者和天真投资者持有不完整的信息，且天真投资者比精明投资者确实拥有更少的信息。噪音投资者无法获得有关相关系数的任何额外信息。这些暧昧厌恶的投资者以 Gilboa 和 Schmeidler (1989) 的方式作出决策，称为最大最小期望效用 (MEU)，在这种框架下，他们的交易就像是在最坏的情景下选择最优交易策略, 以最大化他们在最坏情况下的效用。

现有的论文通常假设市场中只有 1 个代表性投资者或 2 种类型的投资者, 但我们假设存在 4 种不同类型的投资者的主要原因是为了比较他们的均衡头寸。通过直接的比较, 我们惊讶地发现, 在一般均衡中, 暧昧厌恶的投资者倾向于 "安全投资转移" 的交易模式。投资者了解的信息越少, 他们越有可能试图尽快从低质量资产 "逃向" 高质量资产, 而这是在 3 种或 3 种以下投资者类型的模型中很难观察到的有趣现象。然而, 假设市场上有更多的投资者或连续统投资者, 只会使模型很大程度上复杂化, 但不会有太多新的发现。

经济最终会达到唯一的一般均衡, 该均衡是 4 种备选类型中的一种。我们发现, 投资者的均衡头寸出乎意料地独立于其推测的相关系数区间的左端点值; 此外, 通过比较他们的均衡头寸, 我们发现, 暧昧厌恶的投资者将更多持有更高质量的风险资产的头寸, 并且投资者掌握的信息越少, 他们持有的高质量风险资产的头寸就越大。特别是当风险资产的质量足够差时, 投资者将做空这些资产, 并做多更高质量的资产, 即为著名的 "安全投资转移" 现象。

基于 Mitton 和 Vorkink (2007) 以及 Goetzmann 和 Kumar (2008) 的研究, 我们定义了投资组合分散化程度的度量方法, 以探讨相关系数暧昧性是否在家庭金融之谜中发挥关键作用。该方法同时考虑了资产相关系数和投资组合方差, 并且我们将分散化不足归因于投资者对不确定性的厌恶。此外, 我们发现相关系数的符号在这个问题中至关重要。如果相关系数为负, 则投资者掌握的信息越少, 其投资组合的分散化程度就越低; 如果风险资产正相关, 掌握信息较少的投资者则倾向于持有充分分散化的投资组合。

在 6.4 节, 我们做了一个简单的 CAPM 分析, 以检验在相关系数暧昧环境下风险资产的定价。除上述发现外, 我们还证明了, 高质量资产在均衡中定价过高, 而低质量资产的均衡价格被低估。这一发现与前面讨论中的安全投资转移现象高度一致。受相关系数暧昧性的影响, 信息不完全的投资者可能会在更高质量的资产上做多, 从而导致这些资产的均衡价格被高估; 低质量资产的情况是对称的。此外, 资产质量的分散确实会对投资者的交易模式产生影响: 当分散较大时, 天真投资者往往会比在质量分散较小的情况下更焦虑地 "逃向" 质量较好的资产。

我们的理论模型是在 Huang 等 (2017) 研究的基础上建立的, 他们构建的模型中的两类投资者认为资产收益存在相关系数暧昧性。他们的模型由 1 个无风险资产和 2 个风险资产组成。在本章中, 我们将该模型扩展到包含 4 种类型投资者和 $K(\geqslant 2)$ 个风险资产, 然后分析这个更广泛的模型。此外, 当 $K = 2$ 时, Huang 等 (2017) 的主要发现与我们的完全吻合。如果经济中存在两种以上的风险资产, 则 Huang 等 (2017) 观察到的有限参与现象不会出现; 相反, 我们模型中的投资者更倾向于分散化不足的交易策略。

本章其余部分结构安排如下。在 6.2 节中, 我们提出了一个具有 4 种类型投资者的多资产模型, 这些投资者对相关系数区间持有异质性信念, 我们计算个体的需求函数, 然后给出市场均衡; 在 6.3 节中, 我们探讨了投资者均衡头寸的特征, 然后描述了安全投资转移的交易模式; 在 6.4 节中, 我们表明相关系数暧昧性倾向于导致投资者的资产组合分散化不足, 但在某些情况下不太知情的投资者甚至会比内部投资者的投资更分散化, 本节还利用 CAPM 分析展示了相关系数的暧昧性对价格的影响; 6.5 节为本章总结。本章附录中提供了证明过程。

6.2　一般均衡的基本模型

我们分析了一个有着 $1 + K$ 种资产的经济, 其中 $K \geqslant 2$。该经济具有一种无风险资产货币, 其价格恒定为 1; K 种风险资产的回报服从正态分布, 即 $\tilde{X}_k \sim N(\mu_k, \sigma_k^2)$, $k = 1, \cdots, K$。我们假设 K 维随机向量 $\tilde{X}$ 具有等相关系数矩阵; 换言之, 每对不同风险资产之间的相关系数等于 ρ。那么相关系数矩阵为 $(1 - \rho)I + \rho J$, 其中 I 是 K 维单位矩阵, J 是元素全为 1 的 K 维方阵。因此, 风险资产的收益遵循一个 K 维正态分布 $\tilde{X} \sim N(\mu, \Sigma(\rho))$, 其中 $\Sigma(\rho) = \Delta\left[(1 - \rho)I + \rho J\right]\Delta$, $\Delta = \text{diag}\{\sigma_1, \cdots, \sigma_K\}$。我们假设 $\tilde{X}$ 的方差—协方差矩阵 $\Sigma(\rho)$ 是正定的, 即 $-\dfrac{1}{K - 1} < \rho < 1$。[①]

所有投资者具有 CARA 效用函数, 其中风险厌恶系数设定为 α:

$$u(w) = -e^{-\alpha w} \tag{6.1}$$

经济中有 4 种异质性信念的投资者: 内部投资者 (I)、精明投资者 (S)、天真投资者 (N) 和噪音投资者 (U)。他们对相关系数获得的信息不同, 其中内部投资者 (I) 拥有完整的信息; 精明投资者 (S) 和天真投资者 (N) 知道部分信息, 精明投资者比天真投资者知道更多的信息; 噪音投资者 (U) 不知道任何信息。为了简单起见, 精明投资者、天真投资者和噪音投资者统称为 SNU 投资者, 精明投资者和天真投资者统称为 SN 投资者, 天真投资者和噪音投资者统称为 NU 投资者。内部投资者、精明投资者、天真投资者和噪音投资者的比例分别用系数 θ_I、θ_S、θ_N 和 θ_U 表示, 所有系数值属于区间 $(0, 1)$, 且 $\theta_I + \theta_S + \theta_N + \theta_U = 1$。内部投资者是标准的期望效用 (EU) 最大化者, 对收益参数有理性预期。令 $\hat{\rho}$ 为真实的相关系数, 由于我们的内部投资者有理性的预期, 他们知道 $\hat{\rho}$ 的真实值。从他们的视角来看, 收益遵循正态分布 $\tilde{X} \sim N(\mu, \Sigma(\hat{\rho}))$。与内部投资者不同, SNU 投资者不知道相关系数的真实值。SN 投资者考虑相关系数的区间 $[\underline{\rho}_\Lambda, \overline{\rho}_\Lambda] \subset \left(-\dfrac{1}{K - 1}, 1\right)$ 其中 $\Lambda = S, N$, $-\dfrac{1}{K - 1} < \underline{\rho}_\Lambda < \overline{\rho}_\Lambda < 1$。精明投资者知道更多的信息, 因此他们的可能值位于一个较窄的区间 $[\underline{\rho}_S, \overline{\rho}_S]$, 同时天真投资者知道更少的信息, 他们的可能值位于一个较宽的区间 $[\underline{\rho}_N, \overline{\rho}_N]$。因此, 我们假设 $[\underline{\rho}_S, \overline{\rho}_S] \subset [\underline{\rho}_N, \overline{\rho}_N] \subset \left(-\dfrac{1}{K - 1}, 1\right)$, 其中 $-\dfrac{1}{K - 1} < \underline{\rho}_N < \underline{\rho}_S < \overline{\rho}_S < \overline{\rho}_N < 1$, 并且

[①] 等相关系数矩阵 $(1 - \rho)I + \rho J$ 的第 k 个顺序主子式为:

$$|\rho J_k + (1 - \rho)I_k| = [1 + (k - 1)\rho](1 - \rho)^{k-1}, \text{ 对于 } k = 1, \cdots, K;$$

等相关系数矩阵 $(1 - \rho)I + \rho J$ 是正定的, 当且仅当 $-\dfrac{1}{K - 1} < \rho < 1$ 时。

SN 投资者不具有先验。为了使我们关于内部投资者、精明投资者和天真投资者的均衡互动分析更加有趣, 我们假设内部投资者的真实相关系数值是精明投资者认为可能的端点值的凸组合, 即 $\hat{\rho} \in [\underline{\rho}_S, \overline{\rho}_S] \subset [\underline{\rho}_N, \overline{\rho}_N] \subset \left(-\dfrac{1}{K-1}, 1\right)$。最后, 噪音投资者不知道有关相关系数的任何信息。他们考虑可能值的最大区间 $\left[-\dfrac{1}{K-1}, 1\right] = [\underline{\rho}_U, \overline{\rho}_U]$。对于任何 $\rho \in [\underline{\rho}_\Lambda, \overline{\rho}_\Lambda], \Lambda = S, N, U$, SNU 投资者面临的经济为 $\tilde{X} \sim N(\boldsymbol{\mu}, \boldsymbol{\Sigma}(\rho))$, 因此他们在作出决策时会考虑区间内 ρ 的所有可能值。根据 Gilboa 和 Schmeidler (1989) 的暧昧厌恶公理基础, 我们将 SNU 投资者建模为在一组可能的分布上选择最大最小期望效用的投资组合。

风险资产的人均禀赋为 $Z^0 \in \mathbb{R}_{++}^K$。投资者禀赋的准确分布并不影响他们对风险资产的需求, 因此我们没有具体说明。我们用 W_0 表示代表性投资者的财富。在不产生混淆的情况下, 我们去掉投资者的下标。投资者的预算约束为:

$$W_0 = m + \sum_{k=1}^{K} P_k z_k = m + P^\top z \tag{6.2}$$

其中, m 是货币的数量, P_k 是资产 k 的价格, z_k 是风险资产 k 的需求量, 因此 $z \in \mathbb{R}^K$。投资者可以做多或做空每一个资产。如果一个投资者选择投资组合 $\begin{pmatrix} m \\ z \end{pmatrix} \in \mathbb{R}^{1+K}$, 他在下一期的财富将为:

$$\tilde{W} = m + \sum_{k=1}^{K} \tilde{X}_k z_k = m + \tilde{X}^\mathrm{T} z \tag{6.3}$$

等价地, 我们用 $\begin{pmatrix} w - P^\top z \\ z \end{pmatrix}$ 表示投资者的决策, 那么他在下一期的财富写为:

$$\tilde{W} = W_0 + \sum_{k=1}^{K} (\tilde{X}_k - P_k) z_k = W_0 + (\tilde{\boldsymbol{X}} - P)^\mathrm{T} z$$

对于一个对财富具有 CARA 效用函数和相关系数 $\hat{\rho}$ 的内部投资者, 财富的期望效用是一个关于 $f(z, \hat{\rho})$ 的严格递增变换, 其中,

$$f(z, \rho) = W_0 + (\boldsymbol{\mu} - P)^\top z - \frac{1}{2}\alpha z^\top \boldsymbol{\Sigma}(\rho) z$$

$$= W_0 + (\boldsymbol{\mu} - P)^\top z - \frac{1}{2}\alpha z^\mathrm{T} \boldsymbol{\Delta}\left[(1-\rho)\boldsymbol{I} + \rho \boldsymbol{J}\right] \boldsymbol{\Delta} z \tag{6.4}$$

我们定义 $y \equiv \Delta z$, 则:

$$F(y, \rho) \equiv f(\Delta^{-1} y, \rho) = W_0 + (\boldsymbol{\mu} - P)^\top \Delta^{-1} y - \frac{1}{2}\alpha y^\top \left[(1-\rho)\boldsymbol{I} + \rho \boldsymbol{J}\right] y$$

$$= W_0 + R^\top y - \frac{1}{2}\alpha y^\top \left[(1-\rho)\boldsymbol{I} + \rho\boldsymbol{J}\right] y \qquad (6.5)$$

其中 $R \equiv \Delta^{-1}(\boldsymbol{\mu} - P)$ 定义为 Sharpe 比率, 它衡量了投资者多承担一单位风险可以获得的额外收益的平均值, 即 $R_k = \dfrac{\mu_k - P_k}{\sigma_k}$, $k = 1, \cdots, K$ (Huang et al, 2017)。计算得出内部投资者对风险资产的需求函数如下:

$$Y_I^* = \frac{1}{\alpha}\left[(1-\hat{\rho})\boldsymbol{I} + \hat{\rho}\boldsymbol{J}\right]^{-1} R = \frac{1}{\alpha(1-\hat{\rho})}\left[\boldsymbol{I} - \frac{\hat{\rho}}{1 + (K-1)\hat{\rho}}\boldsymbol{J}\right] R \qquad (6.6)$$

SNU 投资者评估每个相关系数参数取值下的财富期望效用, 并选择最大化这些期望效用最小值的投资组合。实际上, SNU 投资者是在试图避免最坏的结果, 因此选择能够确切减少这种结果下风险暴露的投资组合。对 $\Lambda = S, N, U$, 给定相关系数参数 $\rho \in [\underline{\rho}_\Lambda, \overline{\rho}_\Lambda]$, 财富的期望效用是一个关于 $f(z, \rho)$ 或 $F(y, \rho) = f(\Delta^{-1}y, \rho)$ 的严格单增变换。因此, SNU 投资者的决策问题可以写为一个两层的数学规划: 对 $\Lambda = S, N, U$,

$$\max_{y} \min_{\rho \in [\underline{\rho}_\Lambda, \overline{\rho}_\Lambda]} F(y, \rho) = W_0 + R^\top y - \frac{1}{2}\alpha y^\top \left[(1-\rho)\boldsymbol{I} + \rho\boldsymbol{J}\right] y$$

$$= W_0 + R^\top y - \frac{1}{2}\alpha \left[y^\top y + \rho y^\top (\boldsymbol{J} - \boldsymbol{I})y\right] \qquad (6.7)$$

对于 SN 投资者, 有两种方法求解式 (6.2) 的两层规划。Huang 等 (2017) 首次直接求解了双层规划问题。我们也可以通过采用 Sion (1958) 的极大极小定理来计算数学规划, 以交换两层优化问题的顺序:

$$\max_{y} \min_{\rho \in [\underline{\rho}_\Lambda, \overline{\rho}_\Lambda]} F(y, \rho) = \min_{\rho \in [\underline{\rho}_\Lambda, \overline{\rho}_\Lambda]} \max_{y} F(y, \rho)$$

定义 $A \equiv \dfrac{R^\top \boldsymbol{J} R}{R^\top R}$ 和 $\rho_-^* \equiv \dfrac{(K-1) - \sqrt{A(K-1)(K-A)}}{[A - (K-1)](K-1)}$, SN 投资者对风险资产的需求函数如下 (本章附录 A 提供了相关推导过程): 对 $\Lambda = S, N$,

$$Y_\Lambda^* = \begin{cases} \dfrac{1}{\alpha}\left[(1-\underline{\rho}_\Lambda)\boldsymbol{I} + \underline{\rho}_\Lambda\boldsymbol{J}\right]^{-1} R, & \text{若 } 0 \leqslant A < \dfrac{[1 + (K-1)\underline{\rho}_\Lambda]^2}{1 + (K-1)\underline{\rho}_\Lambda^2} \\[3mm] \dfrac{1}{\alpha}\left[(1-\rho_-^*)\boldsymbol{I} + \rho_-^*\boldsymbol{J}\right]^{-1} R, & \text{若 } \dfrac{[1 + (K-1)\underline{\rho}_\Lambda]^2}{1 + (K-1)\underline{\rho}_\Lambda^2} \leqslant A \leqslant \dfrac{[1 + (K-1)\overline{\rho}_\Lambda]^2}{1 + (K-1)\overline{\rho}_\Lambda^2} \\[3mm] \dfrac{1}{\alpha}\left[(1-\overline{\rho}_\Lambda)\boldsymbol{I} + \overline{\rho}_\Lambda\boldsymbol{J}\right]^{-1} R, & \text{若 } \dfrac{[1 + (K-1)\overline{\rho}_\Lambda]^2}{1 + (K-1)\overline{\rho}_\Lambda^2} < A \leqslant K \end{cases}$$

$$
= \begin{cases}
\frac{1}{\alpha(1-\underline{\rho}_\Lambda)} \left[\boldsymbol{I} - \frac{\underline{\rho}_\Lambda}{1+(K-1)\underline{\rho}_\Lambda} \boldsymbol{J} \right] R, & \text{若 } 0 \leqslant A < \frac{[1+(K-1)\underline{\rho}_\Lambda]^2}{1+(K-1)\underline{\rho}_\Lambda^2} \\[3mm]
\frac{1}{\alpha(1-\rho_-^*)} \left[\boldsymbol{I} - \frac{\rho_-^*}{1+(K-1)\rho_-^*} \boldsymbol{J} \right] R, & \text{若 } \frac{[1+(K-1)\underline{\rho}_\Lambda]^2}{1+(K-1)\underline{\rho}_\Lambda^2} \leqslant A \leqslant \frac{[1+(K-1)\overline{\rho}_\Lambda]^2}{1+(K-1)\overline{\rho}_\Lambda^2} \\[3mm]
\frac{1}{\alpha(1-\overline{\rho}_\Lambda)} \left[\boldsymbol{I} - \frac{\overline{\rho}_\Lambda}{1+(K-1)\overline{\rho}_\Lambda} \boldsymbol{J} \right] R, & \text{若 } \frac{[1+(K-1)\overline{\rho}_\Lambda]^2}{1+(K-1)\overline{\rho}_\Lambda^2} < A \leqslant K
\end{cases} \tag{6.8}
$$

我们应当注意 SN 投资者的需求函数在夏普比率上是连续的和分段线性的, 其中各部分取决于变量 A 的值。此外, 需求函数和结点是由投资者考虑的区间 $[\overline{\rho}_\Lambda, \underline{\rho}_\Lambda]$ 的端点和区间内的极小值点 (ρ_-^*) 决定的。也就是说, SN 投资者不关心可能取值区间中的其他点。此外, 上述 SN 投资者的需求函数表明, 先前研究中发现的一些现象几乎无法探测到。Huang 等 (2017) 在其两资产经济中, 只考虑市场中的两种典型投资者类型, 他们从需求函数中观察到有限参与现象, 并发现投资者的最优投资组合中存在惯性。然而, 在我们的模型中, 投资者不再采取有限参与策略, 他们的最佳投资组合随 Sharpe 比率而变化。

最后, 对于噪音投资者 $[\underline{\rho}_U, \overline{\rho}_U] = \left[-\frac{1}{K-1}, 1 \right]$, 决策问题式 (6.7) 可以写为一个双层数学规划:

$$
\begin{aligned}
\max_y \min_{\rho \in \left[-\frac{1}{K-1}, 1 \right]} F(y, \rho) &= W_0 + R^\top y - \frac{1}{2} \alpha y^\top \left[(1-\rho)\boldsymbol{I} + \rho\boldsymbol{J} \right] y \\
&= W_0 + R^\top y - \frac{1}{2} \alpha \left[y^\top y + \rho y^\top (\boldsymbol{J} - \boldsymbol{I}) y \right]
\end{aligned} \tag{6.9}
$$

噪音投资者对风险资产的需求函数如下 (本章附录 B 提供了相关推导过程):

$$
\begin{cases}
\left[\frac{K}{K-1} \boldsymbol{I} - \frac{1}{K-1} \boldsymbol{J} \right] Y_U^* = \frac{1}{\alpha} R, & \text{若 } A = 0 \tag{6.10a} \\[3mm]
\begin{aligned}
Y_U^* &= \frac{1}{\alpha} \left[(1-\rho_-^*)\boldsymbol{I} + \rho_-^* \boldsymbol{J} \right]^{-1} R \\
&= \frac{1}{\alpha(1-\rho_-^*)} \left[\boldsymbol{I} - \frac{\rho_-^*}{1+(K-1)\rho_-^*} \boldsymbol{J} \right] R, & \text{若 } 0 < A < K
\end{aligned} \tag{6.10b} \\[3mm]
\boldsymbol{J} Y_U^* = \frac{1}{\alpha} R, & \text{若 } A = K \tag{6.10c}
\end{cases}
$$

对于噪音投资者, 我们没有办法完全推导出他们的需求函数的解析形式, 但关于他们还有更多说明。尽管对于噪音投资者的最优选择问题看起来只是 SN 投资者的退化问题, 但当 $A = 0$ 和 $A = K$ 时, 我们不能给出解析解, 因为在这两种情况下, 方差协方差矩阵不满秩。

接下来我们考虑均衡条件: 对每个资产的人均需求等于其人均供给。令式 (6.6)、式 (6.8) 和式 (6.10) 中的需求与供给相等, 得出

$$\theta_I Z_I^* + \theta_S Z_S^* + \theta_N Z_N^* + \theta_U Z_U^* = Z^0 \tag{6.11}$$

或者 $\theta_I Z_{Ik}^* + \theta_S Z_{Sk}^* + \theta_N Z_{Nk}^* + \theta_U Z_{Uk}^* = Z_k^0$, $k = 1, \cdots, K$, 等价于

$$\theta_I Y_I^* + \theta_S Y_S^* + \theta_N Y_N^* + \theta_U Y_U^* = \Delta Z^0 \equiv Y^0 \tag{6.12}$$

或者 $\theta_I Y_{Ik}^* + \theta_S Y_{Sk}^* + \theta_N Y_{Nk}^* + \theta_U Y_{Uk}^* = Y_k^0$, $k = 1, \cdots, K$, 其中 $Y^0 \in \mathbb{R}_{++}^K$ 和 $Y_k^0 \equiv \sigma_k Z_k^0$ 在 Huang 等 (2017) 的研究中代表风险资产 k 的质量。

接下来我们集中于检验先前构建的经济中的一般均衡。为了简化符号, 我们定义

$$\Phi(\rho_I, \rho_S, \rho_N, \rho_U) \equiv \frac{\theta_I}{1-\rho_I} + \frac{\theta_S}{1-\rho_S} + \frac{\theta_N}{1-\rho_N} + \frac{\theta_U}{1-\rho_U}$$

$$\phi(\rho_I, \rho_S, \rho_N, \rho_U) \equiv \frac{\theta_I}{1-\rho_I}\frac{\rho_I}{1+(K-1)\rho_I} + \frac{\theta_S}{1-\rho_S}\frac{\rho_S}{1+(K-1)\rho_S}$$

$$+ \frac{\theta_N}{1-\rho_N}\frac{\rho_N}{1+(K-1)\rho_N} + \frac{\theta_U}{1-\rho_U}\frac{\rho_U}{1+(K-1)\rho_U}$$

$$\varphi(\rho_I, \rho_S, \rho_N, \rho_U) \equiv \Phi(\rho_I, \rho_S, \rho_N, \rho_U) - K\phi(\rho_I, \rho_S, \rho_N, \rho_U)$$

$$= \frac{\theta_I}{1+(K-1)\rho_I} + \frac{\theta_S}{1+(K-1)\rho_S} + \frac{\theta_N}{1+(K-1)\rho_N} + \frac{\theta_U}{1+(K-1)\rho_U}$$

$$\dot{\Phi}(\rho_I, \rho_S, \rho_N) \equiv \frac{\theta_I}{1-\rho_I} + \frac{\theta_S}{1-\rho_S} + \frac{\theta_N}{1-\rho_N}$$

$$\dot{\varphi}(\rho_I, \rho_S, \rho_N) \equiv \frac{\theta_I}{1+(K-1)\rho_I} + \frac{\theta_S}{1+(K-1)\rho_S} + \frac{\theta_N}{1+(K-1)\rho_N}$$

$$\ddot{\Phi}(\rho_I, \rho_S) \equiv \frac{\theta_I}{1-\rho_I} + \frac{\theta_S}{1-\rho_S}$$

$$\ddot{\varphi}(\rho_I, \rho_S) \equiv \frac{\theta_I}{1+(K-1)\rho_I} + \frac{\theta_S}{1+(K-1)\rho_S}$$

$$\dddot{\Phi}(\rho_I) \equiv \frac{\theta_I}{1-\rho_I}$$

$$\dddot{\varphi}(\rho_I) \equiv \frac{\theta_I}{1+(K-1)\rho_I}$$

根据定义 $A = \frac{R^\top J R}{R^\top R}$, 我们知道 A 的范围为 $0 \leqslant A \leqslant K$。根据 A 的范围, SNU 投资者的需求函数分成 3 个部分。定义 $H(\rho) = \frac{[1+(K-1)\rho]^2}{1+(K-1)\rho^2}$, 则区间 A 可以由 6 个点分成 7 个子区间: 0, $H(\underline{\rho}_N)$, $H(\underline{\rho}_S)$, $H(\overline{\rho}_S)$, $H(\overline{\rho}_N)$, K。我们在以下 7 种场景中分别推导市场均衡。

场景 1 $A = 0$;

场景 2 $0 < A < H(\underline{\rho}_N)$;

场景 3 $H(\underline{\rho}_N) \leqslant A < H(\underline{\rho}_S)$;

场景 4 $H(\underline{\rho}_S) \leqslant A \leqslant H(\overline{\rho}_S)$;

场景 5 $H(\overline{\rho}_S) < A \leqslant H(\overline{\rho}_N)$;

场景 6 $H(\overline{\rho}_N) < A < K$;

场景 7 $A = K$。

本章附录 C 提供了一般均衡的计算过程以供参考。简单来说, 我们设法在每种场景中得到风险资产向量的均衡 Sharpe 比率和噪音投资者的最优 ρ_*。我们也定义了资产质量分散度的指标 Ω, 并用外生变量重新表示 7 个区间, 其中,

$$\Omega = \sqrt{\frac{1}{K-1}\left[K\frac{Y^{0\top}Y^0}{Y^{0\top}\boldsymbol{J}Y^0} - 1\right]} \in [0, 1)$$

在通过 Ω 重新整理后, 只剩下了 4 种场景 (场景 4 至场景 7), 我们将其总结如下。

场景 4 $H(\underline{\rho}_S) \leqslant A \leqslant H(\overline{\rho}_S)$ 等价于

$$\frac{1-\overline{\rho}_S}{1+(K-1)\overline{\rho}_S}\frac{\Phi(\hat{\rho}, \overline{\rho}_S, \overline{\rho}_S, \overline{\rho}_S)}{\varphi(\hat{\rho}, \overline{\rho}_S, \overline{\rho}_S, \overline{\rho}_S)} \leqslant \Omega < 1 < \frac{1-\underline{\rho}_S}{1+(K-1)\underline{\rho}_S}\frac{\Phi(\hat{\rho}, \underline{\rho}_S, \underline{\rho}_S, \underline{\rho}_S)}{\varphi(\hat{\rho}, \underline{\rho}_S, \underline{\rho}_S, \underline{\rho}_S)}$$

所以, 当 $\dfrac{1-\overline{\rho}_S}{1+(K-1)\overline{\rho}_S}\dfrac{\Phi(\hat{\rho}, \overline{\rho}_S, \overline{\rho}_S, \overline{\rho}_S)}{\varphi(\hat{\rho}, \overline{\rho}_S, \overline{\rho}_S, \overline{\rho}_S)} \leqslant \Omega < 1$ 时, 均衡存在。

风险资产的 Sharpe 比率向量为:

$$R = \frac{\alpha}{\Omega}\frac{\left[\{K\Omega\ddot{\varphi}(\hat{\rho}) + (\theta_S + \theta_N + \theta_U)(\Omega - 1)\}\left(\boldsymbol{I} - \frac{1}{K}\boldsymbol{J}\right) + \frac{\Omega}{K}\{K\ddot{\Phi}(\hat{\rho}) + (K-1)(\theta_S + \theta_N + \theta_U)(1-\Omega)\}\boldsymbol{J}\right]Y^0}{\ddot{\Phi}(\hat{\rho})\left[K\ddot{\varphi}(\hat{\rho}) + (\theta_S + \theta_N + \theta_U)\right] + (K-1)(\theta_S + \theta_N + \theta_U)\ddot{\varphi}(\hat{\rho})}$$

$$\text{(6.13)}$$

因此, 4 种类型投资者的均衡头寸为:

$$Y_I^* = \frac{1}{\Omega}\frac{\left[\dfrac{K\Omega\ddot{\varphi}(\hat{\rho}) + (\theta_S + \theta_N + \theta_U)(\Omega - 1)}{1-\hat{\rho}}\left(\boldsymbol{I} - \dfrac{1}{K}\boldsymbol{J}\right) + \dfrac{\Omega}{K}\dfrac{K\ddot{\Phi}(\hat{\rho}) + (K-1)(\theta_S + \theta_N + \theta_U)(1-\Omega)}{1+(K-1)\hat{\rho}}\boldsymbol{J}\right]Y^0}{\ddot{\Phi}(\hat{\rho})\left[K\ddot{\varphi}(\hat{\rho}) + (\theta_S + \theta_N + \theta_U)\right] + (K-1)(\theta_S + \theta_N + \theta_U)\ddot{\varphi}(\hat{\rho})}$$

$$\text{(6.14a)}$$

$$Y_S^* = Y_N^* = Y_U^* = \frac{1}{\Omega}\frac{\ddot{\Phi}(\hat{\rho}) + (K-1)\ddot{\varphi}(\hat{\rho})\Omega}{\ddot{\Phi}(\hat{\rho})\left[K\ddot{\varphi}(\hat{\rho}) + (\theta_S + \theta_N + \theta_U)\right] + (K-1)(\theta_S + \theta_N + \theta_U)\ddot{\varphi}(\hat{\rho})}\left(\boldsymbol{I} - \frac{1-\Omega}{K}\boldsymbol{J}\right)Y^0$$

$$\text{(6.14b)}$$

场景 5 $H(\overline{\rho}_S) < A \leqslant H(\overline{\rho}_N)$ 等价于

$$\frac{1-\overline{\rho}_N}{1+(K-1)\overline{\rho}_N}\frac{\Phi(\hat{\rho}, \overline{\rho}_S, \overline{\rho}_N, \overline{\rho}_N)}{\varphi(\hat{\rho}, \overline{\rho}_S, \overline{\rho}_N, \overline{\rho}_N)} \leqslant \Omega < \frac{1-\overline{\rho}_S}{1+(K-1)\overline{\rho}_S}\frac{\Phi(\hat{\rho}, \overline{\rho}_S, \overline{\rho}_S, \overline{\rho}_S)}{\varphi(\hat{\rho}, \overline{\rho}_S, \overline{\rho}_S, \overline{\rho}_S)}$$

风险资产的 Sharpe 比率向量为:

$$R = \frac{\alpha}{\Omega} \frac{\left[\{K\Omega\ddot{\varphi}(\hat{\rho},\overline{\rho}_S) + (\theta_N+\theta_U)(\Omega-1)\} \left(I - \frac{1}{K}J\right) + \frac{\Omega}{K}\{K\ddot{\Phi}(\hat{\rho},\overline{\rho}_S) + (K-1)(\theta_N+\theta_U)(1-\Omega)\}J \right]Y^0}{\ddot{\Phi}(\hat{\rho},\overline{\rho}_S)[K\ddot{\varphi}(\hat{\rho},\overline{\rho}_S)+(\theta_N+\theta_U)]+(K-1)(\theta_N+\theta_U)\ddot{\varphi}(\hat{\rho},\overline{\rho}_S)}$$

(6.15)

因此, 4 种类型投资者的均衡头寸为:

$$Y_I^* = \frac{1}{\Omega} \frac{\left[\frac{K\Omega\ddot{\varphi}(\hat{\rho},\overline{\rho}_S)+(\theta_N+\theta_U)(\Omega-1)}{1-\ddot{\rho}}\left(I-\frac{1}{K}J\right) + \frac{\Omega}{K}\frac{K\ddot{\Phi}(\hat{\rho},\overline{\rho}_S)+(K-1)(\theta_N+\theta_U)(1-\Omega)}{1+(K-1)\ddot{\rho}}J \right]Y^0}{\ddot{\Phi}(\hat{\rho},\overline{\rho}_S)[K\ddot{\varphi}(\hat{\rho},\overline{\rho}_S)+(\theta_N+\theta_U)]+(K-1)(\theta_N+\theta_U)\ddot{\varphi}(\hat{\rho},\overline{\rho}_S)}$$

(6.16a)

$$Y_S^* = \frac{1}{\Omega} \frac{\left[\frac{K\Omega\ddot{\varphi}(\hat{\rho},\overline{\rho}_S)+(\theta_N+\theta_U)(\Omega-1)}{1-\overline{\rho}_S}\left(I-\frac{1}{K}J\right) + \frac{\Omega}{K}\frac{K\ddot{\Phi}(\hat{\rho},\overline{\rho}_S)+(K-1)(\theta_N+\theta_U)(1-\Omega)}{1+(K-1)\overline{\rho}_S}J \right]Y^0}{\ddot{\Phi}(\hat{\rho},\overline{\rho}_S)[K\ddot{\varphi}(\hat{\rho},\overline{\rho}_S)+(\theta_N+\theta_U)]+(K-1)(\theta_N+\theta_U)\ddot{\varphi}(\hat{\rho},\overline{\rho}_S)}$$

(6.16b)

$$Y_N^* = Y_U^* = \frac{1}{\Omega} \frac{\ddot{\Phi}(\hat{\rho},\overline{\rho}_S)+(K-1)\ddot{\varphi}(\hat{\rho},\overline{\rho}_S)\Omega}{\ddot{\Phi}(\hat{\rho},\overline{\rho}_S)[K\ddot{\varphi}(\hat{\rho},\overline{\rho}_S)+(\theta_N+\theta_U)]+(K-1)(\theta_N+\theta_U)\ddot{\varphi}(\hat{\rho},\overline{\rho}_S)}\left(I-\frac{1-\Omega}{K}J\right)Y^0$$ (6.16c)

场景 6　$H(\overline{\rho}_N) < A < K$ 等价于

$$\frac{\theta_U}{K\dot{\varphi}(\hat{\rho},\overline{\rho}_S,\overline{\rho}_N)+\theta_U} < \Omega < \frac{1-\overline{\rho}_N}{1+(K-1)\overline{\rho}_N}\frac{\Phi(\hat{\rho},\overline{\rho}_S,\overline{\rho}_N,\overline{\rho}_N)}{\varphi(\hat{\rho},\overline{\rho}_S,\overline{\rho}_N,\overline{\rho}_N)}$$

风险资产的 Sharpe 比率向量为:

$$R = \frac{\alpha}{\Omega} \frac{\left[\{K\Omega\dot{\varphi}(\hat{\rho},\overline{\rho}_S,\overline{\rho}_N)+\theta_U(\Omega-1)\}\left(I-\frac{1}{K}J\right) + \frac{\Omega}{K}\{[K\dot{\Phi}(\hat{\rho},\overline{\rho}_S,\overline{\rho}_N)+(K-1)\theta_U]-(K-1)\theta_U\Omega\}J \right]Y^0}{\dot{\Phi}(\hat{\rho},\overline{\rho}_S,\overline{\rho}_N)[K\dot{\varphi}(\hat{\rho},\overline{\rho}_S,\overline{\rho}_N)+\theta_U]+(K-1)\theta_U\dot{\varphi}(\hat{\rho},\overline{\rho}_S,\overline{\rho}_N)}$$

(6.17)

因此, 四类投资者的均衡头寸为:

$$Y_I^* = \frac{1}{\Omega} \frac{\left[\frac{K\Omega\dot{\varphi}(\hat{\rho},\overline{\rho}_S,\overline{\rho}_N)+\theta_U(\Omega-1)}{1-\hat{\rho}}\left(I-\frac{1}{K}J\right) + \frac{\Omega}{K}\frac{[K\dot{\Phi}(\hat{\rho},\overline{\rho}_S,\overline{\rho}_N)+(K-1)\theta_U]-(K-1)\theta_U\Omega}{1+(K-1)\hat{\rho}}J \right]Y^0}{\dot{\Phi}(\hat{\rho},\overline{\rho}_S,\overline{\rho}_N)[K\dot{\varphi}(\hat{\rho},\overline{\rho}_S,\overline{\rho}_N)+\theta_U]+(K-1)\theta_U\dot{\varphi}(\hat{\rho},\overline{\rho}_S,\overline{\rho}_N)}$$

(6.18a)

$$Y_\Lambda^* = \frac{1}{\Omega} \frac{\left[\frac{K\Omega\dot{\varphi}(\hat{\rho},\overline{\rho}_S,\overline{\rho}_N)+\theta_U(\Omega-1)}{1-\overline{\rho}_\Lambda}\left(I-\frac{1}{K}J\right) + \frac{\Omega}{K}\frac{[K\dot{\Phi}(\hat{\rho},\overline{\rho}_S,\overline{\rho}_N)+(K-1)\theta_U]-(K-1)\theta_U\Omega}{1+(K-1)\overline{\rho}_\Lambda}J \right]Y^0}{\dot{\Phi}(\hat{\rho},\overline{\rho}_S,\overline{\rho}_N)[K\dot{\varphi}(\hat{\rho},\overline{\rho}_S,\overline{\rho}_N)+\theta_U]+(K-1)\theta_U\dot{\varphi}(\hat{\rho},\overline{\rho}_S,\overline{\rho}_N)},$$

$$\Lambda = S, N$$

(6.18b)

$$Y_U^* = \frac{1}{\Omega} \frac{\dot{\Phi}(\hat{\rho},\overline{\rho}_S,\overline{\rho}_N)+(K-1)\dot{\varphi}(\hat{\rho},\overline{\rho}_S,\overline{\rho}_N)\Omega}{\dot{\Phi}(\hat{\rho},\overline{\rho}_S,\overline{\rho}_N)[K\dot{\varphi}(\hat{\rho},\overline{\rho}_S,\overline{\rho}_N)+\theta_U]+(K-1)\theta_U\dot{\varphi}(\hat{\rho},\overline{\rho}_S,\overline{\rho}_N)}\left(I-\frac{1-\Omega}{K}J\right)Y^0$$ (6.18c)

场景 7 $A = K$ 等价于

$$\Omega = \frac{\theta_U}{K\dot{\varphi}(\hat{\rho}, \overline{\rho}_S, \overline{\rho}_N) + \theta_U} \in (0, 1)$$

风险资产的 Sharpe 比率向量为:

$$R = \alpha \frac{1}{K\dot{\varphi}(\hat{\rho}, \overline{\rho}_S, \overline{\rho}_N) + \theta_U} JY^0 \tag{6.19}$$

因此, 4 种类型投资者的均衡头寸为:

$$Y_I^* = \frac{1}{1 + (K-1)\hat{\rho}} \frac{1}{K\dot{\varphi}(\hat{\rho}, \overline{\rho}_S, \overline{\rho}_N) + \theta_U} JY^0 \tag{6.20a}$$

$$Y_\Lambda^* = \frac{1}{1 + (K-1)\overline{\rho}_\Lambda} \frac{1}{K\dot{\varphi}(\hat{\rho}, \overline{\rho}_S, \overline{\rho}_N) + \theta_U} JY^0, \quad \Lambda = S, N \tag{6.20b}$$

$$Y_U^* = \frac{1}{\theta_U} \left\{ \mathbf{I} - \frac{\dot{\varphi}(\hat{\rho}, \overline{\rho}_S, \overline{\rho}_N)}{K\dot{\varphi}(\hat{\rho}, \overline{\rho}_S, \overline{\rho}_N) + \theta_U} J \right\} Y^0 \tag{6.20c}$$

总结上述 4 种场景, 我们得到了一般均衡的定理如下。

定理 6.1 在市场中存在一个唯一的一般均衡。这一均衡是以下 4 种情景之一。

情景 1 若分散度微小, 即 $0 \leqslant \Omega \leqslant \frac{\theta_U}{K\dot{\varphi}(\hat{\rho}, \overline{\rho}_S, \overline{\rho}_N) + \theta_U}$, 风险资产的均衡价格为 $P = \mu - \Delta R$, 其中风险资产的均衡 Sharpe 比率在式 (6.19) 中定义, 4 种类型投资者的均衡头寸为式 (6.20)。

情景 2 若分散度很小, 即 $\frac{\theta_U}{K\dot{\varphi}(\hat{\rho}, \overline{\rho}_S, \overline{\rho}_N) + \theta_U} < \Omega < \frac{1 - \overline{\rho}_N}{1 + (K-1)\overline{\rho}_N} \frac{\Phi(\hat{\rho}, \overline{\rho}_S, \overline{\rho}_N, \overline{\rho}_N)}{\varphi(\hat{\rho}, \overline{\rho}_S, \overline{\rho}_N, \overline{\rho}_N)}$, 风险资产的均衡价格为 $P = \mu - \Delta R$, 其中风险资产的均衡 Sharpe 比率在式 (6.17) 中定义, 4 种类型投资者的均衡头寸为式 (6.18)。

情景 3 若分散度较小, 即

$$\frac{1 - \overline{\rho}_N}{1 + (K-1)\overline{\rho}_N} \frac{\Phi(\hat{\rho}, \overline{\rho}_S, \overline{\rho}_N, \overline{\rho}_N)}{\varphi(\hat{\rho}, \overline{\rho}_S, \overline{\rho}_N, \overline{\rho}_N)} \leqslant \Omega < \frac{1 - \overline{\rho}_S}{1 + (K-1)\overline{\rho}_S} \frac{\Phi(\hat{\rho}, \overline{\rho}_S, \overline{\rho}_S, \overline{\rho}_S)}{\varphi(\hat{\rho}, \overline{\rho}_S, \overline{\rho}_S, \overline{\rho}_S)},$$

风险资产的均衡价格为 $P = \mu - \Delta R$, 其中风险资产的均衡 Sharpe 比率在式 (6.15) 中定义, 4 种类型投资者的均衡头寸为式 (6.16)。

情景 4 若分散度中等, 即 $\frac{1 - \overline{\rho}_S}{1 + (K-1)\overline{\rho}_S} \frac{\Phi(\hat{\rho}, \overline{\rho}_S, \overline{\rho}_S, \overline{\rho}_S)}{\varphi(\hat{\rho}, \overline{\rho}_S, \overline{\rho}_S, \overline{\rho}_S)} \leqslant \Omega < 1$, 风险资产的均衡价格为 $P = \mu - \Delta R$, 其中风险资产的均衡 Sharpe 比率在式 (6.13) 中定义, 4 种类型投资者的均衡头寸为式 (6.14)。

注记 从定理 6.1 中我们得知, 精明投资者和天真投资者的最小相关系数 $\underline{\rho}_S$ 和 $\underline{\rho}_N$ 与决定经济中的均衡类型或均衡价格无关。[①]这一发现与暧昧厌恶投资者的优化过程高

---

① $\underline{\rho}_\Lambda$ 的消除直接源于我们的模型设置。在计算过程中, 我们发现 $\underline{\rho}_S$ 和 $\underline{\rho}_N$ 出现在场景 1、场景 2、场景 3 的区间和场景 4 所在的左子区间中。然而, 在这 4 种情况下, 我们无法达到一般均衡。在这 4 种场景中获得的分散度均大于 1, 这与 $\Omega < 1$ 相矛盾。

度一致。由于受到相关系数暧昧性的影响, SN 投资者悲观地认为资产回报将朝着不利的方向发展; 也就是说, 对他们来说风险资产多样化的潜在收益非常低。具体而言, 如果他们认识到资产回报是正相关的, 他们就会主观认为相关系数取了上限值 $\overline{\rho}_\Lambda$, 并据此进行交易; 否则, 如果资产相关系数为负值, 他们主观上会认为相关系数是最低的绝对值, 并且不会给他们带来什么分散化收益。

6.3　资产配置与安全投资转移

如定理 6.1 所述, 投资者的均衡头寸取决于资产质量, 资产质量定义为标准差和人均禀赋的乘积。在这一节中, 我们集中于比较投资者之间的均衡头寸, 以检验他们在相关系数暧昧性下的交易模式。

为了清楚地比较均衡头寸, 我们研究了定理 6.1 中的每个情景, 计算细节在本章附录 D 中给出。

情景 1　若分散度中等, 即 $\dfrac{1-\overline{\rho}_S}{1+(K-1)\overline{\rho}_S}\dfrac{\Phi(\hat{\rho},\overline{\rho}_S,\overline{\rho}_S,\overline{\rho}_S)}{\varphi(\hat{\rho},\overline{\rho}_S,\overline{\rho}_S,\overline{\rho}_S)}\leqslant\Omega<1$, 4 种类型投资者的均衡头寸为式 (6.14), 即处于这种均衡状态的 SNU 投资者采取相同的交易策略。对于内部投资者和 SNU 投资者, 他们持有的风险资产的差异如下 ($\Lambda=S,N,U$, $k=1,\cdots,K$):

$$Y_{Ik}^* \lesseqgtr Y_{\Lambda k}^* \qquad \Longleftrightarrow \qquad \frac{Y_k^0}{\mathbf{1}^\top Y^0} \gtreqless \frac{1-\hat{\rho}}{K}\left(\frac{1}{1-\hat{\rho}}+\frac{(K-1)\Omega}{1+(K-1)\hat{\rho}}\right)$$

当资产 k 的质量比率小于 $\dfrac{1-\hat{\rho}}{K}\left(\dfrac{1}{1-\hat{\rho}}+\dfrac{(K-1)\Omega}{1+(K-1)\hat{\rho}}\right)$ 时, 与 SNU 投资者相比, 内部投资者将在相对低质量的资产上持有更大的头寸; 另一方面, 当资产 k 的质量比率大于 $\dfrac{1-\hat{\rho}}{K}\left(\dfrac{1}{1-\hat{\rho}}+\dfrac{(K-1)\Omega}{1+(K-1)\hat{\rho}}\right)$ 时, 与内部投资者相比, SNU 投资者将在相对高质量的资产上持有更大的头寸。

这一分析表明, 信息较少的投资者并不总是比内部投资者持有更少的头寸。直觉上, 暧昧厌恶的投资者在受到资产收益的相关系数暧昧性影响时, 往往会采取保守的交易策略。然而, 我们的结果表明情况并非总是如此。将内部投资者的最优投资组合作为经济的基准, 他们不会直接受到相关系数暧昧性的影响。然而, SNU 投资者同时面临风险和暧昧性, 并且在 MEU 框架内做出决策。在场景 1 中, 与内部投资者相比, SNU 投资者倾向于持有更多的质量相对较高的风险资产, 而 "逃离" 质量相对较低的资产。即, 在我们的经济中观察到了安全投资转移的现象。我们仍然需要检查在其他 3 种情况下, 是否也可以观察到安全投资转移现象。我们应该注意到, 信息较少的投资者增持头寸的临界点严格大于 $\dfrac{1}{K}$, 这意味着暧昧厌恶的投资者不仅仅满足于具有平均质量的风险资产; 相反, 他们要求的资产质量高于所有风险资产的平均水平。

情景 2 若分散度较小, 即

$$\frac{1-\overline{\rho}_N}{1+(K-1)\overline{\rho}_N}\frac{\Phi(\hat{\rho},\overline{\rho}_S,\overline{\rho}_N,\overline{\rho}_N)}{\varphi(\hat{\rho},\overline{\rho}_S,\overline{\rho}_N,\overline{\rho}_N)}\leqslant \Omega < \frac{1-\overline{\rho}_S}{1+(K-1)\overline{\rho}_S}\frac{\Phi(\hat{\rho},\overline{\rho}_S,\overline{\rho}_S,\overline{\rho}_S)}{\varphi(\hat{\rho},\overline{\rho}_S,\overline{\rho}_S,\overline{\rho}_S)},$$

4 种类型投资者的均衡头寸分别为式 (6.16)。在这种情况下, 天真投资者和噪音投资者持有的风险资产相同。

为了比较投资者的均衡头寸, 我们将内部投资者的投资组合作为基准。

对于内部投资者和精明投资者, 他们持有的风险资产之间的差异如下 ($k = 1, \cdots, K$):

$$Y_{Ik}^* \lesseqqgtr Y_{Sk}^* \iff \frac{Y_k^0}{\mathbf{1}^\top Y^0} \gtreqqless \frac{1}{K}\left[1+(K-1)\Omega\frac{\dfrac{K\ddot{\Phi}(\hat{\rho},\overline{\rho}_S)+(K-1)(\theta_N+\theta_U)(1-\Omega)}{[1+(K-1)\hat{\rho}][1+(K-1)\overline{\rho}_S]}}{\dfrac{K\ddot{\varphi}(\hat{\rho},\overline{\rho}_S)\Omega-(\theta_N+\theta_U)(1-\Omega)}{(1-\hat{\rho})(1-\overline{\rho}_S)}}\right]$$

对于内部投资者和 NU 投资者, 他们持有的风险资产之间的差异如下 ($\Lambda = N, U$; $k = 1, \cdots, K$):

$$Y_{Ik}^* \lesseqqgtr Y_{\Lambda k}^* \iff \frac{Y_k^0}{\mathbf{1}^\top Y^0} \gtreqqless \frac{1-\hat{\rho}}{K}\left(\frac{1}{1-\hat{\rho}}+\frac{(K-1)\Omega}{1+(K-1)\hat{\rho}}\right)$$

当资产 k 的质量比率小于 $\dfrac{1-\hat{\rho}}{K}\left(\dfrac{1}{1-\hat{\rho}}+\dfrac{(K-1)\Omega}{1+(K-1)\hat{\rho}}\right)$ 时, 与 NU 投资者相比, 内部投资者将在相对低质量的资产上持有更大的头寸; 当资产 k 的质量比率大于 $\dfrac{1-\hat{\rho}}{K}$ $\left(\dfrac{1}{1-\hat{\rho}}+\dfrac{(K-1)\Omega}{1+(K-1)\hat{\rho}}\right)$ 时, 与内部投资者相比, NU 投资者将在相对高质量的资产上持有更大的头寸。

对于精明投资者和 NU 投资者, 他们持有的风险资产之间的差异如下 ($\Lambda = N, U$; $k = 1, \cdots, K$):

$$Y_{Sk}^* \lesseqqgtr Y_{\Lambda k}^* \iff \frac{Y_k^0}{\mathbf{1}^\top Y^0} \gtreqqless \frac{1-\overline{\rho}_S}{K}\left(\frac{1}{1-\overline{\rho}_S}+\frac{(K-1)\Omega}{1+(K-1)\overline{\rho}_S}\right)$$

当资产 k 的质量比率小于 $\dfrac{1-\overline{\rho}_S}{K}\left(\dfrac{1}{1-\overline{\rho}_S}+\dfrac{(K-1)\Omega}{1+(K-1)\overline{\rho}_S}\right)$ 时, 与 NU 投资者相比, 精明投资者将在相对低质量的资产上持有更大的头寸; 当资产 k 的质量比率大于 $\dfrac{1-\overline{\rho}_S}{K}\left(\dfrac{1}{1-\overline{\rho}_S}+\dfrac{(K-1)\Omega}{1+(K-1)\overline{\rho}_S}\right)$ 时, 与精明投资者相比, NU 投资者将在相对高质量的资产上持有更大的头寸。

对于 4 种类型投资者的边界 $\dfrac{Y_k^0}{\mathbf{1}^\top Y^0}$ 有一个单调关系:

$$\frac{1}{K}\left[1+(K-1)\Omega\frac{1-\overline{\rho}_S}{1+(K-1)\overline{\rho}_S}\right] < \frac{1}{K}\left[1+(K-1)\Omega\frac{1-\hat{\rho}}{1+(K-1)\hat{\rho}}\right]$$

$$< \frac{1}{K}\left[1 + (K-1)\Omega \frac{\dfrac{K\ddot{\Phi}(\hat{\rho},\overline{\rho}_S) + (K-1)(\theta_N+\theta_U)(1-\Omega)}{[1+(K-1)\hat{\rho}][1+(K-1)\overline{\rho}_S]}}{\dfrac{K\ddot{\varphi}(\hat{\rho},\overline{\rho}_S)\Omega - (\theta_N+\theta_U)(1-\Omega)}{(1-\hat{\rho})(1-\overline{\rho}_S)}}\right]$$

因此, 对于 $k = 1, \cdots, K$ 和 $\Lambda = N, U$, 我们有如下关系:

① 若 $\dfrac{Y_k^0}{\mathbf{1}^\top Y^0} < \dfrac{1}{K}\left[1 + (K-1)\Omega \dfrac{1-\overline{\rho}_S}{1+(K-1)\overline{\rho}_S}\right]$, 则 $Y_{\Lambda k}^* < Y_{Sk}^* < Y_{Ik}^*$;

② 若 $\dfrac{1}{K}\left[1 + (K-1)\Omega \dfrac{1-\overline{\rho}_S}{1+(K-1)\overline{\rho}_S}\right] < \dfrac{Y_k^0}{\mathbf{1}^\top Y^0} < \dfrac{1}{K}\left[1 + (K-1)\Omega \dfrac{1-\hat{\rho}}{1+(K-1)\hat{\rho}}\right]$,

则 $Y_{Sk}^* < Y_{\Lambda k}^* < Y_{Ik}^*$;

③ 若

$$\frac{1}{K}\left[1 + (K-1)\Omega \frac{1-\hat{\rho}}{1+(K-1)\hat{\rho}}\right] < \frac{Y_k^0}{\mathbf{1}^\top Y^0}$$

$$< \frac{1}{K}\left[1 + (K-1)\Omega \frac{\dfrac{K\ddot{\Phi}(\hat{\rho},\overline{\rho}_S) + (K-1)(\theta_N+\theta_U)(1-\Omega)}{[1+(K-1)\hat{\rho}][1+(K-1)\overline{\rho}_S]}}{\dfrac{K\ddot{\varphi}(\hat{\rho},\overline{\rho}_S)\Omega - (\theta_N+\theta_U)(1-\Omega)}{(1-\hat{\rho})(1-\overline{\rho}_S)}}\right],$$

则 $Y_{Sk}^* < Y_{Ik}^* < Y_{\Lambda k}^*$;

④ 若 $\dfrac{1}{K}\left[1 + (K-1)\Omega \dfrac{\dfrac{K\ddot{\Phi}(\hat{\rho},\overline{\rho}_S) + (K-1)(\theta_N+\theta_U)(1-\Omega)}{[1+(K-1)\hat{\rho}][1+(K-1)\overline{\rho}_S]}}{\dfrac{K\ddot{\varphi}(\hat{\rho},\overline{\rho}_S)\Omega - (\theta_N+\theta_U)(1-\Omega)}{(1-\hat{\rho})(1-\overline{\rho}_S)}}\right] < \dfrac{Y_k^0}{\mathbf{1}^\top Y^0}$, 则 $Y_{Ik}^* <$

$Y_{Sk}^* < Y_{\Lambda k}^*$。

从上述比较中可以直截了当地推断出, 随着资产 k 质量的提高, NU 投资者首先比精明投资者持有更大的头寸, 然后甚至比内部投资者持有更多头寸。最终, 如果与市场上的其他风险资产相比, k 资产的质量相当好, 精明投资者也会比内部投资者持有更大的头寸, 但他们持有的头寸将严格小于 NU 投资者的均衡头寸。

与前一种情况相同, 当分散度较小时, 仍会出现安全投资转移现象。与拥有更多信息的投资者相比, 拥有较少相关系数信息的投资者更有可能青睐质量更好的资产。如上述比较所示, NU 投资者渴望尽快摆脱低质量资产, 并将其头寸转移到那些质量略高于市场平均水平的更好的资产。对于精明投资者来说, 尽管他们掌握了部分市场信息, 但他们面临的暧昧性也会使他们持有更高质量的风险资产, 因此精明投资者最终将在相对优质的资产上比内部投资者持有更大的头寸。

情景 3　若分散度很小, 即

$$\frac{\theta_U}{K\Phi(\hat{\rho},\overline{\rho}_S,\overline{\rho}_N,0) - (K-1)\theta_U} < \Omega < \frac{1-\overline{\rho}_N}{1+(K-1)\overline{\rho}_N}\frac{\Phi(\hat{\rho},\overline{\rho}_S,\overline{\rho}_N,\overline{\rho}_N)}{\varphi(\hat{\rho},\overline{\rho}_S,\overline{\rho}_N,\overline{\rho}_N)},$$

4 种类型投资者的均衡头寸为式 (6.18)。

对于内部投资者和 SN 投资者, 他们持有的风险资产之间的差异如下 ($\Lambda = S, N$; $k = 1, \cdots, K$):

$$Y_{Ik}^* \lesseqqgtr Y_{\Lambda k}^* \iff \frac{Y_k^0}{\mathbf{1}^\top Y^0} \gtreqqless \frac{1}{K}\left[1 + (K-1)\Omega \frac{\dfrac{K\dot\Phi(\hat\rho, \overline\rho_S, \overline\rho_N) + (K-1)\theta_U(1-\Omega)}{[1+(K-1)\hat\rho][1+(K-1)\overline\rho_\Lambda]}}{\dfrac{K\Omega\dot\varphi(\hat\rho, \overline\rho_S, \overline\rho_N) - \theta_U(1-\Omega)}{(1-\hat\rho)(1-\overline\rho_\Lambda)}}\right]$$

对于精明投资者和天真投资者, 他们持有的风险资产之间的差异如下:

$$Y_{Sk}^* \lesseqqgtr Y_{Nk}^* \iff \frac{Y_k^0}{\mathbf{1}^\top Y^0} \gtreqqless \frac{1}{K}\left[1 + (K-1)\Omega \frac{\dfrac{K\dot\Phi(\hat\rho, \overline\rho_S, \overline\rho_N) + (K-1)\theta_U(1-\Omega)}{[1+(K-1)\overline\rho_S][1+(K-1)\overline\rho_N]}}{\dfrac{K\Omega\dot\varphi(\hat\rho, \overline\rho_S, \overline\rho_N) - \theta_U(1-\Omega)}{(1-\overline\rho_S)(1-\overline\rho_N)}}\right]$$

对于内部投资者和噪音投资者, 他们持有的风险资产之间的差异如下:

$$Y_{Ik}^* \lesseqgtr Y_{Uk}^* \iff \frac{Y_k^0}{\mathbf{1}^\top Y^0} \gtreqless \frac{1-\hat\rho}{K}\left(\frac{1}{1-\hat\rho} + \frac{(K-1)\Omega}{1+(K-1)\hat\rho}\right)$$

当资产 k 的质量比率小于 $\dfrac{1-\hat\rho}{K}\left(\dfrac{1}{1-\hat\rho} + \dfrac{(K-1)\Omega}{1+(K-1)\hat\rho}\right)$ 时, 与噪音投资者相比, 内部投资者将在相对低质量的资产上持有更大的头寸; 当资产 k 的质量比率大于 $\dfrac{1-\hat\rho}{K}$ $\left(\dfrac{1}{1-\hat\rho} + \dfrac{(K-1)\Omega}{1+(K-1)\hat\rho}\right)$ 时, 与内部投资者相比, 噪音投资者将在相对高质量的资产上持有更大的头寸。

对于 SN 投资者和噪音投资者, 他们持有的风险资产之间的差异如下 ($\Lambda = S, N$):

$$Y_{\Lambda k}^* \lesseqgtr Y_{Uk}^* \iff \frac{Y_k^0}{\mathbf{1}^\top Y^0} \gtreqless \frac{1-\overline\rho_\Lambda}{K}\left(\frac{1}{1-\overline\rho_\Lambda} + \frac{(K-1)\Omega}{1+(K-1)\overline\rho_\Lambda}\right)$$

当资产 k 的质量比率小于 $\dfrac{1-\overline\rho_\Lambda}{K}\left(\dfrac{1}{1-\overline\rho_\Lambda} + \dfrac{(K-1)\Omega}{1+(K-1)\overline\rho_\Lambda}\right)$ 时, 与噪音投资者相比, 内部投资者将在相对低质量的资产上持有更大的头寸; 当资产 k 的质量比率大于 $\dfrac{1-\overline\rho_\Lambda}{K}\left(\dfrac{1}{1-\overline\rho_\Lambda} + \dfrac{(K-1)\Omega}{1+(K-1)\overline\rho_\Lambda}\right)$ 时, 与内部投资者相比, 噪音投资者将在相对高质量的资产上持有更大的头寸。

我们可以验证:

$$\Omega^* = \frac{[1+(K-1)\hat\rho](1-\overline\rho_S)(1-\overline\rho_N)\Phi(\hat\rho, \overline\rho_S, \overline\rho_N) + [1+(K-1)\overline\rho_S\overline\rho_N + (K-2)\hat\rho - (K-1)\hat\rho(\overline\rho_S + \overline\rho_N)]\theta_U}{(1-\hat\rho)[1+(K-1)\overline\rho_S][1+(K-1)\overline\rho_N]\varphi(\hat\rho, \overline\rho_S, \overline\rho_N) + [1+(K-1)\overline\rho_S\overline\rho_N + (K-2)\hat\rho - (K-1)\hat\rho(\overline\rho_S + \overline\rho_N)]\theta_U}$$

$$\in \left(\frac{\Phi(\hat{\rho}, \overline{\rho}_S, \overline{\rho}_N, 0) - \dot{\Phi}(\hat{\rho}, \overline{\rho}_S, \overline{\rho}_N)}{\varphi(\hat{\rho}, \overline{\rho}_S, \overline{\rho}_N, 0) + (K-1)\dot{\varphi}(\hat{\rho}, \overline{\rho}_S, \overline{\rho}_N)}, \frac{\Phi(\hat{\rho}, \overline{\rho}_S, \overline{\rho}_N, 0) - \overline{\rho}_N \dot{\Phi}(\hat{\rho}, \overline{\rho}_S, \overline{\rho}_N)}{\varphi(\hat{\rho}, \overline{\rho}_S, \overline{\rho}_N, 0) + (K-1)\overline{\rho}_N \dot{\varphi}(\hat{\rho}, \overline{\rho}_S, \overline{\rho}_N)} \right)$$

并且解方程:

$$\frac{1-\hat{\rho}}{1+(K-1)\hat{\rho}} \frac{K\Omega\dot{\varphi}(\hat{\rho}, \overline{\rho}_S, \overline{\rho}_N) - \theta_U(1-\Omega)}{(1-\overline{\rho}_S)(1-\overline{\rho}_N)} = \frac{K\dot{\Phi}(\hat{\rho}, \overline{\rho}_S, \overline{\rho}_N) + (K-1)\theta_U(1-\Omega)}{[1+(K-1)\overline{\rho}_S][1+(K-1)\overline{\rho}_N]}$$

情况 1 $\dfrac{\Phi(\hat{\rho}, \overline{\rho}_S, \overline{\rho}_N, 0) - \dot{\Phi}(\hat{\rho}, \overline{\rho}_S, \overline{\rho}_N)}{\varphi(\hat{\rho}, \overline{\rho}_S, \overline{\rho}_N, 0) + (K-1)\dot{\varphi}(\hat{\rho}, \overline{\rho}_S, \overline{\rho}_N)} < \Omega < \Omega^*$

我们注意到对于 4 种类型投资者的边界 $\dfrac{Y_k^0}{\mathbf{1}^\top Y^0}$ 有一个单调关系:

$$\frac{1}{K}\left[1 + (K-1)\Omega\frac{1-\overline{\rho}_N}{1+(K-1)\overline{\rho}_N}\right]$$

$$< \frac{1}{K}\left[1 + (K-1)\Omega\frac{1-\overline{\rho}_S}{1+(K-1)\overline{\rho}_S}\right]$$

$$< \frac{1}{K}\left[1 + (K-1)\Omega\frac{1-\hat{\rho}}{1+(K-1)\hat{\rho}}\right]$$

$$< \frac{1}{K}\left[1 + (K-1)\Omega\frac{\dfrac{K\dot{\Phi}(\hat{\rho}, \overline{\rho}_S, \overline{\rho}_N) + (K-1)\theta_U(1-\Omega)}{[1+(K-1)\overline{\rho}_S][1+(K-1)\overline{\rho}_N]}}{\dfrac{K\Omega\dot{\varphi}(\hat{\rho}, \overline{\rho}_S, \overline{\rho}_N) - \theta_U(1-\Omega)}{(1-\overline{\rho}_S)(1-\overline{\rho}_N)}}\right]$$

$$< \frac{1}{K}\left[1 + (K-1)\Omega\frac{\dfrac{K\dot{\Phi}(\hat{\rho}, \overline{\rho}_S, \overline{\rho}_N) + (K-1)\theta_U(1-\Omega)}{[1+(K-1)\hat{\rho}][1+(K-1)\overline{\rho}_N]}}{\dfrac{K\Omega\dot{\varphi}(\hat{\rho}, \overline{\rho}_S, \overline{\rho}_N) - \theta_U(1-\Omega)}{(1-\hat{\rho})(1-\overline{\rho}_N)}}\right]$$

$$< \frac{1}{K}\left[1 + (K-1)\Omega\frac{\dfrac{K\dot{\Phi}(\hat{\rho}, \overline{\rho}_S, \overline{\rho}_N) + (K-1)\theta_U(1-\Omega)}{[1+(K-1)\hat{\rho}][1+(K-1)\overline{\rho}_S]}}{\dfrac{K\Omega\dot{\varphi}(\hat{\rho}, \overline{\rho}_S, \overline{\rho}_N) - \theta_U(1-\Omega)}{(1-\hat{\rho})(1-\overline{\rho}_S)}}\right]$$

因此, 我们有了如下比较: 对 $k = 1, \cdots, K$,

① 若 $\dfrac{Y_k^0}{\mathbf{1}^\top Y^0} < \dfrac{1}{K}\left[1 + (K-1)\Omega\dfrac{1-\overline{\rho}_N}{1+(K-1)\overline{\rho}_N}\right]$, 则 $Y_{Uk}^* < Y_{Nk}^* < Y_{Sk}^* < Y_{Ik}^*$;

② 若 $\dfrac{1}{K}\left[1+(K-1)\Omega\dfrac{1-\overline{\rho}_N}{1+(K-1)\overline{\rho}_N}\right] < \dfrac{Y_k^0}{\mathbf{1}^\top Y^0} < \dfrac{1}{K}\left[1+(K-1)\Omega\dfrac{1-\overline{\rho}_S}{1+(K-1)\overline{\rho}_S}\right]$,
则 $Y_{Nk}^* < Y_{Uk}^* < Y_{Sk}^* < Y_{Ik}^*$;

③ 若 $\dfrac{1}{K}\left[1+(K-1)\Omega\dfrac{1-\overline{\rho}_S}{1+(K-1)\overline{\rho}_S}\right] < \dfrac{Y_k^0}{\mathbf{1}^\top Y^0} < \dfrac{1}{K}\left[1+(K-1)\Omega\dfrac{1-\hat{\rho}}{1+(K-1)\hat{\rho}}\right]$,
则 $Y_{Nk}^* < Y_{Sk}^* < Y_{Uk}^* < Y_{Ik}^*$;

④ 若 $\dfrac{1}{K}\left[1+(K-1)\Omega\dfrac{1-\hat{\rho}}{1+(K-1)\hat{\rho}}\right] < \dfrac{Y_k^0}{\mathbf{1}^\top Y^0} <$

$$\dfrac{1}{K}\left[1+(K-1)\Omega\dfrac{\dfrac{K\dot{\Phi}(\hat{\rho},\overline{\rho}_S,\overline{\rho}_N)+(K-1)\theta_U(1-\Omega)}{[1+(K-1)\overline{\rho}_S][1+(K-1)\overline{\rho}_N]}}{\dfrac{K\Omega\dot{\varphi}(\hat{\rho},\overline{\rho}_S,\overline{\rho}_N)-\theta_U(1-\Omega)}{(1-\overline{\rho}_S)(1-\overline{\rho}_N)}}\right],\ 则\ Y_{Nk}^* < Y_{Sk}^* < Y_{Ik}^* < Y_{Uk}^*;$$

⑤ 若 $\dfrac{1}{K}\left[1+(K-1)\Omega\dfrac{\dfrac{K\dot{\Phi}(\hat{\rho},\overline{\rho}_S,\overline{\rho}_N)+(K-1)\theta_U(1-\Omega)}{[1+(K-1)\overline{\rho}_S][1+(K-1)\overline{\rho}_N]}}{\dfrac{K\Omega\dot{\varphi}(\hat{\rho},\overline{\rho}_S,\overline{\rho}_N)-\theta_U(1-\Omega)}{(1-\overline{\rho}_S)(1-\overline{\rho}_N)}}\right] < \dfrac{Y_k^0}{\mathbf{1}^\top Y^0} <$

$$\dfrac{1}{K}\left[1+(K-1)\Omega\dfrac{\dfrac{K\dot{\Phi}(\hat{\rho},\overline{\rho}_S,\overline{\rho}_N)+(K-1)\theta_U(1-\Omega)}{[1+(K-1)\hat{\rho}][1+(K-1)\overline{\rho}_N]}}{\dfrac{K\Omega\dot{\varphi}(\hat{\rho},\overline{\rho}_S,\overline{\rho}_N)-\theta_U(1-\Omega)}{(1-\hat{\rho})(1-\overline{\rho}_N)}}\right],\ 则\ Y_{Sk}^* < Y_{Nk}^* < Y_{Ik}^* < Y_{Uk}^*;$$

⑥ 若 $\dfrac{1}{K}\left[1+(K-1)\Omega\dfrac{\dfrac{K\dot{\Phi}(\hat{\rho},\overline{\rho}_S,\overline{\rho}_N)+(K-1)\theta_U(1-\Omega)}{[1+(K-1)\hat{\rho}][1+(K-1)\overline{\rho}_N]}}{\dfrac{K\Omega\dot{\varphi}(\hat{\rho},\overline{\rho}_S,\overline{\rho}_N)-\theta_U(1-\Omega)}{(1-\hat{\rho})(1-\overline{\rho}_N)}}\right] < \dfrac{Y_k^0}{\mathbf{1}^\top Y^0} <$

$$\dfrac{1}{K}\left[1+(K-1)\Omega\dfrac{\dfrac{K\dot{\Phi}(\hat{\rho},\overline{\rho}_S,\overline{\rho}_N)+(K-1)\theta_U(1-\Omega)}{[1+(K-1)\hat{\rho}][1+(K-1)\overline{\rho}_S]}}{\dfrac{K\Omega\dot{\varphi}(\hat{\rho},\overline{\rho}_S,\overline{\rho}_N)-\theta_U(1-\Omega)}{(1-\hat{\rho})(1-\overline{\rho}_S)}}\right],\ 则\ Y_{Sk}^* < Y_{Ik}^* < Y_{Nk}^* < Y_{Uk}^*;$$

⑦ 若 $\dfrac{1}{K}\left[1+(K-1)\Omega\dfrac{\dfrac{K\dot{\Phi}(\hat{\rho},\overline{\rho}_S,\overline{\rho}_N)+(K-1)\theta_U(1-\Omega)}{[1+(K-1)\hat{\rho}][1+(K-1)\overline{\rho}_S]}}{\dfrac{K\Omega\dot{\varphi}(\hat{\rho},\overline{\rho}_S,\overline{\rho}_N)-\theta_U(1-\Omega)}{(1-\hat{\rho})(1-\overline{\rho}_S)}}\right] < \dfrac{Y_k^0}{\mathbf{1}^\top Y^0},\ 则\ Y_{Ik}^* <$

$Y_{Sk}^* < Y_{Nk}^* < Y_{Uk}^*$。

情况 2 $\Omega^* < \Omega < \dfrac{\Phi(\hat{\rho},\overline{\rho}_S,\overline{\rho}_N,0)-\overline{\rho}_N\dot{\Phi}(\hat{\rho},\overline{\rho}_S,\overline{\rho}_N)}{\varphi(\hat{\rho},\overline{\rho}_S,\overline{\rho}_N,0)+(K-1)\overline{\rho}_N\dot{\varphi}(\hat{\rho},\overline{\rho}_S,\overline{\rho}_N)}$

我们注意到对于 4 种类型投资者的边界 $\dfrac{Y_k^0}{\mathbf{1}^\top Y^0}$ 有一个单调关系:

$$\dfrac{1}{K}\left[1+(K-1)\Omega\dfrac{1-\overline{\rho}_N}{1+(K-1)\overline{\rho}_N}\right]$$

$$<\dfrac{1}{K}\left[1+(K-1)\Omega\dfrac{1-\overline{\rho}_S}{1+(K-1)\overline{\rho}_S}\right]$$

$$< \frac{1}{K}\left[1+(K-1)\Omega\frac{\dfrac{K\dot{\Phi}(\hat{\rho},\overline{\rho}_S,\overline{\rho}_N)+(K-1)\theta_U(1-\Omega)}{[1+(K-1)\overline{\rho}_S][1+(K-1)\overline{\rho}_N]}}{\dfrac{K\Omega\dot{\varphi}(\hat{\rho},\overline{\rho}_S,\overline{\rho}_N)-\theta_U(1-\Omega)}{(1-\overline{\rho}_S)(1-\overline{\rho}_N)}}\right]$$

$$< \frac{1}{K}\left[1+(K-1)\Omega\frac{1-\hat{\rho}}{1+(K-1)\hat{\rho}}\right]$$

$$< \frac{1}{K}\left[1+(K-1)\Omega\frac{\dfrac{K\dot{\Phi}(\hat{\rho},\overline{\rho}_S,\overline{\rho}_N)+(K-1)\theta_U(1-\Omega)}{[1+(K-1)\hat{\rho}][1+(K-1)\overline{\rho}_N]}}{\dfrac{K\Omega\dot{\varphi}(\hat{\rho},\overline{\rho}_S,\overline{\rho}_N)-\theta_U(1-\Omega)}{(1-\hat{\rho})(1-\overline{\rho}_N)}}\right]$$

$$< \frac{1}{K}\left[1+(K-1)\Omega\frac{\dfrac{K\dot{\Phi}(\hat{\rho},\overline{\rho}_S,\overline{\rho}_N)+(K-1)\theta_U(1-\Omega)}{[1+(K-1)\hat{\rho}][1+(K-1)\overline{\rho}_S]}}{\dfrac{K\Omega\dot{\varphi}(\hat{\rho},\overline{\rho}_S,\overline{\rho}_N)-\theta_U(1-\Omega)}{(1-\hat{\rho})(1-\overline{\rho}_S)}}\right]$$

因此, 我们有了如下比较: 对 $k=1,\cdots,K$,

① 若 $\dfrac{Y_k^0}{\mathbf{1}^\top Y^0}<\dfrac{1}{K}\left[1+(K-1)\Omega\dfrac{1-\overline{\rho}_N}{1+(K-1)\overline{\rho}_N}\right]$, 则 $Y_{Uk}^*<Y_{Nk}^*<Y_{Sk}^*<Y_{Ik}^*$;

② 若 $\dfrac{1}{K}\left[1+(K-1)\Omega\dfrac{1-\overline{\rho}_N}{1+(K-1)\overline{\rho}_N}\right]<\dfrac{Y_k^0}{\mathbf{1}^\top Y^0}<\dfrac{1}{K}\left[1+(K-1)\Omega\dfrac{1-\overline{\rho}_S}{1+(K-1)\overline{\rho}_S}\right]$,
则 $Y_{Nk}^*<Y_{Uk}^*<Y_{Sk}^*<Y_{Ik}^*$;

③　若　$\dfrac{1}{K}\left[1+(K-1)\Omega\dfrac{1-\overline{\rho}_S}{1+(K-1)\overline{\rho}_S}\right]$　<　$\dfrac{Y_k^0}{\mathbf{1}^\top Y^0}$　<

$\dfrac{1}{K}\left[1+(K-1)\Omega\dfrac{\dfrac{K\dot{\Phi}(\hat{\rho},\overline{\rho}_S,\overline{\rho}_N)+(K-1)\theta_U(1-\Omega)}{[1+(K-1)\overline{\rho}_S][1+(K-1)\overline{\rho}_N]}}{\dfrac{K\Omega\dot{\varphi}(\hat{\rho},\overline{\rho}_S,\overline{\rho}_N)-\theta_U(1-\Omega)}{(1-\overline{\rho}_S)(1-\overline{\rho}_N)}}\right]$, 则 $Y_{Nk}^*<Y_{Sk}^*<Y_{Uk}^*<Y_{Ik}^*$;

④　若　$\dfrac{1}{K}\left[1+(K-1)\Omega\dfrac{\dfrac{K\dot{\Phi}(\hat{\rho},\overline{\rho}_S,\overline{\rho}_N)+(K-1)\theta_U(1-\Omega)}{[1+(K-1)\overline{\rho}_S][1+(K-1)\overline{\rho}_N]}}{\dfrac{K\Omega\dot{\varphi}(\hat{\rho},\overline{\rho}_S,\overline{\rho}_N)-\theta_U(1-\Omega)}{(1-\overline{\rho}_S)(1-\overline{\rho}_N)}}\right]$　<　$\dfrac{Y_k^0}{\mathbf{1}^\top Y^0}$　<

$\dfrac{1}{K}\left[1+(K-1)\Omega\dfrac{1-\hat{\rho}}{1+(K-1)\hat{\rho}}\right]$, 则 $Y_{Sk}^*<Y_{Nk}^*<Y_{Uk}^*<Y_{Ik}^*$;

⑤　若　$\dfrac{1}{K}\left[1+(K-1)\Omega\dfrac{1-\hat{\rho}}{1+(K-1)\hat{\rho}}\right]$　<　$\dfrac{Y_k^0}{\mathbf{1}^\top Y^0}$　<

$\dfrac{1}{K}\left[1+(K-1)\Omega\dfrac{\dfrac{K\dot{\Phi}(\hat{\rho},\overline{\rho}_S,\overline{\rho}_N)+(K-1)\theta_U(1-\Omega)}{[1+(K-1)\hat{\rho}][1+(K-1)\overline{\rho}_N]}}{\dfrac{K\Omega\dot{\varphi}(\hat{\rho},\overline{\rho}_S,\overline{\rho}_N)-\theta_U(1-\Omega)}{(1-\hat{\rho})(1-\overline{\rho}_N)}}\right]$, 则 $Y_{Sk}^*<Y_{Nk}^*<Y_{Ik}^*<Y_{Uk}^*$;

⑥ 若 $\dfrac{1}{K}\left[1+(K-1)\Omega\dfrac{\dfrac{K\dot{\Phi}(\hat{\rho},\overline{\rho}_S,\overline{\rho}_N)+(K-1)\theta_U(1-\Omega)}{[1+(K-1)\hat{\rho}][1+(K-1)\overline{\rho}_N]}}{\dfrac{K\Omega\dot{\varphi}(\hat{\rho},\overline{\rho}_S,\overline{\rho}_N)-\theta_U(1-\Omega)}{(1-\hat{\rho})(1-\overline{\rho}_N)}}\right] < \dfrac{Y_k^0}{\mathbf{1}^\top Y^0} <$

$\dfrac{1}{K}\left[1+(K-1)\Omega\dfrac{\dfrac{K\dot{\Phi}(\hat{\rho},\overline{\rho}_S,\overline{\rho}_N)+(K-1)\theta_U(1-\Omega)}{[1+(K-1)\hat{\rho}][1+(K-1)\overline{\rho}_S]}}{\dfrac{K\Omega\dot{\varphi}(\hat{\rho},\overline{\rho}_S,\overline{\rho}_N)-\theta_U(1-\Omega)}{(1-\hat{\rho})(1-\overline{\rho}_S)}}\right]$, 则 $Y_{Sk}^* < Y_{Ik}^* < Y_{Nk}^* < Y_{Uk}^*$;

⑦ 若 $\dfrac{1}{K}\left[1+(K-1)\Omega\dfrac{\dfrac{K\dot{\Phi}(\hat{\rho},\overline{\rho}_S,\overline{\rho}_N)+(K-1)\theta_U(1-\Omega)}{[1+(K-1)\hat{\rho}][1+(K-1)\overline{\rho}_S]}}{\dfrac{K\Omega\dot{\varphi}(\hat{\rho},\overline{\rho}_S,\overline{\rho}_N)-\theta_U(1-\Omega)}{(1-\hat{\rho})(1-\overline{\rho}_S)}}\right] < \dfrac{Y_k^0}{\mathbf{1}^\top Y^0}$, 则 $Y_{Ik}^* <$

$Y_{Sk}^* < Y_{Nk}^* < Y_{Uk}^*$。

通过上述比较, 我们得出结论, 市场中资产质量的分散确实对投资者选择最优投资组合产生了重大影响。在情景 3 中, 还观察到了安全投资转移的交易模式。此外资产质量分散度的增加将推动天真投资者更快地"逃"到高质量资产。更具体地说, 当分散度指标 Ω 小于 Ω^* 时, 即相比于情况 2, 此时风险资产之间的质量更为接近, 噪音投资者将第一个大幅重新调整其投资组合以持有质量略高于市场平均水平的更好资产。随着资产质量的提高, 噪音投资者的均衡头寸逐渐超过了天真投资者和精明投资者, 并最终超过内部投资者的最优头寸。如果风险资产的质量足够高, 天真投资者也会将其投资从低质量资产转移到高质量资产上, 并比精明投资者和内部投资者持有更大的头寸。对精明投资者的分析与之类似。然而, 噪音投资者投资于质量最好的资产如此之多, 以至于当资产 k 的质量足够高时, 他们会比其他 3 种类型的投资者持有更大的头寸。

在情况 2 中, 我们得到的结果与情况 1 中的结果有所不同。当分散度指标 Ω 大于 Ω^*(情况 2) 时, 天真投资者对高质量资产的渴望比情况 1 中强烈得多。更准确地说, 如情况 1 和情况 2 中第 ④ 条所述, 在上述两种情况下, 当分散度指标很小时 (即情况 1), 一旦资产质量足够好, 噪音投资者就会迅速转向质量更好的资产, 如果资产质量在情况 1 第 ④ 条中所示的区间内, 他们将比天真投资者和精明投资者在 k 资产上持有更大的均衡头寸。由于缺乏信息, 以及他们对相关系数暧昧性的厌恶, 天真投资者和精明投资者随后也会将其投资分配给更高质量的资产。

然而, 如果分散度指标大于 Ω^* (即情况 2), 市场上资产质量的不均衡将促使天真投资者更快地逃离相对低质量的资产。因此, 与情况 1 不同, 此时天真投资者对低质量资产的厌恶将刺激他们持有更多的资产 k, 即使其质量比率仅位于情况 2 第 ④ 条中所示的区间。最后, 正如我们在情况 1 中发现的那样, 对于最优质的资产, 所有噪音投资者、天真投资者和精明投资者将比内部投资者持有更大的均衡头寸。

总之, 通过上述比较, 我们发现市场中资产质量的分散对投资者的交易策略有很大影响。对于质量相似的风险资产, 与 ISN 投资者相比, 噪音投资者对相关系数的值完全不明确, 这使得他们非常厌恶低质量资产, 因此他们尽可能转向质量更好的资产, 他们甚至会比 ISN 投资者持有更大的均衡头寸。天真投资者也是如此, 他们比噪音投资者拥有更多的相关系数信息。然而, 当资产质量的分散度较大时, 天真投资者更渴望避开那些质量不好的资产, 因此, 在噪音投资者持有比内部投资者更大的头寸之前, 他们比精明投资者持有更大头寸。

情景 4 若分散度微小, 即 $\Omega \leqslant \dfrac{\theta_U}{K\Phi(\hat{\rho}, \overline{\rho}_S, \overline{\rho}_N, 0) - (K-1)\theta_U}$, 4 种类型投资者的均衡头寸为式 (6.20)。

从上面的表达式可以直接比较 ISN 投资者的均衡头寸。

$$Y_{Nk}^* < Y_{Sk}^* < Y_{Ik}^*, \quad \text{对 } k = 1, \cdots, K$$

对于内部投资者和噪音投资者, 他们持有的风险资产之间的差异如下:

$$Y_{Ik}^* \lesseqgtr Y_{Uk}^* \quad \Longleftrightarrow \quad \frac{Y_k^0}{\mathbf{1}^\top Y^0} \gtreqless \frac{\dfrac{\theta_U}{1+(K-1)\hat{\rho}} + \dot{\varphi}(\hat{\rho}, \overline{\rho}_S, \overline{\rho}_N)}{K\dot{\varphi}(\hat{\rho}, \overline{\rho}_S, \overline{\rho}_N) + \theta_U}$$

当资产 k 的质量比率小于 $\dfrac{\dfrac{\theta_U}{1+(K-1)\hat{\rho}} + \dot{\varphi}(\hat{\rho}, \overline{\rho}_S, \overline{\rho}_N)}{K\dot{\varphi}(\hat{\rho}, \overline{\rho}_S, \overline{\rho}_N) + \theta_U}$ 时, 与噪音投资者相比, 内部投资者将在相对低质量的资产上持有更大的头寸; 当资产 k 的质量比率大于 $\dfrac{\dfrac{\theta_U}{1+(K-1)\hat{\rho}} + \dot{\varphi}(\hat{\rho}, \overline{\rho}_S, \overline{\rho}_N)}{K\dot{\varphi}(\hat{\rho}, \overline{\rho}_S, \overline{\rho}_N) + \theta_U}$ 时, 与内部投资者相比, 噪音投资者将在相对高质量的资产上持有更大的头寸。

对于 SN 投资者和噪音投资者, 他们持有的风险资产之间的差异如下:

$$Y_{\Lambda k}^* \lesseqgtr Y_{Uk}^* \quad \Longleftrightarrow \quad \frac{Y_k^0}{\mathbf{1}^\top Y^0} \gtreqless \frac{\dfrac{\theta_U}{1+(K-1)\overline{\rho}_\Lambda} + \dot{\varphi}(\hat{\rho}, \overline{\rho}_S, \overline{\rho}_N)}{K\dot{\varphi}(\hat{\rho}, \overline{\rho}_S, \overline{\rho}_N) + \theta_U}, \quad \text{对 } \Lambda = S, N$$

当资产 k 的质量比率小于 $\dfrac{\dfrac{\theta_U}{1+(K-1)\overline{\rho}_\Lambda} + \dot{\varphi}(\hat{\rho}, \overline{\rho}_S, \overline{\rho}_N)}{K\dot{\varphi}(\hat{\rho}, \overline{\rho}_S, \overline{\rho}_N) + \theta_U}$ 时, 与噪音投资者相比, SN 投资者将在相对低质量的资产上持有更大的头寸; 当资产 k 的质量比率大于 $\dfrac{\dfrac{\theta_U}{1+(K-1)\overline{\rho}_\Lambda} + \dot{\varphi}(\hat{\rho}, \overline{\rho}_S, \overline{\rho}_N)}{K\dot{\varphi}(\hat{\rho}, \overline{\rho}_S, \overline{\rho}_N) + \theta_U}$ 时, 与 SN 投资者相比, 噪音投资者将在相对低质量的资产上持有更大的头寸。

我们注意到对于 4 种类型投资者的边界 $\dfrac{Y_k^0}{\mathbf{1}^\top Y^0}$ 有一个单调关系:

$$\frac{\dot{\varphi}(\hat{\rho}, \overline{\rho}_S, \overline{\rho}_N) + \dfrac{\theta_U}{1 + (K-1)\overline{\rho}_N}}{K\dot{\varphi}(\hat{\rho}, \overline{\rho}_S, \overline{\rho}_N) + \theta_U} < \frac{\dot{\varphi}(\hat{\rho}, \overline{\rho}_S, \overline{\rho}_N) + \dfrac{\theta_U}{1 + (K-1)\overline{\rho}_S}}{K\dot{\varphi}(\hat{\rho}, \overline{\rho}_S, \overline{\rho}_N) + \theta_U}$$

$$< \frac{\dot{\varphi}(\hat{\rho}, \overline{\rho}_S, \overline{\rho}_N) + \dfrac{\theta_U}{1 + (K-1)\hat{\rho}}}{K\dot{\varphi}(\hat{\rho}, \overline{\rho}_S, \overline{\rho}_N) + \theta_U}$$

因此, 我们有了如下比较: 对 $k = 1, \cdots, K$,

① 若 $\dfrac{Y_k^0}{\mathbf{1}^\top Y^0} < \dfrac{\dot{\varphi}(\hat{\rho}, \overline{\rho}_S, \overline{\rho}_N) + \dfrac{\theta_U}{1 + (K-1)\overline{\rho}_N}}{K\dot{\varphi}(\hat{\rho}, \overline{\rho}_S, \overline{\rho}_N) + \theta_U}$, 则 $Y_{Uk}^* < Y_{Nk}^* < Y_{Sk}^* < Y_{Ik}^*$;

② 若 $\dfrac{\dot{\varphi}(\hat{\rho}, \overline{\rho}_S, \overline{\rho}_N) + \dfrac{\theta_U}{1 + (K-1)\overline{\rho}_N}}{K\dot{\varphi}(\hat{\rho}, \overline{\rho}_S, \overline{\rho}_N) + \theta_U} < \dfrac{Y_k^0}{\mathbf{1}^\top Y^0} < \dfrac{\dot{\varphi}(\hat{\rho}, \overline{\rho}_S, \overline{\rho}_N) + \dfrac{\theta_U}{1 + (K-1)\overline{\rho}_S}}{K\dot{\varphi}(\hat{\rho}, \overline{\rho}_S, \overline{\rho}_N) + \theta_U}$, 则 $Y_{Nk}^* < Y_{Uk}^* < Y_{Sk}^* < Y_{Ik}^*$;

③ 若 $\dfrac{\dot{\varphi}(\hat{\rho}, \overline{\rho}_S, \overline{\rho}_N) + \dfrac{\theta_U}{1 + (K-1)\overline{\rho}_S}}{K\dot{\varphi}(\hat{\rho}, \overline{\rho}_S, \overline{\rho}_N) + \theta_U} < \dfrac{Y_k^0}{\mathbf{1}^\top Y^0} < \dfrac{\dot{\varphi}(\hat{\rho}, \overline{\rho}_S, \overline{\rho}_N) + \dfrac{\theta_U}{1 + (K-1)\hat{\rho}}}{K\dot{\varphi}(\hat{\rho}, \overline{\rho}_S, \overline{\rho}_N) + \theta_U}$, 则 $Y_{Nk}^* < Y_{Sk}^* < Y_{Uk}^* < Y_{Ik}^*$;

④ 若 $\dfrac{\dot{\varphi}(\hat{\rho}, \overline{\rho}_S, \overline{\rho}_N) + \dfrac{\theta_U}{1 + (K-1)\hat{\rho}}}{K\dot{\varphi}(\hat{\rho}, \overline{\rho}_S, \overline{\rho}_N) + \theta_U} < \dfrac{Y_k^0}{\mathbf{1}^\top Y^0}$, 则 $Y_{Nk}^* < Y_{Sk}^* < Y_{Ik}^* < Y_{Uk}^*$。

在情景 4 中, 资产质量的分散度是微小的。等价地, 在这种情况下所有的风险资产具有相似的质量; 也就是说, 市场上所有风险资产的质量十分接近, 无法区分, ISN 投资者的均衡头寸顺序保持不变。然而, 噪音投资者对相关系数完全暧昧, 他们对低质量资产非常厌恶, 以至于逃向高质量资产。此外, 随着风险资产质量的提高, 噪音投资者往往比天真投资者持有更大的均衡头寸, 然后持有头寸逐渐比精明投资者更大, 最终超过内部投资者。

总结上述 4 种情景, 我们得到了投资者交易模式的定理如下。

定理 6.2 在均衡中, 所有投资者都表现出安全投资转移的交易模式。噪音投资者倾向于更快地逃向高质量资产。

注记 1 值得注意的是, 在上述分析中, 我们完全可以将安全投资转移现象的出现归因于唯一的差异——4 种类型投资者之间的信息差异, 其中内部投资者知道资产回报率之间的确切相关系数值, 而精明投资者、天真投资者和噪音投资者在相关系数方面的信息量越来越少。对于 SNU 投资者来说, 这种不完备的信息导致他们在不确定性下交易, 这反过来又导致他们比内部投资者持有更多的高质量资产和更少的低质量资产。同样, 对于暧昧厌恶的 SNU 投资者而言, 他们面临的相关系数不确定性越大, 他们越有可能在高质量资产上持有更多头寸, 并 "逃离" 低质量资产。

注记 2　在均衡中, 除了安全投资转移的交易模式之外, 我们还有更多的观察结果。一方面, 如果市场上的资产质量分散, 暧昧厌恶的投资者可能会 "逃得更快"。具体来说, 在情景 2 中, 当分散度指标稍大时 (情况 2), 在噪音投资者成为最大的高质量资产持有者之前, 天真投资者往往比熟练投资者持有更多的高质量资产。换句话说, 当资产质量更加分散时, 暧昧厌恶的投资者将更快地 "逃离" 低质量资产。此外, 情况 2 的区间长度足够大, 它永远不会退化为零。然而, 事实上, 在一个包含不超过 4 种类型投资者的市场中, 这种现象永远不会出现。另一方面, 如果市场上的资产质量非常分散, 所有 SNU 投资者都希望尽快转向高质量资产, 因此, 投资者的信息越少, 他们越早将头寸转移到优质资产上。也就是说, 首先转移头寸的是噪音投资者, 其次是天真投资者, 最后是精明投资者。

注记 3　模型中投资者之间均衡头寸的比较可以看作将动态投资组合选择问题转化为静态问题。更具体地说, 我们的 4 类投资者之间的头寸差异仅仅是因为他们所掌握的信息不完备。也就是说, 异质性信念导致的均衡头寸差异可以视为, 随着投资者的信息量比原始状态逐渐增加或减少而导致的头寸变化。例如, Y_I^* 和 Y_S^* 之间的比较类似于考察投资者最初拥有完整的相关性信息, 但随后会受到暧昧性增加的影响时, 该投资者头寸的动态变化。对这 4 类投资者的直接比较有助于我们避免动态环境中的复杂性, 但仍保留上述这些有趣的发现。

6.4　投资组合分散化的效果与 CAPM 分析

在本节中, 我们将深入研究市场均衡。我们特别感兴趣的是相关系数暧昧性如何扭曲暧昧厌恶投资者的最优策略, 并且探讨了相关系数的不完全信息是否在投资组合分散化不足现象中起到关键作用。此外, 我们还采用 CAPM 分析来阐明相关系数暧昧性和分散化不足的定价效应。

6.4.1　投资组合分散化

在最近的文献中, 分散化不足现象引起了诸多学者的关注 (Campbell, 2006; Calvet et al., 2007, 2009a, 2009b; Guiso & Sodini, 2013; Jiang et al., 2022)。越来越多的文献试图解释为什么一些投资者选择持有分散化不足而非充分分散的投资组合。目前, 研究者尚未在这一问题上达成共识。我们认为市场中的相关系数暧昧性可能是驱使投资者远离充分分散化的投资组合的关键因素。我们根据 Mitton 和 Vorkink (2007) 以及 Goetzmann 和 Kumar(2008) 的研究构建了一个分散化不足的指标, 他们同时考虑了风险资产之间的相关性以及均衡头寸间的差异。具体来说, 指标由下式给出:

$$M = \frac{\text{var}\left(\tilde{\boldsymbol{X}}^\top z\right)}{(\Delta z)^\top(\Delta z)} = \frac{y^\top[(1-\hat{\rho})\boldsymbol{I} + \hat{\rho}\boldsymbol{J}]y}{y^\top y} = (1-\hat{\rho}) + \hat{\rho}\frac{y^\top \boldsymbol{J} y}{y^\top y} \tag{6.21}$$

其中 $\mathrm{var}\left(\tilde{\boldsymbol{X}}^{\top}z\right)$ 描述了投资者投资组合的方差。该指标采用了标准化的方法以在不同的投资者之间进行比较，并且我们使用投资组合中均衡头寸的平方和作为 "计价单位" (分母)。这种分散化不足指标由市场上真实的相关系数 $\hat{\rho}$ 和投资者在风险资产上均衡头寸的分散度 $\dfrac{y^{\top}\boldsymbol{J}y}{y^{\top}y}$ 构成。$\dfrac{y^{\top}\boldsymbol{J}y}{y^{\top}y}$ 可表示为均衡头寸的分散度，这是因为所有风险资产上的相同均衡头寸能使 $\dfrac{y^{\top}\boldsymbol{J}y}{y^{\top}y}$ 达到最大值，而不同资产上的不同头寸则会使该指标处于一个较小值。

我们上面提出的指标描述了投资组合的分散化不足程度。注意，我们的衡量方法不同于 Jiang 等 (2022) 使用的用投资者持有的股票数量进行衡量的方法。在我们的指标中，我们还考虑了相关系数的影响。一般来说，分散化的主要目标是减少投资组合中的非系统性风险，即投资组合的方差越小，其分散化程度就越好。显然，风险资产之间的真实相关系数非常重要。对于给定的投资组合，风险资产之间相关系数的增加将使投资者承担更大且不可分散的风险。因此，我们构建了一个同时考虑相关系数和均衡头寸分散度的标准化方差作为分散化的衡量指标。

这一新定义的指标描述了投资组合的分散化不足程度。如果一个投资组合比其他投资组合有更大的 M，我们就称该投资组合的分散化程度较低。式 (6.21) 给出了影响分散化不足的相关因素，显然 $\hat{\rho}$ 是关于分散化至关重要的指标。在 6.2 节的讨论中，我们根据 $y^{\top}(\boldsymbol{J}-\boldsymbol{I})y$ 的符号对不同的情形进行分类，得出包含 7 种情况的均衡。最终，在一般均衡中只剩下 4 种情形，我们可以很容易地得出结论，这 4 种场景满足 $y^{\top}(\boldsymbol{J}-\boldsymbol{I})y \geqslant 0$，该不等式等价于 $\dfrac{y^{\top}\boldsymbol{J}y}{y^{\top}y} \geqslant 1$。由于 $\hat{\rho}$ 的系数恰好是 $\dfrac{y^{\top}\boldsymbol{J}y}{y^{\top}y}-1$，$\dfrac{y^{\top}\boldsymbol{J}y}{y^{\top}y}-1 \geqslant 0$ 成立。因此，较大的 $\hat{\rho}$ 会导致较大的 M，这也就代表了一个分散化不足程度更大的投资组合，而这一结果是很直观的。如果一个投资者持有一个所有风险资产正相关的投资组合，他将无法降低非系统性风险的影响。此外，$\dfrac{y^{\top}\boldsymbol{J}y}{y^{\top}y}$ 对分散化程度的影响也取决于 $\hat{\rho}$ 的符号。对于正的 $\hat{\rho}$，$\dfrac{y^{\top}\boldsymbol{J}y}{y^{\top}y}$ 的增加会降低投资组合的分散化程度。另一方面，如果 $\hat{\rho}$ 为负值，$\dfrac{y^{\top}\boldsymbol{J}y}{y^{\top}y}$ 的增加将使投资者持有一个更加分散化的投资组合。这与传统思路是一致的：如果一个市场是由相互负相关的风险资产组成的，投资者分散风险的最佳策略是采取同等权重的投资组合，从而获得一个大的 $\dfrac{y^{\top}\boldsymbol{J}y}{y^{\top}y}$；等价地，当风险资产之间的相关系数为负时，更大的 $\dfrac{y^{\top}\boldsymbol{J}y}{y^{\top}y}$ 将使投资组合更加分散化。如果真实的相关系数是正的，那么对于暧昧厌恶的投资者来说，更好的选择是持有更多优质资产，而不是等量地投资所有风险资产。因此，当相关系数为正时，较小的 $\dfrac{y^{\top}\boldsymbol{J}y}{y^{\top}y}$ 将使投资组合更加分散。

为了比较最优投资组合的分散化不足程度，我们将 M_I 作为基准 (充分分散化)，这是因为内部投资者的交易决策不会直接受到相关系数暧昧性的影响, 所以他们的需求函数与传统资产配置模型中的需求函数相同。在每个均衡情景中, 我们为 4 种类型的投资者计算 M_Λ $(\Lambda = I, S, N, U)$。投资者在市场上拥有相同的真实相关系数 $\hat{\rho}$, 所以他们在 M_Λ 中的唯一区别是 $\dfrac{y_\Lambda^\top \boldsymbol{J} y_\Lambda}{y_\Lambda^\top y_\Lambda}$。如前文所述, $\dfrac{y_\Lambda^\top \boldsymbol{J} y_\Lambda}{y_\Lambda^\top y_\Lambda}$ 可以用作分散度指标, 它反映了投资者如何将头寸分配给风险资产。在均衡中我们有 $1 \leqslant \dfrac{y_\Lambda^\top \boldsymbol{J} y_\Lambda}{y_\Lambda^\top y_\Lambda} \leqslant K$。例如, 如果投资者持有的投资组合满足 $\dfrac{y_\Lambda^\top \boldsymbol{J} y_\Lambda}{y_\Lambda^\top y_\Lambda} = K$, 这意味着投资者对投资组合中的每项资产持有相同的头寸。类似地, $\dfrac{y_\Lambda^\top \boldsymbol{J} y_\Lambda}{y_\Lambda^\top y_\Lambda}$ 的微小取值反映出投资者持有一个权重远不相等的投资组合。4 类投资者之间的比较表明, 式 (6.22) 适用于定理 6.1 中包含的所有 4 种情况。

$$\frac{Y_U^{*\top} \boldsymbol{J} Y_U^*}{Y_U^{*\top} Y_U^*} \leqslant \frac{Y_N^{*\top} \boldsymbol{J} Y_N^*}{Y_N^{*\top} Y_N^*} \leqslant \frac{Y_S^{*\top} \boldsymbol{J} Y_S^*}{Y_S^{*\top} Y_S^*} \leqslant \frac{Y_I^{*\top} \boldsymbol{J} Y_I^*}{Y_I^{*\top} Y_I^*} \tag{6.22}$$

式 (6.22) 与我们在前文中观察到的安全投资转移现象完全一致。对相关系数具有不完全信息的投资者有动机将其投资从低质量资产转移到高质量资产。因此, 投资者了解的信息越少, 他们的投资组合就越有可能不均匀。下面我们检查每个情景中投资组合的分散化程度。

情景 1　分散度指标中等, $\dfrac{1 - \overline{\rho}_S}{1 + (K-1)\overline{\rho}_S} \dfrac{\Phi(\hat{\rho}, \overline{\rho}_S, \overline{\rho}_S, \overline{\rho}_S)}{\varphi(\hat{\rho}, \overline{\rho}_S, \overline{\rho}_S, \overline{\rho}_S)} \leqslant \Omega < 1$。

在这一情况中, SNU 投资者对于每个风险资产持有相同的头寸 $(Y_S^* = Y_N^* = Y_U^*)$; 因此我们有 $M_S = M_N = M_U$。6.2 节中的讨论表明情景 1 中相关系数的关系为 $\hat{\rho} < \rho_-^* \leqslant \overline{\rho}_S$。因而我们有:

$$\text{若 } \hat{\rho} \lesseqqgtr 0, \quad M_U = M_N = M_S \gtreqqless M_I$$

有趣的是, 信息不完全的投资者并不总是持有分散较差的投资组合; 相反, 当风险资产之间的相关系数为正时, 他们的投资组合甚至可能比那些拥有完全信息的投资者的投资组合更加分散化。信息较少的投资者自发持有非分散化投资组合这一结果与一些文献所提出的观点形成了对比, 但该结果在很大程度上与暧昧厌恶的投资者采取的安全投资转移的交易策略相一致。正是这种安全投资转移的交易模式, 使投资者在正的 $\hat{\rho}$ 下免受高异质性风险的影响。因此, 当相关系数 $\hat{\rho}$ 为正时, SNU 投资者的投资组合比内部投资者的更为分散化, 但当风险资产为负相关时, 正如其他文献所论证的那样, SNU 投资者持有的投资组合的分散化程度较低。

情景 2　分散度指标较小,

$$\frac{1 - \overline{\rho}_N}{1 + (K-1)\overline{\rho}_N} \frac{\Phi(\hat{\rho}, \overline{\rho}_S, \overline{\rho}_N, \overline{\rho}_N)}{\varphi(\hat{\rho}, \overline{\rho}_S, \overline{\rho}_N, \overline{\rho}_N)} \leqslant \Omega < \frac{1 - \overline{\rho}_S}{1 + (K-1)\overline{\rho}_S} \frac{\Phi(\hat{\rho}, \overline{\rho}_S, \overline{\rho}_S, \overline{\rho}_S)}{\varphi(\hat{\rho}, \overline{\rho}_S, \overline{\rho}_S, \overline{\rho}_S)}.$$

在这一情景中, 投资者设想的相关系数满足关系 $\hat{\rho} < \overline{\rho}_S < \rho_-^* \leqslant \overline{\rho}_N$。在这种情况下, 天真投资者和噪音投资者采用相同的均衡投资组合, 因此以下不等式成立:

$$\frac{Y_U^{*\top} J Y_U^*}{Y_U^{*\top} Y_U^*} = \frac{Y_N^{*\top} J Y_N^*}{Y_N^{*\top} Y_N^*} < \frac{Y_S^{*\top} J Y_S^*}{Y_S^{*\top} Y_S^*} < \frac{Y_I^{*\top} J Y_I^*}{Y_I^{*\top} Y_I^*}$$

以下不等式比较了不同投资者均衡投资组合的分散化程度:

$$\text{若 } \hat{\rho} \lesseqqgtr 0, \quad \text{则 } M_U = M_N \gtreqqless M_S \gtreqqless M_I$$

情景 2 中得到的结果与我们在前一场景中观察到的结果一致。$\hat{\rho}$ 的符号在决定投资组合分散化程度方面起到了至关重要的作用。例如, 正的 $\hat{\rho}$ 使 NU 投资者的投资组合更加分散化, 而负的 $\hat{\rho}$ 则会大幅降低他们最优投资组合的分散化程度。

情景 3 分散度指标很小,

$$\frac{\theta_U}{K\Phi(\hat{\rho}, \overline{\rho}_S, \overline{\rho}_N, 0) - (K-1)\theta_U} < \Omega < \frac{1 - \overline{\rho}_N}{1 + (K-1)\overline{\rho}_N} \frac{\Phi(\hat{\rho}, \overline{\rho}_S, \overline{\rho}_N, \overline{\rho}_N)}{\varphi(\hat{\rho}, \overline{\rho}_S, \overline{\rho}_N, \overline{\rho}_N)}。$$

在情景 3 中, 相关系数满足 $\hat{\rho} < \overline{\rho}_S < \overline{\rho}_N < \rho_-^*$; 因此, 根据 $\frac{y_\Lambda^\top J y_\Lambda}{y_\Lambda^\top y_\Lambda}$ 在 ρ 上的单调性, 我们有:

$$\frac{Y_U^{*\top} J Y_U^*}{Y_U^{*\top} Y_U^*} < \frac{Y_N^{*\top} J Y_N^*}{Y_N^{*\top} Y_N^*} < \frac{Y_S^{*\top} J Y_S^*}{Y_S^{*\top} Y_S^*} < \frac{Y_I^{*\top} J Y_I^*}{Y_I^{*\top} Y_I^*}$$

与之前两种情况一致, 我们在下式比较最优投资组合的分散化程度:

$$\text{若 } \hat{\rho} \lesseqqgtr 0, \quad \text{则 } M_U \gtreqqless M_N \gtreqqless M_S \gtreqqless M_I$$

迄今为止, 情景 1 至情景 3 在投资者最优投资组合的分散化不足方面表现出相同的趋势。但我们仍然需要检查这种模式是否持续存在于整个一般均衡中。

情景 4 分散度指标微小, $\Omega \leqslant \dfrac{\theta_U}{K\Phi(\hat{\rho}, \overline{\rho}_S, \overline{\rho}_N, 0) - (K-1)\theta_U}$。

在这一情况下, 相关系数满足的关系 $\hat{\rho} < \overline{\rho}_S < \overline{\rho}_N < \rho_-^*$ 与情景 3 中相同。此外, 我们有 $R = R_0 \mathbf{1}$, 也就是说, 在这种情况下所有风险资产共享相同的 Sharpe 比率。下面我们简要介绍 4 种类型投资者的分散化不足指标的计算过程。

在这一情景中, ISN 投资者的需求函数为:

$$Y_I^* = \frac{1}{\alpha(1 - \hat{\rho})} \left[\boldsymbol{I} - \frac{\hat{\rho}}{1 + (K-1)\hat{\rho}} \boldsymbol{J} \right] R \quad \text{和}$$

$$Y_\Lambda^* = \frac{1}{\alpha(1 - \overline{\rho}_\Lambda)} \left[\boldsymbol{I} - \frac{\overline{\rho}_\Lambda}{1 + (K-1)\overline{\rho}_\Lambda} \boldsymbol{J} \right] R, \quad \Lambda = S, N$$

因此, 他们投资组合的分散度为:

$$\frac{Y_I^{*\top}\boldsymbol{J}Y_I^*}{Y_I^{*\top}Y_I^*} = \frac{\dfrac{R^\top \boldsymbol{J}R}{\alpha^2[1+(K-1)\hat{\rho}]^2}}{\dfrac{R^\top R}{\alpha^2[1+(K-1)\hat{\rho}]^2}} = K \quad \text{和}$$

$$\frac{Y_\Lambda^{*\top}\boldsymbol{J}Y_\Lambda^*}{Y_\Lambda^{*\top}Y_\Lambda^*} = \frac{\dfrac{R^\top \boldsymbol{J}R}{\alpha^2[1+(K-1)\overline{\rho}_\Lambda]^2}}{\dfrac{R^\top R}{\alpha^2[1+(K-1)\overline{\rho}_\Lambda]^2}} = K, \quad \Lambda = S, N$$

因此,

$$\frac{Y_N^{*\top}\boldsymbol{J}Y_N^*}{Y_N^{*\top}Y_N^*} = \frac{Y_S^{*\top}\boldsymbol{J}Y_S^*}{Y_S^{*\top}Y_S^*} = \frac{Y_I^{*\top}\boldsymbol{J}Y_I^*}{Y_I^{*\top}Y_I^*}$$

然而, 对于噪音投资者, 他们的均衡头寸为:

$$Y_U^* = \frac{1}{\theta_U}\left\{\boldsymbol{I} - \frac{\dfrac{\theta_I}{1+(K-1)\hat{\rho}} + \dfrac{\theta_S}{1+(K-1)\overline{\rho}_S} + \dfrac{\theta_N}{1+(K-1)\overline{\rho}_N}}{K\left(\dfrac{\theta_I}{1+(K-1)\hat{\rho}} + \dfrac{\theta_S}{1+(K-1)\overline{\rho}_S} + \dfrac{\theta_N}{1+(K-1)\overline{\rho}_N}\right) + \theta_U}\boldsymbol{J}\right\}Y^0$$

$$\equiv \frac{1}{\theta_U}(\boldsymbol{I} - b_U\boldsymbol{J})Y^0$$

则我们有:

$$\frac{Y_U^{*\top}\boldsymbol{J}Y_U^*}{Y_U^{*\top}Y_U^*} = \frac{(1-b_UK)^2 Y^{0\top}\boldsymbol{J}Y^0}{Y^{0\top}Y^0 + (b_U^2K - 2b_U)Y^{0\top}\boldsymbol{J}Y^0} = \frac{(1-b_UK)^2 \dfrac{Y^{0\top}\boldsymbol{J}Y^0}{Y^{0\top}Y^0}}{1+(b_U^2K - 2b_U)\dfrac{Y^{0\top}\boldsymbol{J}Y^0}{Y^{0\top}Y^0}}$$

$$\leqslant \frac{(1-b_UK)^2 K}{1+(b_U^2K - 2b_U)K} = K$$

总结得出不等式表示为:

$$\frac{Y_U^{*\top}\boldsymbol{J}Y_U^*}{Y_U^{*\top}Y_U^*} \leqslant \frac{Y_N^{*\top}\boldsymbol{J}Y_N^*}{Y_N^{*\top}Y_N^*} = \frac{Y_S^{*\top}\boldsymbol{J}Y_S^*}{Y_S^{*\top}Y_S^*} = \frac{Y_I^{*\top}\boldsymbol{J}Y_I^*}{Y_I^{*\top}Y_I^*}$$

并且这一不等式仍然与式 (6.22) 一致。

M_Λ 的比较表明:

(1) 若 $\hat{\rho} < 0$, 有 $M_U \geqslant M_N = M_S = M_I$, 噪音投资者表现出分散化不足现象;

(2) 若 $\hat{\rho} = 0$, 有 $M_U = M_N = M_S = M_I$, 所有投资者都持有充分分散化的投资组合;

(3) 若 $\hat{\rho} > 0$, 有 $M_U \leqslant M_N = M_S = M_I$, ISN 投资者投资组合的分散化程度没有差异, 而在所有投资者中, 噪音投资者持有最分散的投资组合。

上述分析表明了一个在之前文献中并未出现的有趣现象。我们发现, 相关系数信息不完全的投资者并不总是像之前文献描述的那样持有分散化不足的投资组合。暧昧厌恶的投资者在信息不完全的情况下持有更分散的投资组合, 尽管如此, 当资产之间的相关系数为正时, 他们的安全投资转移策略确实可以保护他们免受高非系统性风险的影响; 也就是说, 在这种情况下, 他们的分散化程度甚至超过了内部投资者。然而, 当 $\hat{\rho}$ 为负时, 投资者了解的信息越少, 他们越有可能持有分散化不足的投资组合。

在 4 种均衡情景下总结上述发现, 我们得到以下关于投资者均衡投资组合的定理。

定理 6.3 在均衡中, 暧昧投资者的投资组合是否分散化不足, 取决于真实相关系数的符号。

(1) 若 $\hat{\rho} < 0$, 则 $M_U \geqslant M_N \geqslant M_S \geqslant M_I$; 投资者的信息越少, 他们越有可能持有分散化不足的投资组合;

(2) 若 $\hat{\rho} = 0$, 则 $M_U = M_N = M_S = M_I$; 所有投资者都持有完全分散化的投资组合;

(3) 若 $\hat{\rho} > 0$, 则 $M_U \leqslant M_N \leqslant M_S \leqslant M_I$; 投资者的信息越少, 他们持有更加分散化的投资组合。

6.4.2 CAPM 分析

为了阐明相关系数暧昧性的定价效应, 我们进一步探究一般均衡, 并通过 CAPM 分析讨论风险资产的超额收益率 (α)。

对于风险资产 k, 其收益率定义为:

$$\tilde{\delta}_k = \frac{\tilde{X}_k}{P_k} - 1, \qquad k = 1, \cdots, K$$

则市场投资组合的收益率为:

$$\tilde{\delta}_M = \frac{\tilde{X}^\top Z^0}{P^\top Z^0} - 1$$

其中, 市场投资组合代表由所有风险资产的全部供给组成的投资组合。假设无风险资产的收益率恒定为 0。

假设在这一经济中存在一个具有 CARA 效用函数的代表性投资者 (A)。他了解所有风险资产的均值、方差和相关系数, 分别表示为 μ_k^A、σ_k^A 和 ρ^A。为了使均衡价格相同, 代表性投资者必须对均值持有相同的信念, 故有 $\mu_k^A = \mu_k$, $k = 1, \cdots, K$。然而, 他可能对方差或相关系数没有正确的信念, 并且其信念在一般均衡中列出的 4 种情景下会有所不同。

由于代表性投资者对风险资产的均值有正确的信念, 他准确地了解资产 k ($k = 1, \cdots, K$) 的平均收益率 $\tilde{\delta}_k$ 和市场投资组合 $\tilde{\delta}_M$ 的平均收益率。并且, 在代表性投资者看来, 均衡中的资产均被正确定价, 因而, 在他的视角看来 CAPM 必然成立。

$$\overline{\delta}_k = \beta_k^A \overline{\delta}_M, \qquad k = 1, \cdots, K$$

其中, β_k^A 是代表性投资者得出的资产 k 的 β 值, 并且有:

$$\beta_k^A = \frac{\mathrm{cov}\left(\tilde{\delta}_k, \tilde{\delta}_M\right)}{\mathrm{var}\left(\tilde{\delta}_M\right)} = \frac{P^\top Z^0}{P_k} \cdot \frac{\sigma_k^A \left[(1-\rho^A)\sigma_k^A Z_k^0 + \rho^A \mathbf{1}^\top \Delta^A Z^0\right]}{Z^{0\top} \Delta^A \left[(1-\rho^A)\boldsymbol{I} + \rho^A \boldsymbol{J}\right] \Delta^A Z^0}, \qquad k = 1, \cdots K$$

注意到在这个表达式中, 资产收益的协方差和方差都是使用代表性投资者 A 持有的人为信念计算的。我们用上标 A 标注这些人为信念, 以将其与正确的参数区分开来。因此, 代表性投资者认知的 β 值可能不是我们从收益数据中实际获得的 β。现在考虑有一位对整个经济有着完美了解的外部计量学家, 他知道相关系数 $\hat{\rho}$ 和标准差 σ_k 的真实值, 那么在他看来, 风险资产的真实 β 系数为:

$$\beta_k^R = \frac{\mathrm{cov}\left(\tilde{\delta}_k, \tilde{\delta}_M\right)}{\mathrm{var}\left(\tilde{\delta}_M\right)} = \frac{P^\top Z^0}{P_k} \cdot \frac{\sigma_k \left[(1-\hat{\rho})\sigma_k Z_k^0 + \hat{\rho}\mathbf{1}^\top \Delta Z^0\right]}{Z^{0\top} \Delta \left[(1-\hat{\rho})\boldsymbol{I} + \hat{\rho}\boldsymbol{J}\right] \Delta Z^0}, \qquad k = 1, \cdots, K$$

显然, 使用均衡收益率的真实分布计算的实际 β 系数与代表性投资者估计的 β 系数并不相同。因此, 尽管从代表性投资者 A 的角度来看 CAPM 是正确的, 但如果我们考虑真实经济中的 CAPM 模型, 风险资产其实是被错误定价的。在真实经济中, 错误定价可表示为市场调整回报率 (也称为超额回报率)α_k, 其中 α_k 的符号完全取决于 β_k^A 和 β_k^R 之间的关系:

$$\alpha_k = \overline{\delta}_k - \beta_k^R \overline{\delta}_M = \left(\beta_k^A - \beta_k^R\right)\overline{\delta}_M, \qquad k = 1, \cdots, K$$

总结来说, 我们的 CAPM 分析在经济的所有场景中都得到了相同的结果, 如定理 6.4 所示。

定理 6.4   市场调整的收益率的符号在很大程度上取决于风险资产的质量:

(1) 若 $\dfrac{Y_k^0}{\mathbf{1}^\top Y^0} < \dfrac{Y^{0\top} Y^0}{Y^{0\top} \boldsymbol{J} Y^0}$, 则资产 k 的质量低于所有风险资产的市场平均值, $\alpha_k > 0$ 成立;

(2) 若 $\dfrac{Y_k^0}{\mathbf{1}^\top Y^0} = \dfrac{Y^{0\top} Y^0}{Y^{0\top} \boldsymbol{J} Y^0}$, 则资产 k 的质量与市场平均值相同, $\alpha_k = 0$ 成立;

(3) 若 $\dfrac{Y_k^0}{\mathbf{1}^\top Y^0} > \dfrac{Y^{0\top} Y^0}{Y^{0\top} \boldsymbol{J} Y^0}$, 则资产 k 的质量高于所有风险资产的市场平均值, $\alpha_k < 0$ 成立。

我们的分析表明, 无论经济中呈现的是哪一种均衡情景, 风险资产的市场调整收益率的正负全部依赖于资产质量的高低。一方面, 高质量风险资产的市场调整收益率往往为负值, 表明高质量资产通常定价过高。另一方面, 质量低于市场平均水平的资产更有可能获得正超额收益率。这些结果与我们在前文中观察到的投资者安全投资转移的交易模式一致, 暧昧厌恶的投资者相比于低质量资产更喜欢高质量的风险资产, 而且投资者的知情程度越低, 他们越有可能拥有更多的高质量资产, 进而, 市场中对高质量资产的大量需求推高其均衡价格。所以, 高质量资产倾向于产生负超额收益率。与高质量资产相比, 暧昧厌恶的投资者试图抛售质量较低的资产。这些低质量资产的均衡价格通常被低估, 从而产生正的超额收益率。

6.5　结　　论

最近的文献尝试研究交易数据中出现的家庭金融之谜。在本章中, 我们深入研究了投资组合选择中的一种常见现象——"分散化不足", 即投资者往往持有分散化不足的投资组合。尽管一些文献将这一谜题归因于市场摩擦和人口效应, 但我们认为相关系数的暧昧性在导致投资组合分散化不足方面起着关键作用, 并且这种分散不足投资是投资者最优决策的结果, 而非均衡中的交易错误。此外, 在某些情况下, 信息不完全的投资者比内部投资者持有更分散化的投资组合。

我们建立了一个由 4 种投资者和多个风险资产组成的理论模型, 其中不同的投资者对市场中的相关系数有异质性信念。与现有文献不同, 我们的模型通过假设 4 种类型投资者得出了一些具有说服力的结论。面对相关系数的暧昧性, 投资者在最大最小期望效用 (MEU) (Gilboa & Schmeidler, 1989) 框架下作出决策。我们推导了 MEU 框架下投资者的需求函数, 将其分段线性需求函数插入均衡条件, 并成功地获得了市场的"均衡", 这是由资产质量分散指标 Ω 划分出的 7 种情况之一。然后, 我们根据 Ω 属于的区间消除了上述中的一半情形, 并在消除后剩下的 4 种情况中得出了经济的唯一的一般均衡, 该均衡为 4 种可能的情景之一。我们观察到在均衡状态下, 对资产相关系数持有信息较少的投资者倾向于采取安全投资转移策略: 他们在逃离低质量资产的同时, 买入更多高质量资产。在随后的 CAPM 模型分析中, 我们证明一方面较高质量的资产通常定价过高, 因此具有负超额收益; 另一方面低质量资产更有可能产生正的超额收益。这与我们在均衡状态下观察到的安全投资转移的交易模式完全一致。

为了研究均衡投资组合的分散化程度, 我们定义了一个衡量投资组合分散化程度的指标。有趣的是, 信息越多的投资者并不总是持有更加分散化的投资组合; 相反, 我们观察到分散化水平在很大程度上取决于相关系数 $\hat{\rho}$ 的符号。如果风险资产具有负相关性, 投资者的信息越多, 他们的均衡投资组合就越分散化。然而, 如果市场上的风险资产是正相关的, 那么信息较少的投资者将持有分散化程度较高的投资组合: 暧昧厌恶的投资者采取的安全投资转移策略可以保护他们免受高异质性风险。

附　　录

附录 A　SN 投资者的需求函数

对于 SN 投资者, Huang 等 (2017) 直接求解了两层规划问题。为求解原始规划式 (6.2) 的最优解, 我们需要考虑以下 3 个问题:

(1) $\max\limits_{y^{\top}(J-I)y<0} \min\limits_{\rho\in[\underline{\rho},\overline{\rho}]} F(y,\rho) = \max\limits_{y^{\top}(J-I)y<0} F(y,\underline{\rho});$

(2) $\max\limits_{y^{\top}(J-I)y=0} \min\limits_{\rho\in[\underline{\rho},\overline{\rho}]} F(y,\rho) = \max\limits_{y^{\top}(J-I)y=0} F(y,\rho);$

(3) $\displaystyle\max_{y^{\top}(\boldsymbol{J}-\boldsymbol{I})y>0}\ \min_{\rho\in[\underline{\rho},\overline{\rho}]} F(y,\rho)=\max_{y^{\top}(\boldsymbol{J}-\boldsymbol{I})y>0} F(y,\overline{\rho})$。

然后, 尝试寻找对应于原问题式 (6.7) 最优解的极大值。

首先考虑问题 (1): $\displaystyle\max_{y^{\top}(\boldsymbol{J}-\boldsymbol{I})y<0}\ \min_{\rho\in[\underline{\rho},\overline{\rho}]} F(y,\rho)=\max_{y^{\top}(\boldsymbol{J}-\boldsymbol{I})y<0} F(y,\underline{\rho})$, 其中

$$F(y,\underline{\rho})=W_0+R^{\top}y-\frac{1}{2}\alpha y^{\top}\left[(1-\underline{\rho})\boldsymbol{I}+\underline{\rho}\boldsymbol{J}\right]y$$

$$=W_0+R^{\top}y-\frac{1}{2}\alpha\left[y^{\top}y+\underline{\rho}y^{\top}(\boldsymbol{J}-\boldsymbol{I})y\right]$$

计算得到 SN 投资者对风险资产的需求函数为:

$$Y=\frac{1}{\alpha}\left[(1-\underline{\rho})\boldsymbol{I}+\underline{\rho}\boldsymbol{J}\right]^{-1}R=\frac{1}{\alpha(1-\underline{\rho})}\left[\boldsymbol{I}-\frac{\underline{\rho}}{1+(K-1)\underline{\rho}}\boldsymbol{J}\right]R \tag{A.1}$$

及

$$Y^{\top}(\boldsymbol{J}-\boldsymbol{I})Y=\frac{1}{\alpha^2(1-\underline{\rho})^2}R^{\top}\left[\frac{1+(K-1)\underline{\rho}^2}{[1+(K-1)\underline{\rho}]^2}\boldsymbol{J}-\boldsymbol{I}\right]R<0,\quad 当且仅当\ \frac{1+(K-1)\underline{\rho}^2}{[1+(K-1)\underline{\rho}]^2}R^{\top}JR<R^{\top}R$$

因此,

$$\max_{y^{\top}(\boldsymbol{J}-\boldsymbol{I})y<0}\ \min_{\rho\in[\underline{\rho},\overline{\rho}]} F(y,\rho)=W_0+\frac{1}{2\alpha}R^{\top}\left[(1-\underline{\rho})\boldsymbol{I}+\underline{\rho}\boldsymbol{J}\right]^{-1}R$$

$$=W_0+\frac{1}{2\alpha(1-\underline{\rho})}R^{\top}\left[\boldsymbol{I}-\frac{\underline{\rho}}{1+(K-1)\underline{\rho}}\boldsymbol{J}\right]R$$

其次考虑问题 (3) $\displaystyle\max_{y^{\top}(\boldsymbol{J}-\boldsymbol{I})y>0}\ \min_{\rho\in[\underline{\rho},\overline{\rho}]} F(y,\rho)=\max_{y^{\top}(\boldsymbol{J}-\boldsymbol{I})y>0} F(y,\overline{\rho})$, 其中

$$F(y,\overline{\rho})=W_0+R^{\top}y-\frac{1}{2}\alpha y^{\top}\left[(1-\overline{\rho})\boldsymbol{I}+\overline{\rho}\boldsymbol{J}\right]y=W_0+R^{\top}y-\frac{1}{2}\alpha\left[y^{\top}y+\overline{\rho}y^{\top}(\boldsymbol{J}-\boldsymbol{I})y\right]$$

计算得到 SN 投资者对风险资产的需求函数为:

$$Y=\frac{1}{\alpha}\left[(1-\overline{\rho})\boldsymbol{I}+\overline{\rho}\boldsymbol{J}\right]^{-1}R=\frac{1}{\alpha(1-\overline{\rho})}\left[\boldsymbol{I}-\frac{\overline{\rho}}{1+(K-1)\overline{\rho}}\boldsymbol{J}\right]R \tag{A.2}$$

及

$$Y^{\top}(\boldsymbol{J}-\boldsymbol{I})Y=\frac{1}{\alpha^2(1-\overline{\rho})^2}R^{\top}\left[\frac{1+(K-1)\overline{\rho}^2}{[1+(K-1)\overline{\rho}]^2}\boldsymbol{J}-\boldsymbol{I}\right]R>0,\quad 当且仅当\ \frac{1+(K-1)\overline{\rho}^2}{[1+(K-1)\overline{\rho}]^2}R^{\top}JR>R^{\top}R$$

因此,

$$\max_{y^{\top}(\boldsymbol{J}-\boldsymbol{I})y>0}\ \min_{\rho\in[\underline{\rho},\overline{\rho}]} F(y,\rho)=W_0+\frac{1}{2\alpha}R^{\top}\left[(1-\overline{\rho})\boldsymbol{I}+\overline{\rho}\boldsymbol{J}\right]^{-1}R$$

$$= W_0 + \frac{1}{2\alpha(1-\overline{\rho})} R^\top \left[\boldsymbol{I} - \frac{\overline{\rho}}{1+(K-1)\overline{\rho}} \boldsymbol{J} \right] R$$

最后考虑问题 (2) $\max\limits_{y^\top(\boldsymbol{J}-\boldsymbol{I})y=0} \min\limits_{\rho\in[\underline{\rho},\overline{\rho}]} F(y,\rho) = \max\limits_{y^\top(\boldsymbol{J}-\boldsymbol{I})y=0} F(y,\rho)$, 其中

$$F(y,\rho) = W_0 + R^\top y - \frac{1}{2}\alpha y^\top \left[(1-\rho)\boldsymbol{I} + \rho\boldsymbol{J}\right] y = W_0 + R^\top y - \frac{1}{2}\alpha \left[y^\top y + \rho y^\top(\boldsymbol{J}-\boldsymbol{I})y\right]$$

计算得到 SN 投资者对风险资产的需求函数为:

$$Y = \frac{1}{\alpha}\left[(1-\rho)\boldsymbol{I} + \rho\boldsymbol{J}\right]^{-1} R = \frac{1}{\alpha(1-\rho)}\left[\boldsymbol{I} - \frac{\rho}{1+(K-1)\rho}\boldsymbol{J}\right] R \qquad \text{(A.3)}$$

及

$$Y^\top(\boldsymbol{J}-\boldsymbol{I})Y = \frac{1}{\alpha^2(1-\rho)^2} R^\top \left[\frac{1+(K-1)\rho^2}{[1+(K-1)\rho]^2}\boldsymbol{J} - \boldsymbol{I}\right] R = 0, \quad \text{当且仅当} \quad \frac{1+(K-1)\rho^2}{[1+(K-1)\rho]^2} R^\top \boldsymbol{J} R = R^\top R$$

我们现在考虑等价条件:

$$[1+(K-1)\rho]^2 = A[1+(K-1)\rho^2]$$

其中 $A = \dfrac{R^\top \boldsymbol{J} R}{R^\top R}$, 则:

$$[A-(K-1)](K-1)\rho^2 - 2(K-1)\rho + (A-1) = 0$$

情况 2.1 如果 $A = K-1$, 那么 $\rho^* = \dfrac{A-1}{2(K-1)} = \dfrac{K-2}{2(K-1)}$ 且

$$Y(\rho^*) = \frac{1}{\alpha}\left[(1-\rho^*)\boldsymbol{I} + \rho^*\boldsymbol{J}\right]^{-1} R = \frac{1}{\alpha(1-\rho^*)}\left[\boldsymbol{I} - \frac{\rho^*}{1+(K-1)\rho^*}\boldsymbol{J}\right] R$$

$$\max\limits_{y^\top(\boldsymbol{J}-\boldsymbol{I})y=0} \min\limits_{\rho\in[\underline{\rho},\overline{\rho}]} F(y,\rho) = W_0 + \frac{1}{2\alpha} R^\top \left[(1-\rho^*)\boldsymbol{I} + \rho^*\boldsymbol{J}\right]^{-1} R$$

$$= W_0 + \frac{1}{2\alpha(1-\rho^*)} R^\top \left[\boldsymbol{I} - \frac{\rho^*}{1+(K-1)\rho^*}\boldsymbol{J}\right] R$$

情况 2.2 如果 $A \neq K-1$, 那么 $\rho^* = \dfrac{(K-1) \pm \sqrt{A(K-1)(K-A)}}{[A-(K-1)](K-1)}$, 即

$$\rho_-^* = \frac{(K-1) - \sqrt{A(K-1)(K-A)}}{[A-(K-1)](K-1)} \quad \text{且} \quad \rho_+^* = \frac{(K-1) + \sqrt{A(K-1)(K-A)}}{[A-(K-1)](K-1)}$$

- 若 $A < K - 1$, 有 $\rho_+^* < -\dfrac{1}{K-1} < \rho_-^* < 1$ 且

$$Y(\rho_-^*) = \frac{1}{\alpha} \left[(1 - \rho_-^*)\boldsymbol{I} + \rho_-^* \boldsymbol{J} \right]^{-1} R = \frac{1}{\alpha(1 - \rho_-^*)} \left[\boldsymbol{I} - \frac{\rho_-^*}{1 + (K-1)\rho_-^*} \boldsymbol{J} \right] R$$

$$\max_{y^\top (\boldsymbol{J} - \boldsymbol{I})y = 0} \min_{\rho \in [\underline{\rho}, \overline{\rho}]} F(y, \rho) = W_0 + \frac{1}{2\alpha} R^\top \left[(1 - \rho_-^*)\boldsymbol{I} + \rho_-^* \boldsymbol{J} \right]^{-1} R$$

$$= W_0 + \frac{1}{2\alpha(1 - \rho_-^*)} R^\top \left[\boldsymbol{I} - \frac{\rho_-^*}{1 + (K-1)\rho_-^*} \boldsymbol{J} \right] R$$

- 若 $A > K - 1$, 有 $-\dfrac{1}{K-1} < \rho_-^* < 1 < \rho_+^*$ 且

$$Y(\rho_-^*) = \frac{1}{\alpha} \left[(1 - \rho_-^*)\boldsymbol{I} + \rho_-^* \boldsymbol{J} \right]^{-1} R = \frac{1}{\alpha(1 - \rho_-^*)} \left[\boldsymbol{I} - \frac{\rho_-^*}{1 + (K-1)\rho_-^*} \boldsymbol{J} \right] R$$

$$\max_{y^\top (\boldsymbol{J} - \boldsymbol{I})y = 0} \min_{\rho \in [\underline{\rho}, \overline{\rho}]} F(y, \rho) = W_0 + \frac{1}{2\alpha} R^\top \left[(1 - \rho_-^*)\boldsymbol{I} + \rho_-^* \boldsymbol{J} \right]^{-1} R$$

$$= W_0 + \frac{1}{2\alpha(1 - \rho_-^*)} R^\top \left[\boldsymbol{I} - \frac{\rho_-^*}{1 + (K-1)\rho_-^*} \boldsymbol{J} \right] R$$

注意到

$$\lim_{A \to K-1} \rho_-^* = \lim_{A \to K-1} \frac{(K-1) - \sqrt{A(K-1)(K-A)}}{[A - (K-1)](K-1)}$$

$$= \lim_{A \to K-1} -\frac{K - 2A}{2\sqrt{A(K-A)}\sqrt{K-1}} = \frac{K-2}{2(K-1)} = \rho^*$$

因此, 我们得到 SN 投资者对风险资产的需求函数如下: 对于 $\Lambda = S, N$,

$$Y_\Lambda^* = \begin{cases} \frac{1}{\alpha} \left[(1 - \underline{\rho}_\Lambda)\boldsymbol{I} + \underline{\rho}_\Lambda \boldsymbol{J} \right]^{-1} R = \frac{1}{\alpha(1 - \underline{\rho}_\Lambda)} \left[\boldsymbol{I} - \frac{\underline{\rho}_\Lambda}{1 + (K-1)\underline{\rho}_\Lambda} \boldsymbol{J} \right] R, \text{若 } A < \frac{[1 + (K-1)\underline{\rho}_\Lambda]^2}{1 + (K-1)\underline{\rho}_\Lambda^2} \\ \frac{1}{\alpha} \left[(1 - \rho_-^*)\boldsymbol{I} + \rho_-^* \boldsymbol{J} \right]^{-1} R = \frac{1}{\alpha(1 - \rho_-^*)} \left[\boldsymbol{I} - \frac{\rho_-^*}{1 + (K-1)\rho_-^*} \boldsymbol{J} \right] R, \text{ 若 } \frac{[1 + (K-1)\underline{\rho}_\Lambda]^2}{1 + (K-1)\underline{\rho}_\Lambda^2} \leqslant A \leqslant \frac{[1 + (K-1)\overline{\rho}_\Lambda]^2}{1 + (K-1)\overline{\rho}_\Lambda^2} \\ \frac{1}{\alpha} \left[(1 - \overline{\rho}_\Lambda)\boldsymbol{I} + \overline{\rho}_\Lambda \boldsymbol{J} \right]^{-1} R = \frac{1}{\alpha(1 - \overline{\rho}_\Lambda)} \left[\boldsymbol{I} - \frac{\overline{\rho}_\Lambda}{1 + (K-1)\overline{\rho}_\Lambda} \boldsymbol{J} \right] R, \text{ 若 } \frac{[1 + (K-1)\overline{\rho}_\Lambda]^2}{1 + (K-1)\overline{\rho}_\Lambda^2} < A \end{cases}$$

$$\tag{A.4}$$

我们现在使用 Sion (1958) 极大极小定理以交换双层优化问题的顺序:

$$\min_{\rho \in [\underline{\rho}_\Lambda, \overline{\rho}_\Lambda]} \max_y F(y, \rho) = W_0 + R^\top y - \frac{1}{2}\alpha y^\top \left[(1 - \rho)\boldsymbol{I} + \rho \boldsymbol{J} \right] y$$

$$= W_0 + R^\top y - \frac{1}{2}\alpha \left[y^\top y + \rho y^\top (\boldsymbol{J} - \boldsymbol{I})y \right] \tag{A.5}$$

在内层优化问题中,

$$\max_y F(y, \rho) = W_0 + R^\top y - \frac{1}{2}\alpha y^\top \left[(1-\rho)\boldsymbol{I} + \rho\boldsymbol{J}\right] y$$
$$= W_0 + R^\top y - \frac{1}{2}\alpha \left[y^\top y + \rho y^\top (\boldsymbol{J} - \boldsymbol{I})y\right]$$

并且,

$$y(\rho) = \frac{1}{\alpha}\left[(1-\rho)\boldsymbol{I} + \rho\boldsymbol{J}\right]^{-1} R = \frac{1}{\alpha(1-\rho)}\left[\boldsymbol{I} - \frac{\rho}{1+(K-1)\rho}\boldsymbol{J}\right]R \qquad \text{(A.6)}$$

因此,

$$F(y(\rho), \rho) = W_0 + \frac{1}{2\alpha(1-\rho)}R^\top\left[\boldsymbol{I} - \frac{\rho}{1+(K-1)\rho}\boldsymbol{J}\right]R$$
$$= W_0 + \frac{1}{2\alpha(1-\rho)}\left[R^\top R - \frac{\rho}{1+(K-1)\rho}R^\top\boldsymbol{J}R\right]$$

及

$$\frac{\mathrm{d}F(y(\rho),\rho)}{\mathrm{d}\rho} = \frac{1}{2\alpha(1-\rho)^2}\left[R^\top R - \frac{1+(K-1)\rho^2}{[1+(K-1)\rho]^2}R^\top\boldsymbol{J}R\right]$$

我们接下来讨论以下 3 种情况下交换顺序的两层规划式 (6.8) 的解。

情况 1　$R^\top R - \dfrac{1+(K-1)\rho^2}{[1+(K-1)\rho]^2}R^\top\boldsymbol{J}R > 0$ 对所有 $\rho \in [\underline{\rho}_\Lambda, \overline{\rho}_\Lambda]$, 则 $\dfrac{\mathrm{d}F(y(\rho),\rho)}{\mathrm{d}\rho} > 0$

及

$$\min_{\rho \in [\underline{\rho}_\Lambda, \overline{\rho}_\Lambda]} \max_y F(y, \rho) = \min_{\rho \in [\underline{\rho}_\Lambda, \overline{\rho}_\Lambda]} F(y(\rho), \rho) = F\left(y(\underline{\rho}_\Lambda), \underline{\rho}_\Lambda\right)$$

情况 2　存在 $\rho^* \in [\underline{\rho}_\Lambda, \overline{\rho}_\Lambda]$ 使得 $R^\top R - \dfrac{1+(K-1)\rho^{*2}}{[1+(K-1)\rho^*]^2}R^\top\boldsymbol{J}R = 0$, 所以

$$\left.\frac{\mathrm{d}F(y(\rho),\rho)}{\mathrm{d}\rho}\right|_{\rho=\rho^*} = 0$$

这样的 $\rho^* \in [\underline{\rho}_\Lambda, \overline{\rho}_\Lambda] \subset \left(-\dfrac{1}{K-1}, 1\right)$ 是唯一的, 并且

$$\text{对 } \rho < \rho^*, \quad \frac{\mathrm{d}F(y(\rho),\rho)}{\mathrm{d}\rho} < 0 \text{ 及 对 } \rho > \rho^*, \quad \frac{\mathrm{d}F(y(\rho),\rho)}{\mathrm{d}\rho} > 0$$

因此,

$$\min_{\rho \in [\underline{\rho}_\Lambda, \overline{\rho}_\Lambda]} \max_y F(y, \rho) = \min_{\rho \in [\underline{\rho}_\Lambda, \overline{\rho}_\Lambda]} F(y(\rho), \rho) = F(y(\rho^*), \rho^*)$$

从另一方面看, $\rho^* \in [\underline{\rho}_\Lambda, \overline{\rho}_\Lambda] \subset \left(-\dfrac{1}{K-1}, 1\right)$ 是方程 $R^\top R - \dfrac{1+(K-1)\rho^2}{[1+(K-1)\rho]^2} R^\top \boldsymbol{J} R = 0$ 的解, 或者

$$[1+(K-1)\rho]^2 = A[1+(K-1)\rho^2]$$

其中 $A \equiv \dfrac{R^\top \boldsymbol{J} R}{R^\top R}$, 所以,

$$[A-(K-1)](K-1)\rho^2 - 2(K-1)\rho + (A-1) = 0$$

情况 2.1 如果 $A = K-1$, 那么 $\rho^* = \dfrac{A-1}{2(K-1)} = \dfrac{K-2}{2(K-1)}$, 并且

$$y(\rho^*) = \frac{1}{\alpha} \left[(1-\rho^*)\boldsymbol{I} + \rho^* \boldsymbol{J}\right]^{-1} R = \frac{1}{\alpha(1-\rho^*)} \left[\boldsymbol{I} - \frac{\rho^*}{1+(K-1)\rho^*} \boldsymbol{J}\right] R$$

情况 2.2 如果 $A \neq K-1$, 那么 $\rho^* = \dfrac{(K-1) \pm \sqrt{A(K-1)(K-A)}}{[A-(K-1)](K-1)}$, 即

$$\rho_-^* = \frac{(K-1) - \sqrt{A(K-1)(K-A)}}{[A-(K-1)](K-1)} \quad \text{及} \quad \rho_+^* = \frac{(K-1) + \sqrt{A(K-1)(K-A)}}{[A-(K-1)](K-1)}$$

- 若 $A < K-1$, $\rho_+^* < -\dfrac{1}{K-1} < \rho_-^* < 1$ 和 $y(\rho_-^*)$ 是解, 我们需要

$$y(\rho_-^*) = \frac{1}{\alpha} \left[(1-\rho_-^*)\boldsymbol{I} + \rho_-^* \boldsymbol{J}\right]^{-1} R = \frac{1}{\alpha(1-\rho_-^*)} \left[\boldsymbol{I} - \frac{\rho_-^*}{1+(K-1)\rho_-^*} \boldsymbol{J}\right] R$$

- 若 $A > K-1$, $-\dfrac{1}{K-1} < \rho_-^* < 1 < \rho_+^*$ 和 $y(\rho_-^*)$ 是解, 我们需要

$$y(\rho_-^*) = \frac{1}{\alpha} \left[(1-\rho_-^*)\boldsymbol{I} + \rho_-^* \boldsymbol{J}\right]^{-1} R = \frac{1}{\alpha(1-\rho_-^*)} \left[\boldsymbol{I} - \frac{\rho_-^*}{1+(K-1)\rho_-^*} \boldsymbol{J}\right] R$$

情况 3 如果对任意的 $\rho \in [\underline{\rho}_\Lambda, \overline{\rho}_\Lambda]$, $R^\top R - \dfrac{1+(K-1)\rho^2}{[1+(K-1)\rho]^2} R^\top \boldsymbol{J} R < 0$, 那么 $\dfrac{\mathrm{d}F(y(\rho),\rho)}{\mathrm{d}\rho} < 0$ 且

$$\min_{\rho \in [\underline{\rho}_\Lambda, \overline{\rho}_\Lambda]} \max_y F(y, \rho) = \min_{\rho \in [\underline{\rho}_\Lambda, \overline{\rho}_\Lambda]} F(y(\rho), \rho) = F(y(\overline{\rho}_\Lambda), \overline{\rho}_\Lambda)$$

注意到 $\lim\limits_{A \to K-1}$ 在情况 2.2 中的 ρ_-^* 等于在情况 2.1 中的 ρ^*, 因此 SN 投资者对风险资产的需求函数由式 (A.4) 给出。

附录 B　噪音投资者的需求函数

为了求解双层数学规划式 (6.9) 的最优解, 我们需要考虑以下 3 个问题:

(1) $\displaystyle\max_{y^\top(\boldsymbol{J-I})y<0}\ \min_{\rho\in[\underline{\rho}_U,\overline{\rho}_U]} F(y,\rho)=\max_{y^\top(\boldsymbol{J-I})y<0} F(y,\underline{\rho}_U)=\max_{y^\top(\boldsymbol{J-I})y<0} F\left(y,-\dfrac{1}{K-1}\right)$;

(2) $\displaystyle\max_{y^\top(\boldsymbol{J-I})y=0}\ \min_{\rho\in[\underline{\rho}_U,\overline{\rho}_U]} F(y,\rho)=\max_{y^\top(\boldsymbol{J-I})y=0} F(y,\rho)$;

(3) $\displaystyle\max_{y^\top(\boldsymbol{J-I})y>0}\ \min_{\rho\in[\underline{\rho}_U,\overline{\rho}_U]} F(y,\rho)=\max_{y^\top(\boldsymbol{J-I})y>0} F(y,\overline{\rho}_U)=\max_{y^\top(\boldsymbol{J-I})y>0} F(y,1)$。

然后尝试寻找对应于原问题式 (6.9) 最优解的极大值。

首先考虑问题 (1):

$$\max_{y^\top(\boldsymbol{J-I})y<0}\ \min_{\rho\in[\underline{\rho}_U,\overline{\rho}_U]} F(y,\rho)=\max_{y^\top(\boldsymbol{J-I})y<0} F(y,\underline{\rho}_U)=\max_{y^\top(\boldsymbol{J-I})y<0} F\left(y,-\frac{1}{K-1}\right),$$

其中,

$$\begin{aligned}
F\left(y,-\frac{1}{K-1}\right) &= W_0 + R^\top y - \frac{1}{2}\alpha y^\top\left[\frac{K}{K-1}\boldsymbol{I}-\frac{1}{K-1}\boldsymbol{J}\right]y\\
&= W_0 + R^\top y - \frac{1}{2}\alpha\left[y^\top y - \frac{1}{K-1}y^\top(\boldsymbol{J}-\boldsymbol{I})y\right]
\end{aligned}$$

计算得到噪音投资者对风险资产的需求函数:

$$\left[\frac{K}{K-1}\boldsymbol{I}-\frac{1}{K-1}\boldsymbol{J}\right]Y_U=\frac{1}{\alpha}R \tag{B.1}$$

以及 $\boldsymbol{0}=\boldsymbol{J}\left[\dfrac{K}{K-1}\boldsymbol{I}-\dfrac{1}{K-1}\boldsymbol{J}\right]Y_U=\dfrac{1}{\alpha}\boldsymbol{J}R$, 说明 $\boldsymbol{J}R=\boldsymbol{0}$ 或者 $\boldsymbol{1}^\top R=0$。

其次考虑问题 (3): $\displaystyle\max_{y^\top(\boldsymbol{J-I})y>0}\ \min_{\rho\in[\underline{\rho}_U,\overline{\rho}_U]} F(y,\rho)=\max_{y^\top(\boldsymbol{J-I})y>0} F(y,\overline{\rho}_U)=\max_{y^\top(\boldsymbol{J-I})y>0}$
$F(y,1)$, 其中,

$$F(y,1)=W_0+R^\top y-\frac{1}{2}\alpha y^\top\boldsymbol{J}y=W_0+R^\top y-\frac{1}{2}\alpha\left[y^\top y+y^\top(\boldsymbol{J}-\boldsymbol{I})y\right]$$

计算得到噪音投资者对风险资产的需求函数:

$$JY_U=\frac{1}{\alpha}R \tag{B.2}$$

这表明了 $R=R_0\boldsymbol{1}$。

最后考虑问题 (2): $\displaystyle\max_{y^\top(\boldsymbol{J-I})y=0}\ \min_{\rho\in[\underline{\rho}_U,\overline{\rho}_U]} F(y,\rho)=\max_{y^\top(\boldsymbol{J-I})y=0} F(y,\rho)$, 其中,

$$F(y,\rho)=W_0+R^\top y-\frac{1}{2}\alpha y^\top\left[(1-\rho)\boldsymbol{I}+\rho\boldsymbol{J}\right]y=W_0+R^\top y-\frac{1}{2}\alpha\left[y^\top y+\rho y^\top(\boldsymbol{J}-\boldsymbol{I})y\right]$$

计算得到噪音投资者对风险资产的需求函数:

$$Y_U = \frac{1}{\alpha}\left[(1-\rho)\boldsymbol{I} + \rho\boldsymbol{J}\right]^{-1} R$$

$$= \frac{1}{\alpha(1-\rho)}\left[\boldsymbol{I} - \frac{\rho}{1+(K-1)\rho}\boldsymbol{J}\right] R \ \text{对} \ \rho \in (\underline{\rho}_U, \overline{\rho}_U) = \left(-\frac{1}{K-1}, 1\right) \qquad \text{(B.3)}$$

其中, 对于 $\rho = \underline{\rho}_U = -\frac{1}{K-1}$, 有 $\left[\frac{K}{K-1}\boldsymbol{I} - \frac{1}{K-1}\boldsymbol{J}\right]Y_U = \frac{1}{\alpha}R$, 以及对于 $\rho = \overline{\rho}_U = 1$, 有 $\boldsymbol{J}Y_U = \frac{1}{\alpha}R$。

对于 $\rho \in (\underline{\rho}_U, \overline{\rho}_U) = \left(-\frac{1}{K-1}, 1\right)$, 有 $Y_U = \frac{1}{\alpha}\left[(1-\rho)\boldsymbol{I} + \rho\boldsymbol{J}\right]^{-1} R = \frac{1}{\alpha(1-\rho)}$ $\left[\boldsymbol{I} - \frac{\rho}{1+(K-1)\rho}\boldsymbol{J}\right] R$, 且 $Y_U^\top(\boldsymbol{J}-\boldsymbol{I})Y_U = \frac{1}{\alpha^2(1-\rho)^2}R^\top\left\{\frac{1+(K-1)\rho^2}{[1+(K-1)\rho]^2}\boldsymbol{J} - \boldsymbol{I}\right\}R =$ 0, 当且仅当 $\frac{1+(K-1)\rho^2}{[1+(K-1)\rho]^2}R^\top\boldsymbol{J}R = R^\top R$ 时。

我们现在考虑等价条件:

$$[1+(K-1)\rho]^2 = A[1+(K-1)\rho^2]$$

其中 $A = \dfrac{R^\top \boldsymbol{J} R}{R^\top R}$, 则

$$[A-(K-1)](K-1)\rho^2 - 2(K-1)\rho + (A-1) = 0$$

情况 2.1　如果 $A = K-1$, 那么 $\rho^* = \dfrac{A-1}{2(K-1)} = \dfrac{K-2}{2(K-1)}$ 且 $y(\rho^*) =$ $\frac{1}{\alpha}\left[(1-\rho^*)\boldsymbol{I} + \rho^*\boldsymbol{J}\right]^{-1} R = \frac{1}{\alpha(1-\rho^*)}\left[\boldsymbol{I} - \frac{\rho^*}{1+(K-1)\rho^*}\boldsymbol{J}\right] R$, 则

$$\max_{y^\top(\boldsymbol{J}-\boldsymbol{I})y=0} \min_{\rho\in[\underline{\rho},\overline{\rho}]} F(y,\rho) = W_0 + \frac{1}{2\alpha}R^\top\left[(1-\rho^*)\boldsymbol{I} + \rho^*\boldsymbol{J}\right]^{-1} R$$

$$= W_0 + \frac{1}{2\alpha(1-\rho^*)}R^\top\left[\boldsymbol{I} - \frac{\rho^*}{1+(K-1)\rho^*}\boldsymbol{J}\right] R$$

情况 2.2　如果 $A \neq K-1$, 那么 $\rho^* = \dfrac{(K-1)\pm\sqrt{A(K-1)(K-A)}}{[A-(K-1)](K-1)}$, 即

$$\rho_-^* = \frac{(K-1)-\sqrt{A(K-1)(K-A)}}{[A-(K-1)](K-1)} \ \text{和} \ \rho_+^* = \frac{(K-1)+\sqrt{A(K-1)(K-A)}}{[A-(K-1)](K-1)}$$

- 若 $A < K-1$, 则 $\rho_+^* < -\dfrac{1}{K-1} < \rho_-^* < 1$ 且 $y(\rho_-^*) = \dfrac{1}{\alpha}\left[(1-\rho_-^*)\boldsymbol{I} + \rho_-^*\boldsymbol{J}\right]^{-1} R =$

$\frac{1}{\alpha(1-\rho_-^*)}\left[\boldsymbol{I}-\frac{\rho_-^*}{1+(K-1)\rho_-^*}\boldsymbol{J}\right]R$, 则

$$\max_{y^\top(\boldsymbol{J}-\boldsymbol{I})y=0}\ \min_{\rho\in[\underline{\rho},\overline{\rho}]}F(y,\rho)=W_0+\frac{1}{2\alpha}R^\top\left[(1-\rho_-^*)\boldsymbol{I}+\rho_-^*\boldsymbol{J}\right]^{-1}R$$

$$=W_0+\frac{1}{2\alpha(1-\rho_-^*)}R^\top\left[\boldsymbol{I}-\frac{\rho_-^*}{1+(K-1)\rho_-^*}\boldsymbol{J}\right]R$$

• 若 $A>K-1$, 则 $-\frac{1}{K-1}<\rho_-^*<1<\rho_+^*$, 且 $y(\rho_-^*)=\frac{1}{\alpha}\left[(1-\rho_-^*)\boldsymbol{I}+\rho_-^*\boldsymbol{J}\right]^{-1}R=$
$\frac{1}{\alpha(1-\rho_-^*)}\left[\boldsymbol{I}-\frac{\rho_-^*}{1+(K-1)\rho_-^*}\boldsymbol{J}\right]R$, 则

$$\max_{y^\top(\boldsymbol{J}-\boldsymbol{I})y=0}\ \min_{\rho\in[\underline{\rho},\overline{\rho}]}F(y,\rho)=W_0+\frac{1}{2\alpha}R^\top\left[(1-\rho_-^*)\boldsymbol{I}+\rho_-^*\boldsymbol{J}\right]^{-1}R$$

$$=W_0+\frac{1}{2\alpha(1-\rho_-^*)}R^\top\left[\boldsymbol{I}-\frac{\rho_-^*}{1+(K-1)\rho_-^*}\boldsymbol{J}\right]R$$

注意:

$$\lim_{A\to 0}\rho_-^*=\lim_{A\to 0}\frac{(K-1)-\sqrt{A(K-1)(K-A)}}{[A-(K-1)](K-1)}=-\frac{1}{K-1}$$

$$\lim_{A\to K-1}\rho_-^*=\lim_{A\to K-1}\frac{(K-1)-\sqrt{A(K-1)(K-A)}}{[A-(K-1)](K-1)}$$

$$=\lim_{A\to K-1}-\frac{K-2A}{2\sqrt{A(K-A)}\sqrt{K-1}}=\frac{K-2}{2(K-1)}=\rho^*$$

$$\lim_{A\to K}\rho_-^*=\lim_{A\to K}\frac{(K-1)-\sqrt{A(K-1)(K-A)}}{[A-(K-1)](K-1)}=1$$

因此, 我们得到噪音投资者对风险资产的需求函数如下:

$$Y_U^*=\begin{cases}\text{满足}\left[\frac{K}{K-1}\boldsymbol{I}-\frac{1}{K-1}\boldsymbol{J}\right]Y_U^*=\frac{1}{\alpha}R,\text{若 }A=0\\[2mm]\frac{1}{\alpha}\left[(1-\rho_-^*)\boldsymbol{I}+\rho_-^*\boldsymbol{J}\right]^{-1}R=\frac{1}{\alpha(1-\rho_-^*)}\left[\boldsymbol{I}-\frac{\rho_-^*}{1+(K-1)\rho_-^*}\boldsymbol{J}\right]R,\text{若 }0<A<K\\[2mm]\text{满足 }\boldsymbol{J}Y_U^*=\frac{1}{\alpha}R,\text{若 }A=K\end{cases}$$

$$\text{(B.4)}$$

附录 C　一般均衡的特征

我们计算在每种场景下投资者的均衡头寸及对应风险资产的 Sharpe 比率。

设定 1　$A=0$, 当且仅当 $\boldsymbol{J}R=\boldsymbol{0}$ 或 $\boldsymbol{1}^\top R=0$ 时。

在这一设定中, 对于 $\Lambda = S, N$, 四类投资者的需求函数为式 (6.1)、式 (6.3a) 及式 (6.5a), 均衡条件表明:

$$\frac{\theta_I}{1-\hat{\rho}}R + \frac{\theta_S}{1-\underline{\rho}_S}R + \frac{\theta_N}{1-\underline{\rho}_N}R + \alpha\theta_U Y_U^* = \alpha Y^0$$

左乘 $\dfrac{K}{K-1}\boldsymbol{I} - \dfrac{1}{K-1}\boldsymbol{J}$, 有:

$$\left[\frac{K}{K-1}\left(\frac{\theta_I}{1-\hat{\rho}} + \frac{\theta_S}{1-\underline{\rho}_S} + \frac{\theta_N}{1-\underline{\rho}_N}\right) + \theta_U\right]R = \alpha\left[\frac{K}{K-1}\boldsymbol{I} - \frac{1}{K-1}\boldsymbol{J}\right]Y^0$$

则风险资产的均衡 Sharpe 比率的向量为:

$$R = \alpha\left[\frac{K}{K-1}\left(\frac{\theta_I}{1-\hat{\rho}} + \frac{\theta_S}{1-\underline{\rho}_S} + \frac{\theta_N}{1-\underline{\rho}_N}\right) + \theta_U\right]^{-1}\left[\frac{K}{K-1}\boldsymbol{I} - \frac{1}{K-1}\boldsymbol{J}\right]Y^0 \quad (C.1)$$

设定 2　$0 < A < H(\underline{\rho}_N) \equiv \dfrac{[1+(K-1)\underline{\rho}_N]^2}{1+(K-1)\underline{\rho}_N^2}$

在这一设定中, 4 种类型投资者的需求函数对 $\Lambda = S, N$ 为式 (6.1)、式 (6.3a), 以及 $\rho_-^* = \dfrac{(K-1) - \sqrt{A(K-1)(K-A)}}{[A-(K-1)](K-1)}$ 下的式 (6.5b), 均衡条件表明:

$$\left[\Phi(\hat{\rho}, \underline{\rho}_S, \underline{\rho}_N, \rho_-^*)\boldsymbol{I} - \phi(\hat{\rho}, \underline{\rho}_S, \underline{\rho}_N, \rho_-^*)\boldsymbol{J}\right]R = \alpha Y^0$$

则风险资产的均衡 Sharpe 比率向量为:

$$R = \alpha\left[\Phi(\hat{\rho}, \underline{\rho}_S, \underline{\rho}_N, \rho_-^*)\boldsymbol{I} - \phi(\hat{\rho}, \underline{\rho}_S, \underline{\rho}_N, \rho_-^*)\boldsymbol{J}\right]^{-1}Y^0$$
$$= \frac{\alpha}{\Phi(\hat{\rho}, \underline{\rho}_S, \underline{\rho}_N, \rho_-^*)}\left[\boldsymbol{I} + \frac{\phi(\hat{\rho}, \underline{\rho}_S, \underline{\rho}_N, \rho_-^*)}{\varphi(\hat{\rho}, \underline{\rho}_S, \underline{\rho}_N, \rho_-^*)}\boldsymbol{J}\right]Y^0 \quad (C.2)$$

其中,

$$\rho_-^* = \frac{\Phi(\hat{\rho}, \underline{\rho}_S, \underline{\rho}_N, 0) - \varphi(\hat{\rho}, \underline{\rho}_S, \underline{\rho}_N, 0)\sqrt{\frac{1}{K-1}\left[K\frac{Y^{0\top}Y^0}{Y^{0\top}\boldsymbol{J}Y^0} - 1\right]}}{\dot{\Phi}(\hat{\rho}, \underline{\rho}_S, \underline{\rho}_N) + (K-1)\dot{\varphi}(\hat{\rho}, \underline{\rho}_S, \underline{\rho}_N)\sqrt{\frac{1}{K-1}\left[K\frac{Y^{0\top}Y^0}{Y^{0\top}\boldsymbol{J}Y^0} - 1\right]}}$$

设定 3　$\dfrac{[1+(K-1)\underline{\rho}_N]^2}{1+(K-1)\underline{\rho}_N^2} \equiv H(\underline{\rho}_N) \leqslant A < H(\underline{\rho}_S) \equiv \dfrac{[1+(K-1)\underline{\rho}_S]^2}{1+(K-1)\underline{\rho}_S^2}$

在这一设定中, 四类投资者的需求函数对 $\Lambda = S$ 为式 (6.6) 和式 (6.3a)、对 $\Lambda = N$ 为式 (6.3b), 以及 $\rho_-^* = \dfrac{(K-1) - \sqrt{A(K-1)(K-A)}}{[A-(K-1)](K-1)}$ 下的式 (6.5b), 均衡条件表明:

$$\left[\Phi(\hat{\rho}, \underline{\rho}_S, \rho_-^*, \rho_-^*) \boldsymbol{I} - \phi(\hat{\rho}, \underline{\rho}_S, \rho_-^*, \rho_-^*) \boldsymbol{J} \right] R = \alpha Y^0$$

则风险资产的均衡 Sharpe 比率向量为:

$$R = \alpha \left[\Phi(\hat{\rho}, \underline{\rho}_S, \rho_-^*, \rho_-^*) \boldsymbol{I} - \phi(\hat{\rho}, \underline{\rho}_S, \rho_-^*, \rho_-^*) \boldsymbol{J} \right]^{-1} Y^0$$

$$= \frac{\alpha}{\Phi(\hat{\rho}, \underline{\rho}_S, \rho_-^*, \rho_-^*)} \left[\boldsymbol{I} + \frac{\phi(\hat{\rho}, \underline{\rho}_S, \rho_-^*, \rho_-^*)}{\varphi(\hat{\rho}, \underline{\rho}_S, \rho_-^*, \rho_-^*)} \boldsymbol{J} \right] Y^0 \tag{C.3}$$

其中,

$$\rho_-^* = \frac{\Phi(\hat{\rho}, \underline{\rho}_S, 0, 0) - \varphi(\hat{\rho}, \underline{\rho}_S, 0, 0)\sqrt{\dfrac{1}{K-1}\left[K\dfrac{Y^{0\top}Y^0}{Y^{0\top}\boldsymbol{J}Y^0} - 1\right]}}{\ddot{\Phi}(\hat{\rho}, \underline{\rho}_S) + (K-1)\ddot{\varphi}(\hat{\rho}, \underline{\rho}_S)\sqrt{\dfrac{1}{K-1}\left[K\dfrac{Y^{0\top}Y^0}{Y^{0\top}\boldsymbol{J}Y^0} - 1\right]}}$$

设定 4 $\quad \dfrac{[1+(K-1)\underline{\rho}_S]^2}{1+(K-1)\underline{\rho}_S^2} \equiv H(\underline{\rho}_S) \leqslant A \leqslant H(\overline{\rho}_S) \equiv \dfrac{[1+(K-1)\overline{\rho}_S]^2}{1+(K-1)\overline{\rho}_S^2}$

在这一设定中, 4 种类型投资者的需求函数对 $\Lambda = S, N$ 为式 (6.1) 和式 (6.3b), 以及 $\rho_-^* = \dfrac{(K-1) - \sqrt{A(K-1)(K-A)}}{[A-(K-1)](K-1)}$ 下的式 (6.5b), 均衡条件表明:

$$\left[\Phi(\hat{\rho}, \rho_-^*, \rho_-^*, \rho_-^*) \boldsymbol{I} - \phi(\hat{\rho}, \rho_-^*, \rho_-^*, \rho_-^*) \boldsymbol{J} \right] R = \alpha Y^0$$

则风险资产的均衡 Sharpe 比率向量为:

$$R = \alpha \left[\Phi(\hat{\rho}, \rho_-^*, \rho_-^*, \rho_-^*) \boldsymbol{I} - \phi(\hat{\rho}, \rho_-^*, \rho_-^*, \rho_-^*) \boldsymbol{J} \right]^{-1} Y^0$$

$$= \frac{\alpha}{\Phi(\hat{\rho}, \rho_-^*, \rho_-^*, \rho_-^*)} \left[\boldsymbol{I} + \frac{\phi(\hat{\rho}, \rho_-^*, \rho_-^*, \rho_-^*)}{\varphi(\hat{\rho}, \rho_-^*, \rho_-^*, \rho_-^*)} \boldsymbol{J} \right] Y^0 \tag{C.4}$$

其中,

$$\rho_-^* = \frac{\Phi(\hat{\rho}, 0, 0, 0) - \varphi(\hat{\rho}, 0, 0, 0)\sqrt{\dfrac{1}{K-1}\left[K\dfrac{Y^{0\top}Y^0}{Y^{0\top}\boldsymbol{J}Y^0} - 1\right]}}{\ddot{\Phi}(\hat{\rho}) + (K-1)\ddot{\varphi}(\hat{\rho})\sqrt{\dfrac{1}{K-1}\left[K\dfrac{Y^{0\top}Y^0}{Y^{0\top}\boldsymbol{J}Y^0} - 1\right]}}$$

设定 5 $\quad \dfrac{[1+(K-1)\overline{\rho}_S]^2}{1+(K-1)\overline{\rho}_S^2} \equiv H(\overline{\rho}_S) < A \leqslant H(\overline{\rho}_N) \equiv \dfrac{[1+(K-1)\overline{\rho}_N]^2}{1+(K-1)\overline{\rho}_N^2}$

在这一设定中, 4 种类型投资者的需求函数对 $\Lambda = S$ 为式 (6.1) 和式 (6.3c)、对 $\Lambda = N$ 为式 (6.3b), 以及 $\rho_-^* = \dfrac{(K-1) - \sqrt{A(K-1)(K-A)}}{[A-(K-1)](K-1)}$ 下的式 (6.5b), 均衡条件表明:

$$\left[\Phi(\hat{\rho}, \overline{\rho}_S, \rho_-^*, \rho_-^*) \boldsymbol{I} - \phi(\hat{\rho}, \overline{\rho}_S, \rho_-^*, \rho_-^*) \boldsymbol{J} \right] R = \alpha Y^0$$

则风险资产的均衡 Sharpe 比率向量为:

$$\begin{aligned} R &= \alpha \left[\Phi(\hat{\rho}, \overline{\rho}_S, \rho_-^*, \rho_-^*) \boldsymbol{I} - \phi(\hat{\rho}, \overline{\rho}_S, \rho_-^*, \rho_-^*) \boldsymbol{J} \right]^{-1} Y^0 \\ &= \frac{\alpha}{\Phi(\hat{\rho}, \overline{\rho}_S, \rho_-^*, \rho_-^*)} \left[\boldsymbol{I} + \frac{\phi(\hat{\rho}, \overline{\rho}_S, \rho_-^*, \rho_-^*)}{\varphi(\hat{\rho}, \overline{\rho}_S, \rho_-^*, \rho_-^*)} \boldsymbol{J} \right] Y^0 \end{aligned} \tag{C.5}$$

其中,

$$\rho_-^* = \frac{\Phi(\hat{\rho}, \overline{\rho}_S, 0, 0) - \varphi(\hat{\rho}, \overline{\rho}_S, 0, 0) \sqrt{\dfrac{1}{K-1} \left[K \dfrac{Y^{0\top} Y^0}{Y^{0\top} \boldsymbol{J} Y^0} - 1 \right]}}{\ddot{\Phi}(\hat{\rho}, \overline{\rho}_S) + (K-1)\ddot{\varphi}(\hat{\rho}, \overline{\rho}_S) \sqrt{\dfrac{1}{K-1} \left[K \dfrac{Y^{0\top} Y^0}{Y^{0\top} \boldsymbol{J} Y^0} - 1 \right]}}$$

设定 6　$\dfrac{[1 + (K-1)\overline{\rho}_N]^2}{1 + (K-1)\overline{\rho}_N^2} \equiv H(\overline{\rho}_N) < A < K$

在这一设定中, 4 类投资者的需求函数对 $\Lambda = S, N$ 为式 (6.1) 和式 (6.3c), 以及 $\rho_-^* = \dfrac{(K-1) - \sqrt{A(K-1)(K-A)}}{[A-(K-1)](K-1)}$ 下的式 (6.5b), 均衡条件表明:

$$\left[\Phi(\hat{\rho}, \overline{\rho}_S, \overline{\rho}_N, \rho_-^*) \boldsymbol{I} - \phi(\hat{\rho}, \overline{\rho}_S, \overline{\rho}_N, \rho_-^*) \boldsymbol{J} \right] R = \alpha Y^0$$

则风险资产的均衡 Sharpe 比率向量为:

$$\begin{aligned} R &= \alpha \left[\Phi(\hat{\rho}, \overline{\rho}_S, \overline{\rho}_N, \rho_-^*) \boldsymbol{I} - \phi(\hat{\rho}, \overline{\rho}_S, \overline{\rho}_N, \rho_-^*) \boldsymbol{J} \right]^{-1} Y^0 \\ &= \frac{\alpha}{\Phi(\hat{\rho}, \overline{\rho}_S, \overline{\rho}_N, \rho_-^*)} \left[\boldsymbol{I} + \frac{\phi(\hat{\rho}, \overline{\rho}_S, \overline{\rho}_N, \rho_-^*)}{\varphi(\hat{\rho}, \overline{\rho}_S, \overline{\rho}_N, \rho_-^*)} \boldsymbol{J} \right] Y^0 \end{aligned} \tag{C.6}$$

其中,

$$\rho_-^* = \frac{\Phi(\hat{\rho}, \overline{\rho}_S, \overline{\rho}_N, 0) - \varphi(\hat{\rho}, \overline{\rho}_S, \overline{\rho}_N, 0) \sqrt{\dfrac{1}{K-1} \left[K \dfrac{Y^{0\top} Y^0}{Y^{0\top} \boldsymbol{J} Y^0} - 1 \right]}}{\dot{\Phi}(\hat{\rho}, \overline{\rho}_S, \overline{\rho}_N) + (K-1)\dot{\varphi}(\hat{\rho}, \overline{\rho}_S, \overline{\rho}_N) \sqrt{\dfrac{1}{K-1} \left[K \dfrac{Y^{0\top} Y^0}{Y^{0\top} \boldsymbol{J} Y^0} - 1 \right]}}$$

设定 7　$A = K$, 当且仅当 $R = R_0 \boldsymbol{1}$ 时。

在这一设定中, 四类投资者的需求函数对 $\Lambda = S, N$ 为式 (6.1) 和式 (6.3c), 还包括式 (6.5c), 均衡条件表明:

$$\frac{\theta_I}{1-\hat{\rho}}\left[\boldsymbol{I} - \frac{\hat{\rho}}{1+(K-1)\hat{\rho}}\boldsymbol{J}\right]R + \frac{\theta_S}{1-\overline{\rho}_S}\left[\boldsymbol{I} - \frac{\overline{\rho}_S}{1+(K-1)\overline{\rho}_S}\boldsymbol{J}\right]R$$
$$+ \frac{\theta_N}{1-\overline{\rho}_N}\left[\boldsymbol{I} - \frac{\overline{\rho}_N}{1+(K-1)\overline{\rho}_N}\boldsymbol{J}\right]R + \alpha\theta_U Y_U^* = \alpha Y^0$$

左乘 $\boldsymbol{J}$, 有:

$$\left[K\left(\frac{\theta_I}{1+(K-1)\hat{\rho}} + \frac{\theta_S}{1+(K-1)\overline{\rho}_S} + \frac{\theta_N}{1+(K-1)\overline{\rho}_N}\right) + \theta_U\right]R = \alpha\boldsymbol{J}Y^0$$

则风险资产的均衡 Sharpe 比率向量为:

$$R = \alpha\left[K\left(\frac{\theta_I}{1+(K-1)\hat{\rho}} + \frac{\theta_S}{1+(K-1)\overline{\rho}_S} + \frac{\theta_N}{1+(K-1)\overline{\rho}_N}\right) + \theta_U\right]^{-1}\boldsymbol{J}Y^0 \quad (C.7)$$

我们知道 A 是一个内生变量。我们设法把由 A 划分的子区间转换为由外生变量划分的子区间, 也就是说, 我们定义一个风险资产质量分散度的指标如下:

$$\Omega = \sqrt{\frac{1}{K-1}\left[K\frac{Y^{0\top}Y^0}{Y^{0\top}\boldsymbol{J}Y^0} - 1\right]}$$

正禀赋 $Y^0 \in \mathbb{R}_{++}^K$ 表明 $1 < \frac{Y^{0\top}\boldsymbol{J}Y^0}{Y^{0\top}Y^0} \leqslant K$, 因此我们可以推断分散度指标受约束于一个单位区间: $0 \leqslant \Omega < 1$。

设定 1 $A = 0$ 等价于

$$\Omega = \frac{\Phi(\hat{\rho},\underline{\rho}_S,\underline{\rho}_N,0) + \frac{1}{K-1}\dot{\Phi}(\hat{\rho},\underline{\rho}_S,\underline{\rho}_N)}{\varphi(\hat{\rho},\underline{\rho}_S,\underline{\rho}_N,0) - \dot{\varphi}(\hat{\rho},\underline{\rho}_S,\underline{\rho}_N)} = \frac{K}{(K-1)\theta_U}\dot{\Phi}(\hat{\rho},\underline{\rho}_S,\underline{\rho}_N) + 1 > 1$$

因此 $\Omega > 1$, 并且在这种设定下没有均衡。

设定 2 $0 < A < H(\underline{\rho}_N)$ 等价于

$$-\frac{1}{K-1} < \rho_-^* = \frac{\Phi(\hat{\rho},\underline{\rho}_S,\underline{\rho}_N,0) - \varphi(\hat{\rho},\underline{\rho}_S,\underline{\rho}_N,0)\Omega}{\dot{\Phi}(\hat{\rho},\underline{\rho}_S,\underline{\rho}_N) + (K-1)\dot{\varphi}(\hat{\rho},\underline{\rho}_S,\underline{\rho}_N)\Omega} = \rho_-^* < \underline{\rho}_N$$

或

$$\frac{\Phi(\hat{\rho},\underline{\rho}_S,\underline{\rho}_N,0) - \underline{\rho}_N\dot{\Phi}(\hat{\rho},\underline{\rho}_S,\underline{\rho}_N)}{\varphi(\hat{\rho},\underline{\rho}_S,\underline{\rho}_N,0) + (K-1)\underline{\rho}_N\dot{\varphi}(\hat{\rho},\underline{\rho}_S,\underline{\rho}_N)} < \Omega < \frac{\Phi(\hat{\rho},\underline{\rho}_S,\underline{\rho}_N,0) + \frac{1}{K-1}\dot{\Phi}(\hat{\rho},\underline{\rho}_S,\underline{\rho}_N)}{\varphi(\hat{\rho},\underline{\rho}_S,\underline{\rho}_N,0) - \dot{\varphi}(\hat{\rho},\underline{\rho}_S,\underline{\rho}_N)}$$

即

$$\frac{1-\underline{\rho}_N}{1+(K-1)\underline{\rho}_N}\frac{\Phi(\hat{\rho},\underline{\rho}_S,\underline{\rho}_N,\underline{\rho}_N)}{\varphi(\hat{\rho},\underline{\rho}_S,\underline{\rho}_N,\underline{\rho}_N)}<\Omega<\frac{1}{\theta_U}\left[\frac{K}{K-1}\Phi(\hat{\rho},\underline{\rho}_S,\underline{\rho}_N,0)-\frac{1}{K-1}\theta_U\right]$$

由于 $\underline{\rho}_N<\underline{\rho}_S<\hat{\rho}$, 有

$$1<\frac{1-\underline{\rho}_N}{1+(K-1)\underline{\rho}_N}\frac{\Phi(\hat{\rho},\underline{\rho}_S,\underline{\rho}_N,\underline{\rho}_N)}{\varphi(\hat{\rho},\underline{\rho}_S,\underline{\rho}_N,\underline{\rho}_N)}<\Omega<\frac{1}{\theta_U}\left[\frac{K}{K-1}\Phi(\hat{\rho},\underline{\rho}_S,\underline{\rho}_N,0)-\frac{1}{K-1}\theta_U\right]$$

因此 $\Omega>1$, 并且在这种设定下没有均衡。

设定 3　$H(\underline{\rho}_N)\leqslant A<H(\underline{\rho}_S)$ 等价于

$$\underline{\rho}_N\leqslant\rho_-^*=\frac{\Phi(\hat{\rho},\underline{\rho}_S,0,0)-\varphi(\hat{\rho},\underline{\rho}_S,0,0)\Omega}{\ddot{\Phi}(\hat{\rho},\underline{\rho}_S)+(K-1)\ddot{\varphi}(\hat{\rho},\underline{\rho}_S)\Omega}=\rho_-^*<\underline{\rho}_S$$

或

$$\frac{\Phi(\hat{\rho},\underline{\rho}_S,0,0)-\underline{\rho}_S\ddot{\Phi}(\hat{\rho},\underline{\rho}_S)}{\varphi(\hat{\rho},\underline{\rho}_S,0,0)+(K-1)\underline{\rho}_S\ddot{\varphi}(\hat{\rho},\underline{\rho}_S)}<\Omega\leqslant\frac{\Phi(\hat{\rho},\underline{\rho}_S,0,0)-\underline{\rho}_N\ddot{\Phi}(\hat{\rho},\underline{\rho}_S)}{\varphi(\hat{\rho},\underline{\rho}_S,0,0)+(K-1)\underline{\rho}_N\ddot{\varphi}(\hat{\rho},\underline{\rho}_S)}$$

即

$$\frac{1-\underline{\rho}_S}{1+(K-1)\underline{\rho}_S}\frac{\Phi(\hat{\rho},\underline{\rho}_S,\underline{\rho}_S,\underline{\rho}_S)}{\varphi(\hat{\rho},\underline{\rho}_S,\underline{\rho}_S,\underline{\rho}_S)}<\Omega\leqslant\frac{1-\underline{\rho}_N}{1+(K-1)\underline{\rho}_N}\frac{\Phi(\hat{\rho},\underline{\rho}_S,\underline{\rho}_N,\underline{\rho}_N)}{\varphi(\hat{\rho},\underline{\rho}_S,\underline{\rho}_N,\underline{\rho}_N)}$$

由于 $\underline{\rho}_N<\underline{\rho}_S<\hat{\rho}$, 有

$$1<\frac{1-\underline{\rho}_S}{1+(K-1)\underline{\rho}_S}\frac{\Phi(\hat{\rho},\underline{\rho}_S,\underline{\rho}_S,\underline{\rho}_S)}{\varphi(\hat{\rho},\underline{\rho}_S,\underline{\rho}_S,\underline{\rho}_S)}<\Omega\leqslant\frac{1-\underline{\rho}_N}{1+(K-1)\underline{\rho}_N}\frac{\Phi(\hat{\rho},\underline{\rho}_S,\underline{\rho}_N,\underline{\rho}_N)}{\varphi(\hat{\rho},\underline{\rho}_S,\underline{\rho}_N,\underline{\rho}_N)}$$

因此 $\Omega>1$, 并且在这种设定下没有均衡。

设定 4　$H(\underline{\rho}_S)\leqslant A\leqslant H(\bar{\rho}_S)$ 等价于

$$\underline{\rho}_S\leqslant\rho_-^*=\frac{\Phi(\hat{\rho},0,0,0)-\varphi(\hat{\rho},0,0,0)\Omega}{\dddot{\Phi}(\hat{\rho})+(K-1)\dddot{\varphi}(\hat{\rho})\Omega}=\rho_-^*\leqslant\bar{\rho}_S$$

或

$$\frac{\Phi(\hat{\rho},0,0,0)-\bar{\rho}_S\dddot{\Phi}(\hat{\rho})}{\varphi(\hat{\rho},0,0,0)+(K-1)\bar{\rho}_S\dddot{\varphi}(\hat{\rho})}\leqslant\Omega\leqslant\frac{\Phi(\hat{\rho},0,0,0)-\underline{\rho}_S\dddot{\Phi}(\hat{\rho})}{\varphi(\hat{\rho},0,0,0)+(K-1)\underline{\rho}_S\dddot{\varphi}(\hat{\rho})}$$

即

$$\frac{1-\bar{\rho}_S}{1+(K-1)\bar{\rho}_S}\frac{\Phi(\hat{\rho},\bar{\rho}_S,\bar{\rho}_S,\bar{\rho}_S)}{\varphi(\hat{\rho},\bar{\rho}_S,\bar{\rho}_S,\bar{\rho}_S)}\leqslant\Omega\leqslant\frac{1-\underline{\rho}_S}{1+(K-1)\underline{\rho}_S}\frac{\Phi(\hat{\rho},\underline{\rho}_S,\underline{\rho}_S,\underline{\rho}_S)}{\varphi(\hat{\rho},\underline{\rho}_S,\underline{\rho}_S,\underline{\rho}_S)}$$

由于 $\underline{\rho}_S < \hat{\rho} < \overline{\rho}_S$，有

$$0 < \frac{1-\overline{\rho}_S}{1+(K-1)\overline{\rho}_S}\frac{\Phi(\hat{\rho},\overline{\rho}_S,\overline{\rho}_S,\overline{\rho}_S)}{\varphi(\hat{\rho},\overline{\rho}_S,\overline{\rho}_S,\overline{\rho}_S)} < 1 < \frac{1-\underline{\rho}_S}{1+(K-1)\underline{\rho}_S}\frac{\Phi(\hat{\rho},\underline{\rho}_S,\underline{\rho}_S,\underline{\rho}_S)}{\varphi(\hat{\rho},\underline{\rho}_S,\underline{\rho}_S,\underline{\rho}_S)}$$

因此，在 $\dfrac{1-\overline{\rho}_S}{1+(K-1)\overline{\rho}_S}\dfrac{\Phi(\hat{\rho},\overline{\rho}_S,\overline{\rho}_S,\overline{\rho}_S)}{\varphi(\hat{\rho},\overline{\rho}_S,\overline{\rho}_S,\overline{\rho}_S)} \leqslant \Omega < 1$ 的情况下存在均衡。

风险资产的均衡 Sharpe 比率向量如下:

$$R = \frac{\alpha}{\Omega}\frac{\left[\{K\Omega\ddot{\varphi}(\hat{\rho}) + (\theta_S+\theta_N+\theta_U)(\Omega-1)\}\left(\boldsymbol{I}-\frac{1}{K}\boldsymbol{J}\right) + \frac{\Omega}{K}\{K\ddot{\Phi}(\hat{\rho}) + (K-1)(\theta_S+\theta_N+\theta_U)(1-\Omega)\}\boldsymbol{J}\right]Y^0}{\ddot{\Phi}(\hat{\rho})[K\ddot{\varphi}(\hat{\rho}) + (\theta_S+\theta_N+\theta_U)] + (K-1)(\theta_S+\theta_N+\theta_U)\ddot{\varphi}(\hat{\rho})} \tag{C.8}$$

因此，4 种类型投资者的均衡头寸为:

$$Y_I^* = \frac{1}{\Omega}\frac{\left[\frac{K\Omega\ddot{\varphi}(\hat{\rho}) + (\theta_S+\theta_N+\theta_U)(\Omega-1)}{1-\hat{\rho}}\left(\boldsymbol{I}-\frac{1}{K}\boldsymbol{J}\right) + \frac{\Omega}{K}\frac{K\ddot{\Phi}(\hat{\rho}) + (K-1)(\theta_S+\theta_N+\theta_U)(1-\Omega)}{1+(K-1)\hat{\rho}}\boldsymbol{J}\right]Y^0}{\ddot{\Phi}(\hat{\rho})[K\ddot{\varphi}(\hat{\rho}) + (\theta_S+\theta_N+\theta_U)] + (K-1)(\theta_S+\theta_N+\theta_U)\ddot{\varphi}(\hat{\rho})} \tag{C.9}$$

$$Y_S^* = Y_N^* = Y_U^* = \frac{1}{\Omega}\frac{\ddot{\Phi}(\hat{\rho}) + (K-1)\ddot{\varphi}(\hat{\rho})\Omega}{\ddot{\Phi}(\hat{\rho})[K\ddot{\varphi}(\hat{\rho}) + (\theta_S+\theta_N+\theta_U)] + (K-1)(\theta_S+\theta_N+\theta_U)\ddot{\varphi}(\hat{\rho})}\left(\boldsymbol{I}-\frac{1-\Omega}{K}\boldsymbol{J}\right)Y^0 \tag{C.10}$$

设定 5　$H(\overline{\rho}_S) < A \leqslant H(\overline{\rho}_N)$ 等价于

$$\overline{\rho}_S < \rho_-^* = \frac{\Phi(\hat{\rho},\overline{\rho}_S,0,0) - \varphi(\hat{\rho},\overline{\rho}_S,0,0)\Omega}{\ddot{\Phi}(\hat{\rho},\overline{\rho}_S) + (K-1)\ddot{\varphi}(\hat{\rho},\overline{\rho}_S)\Omega} = \rho_-^* \leqslant \overline{\rho}_N$$

或

$$\frac{\Phi(\hat{\rho},\overline{\rho}_S,0,0) - \overline{\rho}_N\ddot{\Phi}(\hat{\rho},\overline{\rho}_S)}{\varphi(\hat{\rho},\overline{\rho}_S,0,0) + (K-1)\overline{\rho}_N\ddot{\varphi}(\hat{\rho},\overline{\rho}_S)} \leqslant \Omega < \frac{\Phi(\hat{\rho},\overline{\rho}_S,0,0) - \overline{\rho}_S\ddot{\Phi}(\hat{\rho},\overline{\rho}_S)}{\varphi(\hat{\rho},\overline{\rho}_S,0,0) + (K-1)\overline{\rho}_S\ddot{\varphi}(\hat{\rho},\overline{\rho}_S)}$$

即

$$\frac{1-\overline{\rho}_N}{1+(K-1)\overline{\rho}_N}\frac{\Phi(\hat{\rho},\overline{\rho}_S,\overline{\rho}_N,\overline{\rho}_N)}{\varphi(\hat{\rho},\overline{\rho}_S,\overline{\rho}_N,\overline{\rho}_N)} \leqslant \Omega < \frac{1-\overline{\rho}_S}{1+(K-1)\overline{\rho}_S}\frac{\Phi(\hat{\rho},\overline{\rho}_S,\overline{\rho}_S,\overline{\rho}_S)}{\varphi(\hat{\rho},\overline{\rho}_S,\overline{\rho}_S,\overline{\rho}_S)}$$

由于 $\hat{\rho} < \overline{\rho}_S < \overline{\rho}_N$，有

$$0 < \frac{1-\overline{\rho}_N}{1+(K-1)\overline{\rho}_N}\frac{\Phi(\hat{\rho},\overline{\rho}_S,\overline{\rho}_N,\overline{\rho}_N)}{\varphi(\hat{\rho},\overline{\rho}_S,\overline{\rho}_N,\overline{\rho}_N)} \leqslant \Omega < \frac{1-\overline{\rho}_S}{1+(K-1)\overline{\rho}_S}\frac{\Phi(\hat{\rho},\overline{\rho}_S,\overline{\rho}_S,\overline{\rho}_S)}{\varphi(\hat{\rho},\overline{\rho}_S,\overline{\rho}_S,\overline{\rho}_S)} < 1$$

因此，在这一设定下存在均衡。

风险资产的均衡 Sharpe 比率向量如下:

$$R = \frac{\alpha}{\Omega}\frac{\left[\{K\Omega\ddot{\varphi}(\hat{\rho},\overline{\rho}_S) + (\theta_N+\theta_U)(\Omega-1)\}\left(\boldsymbol{I}-\frac{1}{K}\boldsymbol{J}\right) + \frac{\Omega}{K}\{K\ddot{\Phi}(\hat{\rho},\overline{\rho}_S) + (K-1)(\theta_N+\theta_U)(1-\Omega)\}\boldsymbol{J}\right]Y^0}{\ddot{\Phi}(\hat{\rho},\overline{\rho}_S)[K\ddot{\varphi}(\hat{\rho},\overline{\rho}_S) + (\theta_N+\theta_U)] + (K-1)(\theta_N+\theta_U)\ddot{\varphi}(\hat{\rho},\overline{\rho}_S)} \tag{C.11}$$

因此, 四类投资者的均衡头寸为:

$$Y_I^* = \frac{1}{\Omega} \frac{\left[\frac{K\Omega\ddot{\varphi}(\hat{\rho},\overline{\rho}_S) + (\theta_N + \theta_U)(\Omega-1)}{1-\hat{\rho}} \left(I - \frac{1}{K}J \right) + \frac{\Omega}{K} \frac{K\ddot{\Phi}(\hat{\rho},\overline{\rho}_S) + (K-1)(\theta_N+\theta_U)(1-\Omega)}{1+(K-1)\hat{\rho}} J \right] Y^0}{\ddot{\Phi}(\hat{\rho},\overline{\rho}_S)[K\ddot{\varphi}(\hat{\rho},\overline{\rho}_S) + (\theta_N+\theta_U)] + (K-1)(\theta_N+\theta_U)\ddot{\varphi}(\hat{\rho},\overline{\rho}_S)}$$
$$\text{(C.12)}$$

$$Y_S^* = \frac{1}{\Omega} \frac{\left[\frac{K\Omega\ddot{\varphi}(\hat{\rho},\overline{\rho}_S) + (\theta_N + \theta_U)(\Omega-1)}{1-\overline{\rho}_S} \left(I - \frac{1}{K}J \right) + \frac{\Omega}{K} \frac{K\ddot{\Phi}(\hat{\rho},\overline{\rho}_S) + (K-1)(\theta_N+\theta_U)(1-\Omega)}{1+(K-1)\overline{\rho}_S} J \right] Y^0}{\ddot{\Phi}(\hat{\rho},\overline{\rho}_S)[K\ddot{\varphi}(\hat{\rho},\overline{\rho}_S) + (\theta_N+\theta_U)] + (K-1)(\theta_N+\theta_U)\ddot{\varphi}(\hat{\rho},\overline{\rho}_S)}$$
$$\text{(C.13)}$$

$$Y_N^* = Y_U^* = \frac{1}{\Omega} \frac{\ddot{\Phi}(\hat{\rho},\overline{\rho}_S) + (K-1)\ddot{\varphi}(\hat{\rho},\overline{\rho}_S)\Omega}{\ddot{\Phi}(\hat{\rho},\overline{\rho}_S)[K\ddot{\varphi}(\hat{\rho},\overline{\rho}_S) + (\theta_N+\theta_U)] + (K-1)(\theta_N+\theta_U)\ddot{\varphi}(\hat{\rho},\overline{\rho}_S)} \left(I - \frac{1-\Omega}{K}J \right) Y^0 \quad \text{(C.14)}$$

设定 6　$H(\overline{\rho}_N) < A < K$ 等价于

$$\overline{\rho}_N < \rho_-^* = \frac{\Phi(\hat{\rho},\overline{\rho}_S,\overline{\rho}_N,0) - \varphi(\hat{\rho},\overline{\rho}_S,\overline{\rho}_N,0)\Omega}{\dot{\Phi}(\hat{\rho},\overline{\rho}_S,\overline{\rho}_N) + (K-1)\dot{\varphi}(\hat{\rho},\overline{\rho}_S,\overline{\rho}_N)\Omega} = \rho_-^* < 1$$

或

$$\frac{\Phi(\hat{\rho},\overline{\rho}_S,\overline{\rho}_N,0) - \dot{\Phi}(\hat{\rho},\overline{\rho}_S,\overline{\rho}_N)}{\varphi(\hat{\rho},\overline{\rho}_S,\overline{\rho}_N,0) + (K-1)\dot{\varphi}(\hat{\rho},\overline{\rho}_S,\overline{\rho}_N)} < \Omega < \frac{\Phi(\hat{\rho},\overline{\rho}_S,\overline{\rho}_N,0) - \overline{\rho}_N\dot{\Phi}(\hat{\rho},\overline{\rho}_S,\overline{\rho}_N)}{\varphi(\hat{\rho},\overline{\rho}_S,\overline{\rho}_N,0) + (K-1)\overline{\rho}_N\dot{\varphi}(\hat{\rho},\overline{\rho}_S,\overline{\rho}_N)}$$

即

$$\frac{\theta_U}{K\dot{\varphi}(\hat{\rho},\overline{\rho}_S,\overline{\rho}_N) + \theta_U} < \Omega < \frac{1-\overline{\rho}_N}{1+(K-1)\overline{\rho}_N} \frac{\Phi(\hat{\rho},\overline{\rho}_S,\overline{\rho}_N,\overline{\rho}_N)}{\varphi(\hat{\rho},\overline{\rho}_S,\overline{\rho}_N,\overline{\rho}_N)}$$

由于 $\hat{\rho} < \overline{\rho}_S < \overline{\rho}_N$, 有

$$0 < \frac{\theta_U}{K\Phi(\hat{\rho},\overline{\rho}_S,\overline{\rho}_N,0) - (K-1)\theta_U} < \Omega < \frac{1-\overline{\rho}_N}{1+(K-1)\overline{\rho}_N} \frac{\Phi(\hat{\rho},\overline{\rho}_S,\overline{\rho}_N,\overline{\rho}_N)}{\varphi(\hat{\rho},\overline{\rho}_S,\overline{\rho}_N,\overline{\rho}_N)} < 1$$

因此, 在这一设定下存在均衡。

风险资产的均衡 Sharpe 比率向量如下:

$$R = \frac{\alpha}{\Omega} \frac{\left[\{K\Omega\varphi(\hat{\rho},\overline{\rho}_S,\overline{\rho}_N) + \theta_U(\Omega-1)\} \left(I - \frac{1}{K}J \right) + \frac{\Omega}{K} \{[K\dot{\Phi}(\hat{\rho},\overline{\rho}_S,\overline{\rho}_N) + (K-1)\theta_U] - (K-1)\theta_U\Omega\} J \right] Y^0}{\dot{\Phi}(\hat{\rho},\overline{\rho}_S,\overline{\rho}_N)[K\dot{\varphi}(\hat{\rho},\overline{\rho}_S,\overline{\rho}_N) + \theta_U] + (K-1)\theta_U\dot{\varphi}(\hat{\rho},\overline{\rho}_S,\overline{\rho}_N)}$$
$$\text{(C.15)}$$

因此, 四类投资者的均衡头寸为:

$$Y_I^* = \frac{1}{\Omega} \frac{\left[\frac{K\Omega\varphi(\hat{\rho},\overline{\rho}_S,\overline{\rho}_N) + \theta_U(\Omega-1)}{1-\hat{\rho}} \left(I - \frac{1}{K}J \right) + \frac{\Omega}{K} \frac{[K\dot{\Phi}(\hat{\rho},\overline{\rho}_S,\overline{\rho}_N) + (K-1)\theta_U] - (K-1)\theta_U\Omega}{1+(K-1)\hat{\rho}} J \right] Y^0}{\dot{\Phi}(\hat{\rho},\overline{\rho}_S,\overline{\rho}_N)[K\dot{\varphi}(\hat{\rho},\overline{\rho}_S,\overline{\rho}_N) + \theta_U] + (K-1)\theta_U\dot{\varphi}(\hat{\rho},\overline{\rho}_S,\overline{\rho}_N)}$$
$$\text{(C.16)}$$

$$Y_U^* = \frac{1}{\Omega} \frac{\dot{\Phi}(\hat{\rho},\overline{\rho}_S,\overline{\rho}_N) + (K-1)\varphi(\hat{\rho},\overline{\rho}_S,\overline{\rho}_N)\Omega}{\dot{\Phi}(\hat{\rho},\overline{\rho}_S,\overline{\rho}_N)[K\dot{\varphi}(\hat{\rho},\overline{\rho}_S,\overline{\rho}_N) + \theta_U] + (K-1)\theta_U\dot{\varphi}(\hat{\rho},\overline{\rho}_S,\overline{\rho}_N)} \left(I - \frac{1-\Omega}{K}J \right) Y^0 \quad \text{(C.17)}$$

以及对于 $\Lambda = S, N$, 有:

$$Y_\Lambda^* = \frac{1}{\Omega} \frac{\left[\frac{K\Omega\dot{\varphi}(\hat{\rho},\overline{\rho}_S,\overline{\rho}_N) + \theta_U(\Omega-1)}{1-\overline{\rho}_\Lambda}\left(\boldsymbol{I} - \frac{1}{K}\boldsymbol{J}\right) + \frac{\Omega}{K}\frac{[K\dot{\Phi}(\hat{\rho},\overline{\rho}_S,\overline{\rho}_N) + (K-1)\theta_U] - (K-1)\theta_U\Omega}{1+(K-1)\overline{\rho}_\Lambda}\boldsymbol{J}\right] Y^0}{\dot{\Phi}(\hat{\rho},\overline{\rho}_S,\overline{\rho}_N)[K\dot{\varphi}(\hat{\rho},\overline{\rho}_S,\overline{\rho}_N)+\theta_U] + (K-1)\theta_U\dot{\varphi}(\hat{\rho},\overline{\rho}_S,\overline{\rho}_N)}$$

$$(\text{C.18})$$

设定 7　$A = K$ 等价于

$$\Omega = \frac{\theta_U}{K\dot{\varphi}(\hat{\rho},\overline{\rho}_S,\overline{\rho}_N) + \theta_U} \in (0,1)$$

因此, 在这一设定下存在均衡. 风险资产的均衡 Sharpe 比率向量如下:

$$R = \alpha \frac{1}{K\dot{\varphi}(\hat{\rho},\overline{\rho}_S,\overline{\rho}_N)+\theta_U} \boldsymbol{J} Y^0 \tag{C.19}$$

因此, 四类投资者的均衡头寸为:

$$Y_I^* = \frac{1}{1+(K-1)\hat{\rho}} \frac{1}{K\dot{\varphi}(\hat{\rho},\overline{\rho}_S,\overline{\rho}_N)+\theta_U} \boldsymbol{J} Y^0 \tag{C.20}$$

$$Y_\Lambda^* = \frac{1}{1+(K-1)\overline{\rho}_\Lambda} \frac{1}{K\dot{\varphi}(\hat{\rho},\overline{\rho}_S,\overline{\rho}_N)+\theta_U} \boldsymbol{J} Y^0, \quad \Lambda = S, N \tag{C.21}$$

$$Y_U^* = \frac{1}{\theta_U}\left\{ \boldsymbol{I} - \frac{\dot{\varphi}(\hat{\rho},\overline{\rho}_S,\overline{\rho}_N)}{K\dot{\varphi}(\hat{\rho},\overline{\rho}_S,\overline{\rho}_N)+\theta_U} \boldsymbol{J} \right\} Y^0 \tag{C.22}$$

附录 D　均衡头寸的比较分析

本部分展示在每种情景下投资者均衡头寸比较的计算过程.

(1) 若分散度适中, 即 $\dfrac{1-\overline{\rho}_S}{1+(K-1)\overline{\rho}_S}\dfrac{\Phi(\hat{\rho},\overline{\rho}_S,\overline{\rho}_S,\overline{\rho}_S)}{\varphi(\hat{\rho},\overline{\rho}_S,\overline{\rho}_S,\overline{\rho}_S)} \leqslant \Omega < 1$, 4 种类型投资者的均衡头寸为式 (6.14), 也就是说, 处于这种均衡状态的 SNU 投资者采取相同的交易策略, 并持有相同的风险资产头寸.

对于内部投资者和 SNU 投资者 ($\Lambda = S, N, U$, $k = 1, \cdots, K$), 他们持有的风险资产之间的差异如下:

$$Y_I^* - Y_\Lambda^* = -\frac{1-\Omega}{\Omega}\frac{\theta_I}{K\ddot{\Phi}(\hat{\rho})\ddot{\varphi}(\hat{\rho})}\left[\frac{1}{1-\hat{\rho}}\boldsymbol{I} - \frac{1}{K}\left(\frac{1}{1-\hat{\rho}} + \frac{(K-1)\Omega}{1+(K-1)\hat{\rho}}\right)\boldsymbol{J}\right]Y^0$$

对风险资产 $k = 1, \cdots, K$, 内部投资者和 SNU 投资者的差异为:

$$Y_{Ik}^* - Y_{\Lambda k}^* = -\frac{1-\Omega}{\Omega}\frac{\theta_I}{K\ddot{\Phi}(\hat{\rho})\ddot{\varphi}(\hat{\rho})}\left[\frac{1}{1-\hat{\rho}}Y_k^0 - \frac{1}{K}\left(\frac{1}{1-\hat{\rho}} + \frac{(K-1)\Omega}{1+(K-1)\hat{\rho}}\right)\boldsymbol{1}^\top Y^0\right]$$

及

$$Y_{Ik}^* \lesseqgtr Y_{\Lambda k}^* \quad \Longleftrightarrow \quad \frac{Y_k^0}{\boldsymbol{1}^\top Y^0} \gtreqless \frac{1-\hat{\rho}}{K}\left(\frac{1}{1-\hat{\rho}} + \frac{(K-1)\Omega}{1+(K-1)\hat{\rho}}\right)$$

(2) 若分散度较小, 即

$$\frac{1-\overline{\rho}_N}{1+(K-1)\overline{\rho}_N}\frac{\Phi(\hat{\rho},\overline{\rho}_S,\overline{\rho}_N,\overline{\rho}_N)}{\varphi(\hat{\rho},\overline{\rho}_S,\overline{\rho}_N,\overline{\rho}_N)} \leqslant \Omega < \frac{1-\overline{\rho}_S}{1+(K-1)\overline{\rho}_S}\frac{\Phi(\hat{\rho},\overline{\rho}_S,\overline{\rho}_S,\overline{\rho}_S)}{\varphi(\hat{\rho},\overline{\rho}_S,\overline{\rho}_S,\overline{\rho}_S)},$$

4 种类型投资者的均衡头寸为式 (6.16). 在这一情况下, 天真投资者和噪音投资者持有的风险资产相同. 投资者头寸的比较如下.

对于内部投资者和精明投资者 $(k=1,\cdots,K)$, 他们的头寸之间的差异为:

$$Y_I^* - Y_S^*$$

$$= \frac{\hat{\rho}-\overline{\rho}_S}{\Omega}\frac{\left\{\frac{K\ddot{\varphi}(\hat{\rho},\overline{\rho}_S)\Omega-(\theta_N+\theta_U)(1-\Omega)}{(1-\hat{\rho})(1-\overline{\rho}_S)}\left(I-\frac{1}{K}J\right)-\frac{(K-1)\Omega}{K}\frac{K\ddot{\Phi}(\hat{\rho},\overline{\rho}_S)+(K-1)(\theta_N+\theta_U)(1-\Omega)}{[1+(K-1)\hat{\rho}][1+(K-1)\overline{\rho}_S]}J\right\}Y^0}{\ddot{\Phi}(\hat{\rho},\overline{\rho}_S)\left[K\ddot{\varphi}(\hat{\rho},\overline{\rho}_S)+(\theta_N+\theta_U)\right]+(K-1)(\theta_N+\theta_U)\ddot{\varphi}(\hat{\rho},\overline{\rho}_S)}$$

等价地, 对任意 $k=1,\cdots,K$,

$$Y_{Ik}^* - Y_{Sk}^*$$

$$= \frac{\hat{\rho}-\overline{\rho}_S}{\Omega}\frac{\left\{\frac{K\ddot{\varphi}(\hat{\rho},\overline{\rho}_S)\Omega-(\theta_N+\theta_U)(1-\Omega)}{(1-\hat{\rho})(1-\overline{\rho}_S)}\left(Y_k^0-\frac{1}{K}\mathbf{1}^\top Y^0\right)-\frac{(K-1)\Omega}{K}\frac{K\ddot{\Phi}(\hat{\rho},\overline{\rho}_S)+(K-1)(\theta_N+\theta_U)(1-\Omega)}{[1+(K-1)\hat{\rho}][1+(K-1)\overline{\rho}_S]}\mathbf{1}^\top Y^0\right\}}{\ddot{\Phi}(\hat{\rho},\overline{\rho}_S)\left[K\ddot{\varphi}(\hat{\rho},\overline{\rho}_S)+(\theta_N+\theta_U)\right]+(K-1)(\theta_N+\theta_U)\ddot{\varphi}(\hat{\rho},\overline{\rho}_S)}$$

则

$$\text{sign}\left(Y_{Ik}^*-Y_{Sk}^*\right) = \text{sign}\left\{\frac{(K-1)\Omega}{K}\frac{K\ddot{\Phi}(\hat{\rho},\overline{\rho}_S)+(K-1)(\theta_N+\theta_U)(1-\Omega)}{[1+(K-1)\hat{\rho}][1+(K-1)\overline{\rho}_S]}\mathbf{1}^\top Y^0\right.$$

$$\left. - \frac{K\ddot{\varphi}(\hat{\rho},\overline{\rho}_S)\Omega-(\theta_N+\theta_U)(1-\Omega)}{(1-\hat{\rho})(1-\overline{\rho}_S)}\left(Y_k^0-\frac{1}{K}\mathbf{1}^\top Y^0\right)\right\}$$

对于较小的分散度, 即 $K\ddot{\varphi}(\hat{\rho},\overline{\rho}_S)\Omega-(\theta_N+\theta_U)(1-\Omega)>0$, 有:

$$Y_{Ik}^* \lesseqqgtr Y_{Sk}^* \iff \frac{Y_k^0}{\mathbf{1}^\top Y^0} \gtreqqless \frac{1}{K}\left[1+(K-1)\Omega\frac{\dfrac{K\ddot{\Phi}(\hat{\rho},\overline{\rho}_S)+(K-1)(\theta_N+\theta_U)(1-\Omega)}{[1+(K-1)\hat{\rho}][1+(K-1)\overline{\rho}_S]}}{\dfrac{K\ddot{\varphi}(\hat{\rho},\overline{\rho}_S)\Omega-(\theta_N+\theta_U)(1-\Omega)}{(1-\hat{\rho})(1-\overline{\rho}_S)}}\right]$$

对于内部投资者和 NU 投资者 $(\Lambda=N,U)$, 他们持有的风险资产之间的差异如下:

$$Y_I^* - Y_\Lambda^* = \frac{1}{\Omega}\frac{-(1-\Omega)+(\hat{\rho}-\overline{\rho}_S)\left[\dfrac{\theta_S}{1-\overline{\rho}_S}+(K-1)\Omega\dfrac{\theta_S}{1+(K-1)\overline{\rho}_S}\right]}{\ddot{\Phi}(\hat{\rho},\overline{\rho}_S)\left[K\ddot{\varphi}(\hat{\rho},\overline{\rho}_S)+(\theta_N+\theta_U)\right]+(K-1)(\theta_N+\theta_U)\ddot{\varphi}(\hat{\rho},\overline{\rho}_S)}$$

$$\times\left[\frac{1}{1-\hat{\rho}}I-\frac{1}{K}\left(\frac{1}{1-\hat{\rho}}+\frac{(K-1)\Omega}{1+(K-1)\hat{\rho}}\right)J\right]Y^0$$

对风险资产 $k=1,\cdots,K$, 内部投资者和 NU 投资者的差异为:

$$Y_{Ik}^* - Y_{\Lambda k}^* = \frac{1}{\Omega}\frac{-(1-\Omega)+(\hat{\rho}-\overline{\rho}_S)\left[\dfrac{\theta_S}{1-\overline{\rho}_S}+(K-1)\Omega\dfrac{\theta_S}{1+(K-1)\overline{\rho}_S}\right]}{\ddot{\Phi}(\hat{\rho},\overline{\rho}_S)\left[K\ddot{\varphi}(\hat{\rho},\overline{\rho}_S)+(\theta_N+\theta_U)\right]+(K-1)(\theta_N+\theta_U)\ddot{\varphi}(\hat{\rho},\overline{\rho}_S)}$$

$$\times \left[\frac{1}{1-\hat{\rho}} Y_k^0 - \frac{1}{K} \left(\frac{1}{1-\hat{\rho}} + \frac{(K-1)\Omega}{1+(K-1)\hat{\rho}} \right) \mathbf{1}^\top Y^0 \right]$$

则

$$Y_{Ik}^* \underset{>}{\overset{\leqq}{=}} Y_{\Lambda k}^* \qquad \Longleftrightarrow \qquad \frac{Y_k^0}{\mathbf{1}^\top Y^0} \underset{<}{\overset{\geqq}{=}} \frac{1-\hat{\rho}}{K} \left(\frac{1}{1-\hat{\rho}} + \frac{(K-1)\Omega}{1+(K-1)\hat{\rho}} \right)$$

对于精明投资者和 NU 投资者 $(\Lambda = N, U)$, 他们持有的风险资产之间的差异如下:

$$Y_S^* - Y_\Lambda^* = \frac{1}{\Omega} \frac{-(1-\Omega) - (\hat{\rho}-\overline{\rho}_S) \left[\frac{\theta_I}{1-\hat{\rho}} + (K-1)\Omega \frac{\theta_I}{1+(K-1)\hat{\rho}} \right]}{\ddot{\Phi}(\hat{\rho},\overline{\rho}_S) \left[K\ddot{\varphi}(\hat{\rho},\overline{\rho}_S) + (\theta_N + \theta_U) \right] + (K-1)(\theta_N + \theta_U)\ddot{\varphi}(\hat{\rho},\overline{\rho}_S)}$$

$$\times \left[\frac{1}{1-\overline{\rho}_S} \boldsymbol{I} - \frac{1}{K} \left(\frac{1}{1-\overline{\rho}_S} + \frac{(K-1)\Omega}{1+(K-1)\overline{\rho}_S} \right) \boldsymbol{J} \right] Y^0$$

对风险资产 $k = 1, \cdots, K$, 精明投资者和 NU 投资者的差异为:

$$Y_{Sk}^* - Y_{\Lambda k}^* = \frac{1}{\Omega} \frac{-(1-\Omega) - (\hat{\rho}-\overline{\rho}_S) \left[\frac{\theta_I}{1-\hat{\rho}} + (K-1)\Omega \frac{\theta_I}{1+(K-1)\hat{\rho}} \right]}{\ddot{\Phi}(\hat{\rho},\overline{\rho}_S) \left[K\ddot{\varphi}(\hat{\rho},\overline{\rho}_S) + (\theta_N + \theta_U) \right] + (K-1)(\theta_N + \theta_U)\ddot{\varphi}(\hat{\rho},\overline{\rho}_S)}$$

$$\times \left[\frac{1}{1-\overline{\rho}_S} Y_k^0 - \frac{1}{K} \left(\frac{1}{1-\overline{\rho}_S} + \frac{(K-1)\Omega}{1+(K-1)\overline{\rho}_S} \right) \mathbf{1}^\top Y^0 \right]$$

较小分散度的上界等价于 $(1-\Omega) + (\hat{\rho}-\overline{\rho}_S) \left[\frac{\theta_I}{1-\hat{\rho}} + (K-1)\Omega \frac{\theta_I}{1+(K-1)\hat{\rho}} \right] > 0$,
因此

$$Y_{Sk}^* \underset{>}{\overset{\leqq}{=}} Y_{\Lambda k}^* \qquad \Longleftrightarrow \qquad \frac{Y_k^0}{\mathbf{1}^\top Y^0} \underset{<}{\overset{\geqq}{=}} \frac{1-\overline{\rho}_S}{K} \left(\frac{1}{1-\overline{\rho}_S} + \frac{(K-1)\Omega}{1+(K-1)\overline{\rho}_S} \right)$$

(3) 若分散度很小, 即

$$\frac{\theta_U}{K\Phi(\hat{\rho},\overline{\rho}_S,\overline{\rho}_N,0) - (K-1)\theta_U} < \Omega < \frac{1-\overline{\rho}_N}{1+(K-1)\overline{\rho}_N} \frac{\Phi(\hat{\rho},\overline{\rho}_S,\overline{\rho}_N,\overline{\rho}_N)}{\varphi(\hat{\rho},\overline{\rho}_S,\overline{\rho}_N,\overline{\rho}_N)},$$

4 种类型投资者的均衡头寸为式 (6.18)。

对于内部投资者和 SN 投资者 $(\Lambda = S, N)$, 他们的均衡头寸之间的差异如下:

$$Y_I^* - Y_\Lambda^* = \frac{\hat{\rho}-\overline{\rho}_\Lambda}{\Omega} \frac{\left\{ \frac{K\Omega\varphi(\hat{\rho},\overline{\rho}_S,\overline{\rho}_N) - \theta_U(1-\Omega)}{(1-\hat{\rho})(1-\overline{\rho}_\Lambda)} \left(\boldsymbol{I} - \frac{1}{K}\boldsymbol{J} \right) - \frac{(K-1)\Omega}{K} \frac{K\dot{\Phi}(\hat{\rho},\overline{\rho}_S,\overline{\rho}_N) + (K-1)\theta_U(1-\Omega)}{[1+(K-1)\hat{\rho}][1+(K-1)\overline{\rho}_\Lambda]} \boldsymbol{J} \right\} Y^0}{\dot{\Phi}(\hat{\rho},\overline{\rho}_S,\overline{\rho}_N)[K\dot{\varphi}(\hat{\rho},\overline{\rho}_S,\overline{\rho}_N) + \theta_U] + (K-1)\theta_U\dot{\varphi}(\hat{\rho},\overline{\rho}_S,\overline{\rho}_N)}$$

等价地, 对于 $k = 1, \cdots, K$, 有:

$$Y_{Ik}^* - Y_{\Lambda k}^*$$

$$= \frac{\hat{\rho} - \overline{\rho}_S}{\Omega} \frac{\left\{ \frac{K\Omega\dot{\varphi}(\hat{\rho},\overline{\rho}_S,\overline{\rho}_N) - \theta_U(1-\Omega)}{(1-\hat{\rho})(1-\overline{\rho}_\Lambda)} \left(Y_k^0 - \frac{1}{K}\mathbf{1}^\top Y^0 \right) - \frac{(K-1)\Omega}{K} \frac{K\dot{\Phi}(\hat{\rho},\overline{\rho}_S,\overline{\rho}_N) + (K-1)\theta_U(1-\Omega)}{[1+(K-1)\hat{\rho}][1+(K-1)\overline{\rho}_\Lambda]} \mathbf{1}^\top Y^0 \right\}}{\dot{\Phi}(\hat{\rho},\overline{\rho}_S,\overline{\rho}_N)[K\dot{\varphi}(\hat{\rho},\overline{\rho}_S,\overline{\rho}_N) + \theta_U] + (K-1)\theta_U\dot{\varphi}(\hat{\rho},\overline{\rho}_S,\overline{\rho}_N)}$$

则

$$\text{sign}\left(Y_{Ik}^* - Y_{\Lambda k}^*\right) = \text{sign}\left\{ \frac{(K-1)\Omega}{K} \frac{K\dot{\Phi}(\hat{\rho},\overline{\rho}_S,\overline{\rho}_N) + (K-1)\theta_U(1-\Omega)}{[1+(K-1)\hat{\rho}][1+(K-1)\overline{\rho}_\Lambda]} \mathbf{1}^\top Y^0 \right.$$
$$\left. - \frac{K\Omega\dot{\varphi}(\hat{\rho},\overline{\rho}_S,\overline{\rho}_N) - \theta_U(1-\Omega)}{(1-\hat{\rho})(1-\overline{\rho}_\Lambda)} \left(Y_k^0 - \frac{1}{K}\mathbf{1}^\top Y^0 \right) \right\}$$

对于一个很小分散度的下界, 即 $K\Omega\dot{\varphi}(\hat{\rho},\overline{\rho}_S,\overline{\rho}_N) - \theta_U(1-\Omega) > 0$, 有:

$$Y_{Ik}^* \lessgtr Y_{\Lambda k}^* \iff \frac{Y_k^0}{\mathbf{1}^\top Y^0} \gtrless \frac{1}{K}\left[1 + (K-1)\Omega \frac{\frac{K\dot{\Phi}(\hat{\rho},\overline{\rho}_S,\overline{\rho}_N) + (K-1)\theta_U(1-\Omega)}{[1+(K-1)\hat{\rho}][1+(K-1)\overline{\rho}_\Lambda]}}{\frac{K\Omega\dot{\varphi}(\hat{\rho},\overline{\rho}_S,\overline{\rho}_N) - \theta_U(1-\Omega)}{(1-\hat{\rho})(1-\overline{\rho}_\Lambda)}} \right]$$

对于精明投资者和天真投资者, 他们的均衡头寸之间的差异为:

$$Y_S^* - Y_N^* = \frac{\overline{\rho}_S - \overline{\rho}_N}{\Omega} \frac{\left\{ \frac{K\Omega\dot{\varphi}(\hat{\rho},\overline{\rho}_S,\overline{\rho}_N) - \theta_U(1-\Omega)}{(1-\overline{\rho}_S)(1-\overline{\rho}_N)} \left(I - \frac{1}{K}J \right) - \frac{(K-1)\Omega}{K} \frac{K\dot{\Phi}(\hat{\rho},\overline{\rho}_S,\overline{\rho}_N) + (K-1)\theta_U(1-\Omega)}{[1+(K-1)\overline{\rho}_S][1+(K-1)\overline{\rho}_N]} J \right\} Y^0}{\dot{\Phi}(\hat{\rho},\overline{\rho}_S,\overline{\rho}_N)[K\dot{\varphi}(\hat{\rho},\overline{\rho}_S,\overline{\rho}_N) + \theta_U] + (K-1)\theta_U\dot{\varphi}(\hat{\rho},\overline{\rho}_S,\overline{\rho}_N)}$$

等价地, 对于 $k = 1, \cdots, K$, 有:

$$Y_{Sk}^* - Y_{Nk}^*$$
$$= \frac{\overline{\rho}_S - \overline{\rho}_N}{\Omega} \frac{\left\{ \frac{K\Omega\dot{\varphi}(\hat{\rho},\overline{\rho}_S,\overline{\rho}_N) - \theta_U(1-\Omega)}{(1-\overline{\rho}_S)(1-\overline{\rho}_N)} \left(Y_k^0 - \frac{1}{K}\mathbf{1}^\top Y^0 \right) - \frac{(K-1)\Omega}{K} \frac{K\dot{\Phi}(\hat{\rho},\overline{\rho}_S,\overline{\rho}_N) + (K-1)\theta_U(1-\Omega)}{[1+(K-1)\overline{\rho}_S][1+(K-1)\overline{\rho}_N]} \mathbf{1}^\top Y^0 \right\}}{\dot{\Phi}(\hat{\rho},\overline{\rho}_S,\overline{\rho}_N)[K\dot{\varphi}(\hat{\rho},\overline{\rho}_S,\overline{\rho}_N) + \theta_U] + (K-1)\theta_U\dot{\varphi}(\hat{\rho},\overline{\rho}_S,\overline{\rho}_N)}$$

则

$$\text{sign}\left(Y_{Sk}^* - Y_{Nk}^*\right) = \text{sign}\left\{ \frac{(K-1)\Omega}{K} \frac{K\dot{\Phi}(\hat{\rho},\overline{\rho}_S,\overline{\rho}_N) + (K-1)\theta_U(1-\Omega)}{[1+(K-1)\overline{\rho}_S][1+(K-1)\overline{\rho}_N]} \mathbf{1}^\top Y^0 \right.$$
$$\left. - \frac{K\Omega\dot{\varphi}(\hat{\rho},\overline{\rho}_S,\overline{\rho}_N) - \theta_U(1-\Omega)}{(1-\overline{\rho}_S)(1-\overline{\rho}_N)} \left(Y_k^0 - \frac{1}{K}\mathbf{1}^\top Y^0 \right) \right\}$$

对于一个很小分散度的下界, 即 $K\Omega\dot{\varphi}(\hat{\rho},\overline{\rho}_S,\overline{\rho}_N) - \theta_U(1-\Omega) > 0$, 有:

$$Y_{Sk}^* \lessgtr Y_{Nk}^* \iff \frac{Y_k^0}{\mathbf{1}^\top Y^0} \gtrless \frac{1}{K}\left[1 + (K-1)\Omega \frac{\frac{K\dot{\Phi}(\hat{\rho},\overline{\rho}_S,\overline{\rho}_N) + (K-1)\theta_U(1-\Omega)}{[1+(K-1)\overline{\rho}_S][1+(K-1)\overline{\rho}_N]}}{\frac{K\Omega\dot{\varphi}(\hat{\rho},\overline{\rho}_S,\overline{\rho}_N) - \theta_U(1-\Omega)}{(1-\overline{\rho}_S)(1-\overline{\rho}_N)}} \right]$$

对于内部投资者和噪音投资者, 他们持有的风险资产差异为:

$$Y_I^* - Y_U^* = \frac{1}{\Omega} \frac{[1+(K-1)\hat{\rho}]\dot{\varphi}(\hat{\rho},\overline{\rho}_S,\overline{\rho}_N)\Omega - [(1-\hat{\rho})\dot{\Phi}(\hat{\rho},\overline{\rho}_S,\overline{\rho}_N) + \theta_U(1-\Omega)]}{\dot{\Phi}(\hat{\rho},\overline{\rho}_S,\overline{\rho}_N)[K\dot{\varphi}(\hat{\rho},\overline{\rho}_S,\overline{\rho}_N) + \theta_U] + (K-1)\theta_U\dot{\varphi}(\hat{\rho},\overline{\rho}_S,\overline{\rho}_N)}$$

$$\times \left[\frac{1}{1-\hat{\rho}} \boldsymbol{I} - \frac{1}{K} \left(\frac{1}{1-\hat{\rho}} + \frac{(K-1)\Omega}{1+(K-1)\hat{\rho}} \right) \boldsymbol{J} \right] Y^0$$

对于一个风险资产 $k = 1, \cdots, K$, 内部投资者和噪音投资者的差异为:

$$Y_{Ik}^* - Y_{Uk}^* = \frac{1}{\Omega} \frac{[1+(K-1)\hat{\rho}]\dot{\varphi}(\hat{\rho},\overline{\rho}_S,\overline{\rho}_N)\Omega - [(1-\hat{\rho})\dot{\Phi}(\hat{\rho},\overline{\rho}_S,\overline{\rho}_N) + \theta_U(1-\Omega)]}{\dot{\Phi}(\hat{\rho},\overline{\rho}_S,\overline{\rho}_N)[K\dot{\varphi}(\hat{\rho},\overline{\rho}_S,\overline{\rho}_N) + \theta_U] + (K-1)\theta_U\dot{\varphi}(\hat{\rho},\overline{\rho}_S,\overline{\rho}_N)}$$
$$\times \left[\frac{1}{1-\hat{\rho}} Y_k^0 - \frac{1}{K} \left(\frac{1}{1-\hat{\rho}} + \frac{(K-1)\Omega}{1+(K-1)\hat{\rho}} \right) \boldsymbol{1}^\top Y^0 \right]$$

对于一个很小的分散度, 即 $[1+(K-1)\hat{\rho}]\dot{\varphi}(\hat{\rho},\overline{\rho}_S,\overline{\rho}_N)\Omega - [(1-\hat{\rho})\dot{\Phi}(\hat{\rho},\overline{\rho}_S,\overline{\rho}_N) + \theta_U(1-\Omega)] < 0$, 有:

$$Y_{Ik}^* \lesseqgtr Y_{Uk}^* \qquad \Longleftrightarrow \qquad \frac{Y_k^0}{\boldsymbol{1}^\top Y^0} \gtreqless \frac{1-\hat{\rho}}{K} \left(\frac{1}{1-\hat{\rho}} + \frac{(K-1)\Omega}{1+(K-1)\hat{\rho}} \right)$$

对于 SN 投资者和噪音投资者 $(\Lambda = S, N)$, 他们持有的风险资产的差异如下:

$$Y_\Lambda^* - Y_U^* = \frac{1}{\Omega} \frac{[1+(K-1)\overline{\rho}_\Lambda]\dot{\varphi}(\hat{\rho},\overline{\rho}_S,\overline{\rho}_N)\Omega - [(1-\overline{\rho}_\Lambda)\dot{\Phi}(\hat{\rho},\overline{\rho}_S,\overline{\rho}_N) + \theta_U(1-\Omega)]}{\dot{\Phi}(\hat{\rho},\overline{\rho}_S,\overline{\rho}_N)[K\dot{\varphi}(\hat{\rho},\overline{\rho}_S,\overline{\rho}_N) + \theta_U] + (K-1)\theta_U\dot{\varphi}(\hat{\rho},\overline{\rho}_S,\overline{\rho}_N)}$$
$$\times \left[\frac{1}{1-\overline{\rho}_\Lambda} \boldsymbol{I} - \frac{1}{K} \left(\frac{1}{1-\overline{\rho}_\Lambda} + \frac{(K-1)\Omega}{1+(K-1)\overline{\rho}_\Lambda} \right) \boldsymbol{J} \right] Y^0$$

对于一个风险资产 $k = 1, \cdots, K$, 内部投资者和噪音投资者的差异为:

$$Y_{\Lambda k}^* - Y_{Uk}^* = \frac{1}{\Omega} \frac{[1+(K-1)\overline{\rho}_\Lambda]\dot{\varphi}(\hat{\rho},\overline{\rho}_S,\overline{\rho}_N)\Omega - [(1-\overline{\rho}_\Lambda)\dot{\Phi}(\hat{\rho},\overline{\rho}_S,\overline{\rho}_N) + \theta_U(1-\Omega)]}{\dot{\Phi}(\hat{\rho},\overline{\rho}_S,\overline{\rho}_N)[K\dot{\varphi}(\hat{\rho},\overline{\rho}_S,\overline{\rho}_N) + \theta_U] + (K-1)\theta_U\dot{\varphi}(\hat{\rho},\overline{\rho}_S,\overline{\rho}_N)}$$
$$\times \left[\frac{1}{1-\overline{\rho}_\Lambda} Y_k^0 - \frac{1}{K} \left(\frac{1}{1-\overline{\rho}_\Lambda} + \frac{(K-1)\Omega}{1+(K-1)\overline{\rho}_\Lambda} \right) \boldsymbol{1}^\top Y^0 \right]$$

对于一个很小的分散度, 即 $[1+(K-1)\overline{\rho}_\Lambda]\dot{\varphi}(\hat{\rho},\overline{\rho}_S,\overline{\rho}_N)\Omega - [(1-\overline{\rho}_\Lambda)\dot{\Phi}(\hat{\rho},\overline{\rho}_S,\overline{\rho}_N) + \theta_U(1-\Omega)] < 0$, 有:

$$Y_{\Lambda k}^* \lesseqgtr Y_{Uk}^* \qquad \Longleftrightarrow \qquad \frac{Y_k^0}{\boldsymbol{1}^\top Y^0} \gtreqless \frac{1-\overline{\rho}_\Lambda}{K} \left(\frac{1}{1-\overline{\rho}_\Lambda} + \frac{(K-1)\Omega}{1+(K-1)\overline{\rho}_\Lambda} \right)$$

(4) 若分散度微小, 即 $\Omega \leqslant \dfrac{\theta_U}{K\Phi(\hat{\rho},\overline{\rho}_S,\overline{\rho}_N,0) - (K-1)\theta_U}$, 4 种类型投资者的均衡头寸为式 (6.20)。

从上面的表达式可以直接比较 ISN 投资者的均衡头寸:

$$对于\ k = 1, \cdots, K, \quad Y_{Nk}^* < Y_{Sk}^* < Y_{Ik}^*$$

对于内部投资者和噪音投资者, 他们的均衡头寸之间的差异为:

$$Y_I^* - Y_U^* = \frac{\dfrac{1}{1+(K-1)\hat{\rho}} + \dfrac{\dot{\varphi}(\hat{\rho}, \overline{\rho}_S, \overline{\rho}_N)}{\theta_U}}{K\dot{\varphi}(\hat{\rho}, \overline{\rho}_S, \overline{\rho}_N) + \theta_U} \boldsymbol{J} Y^0 - \frac{1}{\theta_U} Y^0$$

或者等价地, 对于 $k = 1, \cdots, K$, 有:

$$Y_{Ik}^* - Y_{Uk}^* = \frac{\dfrac{1}{1+(K-1)\hat{\rho}} + \dfrac{\dot{\varphi}(\hat{\rho}, \overline{\rho}_S, \overline{\rho}_N)}{\theta_U}}{K\dot{\varphi}(\hat{\rho}, \overline{\rho}_S, \overline{\rho}_N) + \theta_U} \boldsymbol{1}^\top Y^0 - \frac{1}{\theta_U} Y_k^0$$

则:

$$Y_{Ik}^* \lesseqqgtr Y_{Uk}^* \qquad \Longleftrightarrow \qquad \frac{Y_k^0}{\boldsymbol{1}^\top Y^0} \gtreqqless \frac{\dfrac{\theta_U}{1+(K-1)\hat{\rho}} + \dot{\varphi}(\hat{\rho}, \overline{\rho}_S, \overline{\rho}_N)}{K\dot{\varphi}(\hat{\rho}, \overline{\rho}_S, \overline{\rho}_N) + \theta_U}$$

对于 SN 投资者和噪音投资者, 他们均衡头寸之间的差异为:

$$\text{对于 } \Lambda = S, N, \quad Y_\Lambda^* - Y_U^* = \frac{\dfrac{1}{1+(K-1)\overline{\rho}_\Lambda} + \dfrac{\dot{\varphi}(\hat{\rho}, \overline{\rho}_S, \overline{\rho}_N)}{\theta_U}}{K\dot{\varphi}(\hat{\rho}, \overline{\rho}_S, \overline{\rho}_N) + \theta_U} \boldsymbol{J} Y^0 - \frac{1}{\theta_U} Y^0$$

或者等价地, 对于 $k = 1, \cdots, K$, 有:

$$\text{对于 } \Lambda = S, N, \quad Y_{\Lambda k}^* - Y_{Uk}^* = \frac{\dfrac{1}{1+(K-1)\overline{\rho}_\Lambda} + \dfrac{\dot{\varphi}(\hat{\rho}, \overline{\rho}_S, \overline{\rho}_N)}{\theta_U}}{K\dot{\varphi}(\hat{\rho}, \overline{\rho}_S, \overline{\rho}_N) + \theta_U} \boldsymbol{1}^\top Y^0 - \frac{1}{\theta_U} Y_k^0$$

则:

$$\text{对于 } \Lambda = S, N, \quad Y_{\Lambda k}^* \lesseqqgtr Y_{Uk}^* \qquad \Longleftrightarrow \qquad \frac{Y_k^0}{\boldsymbol{1}^\top Y^0} \gtreqqless \frac{\dfrac{\theta_U}{1+(K-1)\overline{\rho}_\Lambda} + \dot{\varphi}(\hat{\rho}, \overline{\rho}_S, \overline{\rho}_N)}{K\dot{\varphi}(\hat{\rho}, \overline{\rho}_S, \overline{\rho}_N) + \theta_U}$$

附录 E　定理 6.4 的证明 (CAPM 分析)

根据我们的设定, 市场调整收益率 α_k 的符号依赖于 β_k^A 和 β_k^R 的关系:

$$\alpha_k = \overline{\delta}_k - \beta_k^R \overline{\delta}_M = \left(\beta_k^A - \beta_k^R\right) \overline{\delta}_M, \quad k = 1, \cdots, K$$

从代表性投资者的角度来看, 其对于风险资产的需求函数向量为:

$$Y_A^* = \frac{1}{\alpha} \left[(1-\rho^A)\boldsymbol{I} + \rho^A \boldsymbol{J}\right]^{-1} R^A \equiv Y_A^0$$

其中, $Y_A^0 = \Delta^A Z^0$ 表示在人为经济中风险资产的禀赋向量。因此有:

$$\boldsymbol{\mu}^A - P^A = \alpha \Delta^A \left[(1-\rho^A)\boldsymbol{I} + \rho^A \boldsymbol{J}\right] \Delta^A Z^0$$

事实上, 只要情景 1、情景 2、情景 3 之一在经济中出现, 风险资产的夏普比率向量就可以缩写为:

$$R_\Gamma = \alpha \cdot s_\Gamma [\boldsymbol{I} + m_\Gamma \boldsymbol{J}] \Delta Z^0, \quad \Gamma = 1, 2, 3$$

其中, Γ 代表经济中出现的均衡类型。因此在情景 Γ 中, 有:

$$\boldsymbol{\mu} - P = \alpha \cdot s_\Gamma \Delta \left[\boldsymbol{I} + m_\Gamma \boldsymbol{J}\right] \Delta Z^0, \quad \Gamma = 1, 2, 3$$

为了使均衡价格相同, 代表性投资者持有的信念必须满足:

$$\alpha \Delta^A \left[(1 - \rho^A)\boldsymbol{I} + \rho^A \boldsymbol{J}\right] \Delta^A Z^0 = \boldsymbol{\mu}^A - P^A$$

$$\equiv \boldsymbol{\mu} - P = \alpha \cdot s_\Gamma \Delta \left[\boldsymbol{I} + m_\Gamma \boldsymbol{J}\right] \Delta Z^0, \quad \Gamma = 1, 2, 3$$

或者等价地:

$$\Delta^A \left[(1 - \rho^A)\boldsymbol{I} + \rho^A \boldsymbol{J}\right] \Delta^A = s_\Gamma \Delta \left[\boldsymbol{I} + m_\Gamma \boldsymbol{J}\right] \Delta, \quad \Gamma = 1, 2, 3$$

- 对于对角线上的元素: 对于 $k = 1, \cdots, K$, $(\sigma_k^A)^2 = s_\Gamma(1 + m_\Gamma)\sigma_k^2$;
- 对于非对角线上的元素: 对于 $k \neq k'$, $\rho^A \sigma_k^A \sigma_{k'}^A = s_\Gamma m_\Gamma \sigma_k \sigma_{k'}$。

因此, 对于 $k = 1, \cdots, K$, $\sigma_k^A = \sigma_k \sqrt{s_\Gamma(1 + m_\Gamma)}$, 并且 $\Delta^A = \sqrt{s_\Gamma(1 + m_\Gamma)} \Delta$、$\rho^A = \dfrac{m_\Gamma}{1 + m_\Gamma}$。

$$\beta_k^A = \frac{P^\top Z^0}{P_k} \frac{\sigma_k^2 Z_k^0 + m_\Gamma \sigma_k \mathbf{1}^\top \Delta Z^0}{Z^{0\top} \Delta \left[\boldsymbol{I} + m_\Gamma \boldsymbol{J}\right] \Delta Z^0} = \frac{P^\top Z^0}{P_k} \frac{\sigma_k^2 Z_k^0 + m_\Gamma \sigma_k \mathbf{1}^\top Y^0}{Y^{0\top} \left[\boldsymbol{I} + m_\Gamma \boldsymbol{J}\right] Y^0}, \quad k = 1, \cdots, K$$

相似地, 真实的 β 值可以变形为:

$$\beta_k^R = \frac{P^\top Z^0}{P_k} \frac{(1 - \hat{\rho})\sigma_k^2 Z_k^0 + \hat{\rho} \sigma_k \mathbf{1}^\top \Delta Z^0}{Z^{0\top} \Delta \left[(1 - \hat{\rho})\boldsymbol{I} + \hat{\rho} \boldsymbol{J}\right] \Delta Z^0} = \frac{P^\top Z^0}{P_k} \frac{\sigma_k Y_k^0 + \hat{m} \sigma_k \mathbf{1}^\top Y^0}{Y^{0\top} \left[\boldsymbol{I} + \hat{m} \boldsymbol{J}\right] Y^0}, \quad \hat{m} = \frac{\hat{\rho}}{1 - \hat{\rho}}$$

我们惊讶地发现, 人为和真实的 β 都是以相同形式出现的:

$$\beta_k(m) = \frac{P^\top Z^0}{P_k} \frac{\sigma_k Y_k^0 + m \sigma_k \mathbf{1}^\top Y^0}{Y^{0\top} \left[\boldsymbol{I} + m \boldsymbol{J}\right] Y^0}$$

因此, 为了确定市场调整收益率 (α_k) 的符号, 我们只需要确定 m_Γ 和 $\hat{m}$ 之间的差异, 即 β_k^A 和 β_k^R 之间的唯一差异。我们可以证实:

$$\frac{\partial \beta_k(m)}{\partial m} = \frac{P^\top Z^0}{P_k} \frac{\sigma_k \mathbf{1}^\top Y^0 \left[Y^{0\top} Y^0 - Y_k^0 \mathbf{1}^\top Y^0\right]}{\left[Y^{0\top} \left(\boldsymbol{I} + m \boldsymbol{J}\right) Y^0\right]^2} \lesseqqgtr 0,$$

$$\text{当且仅当} \quad \frac{Y_k^0}{\mathbf{1}^\top Y^0} \gtreqqless \frac{Y^{0\top} Y^0}{Y^{0\top} \boldsymbol{J} Y^0} \equiv \frac{1}{A(Y^0)}$$

也就是说, m 中 $\beta_k(m)$ 的单调性依赖于质量比率 $\dfrac{Y_k^0}{\mathbf{1}^\top Y^0}$ 和 $\dfrac{1}{A(Y^0)}$ 之间的关系。在某

些方面, $\dfrac{Y_k^0}{\mathbf{1}^\top Y^0} \geqslant \dfrac{1}{A(Y^0)}$ 表示资产 k 的质量比市场上所有风险资产的平均质量更好, 而

$\dfrac{Y_k^0}{\mathbf{1}^\top Y^0} \leqslant \dfrac{1}{A(Y^0)}$ 表示质量相对较低的资产。

接下来, 我们将探讨 4 种情景, 并确定每种情况下市场调整收益率 α_k 的差异。假设经济中存在的均衡为情景 1, 则 Sharpe 比率向量为:

$$R = \frac{\alpha}{\Omega} \frac{\left[\{K\Omega\ddot{\varphi}(\hat{\rho}) + (\theta_S + \theta_N + \theta_U)(\Omega - 1)\}\left(\mathbf{I} - \frac{1}{K}\mathbf{J}\right) + \frac{\Omega}{K}\{K\ddot{\Phi}(\hat{\rho}) + (K-1)(\theta_S + \theta_N + \theta_U)(1 - \Omega)\}\mathbf{J}\right] Y^0}{\ddot{\Phi}(\hat{\rho})\left[K\ddot{\varphi}(\hat{\rho}) + (\theta_S + \theta_N + \theta_U)\right] + (K-1)(\theta_S + \theta_N + \theta_U)\ddot{\varphi}(\hat{\rho})}$$

则有:

$$s_1 = \frac{1}{\Omega}\frac{K\Omega\ddot{\varphi}(\hat{\rho}) + (\theta_S + \theta_N + \theta_U)(\Omega - 1)}{\ddot{\Phi}(\hat{\rho})\left[K\ddot{\varphi}(\hat{\rho}) + (\theta_S + \theta_N + \theta_U)\right] + (K-1)(\theta_S + \theta_N + \theta_U)\ddot{\varphi}(\hat{\rho})}$$

$$\begin{aligned}
m_1 &= \frac{1}{K}\frac{\Omega\left[K\ddot{\Phi}(\hat{\rho}) + (K-1)(\theta_S + \theta_N + \theta_U)(1-\Omega)\right] - \left[K\Omega\ddot{\varphi}(\hat{\rho}) + (\theta_S + \theta_N + \theta_U)(\Omega - 1)\right]}{K\Omega\ddot{\varphi}(\hat{\rho}) + (\theta_S + \theta_N + \theta_U)(\Omega - 1)} \\
&= \frac{1}{K}\frac{K\Omega\left[\ddot{\Phi}(\hat{\rho}) - \ddot{\varphi}(\hat{\rho})\right] + (\theta_S + \theta_N + \theta_U)(1-\Omega)[1 + (K-1)\Omega]}{K\Omega\ddot{\varphi}(\hat{\rho}) + (\theta_S + \theta_N + \theta_U)(\Omega - 1)} \\
&> \frac{\ddot{\Phi}(\hat{\rho}) - \ddot{\varphi}(\hat{\rho})}{K\ddot{\varphi}(\hat{\rho})} = \frac{\hat{\rho}}{1 - \hat{\rho}} = \hat{m}
\end{aligned}$$

然后有 $m_1 > \hat{m}$。

对于情景 2, 我们用相同方法比较 m_2 和 $\hat{m}$。在这一情景中, 有 $\hat{\rho} < \overline{\rho}_S$, 并且 Sharpe 比率由下式计算出:

$$R = \frac{\alpha}{\Omega} \frac{\left[\{K\Omega\ddot{\varphi}(\hat{\rho}, \overline{\rho}_S) + (\theta_N + \theta_U)(\Omega - 1)\}\left(\mathbf{I} - \frac{1}{K}\mathbf{J}\right) + \frac{\Omega}{K}\{K\ddot{\Phi}(\hat{\rho}, \overline{\rho}_S) + (K-1)(\theta_N + \theta_U)(1 - \Omega)\}\mathbf{J}\right] Y^0}{\ddot{\Phi}(\hat{\rho}, \overline{\rho}_S)\left[K\ddot{\varphi}(\hat{\rho}, \overline{\rho}_S) + (\theta_N + \theta_U)\right] + (K-1)(\theta_N + \theta_U)\ddot{\varphi}(\hat{\rho}, \overline{\rho}_S)}$$

因此,

$$s_2 = \frac{1}{\Omega}\frac{K\Omega\ddot{\varphi}(\hat{\rho}, \overline{\rho}_S) + (\theta_N + \theta_U)(\Omega - 1)}{\ddot{\Phi}(\hat{\rho}, \overline{\rho}_S)\left[K\ddot{\varphi}(\hat{\rho}, \overline{\rho}_S) + (\theta_N + \theta_U)\right] + (K-1)(\theta_N + \theta_U)\ddot{\varphi}(\hat{\rho}, \overline{\rho}_S)}$$

$$\begin{aligned}
m_2 &= \frac{1}{K}\frac{\Omega\left[K\ddot{\Phi}(\hat{\rho}, \overline{\rho}_S) + (K-1)(\theta_N + \theta_U)(1-\Omega)\right] - \left[K\Omega\ddot{\varphi}(\hat{\rho}, \overline{\rho}_S) + (\theta_N + \theta_U)(\Omega - 1)\right]}{K\Omega\ddot{\varphi}(\hat{\rho}, \overline{\rho}_S) + (\theta_N + \theta_U)(\Omega - 1)} \\
&= \frac{1}{K}\frac{K\Omega\left[\ddot{\Phi}(\hat{\rho}, \overline{\rho}_S) - \ddot{\varphi}(\hat{\rho}, \overline{\rho}_S)\right] + (\theta_N + \theta_U)(1-\Omega)[1 + (K-1)\Omega]}{K\Omega\ddot{\varphi}(\hat{\rho}, \overline{\rho}_S) + (\theta_N + \theta_U)(\Omega - 1)} \\
&> \frac{\ddot{\Phi}(\hat{\rho}, \overline{\rho}_S) - \ddot{\varphi}(\hat{\rho}, \overline{\rho}_S)}{K\ddot{\varphi}(\hat{\rho}, \overline{\rho}_S)} > \frac{\hat{\rho}}{1 - \hat{\rho}} = \hat{m}
\end{aligned}$$

然后有 $m_2 > \hat{m}$。

相似地, 对于情景 3, 相关系数满足 $\hat{\rho} < \overline{\rho}_S < \overline{\rho}_N$, 这种情况下的 Sharpe 比率向量如下:

$$R = \frac{\alpha}{\Omega} \frac{\left[\{K\Omega\dot{\varphi}(\hat{\rho}, \overline{\rho}_S, \overline{\rho}_N) + \theta_U(\Omega - 1)\}\left(I - \frac{1}{K}J\right) + \frac{\Omega}{K}\left\{K\dot{\Phi}(\hat{\rho}, \overline{\rho}_S, \overline{\rho}_N) + (K-1)\theta_U(1 - \Omega)\right\}J\right] Y^0}{\dot{\Phi}(\hat{\rho}, \overline{\rho}_S, \overline{\rho}_N)[K\dot{\varphi}(\hat{\rho}, \overline{\rho}_S, \overline{\rho}_N) + \theta_U] + (K-1)\theta_U\dot{\varphi}(\hat{\rho}, \overline{\rho}_S, \overline{\rho}_N)}$$

及

$$s_3 = \frac{1}{\Omega} \frac{K\Omega\dot{\varphi}(\hat{\rho}, \overline{\rho}_S, \overline{\rho}_N) + \theta_U(\Omega - 1)}{\dot{\Phi}(\hat{\rho}, \overline{\rho}_S, \overline{\rho}_N)[K\dot{\varphi}(\hat{\rho}, \overline{\rho}_S, \overline{\rho}_N) + \theta_U] + (K-1)\theta_U\dot{\varphi}(\hat{\rho}, \overline{\rho}_S, \overline{\rho}_N)}$$

$$m_3 = \frac{1}{K} \frac{\Omega\left[K\dot{\Phi}(\hat{\rho}, \overline{\rho}_S, \overline{\rho}_N) + (K-1)\theta_U(1 - \Omega)\right] - [K\Omega\dot{\varphi}(\hat{\rho}, \overline{\rho}_S, \overline{\rho}_N) + \theta_U(\Omega - 1)]}{K\Omega\dot{\varphi}(\hat{\rho}, \overline{\rho}_S, \overline{\rho}_N) + \theta_U(\Omega - 1)}$$

$$= \frac{1}{K} \frac{K\Omega\left[\dot{\Phi}(\hat{\rho}, \overline{\rho}_S, \overline{\rho}_N) - \dot{\varphi}(\hat{\rho}, \overline{\rho}_S, \overline{\rho}_N)\right] + \theta_U(1 - \Omega)[1 + (K-1)\Omega]}{K\Omega\dot{\varphi}(\hat{\rho}, \overline{\rho}_S, \overline{\rho}_N) + \theta_U(\Omega - 1)}$$

$$> \frac{\dot{\Phi}(\hat{\rho}, \overline{\rho}_S, \overline{\rho}_N) - \dot{\varphi}(\hat{\rho}, \overline{\rho}_S, \overline{\rho}_N)}{K\dot{\varphi}(\hat{\rho}, \overline{\rho}_S, \overline{\rho}_N)} > \frac{\hat{\rho}}{1 - \hat{\rho}} = \hat{m}$$

然后有 $m_3 > \hat{m}$。

现在我们简要总结一下前 3 个情景得出的结果。在情景 1 至情景 3 中, $m_\Gamma > \hat{m}$ 成立, 市场调整的收益率的符号因不同质量的风险资产而异:

(1) 当 $\frac{Y_k^0}{1^\top Y^0} < \frac{1}{A(Y^0)}$, 即资产 k 的质量低于市场平均值时, 有 $\frac{\partial \beta_k}{\partial m} > 0$。则我们可以得到 $m_\Gamma > \hat{m}$, 因而我们有 $\beta_k^A > \beta_k^R$。因此, 资产 k 的超额收益率为正 $(\alpha_k > 0)$, 这意味着其均衡价格被低估。

(2) 当 $\frac{Y_k^0}{1^\top Y^0} = \frac{1}{A(Y^0)}$ 时, $\beta_k(m)$ 相对于 m 是常数。也就是说, 如果资产 k 具有所有风险资产的平均质量, 那么它将被正确定价。

(3) 当 $\frac{Y_k^0}{1^\top Y^0} > \frac{1}{A(Y^0)}$ 时, 资产 k 的质量高于所有风险资产的市场平均值, 我们有 $\frac{\partial \beta_k}{\partial m} < 0$ 及 $m_\Gamma > \hat{m}$ 和 $m_\Gamma > \hat{m}$, 因此 β 之间的关系为 $\beta_k^A < \beta_k^R$。也就是说, 资产 k 的市场调整收益率为负值 $(\alpha_k < 0)$; 这种高质量资产定价过高。

尽管情景 4 的情况与情景 1 至情景 3 有所不同, 但在这种情况下, 分析市场调整收益率的符号更为直观。在情景 4 中, $\overline{\rho}_N < \rho_-^*$, 则 Sharpe 比率为:

$$R = \alpha \frac{1}{K\dot{\varphi}(\hat{\rho}, \overline{\rho}_S, \overline{\rho}_N) + \theta_U} J Y^0$$

因此,

$$\beta_k^A = \frac{P^\top Z^0}{P_k} \frac{\dfrac{1}{K\dot{\varphi}(\hat{\rho}, \overline{\rho}_S, \overline{\rho}_N) + \theta_U} \sigma_k \mathbf{1}^\top Y^0}{\dfrac{1}{K\dot{\varphi}(\hat{\rho}, \overline{\rho}_S, \overline{\rho}_N) + \theta_U} Y^{0\top} \boldsymbol{J} Y^0}$$

$$= \frac{P^\top Z^0}{P_k} \frac{\sigma_k}{\mathbf{1}^\top Y^0} = \beta_k^R \big|_{\hat{\rho}=1} \mathrel{\overset{\leqq}{\overset{=}{>}}} \beta_k^R, \ \text{当且仅当} \ \frac{Y_k^0}{\mathbf{1}^\top Y^0} \mathrel{\overset{\geqq}{\overset{=}{<}}} \frac{1}{A(Y^0)}$$

也就是说, 情景 4 中的 β_k^A 和 β_k^R 之间的关系与上面总结的讨论完全一致。

第 7 章　相关系数暧昧环境下的市场选择和市场微观结构

本章从相关系数的认知存在暧昧性这一新的视角解释了金融市场中的投资者有限参与现象。为了研究如何从市场微观结构设计的角度降低投资者的认知暧昧性,提高其市场参与程度,本章假设所研究经济体中存在两个证券发行市场: 投资者认知暧昧性较低的 A 市场和较高的 B 市场。当两种风险资产分别在不同的证券市场上发行时,投资者的资产组合决策将会不同,从而各市场的均衡状态和风险资产的均衡价格也不相同。考虑公司上市成本和收益,理性的公司管理者将选择均衡价格较高的市场来发行证券。本章的研究发现,最大相关系数暧昧性、投资者结构等因素的变化对公司选择证券发行市场有重要影响,说明通过市场微观结构设计来降低投资者对市场认知的暧昧性具有重要意义。市场微观结构特征,如严格的证券发行标准、充分的信息披露等旨在提高市场透明度的设计,能够在一定程度上降低投资者的认知暧昧性,提高其市场参与程度,以提高金融市场流动性,使公司股票的市场均衡价格更好地反映其资产的真实价值。我们的研究还发现,为满足不同特征上市公司的融资需求,需要建立多层次资本市场。

7.1　引　　言

基于 Huang 等 (2017) 的多资产模型,本章引入了两个证券市场: 天真投资者认知暧昧性较低的 A 市场和暧昧性较高的 B 市场,分析了不同情形下天真投资者的投资决策和不同市场的均衡状态,计算了股票在不同市场上的均衡价格,理性的公司管理者将会选择均衡价格较高的市场来发行股票,本章分别给出了各种情形下公司对证券发行市场的选择。进一步地,本章分析了市场微观结构特征,如证券交易所发行标准、证券发行成本、关联交易信息的披露、市场透明度等,能够在一定程度上降低天真投资者认知的相关系数暧昧性,鼓励更多的投资者参与市场,促使市场达到共同参与时的市场均衡,使得公司股票的市场均衡价格更好地反映资产的基本面价值,以便公司选择合适的证券发行市场。

本章其余部分结构安排如下: 7.2 节为模型设计,构建了“两类投资者—两种资产—两个市场”模型,给出了不同条件下投资者对风险资产的需求函数和市场均衡状态; 7.3 节分析了公司 1 固定选择 A 市场或 B 市场时, 公司 2 对证券发行市场的选择; 7.4 节分析了 $\bar{\rho}_{AB} = \bar{\rho}_{BA}$ 时公司对证券发行市场的选择; 7.5 节从上市标准、关联交易的信息披露、投资者教育、市场透明度等方面说明了市场微观结构设计对降低天真投资者认知暧昧性的作用; 7.6 节为本章总结。本章的所有证明都在附录中。

7.2　模型设计

在 Huang 等 (2017) 的多资产模型的基础上, 分析一个存在三种可交易资产的经济体: 一种无风险资产, 可视为货币, 它的价格恒为 1; 两种风险资产, 资产 1 和资产 2, 分别由公司 1 和公司 2 发行, 可能是股票或者债券, 其未来收益都是随机变量 $\tilde{x}_k(k=1,2)$, 且服从正态分布, 但这两种风险资产收益之间存在相关性, 其中相关系数为 ρ。风险资产 k 的收益均值为 μ_k, 标准差为 σ_k, 且风险资产的未来收益服从正态分布: $\tilde{\boldsymbol{X}} \sim \boldsymbol{N}(\boldsymbol{\mu}, \boldsymbol{\Sigma}(\rho))$, 其中

$$\tilde{\boldsymbol{X}} = \begin{pmatrix} \tilde{x}_1 \\ \tilde{x}_2 \end{pmatrix}, \quad \boldsymbol{\mu} = \begin{pmatrix} \mu_1 \\ \mu_2 \end{pmatrix}, \quad \boldsymbol{\Sigma}(\rho) = \begin{pmatrix} \sigma_1^2 & \rho\sigma_1\sigma_2 \\ \rho\sigma_1\sigma_2 & \sigma_2^2 \end{pmatrix}$$

7.2.1　投资者

假设市场中存在两种类型的投资者: 一类是内部投资者; 另一类是天真投资者。其中, 天真投资者所占比例为 $\theta \in (0,1)$, 那么内部投资者所占比例则为 $1-\theta$。假设两类投资者的财富效用函数均为常数绝对风险厌恶 CARA 效用函数, 绝对风险厌恶系数为 α, 具体可表示为:

$$u(w) = -e^{-\alpha w}$$

其中, w 表示投资者的财富水平。

内部投资者是标准的期望效用最大化投资者, 并对两种风险资产之间相关系数有理性的预期。本章用 $\hat{\rho}$ 表示两种风险资产之间相关系数的真实值。因为内部投资者有丰富的投资经验且熟悉市场, 根据市场行情能够准确预测到两种风险资产之间的相关系数, 所以其对风险资产的相关性在认识上不存在暧昧性, 他们依据期望效用最大化作出决策。与内部投资者不同, 天真投资者初入市场, 对市场的认识还不够深入, 对两种风险资产之间相关系数在认知上存在暧昧性, 用 ρ 表示天真投资者对两种风险资产之间相关系数的认知, 其中 ρ 的取值范围是一个包括真实值 $\hat{\rho}$ 的区间, 可表示为 $\hat{\rho} \in [\underline{\rho}, \overline{\rho}]$。当 $\underline{\rho} = -1$ 时, 两种风险资产完全负相关; 当 $\overline{\rho} = 1$ 时, 意味着两种风险资产可视为同一种资产。因此, 在本章的讨论中, 排除这些极端情形, 即 $\underline{\rho} \neq -1$、$\overline{\rho} \neq 1$。所谓相关系数暧昧, 就是天真投资者对两种风险资产之间相关系数的认知并不是一个确定的概率分布, 而是存在多重先验概率, 且真实的概率是多重先验概率的凸组合。根据 Gilboa 和 Schmeidler (1989) 的最大最小期望效用理论 (MEU) 中暧昧厌恶的公理化基础, 暧昧厌恶的天真投资者会在最悲观的情况下评估两种风险资产之间的相关系数, 即从多重先验概率测度中选择一个使效用最小的概率测度, 然后选择使这个最小效用最大的投资决策。

7.2.2　证券市场

经济体中存在两类证券市场: A 市场和 B 市场, 公司只能选择在其中一个证券市场上发行和交易。两类市场之间的差异仅在于它们为上市公司和投资者所提供的服务不

同, B 仅仅是一个公司上市和投资者交易的平台, 而 A 是一个能够提供大量认证服务的证券交易所, 这些认证服务能够显著降低天真投资者对上市公司相关和市场相关认知的暧昧性。

根据 Easley 和 O'Hara (2010) 的研究, 天真投资者对风险资产之间相关系数认知的暧昧性包括两部分: (1) 公司相关的暧昧性; (2) 市场相关的暧昧性。前者可以通过上市公司及时、准确的信息披露等方式来降低, 而后者只能通过证券市场微观结构的设计来降低。

A 市场要求公司必须满足一系列严格的条件, 才能进入其中发行证券来融资。例如, A 市场规定公司必须在公众中持股一定数量, 公司治理结构以及近五年的财务数据达到一定的标准: 公众持股至少为 25%; 公司治理结构完善, 建立了健全的股东大会、董事会以及监事会制度, 且权责分明; 公司财务报表需经过严格的审计, 满足一定的财务状况的信息披露。公司必须满足这些条件才能在 A 市场发行股票, 这在一定程度上能够减少天真投资者对公司认知的暧昧性。按照规定, 公司上市后必须有完善的信息披露, 能使天真投资者对公司的经营状况有一个更为清晰的认识, 同样能降低天真投资者对公司认知的暧昧性。

通过制定并严格执行一系列严格的监管措施, A 市场能够显著降低投资者认知的暧昧性。例如, 在交易对手方面: A 市场建立有运行规范的清算和结算系统来保证交易中的资产和资金及时交割, 任何投资者的交易对手都是证券交易所, 从而避免了交易对手违约给投资者造成损失; 在证券交易方面: 对个人投资者有单日最大交易量的限制, 同时对每日股票价格的波动也有明确的限制; 在信息披露方面: 要求上市公司及时、准确、充分地披露公司的经营状况, 同时对当前的市场交易信息, 如成交量、成交价格等信息有充分的披露, 另外, 对大股东减持增持等均有充分的信息披露; 如此等。

另一个与投资者认知暧昧性相关的是普通投资者担心被市场上专业投资者操纵。例如, 普通的投资者担心经纪人只有在对自己有利的时候才会选择执行客户的交易指令, 或者经纪人会在客户之前交易, 从而减少了普通投资者的收益。为杜绝这种现象发生, A 市场要求每一位经纪人严格遵从市场从业者规范, 遵守职业道德, 确保按照投资者的意愿完成每一笔交易。A 市场有严格完善的监管系统, 从而杜绝了诸如操纵股票价格等现象的发生。

总的来说, A 市场能够为公司和投资者提供一个"公平、公正、公开"的投资环境, 这些良好的交易环境及相关的服务对公司和投资者都是有益的, 能够减少天真投资者对公司和市场认知的暧昧性, 并影响投资者的投资决策。但是, 这些规则并不能确保投资于该市场中的任何股票都是一个好的投资, 这些规则仅仅是排除公司破产或者市场不公正等极端情况。相比于 B 市场, A 市场所提供的这些服务显著降低了天真投资者对资产之间相关系数认知的暧昧性, 如果公司选择在 A 市场进行股权融资, 天真投资者认知的最大资产相关系数小于 B 市场, 从而可能改变天真投资者的投资决策。两个上市公司的市场选择和对应的相关系数暧昧性如表 7.1 所示。

表 7.1 公司市场选择与相关系数暧昧性

给定公司 1 的市场选择	公司 2 的市场选择	相关系数	认知的相关系数区间
市场 A	市场 A	ρ_{AA}	$[\underline{\rho}_{AA}, \overline{\rho}_{AA}]$
市场 A	市场 B	ρ_{AB}	$[\underline{\rho}_{AB}, \overline{\rho}_{AB}]$
市场 B	市场 A	ρ_{BA}	$[\underline{\rho}_{BA}, \overline{\rho}_{BA}]$
市场 B	市场 B	ρ_{BB}	$[\underline{\rho}_{BB}, \overline{\rho}_{BB}]$

7.2.3 证券发行

假设每一个公司都必须从 A 市场或者 B 市场中选择一个来发行股票, 如果公司 $k(k = 1, 2)$ 选择 B 市场, 投资者 (或公司) 将不需要支付任何费用, 所以投资者最终收到的未来收益将为 $\tilde{x}_k$; 如果公司 k 选择 A 市场, 公司将支付一定的股票发行费用, 定义每股的发行成本为 c_k, 该发行成本说明 A 市场提供认证服务是需要支付一定费用的。现在 A 市场的规则条例中的费用包括初始费用和维持费用, 而维持费用一般来说会随着证券发行规模的增加而增加, 但有一个上限值, 所以, 一般来说, 大公司支付的每股费用将会比较低。所以, 公司 k 的每股发行费用表示为 $c_k = c_k(\tilde{z}_k)$, 即每股发行成本取决于公司的证券发行规模并随着规模的增加而减少。公司 k 选择 A 市场, 最终投资者收到的每股收益将变为 $\tilde{x}_k - c_k$。[①]

7.2.4 资产需求

在期初, 风险资产在 A 市场或者 B 市场上发行。假设资产 1 和资产 2 分别选择发行市场 i 和市场 j, 其中 $i = A, B$、$j = A, B$。用 $p_k(i, j)$ 表示资产 1 和资产 2 分别选择发行市场 i 和市场 j 时资产 k 的价格, 其中 $k = 1, 2$。在期初, 投资者的财富水平为:

$$W_0 = m + p_1(i, j)z_1 + p_2(i, j)z_2 \tag{7.1}$$

其中, m 为投资者持有对无风险资产的投资, z_k 为投资者持有对风险资产 k 的投资 $(k = 1, 2)$。那么, 在期末, 投资者的财富水平将为:

$$\tilde{W}(i, j) = m + (\tilde{X}_1 - I_i c_1)z_1 + (\tilde{X}_2 - I_j c_2)z_2 \tag{7.2}$$

其中, $\tilde{X}_k$ 表示风险资产在期末的收益, I_n 表示资产 n 选择发行市场 A 时的示性函数:

$$I_n = \begin{cases} 1, & \text{若 } n = A \\ 0, & \text{若 } n = B \end{cases}$$

两类投资者都满足理性经济人假设, 即选择最优的资产组合以实现其效用最大化。投资者效用函数为 CARA, 绝对风险厌恶系数为 α, 则内部投资者对期末的期望效用为式 (7.3) 的增函数:

$$f(i, j; z_1, z_2, \hat{\rho}) = W_0 + [\mu_1 - I_i c_1 - p_1(i, j)]z_1 + [\mu_2 - I_j c_2 - p_2(i, j)]z_2$$

---

① 假设公司选择在不同的证券市场发行股票并不会影响其未来的现金流和收益, 而投资者的最终收益仅存在发行费用的差异。

$$-\frac{1}{2}\alpha[\sigma_1^2 z_1^2 + 2\hat{\rho}\sigma_1\sigma_2 z_1 z_2 + \sigma_2^2 z_2^2] \tag{7.3}$$

根据效用最大化的一阶条件, 得到内部投资者的最优资产组合为:

$$Z_I^*(i,j) = \begin{pmatrix} Z_{I1}^*(i,j) \\ Z_{I2}^*(i,j) \end{pmatrix}$$

$$= \frac{1}{\alpha\sigma_1^2\sigma_2^2(1-\hat{\rho}^2)} \begin{pmatrix} \sigma_2^2[\mu_1 - I_i c_1 - p_1(i,j)] - \hat{\rho}\sigma_1\sigma_2[\mu_2 - I_j c_2 - p_2(i,j)] \\ \sigma_1^2[\mu_2 - I_j c_2 - p_2(i,j)] - \hat{\rho}\sigma_1\sigma_2[\mu_1 - I_i c_1 - p_1(i,j)] \end{pmatrix} \tag{7.4}$$

定义 $R_1(i,j) = \dfrac{\mu_1 - I_i c_1 - p_1(i,j)}{\sigma_1}$ 和 $R_2(i,j) = \dfrac{\mu_2 - I_j c_2 - p_2(i,j)}{\sigma_2}$ 为两种风险资产的夏普比率, 或称为夏普指数, 表示投资者承受额外一单位风险所得到的回报. 因此, 内部投资者的需求函数可以表示为:

$$Z_I^*(i,j) = \begin{pmatrix} Z_{I1}^*(i,j) \\ Z_{I2}^*(i,j) \end{pmatrix} = \frac{1}{\alpha(1-\hat{\rho}^2)} \begin{pmatrix} \dfrac{R_1(i,j) - \hat{\rho}R_2(i,j)}{\sigma_1} \\ \dfrac{R_2(i,j) - \hat{\rho}R_1(i,j)}{\sigma_2} \end{pmatrix} \tag{7.5}$$

对于天真投资者, 其期末的期望效用为式 (7.6) 的增函数:

$$f(i,j;z_1,z_2,\rho) = W_0 + [\mu_1 - I_i c_1 - p_1(i,j)]z_1 + [\mu_2 - I_j c_2 - p_2(i,j)]z_2$$

$$-\frac{1}{2}\alpha[\sigma_1^2 z_1^2 + 2\rho\sigma_1\sigma_2 z_1 z_2 + \sigma_2^2 z_2^2] \tag{7.6}$$

因此, 天真投资者的投资决策问题可表示为两层线性规划问题:

$$\max_{\{z_1,z_2\}} \min_{\rho\in[\underline{\rho},\overline{\rho}]} f(i,j;z_1,z_2,\rho) = W_0 + [\mu_1 - I_i c_1 - p_1(i,j)]z_1 + [\mu_2 - I_j c_2 - p_2(i,j)]z_2$$

$$-\frac{1}{2}\alpha[\sigma_1^2 z_1^2 + 2\rho\sigma_1\sigma_2 z_1 z_2 + \sigma_2^2 z_2^2]$$

由于天真投资者对风险资产之间相关系数的认知存在暧昧, 首先分析相关系数在给定区间的最小化问题, 即 $\min\limits_{\rho\in[\underline{\rho},\overline{\rho}]} f(i,j;z_1,z_2,\rho)$, 进一步的分析显示: 如果天真投资者对两种资产持有头寸方向相反, 最小值发生在两资产之间相关系数 ρ 取下限 $\underline{\rho}$ 时; 如果天真投资者对两种资产持有头寸方向相同, 最小值发生在两资产之间相关系数 ρ 取上限 $\overline{\rho}$ 时. 式 (7.7) 代表了一个分段连续曲线:

$$\min_{\rho\in[\underline{\rho},\overline{\rho}]} f(i,j;z_1,z_2,\rho) = \begin{cases} f(i,j;z_1,z_2,\underline{\rho}), & \text{若 } z_1 z_2 < 0 \\ f(i,j;0,z_2,\rho), & \text{若 } z_1 = 0 \\ f(i,j;z_1,0,\rho), & \text{若 } z_2 = 0 \\ f(i,j;z_1,z_2,\overline{\rho}), & \text{若 } z_1 z_2 > 0 \end{cases} \tag{7.7}$$

根据黄等 (2017) 的研究可得到下面的定理。

定理 7.1　天真投资者对风险资产的需求函数 $Z_N^*(i,j) = \begin{pmatrix} Z_{N1}^*(i,j) \\ Z_{N2}^*(i,j) \end{pmatrix}$ 为

$$
Z_N^*(i,j) = \begin{cases}
\dfrac{1}{\alpha(1-\underline{\rho}^2)}\begin{pmatrix} \dfrac{R_1(i,j) - \underline{\rho}R_2(i,j)}{\sigma_1} \\ \dfrac{R_2(i,j) - \underline{\rho}R_1(i,j)}{\sigma_2} \end{pmatrix}, & \text{若} \begin{cases} R_1(i,j) < \underline{\rho}R_2(i,j) \\ R_2(i,j) > \underline{\rho}R_1(i,j) \end{cases} \text{或} \begin{cases} R_1(i,j) > \underline{\rho}R_2(i,j) \\ R_2(i,j) < \underline{\rho}R_1(i,j) \end{cases} \\[16pt]
\dfrac{1}{\alpha}\begin{pmatrix} 0 \\ \dfrac{R_2(i,j)}{\sigma_2} \end{pmatrix}, & \text{若} \begin{cases} \overline{\rho}R_2(i,j) \leqslant R_1(i,j) \leqslant \underline{\rho}R_2(i,j) \\ R_2(i,j) < 0 \end{cases} \text{或} \begin{cases} \underline{\rho}R_2(i,j) \leqslant R_1(i,j) \leqslant \overline{\rho}R_2(i,j) \\ R_2(i,j) > 0 \end{cases} \\[16pt]
\dfrac{1}{\alpha}\begin{pmatrix} \dfrac{R_1(i,j)}{\sigma_1} \\ 0 \end{pmatrix}, & \text{若} \begin{cases} R_1(i,j) < 0 \\ \overline{\rho}R_1(i,j) \leqslant R_2(i,j) \leqslant \underline{\rho}R_1(i,j) \end{cases} \text{或} \begin{cases} R_1(i,j) > 0 \\ \underline{\rho}R_1(i,j) \leqslant R_2(i,j) \leqslant \overline{\rho}R_1(i,j) \end{cases} \\[16pt]
\dfrac{1}{\alpha(1-\overline{\rho}^2)}\begin{pmatrix} \dfrac{R_1(i,j) - \overline{\rho}R_2(i,j)}{\sigma_1} \\ \dfrac{R_2(i,j) - \overline{\rho}R_1(i,j)}{\sigma_2} \end{pmatrix}, & \text{若} \begin{cases} R_1(i,j) < \overline{\rho}R_2(i,j) \\ R_2(i,j) < \overline{\rho}R_1(i,j) \end{cases} \text{或} \begin{cases} R_1(i,j) > \overline{\rho}R_2(i,j) \\ R_2(i,j) > \overline{\rho}R_1(i,j) \end{cases}
\end{cases}
$$

$$\tag{7.8}$$

性质 7.1　内部投资者和天真投资者持有风险资产的头寸方向相同, 即当 $k = 1, 2$ 时, 除了天真投资者不持有风险资产的情形 $[Z_{Nk}^*(i,j) = 0]$ 外, $Z_{Ik}^*(i,j)Z_{Nk}^*(i,j) \geqslant 0$。具体地, 当内部投资者持有风险资产长 (短) 头寸时, 天真投资者也同样持有该风险资产的长 (短) 头寸。

(1) 如果 $Z_{Ik}^*(i,j) < 0$, 那么 $Z_{Nk}^*(i,j) \leqslant 0$, $k = 1, 2$;

(2) 如果 $Z_{Ik}^*(i,j) = 0$, 那么 $Z_{Nk}^*(i,j) = 0$, $k = 1, 2$;

(3) 如果 $Z_{Ik}^*(i,j) > 0$, 那么 $Z_{Nk}^*(i,j) \geqslant 0$, $k = 1, 2$。

根据以上求解, 总结如下: (1) 通过计算两类投资者对风险资产的需求函数, 发现投资者对风险资产的需求同时取决于两种风险资产的价格。这是由模型设定决定的, 因为两种资产的收益分布存在相关性, 并不是完全独立的。

(2) 由于内部投资者能够准确知道两种风险资产之间的相关性, 按照标准的期望效用最大化理论, 他们对风险资产的需求是确定的; 而由于天真投资者对相关系数存在暧昧性认知, 依据不同条件, 其需求函数存在 4 种情形: 只持有风险资产 1、只持有风险资产 2、持有一种风险资产同时卖空另一种风险资产、同时持有或同时卖空两种风险资产。

(3) 天真投资者认知的资产之间的相关系数, 只有端点值影响到他们对风险资产的需求: 当天真投资者持有一种风险资产并卖空另一种风险资产时, 其认知的相关系数的左端点值影响他们对风险资产的需求; 当天真投资者同时持有两种风险资产或卖空两种风险资产时, 其认知的相关系数右端点值影响他们对风险资产的需求; 当天真投资者只持有其中一种风险资产, 其认知的相关系数并不影响他们对风险资产的需求。

(4) 根据性质 7.1, 天真投资者的资产需求方向与内部投资者的资产需求方向是一致的, 因为天真投资者的资产需求函数所对应的每一个区间都被包含于内部投资者资产需求函数相应的每一个区间。

7.2.5 均衡状态分析

本部分将进行经济体的一般均衡分析。ρ_{ij} 表示风险资产 1 和资产 2 分别选择发行市场 i 和市场 j 时两风险资产之间的相关系数 ($i = A, B$ 和 $j = A, B$)。当风险资产 1 和资产 2 同时选择 A 市场时,$\hat{\rho} \in [\underline{\rho}_{AA}, \overline{\rho}_{AA}]$;当风险资产 1 选择 A 市场而风险资产 2 选择 B 市场时,$\hat{\rho} \in [\underline{\rho}_{AB}, \overline{\rho}_{AB}]$;因为天真投资者认知的 A 市场暧昧性较低而 B 市场暧昧性较高,则 $\underline{\rho}_{AB} \leqslant \underline{\rho}_{AA} < \hat{\rho} < \overline{\rho}_{AA} \leqslant \overline{\rho}_{AB}$。同理,两种不同的风险资产选择不同的证券发行市场时,其间的相关系数存在以下关系:$\underline{\rho}_{BB} \leqslant \underline{\rho}_{AB} \leqslant \underline{\rho}_{AA} < \hat{\rho} < \overline{\rho}_{AA} \leqslant \overline{\rho}_{AB} \leqslant \overline{\rho}_{BB}$ 与 $\underline{\rho}_{BB} \leqslant \underline{\rho}_{BA} \leqslant \underline{\rho}_{AA} < \hat{\rho} < \overline{\rho}_{AA} \leqslant \overline{\rho}_{BA} \leqslant \overline{\rho}_{BB}$,而 $\underline{\rho}_{BA}$ 和 $\underline{\rho}_{AB}$、$\overline{\rho}_{BA}$ 和 $\overline{\rho}_{AB}$ 之间的关系并不确定。在 7.3 节中,将讨论当 $\overline{\rho}_{BA} = \overline{\rho}_{AB}$ 和 $\underline{\rho}_{BA} = \underline{\rho}_{AB}$ 时两公司对证券发行市场的最优选择问题。

定义风险资产的标准差和其资产规模之乘积 $\sigma_k Z_k^0$,为该风险资产 $k(k = 1, 2)$ 的质量。则两风险资产的质量之比定义为:

$$E_{12} = \frac{\sigma_1 Z_1^0}{\sigma_2 Z_2^0} \quad \text{和} \quad E_{21} = \frac{\sigma_2 Z_2^0}{\sigma_1 Z_1^0}$$

简单起见,对于 $\overline{\rho} \in (\hat{\rho}, 1)$,记 $H(\overline{\rho}) = \dfrac{(1 - \theta \hat{\rho}^2) - (1 - \theta) \hat{\rho} \overline{\rho}}{(1 - \theta)(\overline{\rho} - \hat{\rho})} = \dfrac{1 - \hat{\rho}^2}{(1 - \theta)(\overline{\rho} - \hat{\rho})} - \hat{\rho}$,$h(\overline{\rho}) = \dfrac{1}{H(\overline{\rho})}$。给定天真投资者所占比例 θ 和两资产之间真实的相关系数 $\hat{\rho}$,$h(\overline{\rho})$ 是关于 $\overline{\rho}$ 的增函数,$h(\overline{\rho}_{AA}) \leqslant h(\overline{\rho}_{AB}) < 1 < H(\overline{\rho}_{AB}) \leqslant H(\overline{\rho}_{AA})$ 与 $h(\overline{\rho}_{AA}) \leqslant h(\overline{\rho}_{BA}) < 1 < H(\overline{\rho}_{BA}) \leqslant H(\overline{\rho}_{AA})$。令

$$q(\overline{\rho}) = \frac{\dfrac{1 - \theta}{1 - \hat{\rho}^2} \hat{\rho} + \dfrac{\theta}{1 - \overline{\rho}^2} \overline{\rho}}{\left[\dfrac{1 - \theta}{1 - \hat{\rho}^2} + \dfrac{\theta}{1 - \overline{\rho}^2} \right]^2 - \left[\dfrac{1 - \theta}{1 - \hat{\rho}^2} \hat{\rho} + \dfrac{\theta}{1 - \overline{\rho}^2} \overline{\rho} \right]^2} \quad \text{和}$$

$$Q(\overline{\rho}) = \frac{\dfrac{1 - \theta}{1 - \hat{\rho}^2} + \dfrac{\theta}{1 - \overline{\rho}^2}}{\left[\dfrac{1 - \theta}{1 - \hat{\rho}^2} + \dfrac{\theta}{1 - \overline{\rho}^2} \right]^2 - \left[\dfrac{1 - \theta}{1 - \hat{\rho}^2} \hat{\rho} + \dfrac{\theta}{1 - \overline{\rho}^2} \overline{\rho} \right]^2}$$

给定天真投资者所占比例 θ 和两资产之间真实的相关系数 $\hat{\rho}$,$Q(\overline{\rho})$ 是 $\overline{\rho}$ 的减函数,而 $q(\overline{\rho})$ 是 $\overline{\rho}$ 的增函数,则 $Q(\hat{\rho}) = 1$ 且 $q(\hat{\rho}) = \hat{\rho}$。

根据黄等 (2017) 研究中的定理 2,可以得到以下定理。

定理 7.2 市场存在唯一均衡,且是以下 3 种情形之一。

(1) 均衡类型 1 (天真投资者不投资于风险资产 1): 如 $E_{12} \leqslant h(\overline{\rho}_{ij})$,则风险资产的均衡价格可表示为:

$$p_1(i, j) = \mu_1 - I_i c_1 - \alpha \sigma_1 \left[\frac{1 - \theta \hat{\rho}^2}{1 - \theta} \sigma_1 Z_1^0 + \hat{\rho} \sigma_2 Z_2^0 \right] \tag{7.9a}$$

$$p_2(i,j) = \mu_2 - I_j c_2 - \alpha \sigma_2 (\hat{\rho} \sigma_1 Z_1^0 + \sigma_2 Z_2^0) \tag{7.9b}$$

(2) 均衡类型 2 (天真投资者同时投资于两种风险资产): 如 $h(\overline{\rho}_{ij}) < E_{12} < H(\overline{\rho}_{ij})$，则风险资产的均衡价格可表示为:

$$p_1(i,j) = \mu_1 - I_i c_1 - \alpha \sigma_1 \left[Q(\overline{\rho}_{ij}) \sigma_1 Z_1^0 + q(\overline{\rho}_{ij}) \sigma_2 Z_2^0 \right] \tag{7.10a}$$

$$p_2(i,j) = \mu_2 - I_j c_2 - \alpha \sigma_2 \left[q(\overline{\rho}_{ij}) \sigma_1 Z_1^0 + Q(\overline{\rho}_{ij}) \sigma_2 Z_2^0 \right] \tag{7.10b}$$

(3) 均衡类型 3 (天真投资者不投资于风险资产 2): 如 $H(\overline{\rho}_{ij}) \leqslant E_{12}$，则风险资产的均衡价格可表示为:

$$p_1(i,j) = \mu_1 - I_i c_1 - \alpha \sigma_1 (\sigma_1 Z_1^0 + \hat{\rho} \sigma_2 Z_2^0) \tag{7.11a}$$

$$p_2(i,j) = \mu_2 - I_j c_2 - \alpha \sigma_2 \left[\hat{\rho} \sigma_1 Z_1^0 + \frac{1 - \theta \hat{\rho}^2}{1 - \theta} \sigma_2 Z_2^0 \right] \tag{7.11b}$$

当天真投资者的资产组合为持有一种风险资产并卖空另一种风险资产时, 只有相关系数的下临界值 $\underline{\rho}$ 影响资产的需求。然而, 由定理 7.2 可知, $\underline{\rho}$ 并没有出现在风险资产价格的表达式中, 也就是说, $\underline{\rho}$ 并不决定经济体的均衡类型, 也不影响资产的均衡价格。这是模型设定所致。本章假定初始的风险资产规模均为严格大于零的正数, 只有当天真投资者的资产组合为持有一种风险资产并卖空另一种风险资产时, 相关系数的下临界值才影响天真投资者的资产需求, 但在这种情形下, 内部投资者也将卖空同一种风险资产, 即两类投资者所持有的风险资产同时为负, 则不满足均衡条件, 这种情形的一般均衡不存在。

有限参与均衡时, 风险资产的均衡价格独立于相关系数上临界值 $\overline{\rho}_{ij}$, 黄等 (2017) 研究中的性质 8 证明了完全参与均衡时资产的均衡价格的单调性。进一步地, 根据本章附录 A, 得到如下性质。

性质 7.2　假设市场处于完全参与均衡, 则有:

(1) $\dfrac{\mathrm{d}p_1(i,j)}{\mathrm{d}\overline{\rho}_{ij}} \underset{<}{\gtreqless} 0$, 当且仅当 $E_{21} \underset{>}{\lesseqgtr} \dfrac{2h(\overline{\rho}_{ij})}{1 + h^2(\overline{\rho}_{ij})}$ 时;

(2) $\dfrac{\mathrm{d}p_2(i,j)}{\mathrm{d}\overline{\rho}_{ij}} \underset{<}{\gtreqless} 0$, 当且仅当 $E_{12} \underset{>}{\lesseqgtr} \dfrac{2h(\overline{\rho}_{ij})}{1 + h^2(\overline{\rho}_{ij})}$ 时。

黄等 (2017) 研究中的性质 4 证明, 不管是哪种均衡类型, 低质量的风险资产总是产生严格为正的超额收益, 而高质量资产总是产生严格为负的超额收益。结合性质 7.2, 可以得到, 相比于完全参与均衡, 在有限参与均衡中, 低质量风险资产的均衡价格更低, 而高质量风险资产的均衡价格更高, 由此可得以下性质。

性质 7.3　相比完全参与均衡, 有限参与均衡时, 低质量风险资产的价格被严重低估, 而高质量风险资产的价格被严重高估。

性质 7.3 很符合我们的直觉。相比有限参与均衡, 完全参与均衡时风险资产的定价效率更高, 这也和大量的实证分析和理论分析相吻合 (Merton, 1987; Baker et al., 1999;

Baker et al., 2002)。Merton (1987) 假定投资者仅投资于熟悉的资产, 这样的信息不完全将导致市场分割, 因此投资者不能有效地投资分散化。其分析结果表明, 投资者规模增加降低了投资者的预期收益, 降低了公司的融资成本, 提高了公司的市场价值。Baker 等 (2002) 的分析表明, 国际化公司选择纽约证券交易所或者伦敦证券交易所发行股票, 能够有效增加投资者的规模, 增加分析师的跟踪报道, 从而有效降低公司的融资成本。这一点和 Merton (1987) 的研究结论相一致。通过以上性质, 我们可以方便地比较完全参与均衡和有限参与均衡时风险资产的均衡价格。

7.3 给定公司 1 的市场选择时公司 2 对发行市场的选择

将公司 1 分别固定在 A 市场或者 B 市场发行, 通过对比公司 2 选择 A 市场或者 B 市场时处于均衡状态时的资产价格, 确定公司 2 对证券发行市场的选择。作为理性的经济人, 为了最大化其公司价值, 公司的管理者将会选择风险资产均衡价格较高的市场来发行股票。对于新上市公司, 这是一个很自然的假设。

7.3.1 公司 1 固定选择 A 市场时公司 2 对发行市场的选择

给定公司 1 选择 A 市场发行证券, 对风险资产 2 分别在 A 市场和 B 市场上处于均衡状态时的资产价格进行比较, $\hat{\rho} < \overline{\rho}_{AA} \leqslant \overline{\rho}_{AB}$。根据理性经济人假说, 理性的公司管理者将选择使公司资产价格较高的证券市场发行股票。定义临界的成本 $c_2^{(A3)}$ 和 $c_2^{(A4)}$ 为

$$c_2^{(A3)} = \alpha\sigma_2 \left\{ [q(\overline{\rho}_{AB}) - q(\overline{\rho}_{AA})]\sigma_1 Z_1^0 + [Q(\overline{\rho}_{AB}) - Q(\overline{\rho}_{AA})]\sigma_2 Z_2^0 \right\},$$

$$\text{若} \quad \frac{2h(\overline{\rho}_{AB})}{1 + h^2(\overline{\rho}_{AB})} < E_{12} < H(\overline{\rho}_{AB})$$

$$c_2^{(A4)} = \alpha\sigma_2 \left\{ [\hat{\rho} - q(\overline{\rho}_{AA})]\sigma_1 Z_1^0 + \left[\frac{1 - \theta\hat{\rho}^2}{1 - \theta} - Q(\overline{\rho}_{AA}) \right]\sigma_2 Z_2^0 \right\},$$

$$\text{若} \quad H(\overline{\rho}_{AB}) \leqslant E_{12} < H(\overline{\rho}_{AA})$$

在这种情形下, 公司 2 的市场选择结果可总结为定理 7.3。

定理 7.3 假设公司 1 固定选择市场 A, 公司 2 的最优市场选择如下:

(1) $E_{12} \leqslant h(\overline{\rho}_{AB})$。根据定理 7.2, 公司 2 将选择 B 市场来发行股票, 此时市场将处于均衡类型 1 (天真投资者不参与风险资产 1), 风险资产的均衡价格可表示为:

$$p_1(AB) = \mu_1 - c_1 - \alpha\sigma_1 \left[\frac{1 - \theta\hat{\rho}^2}{1 - \theta}\sigma_1 Z_1^0 + \hat{\rho}\sigma_2 Z_2^0 \right] \tag{7.12a}$$

$$p_2(AB) = \mu_2 - \alpha\sigma_2(\hat{\rho}\sigma_1 Z_1^0 + \sigma_2 Z_2^0) \tag{7.12b}$$

(2) $h(\overline{\rho}_{AB}) < E_{12} \leqslant \dfrac{2h(\overline{\rho}_{AB})}{1 + h^2(\overline{\rho}_{AB})}$。根据定理 7.2, 公司 2 将选择 B 市场来发行股票, 此时市场将处于均衡类型 2 (天真投资者同时参与两种风险资产), 风险资产的均衡

价格可表示为:

$$p_1(AB) = \mu_1 - c_1 - \alpha\sigma_1 [Q(\bar{\rho}_{AB})\sigma_1 Z_1^0 + q(\bar{\rho}_{AB})\sigma_2 Z_2^0] \tag{7.13a}$$

$$p_2(AB) = \mu_2 - \alpha\sigma_2 [q(\bar{\rho}_{AB})\sigma_1 Z_1^0 + Q(\bar{\rho}_{AB})\sigma_2 Z_2^0] \tag{7.13b}$$

(3) $\dfrac{2h(\bar{\rho}_{AB})}{1 + h^2(\bar{\rho}_{AB})} < E_{12} < H(\bar{\rho}_{AB})$. 公司 2 的最优市场选择依赖于市场 A 的发行成本 c_2 与临界成本 $c_2^{(A3)} > 0$ 之间的关系:

① 如果 $c_2 > c_2^{(A3)}$, 那么, 公司 2 将选择市场 B 来发行股票, 此时市场将处于均衡类型 2, 风险资产的均衡价格可表示为:

$$p_1(AB) = \mu_1 - c_1 - \alpha\sigma_1 [Q(\bar{\rho}_{AB})\sigma_1 Z_1^0 + q(\bar{\rho}_{AB})\sigma_2 Z_2^0] \tag{7.14a}$$

$$p_2(AB) = \mu_2 - \alpha\sigma_2 [q(\bar{\rho}_{AB})\sigma_1 Z_1^0 + Q(\bar{\rho}_{AB})\sigma_2 Z_2^0] \tag{7.14b}$$

② 如果 $c_2 = c_2^{(A3)}$, 那么, 公司 2 选择 A 市场或者 B 市场是无差异的.

③ 如果 $c_2 < c_2^{(A3)}$, 那么, 公司 2 将选择 A 市场来发行股票, 此时市场处于均衡类型 2, 风险资产的均衡价格可表示为:

$$p_1(AA) = \mu_1 - c_1 - \alpha\sigma_1 [Q(\bar{\rho}_{AA})\sigma_1 Z_1^0 + q(\bar{\rho}_{AA})\sigma_2 Z_2^0] \tag{7.15a}$$

$$p_2(AA) = \mu_2 - c_2 - \alpha\sigma_2 [q(\bar{\rho}_{AA})\sigma_1 Z_1^0 + Q(\bar{\rho}_{AA})\sigma_2 Z_2^0] \tag{7.15b}$$

(4) $H(\bar{\rho}_{AB}) \leqslant E_{12} < H(\bar{\rho}_{AA})$. 公司 2 的最优市场选择依赖于市场 A 的发行成本 c_2 与临界成本 $c_2^{(A4)} > 0$ 之间的关系:

① 如果 $c_2 < c_2^{(A4)}$, 那么, 公司 2 将选择市场 B 来发行股票, 此时市场将处于均衡类型 2, 风险资产的均衡价格可表示为:

$$p_1(AA) = \mu_1 - c_1 - \alpha\sigma_1 [Q(\bar{\rho}_{AA})\sigma_1 Z_1^0 + q(\bar{\rho}_{AA})\sigma_2 Z_2^0] \tag{7.16a}$$

$$p_2(AA) = \mu_2 - c_2 - \alpha\sigma_2 [q(\bar{\rho}_{AA})\sigma_1 Z_1^0 + Q(\bar{\rho}_{AA})\sigma_2 Z_2^0] \tag{7.16b}$$

② 如果 $c_2 = c_2^{(A4)}$, 那么, 公司 2 选择 A 市场或者 B 市场是无差异的.

③ 如果 $c_2 > c_2^{(A4)}$, 那么, 公司 2 将选择市场 B 来发行股票, 此时市场将处于均衡类型 3 (天真投资者不参与风险资产 2), 风险资产的均衡价格可表示为:

$$p_1(AB) = \mu_1 - c_1 - \alpha\sigma_1 (\sigma_1 Z_1^0 + \hat{\rho}\sigma_2 Z_2^0) \tag{7.17a}$$

$$p_2(AB) = \mu_2 - \alpha\sigma_2 \left[\hat{\rho}\sigma_1 Z_1^0 + \frac{(1 - \theta\hat{\rho}^2)}{1 - \theta}\sigma_2 Z_2^0 \right] \tag{7.17b}$$

(5) $H(\bar{\rho}_{AA}) \leqslant E_{12}$. 那么, 公司 2 将选择市场 B 来发行股票, 此时市场将处于均衡类型 3, 风险资产的均衡价格可表示为:

$$p_1(AB) = \mu_1 - c_1 - \alpha\sigma_1 (\sigma_1 Z_1^0 + \hat{\rho}\sigma_2 Z_2^0) \tag{7.18a}$$

$$p_2(AB) = \mu_2 - \alpha\sigma_2 \left[\hat{\rho}\sigma_1 Z_1^0 + \frac{1-\theta\hat{\rho}^2}{1-\theta}\sigma_2 Z_2^0 \right] \tag{7.18b}$$

本章附录 C.1 给出了定理 7.3 的详细证明。

7.3.2 给定公司 1 选择 B 市场时公司 2 对发行市场的选择

公司 1 固定选择在 B 市场发行股票, 对风险资产 2 分别在 A 市场和 B 市场上发行时处于均衡状态时的资产价格进行比较, $\hat{\rho} < \bar{\rho}_{BA} \leqslant \bar{\rho}_{BB}$。根据理性经济人假说, 理性的公司管理者将选择使公司资产价格较高的证券市场发行股票。

定义临界的成本 $c_2^{(B3)}$ 和 $c_2^{(B4)}$ 为:

$$c_2^{(B3)} = \alpha\sigma_2 \left\{ [q(\bar{\rho}_{BB}) - q(\bar{\rho}_{BA})]\sigma_1 Z_1^0 + [Q(\bar{\rho}_{BB}) - Q(\bar{\rho}_{BA})]\sigma_2 Z_2^0 \right\},$$

$$\text{若 } h(\bar{\rho}_{BB}) < E_{12} \leqslant \frac{2h(\bar{\rho}_{BB})}{1 + h^2(\bar{\rho}_{BB})}$$

$$c_2^{(B4)} = \alpha\sigma_2 \left\{ [\hat{\rho} - q(\bar{\rho}_{BA})]\sigma_1 Z_1^0 + \left[\frac{1-\theta\hat{\rho}^2}{1-\theta} - Q(\bar{\rho}_{BA}) \right]\sigma_2 Z_2^0 \right\},$$

$$\text{若 } H(\bar{\rho}_{BB}) \leqslant E_{12} < H(\bar{\rho}_{BA})$$

在这种情形下, 公司 2 的市场选择结果可总结为定理 7.4。

定理 7.4 假设公司 1 固定选择 B 市场, 公司 2 的最优市场选择如下:

(1) $E_{12} \leqslant h(\bar{\rho}_{BB})$。根据定理 7.2, 公司 2 将选择市场 B 来发行股票, 此时市场将处于均衡类型 1, 风险资产的均衡价格可表示为:

$$p_1(BB) = \mu_1 - \alpha\sigma_1 \left[\frac{1-\theta\hat{\rho}^2}{1-\theta}\sigma_1 Z_1^0 + \hat{\rho}\sigma_2 Z_2^0 \right] \tag{7.19a}$$

$$p_2(BB) = \mu_2 - \alpha\sigma_2(\hat{\rho}\sigma_1 Z_1^0 + \sigma_2 Z_2^0) \tag{7.19b}$$

(2) $h(\bar{\rho}_{BB}) < E_{12} \leqslant \dfrac{2h(\bar{\rho}_{BB})}{1 + h^2(\bar{\rho}_{BB})}$。根据定理 7.2, 公司 2 将选择市场 B 来发行股票, 此时市场将处于均衡类型 2, 风险资产的均衡价格可表示为:

$$p_1(BB) = \mu_1 - \alpha\sigma_1 [Q(\bar{\rho}_{BB})\sigma_1 Z_1^0 + q(\bar{\rho}_{BB})\sigma_2 Z_2^0] \tag{7.20a}$$

$$p_2(BB) = \mu_2 - \alpha\sigma_2 [q(\bar{\rho}_{BB})\sigma_1 Z_1^0 + Q(\bar{\rho}_{BB})\sigma_2 Z_2^0] \tag{7.20b}$$

(3) $\dfrac{2h(\bar{\rho}_{BB})}{1 + h^2(\bar{\rho}_{BB})} < E_{12} < H(\bar{\rho}_{BB})$。公司 2 的最优市场选择依赖于市场 B 的发行成本 c_2 和临界成本 $c_2^{(B3)} > 0$ 之间的关系:

① 如果 $c_2 > c_2^{(B3)}$, 那么, 公司 2 将选择市场 B 来发行股票, 此时市场将处于均衡类型 2, 风险资产的均衡价格可表示为:

$$p_1(BB) = \mu_1 - \alpha\sigma_1 [Q(\bar{\rho}_{BB})\sigma_1 Z_1^0 + q(\bar{\rho}_{BB})\sigma_2 Z_2^0] \tag{7.21a}$$

$$p_2(BB) = \mu_2 - \alpha\sigma_2 \left[q(\overline{\rho}_{BB})\sigma_1 Z_1^0 + Q(\overline{\rho}_{BB})\sigma_2 Z_2^0\right] \qquad (7.21b)$$

② 如果 $c_2 = c_2^{(B3)}$, 那么, 公司 2 选择 A 市场或者 B 市场是无差异的。

③ 如果 $c_2 < c_2^{(B3)}$, 那么, 公司 2 将选择 A 市场来发行股票, 此时市场将处于均衡类型 2, 风险资产的均衡价格可表示为:

$$p_1(BA) = \mu_1 - \alpha\sigma_1 \left[Q(\overline{\rho}_{BA})\sigma_1 Z_1^0 + q(\overline{\rho}_{BA})\sigma_2 Z_2^0\right] \qquad (7.22a)$$

$$p_2(BA) = \mu_2 - c_2 - \alpha\sigma_2 \left[q(\overline{\rho}_{BA})\sigma_1 Z_1^0 + Q(\overline{\rho}_{BA})\sigma_2 Z_2^0\right] \qquad (7.22b)$$

(4) $H(\overline{\rho}_{BB}) \leqslant E_{12} < H(\overline{\rho}_{BA})$, 根据定理 7.2, 公司 2 的最优市场选择依赖于 B 市场的发行成本 c_2 和临界成本 $c_2^{(B4)} > 0$ 之间的关系。

① 如果 $c_2 < c_2^{(B4)}$, 那么, 公司 2 将选择 A 市场来发行股票, 此时市场将处于均衡类型 2, 风险资产的均衡价格可表示为:

$$p_1(BA) = \mu_1 - \alpha\sigma_1 \left[Q(\overline{\rho}_{BA})\sigma_1 Z_1^0 + q(\overline{\rho}_{BA})\sigma_2 Z_2^0\right] \qquad (7.23a)$$

$$p_2(BA) = \mu_2 - c_2 - \alpha\sigma_2 \left[q(\overline{\rho}_{BA})\sigma_1 Z_1^0 + Q(\overline{\rho}_{BA})\sigma_2 Z_2^0\right] \qquad (7.23b)$$

② 如果 $c_2 = c_2^{(B4)}$, 那么, 公司 2 选择 A 市场或者 B 市场是无差异的。

③ 如果 $c_2 > c_2^{(B4)}$, 那么, 公司 2 将选择 B 市场来发行股票, 此时市场将处于均衡类型 3 (天真投资者不参与风险资产 2), 风险资产的均衡价格可表示为:

$$p_1(BB) = \mu_1 - \alpha\sigma_1 (\sigma_1 Z_1^0 + \hat{\rho}\sigma_2 Z_2^0) \qquad (7.24a)$$

$$p_2(BB) = \mu_2 - \alpha\sigma_2 \left[\hat{\rho}\sigma_1 Z_1^0 + \frac{1 - \theta\hat{\rho}^2}{1 - \theta}\sigma_2 Z_2^0\right] \qquad (7.24b)$$

(5) $H(\overline{\rho}_{BA}) \leqslant E_{12}$, 那么, 公司 2 将选择市场 B 来发行股票, 此时市场将处于均衡类型 3, 风险资产的均衡价格可表示为:

$$p_1(BB) = \mu_1 - \alpha\sigma_1 (\sigma_1 Z_1^0 + \hat{\rho}\sigma_2 Z_2^0) \qquad (7.25a)$$

$$p_2(BB) = \mu_2 - \alpha\sigma_2 \left[\hat{\rho}\sigma_1 Z_1^0 + \frac{1 - \theta\hat{\rho}^2}{1 - \theta}\sigma_2 Z_2^0\right] \qquad (7.25b)$$

本章附录 C.2 给出了定理 7.4 的详细证明。

7.4　当 $\overline{\rho}_{AB} = \overline{\rho}_{BA}$ 时公司对证券发行市场的选择

综合 7.3 节的结论, 本节考虑 $\overline{\rho}_{AB} = \overline{\rho}_{BA}$ 时公司对证券发行市场的最优选择问题, 此时 $\hat{\rho} < \overline{\rho}_{AA} \leqslant \overline{\rho}_{AB} = \overline{\rho}_{BA} \leqslant \overline{\rho}_{BB}$。假设理性的公司管理者将通过计算公司选择不同发行市场时市场所处的均衡状态和均衡价格, 从而选择使公司资产价格较高的证券市场发行股票, 且如果存在 $p_1(BA) = p_1(AA)$, 而 $p_2(BA) < p_2(AA)$ 的情形, 即公司 2 选择

A 市场时, 公司 1 选择 A 市场和 B 市场无差异, 此时最优的市场选择结果是公司 1 选择 A 市场。

根据 7.3 节中的分析, 按照两种风险资产质量之比的取值不同, 研究两公司最优的市场选择问题。结合 7.3 节中的分析, 其中 $h(\bar{\rho}_{BB})$ 和 $\dfrac{2h(\bar{\rho}_{AB})}{1 + h^2(\bar{\rho}_{AB})}$ 不能直接比较大小, 需要讨论以下 3 种情形: $h(\bar{\rho}_{BB}) < \dfrac{2h(\bar{\rho}_{AB})}{1 + h^2(\bar{\rho}_{AB})}$、$h(\bar{\rho}_{BB}) = \dfrac{2h(\bar{\rho}_{AB})}{1 + h^2(\bar{\rho}_{AB})}$ 和 $h(\bar{\rho}_{BB}) > \dfrac{2h(\bar{\rho}_{AB})}{1 + h^2(\bar{\rho}_{AB})}$。但我们的具体分析发现, $h(\bar{\rho}_{BB}) = \dfrac{2h(\bar{\rho}_{AB})}{1 + h^2(\bar{\rho}_{AB})}$ 的情形完全可以归结到 $h(\bar{\rho}_{BB}) < \dfrac{2h(\bar{\rho}_{AB})}{1 + h^2(\bar{\rho}_{AB})}$, 即 $h(\bar{\rho}_{BB}) \leqslant \dfrac{2h(\bar{\rho}_{AB})}{1 + h^2(\bar{\rho}_{AB})}$ 的情形。而 $h(\bar{\rho}_{BB}) > \dfrac{2h(\bar{\rho}_{AB})}{1 + h^2(\bar{\rho}_{AB})}$ 中绝大多数情形和 $h(\bar{\rho}_{BB}) \leqslant \dfrac{2h(\bar{\rho}_{AB})}{1 + h^2(\bar{\rho}_{AB})}$ 相一致, 其中不一致的部分并不影响我们的结论。因此, 我们仅考虑 $h(\bar{\rho}_{BB}) \leqslant \dfrac{2h(\bar{\rho}_{AB})}{1 + h^2(\bar{\rho}_{AB})}$ 的情形。

当 $h(\bar{\rho}_{BB}) < E_{12} < H(\bar{\rho}_{BB})$ 时, 临界成本表示为:

$$c_1^{(A3)} = \alpha\sigma_1[R_1(\bar{\rho}_{BA}) - R_1(\bar{\rho}_{AA})] \quad \text{和} \quad c_1^{(B3)} = \alpha\sigma_1[R_1(\bar{\rho}_{BB}) - R_1(\bar{\rho}_{AB})]$$
$$c_2^{(A3)} = \alpha\sigma_2[R_2(\bar{\rho}_{AB}) - R_2(\bar{\rho}_{AA})] \quad \text{和} \quad c_2^{(B3)} = \alpha\sigma_2[R_2(\bar{\rho}_{BB}) - R_2(\bar{\rho}_{BA})]$$

因此, 要考虑到 $R_1(\bar{\rho})$ 和 $R_2(\bar{\rho})$ 的单调性。根据两种风险资产质量之比, 可分为以下 10 种情形。

7.4.1 $E_{12} \leqslant h(\bar{\rho}_{AB})$

根据定理 7.3(1), 如果公司 1 选择 A 市场来发行股票, 公司 2 将选择 B 市场, 因此, 此时市场将处于均衡类型 1, 天真投资者将不参与风险资产 1, 相应的风险资产均衡价格为:

$$p_1(AB) = \mu_1 - c_1 - \alpha\sigma_1\left[\frac{1 - \theta\hat{\rho}^2}{1 - \theta}\sigma_1 Z_1^0 + \hat{\rho}\sigma_2 Z_2^0\right] \tag{7.26a}$$

$$p_2(AB) = \mu_2 - \alpha\sigma_2(\hat{\rho}\sigma_1 Z_1^0 + \sigma_2 Z_2^0) \tag{7.26b}$$

根据定理 7.4(1), 如果公司 1 选择 B 市场来发行股票, 公司 2 将选择 B 市场, 因此, 此时市场将处于均衡类型 1, 天真投资者将不参与风险资产 1, 相应的风险资产价格为:

$$p_1(BB) = \mu_1 - \alpha\sigma_1\left[\frac{1 - \theta\hat{\rho}^2}{1 - \theta}\sigma_1 Z_1^0 + \hat{\rho}\sigma_2 Z_2^0\right] \tag{7.27a}$$

$$p_2(BB) = \mu_2 - \alpha\sigma_2(\hat{\rho}\sigma_1 Z_1^0 + \sigma_2 Z_2^0) \tag{7.27b}$$

显然, $p_1(AB) < p_1(BB)$, 公司 1 将选择 B 市场来发行股票。此时, 两个公司将同时选择 B 市场来发行股票, 市场将处于均衡类型 1, 相应的风险资产的均衡价格为 [式 (7.27a)-式 (7.27b)]。

7.4.2 $h(\overline{\rho}_{AB}) < E_{12} \leqslant h(\overline{\rho}_{BB})$

根据定理 7.3(2), 当公司 1 选择 A 市场发行股票时, 公司 2 将选择 B 市场, 因此, 此时市场将处于均衡类型 2, 天真投资者将同时参与两种风险资产, 相应的风险资产的均衡价格为:

$$p_1(AB) = \mu_1 - c_1 - \alpha\sigma_1 \left[Q(\overline{\rho}_{AB})\sigma_1 Z_1^0 + q(\overline{\rho}_{AB})\sigma_2 Z_2^0\right] \tag{7.28a}$$

$$p_2(AB) = \mu_2 - \alpha\sigma_2 \left[q(\overline{\rho}_{AB})\sigma_1 Z_1^0 + Q(\overline{\rho}_{AB})\sigma_2 Z_2^0\right] \tag{7.28b}$$

根据定理 7.4(1), 如果公司 1 选择 B 市场来发行股票, 公司 2 也同时选择 B 市场, 此时市场将处于均衡类型 1, 天真投资者将不参与风险资产 1, 相应的风险资产的均衡价格为 [式 (7.27a)-式 (7.27b)]。

因此, 公司 2 选择 B 市场时, 公司 1 选择哪个市场依赖于 A 市场上的股票发行成本, 定义临界的发行成本 $c_1^{(B4)}$ 为:

$$c_1^{(B4)} = \alpha\sigma_1 \left\{ \left[\frac{1 - \theta\hat{\rho}^2}{1 - \theta} - Q(\overline{\rho}_{AB})\right] \sigma_1 Z_1^0 + [\hat{\rho} - q(\overline{\rho}_{AB})] \sigma_2 Z_2^0 \right\} > 0$$

(1) 如果 $c_1 < c_1^{(B4)}$, 公司 1 将选择 A 市场来发行股票, 市场将处于均衡类型 2, 风险资产的均衡价格为 [式 (7.28a)-式 (7.28b)];

(2) 如果 $c_1 = c_1^{(B4)}$, 公司 1 选择 A 市场或者 B 市场无差异;

(3) 如果 $c_1 > c_1^{(B4)}$, 公司 1 将选择 B 市场来发行股票, 市场将处于均衡类型 1, 风险资产的均衡价格为 [式 (7.27a)-式 (7.27b)]。

7.4.3 $h(\overline{\rho}_{BB}) < E_{12} \leqslant \dfrac{2h(\overline{\rho}_{AB})}{1 + h^2(\overline{\rho}_{AB})}$

根据定理 7.3(2), 如果公司 1 选择 A 市场来发行股票, 公司 2 将选择 B 市场, 此时市场将处于均衡类型 2, 天真投资者将同时参与两种风险资产, 相应的风险资产均衡价格为 [式 (7.28a)-式 (7.28b)]。

根据定理 7.4(2), 如果公司 1 选择 B 市场来发行股票, 公司 2 也将选择 B 市场, 此时市场将处于均衡类型 2, 天真投资者将同时参与两种风险资产, 相应的风险资产均衡价格为:

$$p_1(BB) = \mu_1 - \alpha\sigma_1 \left[Q(\overline{\rho}_{BB})\sigma_1 Z_1^0 + q(\overline{\rho}_{BB})\sigma_2 Z_2^0\right] \tag{7.29a}$$

$$p_2(BB) = \mu_2 - \alpha\sigma_2 \left[q(\overline{\rho}_{BB})\sigma_1 Z_1^0 + Q(\overline{\rho}_{BB})\sigma_2 Z_2^0\right] \tag{7.29b}$$

因此, 公司 2 将选择 B 市场来发行股票, 公司 1 选择哪个市场依赖于选择 A 市场时的股票发行成本, 此时临界的股票发行成本 $c_1^{(B3)}$ 为:

$$c_1^{(B3)} = \alpha\sigma_1 \left\{ [Q(\overline{\rho}_{BB}) - Q(\overline{\rho}_{AB})] \sigma_1 Z_1^0 + [q(\overline{\rho}_{BB}) - q(\overline{\rho}_{AB})] \sigma_2 Z_2^0 \right\}$$

$$= \alpha\sigma_1 [R_1(\overline{\rho}_{BB}) - R_1(\overline{\rho}_{AB})]$$

根据性质 7.2, 当 $h(\overline{\rho}_{BB}) < E_{12} \leqslant \dfrac{2h(\overline{\rho}_{AB})}{1 + h^2(\overline{\rho}_{AB})}$ 时, $\dfrac{\mathrm{d}R_1(\overline{\rho})}{\mathrm{d}\overline{\rho}} > 0$。也就是说, $c_1^{(B3)} > 0$。因此,

(1) 如果 $c_1 < c_1^{(B3)}$, 公司 1 将选择 A 市场来发行股票, 此时市场将处于均衡类型 2, 风险资产的均衡价格为 [式 (7.28a)-式 (7.28b)];

(2) 如果 $c_1 = c_1^{(B3)}$, 公司 1 选择 A 市场或者 B 市场无差异;

(3) 如果 $c_1 > c_1^{(B3)}$, 公司 1 将选择 B 市场来发行股票, 此时市场将处于均衡类型 2, 风险资产的均衡价格为 [式 (7.29a)-式 (7.29b)]。

7.4.4 $\dfrac{2h(\overline{\rho}_{AB})}{1 + h^2(\overline{\rho}_{AB})} < E_{12} \leqslant \dfrac{2h(\overline{\rho}_{BB})}{1 + h^2(\overline{\rho}_{BB})}$

根据定理 7.3(3), 如果公司 1 选择 A 市场来发行股票, 公司 2 最优的市场选择依赖于选择 A 市场时的股票发行成本 c_2:

(1) 如果 $c_2 > c_2^{(A3)}$, 那么, 公司 2 将选择 B 市场来发行股票, 此时市场将处于均衡类型 2, 风险资产的均衡价格为 [式 (7.28a)-式 (7.28b)];

(2) 如果 $c_2 = c_2^{(A3)}$, 那么, 公司 2 选择 A 市场或者 B 市场无差异;

(3) 如果 $c_2 < c_2^{(A3)}$, 那么, 公司 2 将选择 A 市场来发行股票, 此时市场将处于均衡类型 2, 风险资产的均衡价格可表示为:

$$p_1(AA) = \mu_1 - c_1 - \alpha\sigma_1 \left[Q(\overline{\rho}_{AA})\sigma_1 Z_1^0 + q(\overline{\rho}_{AA})\sigma_2 Z_2^0 \right] \tag{7.30a}$$

$$p_2(AA) = \mu_2 - c_2 - \alpha\sigma_2 \left[q(\overline{\rho}_{AA})\sigma_1 Z_1^0 + Q(\overline{\rho}_{AA})\sigma_2 Z_2^0 \right] \tag{7.30b}$$

如果公司 1 选择 B 市场来发行股票, 根据本章附录 C.2 有 $p_2(BA) < p_2(BB)$。根据定理 7.4(2), 公司 2 也将选择 B 市场来发行股票。因此, 此时市场将处于均衡类型 2, 相应的风险资产的均衡价格为 [式 (7.29a)-式 (7.29b)]。

如果公司 1 选择 B 市场而公司 2 选择 A 市场来发行股票, 此时市场将处于均衡类型 2, 相应的风险资产的均衡价格为:

$$p_1(BA) = \mu_1 - \alpha\sigma_1 \left[Q(\overline{\rho}_{BA})\sigma_1 Z_1^0 + q(\overline{\rho}_{BA})\sigma_2 Z_2^0 \right] \tag{7.31a}$$

$$p_2(BA) = \mu_2 - c_2 - \alpha\sigma_2 \left[q(\overline{\rho}_{BA})\sigma_1 Z_1^0 + Q(\overline{\rho}_{BA})\sigma_2 Z_2^0 \right] \tag{7.31b}$$

因此, 假设公司 2 选择 A 市场发行股票, 公司 1 选择哪个市场依赖于其选择 A 市场时的股票发行成本 c_1, 定义临界的股票发行成本 $c_1^{(A3)}$ 为:

$$c_1^{(A3)} = \alpha\sigma_1 \left\{ [Q(\overline{\rho}_{BA}) - Q(\overline{\rho}_{AA})] \sigma_1 Z_1^0 + [q(\overline{\rho}_{BA}) - q(\overline{\rho}_{AA})] \sigma_2 Z_2^0 \right\}$$

$$= \alpha\sigma_1 \left[R_1(\overline{\rho}_{BA}) - R_1(\overline{\rho}_{AA}) \right]$$

根据性质 7.2, 当 $\dfrac{2h(\overline{\rho}_{AB})}{1 + h^2(\overline{\rho}_{AB})} < E_{12} \leqslant \dfrac{2h(\overline{\rho}_{BB})}{1 + h^2(\overline{\rho}_{BB})}$ 时, $\dfrac{\mathrm{d}R_1(\overline{\rho})}{\mathrm{d}\overline{\rho}} > 0$。也就是说, $c_1^{(A3)} > 0$。因此,

(1) 如果 $c_1 < c_1^{(A3)}$, 那么, 公司 1 将选择 A 市场来发行股票, 此时市场将处于均衡类型 2, 相应的风险资产的均衡价格为 [式 (7.30a)-式 (7.30b)];

(2) 如果 $c_1 = c_1^{(A3)}$, 那么, 公司 1 选择 A 市场还是 B 市场无差异;

(3) 如果 $c_1 > c_1^{(A3)}$, 那么, 公司 1 将选择 B 市场来发行股票, 此时市场将处于均衡类型 2, 相应的风险资产的均衡价格为 [式 (7.31a)-式 (7.31b)]。

假设公司 2 选择 B 市场来发行股票, 公司 1 选择哪个市场依赖于其选择 A 市场时股票发行成本 c_1, 此时临界的股票发行成本 $c_1^{(B3)}$ 为:

$$c_1^{(B3)} = \alpha\sigma_1 \left\{ [Q(\overline{\rho}_{BB}) - Q(\overline{\rho}_{AB})] \sigma_1 Z_1^0 + [q(\overline{\rho}_{BB}) - q(\overline{\rho}_{AB})] \sigma_2 Z_2^0 \right\}$$

$$= \alpha\sigma_1 [R_1(\overline{\rho}_{BB}) - R_1(\overline{\rho}_{AB})]$$

根据性质 7.2, 当 $\dfrac{2h(\overline{\rho}_{AB})}{1 + h^2(\overline{\rho}_{AB})} < E_{12} \leqslant \dfrac{2h(\overline{\rho}_{BB})}{1 + h^2(\overline{\rho}_{BB})}$ 时, $\dfrac{\mathrm{d}R_1(\overline{\rho})}{\mathrm{d}\overline{\rho}} > 0$。也就是说, $c_1^{(B3)} > 0$。因此,

(1) 如果 $c_1 < c_1^{(B3)}$, 那么, 公司 1 将选择 A 市场来发行股票, 此时市场将处于均衡类型 2, 相应的风险资产的均衡价格为 [式 (7.28a)-式 (7.28b)];

(2) 如果 $c_1 = c_1^{(B3)}$, 那么, 公司 1 选择 A 市场还是 B 市场无差异;

(3) 如果 $c_1 > c_1^{(B3)}$, 那么, 公司 1 将选择 B 市场来发行股票, 此时市场将处于均衡类型 2, 相应的风险资产的均衡价格为 [式 (7.29a)-式 (7.29b)]。

在这种情形下, $c_1^{(A3)}$ 和 $c_1^{(B3)}$ 之间存在 3 种关系: $c_1^{(A3)} < c_1^{(B3)}$, $c_1^{(A3)} = c_1^{(B3)}$, 或者 $c_1^{(A3)} > c_1^{(B3)}$。因为 $c_1^{(A3)} \leqslant c_1^{(B3)}$ 包括了 $c_1^{(A3)} = c_1^{(B3)}$ 的情形, 而 $c_1^{(A3)} > c_1^{(B3)}$ 的情形得到的结论和 $c_1^{(A3)} \leqslant c_1^{(B3)}$ 时的相一致, 限于篇幅原因, 这里只讨论 $c_1^{(A3)} \leqslant c_1^{(B3)}$ 的情形。

(1) 如果 $c_1 < c_1^{(A3)} \leqslant c_1^{(B3)}$, 无论公司 2 选择 A 市场还是 B 市场, 公司 1 都将选择 A 市场, 因此, 不同市场选择时风险资产 1 的均衡价格之间的关系为: $p_1(BB) < p_1(AB) < p_1(BA) < p_1(AA)$, 那么,

① 如果 $c_2 < c_2^{(A3)}$, 给定公司 1 选择 A 市场, 公司 2 也将选择 A 市场。此时, 两公司将同时选择 A 市场, 市场将处于均衡类型 2, 相应的风险资产的均衡价格为 [式 (7.30a)-式 (7.30b)]。

② 如果 $c_2 = c_2^{(A3)}$, 给定公司 1 选择 A 市场, 公司 2 选择 A 市场还是 B 市场无差异。而 $p_1(AB) < p_1(AA)$, 那么, 此时两公司将同时选择 A 市场, 市场将处于均衡类型 2, 相应的风险资产的均衡价格为 [式 (7.30a)-式 (7.30b)]。

③ 如果 $c_2^{(A3)} < c_2$, 给定公司 1 选择 A 市场, 公司 2 将选择 B 市场, 因此, 不同市场选择时风险资产 2 的均衡价格之间的关系为: $p_2(BA) < p_2(AA) < p_2(AB) < p_2(BB)$。

(2) 如果 $c_1 = c_1^{(A3)} \leqslant c_1^{(B3)}$, 给定公司 2 选择 A 市场, 公司 1 选择 A 市场或者 B 市场无差异。不同市场选择时风险资产 1 的均衡价格之间的关系为: $p_1(BB) \leqslant p_1(AB) < p_1(BA) = p_1(AA)$, 那么,

① 如果 $c_2 < c_2^{(A3)}$, 给定公司 1 选择 A 市场, 公司 2 也将选择 A 市场。此时,

两公司将同时选择 A 市场, 市场将处于均衡类型 2, 相应的风险资产的均衡价格为 [式 (7.30a)-式 (7.30b)]。

② 如果 $c_2 = c_2^{(A3)}$, 给定公司 1 选择 A 市场, 公司 2 选择 A 市场还是 B 市场无差异。而 $p_1(AB) < p_1(AA)$, 那么, 此时两公司将同时选择 A 市场, 市场将处于均衡类型 2, 相应的风险资产的均衡价格为 [式 (7.30a)-式 (7.30b)]。

③ 如果 $c_2^{(A3)} < c_2$, 给定公司 1 选择 A 市场, 公司 2 将选择 B 市场, 因此, 不同市场选择时风险资产 2 的均衡价格之间的关系为: $p_2(BA) < p_2(AA) < p_2(AB) < p_2(BB)$。

(3) 如果 $c_1^{(A3)} < c_1 < c_1^{(B3)}$, 给定公司 2 选择 A 市场时公司 1 将选择 B 市场, 而给定公司 2 选择 B 市场时公司 1 将选择 A 市场。因此, 不同市场选择时风险资产 1 的均衡价格之间的关系为: $p_1(BB) < p_1(AB) < p_1(AA) < p_1(BA)$。

① 如果 $c_2 < c_2^{(A3)}$, 给定公司 1 选择 A 市场, 公司 2 将选择 B 市场。因此, 不同市场选择时风险资产 1 的均衡价格之间的关系为:

$$\begin{cases} p_2(BA) < p_2(AB) < p_2(AA) \\ p_2(BA) < p_2(AB) < p_2(BB) \end{cases}$$

② 如果 $c_2 = c_2^{(A3)}$, 给定公司 1 选择 A 市场, 公司 2 选择 A 市场还是 B 市场无差异。因此, 不同市场选择时风险资产 2 的均衡价格之间的关系为: $p_2(BA) < p_2(AA) = p_2(AB) < p_2(BB)$。

③ 如果 $c_2^{(A3)} < c_2$, 给定公司 1 选择 A 市场, 公司 2 将选择 B 市场。因此, 不同市场选择时风险资产 2 的均衡价格之间的关系为: $p_2(BA) < p_2(AA) < p_2(AB) < p_2(BB)$。

(4) 如果 $c_1^{(A3)} < c_1 = c_1^{(B3)}$, 给定公司 2 选择 A 市场, 公司 1 将选择 B 市场; 给定公司 2 选择 B 市场, 公司 1 选择 A 市场或者 B 市场无差异。因此, 不同市场选择时风险资产 1 的均衡价格之间的关系为: $p_1(BB) = p_1(AB) < p_1(AA) < p_1(BA)$。

① 如果 $c_2 < c_2^{(A3)}$, 不论公司 1 选择 A 市场或者 B 市场, 公司 2 都将选择 A 市场。因此, 不同市场选择时风险资产 2 的均衡价格之间的关系为:

$$\begin{cases} p_2(BA) < p_2(AB) < p_2(AA) \\ p_2(BA) < p_2(AB) < p_2(BB) \end{cases}$$

② 如果 $c_2 = c_2^{(A3)}$, 给定公司 1 选择 A 市场, 公司 2 选择 A 市场或者 B 市场无差异; 给定公司 1 选择 B 市场, 公司 2 将选择 A 市场。因此, 不同市场选择时风险资产 1 的均衡价格之间的关系为: $p_2(BA) < p_2(AA) = p_2(AB) < p_2(BB)$。

③ 如果 $c_2^{(A3)} < c_2$, 给定公司 1 选择 A 市场, 公司 2 将选择 B 市场。因此, 不同市场选择时风险资产 1 的均衡价格之间的关系为: $p_2(BA) < p_2(AA) < p_2(AB) < p_2(BB)$。

(5) 如果 $c_1^{(A3)} \leqslant c_1^{(B3)} < c_1$, 不论公司 2 选择 A 市场还是 B 市场, 公司 1 都将选择 B 市场。因此, 不同市场选择时风险资产 2 的均衡价格之间的关系为:

$$\begin{cases} p_1(AB) < p_1(AA) < p_1(BA) \\ p_1(AB) < p_1(BB) < p_1(BA) \end{cases}$$

① 如果 $c_2 < c_2^{(A3)}$, 不论公司 1 选择 A 市场或者 B 市场, 公司 2 都将选择 A 市场。因此, 不同市场选择时风险资产 2 的均衡价格之间的关系为:

$$\begin{cases} p_2(BA) < p_2(AB) < p_2(AA) \\ p_2(BA) < p_2(AB) < p_2(BB) \end{cases}$$

② 如果 $c_2 = c_2^{(A3)}$, 给定公司 1 选择 A 市场, 公司 2 选择 A 市场或者 B 市场无差异; 给定公司 1 选择 B 市场, 公司 2 将选择 A 市场。因此, 不同市场选择时风险资产 2 的均衡价格之间的关系为: $p_2(BA) < p_2(AA) = p_2(AB) < p_2(BB)$。

③ 如果 $c_2^{(A3)} < c_2$, 给定公司 1 选择 A 市场, 公司 2 将选择 B 市场。因此, 不同市场选择时风险资产 1 的均衡价格之间的关系为: $p_2(BA) < p_2(AA) < p_2(AB) < p_2(BB)$。

7.4.5 $\dfrac{2h(\overline{\rho}_{BB})}{1 + h^2(\overline{\rho}_{BB})} < E_{12} < \dfrac{1 + h^2(\overline{\rho}_{BB})}{2h(\overline{\rho}_{BB})}$

在这种情形下, 有 $c_1^{(A3)} > 0$、$c_1^{(B3)} > 0$ 和 $c_2^{(A3)} > 0$、$c_2^{(B3)} > 0$。若 $2Q(\overline{\rho}_{BA}) - Q(\overline{\rho}_{AA}) - Q(\overline{\rho}_{BB}) = 0$, 则 $q(\overline{\rho}_{AA}) + q(\overline{\rho}_{BB}) - 2q(\overline{\rho}_{BA}) = 0$, 从而 $c_1^{(A3)} = c_1^{(B3)}$ 和 $c_2^{(A3)} = c_2^{(B3)}$ 成立。简单起见, 假设 $2Q(\overline{\rho}_{BA}) - Q(\overline{\rho}_{AA}) - Q(\overline{\rho}_{BB}) > 0$, 因此, $q(\overline{\rho}_{AA}) + q(\overline{\rho}_{BB}) - 2q(\overline{\rho}_{BA}) > 0$。并且, 假设 $\dfrac{2Q(\overline{\rho}_{BA}) - Q(\overline{\rho}_{AA}) - Q(\overline{\rho}_{BB})}{q(\overline{\rho}_{AA}) + q(\overline{\rho}_{BB}) - 2q(\overline{\rho}_{BA})} > 1$。

因此, 根据两种风险资产之间的质量比关系, $c_1^{(A3)}$ 和 $c_1^{(B3)}$、$c_2^{(A3)}$ 和 $c_2^{(B3)}$ 之间的关系存在以下 3 种情形: (1) $c_1^{(A3)} < c_1^{(B3)}$ 和 $c_2^{(B3)} < c_2^{(A3)}$, 对应于 $\dfrac{2h(\overline{\rho}_{BB})}{1 + h^2(\overline{\rho}_{BB})} < E_{12} < \dfrac{q(\overline{\rho}_{AA}) + q(\overline{\rho}_{BB}) - 2q(\overline{\rho}_{BA})}{2Q(\overline{\rho}_{BA}) - Q(\overline{\rho}_{AA}) - Q(\overline{\rho}_{BB})}$ 的情形; (2) $c_1^{(B3)} \leqslant c_1^{(A3)}$ 和 $c_2^{(B3)} \leqslant c_2^{(A3)}$, 对应于 $\dfrac{q(\overline{\rho}_{AA}) + q(\overline{\rho}_{BB}) - 2q(\overline{\rho}_{BA})}{2Q(\overline{\rho}_{BA}) - Q(\overline{\rho}_{AA}) - Q(\overline{\rho}_{BB})} \leqslant E_{12} \leqslant \dfrac{2Q(\overline{\rho}_{BA}) - Q(\overline{\rho}_{AA}) - Q(\overline{\rho}_{BB})}{q(\overline{\rho}_{AA}) + q(\overline{\rho}_{BB}) - 2q(\overline{\rho}_{BA})}$ 的情形; (3) $c_1^{(B3)} < c_1^{(A3)}$ 和 $c_2^{(A3)} < c_2^{(B3)}$, 对应于 $\dfrac{2Q(\overline{\rho}_{BA}) - Q(\overline{\rho}_{AA}) - Q(\overline{\rho}_{BB})}{q(\overline{\rho}_{AA}) + q(\overline{\rho}_{BB}) - 2q(\overline{\rho}_{BA})} < E_{12} \leqslant \dfrac{1 + h^2(\overline{\rho}_{BB})}{2h(\overline{\rho}_{BB})}$ 的情形。篇幅所限, 这里只列出了第二种情形, 其他两种情形的结果和第二种情形的结果相一致。

因此, 在这种情形下, $c_1^{(B3)} \leqslant c_1^{(A3)}$ 和 $c_2^{(B3)} \leqslant c_2^{(A3)}$。

(1) 如果 $c_1 < c_1^{(B3)} \leqslant c_1^{(A3)}$, 给定公司 2 选择 A 市场或者 B 市场, 公司 1 将总是选择 A 市场来发行股票。因此, 不同市场选择时风险资产 1 的均衡价格之间的关系为: $p_1(BB) < p_1(AB) < p_1(BA) < p_1(AA)$。那么,

① 如果 $c_2 < c_2^{(B3)} \leqslant c_2^{(A3)}$, 给定公司 1 选择 A 市场或者 B 市场, 公司 2 将总是选择 A 市场来发行股票。此时, 两公司将同时选择 A 市场, 市场将处于均衡类型 2, 对应的风险资产的均衡价格为 [式 (7.30a)-式 (7.30b)]。

② 如果 $c_2 = c_2^{(B3)} \leqslant c_2^{(A3)}$, 给定公司 1 选择 B 市场, 公司 2 选择 A 市场或者 B 市场无差异。由于 $p_1(BB) = p_1(BA) < p_1(AB) \leqslant p_1(AA)$, 此时, 两公司将同时选择 A 市场, 市场将处于均衡类型 2, 对应的风险资产均衡价格为 [式 (7.30a)-式 (7.30b)]。

③ 如果 $c_2^{(B3)} < c_2 < c_2^{(A3)}$, 给定公司 1 选择 B 市场, 公司 2 也将选择 B 市场; 给定公司 1 选择 A 市场, 公司 2 也将选择 A 市场。因此, 不同市场选择时风险资产 2 的均衡价格之间的关系为: $p_2(BA) < p_2(BB) < p_2(AB) < p_2(AA)$, 此时, 两公司将同时选择 A 市场, 市场将处于均衡类型 2, 对应的风险资产均衡价格为 [式 (7.30a)-式 (7.30b)]。

④ 如果 $c_2^{(B3)} < c_2 = c_2^{(A3)}$, 给定公司 1 选择 B 市场, 公司 2 也将选择 B 市场; 给定公司 1 选择 A 市场, 公司 2 选择 A 市场或者 B 市场无差异。因此, 不同市场选择时风险资产 2 的均衡价格之间的关系为: $p_2(BA) < p_2(BB) < p_2(AB) = p_2(AA)$, 此时, 两公司将同时选择 A 市场, 市场将处于均衡类型 2, 对应的风险资产的均衡价格为 [式 (7.30a)-式 (7.30b)]。

⑤ 如果 $c_2^{(B3)} \leqslant c_2^{(A3)} < c_2$, 不论公司 1 选择 A 市场还是 B 市场, 公司 2 都将选择 B 市场。因此, 不同市场选择时风险资产 2 的均衡价格之间的关系为:

$$\begin{cases} p_2(BA) < p_2(AA) < p_2(AB) \\ p_2(BA) < p_2(BB) < p_2(AB) \end{cases}$$

(2) 如果 $c_1 = c_1^{(B3)} \leqslant c_1^{(A3)}$, 给定公司 2 选择 B 市场, 公司 1 选择 A 市场或者 B 市场无差异; 给定公司 2 选择 A 市场, 公司 1 将也选择 A 市场。因此, 不同市场选择时风险资产 1 的均衡价格之间的关系为: $p_1(BB) = p_1(AB) < p_1(BA) \leqslant p_1(AA)$。那么,

① 如果 $c_2 < c_2^{(B3)} \leqslant c_2^{(A3)}$, 给定公司 1 选择 A 市场或者 B 市场, 公司 2 将总是选择 A 市场来发行股票。此时, 两公司将同时选择 A 市场, 市场将处于均衡类型 2, 对应的风险资产的均衡价格为 [式 (7.30a)-式 (7.30b)]。

② 如果 $c_2 = c_2^{(B3)} \leqslant c_2^{(A3)}$, 给定公司 1 选择 B 市场, 公司 2 选择 A 市场或者 B 市场无差异。由于 $p_1(BB) = p_1(BA) < p_1(AB) \leqslant p_1(AA)$, 此时, 两公司将同时选择 A 市场, 市场将处于均衡类型 2, 对应的风险资产的均衡价格为 [式 (7.30a)-式 (7.30b)]。

③ 如果 $c_2^{(B3)} < c_2 < c_2^{(A3)}$, 给定公司 1 选择 B 市场, 公司 2 也将选择 B 市场; 给定公司 1 选择 A 市场, 公司 2 也将选择 A 市场。因此, 不同市场选择时风险资产 2 的均衡价格之间的关系为: $p_2(BA) < p_2(BB) < p_2(AB) < p_2(AA)$, 此时, 两公司将同时选择 A 市场, 市场将处于均衡类型 2, 对应的风险资产的均衡价格为 [式 (7.30a)-式 (7.30b)]。

④ 如果 $c_2^{(B3)} < c_2 = c_2^{(A3)}$, 给定公司 1 选择 B 市场, 公司 2 也将选择 B 市场; 给定公司 1 选择 A 市场, 公司 2 选择 A 市场或者 B 市场无差异。因此, 不同市场选择时风险资产 2 的均衡价格之间的关系为: $p_2(BA) < p_2(BB) < p_2(AB) = p_2(AA)$, 此时, 两公司将同时选择 A 市场, 市场将处于均衡类型 2, 对应的风险资产的均衡价格为 [式 (7.30a)-式 (7.30b)]。

⑤ 如果 $c_2^{(B3)} \leqslant c_2^{(A3)} < c_2$, 不论公司 1 选择 A 市场还是 B 市场, 公司 2 都将选择

B 市场。因此, 不同市场选择时风险资产 2 的均衡价格之间的关系为:

$$\begin{cases} p_2(BA) < p_2(AA) < p_2(AB) \\ p_2(BA) < p_2(BB) < p_2(AB) \end{cases}$$

(3) 如果 $c_1^{(B3)} < c_1 < c_1^{(A3)}$, 给定公司 2 选择 A 市场, 公司 1 将也选择 A 市场; 给定公司 2 选择 B 市场, 公司 1 将也选择 B 市场。因此, 不同市场选择时风险资产 1 的均衡价格之间的关系为: $p_1(AB) < p_1(BB) < p_1(BA) < p_1(AA)$。并且,

① 如果 $c_2 < c_2^{(B3)} \leqslant c_2^{(A3)}$, 给定公司 1 选择 A 市场或者 B 市场, 公司 2 将选择 A 市场来发行股票。因此, 不同市场选择时风险资产 2 的均衡价格之间的关系为: $p_2(BB) < p_2(BA) < p_2(AB) < p_2(AA)$。此时, 两公司将同时选择 A 市场, 市场将处于均衡类型 2, 对应的风险资产的均衡价格为 [式 (7.30a)-式 (7.30b)]。

② 如果 $c_2 = c_2^{(B3)} \leqslant c_2^{(A3)}$, 给定公司 1 选择 B 市场, 公司 2 选择 A 市场还是 B 市场无差异; 给定公司 1 选择 A 市场, 公司 2 将选择 A 市场。因此, 不同市场选择时风险资产 2 的均衡价格之间的关系为: $p_2(BB) = p_2(BA) < p_2(AB) \leqslant p_2(AA)$。此时, 两公司将同时选择 A 市场, 市场将处于均衡类型 2, 对应的风险资产的均衡价格为 [式 (7.30a)-式 (7.30b)]。

③ 如果 $c_2^{(B3)} < c_2 < c_2^{(A3)}$, 给定公司 1 选择 B 市场, 公司 2 将也选择 B 市场; 给定公司 1 选择 A 市场, 公司 2 将也选择 A 市场。因此, 不同市场选择时风险资产 2 的均衡价格之间的关系为: $p_2(BA) < p_2(BB) < p_2(AB) < p_2(AA)$。此时, 两公司将同时选择 A 市场, 市场将处于均衡类型 2, 对应的风险资产均衡价格为 [式 (7.30a)-式 (7.30b)]。

④ 如果 $c_2^{(B3)} < c_2 = c_2^{(A3)}$, 给定公司 1 选择 A 市场, 公司 2 选择 A 市场或者 B 市场无差异; 给定公司 1 选择 B 市场, 公司 2 将也选择 B 市场。因此, 不同市场选择时风险资产 2 的均衡价格之间的关系为: $p_2(BA) < p_2(BB) < p_2(AB) = p_2(AA)$。此时, 两公司将同时选择 A 市场, 市场将处于均衡类型 2, 对应的风险资产的均衡价格为 [式 (7.30a)-式 (7.30b)]。

⑤ 如果 $c_2^{(B3)} < c_2^{(A3)} < c_2$, 不论公司 1 选择 A 市场还是 B 市场, 公司 2 都将选择 B 市场。因此, 不同市场选择时风险资产 2 的均衡价格之间的关系为:

$$\begin{cases} p_2(BA) < p_2(AA) < p_2(AB) \\ p_2(BA) < p_2(BB) < p_2(AB) \end{cases}$$

(4) 如果 $c_1^{(B3)} < c_1 = c_1^{(A3)}$, 给定公司 2 选择 A 市场, 公司 1 选择 A 市场还是 B 市场无差异; 给定公司 2 选择 B 市场, 公司 1 将也选择 B 市场。因此, 不同市场选择时风险资产 2 的均衡价格之间的关系为: $p_1(AB) < p_1(BB) < p_1(BA) = p_1(AA)$。并且,

① 如果 $c_2 < c_2^{(B3)} \leqslant c_2^{(A3)}$, 给定公司 1 选择 A 市场或者 B 市场, 公司 2 将选择 A 市场来发行股票。因此, 不同市场选择时风险资产 2 的均衡价格之间的关系为: $p_2(BB) < p_2(BA) < p_2(AB) < p_2(AA)$。此时, 两公司将同时选择 A 市场, 市场将处于均衡类型 2, 对应的风险资产的均衡价格为 [式 (7.30a)-式 (7.30b)]。

② 如果 $c_2 = c_2^{(B3)} \leqslant c_2^{(A3)}$, 给定公司 1 选择 B 市场, 公司 2 选择 A 市场还是 B 市场无差异; 给定公司 1 选择 A 市场, 公司 2 将选择 A 市场。因此, 不同市场选择时风险资产 2 的均衡价格之间的关系为: $p_2(BB) = p_2(BA) < p_2(AB) \leqslant p_2(AA)$。此时, 两公司将同时选择 A 市场, 市场将处于均衡类型 2, 对应的风险资产的均衡价格为 [式 (7.30a)-式 (7.30b)]。

③ 如果 $c_2^{(B3)} < c_2 < c_2^{(A3)}$, 给定公司 1 选择 B 市场, 公司 2 将也选择 B 市场; 给定公司 1 选择 A 市场, 公司 2 将也选择 A 市场。因此, 不同市场选择时风险资产 2 的均衡价格之间的关系为: $p_2(BA) < p_2(BB) < p_2(AB) < p_2(AA)$。此时, 两公司将同时选择 A 市场, 市场将处于均衡类型 2, 对应的风险资产的均衡价格为 [式 (7.30a)-式 (7.30b)]。

④ 如果 $c_2^{(B3)} < c_2 = c_2^{(A3)}$, 给定公司 1 选择 A 市场, 公司 2 选择 A 市场或者 B 市场无差异; 给定公司 1 选择 B 市场, 公司 2 将也选择 B 市场。因此, 不同市场选择时风险资产 2 的均衡价格之间的关系为: $p_2(BA) < p_2(BB) < p_2(AB) = p_2(AA)$。此时, 两公司将同时选择 A 市场, 市场将处于均衡类型 2, 对应的风险资产的均衡价格为 [式 (7.30a)-式 (7.30b)]。

⑤ 如果 $c_2^{(B3)} < c_2^{(A3)} < c_2$, 不论公司 1 选择 A 市场还是 B 市场, 公司 2 都将选择 B 市场。因此, 不同市场选择时风险资产 2 的均衡价格之间的关系为:

$$\begin{cases} p_2(BA) < p_2(AA) < p_2(AB) \\ p_2(BA) < p_2(BB) < p_2(AB) \end{cases}$$

(5) 如果 $c_1^{(B3)} \leqslant c_1^{(A3)} < c_1$, 不论公司 2 选择 A 市场还是 B 市场, 公司 1 都将选择 B 市场来发行股票。因此, 不同市场选择时风险资产 1 的均衡价格之间的关系为:

$$\begin{cases} p_1(AB) < p_1(AA) < p_1(BA) \\ p_1(AB) < p_1(BB) < p_1(BA) \end{cases}$$

① 如果 $c_2 < c_2^{(B3)} \leqslant c_2^{(A3)}$, 不论公司 1 选择 A 市场还是 B 市场, 公司 2 都将选择 A 市场来发行股票。因此, 不同市场选择时风险资产 2 的均衡价格之间的关系为: $p_2(BB) < p_2(BA) < p_2(AB) < p_2(AA)$。

② 如果 $c_2 = c_2^{(B3)} \leqslant c_2^{(A3)}$, 给定公司 1 选择 A 市场, 公司 2 将也选择 A 市场; 给定公司 1 选择 B 市场, 公司 2 选择 A 市场还是 B 市场无差异。因此, 不同市场选择时风险资产 2 的均衡价格之间的关系为: $p_2(BB) = p_2(BA) < p_2(AB) \leqslant p_2(AA)$。

③ 如果 $c_2^{(B3)} < c_2 < c_2^{(A3)}$, 给定公司 1 选择 B 市场, 公司 2 将也选择 B 市场; 给定公司 1 选择 A 市场, 公司 2 将也选择 A 市场。因此, 不同市场选择时风险资产 2 的均衡价格之间的关系为: $p_2(BA) < p_2(BB) < p_2(AB) < p_2(AA)$。

④ 如果 $c_2^{(B3)} < c_2 = c_2^{(A3)}$, 给定公司 1 选择 A 市场, 公司 2 选择 A 市场还是 B 市场无差异; 给定公司 1 选择 B 市场, 公司 2 将选择 B 市场。因此, 不同市场选择时风险资产 2 的均衡价格之间的关系为: $p_2(BA) < p_2(BB) < p_2(AB) = p_2(AA)$。

⑤ 如果 $c_2^{(B3)} < c_2^{(A3)} < c_2$, 不论公司 1 选择 A 市场还是 B 市场, 公司 2 都将选择 B 市场。因此, 不同市场选择时风险资产 2 的均衡价格之间的关系为:

$$\begin{cases} p_2(BA) < p_2(AA) < p_2(AB) \\ p_2(BA) < p_2(BB) < p_2(AB) \end{cases}$$

7.4.6 $\dfrac{1 + h^2(\overline{\rho}_{BB})}{2h(\overline{\rho}_{BB})} \leqslant E_{12} < \dfrac{1 + h^2(\overline{\rho}_{AB})}{2h(\overline{\rho}_{AB})}$

在这种情形下, 有 $c_1^{(A3)} > 0$、$c_1^{(B3)} \leqslant 0$ 和 $c_2^{(A3)} > 0$、$c_2^{(B3)} > 0$。而 $c_2^{(A3)}$ 和 $c_2^{(B3)}$ 之间存在 3 种情形: $c_2^{(A3)} < c_2^{(B3)}$、$c_2^{(A3)} = c_2^{(B3)}$ 和 $c_2^{(A3)} > c_2^{(B3)}$。因为 $c_2^{(A3)} \leqslant c_2^{(B3)}$ 包括了 $c_2^{(A3)} = c_2^{(B3)}$, 而 $c_2^{(A3)} > c_2^{(B3)}$ 的情形得到的结论和 $c_2^{(A3)} \leqslant c_2^{(B3)}$ 的相一致, 限于篇幅原因, 这里只讨论 $c_2^{(A3)} \leqslant c_2^{(B3)}$ 的情形。

(1) 如果 $c_1 < c_1^{A3}$, 给定公司 2 选择 A 市场或者 B 市场, 公司 1 将选择 A 市场来发行股票。因此, 不同市场选择时风险资产 1 的均衡价格之间的关系为: $p_1(AB) < p_1(BB) < p_1(BA) < p_1(AA)$。

① 如果 $c_2 < c_2^{A3} \leqslant c_2^{(B3)}$, 给定公司 1 选择 A 市场或者 B 市场, 公司 2 都将选择 A 市场。因此, 两公司将同时选择 A 市场来发行股票, 此时市场将处于均衡类型 2, 对应的风险资产均衡价格为 [式 (7.30a)-式 (7.30b)]。

② 如果 $c_2 = c_2^{A3} \leqslant c_2^{(B3)}$, 给定公司 1 选择 A 市场, 公司 2 选择 A 市场或者 B 市场无差异; 给定公司 1 选择 B 市场, 公司 2 将选择 A 市场来发行股票。因此, 不同市场选择时风险资产 2 的均衡价格之间的关系为: $p_2(BB) \leqslant p_2(BA) < p_2(AB) = p_2(AA)$。因此, 两公司将同时选择 A 市场, 此时市场将处于均衡类型 2, 对应的风险资产的均衡价格为 [式 (7.30a)-式 (7.30b)]。

③ 如果 $c_2^{A3} < c_2 < c_2^{B3}$, 给定公司 1 选择 A 市场, 公司 2 将选择 B 市场; 给定公司 1 选择 B 市场, 公司 2 将选择 A 市场。因此, 不同市场选择时风险资产 2 的均衡价格之间的关系为: $p_2(BB) < p_2(BA) < p_2(AA) < p_2(AB)$。

④ 如果 $c_2^{A3} < c_2 = c_2^{B3}$, 给定公司 1 选择 A 市场, 公司 2 将选择 B 市场; 给定公司 1 选择 B 市场, 公司 2 选择 A 市场还是 B 市场无差异。因此, 不同市场选择时风险资产 2 的均衡价格之间的关系为: $p_2(BB) = p_2(BA) < p_2(AA) < p_2(AB)$。

⑤ 如果 $c_2^{B3} < c_2$, 不论公司 1 选择 A 市场还是 B 市场, 公司 2 都将选择 B 市场。因此, 不同市场选择时风险资产 2 的均衡价格之间的关系为:

$$\begin{cases} p_2(BA) < p_2(AA) < p_2(AB) \\ p_2(BA) < p_2(BB) < p_2(AB) \end{cases}$$

(2) 如果 $c_1 = c_1^{A3}$, 给定公司 2 选择 A 市场, 公司 1 选择 A 市场还是 B 市场无差异。因此, 不同市场选择时风险资产 1 的均衡价格之间的关系为: $p_1(AB) < p_1(BB) < p_1(BA) = p_1(AA)$。

① 如果 $c_2 < c_2^{A3} \leqslant c_2^{(B3)}$, 给定公司 1 选择 A 市场, 公司 2 选择 A 市场或者 B 市场无差异; 给定公司 1 选择 B 市场, 公司 2 将选择 A 市场来发行股票。因此, 不同市场选择时风险资产 2 的均衡价格之间的关系为: $p_2(BB) \leqslant p_2(BA) < p_2(AB) = p_2(AA)$。因此, 两公司将同时选择 A 市场, 此时市场将处于均衡类型 2, 对应的风险资产的均衡价格为 [式 (7.30a)-式 (7.30b)]。

② 如果 $c_2 = c_2^{A3} \leqslant c_2^{(B3)}$, 给定公司 1 选择 A 市场, 公司 2 选择 A 市场或者 B 市场无差异; 给定公司 1 选择 B 市场, 公司 2 将选择 A 市场来发行股票。因此, 不同市场选择时风险资产 2 的均衡价格之间的关系为: $p_2(BB) \leqslant p_2(BA) < p_2(AB) = p_2(AA)$。因此, 两公司将同时选择 A 市场, 此时市场将处于均衡类型 2, 对应的风险资产均衡价格为 [式 (7.30a)-式 (7.30b)]。

③ 如果 $c_2^{A3} < c_2 < c_2^{B3}$, 给定公司 1 选择 A 市场, 公司 2 将选择 B 市场; 给定公司 1 选择 B 市场, 公司 2 将选择 A 市场。因此, 不同市场选择时风险资产 2 的均衡价格之间的关系为: $p_2(BB) < p_2(BA) < p_2(AA) < p_2(AB)$。

④ 如果 $c_2^{A3} < c_2 = c_2^{B3}$, 给定公司 1 选择 A 市场, 公司 2 将选择 B 市场; 给定公司 1 选择 B 市场, 公司 2 选择 A 市场还是 B 市场无差异。因此, 不同市场选择时风险资产 2 的均衡价格之间的关系为: $p_2(BB) = p_2(BA) < p_2(AA) < p_2(AB)$。

⑤ 如果 $c_2^{B3} < c_2$, 不论公司 1 选择 A 市场还是 B 市场, 公司 2 都将选择 B 市场。因此, 不同市场选择时风险资产 2 的均衡价格之间的关系为:

$$\begin{cases} p_2(BA) < p_2(AA) < p_2(AB) \\ p_2(BA) < p_2(BB) < p_2(AB) \end{cases}$$

(3) 如果 $c_1^{A3} < c_1$, 给定公司 2 选择 A 市场, 公司 1 将选择 B 市场。因此, 不同市场选择时风险资产 1 的均衡价格之间的关系为:

$$\begin{cases} p_2(AB) < p_2(AA) < p_2(BA) \\ p_2(AB) < p_2(BB) < p_2(BA) \end{cases}$$

① 如果 $c_2 < c_2^{A3} \leqslant c_2^{(B3)}$, 不论公司选择 A 市场还是 B 市场, 公司 2 都将选择 A 市场来发行股票。因此, 不同市场选择时风险资产 2 的均衡价格之间的关系为: $p_2(BB) < p_2(BA) < p_2(AB) < p_2(AA)$。

② 如果 $c_2 = c_2^{A3} \leqslant c_2^{(B3)}$, 给定公司 1 选择 A 市场, 公司 2 选择 A 市场还是 B 市场无差异; 给定公司 1 选择 B 市场, 公司 2 将选择 A 市场。因此, 不同市场选择时风险资产 2 的均衡价格之间的关系为: $p_2(BB) \leqslant p_2(BA) < p_2(AB) = p_2(AA)$。

③ 如果 $c_2^{A3} < c_2 < c_2^{B3}$, 给定公司 1 选择 A 市场, 公司 2 将选择 B 市场; 给定公司 1 选择 B 市场, 公司 2 将选择 A 市场。因此, 不同市场选择时风险资产 2 的均衡价格之间的关系为: $p_2(BB) < p_2(BA) < p_2(AA) < p_2(AB)$。

④ 如果 $c_2^{A3} < c_2 = c_2^{B3}$, 给定公司 1 选择 A 市场, 公司 2 将选择 B 市场; 给定公司

1 选择 B 市场, 公司 2 选择 A 市场还是 B 市场无差异。因此, 不同市场选择时风险资产 2 的均衡价格之间的关系为: $p_2(BB) = p_2(BA) < p_2(AA) < p_2(AB)$。

⑤ 如果 $c_2^{B3} < c_2$, 不论公司 1 选择 A 市场还是 B 市场, 公司 2 都将选择 B 市场。因此, 不同市场选择时风险资产 2 的均衡价格之间的关系为:

$$\begin{cases} p_2(BA) < p_2(AA) < p_2(AB) \\ p_2(BA) < p_2(BB) < p_2(AB) \end{cases}$$

7.4.7　$\dfrac{1 + h^2(\overline{\rho}_{AB})}{2h(\overline{\rho}_{AB})} \leqslant E_{12} < H(\overline{\rho}_{BB})$

在这种情形下, 根据性质 7.2, 有 $c_1^{(A3)} \leqslant 0$、$c_1^{(B3)} < 0$ 和 $c_2^{(A3)} > 0$、$c_2^{(B3)} > 0$。因为 $c_1^{(A3)} \leqslant 0$、$c_1^{(B3)} < 0$, 任意 $c_1 > 0$ 将使得公司 1 选择 B 市场而不是 A 市场。

因此, 根据定理 7.4(3), 给定公司 1 选择 B 市场, 公司 2 的最优市场选择依赖于公司 2 选择 A 市场时的股票发行成本 c_2 和临界值 $c_2^{(B3)} > 0$ 的关系:

(1) 如果 $c_2 > c_2^{(B3)}$, 那么, 公司 2 将选择 B 市场来发行股票, 此时两公司同时选择 B 市场, 市场处于均衡类型 2, 相应的风险资产的均衡价格为 [式 (7.29a)-式 (7.29b)]。

(2) 如果 $c_2 = c_2^{(B3)}$, 那么, 公司 2 选择 A 市场还是 B 市场无差异。

(3) 如果 $c_2 < c_2^{(B3)}$, 那么, 公司 2 将选择 A 市场来发行股票, 此时公司 2 选择 A 市场, 市场处于均衡类型 2, 相应的风险资产的均衡价格为 [式 (7.31a)-式 (7.31b)]。

7.4.8　$H(\overline{\rho}_{BB}) \leqslant E_{12} < H(\overline{\rho}_{BA})$

在这种情形下, 根据性质 7.2, $c_1^{(A3)} < 0$, 给定公司 2 选择 A 市场, 任意 $c_1 > 0$ 将使得公司 1 选择 B 市场而不是 A 市场。

因此, 根据定理 7.3(3) 和定理 7.4(4), 给定公司 2 选择 B 市场, 因为 $p_1(AB) < p_1(BA) < p_1(BB)$, 公司 1 也将选择 B 市场。因此, 两公司将同时选择 B 市场, 此时市场处于均衡类型 3, 相应的风险资产的均衡价格为:

$$p_1(BB) = \mu_1 - \alpha\sigma_1(\sigma_1 Z_1^0 + \hat{\rho}\sigma_2 Z_2^0) \tag{7.32a}$$

$$p_2(BB) = \mu_2 - \alpha\sigma_2\left[\hat{\rho}\sigma_1 Z_1^0 + \frac{1 - \theta\hat{\rho}^2}{1 - \theta}\sigma_2 Z_2^0\right] \tag{7.32b}$$

而根据定理 7.4(4), 给定公司 1 选择 B 市场, 公司 2 的最优市场选择依赖于公司 2 选择 A 市场时的股票发行成本 c_2 和临界值 $c_2^{(B4)} > 0$ 之间的关系:

(1) 如果 $c_2 < c_2^{(B4)}$, 那么, 公司 2 将选择 A 市场来发行股票。此时, 市场将处于均衡类型 2, 相应的风险资产的均衡价格为 [式 (7.31a)-式 (7.31b)]。

(2) 如果 $c_2 = c_2^{(B4)}$, 那么, 公司 2 选择 A 市场还是 B 市场无差异。

(3) 如果 $c_2 > c_2^{(B4)}$, 那么, 公司 2 将选择 B 市场。此时, 市场将处于均衡类型 3, 相应的风险资产的均衡价格为 [式 (7.32a)-式 (7.32b)]。

7.4.9 $H(\bar{\rho}_{BA}) \leqslant E_{12} < H(\bar{\rho}_{AA})$

如果公司 1 选择 A 市场来发行股票, 公司 2 的最优市场选择依赖于公司 2 选择 A 市场时的股票发行成本 c_2 和临界值 $c_2^{(A4)} > 0$ 之间的关系:

(1) 如果 $c_2 < c_2^{(A4)}$, 那么, 公司 2 将选择 A 市场来发行股票. 此时市场将处于均衡类型 2, 相应的风险资产均衡价格为 [式 (7.30a)-式 (7.30b)].

(2) 如果 $c_2 = c_2^{(A4)}$, 那么, 公司 2 选择 A 市场还是 B 市场无差异.

(3) 如果 $c_2 > c_2^{(A4)}$, 那么, 公司将选择 B 市场. 此时市场将处于均衡类型 3, 相应的风险资产均衡价格为:

$$p_1(AB) = \mu_1 - c_1 - \alpha\sigma_1(\sigma_1 Z_1^0 + \hat{\rho}\sigma_2 Z_2^0) \tag{7.33a}$$

$$p_2(AB) = \mu_2 - \alpha\sigma_2 \left[\hat{\rho}\sigma_1 Z_1^0 + \frac{(1 - \theta\hat{\rho}^2)}{1 - \theta}\sigma_2 Z_2^0 \right] \tag{7.33b}$$

根据定理 7.4(5), 如果公司 1 选择 B 市场发行股票, 公司 2 也将选择 B 市场, 此时市场将处于均衡类型 3, 天真投资者将不参与风险资产 2, 相应的风险资产的均衡价格为 [式 (7.33a)-式 (7.33b)].

7.4.10 $H(\bar{\rho}_{AA}) \leqslant E_{12}$

根据定理 7.3(5), 如果公司 1 选择 A 市场来发行股票, 公司 2 将选择 B 市场, 此时市场将处于均衡类型 3, 天真投资者将不参与风险资产 2, 相应的风险资产的均衡价格为 [式 (7.33a)-式 (7.33b)].

根据定理 7.4(5), 如果公司 1 选择 B 市场来发行股票, 公司 2 将选择 B 市场, 此时市场将处于均衡类型 3, 天真投资者将不参与风险资产 2, 相应的风险资产的均衡价格为 [式 (7.32a)-式 (7.32b)].

显然, $p_1(AB) < p_1(BB)$, 公司 1 将选择 B 市场. 此时, 两公司将同时选择 B 市场, 市场处于均衡类型 3, 相应的风险资产的均衡价格为 [式 (7.32a)-式 (7.32b)].

根据以上对不同情形时两公司的最优市场选择的分析, 可以总结如下:

(1) 如果两风险资产质量比率取值很小或很大时, 两公司将同时选择 B 市场来发行股票. 也就是说, 当其中一种资产的质量很差时, 或者说两种风险资产质量相差悬殊时, 低质量风险资产将选择 B 市场, 而高质量风险资产选择 B 市场时也获益更多. 具体如 4.1、4.2、4.9、4.10 节中情形给出了理论证据.

(2) 当两种风险资产质量比率相差不大时, 无论两公司选择 A 市场还是 B 市场, 市场均处于完全参与均衡. 确定性情形的分析结果表明两公司同时选择 A 市场是最优的市场选择结果, 而对于其他情形, 关于市场选择, 两公司之间存在一个博弈, 需要指定博弈规则才能给出最终的市场选择结果.

(3) 以上的分析中, 确定性的市场选择结果表明, 两公司将同时选择 A 市场或者 B 市场, 其中的主要原因在于两种风险资产的收益存在相关性. 这一发现与 Corwin 和 Harris (2001) 以及 Baruch 和 Saar (2009) 的研究结论相一致. Gorwin 和 Harris (2001)

实证研究了那些有资格在纽约证券交易所上市的公司在 IPO 时对证券发行市场的选择问题, 发现公司 IPO 时更可能选择那些同行业公司所选择的证券市场。Baruch 和 Saar (2009) 的理论研究表明, 如果一种风险资产选择和"类似"股票 (相应公司的价值创新具有相关性) 在同一证券市场发行, 将会有更好的流动性。他们用纽约证券交易所和纳斯达克的证券数据实证检验了这一结论。因此, 他们认为: 具有相关性的公司将会选择相同的证券发行市场。

7.5　市场微观结构

证券交易所可以通过设计市场交易机制、制定相应的市场规范, 以及加强市场监管等来降低投资者认知的暧昧性, 从而影响投资者的投资决策, 进而影响到市场的均衡类型和风险资产的均衡价格, 以及上市公司对发行市场的选择。本节将考虑证券发行标准、关联交易信息披露、提高市场透明度等对降低投资者认知暧昧性的作用。

7.5.1　证券发行标准

A 证券交易所通过制定一系列严格的发行标准来提高公司的上市门槛, 以确保上市公司具有高质量, 这在一定程度上降低了天真投资者对市场认知的暧昧性。同时, 假定证券发行市场的选择并不会改变公司的收益－风险特征以及公司之间的相关性, 那么公司的长期表现并不会受到发行市场选择的影响, 只是市场微观结构特征的不同让天真投资者对公司的认知存在差异, 从而影响他们的投资决策。

大量关于美国股票市场的实证研究 (Christie & Huang, 1993; Kadlec & MaConell, 1994) 发现, 当上市公司从纳斯达克证券交易所或美国证券交易所转移到纽约证券交易所时, 公司股票的交易价格提高了, 这和本章的分析结果相一致。由于风险资产从发行标准不高的证券市场转移到发行标准较高的证券市场时, 投资者对风险资产认知的暧昧性也随之降低, 以至于暧昧厌恶的投资者也积极参与风险资产的投资, 市场均衡类型由部分投资者的有限参与均衡转变为共同参与的市场均衡, 于是风险资产的均衡价格提高了。Macey 等 (2008) 的研究发现, 当公司从纽约证券交易所退市并转移至美国粉单市场, 风险资产从发行标准较高的证券市场转移至发行标准不高的证券市场时, 投资者对风险资产认知的暧昧性也随之提高, 以至于暧昧厌恶的投资者不参与市场投资, 市场均衡类型由投资者共同参与的均衡转变为部分投资者的有限参与均衡, 于是风险资产的均衡价格降低了, 对公司股票的交易价格产生了较大的负面影响。同时, Foerster 和 Karolyi (1999) 的研究发现, 上市公司选择发行标准较高的证券市场, 是因为高的市场透明度使得投资者认知程度显著提高、认知暧昧性显著降低, 从而外国公司来美国市场发行股票后股票价值和持股者数量都显著增加了。

Easley 和 O'Hara (2010) 指出, 发行标准的制定能够显著地降低投资者对公司相关的暧昧性, 但是达到发行标准并不能保证购买该公司的股票就是一个好的投资决策, 甚至也不能确保它未来就是一个能够盈利的公司。因为证券交易所并不会亲自去调查即将上市公司的财务状况、发展战略及其经营计划; 同时, 大部分证券交易所并不会要求公司在上市后一直保持盈利并每年给投资者派发红利。

但是, 从另一个角度来看, 证券交易所制定严格的发行标准能起到一个"信号传递"的作用, 投资者可以按上市公司的规模、发展阶段及其质量进行区分, 这样也能显著地降低投资者对公司相关认知的暧昧性。Chemmanur 和 Fulghieri (2006) 构建了一个存在信息不对称的证券交易市场: 内部投资者有关于公司价值的私有信息, 而外部投资者需要花费一定的成本来缓解信息不对称问题, 基于此来研究上市公司对证券发行市场的选择和证券发行市场对公司上市标准的选择。公司在证券交易所发行股票的均衡价格并不会和公司所设想的完全一致, 还取决于投资者对公司经营状况的信念, 而在信息不对称的情形下, 证券交易所发行标准设置得越高就会向投资者发出一个"质量好"的信号, 公司选择在一个高发行标准的证券交易所上市将会获得更高的均衡价格, 但是公司今后的市值表现并不能简单地与发行标准的高低联系在一起。并且, "上市公司达到发行标准"这一事实是否可靠, 还依赖于上市中介机构, 如证券承销商、注册会计师事务所、审计师等的共同努力和相关工作人员的职业道德操守。

7.5.2 证券发行成本

根据 7.3 节、7.4 节的分析, 证券的发行成本往往成为影响上市公司选择证券发行市场的一个重要因素。这里, 主要讨论一下股票发行成本对上市公司选择证券发行市场的影响。

一般来说, 股票发行成本是指公司在股票发行过程中所支付的各项费用。Ritter (1987) 将上市公司的股票发行成本分为直接成本和间接成本。其中, 直接成本指发行过程的显性成本, 如证券发行公司向证券承销商、其他中介机构和证券交易所支付的上市费用, 这些直接费用一般存在规模经济效应, 公司规模越大反而单位成本越低; 间接成本指股票抑价和其他难以衡量的隐性成本。Ritter (1987) 指出 IPO 抑价是指新股发行价格低于其市场价格, 即新发行的股票, 上市第一天的收盘价明显高于发行价, 一经上市, 新股认购者能够获得显著的超额回报, 代表发行公司股东向股票投资者的一种直接的财富转移, 应视为发行人承担的一种间接成本。

在现实经济中, 每股发行成本往往随着证券发行规模的增加而减小。在其他因素相同的情况下, 我们可以预期大公司更倾向于选择 A 市场, 而小公司更倾向于选择 B 市场。图 7.1 说明了在这种假设下, 在发行规模增加至 $\bar{z}_0$ 的初始阶段每股发行成本急速下降, 如果发行规模 $\bar{z}_k \subseteq (0, z_0)$, B 市场更有吸引力; 而如果发行规模大于 $\bar{z}_0$, 则 A 市场将更有吸引力。

按照 Easley 和 O'Hara (2010) 设置的成本结构, 公司发行股票的成本可表示为: $c(\bar{z}_k) = C + c'(\bar{z}_k)$, 即固定成本 C 加上基于证券交易所的每股发行成本。接下来, 我们运用这样的成本结构来解释: 如果证券市场的规定增加了固定成本 C, 这一变化将如何影响公司对证券发行市场的选择。

这里假设证券交易所增加发行成本的规则并不会改变内部投资者和天真投资者对

市场上资产之间相关系数暧昧性的认知。如图 7.2 所示, 由于增加了固定成本, 即 $C > 0$, 以致证券发行规模在 $[\bar{z}_0, \bar{z}_1]$ 之间的公司放弃 A 市场而选择 B 市场, 即发行规模较小的公司将从 A 市场转移至 B 市场。美国证监会的撤销登记数据为这一分析提供了解释:《萨班斯—奥克斯利法案》这项增加发行证券成本的规定一经颁布, 撤销登记的公司数量从 2001 年的 143 家增加到 2004 年的 245 家, 且大多数为规模较小的公司。

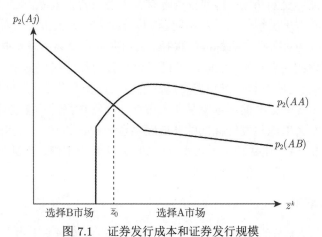

图 7.1　证券发行成本和证券发行规模

资源来源: David Easley, Maureen O'Hara. Microstructure and Ambiguity[J]. Journal of Finance, 2010, 65(5): 1817-1846.

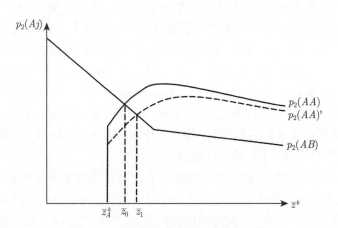

图 7.2　证券发行成本和证券发行决策

资源来源: David Easley, Maureen O'Hara. Microstructure and Ambiguity[J]. Journal of Finance, 2010, 65(5): 1817-1846.

从以上分析可知: 鉴于证券发行成本与公司规模负相关, 可以预期大公司更倾向于选择 A 市场, 而小公司更倾向于选择 B 市场。并且, 发行成本的变化将会使公司在 A 市场和 B 市场中转移, 尤其对小公司影响更大。证券交易所要求公司必须达到一系列严格的标准才予以上市, 如公司必须建立并维持一个适当而有效的内部控制体系、严格的信息披露程序等, 虽然这种高标准提高了所有上市公司的发行成本, 但对小公司的成本冲击更大。

7.5.3 关联交易的信息披露

投资者对资产之间相关系数的认知存在暧昧性的主要原因之一便是关联交易的存在。关联交易是风险资产发行主体与关联方之间的交易, 我国会计准则《企业会计准则第 36 号——关联方披露 (2006)》和国际会计准则均将关联交易界定为关联方之间转移资源、劳务或义务的行为, 而不论是否收取价款。企业关联交易的影响具有两个方面: 其一, 规范的关联交易具有提高效率、改善公司财务状况、实现产业链条的整合等积极作用; 其二, 非规范的关联交易具有消极的作用, 主要表现为关联交易经常被企业用来达到其特有的目的, 如利润操纵、粉饰业绩等。我国证券市场起步较晚, 并且其中的大部分上市公司都是国有企业改制而来, 上市公司与其控股的母公司有着千丝万缕的联系, 其间的关联交易尤为突出。大量非规范关联交易的出现, 扭曲了资本市场资源配置的功能, 致使投资者形成错误的投资观念, 损害了中小投资者的利益 (章卫东等, 2012)。并且, 关联交易大多数情况下并不是在一个完全竞争的市场条件下进行交易, 可能会存在交易价格的不公正, 这些关联交易如果信息披露不完整, 会使投资者对这种关联资产之间的相关系数认知的暧昧性较高, 影响到他们的投资决策, 进而影响到市场的均衡类型和风险资产的均衡价格。

关联交易的管理不能仅仅依靠市场的力量, 还需要证券交易所制定关联交易相关的市场规则, 一方面会规范每一家上市公司的经营行为; 另一方面会降低投资者对市场认知的暧昧性, 便于他们作出正确的投资决策。对关联交易真实、公开、充分、公平地披露不仅有助于提升财务信息的质量, 保护中小投资者的经济利益, 而且有助于构建公正、透明度高的证券市场, 保证资本市场高效运转以及各项资源的合理配置。

7.5.4 市场透明度

根据以上分析, 高度透明的证券市场能够有效降低投资者的认知暧昧性, 提高投资者对上市公司和市场交易信息的认知程度, 从而提高投资者市场参与程度, 使市场达到投资者共同参与的均衡状态, 提高风险资产的定价效率, 维持较高的市场流动性, 降低上市公司的融资成本, 恢复金融市场的资产配置功能, 优化经济体中的资源配置。

刘逖 (2012) 指出, 高透明度是市场微观结构设计的基本目标之一, 也是保证市场公正和有效的中心环节。国际证监会组织 (IOSCO) 在《证券监管目标与原则》中提出 "证券监管应促进交易的透明度"。证券市场透明度包括狭义和广义两个方面。狭义的证券市场透明是指证券交易信息的透明, 即有关证券买卖的价格、数量等信息的公开披露; 而广义的市场透明不仅包括交易信息的透明, 还包括上市公司即时、准确的信息披露。

交易信息的透明度, 通常用市场上买卖订单流和成交报告的信息披露来衡量。《证券监督目标与原则》把市场透明度定义为 "市场参与者观察诸如价格、数量、涉及的经纪商等交易特征的能力"。O'Hara (1998) 把市场透明度定义为 "观察交易过程中与价格相关信息的能力"。刘逊 (2012) 指出, 高透明度的证券市场是一个信息尽可能完全的市场, 要求信息能够即时、全面、准确并同时传送到所有投资者。

Becker 等 (1993) 研究了透明度与市场公平和效率的关系, 他们指出, 市场的高透明度增强了投资者的信心, 提高了市场的完整性, 鼓励更多的投资者同时参与市场, 从而提高了市场的流动性。Schwartz (1993) 研究了集合竞价市场的透明度问题, 其主要结论为: 集合竞价市场的透明度越高, 投资者就可得到更多的有效信息, 价格的信息效率就越高; 透明度越高, 降低了投资者参与市场的不确定性, 因此, 市场深度和流动性也越大。这和我们在本章得到的结论完全一致。Madhavan (1996) 指出, 透明度越高的市场上, 资产的价格越接近于其真实价值; 而透明度越低的市场上, 资产的价格偏离其价值就越大。Flood 等 (1998) 的实验研究同样发现, 交易机制越透明, 市场的有效性就越高, 交易成本就越低, 内部人的利润就越小, 买卖价差也越小。

7.6　结　　论

基于 Huang 等 (2017) 的研究, 本章引入了两个证券发行市场: 天真投资者认知暧昧性较低的 A 市场和认知暧昧性较高的 B 市场, 研究了两种风险资产不同质量比率情形下天真投资者的投资决策和市场均衡状态, 并计算了市场处于不同均衡类型时风险资产的均衡价格。假设理性的公司管理者将通过计算公司选择不同发行市场时市场所处的均衡状态和均衡价格, 来选择使公司资产价格较高的证券市场发行股票。在此基础上, 研究了 $\bar{\rho}_{AB} = \bar{\rho}_{BA}$ 对称情形时公司对证券发行市场的选择问题。

研究结果表明: 当两种风险资产质量相差悬殊时, 两公司将同时选择 B 市场, 低质量的风险资产将选择 B 市场, 而高质量的风险资产选择 B 市场也将获益更多; 当两种风险资产质量之比相差不大时, 无论两公司选择 A 市场还是 B 市场, 市场均处于完全参与均衡。确定性情形的分析结果表明两公司同时选择 A 市场是最优的市场选择结果, 而对于其他情形, 关于市场选择, 两公司之间存在一个博弈, 需要制定一定的博弈规则才能给出最终的市场选择结果; 确定性的市场选择结果表明, 两公司将同时选择 A 市场或者 B 市场, 其中的主要原因在于两种风险资产的收益存在相关性。这一发现与 Corwin 和 Harris (2001) 以及 Baruch 和 Saar (2009) 的研究结论相一致。

进一步地, 本章分析了上市发行标准、关联交易信息披露, 以及市场透明度等对公司选择证券发行市场的影响, 说明了通过市场微观结构的设计来降低暧昧性具有重要意义。当相关系数暧昧性处于临界值时, 一个力争降低暧昧性的证券市场对上市公司具有强大的吸引力, 公司对证券发行市场的选择取决于选择高透明度的 A 市场的收益和发行成本的比较。现实经济中, 若想取得竞争优势, 吸引更多的投资者和上市公司, 证券交易所往往通过市场微观结构设计来提高其竞争力。

当投资者结构中内部投资者占比较高时, 证券交易所降低暧昧性的举措并不能吸引大量的上市公司。现实经济中, 在新三板市场, 对挂牌公司的标准要求和证券发行成本相比于主板市场低很多, 但对投资者就有如资产规模和风险承受能力等方面的要求, 其市场定位的投资者结构即以机构投资者为主体。如此规则的制定，一方面保护了投资者，另一方面为公司拓宽了融资渠道。

本章的研究还发现，在综合考虑发行成本和选择暧昧性较低的 A 市场带来的收益后，大公司倾向于选择在暧昧性相对低的证券市场，而小公司倾向于选择在暧昧性相对高的证券市场，这其实从某种程度上解释了不同层次资本市场建设的必要性。我国的资本市场单就场内市场而言，就有多个不同层次，如主板、中小板和创业板；此外场外市场，如新三板、区域产权交易所，这些证券市场对上市公司设立的最低标准不一而且发行费用不同，但在同一层次资本市场中，公司特质也存在很大差异。

本章从多个角度研究了在存在暧昧性的经济体中，合理的市场微观结构设计能提高证券交易市场的竞争力、扩大投资者的参与程度、丰富投资者的资产选择、降低公司的融资成本，进而优化经济体中的资源配置，为完善我国多层次资本市场的建设提供了理论依据。

附　　录

附录 A　函数 $q(\overline{\rho})$ 和 $Q(\overline{\rho})$ 关于 $\overline{\rho}$ 的单调性

当 $\overline{\rho} \in (\hat{\rho}, 1)$ 时，定义 $\Gamma(\overline{\rho}) \equiv \dfrac{\dfrac{1-\theta}{1-\hat{\rho}^2}\hat{\rho} + \dfrac{\theta}{1-\overline{\rho}^2}\overline{\rho}}{\dfrac{1-\theta}{1-\hat{\rho}^2} + \dfrac{\theta}{1-\overline{\rho}^2}}$，因此，$\Gamma(\overline{\rho}) \in (\hat{\rho}, \overline{\rho})$。

$$\left[\left(\frac{1-\theta}{1-\hat{\rho}^2} + \frac{\theta}{1-\overline{\rho}^2} \right)^2 - \left(\frac{1-\theta}{1-\hat{\rho}^2}\hat{\rho} + \frac{\theta}{1-\overline{\rho}^2}\overline{\rho} \right)^2 \right]^2 \frac{\partial q(\overline{\rho})}{\partial \overline{\rho}}$$

$$= \frac{\theta(1+\overline{\rho}^2)}{(1-\overline{\rho}^2)^2} \left[\left(\frac{1-\theta}{1-\hat{\rho}^2} + \frac{\theta}{1-\overline{\rho}^2} \right)^2 + \left(\frac{1-\theta}{1-\hat{\rho}^2}\hat{\rho} + \frac{\theta}{1-\overline{\rho}^2}\overline{\rho} \right)^2 \right]$$

$$- 2 \left(\frac{1-\theta}{1-\hat{\rho}^2} + \frac{\theta}{1-\overline{\rho}^2} \right) \left(\frac{1-\theta}{1-\hat{\rho}^2}\hat{\rho} + \frac{\theta}{1-\overline{\rho}^2}\overline{\rho} \right) \frac{2\theta\overline{\rho}}{(1-\overline{\rho}^2)^2}$$

$$= \frac{\theta(1+\overline{\rho}^2)}{(1-\overline{\rho}^2)^2} \left[\left(\frac{1-\theta}{1-\hat{\rho}^2} + \frac{\theta}{1-\overline{\rho}^2} \right)^2 + \left(\frac{1-\theta}{1-\hat{\rho}^2}\hat{\rho} + \frac{\theta}{1-\overline{\rho}^2}\overline{\rho} \right)^2 \right] \left\{ 1 - \frac{2\overline{\rho}}{1+\overline{\rho}^2} \frac{2\Gamma(\overline{\rho})}{1+\Gamma^2(\overline{\rho})} \right\}$$

$$> 0$$

因此，当 $\overline{\rho} \in (\hat{\rho}, 1)$ 时，函数 $q(\overline{\rho})$ 是关于 $\overline{\rho}$ 的增函数。

$$\left[\left(\frac{1-\theta}{1-\hat{\rho}^2} + \frac{\theta}{1-\overline{\rho}^2} \right)^2 - \left(\frac{1-\theta}{1-\hat{\rho}^2}\hat{\rho} + \frac{\theta}{1-\overline{\rho}^2}\overline{\rho} \right)^2 \right]^2 \frac{\partial Q(\overline{\rho})}{\partial \overline{\rho}}$$

$$= -\frac{2\theta\overline{\rho}}{(1-\overline{\rho}^2)^2} \left[\left(\frac{1-\theta}{1-\hat{\rho}^2} + \frac{\theta}{1-\overline{\rho}^2} \right)^2 + \left(\frac{1-\theta}{1-\hat{\rho}^2}\hat{\rho} + \frac{\theta}{1-\overline{\rho}^2}\overline{\rho} \right)^2 \right]$$

$$+2\left(\frac{1-\theta}{1-\hat{\rho}^2}+\frac{\theta}{1-\overline{\rho}^2}\right)\left(\frac{1-\theta}{1-\hat{\rho}^2}\hat{\rho}+\frac{\theta}{1-\overline{\rho}^2}\overline{\rho}\right)\frac{\theta(1+\overline{\rho}^2)}{(1-\overline{\rho}^2)^2}$$

$$=\frac{\theta(1+\overline{\rho}^2)}{(1-\overline{\rho}^2)^2}\left[\left(\frac{1-\theta}{1-\hat{\rho}^2}+\frac{\theta}{1-\overline{\rho}^2}\right)^2+\left(\frac{1-\theta}{1-\hat{\rho}^2}\hat{\rho}+\frac{\theta}{1-\overline{\rho}^2}\overline{\rho}\right)^2\right]\left\{\frac{2\Gamma(\overline{\rho})}{1+\Gamma^2(\overline{\rho})}-\frac{2\overline{\rho}}{1+\overline{\rho}^2}\right\}$$

$$<0$$

因此, 当 $\overline{\rho}\in(\hat{\rho},1)$ 时, 函数 $Q(\overline{\rho})$ 是关于 $\overline{\rho}$ 的减函数。

附录 B　性质 7.2 的证明

根据定理 7.2, 定义市场均衡时风险资产的 Sharpe 比率 $R_k(i,j)\equiv R_k(\overline{\rho}_{ij})$, $k=1,2$ 如下:

(1) **天真投资者不参与风险资产 1**。$E_{12}\leqslant h(\overline{\rho}_{ij})$, 两种风险资产的 Sharpe 比率可表示为:

$$R_1(\overline{\rho}_{ij})=\alpha\left[\frac{1-\theta\hat{\rho}^2}{1-\theta}\sigma_1 Z_1^0+\hat{\rho}\sigma_2 Z_2^0\right],\quad R_2(\overline{\rho}_{ij})=\alpha(\hat{\rho}\sigma_1 Z_1^0+\sigma_2 Z_2^0)$$

(2) **天真投资者同时参与两种风险资产**。$h(\overline{\rho}_{ij})<E_{12}<H(\overline{\rho}_{ij})$, 两种风险资产的 Sharpe 比率可表示为:

$$R_1(\overline{\rho}_{ij})=\alpha\left[Q(\overline{\rho}_{ij})\sigma_1 Z_1^0+q(\overline{\rho}_{ij})\sigma_2 Z_2^0\right],\quad R_2(\overline{\rho}_{ij})=\alpha\left[q(\overline{\rho}_{ij})\sigma_1 Z_1^0+Q(\overline{\rho}_{ij})\sigma_2 Z_2^0\right]$$

(3) **天真投资者不参与风险资产 2**。$H(\overline{\rho}_{ij})\leqslant E_{12}$, 两种风险资产的 Sharpe 比率可表示为:

$$R_1(\overline{\rho}_{ij})=\alpha(\sigma_1 Z_1^0+\hat{\rho}\sigma_2 Z_2^0),\quad R_2(\overline{\rho}_{ij})=\alpha\left[\hat{\rho}\sigma_1 Z_1^0+\frac{1-\theta\hat{\rho}^2}{1-\theta}\sigma_2 Z_2^0\right]$$

有限参与均衡中, 两种风险资产的 Sharpe 比率独立于 $\overline{\rho}_{ij}$, Huang 等 (2017) 研究中的性质 8 证明了全参与均衡时两种风险资产 Sharpe 比率的单调性关系:

(1) $\dfrac{\mathrm{d}R_1(\overline{\rho}_{ij})}{\mathrm{d}\overline{\rho}_{ij}}\lessgtr 0$, 当且仅当 $E_{21}\gtreqless\dfrac{\dfrac{2\overline{\rho}_{ij}}{1+\overline{\rho}_{ij}^2}-\dfrac{2\Gamma(\overline{\rho}_{ij})}{1+\Gamma^2(\overline{\rho}_{ij})}}{1-\dfrac{2\overline{\rho}_{ij}}{1+\overline{\rho}_{ij}^2}\dfrac{2\Gamma(\overline{\rho}_{ij})}{1+\Gamma^2(\overline{\rho}_{ij})}}$ 时;

(2) $\dfrac{\mathrm{d}R_2(\overline{\rho}_{ij})}{\mathrm{d}\overline{\rho}_{ij}}\lessgtr 0$, 当且仅当 $E_{12}\gtreqless\dfrac{\dfrac{2\overline{\rho}_{ij}}{1+\overline{\rho}_{ij}^2}-\dfrac{2\Gamma(\overline{\rho}_{ij})}{1+\Gamma^2(\overline{\rho}_{ij})}}{1-\dfrac{2\overline{\rho}_{ij}}{1+\overline{\rho}_{ij}^2}\dfrac{2\Gamma(\overline{\rho}_{ij})}{1+\Gamma^2(\overline{\rho}_{ij})}}$ 时。

注意:

$$\overline{\rho}_{ij}-\Gamma(\overline{\rho}_{ij})=\overline{\rho}_{ij}-\frac{\dfrac{1-\theta}{1-\hat{\rho}^2}\hat{\rho}+\dfrac{\theta}{1-\overline{\rho}_{ij}^2}\overline{\rho}_{ij}}{\dfrac{1-\theta}{1-\hat{\rho}^2}+\dfrac{\theta}{1-\overline{\rho}_{ij}^2}}=\frac{\dfrac{1-\theta}{1-\hat{\rho}^2}\left(\overline{\rho}_{ij}-\hat{\rho}\right)}{\dfrac{1-\theta}{1-\hat{\rho}^2}+\dfrac{\theta}{1-\overline{\rho}_{ij}^2}}$$

$$1 - \overline{\rho}_{ij}\Gamma(\overline{\rho}_{ij}) = 1 - \overline{\rho}_{ij}\frac{\dfrac{1-\theta}{1-\hat{\rho}^2}\hat{\rho} + \dfrac{\theta}{1-\overline{\rho}_{ij}^2}\overline{\rho}_{ij}}{\dfrac{1-\theta}{1-\hat{\rho}^2} + \dfrac{\theta}{1-\overline{\rho}_{ij}^2}} = \frac{\dfrac{1-\theta}{1-\hat{\rho}^2}\left(1-\overline{\rho}_{ij}\hat{\rho}\right) + \theta}{\dfrac{1-\theta}{1-\hat{\rho}^2} + \dfrac{\theta}{1-\overline{\rho}_{ij}^2}}$$

$$= \frac{\dfrac{1}{1-\hat{\rho}^2}\left[1 - \theta\hat{\rho}^2 - (1-\theta)\overline{\rho}_{ij}\hat{\rho}\right]}{\dfrac{1-\theta}{1-\hat{\rho}^2} + \dfrac{\theta}{1-\overline{\rho}_{ij}^2}}$$

那么,

$$\frac{\dfrac{2\overline{\rho}_{ij}}{1+\overline{\rho}_{ij}^2} - \dfrac{2\Gamma(\overline{\rho}_{ij})}{1+\Gamma^2(\overline{\rho}_{ij})}}{1 - \dfrac{2\overline{\rho}_{ij}}{1+\overline{\rho}_{ij}^2}\dfrac{2\Gamma(\overline{\rho}_{ij})}{1+\Gamma^2(\overline{\rho}_{ij})}} = \frac{2\left(\overline{\rho}_{ij} - \Gamma(\overline{\rho}_{ij})\right)\left(1 - \overline{\rho}_{ij}\Gamma(\overline{\rho}_{ij})\right)}{\left(\overline{\rho}_{ij} - \Gamma(\overline{\rho}_{ij})\right)^2 + \left(1 - \overline{\rho}_{ij}\Gamma(\overline{\rho}_{ij})\right)^2}$$

$$= \frac{2(1-\theta)\left(\overline{\rho}_{ij} - \hat{\rho}\right)\left[1 - \theta\hat{\rho}^2 - (1-\theta)\overline{\rho}_{ij}\hat{\rho}\right]}{\left[(1-\theta)\left(\overline{\rho}_{ij} - \hat{\rho}\right)\right]^2 + \left[1 - \theta\hat{\rho}^2 - (1-\theta)\overline{\rho}_{ij}\hat{\rho}\right]^2} = \frac{2h(\overline{\rho}_{ij})}{1+h^2(\overline{\rho}_{ij})}$$

因此, $h(\overline{\rho}_{ij}) < \dfrac{2h(\overline{\rho}_{ij})}{1+h^2(\overline{\rho}_{ij})} < 1$, 可以得到性质 7.2。

具体地, 性质 7.2 可表示为:

(1) 如果 $E_{21} < \dfrac{2h(\overline{\rho}_{ij})}{1+h^2(\overline{\rho}_{ij})}$, 那么 $\dfrac{1+h^2(\overline{\rho}_{ij})}{2h(\overline{\rho}_{ij})} < E_{12}$。因此, $\dfrac{\mathrm{d}R_1(\overline{\rho}_{ij})}{\mathrm{d}\overline{\rho}_{ij}} < 0, \dfrac{\mathrm{d}R_2(\overline{\rho}_{ij})}{\mathrm{d}\overline{\rho}_{ij}} > 0$。

(2) 如果 $E_{21} = \dfrac{2h(\overline{\rho}_{ij})}{1+h^2(\overline{\rho}_{ij})} < 1$, 那么 $1 < \dfrac{1+h^2(\overline{\rho}_{ij})}{2h(\overline{\rho}_{ij})} = E_{12}$。因此, $\dfrac{\mathrm{d}R_1(\overline{\rho}_{ij})}{\mathrm{d}\overline{\rho}_{ij}} = 0$, $\dfrac{\mathrm{d}R_2(\overline{\rho}_{ij})}{\mathrm{d}\overline{\rho}_{ij}} > 0$。

(3) 如果 $\dfrac{2h(\overline{\rho}_{ij})}{1+h^2(\overline{\rho}_{ij})} < E_{21} < \dfrac{1+h^2(\overline{\rho}_{ij})}{2h(\overline{\rho}_{ij})}$, 那么 $\dfrac{2h(\overline{\rho}_{ij})}{1+h^2(\overline{\rho}_{ij})} < E_{12} < \dfrac{1+h^2(\overline{\rho}_{ij})}{2h(\overline{\rho}_{ij})}$。因此, $\dfrac{\mathrm{d}R_1(\overline{\rho}_{ij})}{\mathrm{d}\overline{\rho}_{ij}} > 0, \dfrac{\mathrm{d}R_2(\overline{\rho}_{ij})}{\mathrm{d}\overline{\rho}_{ij}} > 0$。

(4) 如果 $1 < \dfrac{1+h^2(\overline{\rho}_{ij})}{2h(\overline{\rho}_{ij})} = E_{21}$, 那么 $E_{12} = \dfrac{2h(\overline{\rho}_{ij})}{1+h^2(\overline{\rho}_{ij})} < 1$。因此, $\dfrac{\mathrm{d}R_1(\overline{\rho}_{ij})}{\mathrm{d}\overline{\rho}_{ij}} > 0$, $\dfrac{\mathrm{d}R_2(\overline{\rho}_{ij})}{\mathrm{d}\overline{\rho}_{ij}} = 0$。

(5) 如果 $\dfrac{1+h^2(\overline{\rho}_{ij})}{2h(\overline{\rho}_{ij})} < E_{21}$, 那么 $E_{12} < \dfrac{2h(\overline{\rho}_{ij})}{1+h^2(\overline{\rho}_{ij})}$。因此, $\dfrac{\mathrm{d}R_1(\overline{\rho}_{ij})}{\mathrm{d}\overline{\rho}_{ij}} > 0, \dfrac{\mathrm{d}R_2(\overline{\rho}_{ij})}{\mathrm{d}\overline{\rho}_{ij}} < 0$。

附录 C　给定公司 1 选择 A 市场或 B 市场时, 公司 2 的市场选择

C.1　定理 7.3 的证明

根据前面的假设, 可以得到 $\hat{\rho} < \overline{\rho}_{AA} \leqslant \overline{\rho}_{AB}$。假设公司 1 选择 A 市场, 通过比较公司 2 选择 A 市场和 B 市场时的均衡资产价格, 研究公司 2 最优的市场选择。根据两种资产之间质量比的不同, 可以分为 5 种情形。

(1) 当 $E_{12} \leqslant h(\overline{\rho}_{AA})$ 时, 根据定理 7.2, 无论风险资产 2 选择 A 市场还是 B 市场, 市场将处于均衡类型 1, 均衡价格为:

$$p_1(Aj) = \mu_1 - c_1 - \alpha\sigma_1 \left[\frac{1-\theta\hat{\rho}^2}{1-\theta}\sigma_1 Z_1^0 + \hat{\rho}\sigma_2 Z_2^0 \right]$$

$$p_2(Aj) = \mu_2 - I_j c_2 - \alpha\sigma_2(\hat{\rho}\sigma_1 Z_1^0 + \sigma_2 Z_2^0)$$

当风险资产 2 在市场 A 和市场 B 的均衡价格表示为:

$$p_2(AA) = \mu_2 - c_2 - \alpha\sigma_2(\hat{\rho}\sigma_1 Z_1^0 + \sigma_2 Z_2^0), \quad p_2(AB) = \mu_2 - \alpha\sigma_2(\hat{\rho}\sigma_1 Z_1^0 + \sigma_2 Z_2^0)$$

显然 $p_2(AA) < p_2(AB)$, 风险资产 2 将选择 B 市场。此时, 市场处于均衡类型 1, 且风险资产的均衡价格为:

$$p_1(AB) = \mu_1 - c_1 - \alpha\sigma_1 \left[\frac{1-\theta\hat{\rho}^2}{1-\theta}\sigma_1 Z_1^0 + \hat{\rho}\sigma_2 Z_2^0 \right] \tag{C.1a}$$

$$p_2(AB) = \mu_2 - \alpha\sigma_2(\hat{\rho}\sigma_1 Z_1^0 + \sigma_2 Z_2^0) \tag{C.1b}$$

(2) 当 $h(\overline{\rho}_{AA}) < E_{12} \leqslant h(\overline{\rho}_{AB})$ 时, 根据定理 7.2, 如果资产 2 选择 A 市场时, 市场将处于均衡类型 2, 均衡价格为:

$$p_1(AA) = \mu_1 - c_1 - \alpha\sigma_1 \left[Q(\overline{\rho}_{AA})\sigma_1 Z_1^0 + q(\overline{\rho}_{AA})\sigma_2 Z_2^0 \right]$$

$$p_2(AA) = \mu_2 - c_2 - \alpha\sigma_2 \left[q(\overline{\rho}_{AA})\sigma_1 Z_1^0 + Q(\overline{\rho}_{AA})\sigma_2 Z_2^0 \right]$$

若资产 2 选择 B 市场时, 市场将处于均衡类型 1, 均衡价格为:

$$p_1(AB) = \mu_1 - c_1 - \alpha\sigma_1 \left[\frac{1-\theta\hat{\rho}^2}{1-\theta}\sigma_1 Z_1^0 + \hat{\rho}\sigma_2 Z_2^0 \right], \quad p_2(AB) = \mu_2 - \alpha\sigma_2(\hat{\rho}\sigma_1 Z_1^0 + \sigma_2 Z_2^0)$$

注意:

$$\left[\left(\frac{1-\theta}{1-\hat{\rho}^2} + \frac{\theta}{1-\overline{\rho}_{AA}^2} \right)^2 - \left(\frac{1-\theta}{1-\hat{\rho}^2}\hat{\rho} + \frac{\theta}{1-\overline{\rho}_{AA}^2}\overline{\rho}_{AA} \right)^2 \right]$$

$$\left\{ [\hat{\rho} - q(\overline{\rho}_{AA})]\sigma_1 Z_1^0 + [1 - Q(\overline{\rho}_{AA})]\sigma_2 Z_2^0 \right\}$$

$$= \theta(1-\theta)\frac{(\overline{\rho}_{AA} - \hat{\rho})^2}{(1-\hat{\rho}^2)(1-\overline{\rho}_{AA}^2)}\sigma_1 Z_1^0 [E_{21} - H(\overline{\rho}_{AA})] < 0$$

那么, $\hat{\rho}\sigma_1 Z_1^0 + \sigma_2 Z_2^0 < q(\overline{\rho}_{AA})\sigma_1 Z_1^0 + Q(\overline{\rho}_{AA})\sigma_2 Z_2^0$, 则有 $p_2(AA) < p_2(AB)$, 公司 2 将选择市场 B 来发行股票。此时, 市场将处于均衡类型 1, 天真投资者不参与风险资产 1, 风险资产的均衡价格可表示为:

$$p_1(AB) = \mu_1 - c_1 - \alpha\sigma_1 \left[\frac{1 - \theta\hat{\rho}^2}{1 - \theta}\sigma_1 Z_1^0 + \hat{\rho}\sigma_2 Z_2^0 \right] \tag{C.2a}$$

$$p_2(AB) = \mu_2 - \alpha\sigma_2(\hat{\rho}\sigma_1 Z_1^0 + \sigma_2 Z_2^0) \tag{C.2b}$$

(3) $h(\overline{\rho}_{AB}) < E_{12} < H(\overline{\rho}_{AB})$。根据定理 7.2, 不论风险资产 2 选择 A 市场还是 B 市场, 市场都将处于均衡类型 2, 天真投资者将同时参与两种风险资产, 风险资产的均衡价格可表示为:

$$p_1(Aj) = \mu_1 - c_1 - \alpha\sigma_1 \left[Q(\overline{\rho}_{Aj})\sigma_1 Z_1^0 + q(\overline{\rho}_{Aj})\sigma_2 Z_2^0 \right]$$

$$p_2(Aj) = \mu_2 - I_j c_2 - \alpha\sigma_2 \left[q(\overline{\rho}_{Aj})\sigma_1 Z_1^0 + Q(\overline{\rho}_{Aj})\sigma_2 Z_2^0 \right]$$

当风险资产 2 分别选择 A 市场和 B 市场时, 对应的风险资产均衡价格可表示为:

$$p_2(AA) = \mu_2 - c_2 - \alpha\sigma_2 \left[q(\overline{\rho}_{AA})\sigma_1 Z_1^0 + Q(\overline{\rho}_{AA})\sigma_2 Z_2^0 \right]$$

$$p_2(AB) = \mu_2 - \alpha\sigma_2 \left[q(\overline{\rho}_{AB})\sigma_1 Z_1^0 + Q(\overline{\rho}_{AB})\sigma_2 Z_2^0 \right]$$

因此, 公司 2 将选择哪个市场依赖于选择 A 的股票发行成本。此时市场 A 中临界的股票发行成本 $c_2^{(A3)}$ 为:

$$c_2^{(A3)} = \alpha\sigma_2 \left\{ [q(\overline{\rho}_{AB}) - q(\overline{\rho}_{AA})]\sigma_1 Z_1^0 + [Q(\overline{\rho}_{AB}) - Q(\overline{\rho}_{AA})]\sigma_2 Z_2^0 \right\}$$

那么,

$$\frac{c_2^{(A3)}}{\alpha\sigma_2} = [q(\overline{\rho}_{AB})\sigma_1 Z_1^0 + Q(\overline{\rho}_{AB})\sigma_2 Z_2^0] - [q(\overline{\rho}_{AA})\sigma_1 Z_1^0 + Q(\overline{\rho}_{AA})\sigma_2 Z_2^0]$$

$$= R_2(\overline{\rho}_{AB}) - R_2(\overline{\rho}_{AA})$$

根据性质 7.2,

$$c_2^{(A3)} \lesseqqgtr 0, \quad 当且仅当 \frac{\mathrm{d}R_2(\overline{\rho})}{\mathrm{d}\overline{\rho}} \lesseqqgtr 0 \quad 当且仅当 E_{12} \lesseqqgtr \frac{2h(\overline{\rho}_{AB})}{1 + h^2(\overline{\rho}_{AB})}$$

注意: $h(\overline{\rho}_{AB}) < \dfrac{2h(\overline{\rho}_{AB})}{1 + h^2(\overline{\rho}_{AB})} < 1 < H(\overline{\rho}_{AB})$, 则

① 如果 $h(\overline{\rho}_{AB}) < E_{12} \leqslant \dfrac{2h(\overline{\rho}_{AB})}{1 + h^2(\overline{\rho}_{AB})}$, 那么, $c_2^{(A3)} < 0$, $p_2(AA) < p_2(AB)$。公司 2 将选择市场 B 来发行股票, 此时市场将处于均衡类型 2, 对应的风险资产的均衡价格可表示为:

$$p_1(AB) = \mu_1 - c_1 - \alpha\sigma_1 \left[Q(\overline{\rho}_{AB})\sigma_1 Z_1^0 + q(\overline{\rho}_{AB})\sigma_2 Z_2^0 \right] \tag{C.3a}$$

$$p_2(AB) = \mu_2 - \alpha\sigma_2\left[q(\overline{\rho}_{AB})\sigma_1 Z_1^0 + Q(\overline{\rho}_{AB})\sigma_2 Z_2^0\right] \tag{C.3b}$$

② 如果 $\dfrac{2h(\overline{\rho}_{AB})}{1+h^2(\overline{\rho}_{AB})} < E_{12} < H(\overline{\rho}_{AB})$, 那么, $c_2^{(A3)} > 0$。则有以下 3 种情形:

• 如果 $c_2 < c_2^{(A3)}$, 那么 $p_2(AA) > p_2(AB)$。公司 2 选择市场 A 来发行股票, 此时市场将处于均衡类型 2, 对应的风险资产的均衡价格可表示为:

$$p_1(AA) = \mu_1 - c_1 - \alpha\sigma_1\left[Q(\overline{\rho}_{AA})\sigma_1 Z_1^0 + q(\overline{\rho}_{AA})\sigma_2 Z_2^0\right] \tag{C.4a}$$

$$p_2(AA) = \mu_2 - c_2 - \alpha\sigma_2\left[q(\overline{\rho}_{AA})\sigma_1 Z_1^0 + Q(\overline{\rho}_{AA})\sigma_2 Z_2^0\right] \tag{C.4b}$$

• 如果 $c_2 = c_2^{(A3)}$, 那么 $p_2(AA) = p_2(AB)$。公司 2 选择 A 市场或者 B 市场无差异。

• 如果 $c_2 > c_2^{(A3)}$, 那么 $p_2(AA) < p_2(AB)$。公司 2 将选择市场 B 来发行股票, 此时市场将处于均衡类型 2, 对应的风险资产的均衡价格可表示为:

$$p_1(AB) = \mu_1 - c_1 - \alpha\sigma_1\left[Q(\overline{\rho}_{AB})\sigma_1 Z_1^0 + q(\overline{\rho}_{AB})\sigma_2 Z_2^0\right] \tag{C.5a}$$

$$p_2(AB) = \mu_2 - \alpha\sigma_2\left[q(\overline{\rho}_{AB})\sigma_1 Z_1^0 + Q(\overline{\rho}_{AB})\sigma_2 Z_2^0\right] \tag{C.5b}$$

(4) $H(\overline{\rho}_{AB}) \leqslant E_{12} < H(\overline{\rho}_{AA})$。根据定理 7.2, 如果公司 2 选择 A 市场来发行股票, 市场将处于均衡类型 2, 风险资产的均衡价格可表示为:

$$p_1(AA) = \mu_1 - c_1 - \alpha\sigma_1\left[Q(\overline{\rho}_{AA})\sigma_1 Z_1^0 + q(\overline{\rho}_{AA})\sigma_2 Z_2^0\right]$$

$$p_2(AA) = \mu_2 - c_2 - \alpha\sigma_2\left[q(\overline{\rho}_{AA})\sigma_1 Z_1^0 + Q(\overline{\rho}_{AA})\sigma_2 Z_2^0\right]$$

如果公司 2 选择 B 市场来发行股票, 市场将处于均衡类型 3, 天真投资者将不参与风险资产 2, 风险资产的均衡价格可表示为:

$$p_1(AB) = \mu_1 - c_1 - \alpha\sigma_1(\sigma_1 Z_1^0 + \hat{\rho}\sigma_2 Z_2^0), \quad p_2(AB) = \mu_2 - \alpha\sigma_2\left[\hat{\rho}\sigma_1 Z_1^0 + \frac{(1-\theta\hat{\rho}^2)}{1-\theta}\sigma_2 Z_2^0\right]$$

因此, 公司 2 选择哪个市场依赖于 A 市场的股票发行成本, 此时市场 A 中临界的股票发行成本 $c_2^{(A4)}$ 为:

$$c_2^{(A4)} = \alpha\sigma_2\left\{\left[\hat{\rho} - q(\overline{\rho}_{AA})\right]\sigma_1 Z_1^0 + \left[\frac{1-\theta\hat{\rho}^2}{1-\theta} - Q(\overline{\rho}_{AA})\right]\sigma_2 Z_2^0\right\}$$

因此,

$$\left[\left(\frac{1-\theta}{1-\hat{\rho}^2} + \frac{\theta}{1-\overline{\rho}_{AA}^2}\right)^2 - \left(\frac{1-\theta}{1-\hat{\rho}^2}\hat{\rho} + \frac{\theta}{1-\overline{\rho}_{AA}^2}\overline{\rho}_{AA}\right)^2\right]\frac{c_1^{(A4)}}{\alpha\sigma_2}$$

$$= \theta\frac{(\overline{\rho}_{AA} - \hat{\rho})[1-\theta\hat{\rho}^2 - (1-\theta)\overline{\rho}_{AA}\hat{\rho}]}{(1-\hat{\rho}^2)(1-\overline{\rho}_{AA}^2)}\sigma_2 Z_2^0\left\{H(\overline{\rho}_{AA}) - E_{12}\right\} > 0$$

也就是说, $c_2^{(A4)} > 0$。

因此,

① 如果 $c_2 < c_2^{(A4)}$, 那么 $p_2(AA) > p_2(AB)$。公司 2 将选择市场 A 来发行股票, 市场将处于均衡类型 2, 相应地, 风险资产的均衡价格可表示为:

$$p_1(AA) = \mu_1 - c_1 - \alpha\sigma_1 \left[Q(\overline{\rho}_{AA})\sigma_1 Z_1^0 + q(\overline{\rho}_{AA})\sigma_2 Z_2^0 \right] \tag{C.6a}$$

$$p_2(AA) = \mu_2 - c_2 - \alpha\sigma_2 \left[q(\overline{\rho}_{AA})\sigma_1 Z_1^0 + Q(\overline{\rho}_{AA})\sigma_2 Z_2^0 \right] \tag{C.6b}$$

② 如果 $c_2 = c_2^{(A4)}$, 那么 $p_2(AA) = p_2(AB)$。公司 2 选择 A 市场或者 B 市场无差异。

③ 如果 $c_2 > c_2^{(A4)}$, 那么 $p_2(AA) < p_2(AB)$。公司 2 将选择 B 市场来发行股票, 市场将处于均衡类型 3, 相应地, 风险资产的均衡价格可表示为:

$$p_1(AB) = \mu_1 - c_1 - \alpha\sigma_1(\sigma_1 Z_1^0 + \hat{\rho}\sigma_2 Z_2^0) \tag{C.7a}$$

$$p_2(AB) = \mu_2 - \alpha\sigma_2 \left[\hat{\rho}\sigma_1 Z_1^0 + \frac{(1-\theta\hat{\rho}^2)}{1-\theta}\sigma_2 Z_2^0 \right] \tag{C.7b}$$

(5) $H(\overline{\rho}_{AA}) \leqslant E_{12}$。根据定理 7.2, 无论公司 2 选择 A 市场还是 B 市场, 市场都将处于均衡类型 3, 风险资产的均衡价格可表示为:

$$p_1(Aj) = \mu_1 - c_1 - \alpha\sigma_1(\sigma_1 Z_1^0 + \hat{\rho}\sigma_2 Z_2^0)$$

$$p_2(Aj) = \mu_2 - I_j c_2 - \alpha\sigma_2 \left[\hat{\rho}\sigma_1 Z_1^0 + \frac{1-\theta\hat{\rho}^2}{1-\theta}\sigma_2 Z_2^0 \right]$$

当公司 2 分别选择 A 市场和 B 市场时, 相应地, 风险资产 2 的均衡价格可表示为:

$$p_2(AA) = \mu_2 - c_2 - \alpha\sigma_2 \left[\hat{\rho}\sigma_1 Z_1^0 + \frac{1-\theta\hat{\rho}^2}{1-\theta}\sigma_2 Z_2^0 \right]$$

$$p_2(AB) = \mu_2 - \alpha\sigma_2 \left[\hat{\rho}\sigma_1 Z_1^0 + \frac{1-\theta\hat{\rho}^2}{1-\theta}\sigma_2 Z_2^0 \right]$$

显然, $p_2(AA) < p_2(AB)$, 公司 2 将选择 B 市场来发行股票。此时市场将处于均衡类型 3, 风险资产的均衡价格可表示为:

$$p_1(AB) = \mu_1 - c_1 - \alpha\sigma_1(\sigma_1 Z_1^0 + \hat{\rho}\sigma_2 Z_2^0) \tag{C.8a}$$

$$p_2(AB) = \mu_2 - \alpha\sigma_2 \left[\hat{\rho}\sigma_1 Z_1^0 + \frac{1-\theta\hat{\rho}^2}{1-\theta}\sigma_2 Z_2^0 \right] \tag{C.8b}$$

C.2　定理 7.4 的证明

假设公司 1 选择 B 市场, 通过比较公司 2 选择 A 市场和 B 市场时的均衡资产价格, 研究公司 2 的最优市场选择。根据两种风险资产的质量比不同, 可以分为 5 种情形。

(1) $E_{12} \leqslant h(\overline{\rho}_{BA})$。根据定理 7.2, 无论公司 2 选择 A 市场还是 B 市场, 市场都将处于均衡类型 1, 两种风险资产的均衡价格可表示为:

$$p_1(Bj) = \mu_1 - \alpha\sigma_1 \left[\frac{1 - \theta\hat{\rho}^2}{1 - \theta} \sigma_1 Z_1^0 + \hat{\rho}\sigma_2 Z_2^0 \right], \quad p_2(Bj) = \mu_2 - I_j c_2 - \alpha\sigma_2(\hat{\rho}\sigma_1 Z_1^0 + \sigma_2 Z_2^0)$$

公司 2 选择 A 市场和 B 市场时, 风险资产 2 相应的均衡价格为:

$$p_2(BA) = \mu_2 - c_2 - \alpha\sigma_2(\hat{\rho}\sigma_1 Z_1^0 + \sigma_2 Z_2^0), \quad p_2(BB) = \mu_2 - \alpha\sigma_2(\hat{\rho}\sigma_1 Z_1^0 + \sigma_2 Z_2^0)$$

显然, $p_2(BA) < p_2(BB)$, 公司 2 将选择 B 市场来发行股票。此时, 市场将处于均衡类型 1, 天真投资者将不参与风险资产 1, 两种风险资产的均衡价格可表示为:

$$p_1(BB) = \mu_1 - \alpha\sigma_1 \left[\frac{1 - \theta\hat{\rho}^2}{1 - \theta} \sigma_1 Z_1^0 + \hat{\rho}\sigma_2 Z_2^0 \right] \tag{C.9a}$$

$$p_2(BB) = \mu_2 - \alpha\sigma_2(\hat{\rho}\sigma_1 Z_1^0 + \sigma_2 Z_2^0) \tag{C.9b}$$

(2) $h(\overline{\rho}_{BA}) < E_{12} \leqslant h(\overline{\rho}_{BB})$。根据定理 7.2, 如果公司 2 选择 A 市场, 市场将处于均衡类型 2, 天真投资者将同时参与两种风险资产, 两种风险资产的均衡价格可表示为:

$$p_1(BA) = \mu_1 - \alpha\sigma_1 [Q(\overline{\rho}_{BA})\sigma_1 Z_1^0 + q(\overline{\rho}_{BA})\sigma_2 Z_2^0]$$

$$p_2(BA) = \mu_2 - c_2 - \alpha\sigma_2 [q(\overline{\rho}_{BA})\sigma_1 Z_1^0 + Q(\overline{\rho}_{BA})\sigma_2 Z_2^0]$$

如果公司 2 选择 B 市场, 市场将处于均衡类型 1, 天真投资者将不参与风险资产 1, 两种风险资产的均衡价格可表示为:

$$p_1(BB) = \mu_1 - \alpha\sigma_1 \left[\frac{1 - \theta\hat{\rho}^2}{1 - \theta} \sigma_1 Z_1^0 + \hat{\rho}\sigma_2 Z_2^0 \right], \quad p_2(BB) = \mu_2 - \alpha\sigma_2(\hat{\rho}\sigma_1 Z_1^0 + \sigma_2 Z_2^0)$$

注意:

$$\left[\left(\frac{1 - \theta}{1 - \hat{\rho}^2} + \frac{\theta}{1 - \overline{\rho}_{BA}^2} \right)^2 - \left(\frac{1 - \theta}{1 - \hat{\rho}^2}\hat{\rho} + \frac{\theta}{1 - \overline{\rho}_{BA}^2}\overline{\rho}_{BA} \right)^2 \right] \{ [\hat{\rho} - q(\overline{\rho}_{BA})]\sigma_1 Z_1^0 + [1 - Q(\overline{\rho}_{BA})]\sigma_2 Z_2^0 \}$$

$$= \theta(1 - \theta)\frac{(\overline{\rho}_{BA} - \hat{\rho})^2}{(1 - \hat{\rho}^2)(1 - \overline{\rho}_{BA}^2)}\sigma_1 Z_1^0 [E_{21} - H(\overline{\rho}_{BA})] < 0$$

那么, $\hat{\rho}\sigma_1 Z_1^0 + \sigma_2 Z_2^0 < q(\overline{\rho}_{BA})\sigma_1 Z_1^0 + Q(\overline{\rho}_{BA})\sigma_2 Z_2^0$, 因此, $p_2(BA) < p_2(BB)$。公司 2 将选择 B 市场来发行股票, 市场将处于均衡类型 1, 天真投资者将不参与风险资产 1, 两种风险资产的均衡价格可表示为:

$$p_1(BB) = \mu_1 - \alpha\sigma_1 \left[\frac{1 - \theta\hat{\rho}^2}{1 - \theta} \sigma_1 Z_1^0 + \hat{\rho}\sigma_2 Z_2^0 \right] \tag{C.10a}$$

$$p_2(BB) = \mu_2 - \alpha\sigma_2(\hat{\rho}\sigma_1 Z_1^0 + \sigma_2 Z_2^0) \tag{C.10b}$$

(3) $h(\bar{\rho}_{BB}) < E_{12} < H(\bar{\rho}_{BB})$。根据定理 7.2, 无论公司 2 选择 A 市场还是 B 市场, 市场都将处于均衡类型 2, 天真投资者将同时参与两种风险资产, 两种风险资产的均衡价格可表示为:

$$p_1(Bj) = \mu_1 - \alpha\sigma_1 \left[Q(\bar{\rho}_{Bj})\sigma_1 Z_1^0 + q(\bar{\rho}_{Bj})\sigma_2 Z_2^0\right]$$

$$p_2(Bj) = \mu_2 - I_j c_2 - \alpha\sigma_2 \left[q(\bar{\rho}_{Bj})\sigma_1 Z_1^0 + Q(\bar{\rho}_{Bj})\sigma_2 Z_2^0\right]$$

当公司 2 选择 A 市场和 B 市场时, 相应的风险资产 2 的均衡价格可表示为:

$$p_2(BA) = \mu_2 - c_2 - \alpha\sigma_2 \left[q(\bar{\rho}_{BA})\sigma_1 Z_1^0 + Q(\bar{\rho}_{BA})\sigma_2 Z_2^0\right]$$

$$p_2(BB) = \mu_2 - \alpha\sigma_2 \left[q(\bar{\rho}_{BB})\sigma_1 Z_1^0 + Q(\bar{\rho}_{BB})\sigma_2 Z_2^0\right]$$

因此, 公司 2 选择哪个市场依赖于选择 A 市场的股票发行成本。此时市场 A 中临界的股票发行成本 $c_2^{(B3)}$ 为:

$$c_2^{(B3)} = \alpha\sigma_2 \left\{\left[q(\bar{\rho}_{BB}) - q(\bar{\rho}_{BA})\right]\sigma_1 Z_1^0 + \left[Q(\bar{\rho}_{BB}) - Q(\bar{\rho}_{BA})\right]\sigma_2 Z_2^0\right\}$$

那么,

$$\frac{c_2^{(B3)}}{\alpha\sigma_2} = \left[q(\bar{\rho}_{BB})\sigma_1 Z_1^0 + Q(\bar{\rho}_{BB})\sigma_2 Z_2^0\right] - \left[q(\bar{\rho}_{BA})\sigma_1 Z_1^0 + Q(\bar{\rho}_{BA})\sigma_2 Z_2^0\right]$$

$$= R_2(\bar{\rho}_{BB}) - R_2(\bar{\rho}_{BA})$$

根据性质 7.2,

$$c_2^{(B3)} \lesseqqgtr 0 \quad 当且仅当 \quad \frac{dR_2(\bar{\rho})}{d\bar{\rho}} \lesseqqgtr 0 \quad 当且仅当 \quad E_{12} \lesseqqgtr \frac{2h(\bar{\rho}_{BB})}{1 + h^2(\bar{\rho}_{BB})}$$

而 $h(\bar{\rho}_{BB}) < \dfrac{2h(\bar{\rho}_{BB})}{1 + h^2(\bar{\rho}_{BB})}$, 则有:

① 如果 $h(\bar{\rho}_{BB}) < E_{12} \leqslant \dfrac{2h(\bar{\rho}_{BB})}{1 + h^2(\bar{\rho}_{BB})}$, 那么 $c_2^{(B3)} < 0$, $p_2(BA) < p_2(BB)$。公司 2 将选择 B 市场来发行股票, 此时市场将处于均衡类型 2, 两种风险资产的均衡价格可表示为:

$$p_1(BB) = \mu_1 - \alpha\sigma_1 \left[Q(\bar{\rho}_{BB})\sigma_1 Z_1^0 + q(\bar{\rho}_{BB})\sigma_2 Z_2^0\right] \tag{C.11a}$$

$$p_2(BB) = \mu_2 - \alpha\sigma_2 \left[q(\bar{\rho}_{BB})\sigma_1 Z_1^0 + Q(\bar{\rho}_{BB})\sigma_2 Z_2^0\right] \tag{C.11b}$$

② 如果 $\dfrac{2h(\bar{\rho}_{BB})}{1 + h^2(\bar{\rho}_{BB})} < E_{12} < H(\bar{\rho}_{BB})$, 那么 $c_2^{(B3)} > 0$, 则有以下 3 种情形:

• 如果 $c_2 < c_2^{(B3)}$, 那么 $p_2(BA) > p_2(BB)$, 公司 2 将选择 A 市场来发行股票, 此时市场将处于均衡类型 2, 两种风险资产的均衡价格可表示为:

$$p_1(BA) = \mu_1 - \alpha\sigma_1 \left[Q(\bar{\rho}_{BA})\sigma_1 Z_1^0 + q(\bar{\rho}_{BA})\sigma_2 Z_2^0\right] \tag{C.12a}$$

$$p_2(BA) = \mu_2 - c_2 - \alpha\sigma_2 \left[q(\overline{\rho}_{BA})\sigma_1 Z_1^0 + Q(\overline{\rho}_{BA})\sigma_2 Z_2^0\right] \tag{C.12b}$$

- 如果 $c_2 = c_2^{(B3)}$, 那么 $p_2(BA) = p_2(BB)$, 公司 2 选择 A 市场或者 B 市场无差异。

- 如果 $c_2 > c_2^{(B3)}$, 那么 $p_2(BA) < p_2(BB)$, 公司 2 将选择 B 市场来发行股票, 此时市场将处于均衡类型 2, 两种风险资产的均衡价格可表示为:

$$p_1(BB) = \mu_1 - \alpha\sigma_1 \left[Q(\overline{\rho}_{BB})\sigma_1 Z_1^0 + q(\overline{\rho}_{BB})\sigma_2 Z_2^0\right] \tag{C.13a}$$

$$p_2(BB) = \mu_2 - \alpha\sigma_2 \left[q(\overline{\rho}_{BB})\sigma_1 Z_1^0 + Q(\overline{\rho}_{BB})\sigma_2 Z_2^0\right] \tag{C.13b}$$

(4) $H(\overline{\rho}_{BB}) \leqslant E_{12} < H(\overline{\rho}_{BA})$。根据定理 7.2, 如果公司 2 选择 A 市场来发行股票, 此时市场将处于均衡类型 2, 天真投资者同时参与两种风险资产, 两种风险资产的均衡价格可表示为:

$$p_1(BA) = \mu_1 - \alpha\sigma_1 \left[Q(\overline{\rho}_{BA})\sigma_1 Z_1^0 + q(\overline{\rho}_{BA})\sigma_2 Z_2^0\right]$$

$$p_2(BA) = \mu_2 - c_2 - \alpha\sigma_2 \left[q(\overline{\rho}_{BA})\sigma_1 Z_1^0 + Q(\overline{\rho}_{BA})\sigma_2 Z_2^0\right]$$

如果公司 2 选择 B 市场来发行股票, 此时市场将处于均衡类型 3, 天真投资者将不参与风险资产 2, 两种风险资产的均衡价格可表示为:

$$p_1(BB) = \mu_1 - \alpha\sigma_1(\sigma_1 Z_1^0 + \hat{\rho}\sigma_2 Z_2^0), \quad p_2(BB) = \mu_2 - \alpha\sigma_2 \left[\hat{\rho}\sigma_1 Z_1^0 + \frac{1 - \theta\hat{\rho}^2}{1 - \theta}\sigma_2 Z_2^0\right]$$

因此, 公司 2 将选择哪个市场依赖于 A 市场的股票发行成本, 此时 A 市场中临界发行成本 $c_2^{(B4)}$ 为:

$$c_2^{(B4)} = \alpha\sigma_2 \left\{\left[\hat{\rho} - q(\overline{\rho}_{BA})\right]\sigma_1 Z_1^0 + \left[\frac{1 - \theta\hat{\rho}^2}{1 - \theta} - Q(\overline{\rho}_{BA})\right]\sigma_2 Z_2^0\right\}$$

因此,

$$\left[\left(\frac{1 - \theta}{1 - \hat{\rho}^2} + \frac{\theta}{1 - \overline{\rho}_{BA}^2}\right)^2 - \left(\frac{1 - \theta}{1 - \hat{\rho}^2}\hat{\rho} + \frac{\theta}{1 - \overline{\rho}_{BA}^2}\overline{\rho}_{BA}\right)^2\right]\frac{c_2^{(B4)}}{\alpha\sigma_2}$$

$$= \theta\frac{(\overline{\rho}_{BA} - \hat{\rho})[1 - \theta\hat{\rho}^2 - (1 - \theta)\overline{\rho}_{BA}\hat{\rho}]}{(1 - \hat{\rho}^2)(1 - \overline{\rho}_{BA}^2)}\sigma_2 Z_2^0 \left\{H(\overline{\rho}_{BA}) - E_{12}\right\} > 0$$

也就是说, $c_2^{(B4)} > 0$。

因此,

① 如果 $c_2 < c_2^{(B4)}$, 那么 $p_2(BA) > p_2(BB)$, 公司 2 将选择 A 市场来发行股票, 此时市场将处于均衡类型 2, 两种风险资产的均衡价格可表示为:

$$p_1(BA) = \mu_1 - \alpha\sigma_1 \left[Q(\overline{\rho}_{BA})\sigma_1 Z_1^0 + q(\overline{\rho}_{BA})\sigma_2 Z_2^0\right] \tag{C.14a}$$

$$p_2(BA) = \mu_2 - c_2 - \alpha\sigma_2 \left[q(\overline{\rho}_{BA})\sigma_1 Z_1^0 + Q(\overline{\rho}_{BA})\sigma_2 Z_2^0 \right] \qquad \text{(C.14b)}$$

② 如果 $c_2 = c_2^{(B4)}$, 那么 $p_2(BA) = p_2(BB)$, 公司 2 选择 A 市场或者 B 市场无差异。

③ 如果 $c_2 > c_2^{(B4)}$, 那么 $p_2(BA) < p_2(BB)$, 公司 2 将选择 B 市场来发行股票, 此时市场将处于均衡类型 3, 两种风险资产的均衡价格可表示为:

$$p_1(BB) = \mu_1 - \alpha\sigma_1(\sigma_1 Z_1^0 + \hat{\rho}\sigma_2 Z_2^0) \qquad \text{(C.15a)}$$

$$p_2(BB) = \mu_2 - \alpha\sigma_2 \left[\hat{\rho}\sigma_1 Z_1^0 + \frac{1 - \theta\hat{\rho}^2}{1 - \theta}\sigma_2 Z_2^0 \right] \qquad \text{(C.15b)}$$

(5) $H(\overline{\rho}_{BA}) \leqslant E_{12}$。根据定理 7.2, 无论公司 2 选择 A 市场还是 B 市场, 市场都将处于均衡类型 3, 天真投资者不参与风险资产 2, 此时, 两种风险资产的均衡价格可表示为:

$$p_1(Bj) = \mu_1 - \alpha\sigma_1(\sigma_1 Z_1^0 + \hat{\rho}\sigma_2 Z_2^0), \ p_2(Bj) = \mu_2 - I_j c_2 - \alpha\sigma_2 \left[\hat{\rho}\sigma_1 Z_1^0 + \frac{1 - \theta\hat{\rho}^2}{1 - \theta}\sigma_2 Z_2^0 \right]$$

当公司 2 选择 A 市场和 B 市场时, 相应地, 风险资产 2 的均衡价格可表示为:

$$p_2(BA) = \mu_2 - c_2 - \alpha\sigma_2 \left[\hat{\rho}\sigma_1 Z_1^0 + \frac{1 - \theta\hat{\rho}^2}{1 - \theta}\sigma_2 Z_2^0 \right]$$

$$p_2(BB) = \mu_2 - \alpha\sigma_2 \left[\hat{\rho}\sigma_1 Z_1^0 + \frac{1 - \theta\hat{\rho}^2}{1 - \theta}\sigma_2 Z_2^0 \right]$$

显然, $p_2(BA) < p_2(BB)$, 公司 2 将选择 B 市场来发行股票, 此时市场将处于均衡类型 3, 天真投资者不参与风险资产 2, 两种风险资产的均衡价格可表示为:

$$p_1(BB) = \mu_1 - \alpha\sigma_1(\sigma_1 Z_1^0 + \hat{\rho}\sigma_2 Z_2^0) \qquad \text{(C.16a)}$$

$$p_2(BB) = \mu_2 - \alpha\sigma_2 \left[\hat{\rho}\sigma_1 Z_1^0 + \frac{1 - \theta\hat{\rho}^2}{1 - \theta}\sigma_2 Z_2^0 \right] \qquad \text{(C.16b)}$$

参 考 文 献

[1] 郭荣怡, 张顺明, 纪晨. 暧昧环境下的不对称信息更新与资产定价研究 [J]. 系统工程理论与实践, 2018, 38(7): 1633-1655.

[2] 刘逖. 市场微观结构与交易机制设计: 高级指南 [M]. 上海: 上海人民出版社, 2012.

[3] 章卫东, 张洪辉, 邹斌. 政府干预、大股东资产注入: 支持抑或掏空 [J]. 会计研究, 2012(8): 34-40.

[4] David Ahn, Syngjoo Choi, Douglas Gale, Shachar Kariv. Estimating Ambiguity Aversion in A Portfolio Choice Experiment[J]. Quantitative Economics, 2014, 5(2): 195-223.

[5] Anders Anderson. Trading and Under-Diversification[J]. Review of Finance, 2013, 17(5): 1699-1741.

[6] Steffen Andersen, Kasper Meisner Nielsen. Participation Constraints in the Stock Market: Evidence from Unexpected Inheritance Due to Sudden Death[J]. Review of Financial Studies, 2011, 24(5): 1667-1697.

[7] Ronald C. Anderson, David M. Reeb. Founding-Family Ownership, Corporate Diversification, and Firm Leverage[J]. Journal of Law and Economics, 2003, 46(2): 653-684.

[8] Andrew Ang, Geert Bekaert, Jun Liu. Why Stocks May Disappoint[J]. Journal of Financial Economics, 2005, 76(3): 471-508.

[9] Francis J. Anscombe, Robert J. Aumann. A Definition of Subjective Probability[J]. Annals of Mathematical Statistics, 1963, 34(1): 199-205.

[10] Elena Asparouhova, Peter Bossaerts, Jernej Čopič, Brad Cornell, Jakša Cvitanić, Debrah Meloso. Competition in Portfolio Management: Theory and Experiment[J]. Management Science, 2015, 61(8): 1868-1888.

[11] H. Kent Baker, John R. Nofsinger, Daniel G. Weaver. International Cross-Listing and Visibility[J]. Journal of Financial and Quantitative Analysis, 2002, 37(3): 495-521.

[12] H. Kent Baker, Gary E. Powell, Daniel G. Weaver. Does NYSE Listing Affect Firm Visibility?[J]. Financial Management, 1999, 28(2): 46-54.

[13] Gurdip Bakshi, Georgios Skoulakis. Do Subjective Expectations Explain Asset Pricing Puzzles?[J]. Journal of Financial Economics, 2010, 98(3): 462-477.

[14] Brad M. Barber, Terrance Odean. Trading Is Hazardous to Your Wealth: The Common Stock Investment Performance of Individual Investors[J]. Journal of Finance, 2000, 55(2): 773-806.

[15] Shmuel Baruch, Gideon Saar. Asset Returns and the Listing Choice of Firms[J]. Review of Financial Studies, 2009, 22(6): 2239-2274.

[16] Suleyman Basak, Domenico Cuoco. An Equilibrium Model with Restricted Stock Market Participation[J]. Review of Financial Studies, 1998, 11(2): 309-341.

[17] Brandon Becker, Eugene Lopez, Victoria Berberi-Doumar, Richard Cohn, Alden S. Adkins. Automated Securities Trading[J]. Journal of Financial Services Research, 1993, 6(4): 327-341.

[18] Selwyn W. Becker, Fred O. Brownson. What Price Ambiguity? Or The Role of Ambiguity in Decision-Making[J]. Journal of Political Economy, 1964, 72(1): 62-73.

[19] Ben Bernanke, Mark Gertler, Simon Gilchrist. The Financial Accelerator and the Flight to Quality[J]. Review of Economics and Statistics, 1996, 78(1): 1-15.

[20] Daniel Bernoulli. Specimen Theoriae Novae De Mensura Sortis, Commentarii Academiae Scientiarum Imperialis Petropolitanae [papers of the imperial academy of sciences in petersburg] V, 175-192. English translation: Exposition of A New Theory on the Measurement of Risk[J], Econometrica, 1954, 22(1): 23-36.

[21] Sebastian Bethke, Monika Gehde-Trapp, Alexander Kempf. Trader Sentiment, Flight-to-Quality, and Corporate Bond Comovement[J]. Journal of Banking and Finance, 2017, 82(1): 112-132.

[22] Francesco Bianchi, Cosmin L. Ilut, Martin Schneider. Uncertainty Shocks, Asset Supply and Pricing over the Business Cycle[J]. Review of Economic Studies, 2018, 85(3): 810-854.

[23] Stuart S. Blume. Behavioural Aspects of Research Management - A Review[J]. Research Policy, 1974, 3(1): 40-76.

[24] Marshall E. Blume, Irwin Friend. The Asset Structure of Individual Portfolios and Some Implications for Utility Functions[J]. Journal of Finance, 1975, 30(2): 585-603.

[25] Giovanni Bonanno, Fabrizio Lillo, Rosario N. Mantegna. High-Frequency Cross-Correlation in a Set of Stocks[J]. Quantitative Finance, 2001, 1(1): 96-104.

[26] Yosef Bonaparte, George M. Korniotis, Alok Kumar. Income Hedging and Portfolio Decisions[J]. Journal of Financial Economics, 2014, 113(2): 300-324.

[27] Peter Bossaerts, Paolo Ghirardato, Serena Guarnaschelli, William R. Zame. Ambiguity in Asset Markets: Theory and Experiment[J]. Review of Financial Studies, 2010, 23(4): 1325-1359.

[28] Menachem Brenner, Yehuda Izhakian. Asset Pricing and Ambiguity: Empirical Evidence[J]. Journal of Financial Economics, 2018, 130(3): 503-531.

[29] Joseph Briggs, David Cesarini, Erik Lindqvist, Robert Östling. Windfall Gains and Stock Market Participation[J]. Journal of Financial Economics, 2021, 139(1): 57-83.

[30] Jeffrey R. Brown, Zoran Ivković, Paul A. Smith, Scott Weisbenner. Neighbors Matter: Causal Community Effects and Stock Market Participation[J]. Journal of Finance, 2008, 63(3): 1509-1531.

[31] Andrea Buraschi, Paolo Porchia, Fabio Trojani. Correlation Risk and Optimal Portfolio Choice[J]. Journal of Finance, 2010, 65(1): 393-420.

[32] Ricardo J. Caballero, Arvind Krishnamurthy. Collective Risk Management in a Flight to Quality Episode[J]. Journal of Finance, 2008, 63(5): 2195-2230.

[33] Laurent E. Calvet, John Y. Campbell, Paolo Sodini. Down or Out: Assessing the Welfare Costs of Household Investment Mistakes[J]. Journal of Political Economy, 2007, 115(5): 707-747.

[34] Laurent E. Calvet, John Y. Campbell, Paolo Sodini. Fight Or Flight? Portfolio Rebalancing by Individual Investors[J]. Quarterly Journal of Economics, 2009a, 124(1): 301-348.

[35] Laurent E. Calvet, John Y. Campbell, Paolo Sodini. Measuring The Financial Sophistication of Households[J]. American Economic Review, 2009b, 99(2): 393-398.

[36] John Y. Campbell. Household Finance[J]. Journal of Finance, 2006, 61(4): 1553-1604.

[37] H. Henry Cao, Tan Wang, Harold H. Zhang. Model Uncertainty, Limited Market Participation, and Asset Prices[J]. Review of Financial Studies, 2005, 18(4): 1219-1251.

[38] Judson A. Caskey. Information in Equity Markets with Ambiguity-Averse Investors[J]. Review of Financial Studies, 2009, 22(9): 3595-3627.

[39] Sylvain Catherine. Countercyclical Labor Income Risk And Portfolio Choices over the Life Cycle[J]. Review of Financial Studies, 2022, 35(9): 4016-4054.

[40] Enrico M. Cervellati, Pierpaolo Pattitoni, Marco Savioli. Entrepreneurial Under-Diversification: Overoptimism and Overconfidence[J]. Working Paper Series 09-13, 2013, The Rimini Centre for Economic Analysis.

[41] Thomas J. Chemmanur, Paolo Fulghieri. Competition and Cooperation among Exchanges: A Theory of Cross-Listing and Endogenous Listing Standards[J]. Journal of Financial Economics, 2006, 82(2): 455-489.

[42] Hui Chen, Nengjiu Ju, Jianjun Miao. Dynamic Asset Allocation with Ambiguous Return Predictability[J]. Review of Economic Dynamics, 2014, 17(4): 799-823.

[43] Yan Chen, Peter Katuščák, Emre Ozdenoren. Sealed Bid Auctions with Ambiguity: Theory and Experiments[J]. Journal of Economic Theory, 2007, 136(1): 513-535.

[44] Zengjing Chen, Larry Epstein. Ambiguity, Risk, and Asset Returns in Continuous Time[J]. Econometrica, 2002, 72(4): 1403-1443.

[45] Soo Hong Chew, Bin Miao, Songfa Zhong. Partial Ambiguity[J]. Econometrica, 2017, 85(4): 1239-1260.

[46] John S. Chipman. Stochastic Choice and Subjective Probability[J]. In Decisions, Values and Groups[M], edited by Dorothy Willner. New York: Elsevier, Inc., 1960.

[47] John S. Chipman. Stochastic Choice and Subjective Probability[J]. Econometrica, 1958, 26(4): 613.

[48] Mei Choi Chiu, Hoi Ying Wong. Mean-Variance Portfolio Selection with Correlation Risk[J]. Journal of Computational and Applied Mathematics, 2014, 263: 432-444.

[49] Jin-Wan Cho, Joung Hwa Choi, Taeyong Kim, Woojin Kim. Flight-to-Quality and Correlation between Currency and Stock Returns[J]. Journal of Banking and Finance, 2016, 62(1): 191-212.

[50] William G. Christie, Roger D. Huang. Market Structures and Liquidity: A Transactions Data Study of Exchange Listings[J]. Journal of Financial Intermediation, 1994, 3(3): 300-326.

[51] Joao F. Cocco. Portfolio Choice in the Presence of Housing[J]. Review of Financial Studies, 2005, 18(2): 535-567.

[52] Joao F. Cocco, Francisco J. Gomes, Pascal J. Maenhout (2005). Consumption and Portfolio Choice over the Life Cycle[J]. Review of Financial Studies, 2005, 18(2): 491-533.

[53] Scott Condie, Jayant Ganguli. The Pricing Effects of Ambiguous Private Information[J]. Journal of Economic Theory, 2017, 172(1): 512-557.

[54] Ian Cooper, Evi Kaplanis. The Implications of the Home Bias in Equity Portfolios[J]. Business Strategy Review, 1994, 5(2): 41-53.

[55] Shane A. Corwin, Jeffrey H. Harris. The Initial Listing Decisions of Firms That Go Public[J]. Financial Management, 2001: 35-55.

[56] Shawn P. Curley, J. Frank Yates. An Empirical Evaluation of Descriptive Models of Ambiguity Reactions in Choice Situations[J]. Journal of Mathematical psychology, 1989, 33(4): 397-427.

[57] Shawn P. Curley, Mark J. Young, J. Frank Yates. Characterizing Physicians' Perceptions of Ambiguity[J]. Medical Decision Making, 1989, 9(2): 116-124.

[58] Magnus Dahlquist, Ofer Setty, Roine Vestman. On the Asset Allocation of a Default Pension Fund[J]. Journal of Finance, 2018, 73(4): 1893-1936.

[59] Stephen G Dimmock, Roy Kouwenberg. Loss-Aversion and Household Portfolio Choice[J]. Journal of Empirical Finance, 2010, 17(3): 441-459.

[60] Stephen G. Dimmock, Roy Kouwenberg, Olivia S. Mitchell, Kim Peijnenburg. Ambiguity Aversion and Household Portfolio Choice Puzzles: Empirical Evidence[J]. Journal of Financial Economics, 2016, 119(3): 559-577.

[61] Stephen G. Dimmock, Roy Kouwenberg, Olivia S. Mitchell, Kim Peijnenburg. Household Portfolio Underdiversification and Probability Weighting: Evidence from the Field[J]. Review of Financial Studies, 2021, 34(9): 4524-4563.

[62] James Dow, Sérgio Ribeiro da Costa Werlang. Uncertainty Aversion, Risk Aversion, and the Optimal Choice of Portfolio[J]. Econometrica, 1992(60): 197-204.

[63] Mardi Dungey, Michael McKenzie, Demosthenes N. Tambakis. Flight-to-Quality and Asymmetric Volatility Responses in US Treasuries[J]. Global Finance Journal, 2009(19): 252-267.

[64] David Easley, Maureen O'Hara. Ambiguity and Nonparticipation: The Role of Regulation[J]. Review of Financial Studies, 2009, 22(5): 1817-1843.

[65] David Easley, Maureen O'Hara. Microstructure and Ambiguity[J]. Journal of Finance, 2010, 65(5): 1817-1846.

[66] David Easley, Maureen O'Hara, Liyan Yang. Opaque Trading, Disclosure, and Asset Prices: Implications for Hedge Fund Regulation[J]. Review of Financial Studies, 2014, 27(4): 1190-1237.

[67] Jürgen Eichberger, Simon Grant, David Kelsey, Gleb A. Koshevoy. The α-MEU Model: A Comment[J]. Journal of Economic Theory, 2011, 146(4): 1684-1698.

[68] Hillel J. Einhorn, Robin M. Hogarth. Decision Making Under Ambiguity[J]. Journal of Business, 1986, 59(4): S225-S250.

[69] Andrew Ellis, Michele Piccione. Correlation Misperception in Choice[J]. American Economic Review, 2017, 107(4): 1264-1292.

[70] Daniel Ellsberg. Risk, Ambiguity and Savage Axioms[J]. Quarterly Journal of Economics, 1961, 75(4): 643-669.

[71] Robert Engle. Dynamic Conditional Correlation: A Simple Class of Multivariate Generalized Autoregressive Conditional Heteroskedasticity Models[J]. Journal of Business and Economic Statistics, 2002, 20(3): 339-350.

[72] Robert Engle, Bryan Kelly. Dynamic Equicorrelation[J]. Journal of Business and Economic Statistics, 2012, 30(2): 212-228.

[73] Larry G. Epstein, Yoram Halevy. Ambiguous Correlation[J]. Review of Economic Studies, 2019, 86(2): 668-693.

[74] Larry G. Epstein, Jianjun Miao. A Two-Person Dynamic Equilibrium Under Ambiguity[J]. Journal of Economic Dynamics and Control, 2003, 27(7): 1253-1288.

[75] Larry G. Epstein, Martin Schneider. Ambiguity, Information Quality and Asset Pricing[J]. Journal of Finance, 2008, 63(1): 197-228.

[76] Larry G. Epstein, Tan Wang. Intertemporal Asset Pricing Under Knightian Uncertainty[J]. Econometrica, 1994, 62(2): 283-322.

[77] Haluk Ergin, Faruk Gul. A Subjective Theory of Compound Lotteries[J]. Journal of Economic Theory, 2009, 144(3): 899-929.

[78] Andreas Fagereng, Charles Gottlieb, Luigi Guiso. Asset Market Participation and Portfolio Choice over the Life-Cycle[J]. Journal of Finance, 2017, 72(2): 705-750.

[79] William Fellner. Distortion of Subjective Probabilities as a Reaction to Uncertainty[J]. Quarterly Journal of Economics, 1961(75): 670-689.

[80] Mark D. Flood, Ronald Huisman, Kees C.G. Koedijk, Mathijs A. Van Dijk, Irma W. van Leeuwen. The More You See, the Less You Get: Price-Competing Insiders Under Different Trading Mechanisms[J]. SSRN Working Paper. Available at SSRN: https://ssrn.com/abstract=92590, 1998.

[81] Stephen R. Foerster, G. Andrew Karolyi. The Effects of Market Segmentation and Investor Recognition on Asset Prices: Evidence from Foreign Stocks Listing in the United States[J]. Journal of Finance, 1999, 54(3): 981-1013.

[82] Jean-Pierre Fouque, Chi Seng Pun, Hoi Ying Wong. Portfolio Optimization with Ambiguous Correlation and Stochastic Volatilities[J]. SIAM Journal on Control and Optimization, 2016, 54(5): 2309-2338.

[83] Kenneth R. French, James M. Poterba. Investor Diversification and International Equity Markets[J]. American Economic Review, 1991, 81(2): 222-226.

[84] Yongbo Ge, Xiaoran Kong, Geilegeilao Dadilabang, Kung-Cheng Ho. The Effect of Confucian Culture on Household Risky Asset Holdings: Using Categorical Principal Component Analysis[J]. International Journal of Finance and Economics, 2021: 1-19.

[85] Veronica Guerrieri, Robert Shimer. Dynamic Adverse Selection: A Theory of Illiquidity, Fire Sales, and Flight to Quality[J]. American Economic Review, 2014, 104(7): 1875-1908.

[86] William M. Gentry, R. Glenn Hubbard. The Effects of Progressive Income Taxation on Job Turnover[J]. Journal of Public Economics, 2004, 88(11): 2301-2322.

[87] Mariassunta Giannetti, Tracy Yue Wang. Corporate Scandals and Household Stock Market Participation[J]. Journal of Finance, 2016, 71(6): 2591-2636.

[88] Itzhak Gilboa, David Schmeidler. Maximum Expected Utility Theory with Non-Unique Prior[J]. Journal of Mathematical Economics, 1989, 18(2): 141-153.

[89] Paolo Ghirardato, Fabio Maccheroni, Massimo Marinacci. Differentiating Ambiguity and Ambiguity Attitude[J]. Journal of Economic Theory, 2004(118): 133-173.

[90] William N. Goetzmann, Alok Kumar. Equity Portfolio Diversification[J]. Review of Finance, 2008, 12(3): 433-463.

[91] Christian Gollier. Portfolio Choices and Asset Prices: The Comparative Statics of Ambiguity Aversion[J]. Review of Economic Studies, 2011, 78(4): 1329-1344.

[92] Francisco Gomes, Alexander Michaelides. Optimal Life-Cycle Asset Allocation: Understanding the Empirical Evidence[J]. Journal of Finance, 2005, 60(2): 869-904.

[93] Francisco Gomes, Alexander Michaelides. Asset Pricing with Limited Risk Sharing and Heterogeneous Agents[J]. Review of Financial Studies, 2008, 21(1): 415-448.

[94] Todd Gormley, Hong Liu, Guofu Zhou. Limited Participation and Consumption-Saving Puzzles: A Simple Explanation and the Role of Insurance[J]. Journal of Financial Economics, 2010, 96(2): 331-344.

[95] Elena F. Gouskova, Thomas Juster, Frank P. Stafford. Exploring the Changing Nature of US Stock Market Participation, 1994-1999[R]. Survey Research Center, University of Michigan Working Paper, 2004.

[96] Mark Grinblatt, Matti Keloharju and Juhani Linnainmaa. IQ and Stock Market Participation[J]. Journal of Finance, 2011, 66(6): 2121-2164.

[97] Sanford Grossman. On The Efficiency of Competitive Stock Markets Where Investors Have Diverse Information[J]. Journal of Finance, 1976, 31(2): 573-584.

[98] Massimo Guidolin, Hening Liu. Ambiguity Aversion and Underdiversification[J]. Journal of Financial and Quantitative Analysis, 2016, 51(4): 1297-1323.

[99] Luigi Guiso, Paolo Sodini. Household Finance: An Emerging Field[J]. Handbook of the Economics of Finance, 2013, 2: 1397-1532.

[100] Luigi Guiso, Paola Sapienza, Luigi Zingales. Trusting the Stock Market[J]. Journal of Finance, 2008, 63(6): 2557-2600.

[101] Junyong He, Helen Hui Huang, Shunming Zhang. Correlation Ambiguity, Listing Choice, and Market Microstructure[J]. Journal of Management Science and Engineering, 2022(7): 67-97.

[102] Richard Heaney, Martin Holmen. Family Ownership and the Cost of Under-Diversification[J]. Applied Financial Economics, 2008, 18(21): 1721-1737.

[103] John Heaton, Deborah Lucas. Stock Prices and Fundamentals[J]. NBER Macroeconomics Annual, 1999(14): 213-242.

[104] Robin M. Hogarth, Howard Kunreuther. Ambiguity and Insurance Decisions[J]. American Economic Review, 1989, 75(2): 386-390.

[105] Robin M. Hogarth, Howard Kunreuther. Pricing Insurance and Warranties: Ambiguity and Correlated Risks[J]. Geneva Papers On Risk and Insurance Theory, 1992, 17(1): 35-60.

[106] Harrison Hong, Jeffrey D. Kubik, Jeremy C. Stein. Social Interaction and Stock-Market Participation[J]. Journal of Finance, 2004, 59(1): 137-163.

[107] Helen Hui Huang, Yanjie Wang, Shunming Zhang. Prudence Attitude and Limited Participation[J]. Economic Modelling, 2021, 101(4): 105534.

[108] Helen Hui Huang, Yanjie Wang, Shunming Zhang. Heterogeneous Beliefs, Limited Participation, and Flight-to-Quality[J]. Annals of Economics and Finance, 2021, 22(2): 467-524.

[109] Helen Hui Huang, Yanjie Wang, Shunming Zhang. Asset Allocation, Limited Participation and Flight-to-Quality under Ambiguity of Correlation[J]. International Journal of Finance and Economics, 2022, 27(3): 1-23.

[110] Helen Hui Huang, Yanjie Wang, Shunming Zhang. Correlation Uncertainty, Limited Partici-pation, and Flight-to-Quality[J]. Journal of Management Science and Engineering, Available online 12 August 2022 https://doi.org/10.1016/j.jmse.2022.07.003.

[111] Helen Hui Huang, Shunming Zhang, Wei Zhu. Limited Participation under Ambiguity of Correlation. Journal of Financial Markets, 2017(32): 97-143.

[112] Philipp Karl Illeditsch. Ambiguous Information, Portfolio Inertia, and Excess Volatility[J]. Journal of Finance, 2011, 66(6): 2213-2247.

[113] Philipp K. Illeditsch, Jayant V. Ganguli, Scott Condie. Information Inertia[J]. Journal of Finance, 2021, 76(1): 443-479.

[114] Yehuda Izhakian. A Theoretical Foundation of Ambiguity Measurement[J]. Journal of Eco-nomic Theory, 2020(187): 105001.

[115] Yehuda Izhakian, David Yermack. Risk, Ambiguity, and the Exercise of Employee Stock Options[J]. Journal of Financial Economics, 2017, 124(1): 65-85.

[116] Mohammad R. Jahan-Parvar, Hening Liu. Ambiguity Aversion and Asset Prices in Produc-tion Economies[J]. Review of Financial Studies, 2014, 27(10): 3060-3097.

[117] Daehee Jeong, Hwagyun Kim, Joon Y. Park. Does Ambiguity Matter? Estimating Asset Pricing Models with a Multiple-Priors Recursive Utility[J]. Journal of Financial Economics, 2015, 115(2): 361-382.

[118] Julia Jiang, Jun Liu, Weidong Tian, Xudong Zeng. Portfolio Concentration, Portfolio Inertia, and Ambiguous Correlation[J]. Journal of Economic Theory, 2022(203): 105463.

[119] Nengjiu Ju, Jianjun Miao. Ambiguity, Learning, and Asset Returns[J]. Econometrica, 2012, 80(2): 559-591.

[120] Marcin Kacperczyk, Stijn Van Nieuwerburgh, Laura Veldkamp. Rational Attention Alloca-tion Over the Business Cycle[R]. NBER Working Paper: No. w15450, 2009.

[121] Gregory B. Kadlec, John J. McConnell. The Effect of Market Segmentation and Illiquidity on Asset Prices: Evidence from Exchange Listings[J]. Journal of Finance, 1994, 49(2): 611-636.

[122] Barbara E. Kahn, Rakesh K. Sarin. Modeling Ambiguity in Decisions Under Uncertainty[J]. Journal of Consumer Research, 1988, 15(2): 265-272.

[123] Mervyn A King, Jonathan I Leape. Wealth And Portfolio Composition: Theory and Evi-dence[J]. Journal of Public Economics, 1998, 69(2): 155-193.

[124] Tony Klein. Dynamic Correlation of Precious Metals and Flight-to-Quality in Developed Markets[J]. Finance Research Letters, 2017, 23: 283-290.

[125] Peter Klibanoff, Massimo Marinacci, Sujoy Mukerji. A Smooth Ambiguity Preferences[J]. Econometrica, 2005, 73: 1849-1892.

[126] Peter Klibanoff, Massimo Marinacci, Sujoy Mukerji. Recursive Smooth Ambiguity Prefer-ences[J]. Journal of Economic Theory, 2009, 144: 930-976.

[127] Frank H. Knight. Risk, Ambiguity, and Profit[M]. Boston, MA: Houghton Mifflin, 1921.

[128] Samuli Knupfer, Elias Rantapuska, Matti Sarvimaki. Formative Experiences and Portfolio Choice: Evidence from the Finnish Great Depression[J]. Journal of Finance, 2017, 72(1): 133-166.

[129] Alan Kraus, Hans R. Stoll. Parallel Trading by Institutional Investors[J]. Journal of Financial and Quantitative Analysis, 1972, 7(5): 2107-2138.

[130] Stephanie Kremer, Dieter Nautz. Causes and Consequences of Short-Term Institutional Herding[J]. Journal of Banking and Finance, 2013, 37(5): 1676-1686.

[131] Howard Kunreuther, Jacqueline Meszaros, Robin M. Hogarth, Mark Spranca. Ambiguity and Underwriter Decision Processes[J]. Journal of Economic Behavior and Organization, 1995, 26(3): 337-352.

[132] Markus Leippold, Fabio Trojani, Paolo Vanini. Learning and Asset Prices under Ambiguous Information[J]. Review of Financial Studies, 2008, 21(6): 2565-2597.

[133] Qian Lin, Yulei Luo, Xianming Sun. Robust Investment Strategies with Two Risky Assets[J]. Journal of Economic Dynamics and Control, 2022, 134: 104275.

[134] Hong Liu. Portfolio Insurance and Underdiversification[R]. SSRN Working Paper. Available at http://dx.doi.org/10.2139/ssrn.932581, 2008.

[135] Hong Liu. Solvency Constraint, Underdiversification, and Idiosyncratic Risks[J]. Journal of Financial and Quantitative Analysis, 2014, 49(2): 409-430.

[136] Zhifeng Liu, Wenquan Li, Tingting Zhang. Internet and Private Insurance Participation[J]. International Journal of Finance and Economics, 2022, 27: 1495-1509.

[137] Francis A. Longstaff. The Flight-to-Liquidity Premium in U.S. Treasury Bond Prices[J]. Journal of Business, 2004, 77(3): 511-526.

[138] Fabio Maccheroni, Massimo Marinacci, Doriana Ruffino. Alpha As Ambiguity: Robust Mean-Variance Portfolio Analysis[J]. Econometrica, 2013, 81(3): 1075-1113.

[139] Fabio Maccheroni, Massimo Marinacci, Aldo Rustichini. Ambiguity Aversion, Robustness, and the Variational Representation of Preferences[J]. Econometrica, 2006a, 74(6): 1447-1498.

[140] Fabio Maccheroni, Massimo Marinacci, Aldo Rustichini. Dynamic Variational Preferences[J], Journal of Economic Theory, 2006b, 128(1): 4-44.

[141] Kenneth R. MacCrimmon. Descriptive and Normative Implications of the Decision-Theory Postulates Risk and uncertainty[M]. London: Palgrave Macmillan, 1968.

[142] Jonathan Macey, Maureen O'Hara, David Pompilio. Down And Out in the Stock Market: The Law and Economics of the Delisting Process[J]. Journal of Law and Economics, 2008, 51(4): 683-713.

[143] Ananth Madhavan. Security Prices and Market Transparency[J]. Journal of Financial Intermediation, 1996, 5(3): 255-283.

[144] Dmitry Makarov. Optimal Portfolio Under Ambiguous Ambiguity[J]. Finance Research Letters, 2021, 43: 101961.

[145] Ulrike Malmendier, Stefan Nagel. Depression Babies: Do Macroeconomic Experiences Affect Risk Taking?[J]. Quarterly Journal of Economics, 2011, 126(1): 373-416.

[146] N. Gregory Mankiw, Stephen P. Zeldes. The Consumption of Stockholders and Nonstockholders[J]. Journal of Financial Economics, 1991, 29(1): 97-112.

[147] Harry Markowitz. The Utility of Wealth[J]. Journal of political Economy, 1952, 60(2): 151-158.

[148] Sharon F. Matusik, Markus A. Fitza. Diversification In the Venture Capital Industry: Leveraging Knowledge Under Uncertainty[J]. Strategic Management Journal, 2012, 33(4): 407-426.

[149] Yulia Merkoulova, Chris Veld. Stock Return Ignorance[J]. Journal of Financial Economics, 2022, 144(3): 864-884.

[150] Robert C. Merton. Lifetime Portfolio Selection under Uncertainty: The Continuous-Time Case[J]. Review of Economics and Statistics, 1969, 51(3): 247-257.

[151] Robert C. Merton. A Simple Model of Capital Market Equilibrium with Incomplete Information[J]. Journal of Finance, 1987, 42: 483-510.

[152] Todd Mitton, Keith Vorkink. Equilibrium Underdiversification and the Preference for Skewness[J]. Review of Financial Studies, 2007, 20(4): 1255-1288.

[153] John R. Nofsinger, Richard W. Sias. Herding and Feedback Trading by Institutional and Individual traders[J]. Journal of Finance, 1999, 54(6): 2263-2295.

[154] Maureen O'Hara. Market Microstructure Theory[M]. New York: John Wiley & Sons, 1998.

[155] Sebastian Opitz, Alexander Szimayer. What Drives Flight to Quality?[J]. Accounting and Finance, 2018, 58(S1): 529-571.

[156] Gerhard O. Orosel. Participation Costs, Trend Chasing, and Volatility of Stock Prices[J]. Review of Financial Studies, 1998, 11(3): 521-557.

[157] Paige Ouimet, Geoffrey Tate. Learning from Coworkers: Peer Effects on Individual Investment Decisions[J]. Journal of Finance, 2020, 75(1): 133-172.

[158] Monica Paiella. The Forgone Gains of Incomplete Portfolios[J]. Review of Financial Studies, 2007, 20(5): 1623-1646.

[159] Joon Y. Park. Martingale Regressions for Conditional Mean Models in Continuous Time[R]. Working Paper, Indiana University, 2010. Available at https://www.semant icscholar.org/paper/Martingale-Regressions-for-Conditional-Mean-Models-Park/4c5678380f af48f4df3155548fda54a0d5dcbccc.

[160] Kyunghyun Park, Hoi Ying Wong. Robust Consumption-investment with Return Ambiguity: A Dual Approach with Risk Ambiguity[J]. SIAM Journal on Financial Mathematics, Forthcoming, 2022.

[161] Luboš Pástor. Portfolio Selection and Asset Pricing Models[J]. Journal of Finance, 2000, 55(1): 179-223.

[162] Joshua M. Pollet, Mungo Wilson. Average Correlation and Stock Market Returns[J]. Journal of Financial Economics, 2010, 96(3): 364-380.

[163] Manju Puri, David T Robinson. Optimism and Economic Choice[J]. Journal of Financial Economics, 2007, 86(1): 71-99.

[164] John Quiggin. A Theory of Anticipated Utility[J]. Journal of Economic Behavior and Organization, 1982, 3(4): 323-343.

[165] Jay R. Ritter. The Costs of Going Public[J]. Journal of Financial Economics, 1987, 19(2): 269-281.

[166] Ilana Ritov, Jonathan Baron. Reluctance To Vaccinate Omission Bias and Ambiguity[J]. Journal of Behavioral Decision Making, 1990, 3(4): 263-277.

[167] Hervé Roche, Stathis Tompaidis, Chunyu Yang. Asset Selection and Under-Diversification with Financial Constraints and Income: Implications For Household Portfolio Studies[J]. Paris December 2010 Finance Meeting EUROFIDAI-AFFI. Available at SSRN: https://ssrn.com/abstract=1695872.

[168] Maarten van Rooji, Annamaria Lusardi, Rob Alessie. Financial Literacy and Stock Market Participation[J]. Journal of Financial Economics, 2011, 101(2): 449-472.

[169] Christoph G. Rösch, Christoph Kaserer. Market Liquidity in the Financial Crisis: The Role of Liquidity Commonality and Flight-to-Quality[J]. Journal of Banking and Finance, 2013, 37(7): 2284-2302.

[170] Paul A. Samuelson. Lifetime Portfolio Selection by Dynamic Stochastic Programming[J]. Review of Economics and Statistics, 1969, 51(3): 239-246.

[171] Leonard J. Savage. The Foundations of Statistics[M]. New York: Wiley, 1954.

[172] David Schmeidler. Integral Representation without Additivity[J]. Proceedings of the American Mathematical Society, 1986, 97(2): 255-261.

[173] David Schmeidler. Subjective Probability and Expected Utility without Additivity[J]. Econometrica, 1989, 57(3): 571-587.

[174] Robert A. Schwartz. Reshaping the Equity Markets: A Guide for the 1990s[M]. Richard d Irwin, 1993.

[175] Uzi Segal. Some Remarks on Quiggin's Anticipated Utility[J]. Journal of Economic Behavior and Organization, 1987a, 8(1): 145-154.

[176] Uzi Segal. The Ellsberg Paradox and Risk Aversion: An Anticipated Utility Approach[J]. International Economic Review, 1987b, 28(1): 175-202.

[177] William F. Sharpe. Mutual Fund Performance[J]. Journal of Business, 1966, 39(1): 119-138.

[178] Richard W. Sias. Institutional Herding[J]. Review of Financial Studies, 2004, 17(1): 165-206.

[179] Marciano Siniscalchi. A Behavioral Characterization of Plausible Priors[J]. Journal of Economic Theory, 2006, 128(1): 91-135.

[180] Marciano Siniscalchi. Vector Expected Utility and Attitudes Toward Variation[J]. Econometrica, 2009a, 77(3): 801-855.

[181] Marciano Siniscalchi. Two Out of Three Ain't Bad: A Comment on 'The Ambiguity Aversion Literature: A Critical Assessment'[J]. Economics and Philosophy, 2009b, 25(3): 335-356.

[182] Maurice Sion. On General Minimax Theorems[J]. Pacific Journal of Mathematics, 1958, 8(1): 171-176.

[183] Paul Slovic, Amos Tversky. Who Accepts Savage's Axiom?[J]. Behavioral Science, 1974, 19(6): 368-373.

[184] Mike K.P. So, Amanda M.Y. Chu, Thomas W.C. Chan. Impacts of the COVID-19 Pandemic on Financial Market Connectedness[J]. Finance Research Letters, 2021, 38: 101864.

[185] Linda L. Tesar, Ingrid M. Werner. U.S. Equity Investment in Emerging Stock Markets[J]. World Bank Economic Review, 1995, 9(1): 109-129.

[186] Chi K. Tse, Jing Liu, Francis C.M. Lau. A Network Perspective of the Stock Market[J]. Journal of Empirical Finance, 2010, 17: 659-667.

[187] Takashi Ui. The Ambiguity Premium vs. the Risk Premium under Limited Market Partici-
       pation[J]. Review of Finance, 2011, 15(2): 245-275.

[188] Raman Uppal, Tan Wang. Model Misspecification and Under-Diversification[J]. Journal of
       Finance, 2003, 58(6): 2465-2486.

[189] Dimitri Vayanos. Flight to Quality, Flight to Liquidity, and the Pricing of Risk[R]. NBER
       Working Paper 10327, 2004.

[190] Roine Vestman. Limited Stock Market Participation among Renters and Homeowners[J].
       Review of Financial Studies, 2019, 32(4): 1494-1535.

[191] W. Kip Viscusi, Wesley A. Magat, Joel Huber. Communication of Ambiguous Risk Infor-
       mation[J]. Theory and Decision, 1991, 31(2): 159-173.

[192] Annette Vissing-Jørgensen. Perspectives on Behavioral Finance: Does "Irrationality" Dis-
       appear with Wealth? Evidence from Expectations and Actions[J]. NBER Macroeconomics
       Annual, 2003, 18: 139-194.

[193] Annette Vissing-Jørgensen. Limited Asset Market Participation and the Elasticity of In-
       tertemporal Substitution[J]. Journal of Political Economy, 2002a, 110(4): 825-853.

[194] Annette Vissing-Jørgensen. Towards An Explanation of Household Portfolio Choice Hetero-
       geneity: Non- Financial Income and Participation Cost Structures[R]. NBER Working Paper
       8884, 2002b.

[195] Annette Vissing-Jørgensen, Tobias J. Moskowitz. The Returns to Entrepreneurial Invest-
       ment: A Private Equity Premium Puzzle?[J]. American Economic Review, 2002, 92(4):
       745-778.

[196] Martin L. Weitzman. Subjective Expectations and Asset-Return Puzzles[J]. American Eco-
       nomic Review, 2007, 97(4): 1102-1130.

[197] Rui Yao, Harold H. Zhang. Optimal Consumption and Portfolio Choices with Risky Housing
       and Borrowing Constraints[J]. Review of Financial Studies, 2005, 18(1): 197-239.

[198] Shaojun Zhang. Limited Risk Sharing and International Equity Returns[J]. Journal of Fi-
       nance, 2021, 76(2): 893-933.

[199] Uri Ben Zion, Ido Erev, Ernan Haruvy, Tal Shavit. Adaptive Behavior Leads to Under-
       Diversification[J]. Journal of Economic Psychology, 2010, 31(6): 985-995.